W I Z A R D

オニールの成長株発掘法

【第4版】

良い時も悪い時も儲かる銘柄選択をするために

How to Make Money in Stocks

A Winning System in Good Times or Bad, Updated Fourth Edition

by William J. O'Neil

著　者 ウィリアム・J・オニール

監修者 長尾慎太郎　訳者 スペンサー倫亜

Pan Rolling

HOW TO MAKE MONEY IN STOCKS fourth edition :
A Winning System in Good Times or Bad
by William J. O'Neil

Japanese translation rights aranged with McGraw-Hill Education, Inc.
through Japan UNI Agency, Inc., Tokyo

監修者まえがき

本書はウィリアム・J・オニールの著した〝How to Make Money in Stocks〟の第四版の邦訳である。本書の初版は一九八八年に出版されており、以来改定を重ねながら部数を伸ばし、ベストセラーとなった。著者のオニールはジャック・シュワッガーの手による『**マーケットの魔術師**』(パンローリング)にも取り上げられた伝説的なトレーダーであり、株式市場の投資家であれば彼の名を知らない者はいないであろう。

さて、よく知られているようにオニールはＣＡＮ《キャン》－ＳＬＩＭ《スリム》と呼ばれる銘柄スクリーニング法を考案し提唱している。それは長期にわたって継続して上昇する可能性が高い企業を機械的に選び出す手法である。この手法が素晴らしいのは、一つには時を経てもその有効性が保たれていること、そしてもともとルールが考案された米国株式市場のみならず世界各国の株式市場で同じように通用することである。

さらに、ＣＡＮ－ＳＬＩＭの大きな特徴として挙げられるのは、それが個人投資家向きの投資手法であるということである。逆に言えば大規模な資金を運用する機関投資家向きではないということだ。それらの違いは前者が絶対リターンを追及するのに対し、後者はベンチマークに対する相対リターンを追及し、また、前者は投資タイミングを計り資金の出し入れが許容されるのに対し、後者は原則的にフルインベストメントであるという点にある。

そして、CAN－SLIMは特異的な銘柄のスクリーニング法であると同時にタイミングモデルでもある。このために機関投資家が用いるファクターモデルで有効とされるファクターとも無縁である。むしろ、そうした機関投資家の選択せざるを得ない投資行動によるバイアスを利用するという性格も併せ持っているのである。その性質は結果としてCAN－SLIMの有効性を非常に堅牢なものにしている。

本書には二〇〇八年の金融危機を含む最新のマーケットにおいてもオニールの投資手法が立派に結果を出したことが示されている。株式市場が存在する限り、CAN－SLIMによる銘柄選択は、それを忠実に実行する投資家に対して大きなチャンスを提供し続けるだろう。ぜひ皆さんも本書を熟読して来るべきチャンスに備えていただきたい。

翻訳に当たっては以下の方々に心から感謝の意を表したい。翻訳者のスペンサー倫亜氏は丁寧な翻訳を実現してくださった。そして阿部達郎氏にはいつもながら丁寧な編集・校正を行っていただいた。また本書が発行される機会を得たのはパンローリング社社長の後藤康徳氏のおかげである。

二〇一一年三月

長尾慎太郎

◆目次

第2部――最初から賢くあれ

第3部――投資のプロになる

謝辞

第1部

勝つシステム
——CAN-SLIM《キャンスリム》

まえがき――一〇〇年間でアメリカが生んだ大化け銘柄から学び利益を得る

二〇〇〇年と二〇〇八年に市場が暴落して以来、ほとんどの投資家は、苦労して稼いだ財産を貯蓄したり投資したりするならば、もっと自ら率先してその方法を学ぶ必要があることに気がついた。ところが、多くの投資家たちはどこに行けばいいのか、だれを信用すればいいのか、今より格段に投資成績を向上させるには何をやめなければならないのか、ということを知らないのだ。

バーナード・マドフ（ナスダック元会長で詐欺罪により服役中）にお金を渡せと言っているのではない――彼は人の財産を取るだけ取って、それを何に投資しているのかを教えてくれないだろう。そうではなく、優れた投資本を何冊か読んだり、投資セミナーに参加したり、投資クラブに加わることを強くお勧めする。そうすることで、しっかりと自信を持って投資する方法を学ぶことができるからだ。少なくとも、しっかりした原理や実績のあるルールや手法などをよく理解するべきであり、それがあなたの投資ポートフォリオを長期にわたり守り育てることになる。アメリカ国民の半数が貯蓄や投資をしている。今こそ、必要な知識を身につけ、賢明にそれを行う方法を学ぶときなのだ。

　筆者が投資を始めたときも、おそらくあなたと同じような間違いを犯してきた。だが、そこから学んだことがある。

●株は価格が上昇中に買うべきで、下落中に買うべきではない。増し玉をするなら、最初に買った価格よりもさらに上がったときにのみ買うべきであって、最初に買った価格よりも下がったときに買うナンピンをしてはならない。
●株を買うならその年の高値近辺で買うべきであり、価格が下がって安く思えるときに買ってはならない。つまり、比較的高くなった株を買うべきで、最安値を付けた株を買うのではない。
●小さな損失のうちに素早く株を損切ることを常に心がけるべきであり、株価が回復するのを待ったりしてはならない。
●企業の簿価や配当金やＰＥＲ（株価収益率）などを気にするのはほどほどにし（そんなものを見ても、過去一〇〇年間で最も成功している企業を予測して見つけることはできなかったから）、代わりに収益増加率、株価、出来高の動きなどのすでに証明されている重要な要因に目を向け、そしてその企業がその専門分野で他社よりも優れた製品を持ち最高収益を上げているかどうかを考えるべきである。
●マーケットに関するニュースレターをいくつも購読したり、投資相談などのサービスと契約をしたりしない。そして、アナリストによる提言に影響されたりしてはならない。彼らは結局のところ、個人的な意見を語っているだけだし、間違えたことを言っていることが多いからだ。
●チャートの読解に精通しなければならない。チャートはプロには欠かせないツールであるにもかかわらず、素人は難しいとか重要性がないなどと言って取り合わない傾向にある。

これらの極めて重要な行動は、すべて人間の本来の行動から完全に反している。現実には、株式市場は人間の本質や群集心理を日々表すものであり、さらに長年の需要供給の法則も影響している。これらの要因が長期間変わらなかったからこそ、今日のチャートパターンが五〇年前、あるいは一〇〇年前とまったく同じであるというのが、驚きの真実なのである。これを心得ている、あるいは理解している投資家は数少ない。知っていれば、驚くほど優位に利用できる。

本書では、冒頭の第1章で、アメリカの大化け株一〇〇銘柄を注釈付きで収録している。一八八〇年代から二〇〇八年末まで、つまり一八八五年のリッチモンド・アンド・ダンビル鉄道や、株価が一週間で一一五ドルから七〇〇ドルまで急上昇したという有名な株買い占め事件が起きた一九〇一年のノーザン・パシフィック鉄道などの時代から、二一世紀のアップルやグーグルなどの時代まで、一〇年ごとに詳しく歴史をたどっていく。

これらの素晴らしい例を研究することで、多くを学ぶことができる。大きな成功を生み出すチャートの基本パターンというものが、毎年のように繰り返し現れていることが分かるだろう。

一〇〇銘柄のチャートのなかで、取っ手付きカップの形をした典型的なパターンが一〇五例も見つかった。小さい形もあれば大きいものもあり、またその中間のものもある。

取っ手付きカップ以外にも、それぞれに特色のある非常に成功している基本パターンを八種類も発見した。これらは定期的に現れているのだ。一九一五年のベスレヘム・スチールは、われわれが最初に見つけた強力な上昇後に現れた狭いフラッグの例であり、あとから現れたシンテックス、ロリンズ、シモンズ・プレシジョン、ヤフー、およびテーザーなどの上昇後に現れた狭いフラッグの完璧な例の歴史的前例となった。これらすべての銘柄に、大きな価格の動きがあった。

チャートを使えば、より良い銘柄や市場がどれなのか、そして絶対に手を引いて避けたるべき弱い銘柄や危険な銘柄などを知ることができる。だからこそ、第1章にチャートを数多く収録し、注釈をチャートに書き込んだのだ。それを学ぶことで、人生をがらりと変えるような技術を身につけて、より豊かで賢い人生が送れるように。

百聞は一見にしかずである。良質で明確なこれら一〇〇枚のチャートは、皆さんがこれまで見過ごしてきた例のほんの一握りにすぎない。われわれは、過去一〇〇年間の株式市場において、一〇〇〇銘柄以上もの大化け株の例を見つけている。そのような株をたった一つか二つでも持っているだけで、あなたの一年、ひいてはあなたの未来が明るくなるのだ。だがそれには、真剣になって学び、そして投資をするときにはきちんとした理論に基づいて行うことが必要となる。本気で望むなら、あなたにもできるのだ。

おそらく、これまでこんな視点からアメリカとその株式市場を見たことはないと感じることだろう。鉄道から自動車や航空、またラジオやテレビからＩＴ、またジェット旅客機から宇宙探査、巨大安売り店から半導体やインターネット――このように、アメリカという国は絶え間なく急成長をしてきた。アメリカ国民の大多数の生活水準は一〇〇年前や五〇年前と比べて、いやたった三〇年前と比べてもかなり向上している。

確かに、常に何かしらの問題はあるし、人々の批判がなくなることはないかもしれない。しかし、アメリカが生む革新者、起業家、発明家たちがこの国の未曽有の成長を支えた立役者となっている。彼らは新たな業界や技術や製品やサービスや雇用の大半を作り出し、国民全員がその恩恵にあずかってきたのだ。

アメリカの絶え間ない成長の可能性は、この国の自由の精神によって開かれ、そして起業家たちが景気循環ごとに国民全員に提示し続けているものである。これを賢く利用する方法を学ぶかどうかは、あなた次第だ。

本書では、株式市場で大化け銘柄を選ぶ方法、およびそこから生み出される利益を確定する方法を学んでいく。さらに、失敗や損失を大きく減らす方法も学ぶ。

株をかじったことのある人の多くは、知識不足のために大した成績を出せなかったか、あるいは損失を出している。だが、だれも損失を出し続ける必要などない。必ず賢く投資する方法を学べるからだ。本書には、もっと成功できる投資家になるために必要な、投資に対する理解力、技術、そして手法が詰め込まれている。

アメリカをはじめとする自由主義の国に暮らす人々は、年齢、職業、学歴、経歴、経済状態などにかかわらず、貯蓄方法と普通株に投資する方法を学ぶべきだと、私は考えている。本書はエリート向けではなく、経済的にもっと豊かになる機会を望んでいるどこにでもいるごく普通の人々に向けて書かれたものである。賢い投資を始めるのに、老いも若きも関係ない。

●投資は少額から始めることができる――一般的な労働者や投資の初心者でも、少ない投資資金で始められる。まずは五〇〇～一〇〇〇ドルから始めて、所得や貯蓄が増えればそれに合わせて投資額を上乗せしていけばよい。私は社会人になりたてのわずか二一歳のときに、プロクター・アンド・ギャンブルを五株ばかり買って投資を始めた。

わが社のマネジャーのひとりであるマイク・ウエブスターも少額で始めた。というよりも彼は自分の音楽ＣＤコレクションなどの所持品を売って、投資に使うための現金を作った。わが社で資金運用を始める前、かなり異常な動きをした一九九九年に、個人口座を一〇〇〇％以上にも膨らませた。

同じくわが社のマネーマネジャーであるスティーブ・バーチも、早いうちから資金運用を始めた。一九九〇年代後半の大きな強気相場をうまく利用して利益を生み、その後の弱気相場ではそのほとんどを現金化して、自分の利益の大半を守った。一九九八～二〇〇三年の間に、一三〇〇%以上の利益を出している。ウエブスターもバーチも、難しい年を経験したが、だれもが同じように犯す数ある過ちから二人は学び、それを足がかりにして素晴らしい成績を残すまでに至った。

われわれが生きる現代は、無限な機会に恵まれた素晴らしい時代であり、同時に卓越した新しい発想や新興産業、そして先端技術の時代である。しかし、こうした特別な状況を認識し、そして生かす方法を学ぶには、本書を最後まで読まなければならない。

チャンスは万人に開かれている。われわれは今、日々移り変わり進化を遂げ続ける新時代のアメリカを目の当たりにしているのである。アメリカは、ハイテク、インターネット、高度医療、ソフトウエア、軍事力、および革新的な新興企業などの分野において世界をリードしている。共産主義や社会主義および中央集権化された計画経済は、今や歴史の灰燼と帰した。そのような制度は機能しなかったのだ。自由とチャンスに満ちたアメリカの体制が、世界中の多くの国にとって最大の成功モデルとなっている。

現代では、単に働いて給料をもらうだけでは十分とは言えない。やりたいことをやり、行きたいところへ行き、欲しいものを手に入れるには、賢く貯蓄と投資をすることが絶対に不可欠なのである。投資からの収入とあなたが働いて生み出す収入によって、目標を達成することができ、また真の安心を手に入れることになるのだ。本書によってあなたは人生を変えることができる。あなたさえ望めば、だれもそれを止めることはできない

●投資の秘訣――株式市場で大化け銘柄を見分ける方法を学ぶには、まずこれからお見せするような過去の先導株を分析し、大化け銘柄に共通する特徴を知ることにある。このように観察していくと、これらの銘柄が劇的な株価上昇をする直前に、どのようなパターンを形成したかを見極めることができるようになる。

またそれ以外にも、これらの企業に関する当時の四半期決算報告書、過去三年間の年間収益の推移状況、出来高、株価が大きく上昇する前のレラティブストレングスの水準、各企業の総資本に占める発行済みの普通株式数など、大事な要素を発見することになるだろう。

また、大化け銘柄の多くは、重要な新製品や新たな経営陣の存在が背景要因にあったり、産業全体で起こった大きな変化が原因で産業全体が強い流れに動かされていた、という事実も学ぶであろう。

この種の実用的で常識的な分析を、過去に好成績を収めた先導銘柄のすべてに対して行うことは容易である。事実、私はそのような包括的な研究をすでにやり終えている。われわれは過去一二五年間をさかのぼって時系列に分析を行い、その年の株価上昇率を基準にして、株式市

場で最も好成績を上げた銘柄を年ごとに選んでいった。
　われわれはこの研究を「大化け銘柄の記録」と呼んでいる。近年さらに期間を延ばし、一八八〇年代にまでさかのぼって株式市場を調べたものだ。これにより、現代の株式市場の歴史における大化け銘柄一〇〇〇以上を詳細に分析していることになる。それには以下のような銘柄がある。

テキサス・インスツルメンツ――一九五八年一月～一九六〇年五月にかけて、価格が二五ドルから二五〇ドルに急騰した。
ゼロックス――一九六三年三月～一九六六年六月の間に、一六〇ドルから一三四〇ドル相当にまで急上昇した。
シンテックス――一九六三年後半のたった六カ月間で、一〇〇ドルから五七〇ドルに飛躍した。
ドーム・ペトロリアムおよびプライム・コンピューター――一九七八～一九八〇年の株式市場において、それぞれ一〇〇〇％と一五九五％値上がりした。
リミテッド・ストアーズ――一九八二～一九八七年の三五〇〇％に及ぶ株価上昇で、幸運な株主を大いに喜ばせた。
シスコ・システムズ――一九九〇年一〇月～二〇〇〇年三月の間に株式分割による影響を除いた水準で〇・一〇ドルから八二ドルに上昇した。

ホーム・デポやマイクロソフトは両社とも、一九八〇～一九九〇年代の間に、株価が二〇倍以上も上昇した。ホーム・デポは前代未聞の好成績を上げた企業の一つで、一九八一年九月の株式公開から二年足らずで二〇倍も上昇し、さらに一九八八年から一九九二年にもまた一〇倍上昇した。これらの企業に共通しているのは、刺激的な新製品や構想を生み出してきたことである。アメリカの革新的で大きな成功を収めた企業を網羅したこの「大化け銘柄の記録」は、合わせて一〇巻にもなる。

過去の株式市場における主導銘柄のすべてを徹底的に研究して発見した、これらの銘柄に共通する特徴と成功の規則に興味がおありだろう。

それらすべてを、われわれがCAN－SLIMと名付け、簡潔で覚えやすい体系を使って、次章から数章にわたって伝授していこう。株主と国（企業もその社員も税金を払い、国の生活水準を引き上げるのに一役買っている）に巨額の利益をもたらす直前の、価格上昇の初期段階にあるこれらの最強の大化け銘柄が共通して持つ七つの主な特徴を、CAN－SLIMの七文字のアルファベットは表している。

CAN－SLIMがいつの時代でも機能し続けるのには理由がある。それは、われわれの意見やウォール街を含む他人の意見ではなく、株式市場が実際にどのように動いているかという現実だけを基に作られているからである。それに、人間が市場に与える影響というものが変わらないということもある。だから、CAN－SLIMには、流行やファッションや景気循環のようなはやり廃りで古くなることはない。いつだって、大きなうぬぼれや人の意見などよりも、頼りになる存在であり続けるだろう。

株式市場で大化け銘柄を見つける方法を学び、世界中にある最高の企業を部分的に所有することは、どちらも十分に可能である。だから、すぐに取りかかろうではないか。CAN－SLIMの意味を簡単に説明しておこう。

C＝Current Quarterly Earnings――当期四半期のEPS（一株当たり利益）と売り上げ
A＝Annual Earnings Increases――年間の収益増加（大きく成長している銘柄を探す）
N＝Newer Companies, New Products, New Management, New Highs Off Properly Formed Bases――新興企業、新製品、新経営陣、正しいベースを抜けて新高値
S＝Supply and Demand――株式の需要と供給（重要ポイントで株式需要が高いこと）
L＝Leader or Laggard――主導銘柄か停滞銘柄か（あなたの株は？）
I＝Institutional Sponsorship――機関投資家による保有
M＝Market Direction――株式市場の動向（見極め方）

では、早速第1章から読み進めてみよう。がんばってほしい。あなたにならきっとできる。

第１章　銘柄選択の極意

　本書では、まず初めに一八八〇～二〇〇八年までの大化け株一〇〇銘柄のチャートを収録した。これらをよく研究してほしい。これらの企業の株価がどのような段階を経て目を見張るような上昇をしたのか、その極意を発見することだろう。

　投資はまだ初心者で、チャートを見ても意味が分からない――そんな読者も安心してほしい。どんなに成功している投資家だって、だれもが初めは初心者だったのだ。そこで本書では、チャートからどこで買えばよいのかだけでなく、売りのサインの読み取り方も伝授している。成功するためには、歴史によって実証された信頼性のある買いと売りの規則性を学ぶ必要があるのだ。

　これらのチャートを詳しく見ていくと、一九〇〇年だろうと二〇〇〇年だろうと、時代にかかわらず幾度も繰り返される特定のチャートパターンがあることに気がつくだろう。これらのチャートパターンを認識できるようになれば、機関投資家による買い集めの対象になっている銘柄を見極めることができるので、大きな強みになる。

売り上げ、収益率、ROE（株主資本利益率）のそれぞれが大幅に上昇している銘柄を見つけること、そして機関投資家による買い集めを示している強いチャートパターンを見つけること――この両方ができれば、読者諸君の銘柄選択および売買タイミングが大幅に改善されることにつながるのだ。

あなたもこの貴重な投資法を学ぶことができる。

本書は、アメリカの成長とともに、あなたも成長できることを教えてくれるものになっている。意欲と願望を持ち、自分自身とアメリカという国に対する希望を捨てなければ、アメリカンドリームを手に入れることも夢ではない。

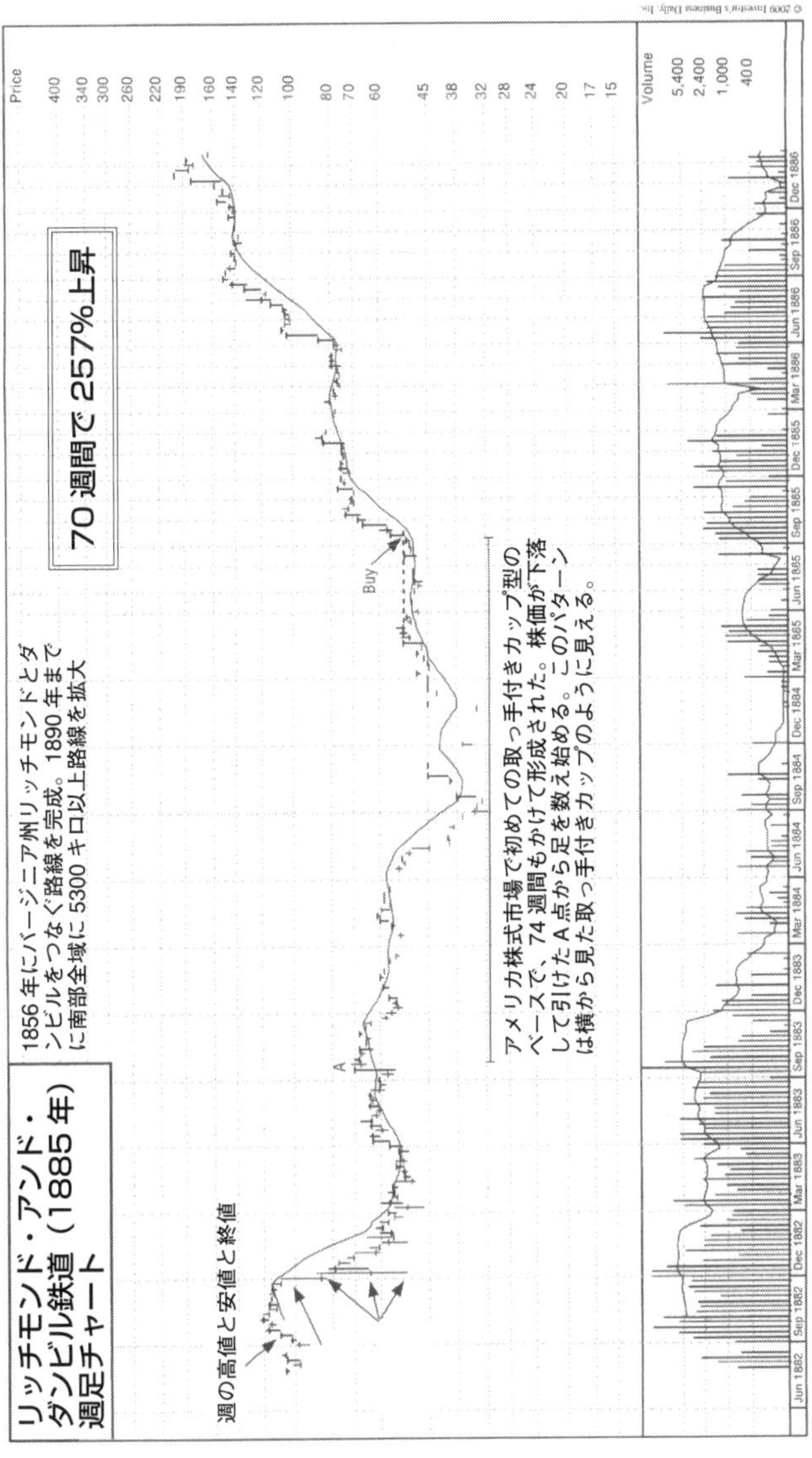
リッチモンド・アンド・ダンビル鉄道（1885年）週足チャート
1856年にバージニア州リッチモンドとダンビルをつなぐ路線を完成。1890年までに南部全域に5300キロ以上路線を拡大
70週間で257%上昇
週の高値と安値と終値
A
Buy
アメリカ株式市場で初めての取っ手付きカップ型のベースで、74週間もかけて形成された。株価が下落して引けたA点から足を数え始める。このパターンは横から見た取っ手付きカップのように見える。
Price
400
340
300
260
220
190
160
140
120
100
80
70
60
45
38
32
28
24
20
17
15
Volume
5,400
2,400
1,000
400
Jun 1882
Sep 1882
Dec 1882
Mar 1883
Jun 1883
Sep 1883
Dec 1883
Mar 1884
Jun 1884
Sep 1884
Dec 1884
Mar 1885
Jun 1885
Sep 1885
Dec 1885
Mar 1886
Jun 1886
Sep 1886
Dec 1886
© 2009 Investor's Business Daily, Inc.

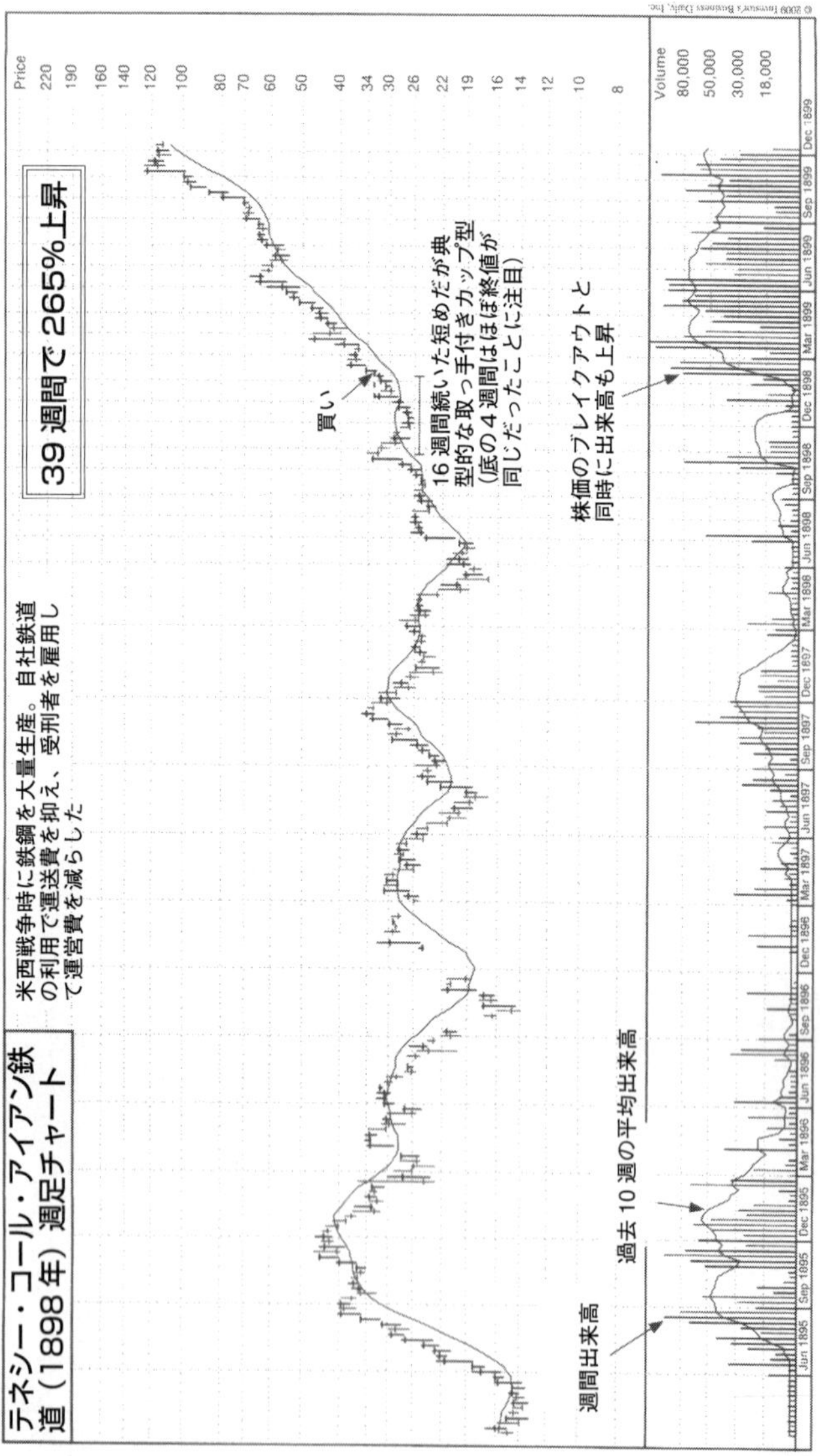
テネシー・コール・アイアン鉄道（1898年）週足チャート
39週間で265%上昇
米西戦争時に鉄鋼を大量生産。自社鉄道の利用で運送費を抑え、受刑者を雇用して運営費を減らした
買い
16週間続いた短めだが典型的な取っ手付きカップ型（底の4週間はほぼ終値が同じだったことに注目）
株価のブレイクアウトと同時に出来高も上昇
過去10週の平均出来高
週間出来高
Price
220
190
160
140
120
100
80
70
60
50
40
34
30
26
22
19
16
14
12
10
8
Volume
80,000
50,000
30,000
18,000
Jun 1895
Sep 1895
Dec 1895
Mar 1896
Jun 1896
Sep 1896
Dec 1896
Mar 1897
Jun 1897
Sep 1897
Dec 1897
Mar 1898
Jun 1898
Sep 1898
Dec 1898
Mar 1899
Jun 1899
Sep 1899
Dec 1899
© 2009 Investor's Business Daily, Inc.

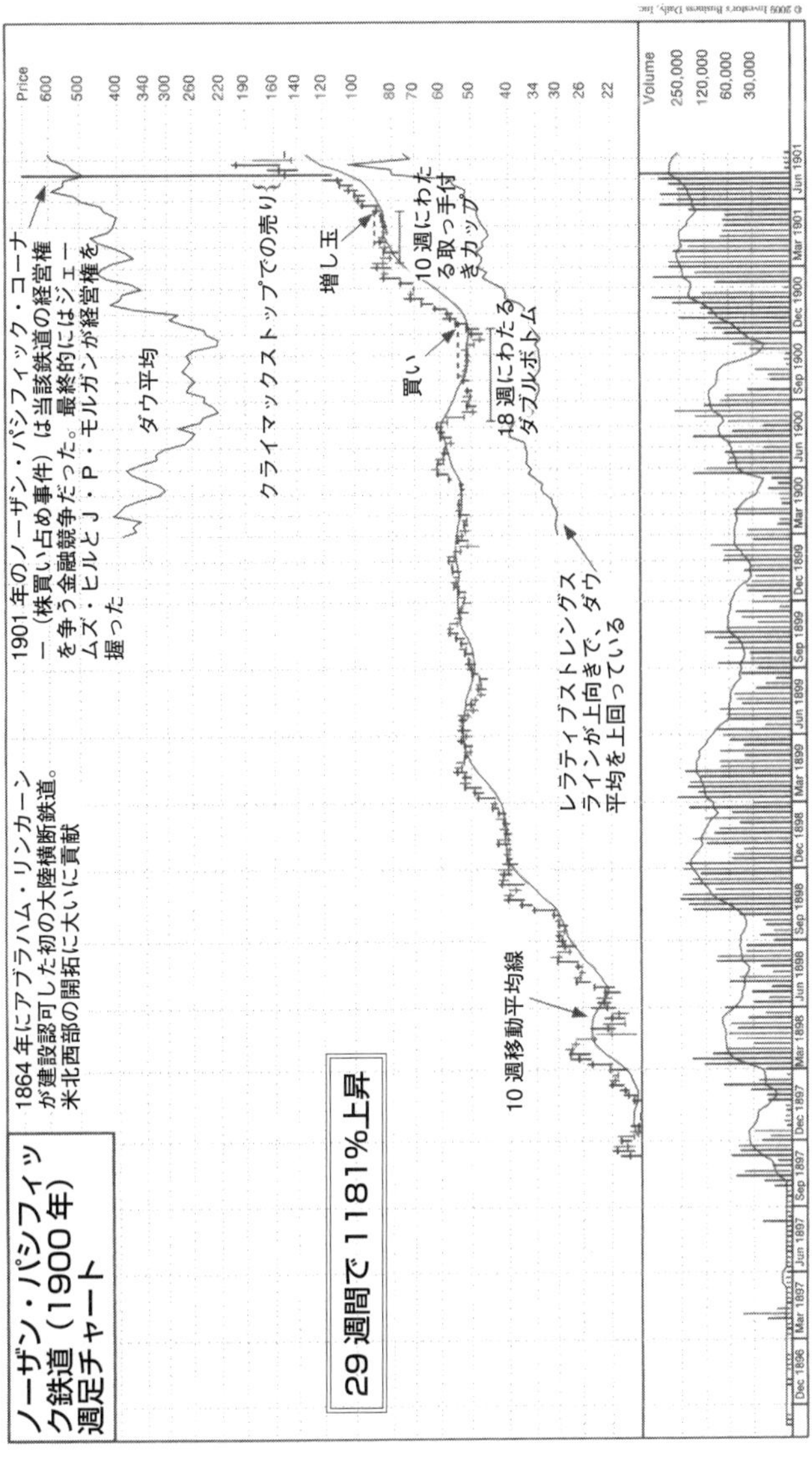
ノーザン・パシフィック鉄道（1900年）週足チャート
1864年にアブラハム・リンカーンが建設認可した初の大陸横断鉄道。米北西部の開拓に大いに貢献
1901年のノーザン・パシフィック・コーナー（株買い占め事件）は当該鉄道の経営権を争う金融競争だった。最終的にはジェームズ・ヒルとJ・P・モルガンが経営権を握った
ダウ平均
クライマックストップでの売り
増し玉
10週にわたる取っ手付きカップ
買い
18週にわたるダブルボトム
レラティブストレングスラインが上向きで、ダウ平均を上回っている
10週移動平均線
29週間で1181%上昇
Price
Volume
© 2009 Investor's Business Daily, Inc.

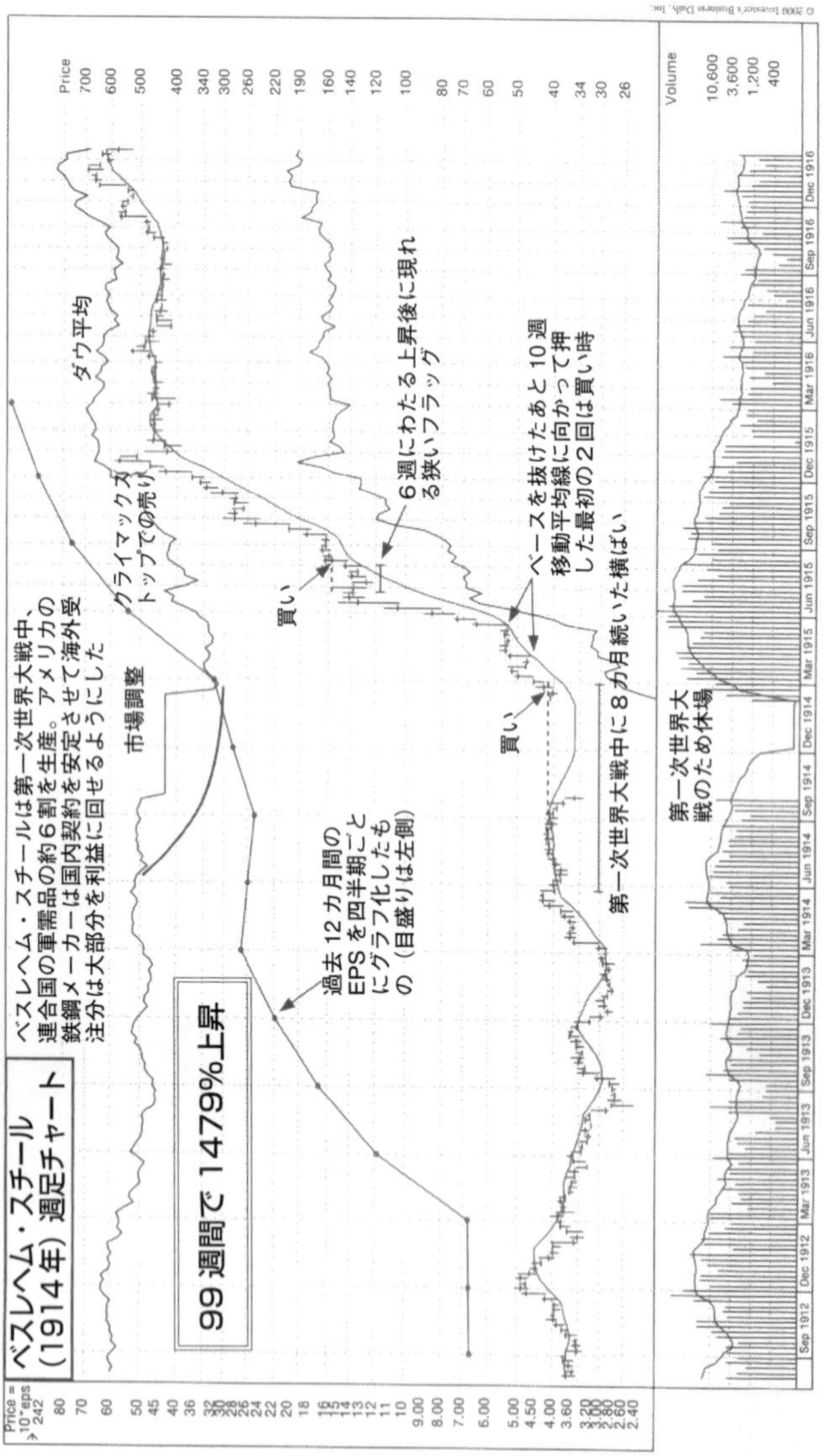
ベスレヘム・スチール（1914年）週足チャート
99週間で1479%上昇
ベスレヘム・スチールは第一次世界大戦中、連合国の軍需品の約6割を生産。アメリカの鉄鋼メーカーは国内契約を安定させて海外受注分は大部分を利益に回せるようにした
市場調整
クライマックストップでの売り
ダウ平均
過去12カ月間のEPSを四半期ごとにグラフ化したもの（目盛りは左側）
買い
6週にわたる上昇後に現れる狭いフラッグ
ベースを抜けたあと10週移動平均線に向かって押した最初の2回は買い時
買い
第一次世界大戦中に8カ月続いた横ばい
第一次世界大戦のため休場
Price
Volume
Sep 1912
Dec 1912
Mar 1913
Jun 1913
Sep 1913
Dec 1913
Mar 1914
Jun 1914
Sep 1914
Dec 1914
Mar 1915
Jun 1915
Sep 1915
Dec 1915
Mar 1916
Jun 1916
Sep 1916
Dec 1916
© 2008 Investor's Business Daily, Inc.

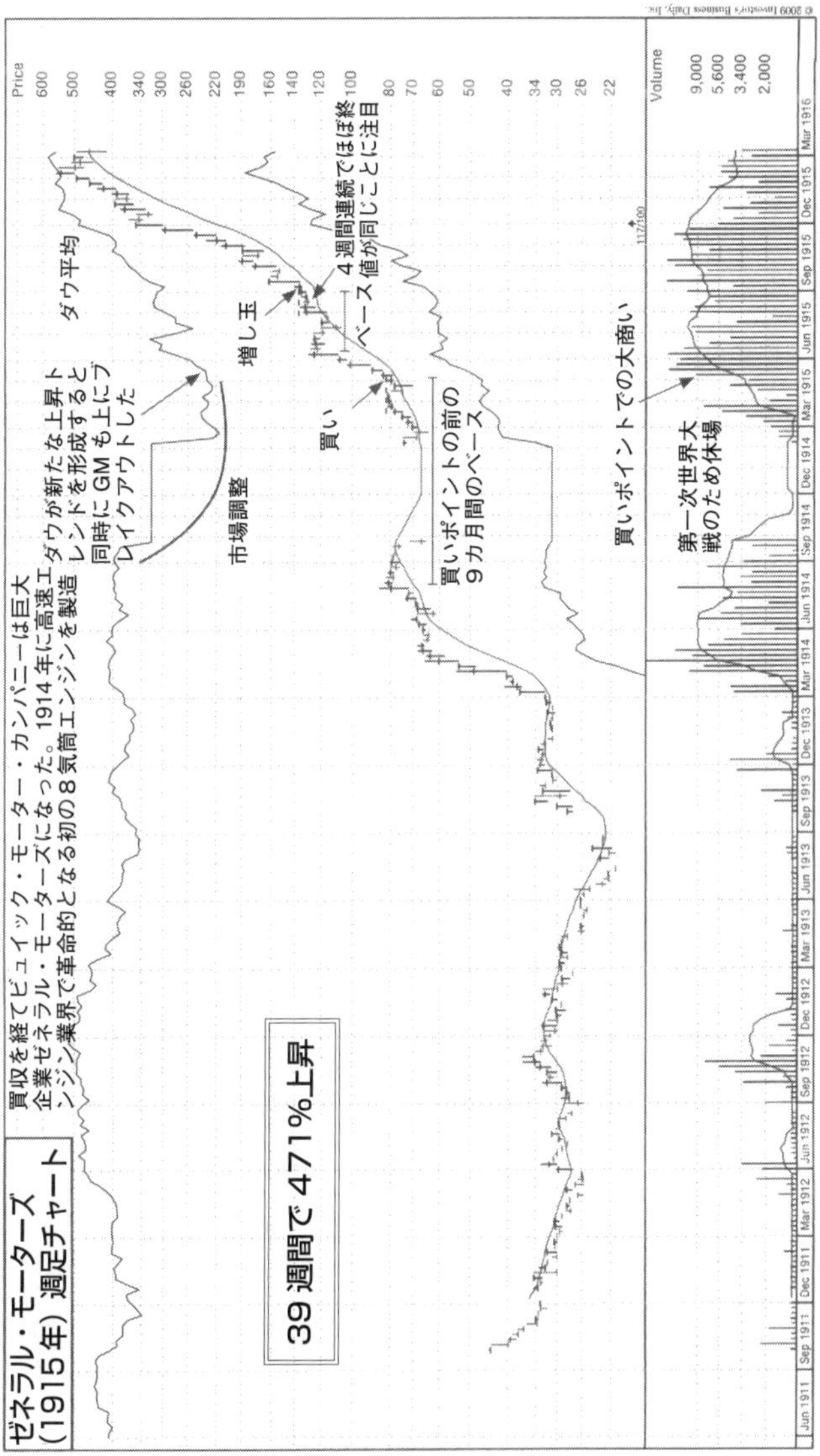
ゼネラル・モーターズ（1915年）週足チャート
買収を経てビュイック・モーター・カンパニーは巨大企業ゼネラル・モーターズになった。1914年に高速エンジン業界で革命的となる初の8気筒エンジンを製造
ダウが新たな上昇トレンドを形成すると同時にGMも上にブレイクアウトした
市場調整
増し玉
買い
4週間連続でほぼ終値が同じことに注目
ベース
買いポイントの前の9カ月間のベース
ダウ平均
39週間で471％上昇
買いポイントでの大商い
第一次世界大戦のため休場
Price
Volume
© 2009 Investor's Business Daily, Inc.

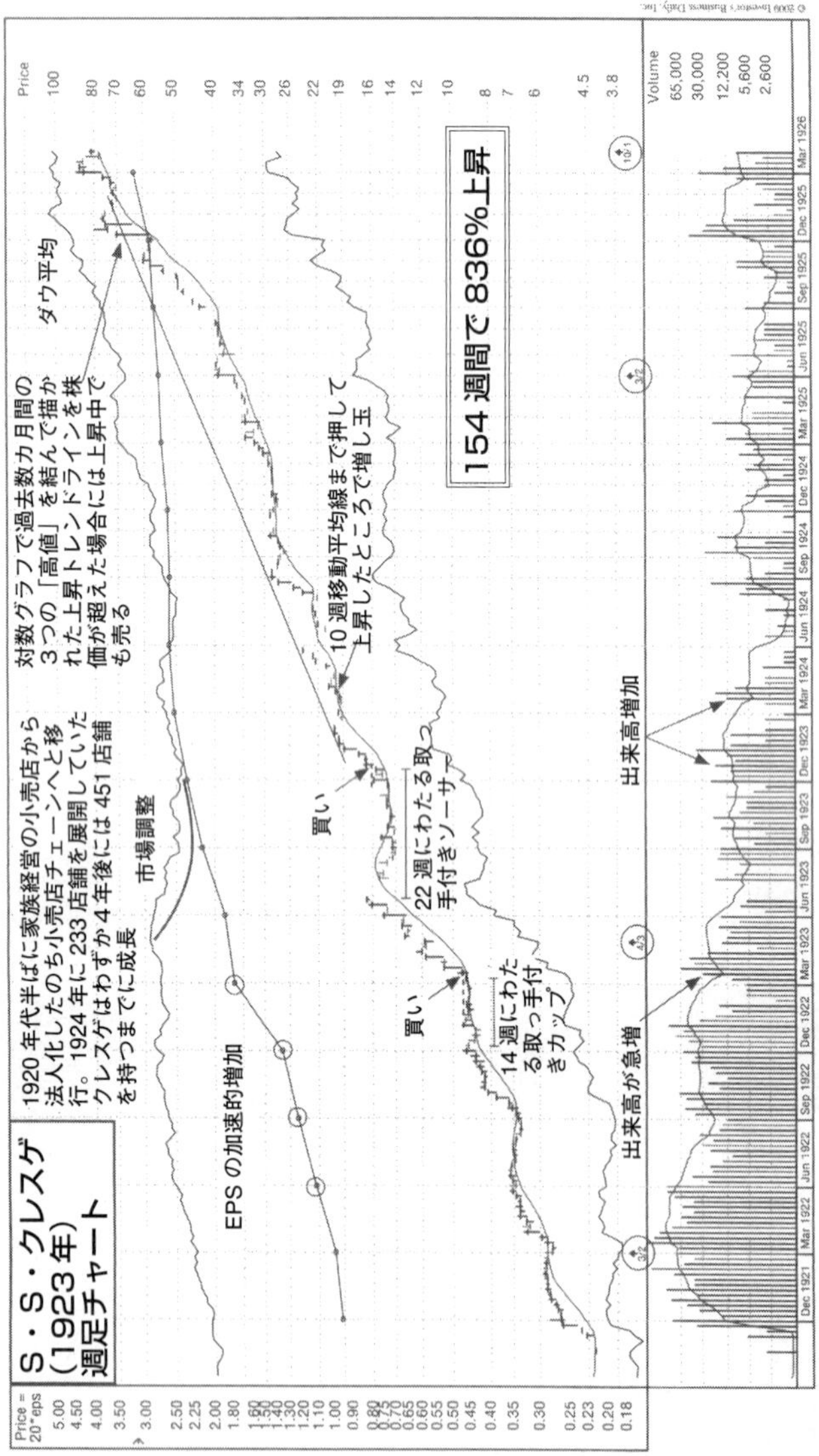
S・S・クレスゲ（1923年）週足チャート
1920年代半ばに家族経営の小売店から法人化したのち小売店チェーンへと移行。1924年に233店舗を展開していたクレスゲはわずか4年後には451店舗を持つまでに成長
対数グラフで過去数カ月間の3つの「高値」を結んで描かれた上昇トレンドラインを株価が超えた場合には上昇中でも売る
ダウ平均
EPSの加速的増加
市場調整
10週移動平均線まで押して上昇したところで増し玉
154週間で836%上昇
買い
22週にわたる取っ手付きソーサー
買い
14週にわたる取っ手付きカップ
出来高が急増
出来高増加
Price = 20*eps
Price
Volume
65,000
30,000
12,200
5,600
2,600
Dec 1921
Mar 1922
Jun 1922
Sep 1922
Dec 1922
Mar 1923
Jun 1923
Sep 1923
Dec 1923
Mar 1924
Jun 1924
Sep 1924
Dec 1924
Mar 1925
Jun 1925
Sep 1925
Dec 1925
Mar 1926
© 2009 Investor's Business Daily, Inc.

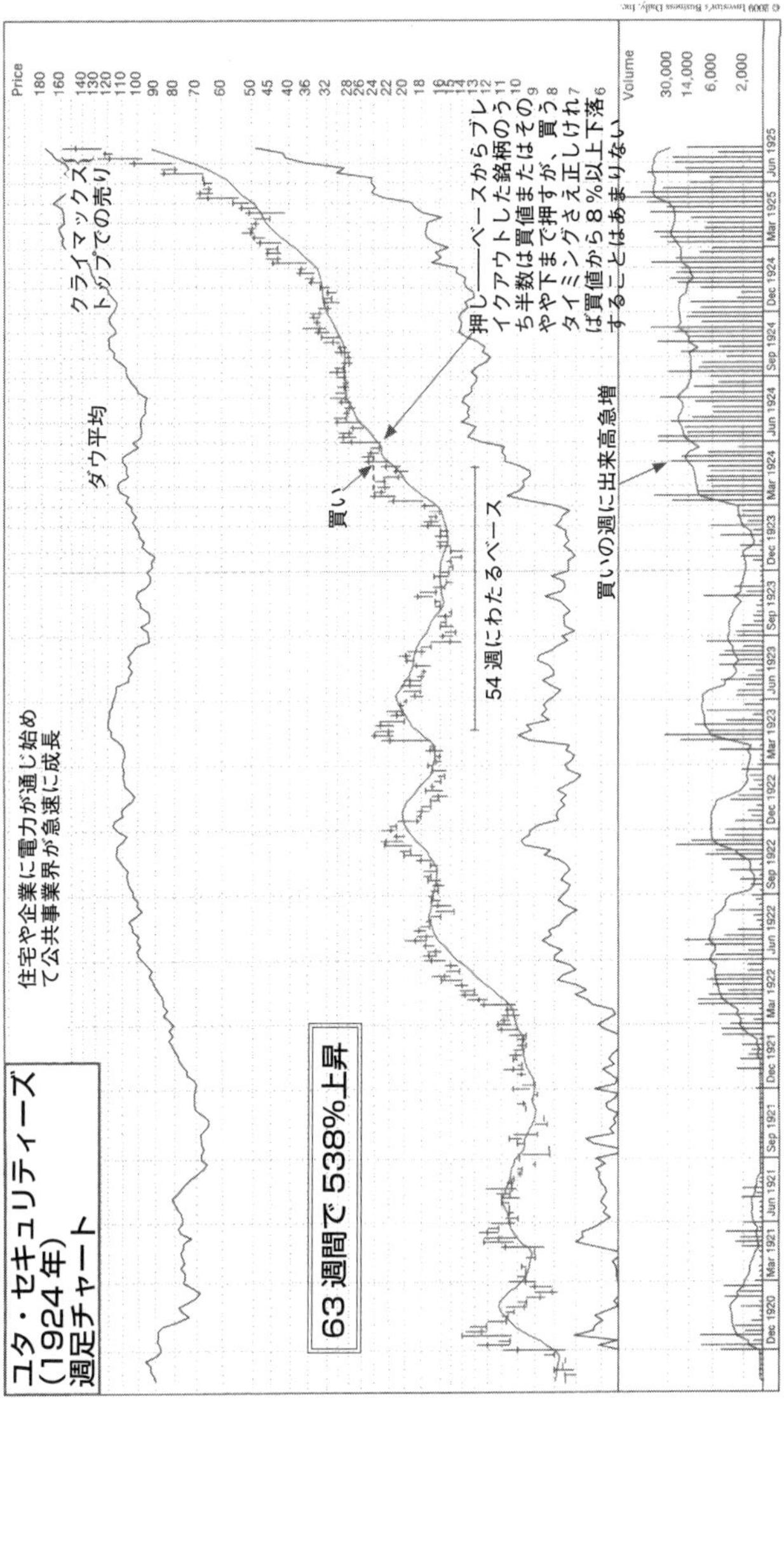
ユタ・セキュリティーズ（1924年）週足チャート
63週間で538％上昇
住宅や企業に電力が通じ始めて公共事業界が急速に成長
ダウ平均
クライマックストップでの売り
買い
54週にわたるベース
押し――ベースからブレイクアウトした銘柄のうち半数は買値またはそのやや下まで押すが、買うタイミングさえ正しければ買値から８％以上下落することはあまりない
買いの週に出来高急増
Price
Volume
© 2009 Investor's Business Daily, Inc.

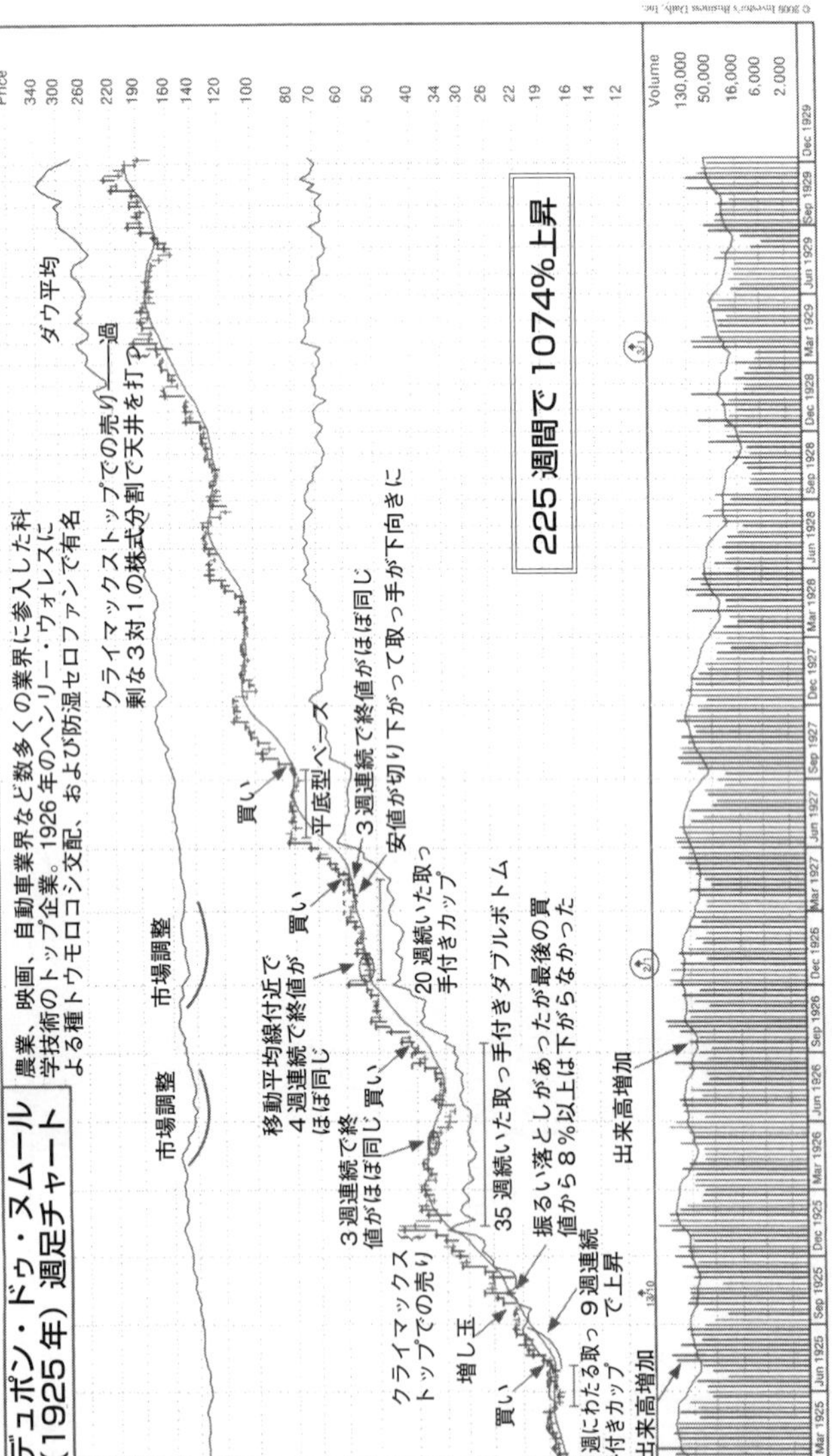
デュポン・ドゥ・ヌムール
（1925年）週足チャート
農業、映画、自動車業界など数多くの業界に参入した科学技術のトップ企業。1926年のヘンリー・ウォレスによる種トウモロコシ支配、および防湿セロファンで有名
市場調整
市場調整
ダウ平均
クライマックストップでの売り――過剰な3対1の株式分割で天井を打つ
225週間で1074%上昇
買い
平底型ベース
3週連続で終値がほぼ同じ
安値が切り下がって取っ手が下向きに
移動平均線付近で4週連続で終値がほぼ同じ
買い
20週続いた取っ手付きカップ
3週連続で終値がほぼ同じ
買い
35週続いた取っ手付きダブルボトム
クライマックストップでの売り
増し玉
振るい落としがあったが最後の買値から8%以上は下がらなかった
9週連続で上昇
買い
9週にわたる取っ手付きカップ
出来高増加
出来高増加
Price
Volume
Mar 1925
Jun 1925
Sep 1925
Dec 1925
Mar 1926
Jun 1926
Sep 1926
Dec 1926
Mar 1927
Jun 1927
Sep 1927
Dec 1927
Mar 1928
Jun 1928
Sep 1928
Dec 1928
Mar 1929
Jun 1929
Sep 1929
Dec 1929
© 2008 Investor's Business Daily, Inc.

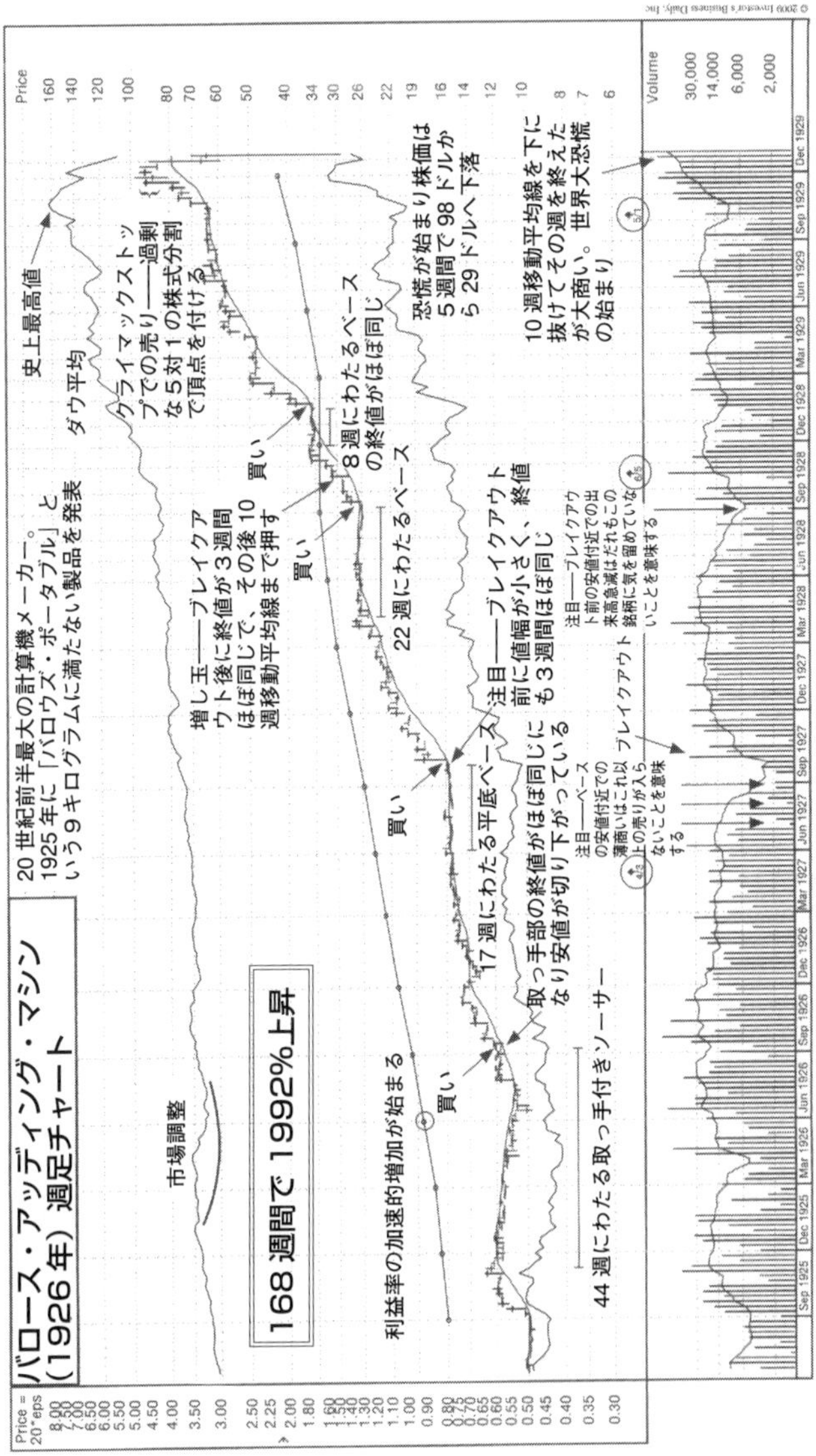
バロース・アッディング・マシン（1926年）週足チャート
20世紀前半最大の計算機メーカー。
1925年に「バロウズ・ポータブル」と
いう9キログラムに満たない製品を発表
市場調整
168週間で1992%上昇
利益率の加速的増加が始まる
買い
44週にわたる取っ手付きソーサー
取っ手部の終値がほぼ同じに
なり安値が切り下がっている
17週にわたる平底ベース
買い
注目――ベースの安値付近での薄商いはこれ以上の売りが入らないことを意味する
ブレイクアウト
注目――ブレイクアウト前に値幅が小さく、終値も3週間はほぼ同じ
増し玉――ブレイクアウト後に終値が3週間ほぼ同じで、その後10週移動平均線まで押す
買い
22週にわたるベース
注目――ブレイクアウト前の安値付近での出来高急減はだれもこの銘柄に気を留めていないことを意味する
買い
8週にわたるベースの終値がほぼ同じ
ダウ平均
クライマックストップでの売り――過剰な5対1の株式分割で頂点を付ける
史上最高値
恐慌が始まり株価は5週間で98ドルから29ドルへ下落
10週移動平均線を下に抜けてその週を終えたが大商い。世界大恐慌の始まり
Price
Volume
Price = 20*eps
Sep 1925
Dec 1925
Mar 1926
Jun 1926
Sep 1926
Dec 1926
Mar 1927
Jun 1927
Sep 1927
Dec 1927
Mar 1928
Jun 1928
Sep 1928
Dec 1928
Mar 1929
Jun 1929
Sep 1929
Dec 1929
© 2009 Investor's Business Daily, Inc.

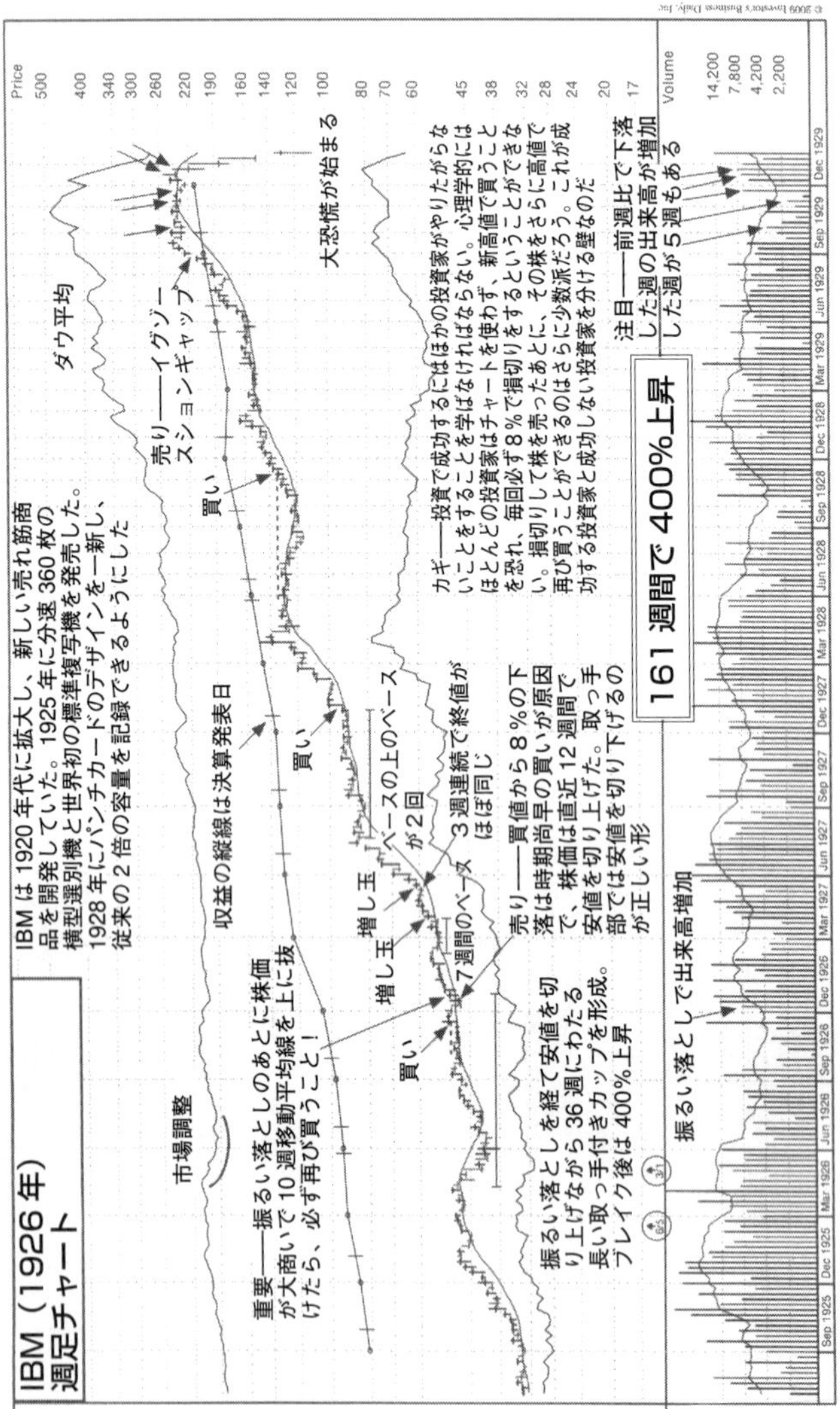

IBM（1926年）
週足チャート
IBMは1920年代に拡大し、新しい売れ筋商品を開発していた。1925年に分速360枚の横型選別機と世界初の標準複写機を発売した。1928年にパンチカードのデザインを一新し、従来の2倍の容量を記録できるようにした
収益の縦線は決算発表日
市場調整
重要――振るい落としのあとに株価が大商いで10週移動平均線を上に抜けたら、必ず再び買うこと！
ダウ平均
売り――イグゾースションギャップ
買い
大恐慌が始まる
買い
増し玉
増し玉
ベースの上のベースが2回
3週連続で終値がほぼ同じ
7週間のベース
買い
売り――買値から8％の下落は時期尚早の買いが原因で、株価は直近12週間で安値を切り上げた。取っ手部では安値を切り下げるのが正しい形
振るい落としを経て安値を切り上げながら36週にわたる長い取っ手付きカップを形成。ブレイク後は400％上昇
カギ――投資で成功するにはほかの投資家がやりたがらないことをすることを学ばなければならない。心理学的にはほとんどの投資家はチャートを使わず、新高値で買うことを恐れ、毎回必ず8％で損切りをするということができない。損切りして株を売ったあとに、その株をさらに高値で再び買うことができるのはさらに少数派だろう。これが成功する投資家と成功しない投資家を分ける壁なのだ
161週間で400％上昇
注目――前週比で下落した週の出来高が増加した週が5週もある
振るい落としで出来高増加
Price = 20*eps
Price
Volume
Sep 1925　Dec 1925　Mar 1926　Jun 1926　Sep 1926　Dec 1926　Mar 1927　Jun 1927　Sep 1927　Dec 1927　Mar 1928　Jun 1928　Sep 1928　Dec 1928　Mar 1929　Jun 1929　Sep 1929　Dec 1929
© 2009 Investor's Business Daily, Inc.

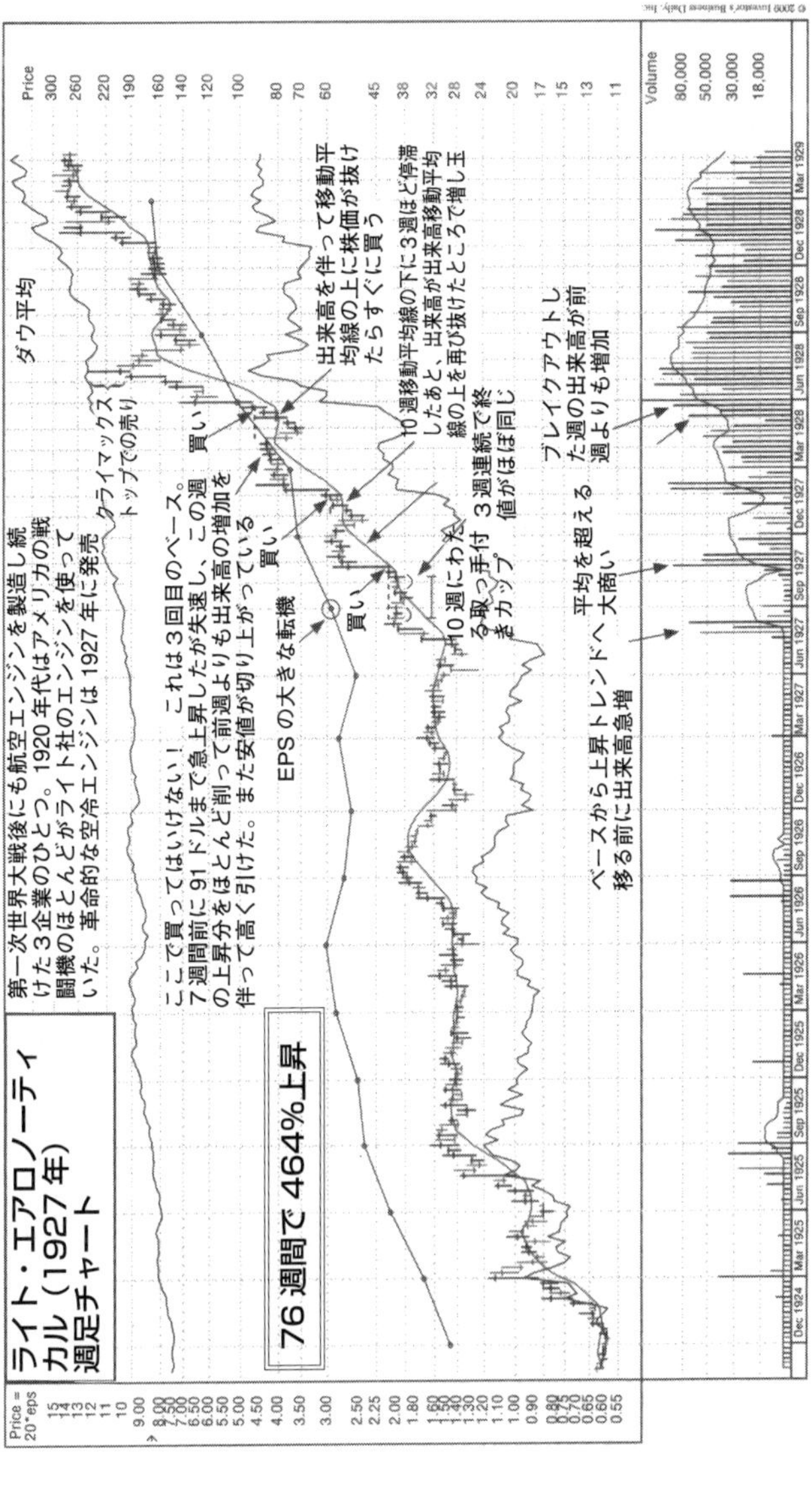

ライト・エアロノーティカル（1927 年）週足チャート
第一次世界大戦後にも航空エンジンを製造し続けた３企業のひとつ。1920 年代はアメリカの戦闘機のほとんどがライト社のエンジンを使っていた。革命的な空冷エンジンは 1927 年に発売
ダウ平均
クライマックストップでの売り
ここで買ってはいけない！　これは３回目のベース。７週間前に 91 ドルまで急上昇したが失速し、この週の上昇分をほとんど削って前週よりも出来高の増加を伴って高く引けた。また安値が切り上がっている
買い
76 週間で 464%上昇
買い
EPS の大きな転機
出来高を伴って移動平均線の上に株価が抜けたらすぐに買う
買い
10 週移動平均線の下に３週ほど停滞したあと、出来高が出来高移動平均線の上を再び抜けたところで増し玉
10 週にわたる取っ手付きカップ
３週連続で終値がほぼ同じ
ブレイクアウトした週の出来高が前週よりも増加
平均を超える大商い
ベースから上昇トレンドへ移る前に出来高急増
Price = 20*eps
Price
Volume
Dec 1924
Mar 1925
Jun 1925
Sep 1925
Dec 1925
Mar 1926
Jun 1926
Sep 1926
Dec 1926
Mar 1927
Jun 1927
Sep 1927
Dec 1927
Mar 1928
Jun 1928
Sep 1928
Dec 1928
Mar 1929
© 2009 Investor's Business Daily, Inc.

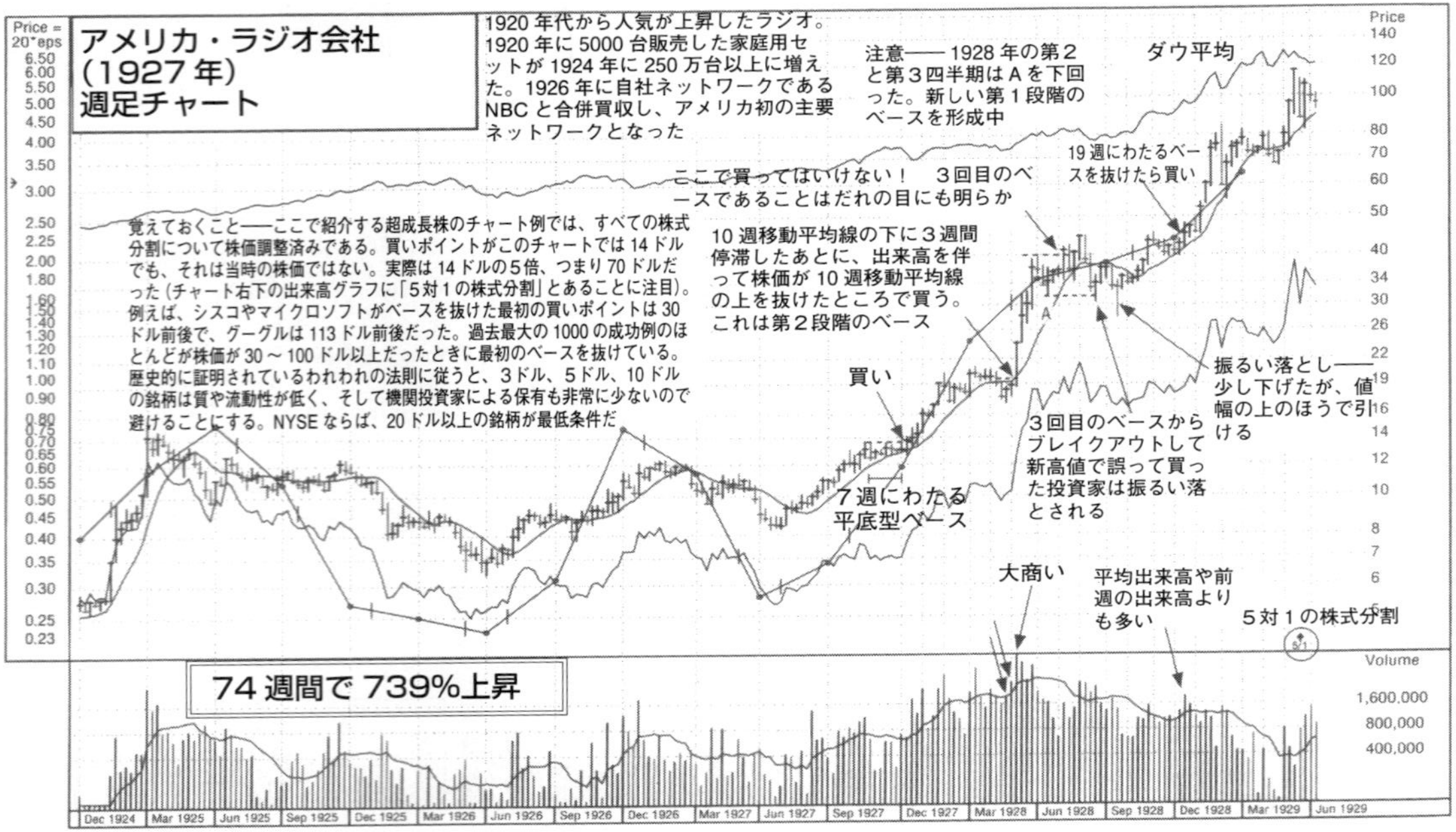

アメリカ・ラジオ会社
(1927 年)
週足チャート
1920 年代から人気が上昇したラジオ。1920 年に 5000 台販売した家庭用セットが 1924 年に 250 万台以上に増えた。1926 年に自社ネットワークである NBC と合併買収し、アメリカ初の主要ネットワークとなった
注意―― 1928 年の第２と第３四半期は A を下回った。新しい第１段階のベースを形成中
ダウ平均
覚えておくこと――ここで紹介する超成長株のチャート例では、すべての株式分割について株価調整済みである。買いポイントがこのチャートでは 14 ドルでも、それは当時の株価ではない。実際は 14 ドルの５倍、つまり 70 ドルだった（チャート右下の出来高グラフに「5対1の株式分割」とあることに注目）。例えば、シスコやマイクロソフトがベースを抜けた最初の買いポイントは 30 ドル前後で、グーグルは 113 ドル前後だった。過去最大の 1000 の成功例のほとんどが株価が 30 ～ 100 ドル以上だったときに最初のベースを抜けている。歴史的に証明されているわれわれの法則に従うと、３ドル、５ドル、10 ドルの銘柄は質や流動性が低く、そして機関投資家による保有も非常に少ないので避けることにする。NYSE ならば、20 ドル以上の銘柄が最低条件だ
ここで買ってはいけない！　３回目のベースであることはだれの目にも明らか
19 週にわたるベースを抜けたら買い
10 週移動平均線の下に３週間停滞したあとに、出来高を伴って株価が 10 週移動平均線の上を抜けたところで買う。これは第２段階のベース
買い
７週にわたる平底型ベース
３回目のベースからブレイクアウトして新高値で誤って買った投資家は振るい落とされる
振るい落とし――少し下げたが、値幅の上のほうで引ける
大商い
平均出来高や前週の出来高よりも多い
５対１の株式分割
74 週間で 739%上昇
Price = 20*eps
Price
Volume
1,600,000
800,000
400,000
Dec 1924
Mar 1925
Jun 1925
Sep 1925
Dec 1925
Mar 1926
Jun 1926
Sep 1926
Dec 1926
Mar 1927
Jun 1927
Sep 1927
Dec 1927
Mar 1928
Jun 1928
Sep 1928
Dec 1928
Mar 1929
Jun 1929
© 2008 Investor's Business Daily, Inc.

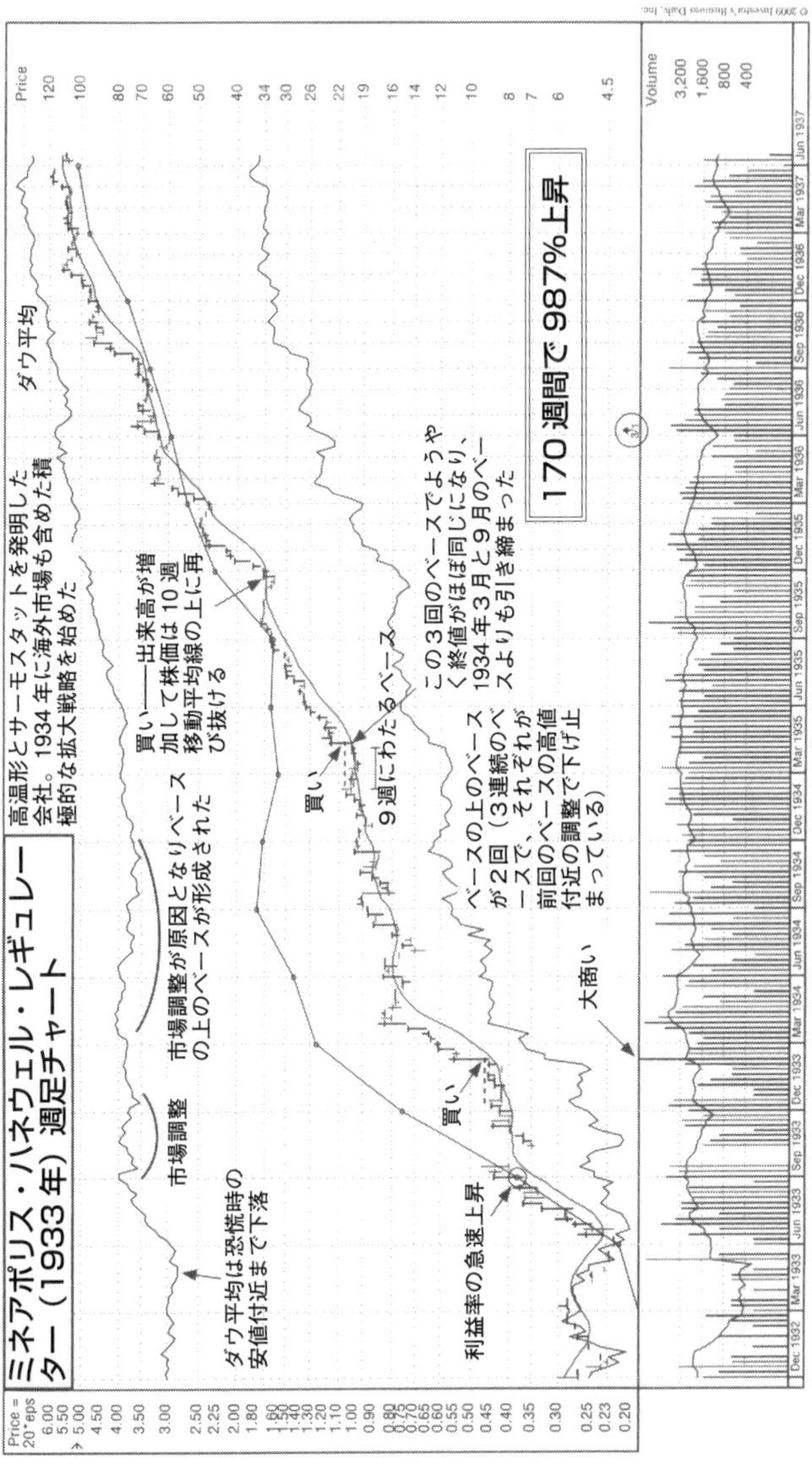
ミネアポリス・ハネウェル・レギュレーター（1933年）週足チャート
高温形とサーモスタットを発明した会社。1934年に海外市場も含めた積極的な拡大戦略を始めた
ダウ平均
市場調整
市場調整が原因となりベースの上のベースが形成された
買い――出来高が増加して株価は10週移動平均線の上に再び抜ける
買い
9週にわたるベース
この3回のベースでようやく終値がほぼ同じになり、1934年3月と9月のベースよりも引き締まった
170週間で987％上昇
ベースの上のベースが2回（3連続のベースで、それぞれが前回のベースの高値付近の調整で下げ止まっている）
大商い
買い
利益率の急速上昇
ダウ平均は恐慌時の安値付近まで下落
Price = 20*eps
Price
Volume
© 2009 Investor's Business Daily, Inc.

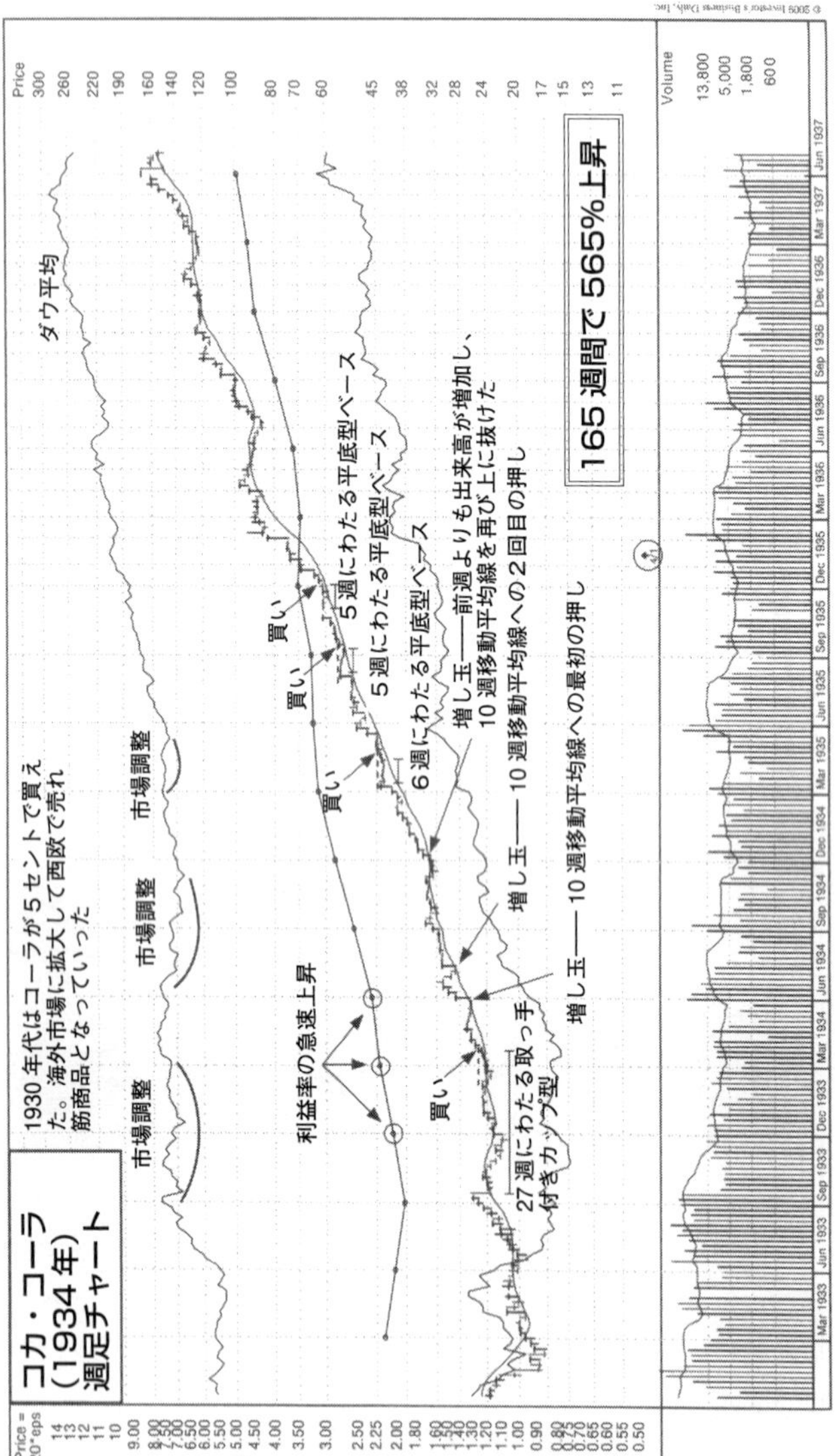

コカ・コーラ（1934年）週足チャート
1930年代はコーラが5セントで買えた。海外市場に拡大して西欧で売れ筋商品となっていった
市場調整
市場調整
市場調整
ダウ平均
利益率の急速上昇
買い
買い
買い
買い
買い
5週にわたる平底型ベース
5週にわたる平底型ベース
6週にわたる平底型ベース
増し玉――前週よりも出来高が増加し、10週移動平均線を再び上に抜けた
増し玉――10週移動平均線への2回目の押し
増し玉――10週移動平均線への最初の押し
27週にわたる取っ手付きカップ型
165週間で565%上昇
Price = 20*eps
Price
Volume
13,800
5,000
1,800
600
Mar 1933
Jun 1933
Sep 1933
Dec 1933
Mar 1934
Jun 1934
Sep 1934
Dec 1934
Mar 1935
Jun 1935
Sep 1935
Dec 1935
Mar 1936
Jun 1936
Sep 1936
Dec 1936
Mar 1937
Jun 1937
© 2005 Investor's Business Daily, Inc.

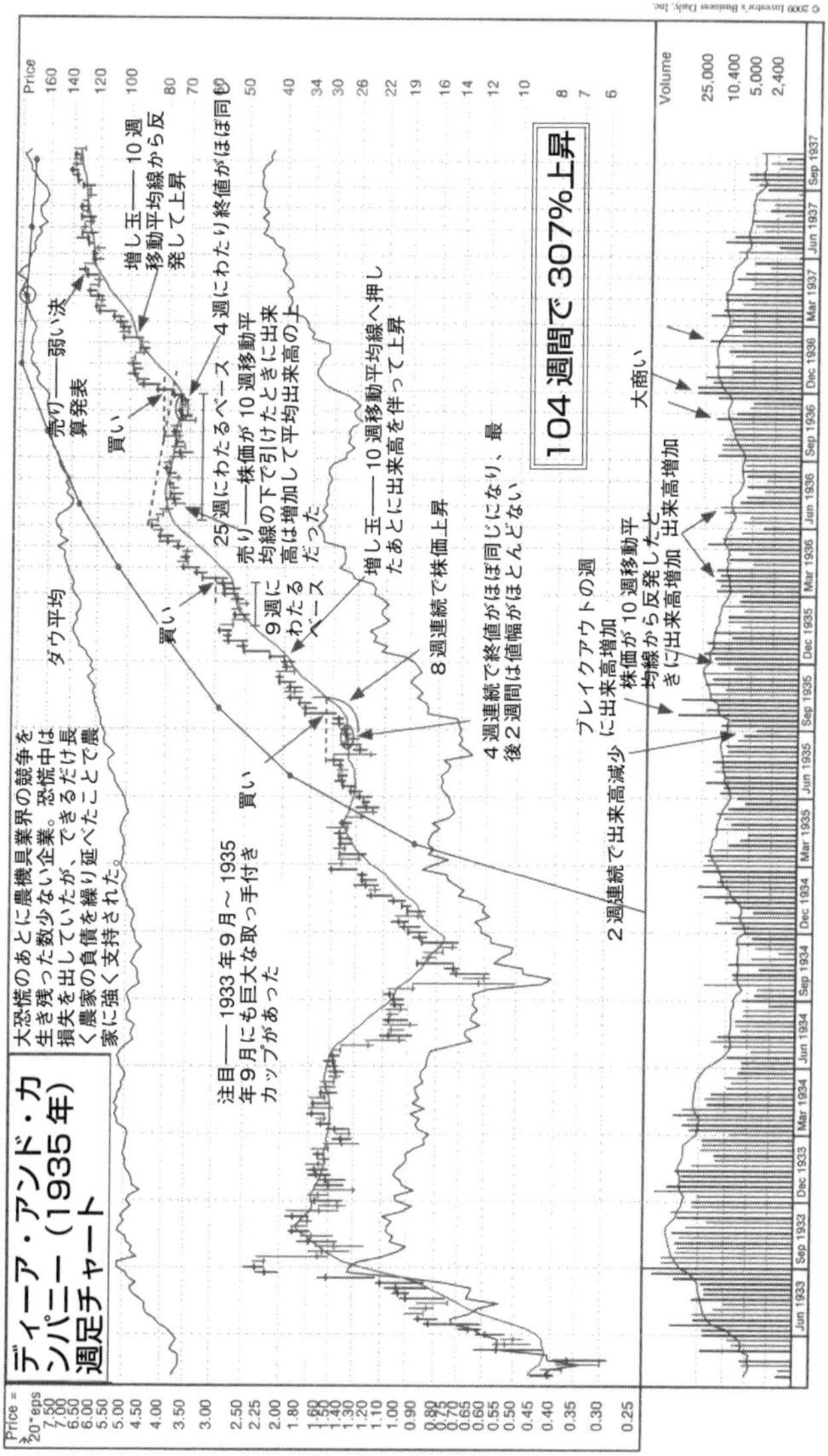
ディーア・アンド・カンパニー（1935年）週足チャート
大恐慌のあとに農機具業界の競争を生き残った数少ない企業。恐慌中は損失を出していたが、できるだけ長く農家の負債を繰り延べたことで農家に強く支持された。
注目――1933年9月～1935年9月にも巨大な取っ手付きカップがあった
買い
4週連続で終値がほぼ同じになり、最後2週間は値幅がほとんどない
8週連続で株価上昇
増し玉――10週移動平均線へ押したあとに出来高を伴って上昇
9週にわたるベース
買い
ダウ平均
売り――株価が10週移動平均線の下で引けたときに出来高は増加して平均出来高の上だった
25週にわたるベース
4週にわたり終値がほぼ同じ
買い
売り――弱い決算発表
増し玉――10週移動平均線から反発して上昇
104週間で307%上昇
2週連続で出来高減少
ブレイクアウトの週に出来高増加
株価が10週移動平均線から反発したときに出来高増加
出来高増加
大商い
Price
Volume
© 2009 Investor's Business Daily, Inc.

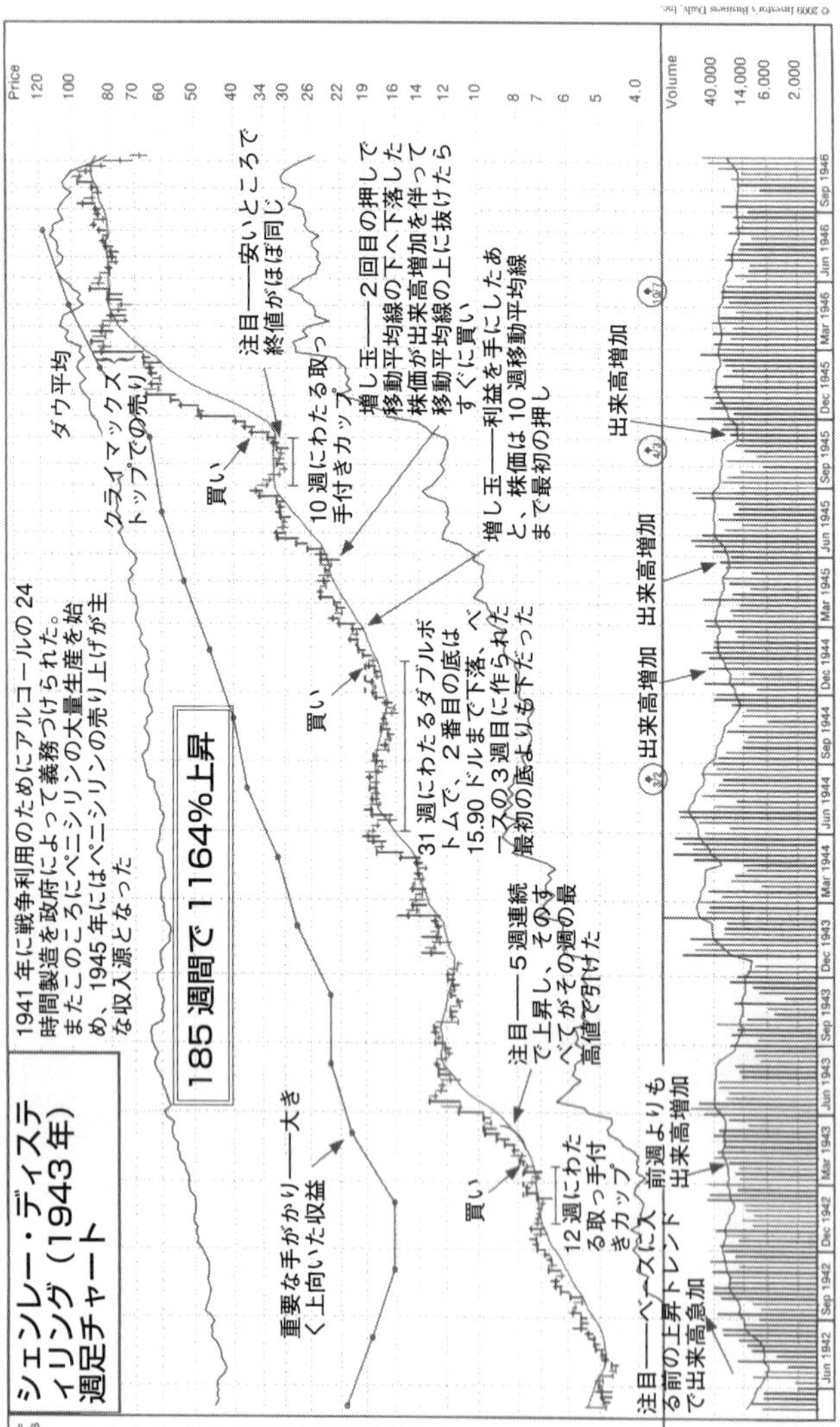
シェンレー・ディスティリング（1943年）週足チャート
1941年に戦争利用のためにアルコールの24時間製造を政府によって義務づけられた。またこのころにペニシリンの大量生産を始め、1945年にはペニシリンの売り上げが主な収入源となった
185週間で1164%上昇
重要な手がかり――大きく上向いた収益
ダウ平均
クライマックストップでの売り
注目――安いところで終値がほぼ同じ
買い
10週にわたる取っ手付きカップ
増し玉――2回目の押しで移動平均線の下へ下落した株価が出来高増加を伴って移動平均線の上に抜けたらすぐに買い
増し玉――利益を手にしたあと、株価は10週移動平均線まで最初の押し
買い
31週にわたるダブルボトムで、2番目の底は15.90ドルまで下落、ベースの3週目に作られた最初の底よりも下だった
注目――5週連続で上昇し、そのすべてがその週の最高値で引けた
買い
12週にわたる取っ手付きカップ
注目――ベースに入る前の上昇トレンドで出来高急増加
前週よりも出来高増加
出来高増加
出来高増加
出来高増加
出来高増加
© 2009 Investor's Business Daily, Inc.

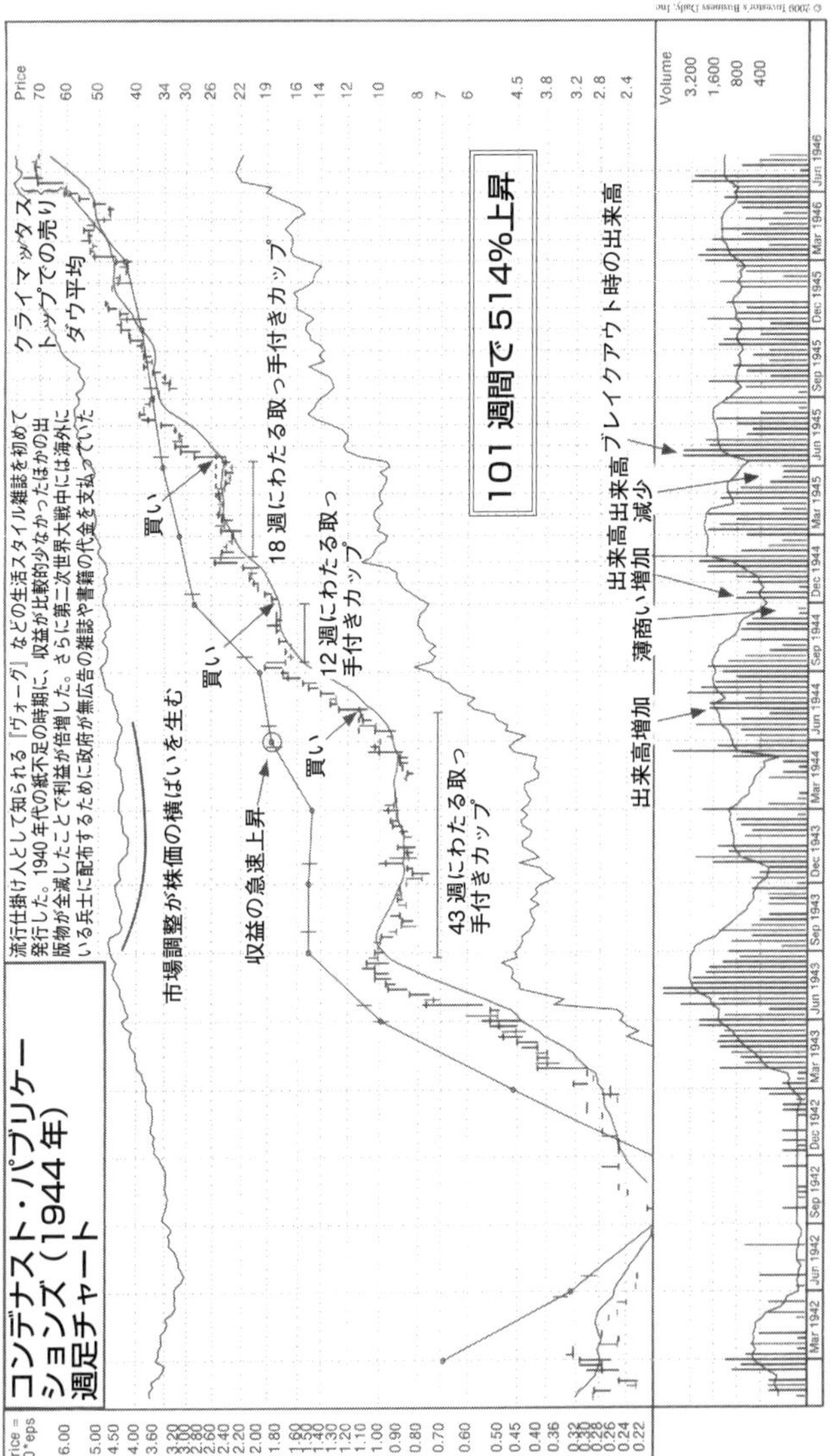
コンデナスト・パブリケーションズ（1944年）
週足チャート
流行仕掛け人として知られる「ヴォーグ」などの生活スタイル雑誌を初めて発行した。1940年代の紙不足の時期に、収益が比較的少なかったほかの出版物が全滅したことで利益が倍増した。さらに第二次世界大戦中には海外にいる兵士に配布するために政府が無広告の雑誌や書籍の代金を支払っていた
市場調整が株価の横ばいを生む
収益の急速上昇
買い
買い
買い
43週にわたる取っ手付きカップ
12週にわたる取っ手付きカップ
18週にわたる取っ手付きカップ
クライマックストップでの売り
ダウ平均
101週間で514%上昇
出来高増加
薄商い増加
出来高減少
出来高ブレイクアウト時の出来高
Price = 10*eps
Price
Volume
© 2006 Investor's Business Daily, Inc.

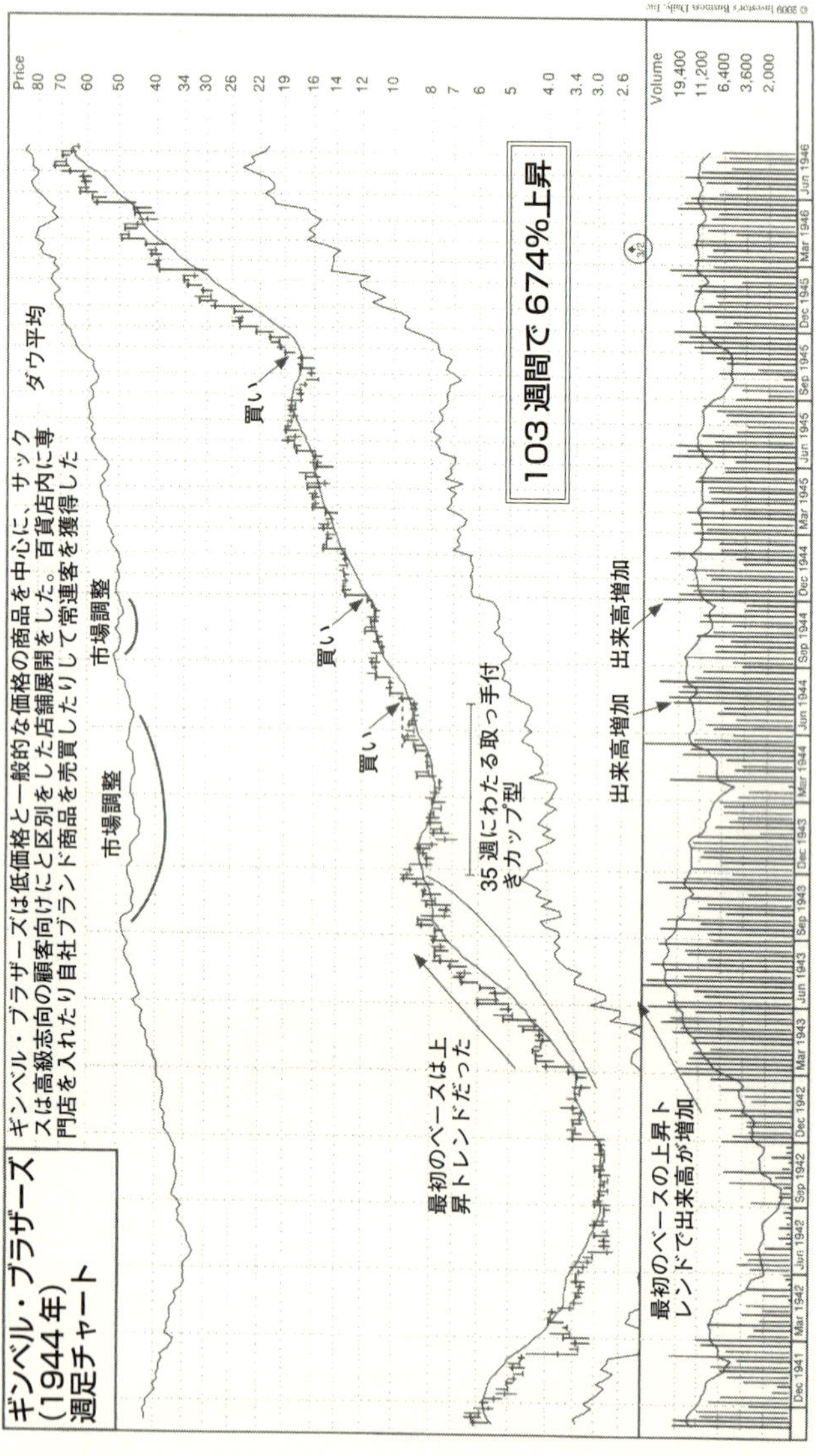
ギンベル・ブラザーズ（1944年）週足チャート
ギンベル・ブラザーズは低価格と一般的な価格の商品を中心に、サックスは高級志向の顧客向けにと区別をした店舗展開をした。百貨店内に専門店を入れたり自社ブランド商品を売買したりして常連客を獲得した
ダウ平均
市場調整
市場調整
買い
買い
買い
35週にわたる取っ手付きカップ型
最初のベースは上昇トレンドだった
103週間で674％上昇
出来高増加
出来高増加
最初のベースの上昇トレンドで出来高が増加
Price
80
70
60
50
40
34
30
26
22
19
16
14
12
10
8
7
6
5
4.0
3.4
3.0
2.6
Volume
19,400
11,200
6,400
3,600
2,000
Dec 1941
Mar 1942
Jun 1942
Sep 1942
Dec 1942
Mar 1943
Jun 1943
Sep 1943
Dec 1943
Mar 1944
Jun 1944
Sep 1944
Dec 1944
Mar 1945
Jun 1945
Sep 1945
Dec 1945
Mar 1946
Jun 1946
© 2009 Investor's Business Daily, Inc.

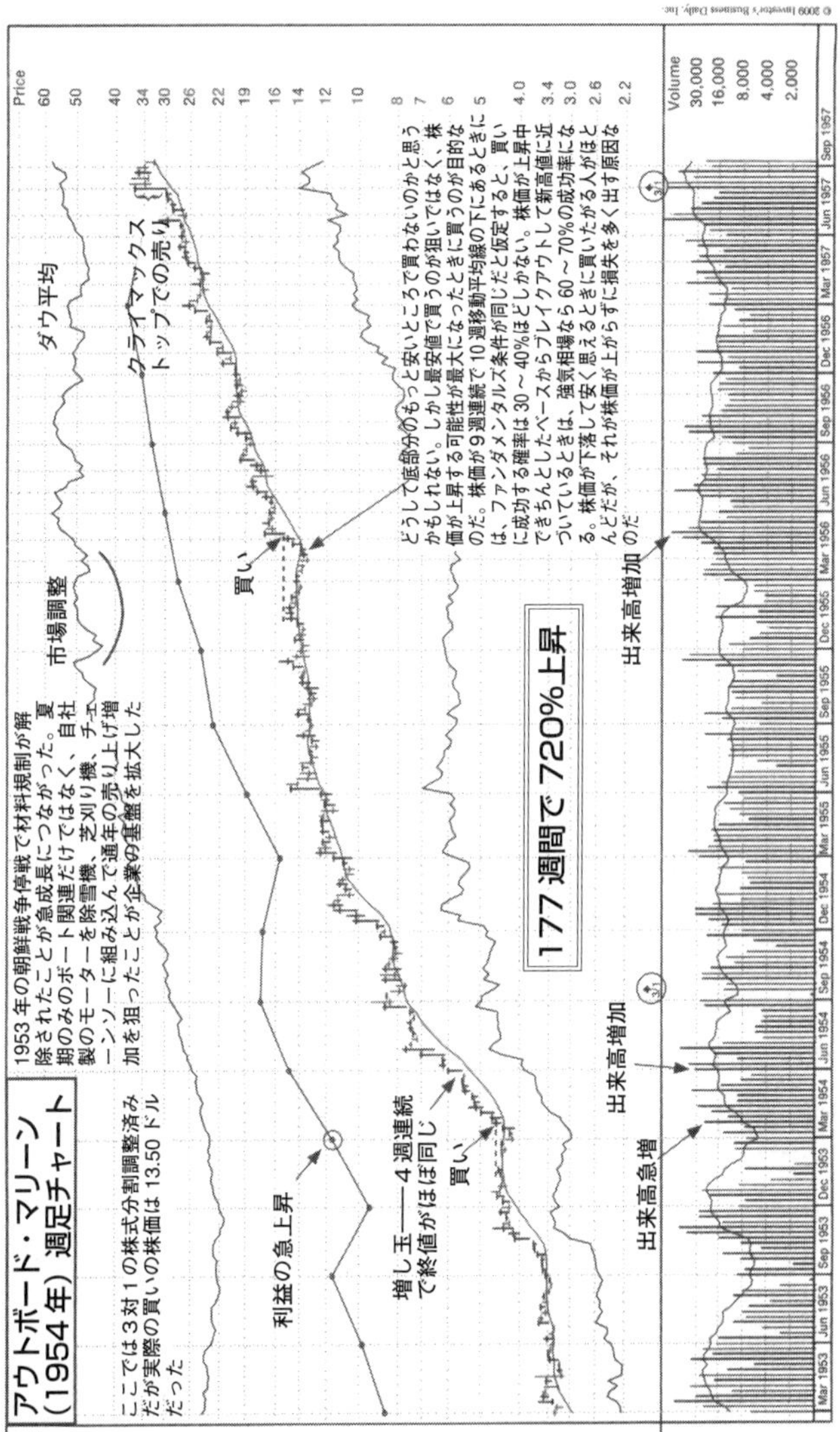
アウトボード・マリーン（1954年）週足チャート
ここでは3対1の株式分割調整済みだが実際の買いの株価は13.50ドルだった
1953年の朝鮮戦争停戦で材料規制が解除されたことが急成長につながった。夏期のみのボート関連だけではなく、自社製のモーターを除雪機、芝刈り機、チェーンソーに組み込んで通年の売り上げ増加を狙ったことが企業の基盤を拡大した
市場調整
ダウ平均
クライマックストップでの売り
買い
どうして底部分のもっと安いところで買わないのかと思うかもしれない。しかし最安値で買うのが狙いではなく、株価が上昇する可能性が最大になったときに買うのが目的なのだ。株価が9週連続で10週移動平均線の下にあるときには、ファンダメンタルズ条件が同じだと仮定すると、買いに成功する確率は30～40％ほどしかない。株価が上昇中できちんとしたベースからブレイクアウトして新高値に近づいているときは、強気相場なら60～70％の成功率になる。株価が下落して安く思えるときに買いたがる人がほとんどだが、それが株価が上がらずに損失を多く出す原因なのだ
177週間で720％上昇
出来高増加
利益の急上昇
増し玉——4週連続で終値がほぼ同じ
買い
出来高急増
出来高増加
Price = 20*eps
Price
Volume
© 2009 Investor's Business Daily, Inc.

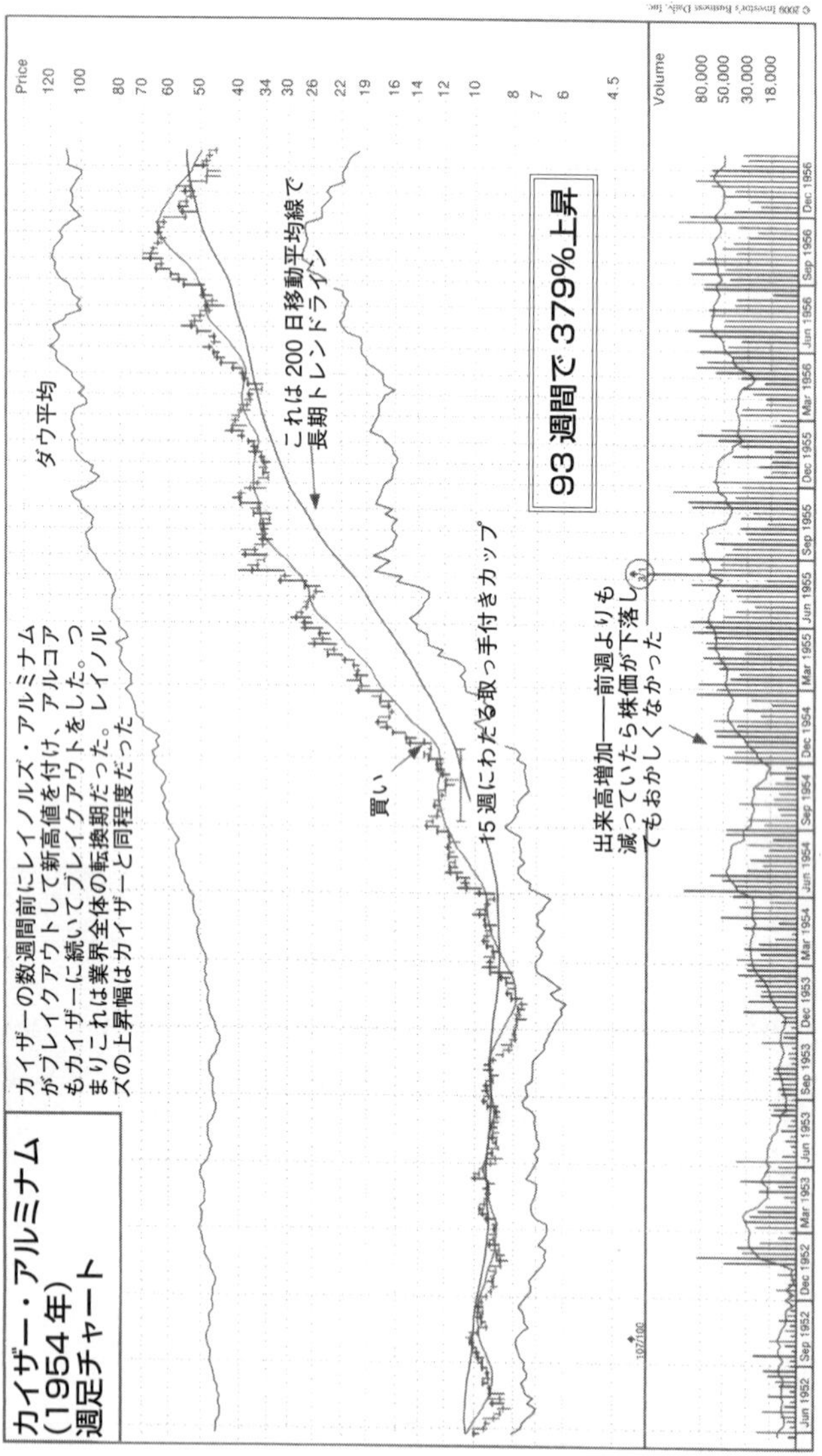
カイザー・アルミナム（1954年）週足チャート
カイザーの数週間前にレイノルズ・アルミナムがブレイクアウトして新高値を付け、アルコアもカイザーに続いてブレイクアウトをした。つまりこれは業界全体の転換期だった。レイノルズの上昇幅はカイザーと同程度だった
ダウ平均
これは200日移動平均線で長期トレンドライン
93週間で379%上昇
買い
15週にわたる取っ手付きカップ
出来高増加――前週よりも減っていたら株価が下落してもおかしくなかった
Price
120
100
80
70
60
50
40
34
30
26
22
19
16
14
12
10
8
7
6
4.5
Volume
80,000
50,000
30,000
18,000
Jun 1952
Sep 1952
Dec 1952
Mar 1953
Jun 1953
Sep 1953
Dec 1953
Mar 1954
Jun 1954
Sep 1954
Dec 1954
Mar 1955
Jun 1955
Sep 1955
Dec 1955
Mar 1956
Jun 1956
Sep 1956
Dec 1956

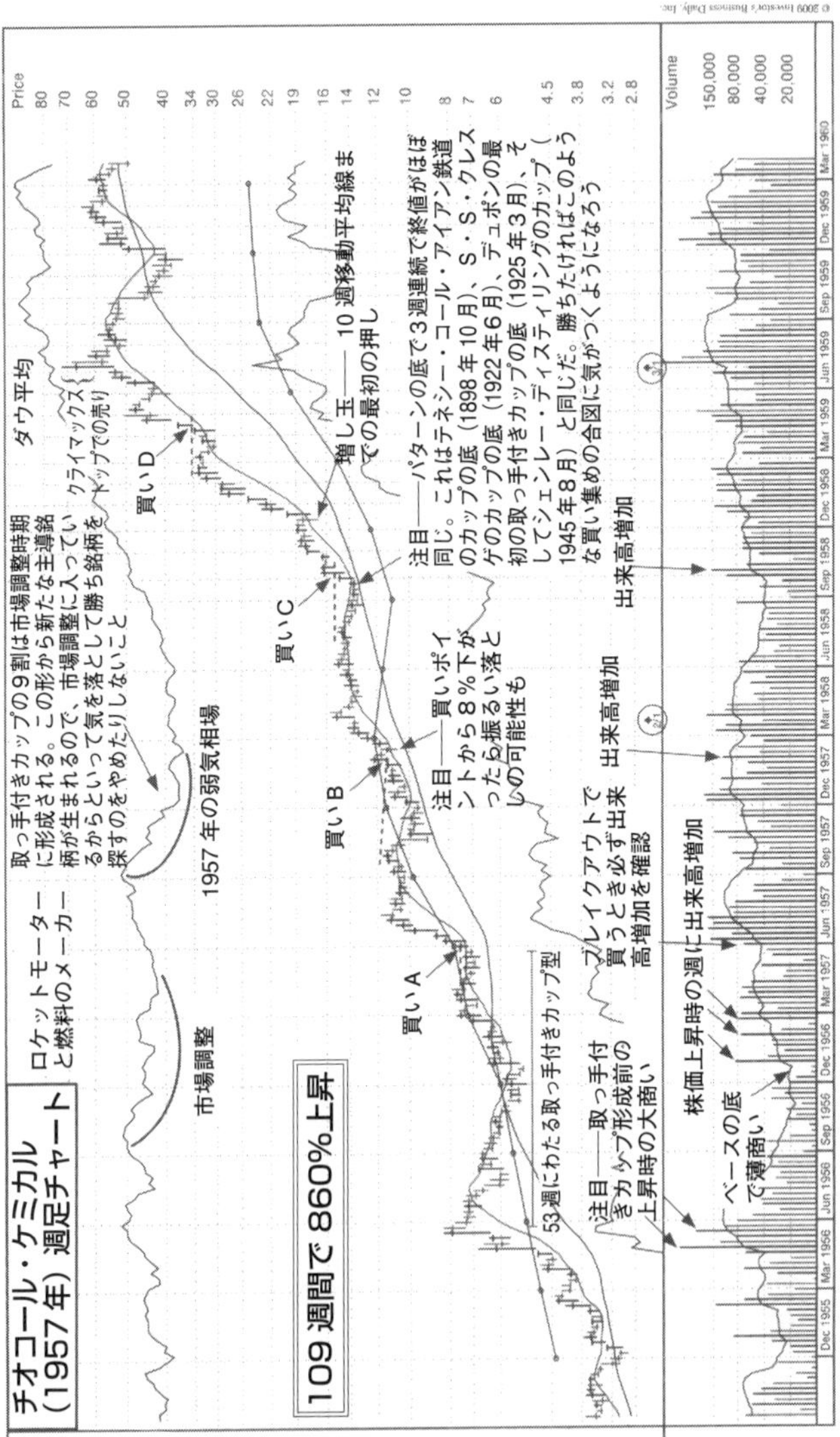
チオコール・ケミカル（1957年）週足チャート
ロケットモーターと燃料のメーカー
市場調整
109週間で860%上昇
取っ手付きカップの9割は市場調整時期に形成される。この形から新たな主導銘柄が生まれるので、市場調整に入っているからといって気を落として勝ち銘柄を探すのをやめたりしないこと
1957年の弱気相場
ダウ平均
クライマックストップでの売り
買いD
買いC
買いB
買いA
増し玉――10週移動平均線までの最初の押し
注目――パターンの底で3週連続で終値がほぼ同じ。これはテネシー・コール・アイアン鉄道のカップの底（1898年10月）、S・S・クレスゲのカップの底（1922年6月）、デュポンの最初の取っ手付きカップの底（1925年3月）、そしてシェンレー・ディスティリングのカップの底（1945年8月）と同じだ。勝ちたければこのような買い集めの合図に気がつくようになろう
注目――買いポイントから8%下がったら振るい落としの可能性も
53週にわたる取っ手付きカップ型
ブレイクアウトで買うとき必ず出来高増加を確認
出来高増加
出来高増加
注目――取っ手付きカップ形成前の上昇時の大商い
株価上昇時の週に出来高増加
ベースの底で薄商い
Price
Volume
© 2009 Investor's Business Daily, Inc.

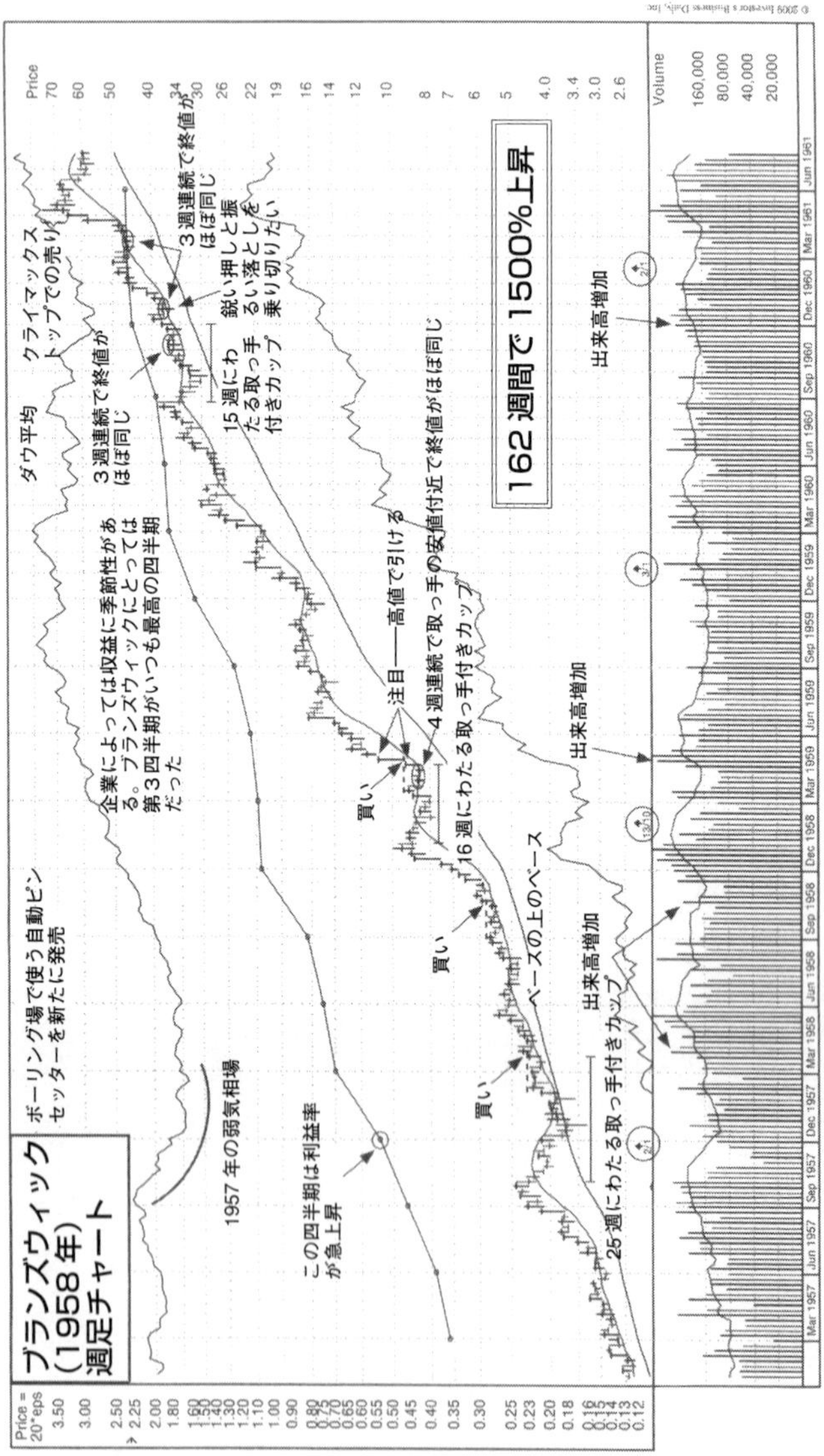
ブランズウィック（1958年）週足チャート
ボーリング場で使う自動ピンセッターを新たに発売
1957年の弱気相場
この四半期は利益率が急上昇
企業によっては収益に季節性がある。ブランズウィックにとっては第3四半期がいつも最高の四半期だった
ダウ平均
3週連続で終値がほぼ同じ
クライマックストップでの売り
3週連続で終値がほぼ同じ
15週にわたる取っ手付きカップ
鋭い押しと振るい落としを乗り切りたい
注目――高値で引ける
4週連続で取っ手の安値付近で終値がほぼ同じ
16週にわたる取っ手付きカップ
買い
ベースの上のベース
買い
買い
25週にわたる取っ手付きカップ
出来高増加
出来高増加
出来高増加
162週間で1500%上昇
Price = 20*eps
Price
Volume
© 2009 Investor's Business Daily, Inc.

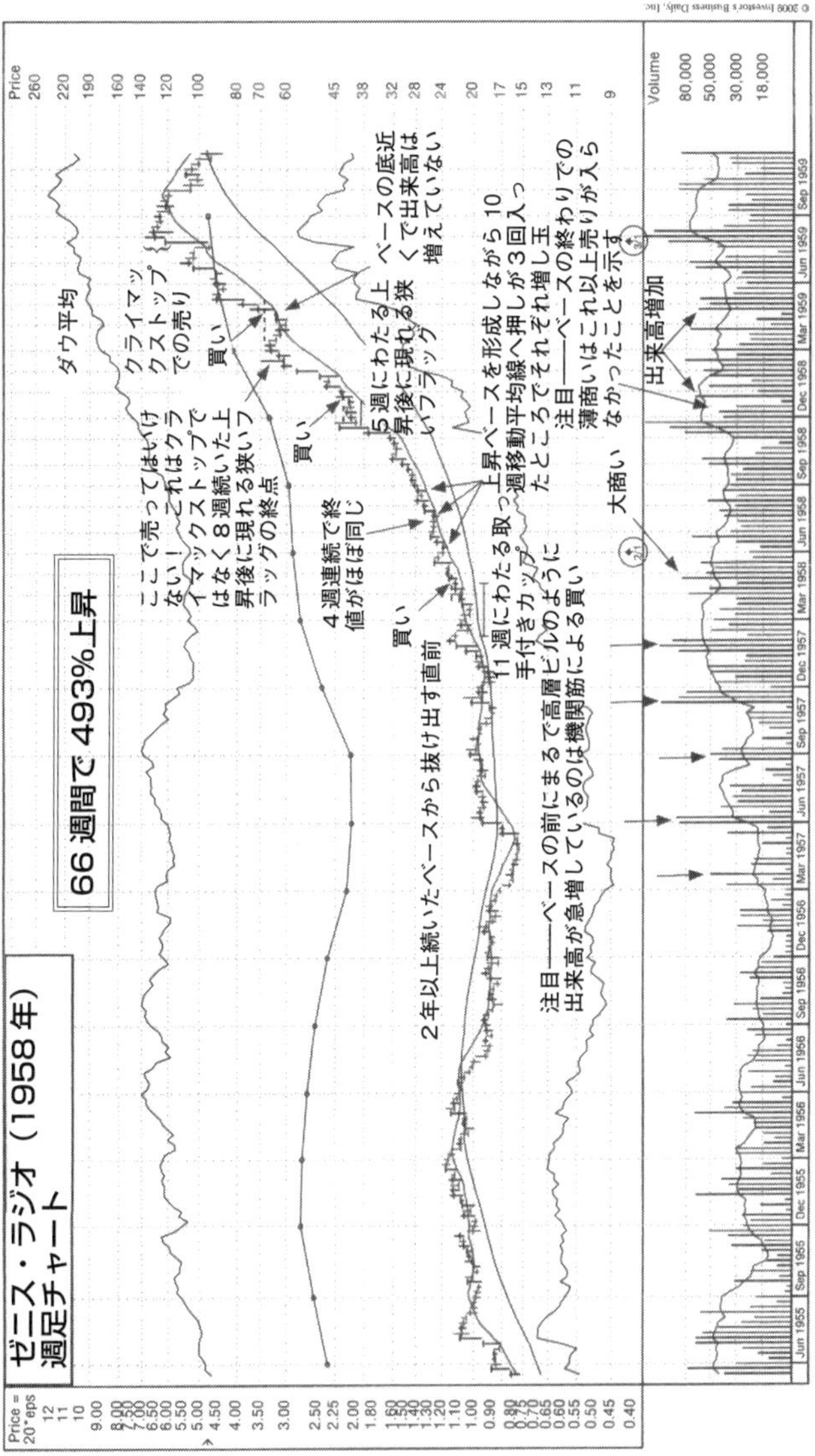
ゼニス・ラジオ（1958年）
週足チャート
66週間で493％上昇
ダウ平均
ここで売ってはいけない！　これはクライマックストップではなく8週続いた上昇後に現れる狭いフラッグの終点
クライマックストップでの売り
買い
買い
4週連続で終値がほぼ同じ
5週にわたる上昇後に現れる狭いフラッグ
ベースの底近くで出来高は増えていない
買い
2年以上続いたベースから抜け出す直前
11週にわたる取っ手付きカップ
上昇ベースを形成しながら10週移動平均線へ押しが3回入ったところでそれぞれ増し玉
注目――ベースの前にまるで高層ビルのように出来高が急増しているのは機関筋による買い
注目――ベースの終わりでの薄商いはこれ以上売りが入らなかったことを示す
大商い
出来高増加
Price = 20*eps
Price
Volume
Jun 1955　Sep 1955　Dec 1955　Mar 1956　Jun 1956　Sep 1956　Dec 1956　Mar 1957　Jun 1957　Sep 1957　Dec 1957　Mar 1958　Jun 1958　Sep 1958　Dec 1958　Mar 1959　Jun 1959　Sep 1959

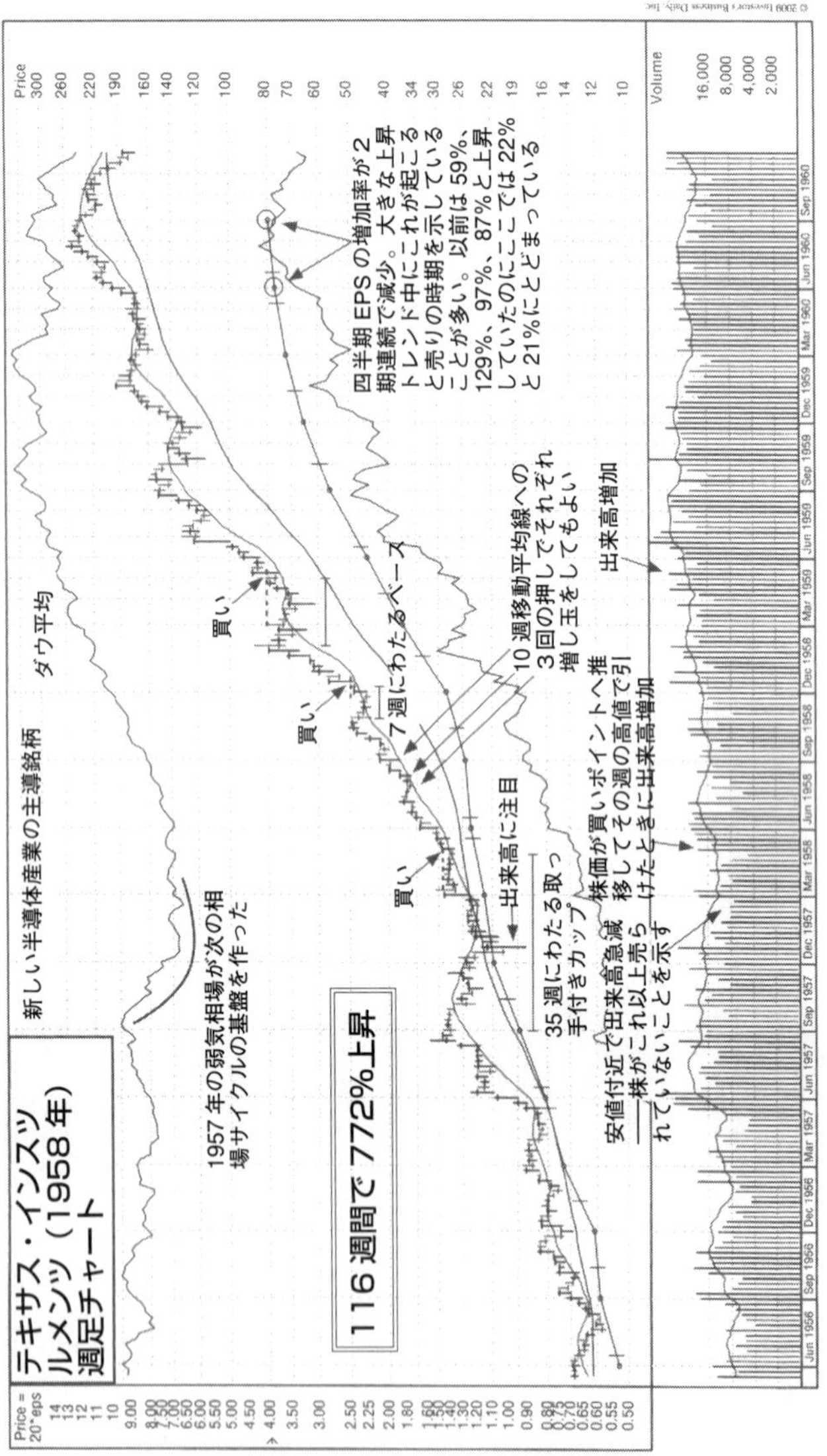

テキサス・インスツルメンツ（1958年）週足チャート
新しい半導体産業の主導銘柄
ダウ平均
1957年の弱気相場が次の相場サイクルの基盤を作った
116週間で772%上昇
買い
買い
買い
7週にわたるベース
10週移動平均線への3回の押しでそれぞれ増し玉をしてもよい
出来高増加
四半期EPSの増加率が2期連続で減少。大きな上昇トレンド中にこれが起こると売りの時期を示していることが多い。以前は59%、129%、97%、87%と上昇していたのにここでは22%と21%にとどまっている
35週にわたる取っ手付きカップ
出来高に注目
株価が買いポイントへ推移してその週の高値で引けたときに出来高増加
安値付近で出来高急減――株がこれ以上売られていないことを示す
Price
Volume
© 2009 Investor's Business Daily, Inc.

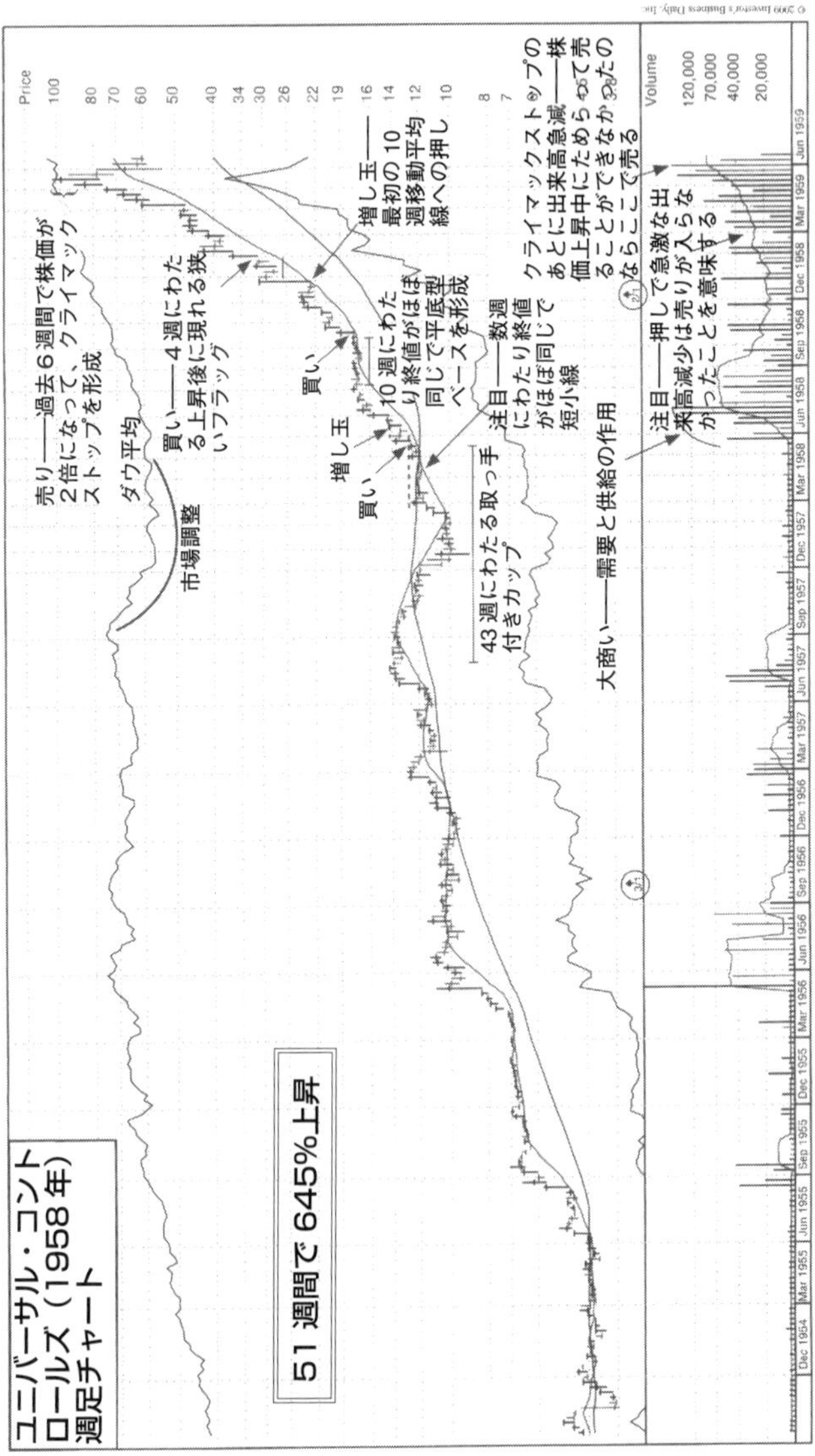
ユニバーサル・コントロールズ（1958 年）週足チャート
51 週間で 645%上昇
売り――過去６週間で株価が２倍になって、クライマックストップを形成
ダウ平均
市場調整
買い――４週にわたる上昇後に現れる狭いフラッグ
買い
増し玉
買い
10 週にわたり終値がほぼ同じで平底型ベースを形成
増し玉――最初の 10 週移動平均線への押し
43 週にわたる取っ手付きカップ
注目――数週にわたり終値がほぼ同じで短小線
クライマックストップのあとに出来高急減――株価上昇中にためらって売ることができなかったのならここで売る
大商い――需要と供給の作用
注目――押しで急激な出来高減少は売りが入らなかったことを意味する
Price
100
80
70
60
50
40
34
30
26
22
19
16
14
12
10
8
7
Volume
120,000
70,000
40,000
20,000
Dec 1954
Mar 1955
Jun 1955
Sep 1955
Dec 1955
Mar 1956
Jun 1956
Sep 1956
Dec 1956
Mar 1957
Jun 1957
Sep 1957
Dec 1957
Mar 1958
Jun 1958
Sep 1958
Dec 1958
Mar 1959
Jun 1959
© 2009 Investor's Business Daily, Inc.

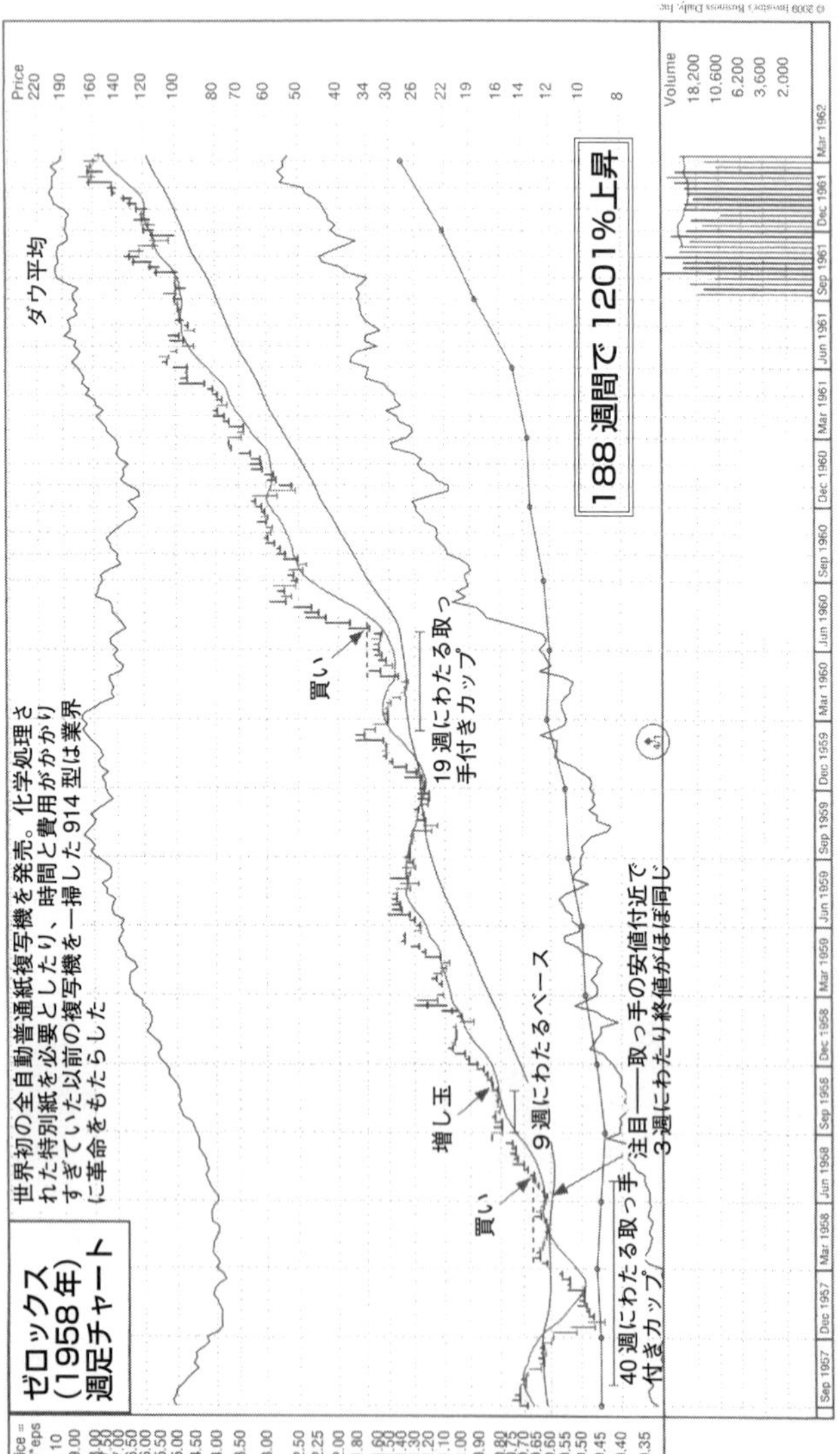
ゼロックス
（1958年）
週足チャート
世界初の全自動普通紙複写機を発売。化学処理された特別紙を必要としたり、時間と費用がかかりすぎていた以前の複写機を一掃した914型は業界に革命をもたらした
ダウ平均
188週間で1201%上昇
買い
19週にわたる取っ手付きカップ
増し玉
9週にわたるベース
買い
注目――取っ手の安値付近で3週にわたり終値がほぼ同じ
40週にわたる取っ手付きカップ
Price = 20*eps
Price
Volume
© 2009 Investor's Business Daily, Inc.

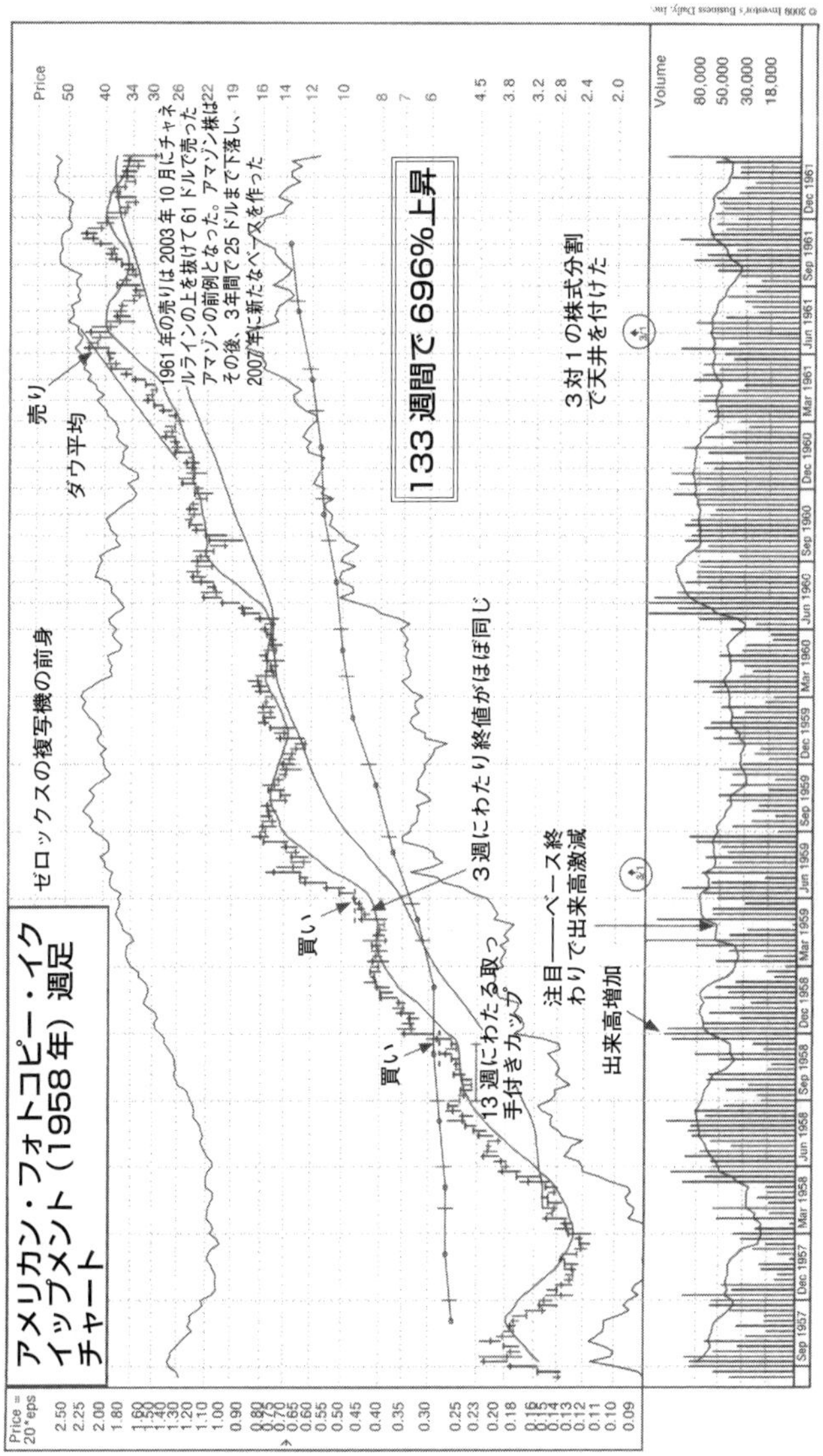
アメリカン・フォトコピー・イクイップメント（1958年）週足チャート
ゼロックスの複写機の前身
売り
ダウ平均
1961年の売りは2003年10月にチャネルラインの上を抜けて61ドルで売ったアマゾンの前例となった。アマゾン株はその後、3年間で25ドルまで下落し、2007年に新たなベースを作った
133週間で696%上昇
3週にわたり終値がほぼ同じ
買い
買い
13週にわたる取っ手付きカップ
注目――ベース終わりで出来高激減
3対1の株式分割で天井を付けた
出来高増加
Price = 20*eps
Price
Volume
© 2008 Investor's Business Daily, Inc.

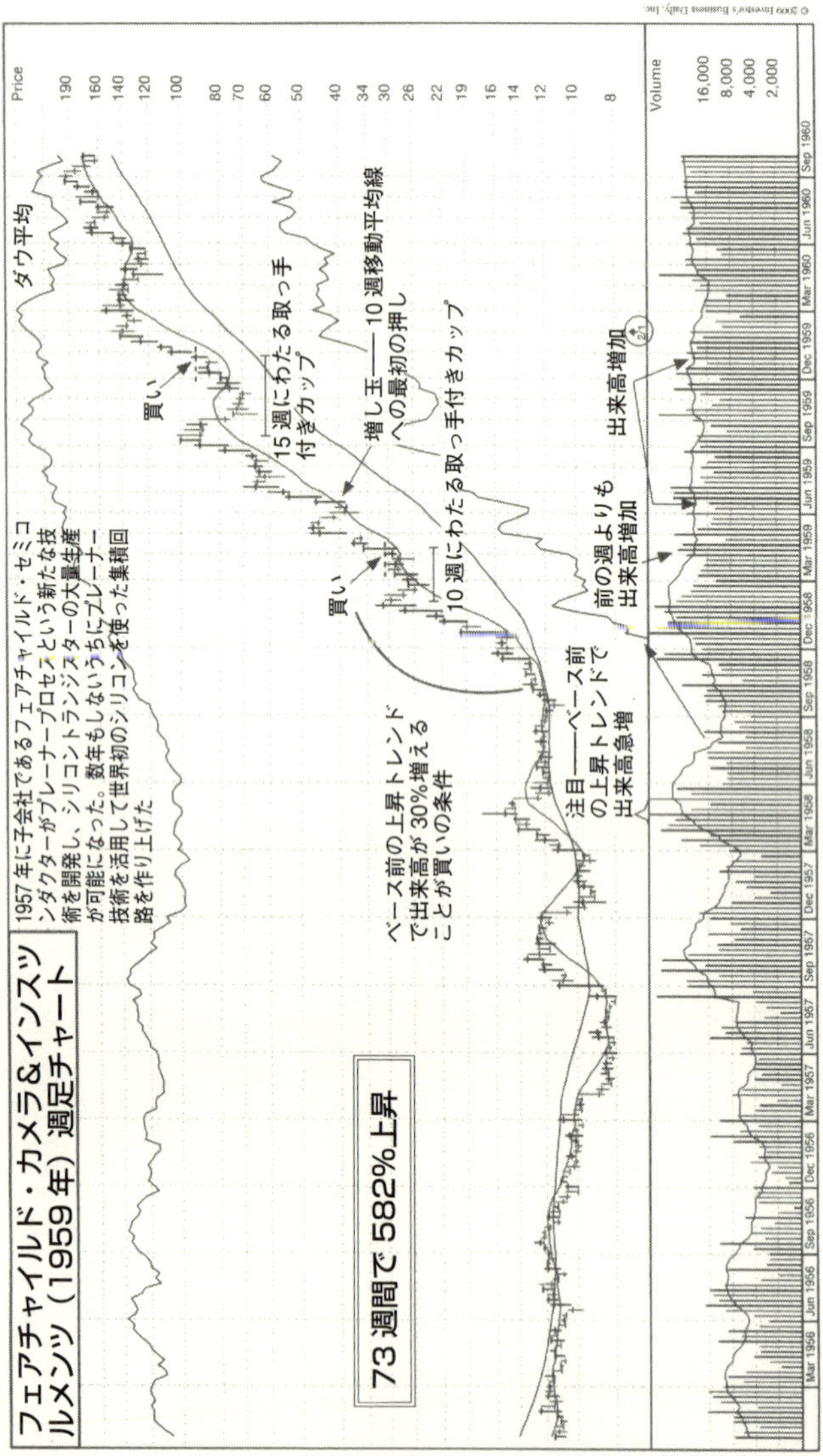

フェアチャイルド・カメラ&インスツルメンツ（1959年）週足チャート
1957年に子会社であるフェアチャイルド・セミコンダクターがプレーナープロセスという新たな技術を開発し、シリコントランジスターの大量生産が可能になった。数年もしないうちにプレーナー技術を活用して世界初のシリコンを使った集積回路を作り上げた
ダウ平均
73週間で582%上昇
ベース前の上昇トレンドで出来高が30%増えることが買いの条件
注目――ベース前の上昇トレンドで出来高急増
前の週よりも出来高増加
出来高増加
買い
10週にわたる取っ手付きカップ
増し玉――10週移動平均線への最初の押し
15週にわたる取っ手付きカップ
買い
Price
190
160
140
120
100
80
70
60
50
40
34
30
26
22
19
16
14
12
10
8
Volume
16,000
8,000
4,000
2,000
Mar 1956
Jun 1956
Sep 1956
Dec 1956
Mar 1957
Jun 1957
Sep 1957
Dec 1957
Mar 1958
Jun 1958
Sep 1958
Dec 1958
Mar 1959
Jun 1959
Sep 1959
Dec 1959
Mar 1960
Jun 1960
Sep 1960
© 2009 Investor's Business Daily, Inc.

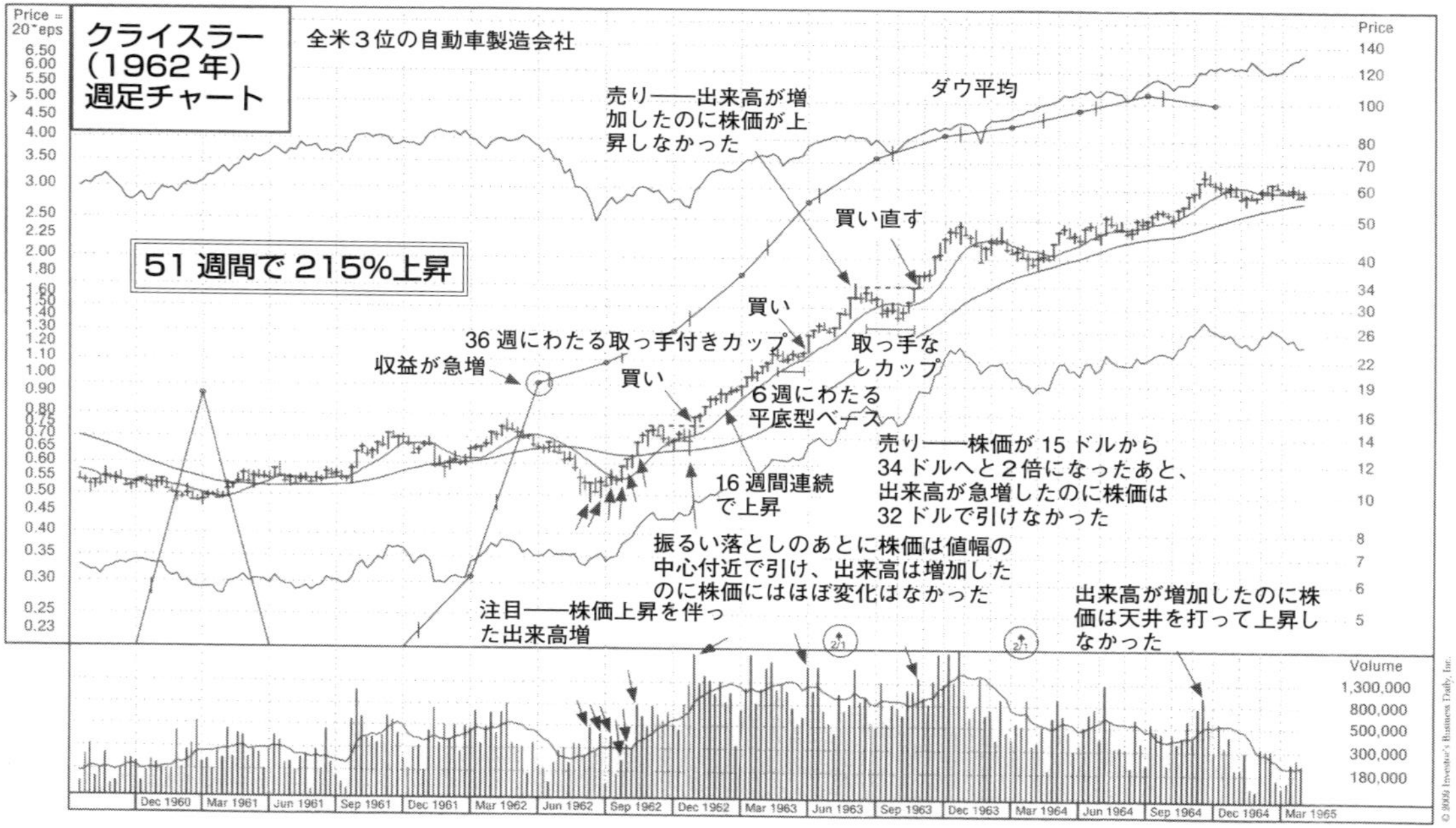
クライスラー
（1962年）
週足チャート
全米3位の自動車製造会社
51週間で215%上昇
売り——出来高が増加したのに株価が上昇しなかった
ダウ平均
買い直す
買い
36週にわたる取っ手付きカップ
収益が急増
買い
取っ手なしカップ
6週にわたる平底型ベース
売り——株価が15ドルから34ドルへと2倍になったあと、出来高が急増したのに株価は32ドルで引けなかった
16週間連続で上昇
振るい落としのあとに株価は値幅の中心付近で引け、出来高は増加したのに株価にはほぼ変化はなかった
注目——株価上昇を伴った出来高増
出来高が増加したのに株価は天井を打って上昇しなかった
Price = 20×eps
Price
Volume
Dec 1960
Mar 1961
Jun 1961
Sep 1961
Dec 1961
Mar 1962
Jun 1962
Sep 1962
Dec 1962
Mar 1963
Jun 1963
Sep 1963
Dec 1963
Mar 1964
Jun 1964
Sep 1964
Dec 1964
Mar 1965
© 2009 Investor's Business Daily, Inc.

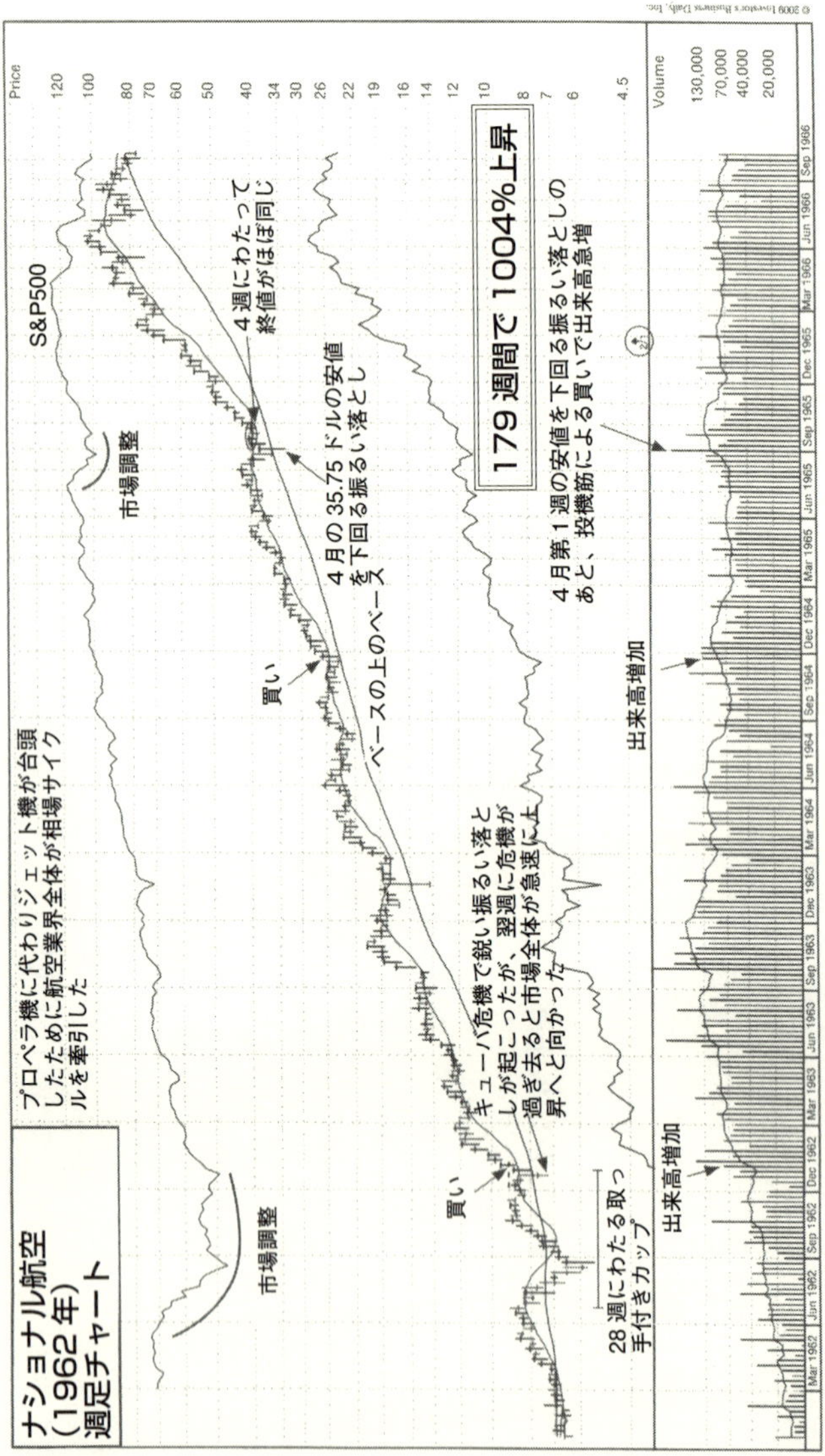

ナショナル航空（1962年）週足チャート
プロペラ機に代わりジェット機が台頭したために航空業界全体が相場サイクルを牽引した
市場調整
市場調整
S&P500
4週にわたって終値がほぼ同じ
4月の35.75ドルの安値を下回る振るい落とし
買い
買い
ベースの上のベース
179週間で1004%上昇
4月第1週の安値を下回る振るい落としのあと、投機筋による買いで出来高急増
出来高増加
出来高増加
キューバ危機で鋭い振るい落としが起こったが、翌週に危機が過ぎ去ると市場全体が急速に上昇へと向かった
28週にわたる取っ手付きカップ
Price
120
100
80
70
60
50
40
34
30
26
22
19
16
14
12
10
8
7
6
4.5
Volume
130,000
70,000
40,000
20,000
Mar 1962
Jun 1962
Sep 1962
Dec 1962
Mar 1963
Jun 1963
Sep 1963
Dec 1963
Mar 1964
Jun 1964
Sep 1964
Dec 1964
Mar 1965
Jun 1965
Sep 1965
Dec 1965
Mar 1966
Jun 1966
Sep 1966
© 2009 Investor's Business Daily, Inc.

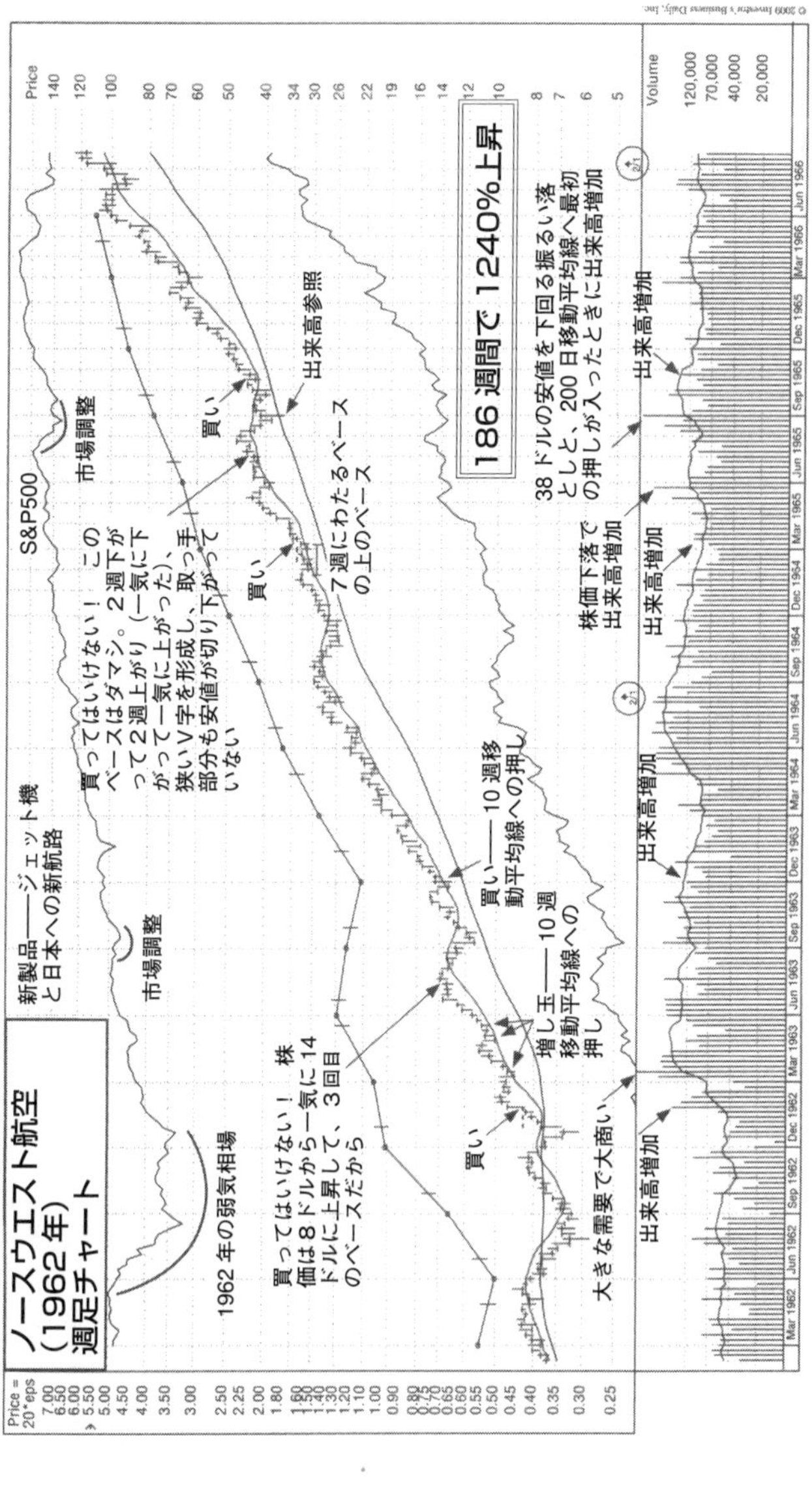
ノースウエスト航空
(1962年)
週足チャート
新製品――ジェット機
と日本への新航路
S&P500
市場調整
1962年の弱気相場
買ってはいけない！　この
ベースはダマシ。2週下が
って2週上がり（一気に下
がって一気に上がった）、
狭いV字を形成し、取っ手
部分も安値が切り下がって
いない
買ってはいけない！　株
価は8ドルから一気に14
ドルに上昇して、3回目
のベースだから
買い
買い――10週移
動平均線への押し
増し玉――10週
移動平均線への
押し
7週にわたるベース
の上のベース
出来高参照
186週間で1240%上昇
38ドルの安値を下回る振るい落
としと、200日移動平均線へ最初
の押しが入ったときに出来高増加
株価下落で
出来高増加
出来高増加
大きな需要で大商い
© 2009 Investor's Business Daily, Inc.

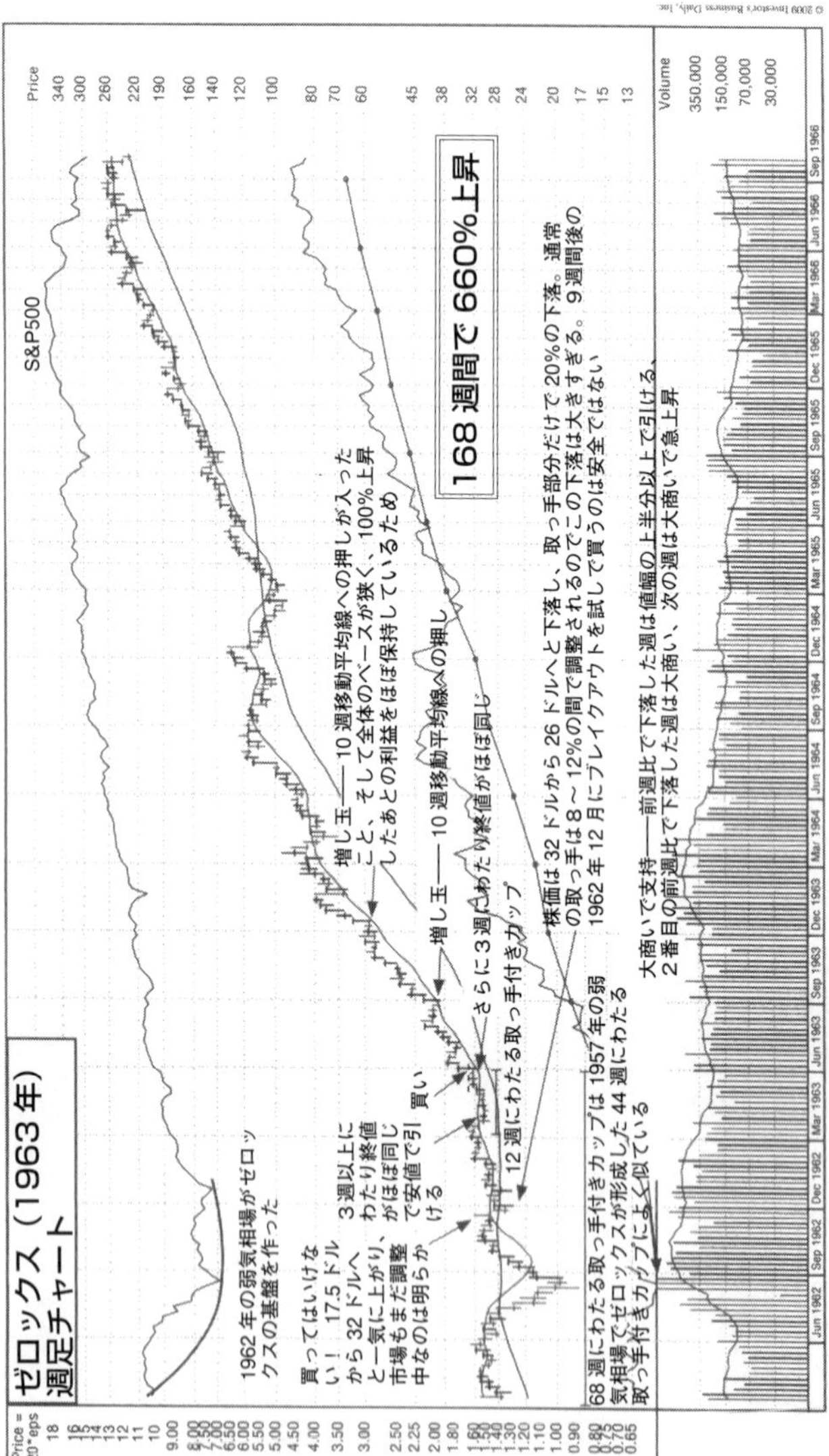
ゼロックス（1963年）
週足チャート
S&P500
168週間で660%上昇
1962年の弱気相場がゼロックスの基盤を作った
買ってはいけない！　17.5ドルから32ドルへと一気に上がり、市場もまだ調整中なのは明らか
3週以上にわたり終値がほぼ同じで安値で引ける
買い
12週にわたる取っ手付きカップ
さらに3週にわたり終値がほぼ同じ
増し玉―― 10週移動平均線への押し
増し玉―― 10週移動平均線への押しが入ったこと、そして全体のベースが狭く、100%上昇したあとの利益をほぼ保持しているため
株価は32ドルから26ドルへと下落し、取っ手部分だけで20%の下落。通常の取っ手は8～12%の間で調整されるのでこの下落は大きすぎる。9週間後の1962年12月にブレイクアウトを試して買うのは安全ではない
68週にわたる取っ手付きカップは1957年の弱気相場でゼロックスが形成した44週にわたる取っ手付きカップによく似ている
大商いで支持――前週比で下落した週は値幅の上半分以上で引ける
2番目の前週比で下落した週は大商い、次の週は大商いで急上昇
Price = 20*eps
Price
Volume
350,000
150,000
70,000
30,000
Jun 1962
Sep 1962
Dec 1962
Mar 1963
Jun 1963
Sep 1963
Dec 1963
Mar 1964
Jun 1964
Sep 1964
Dec 1964
Mar 1965
Jun 1965
Sep 1965
Dec 1965
Mar 1966
Jun 1966
Sep 1966
© 2009 Investor's Business Daily, Inc.

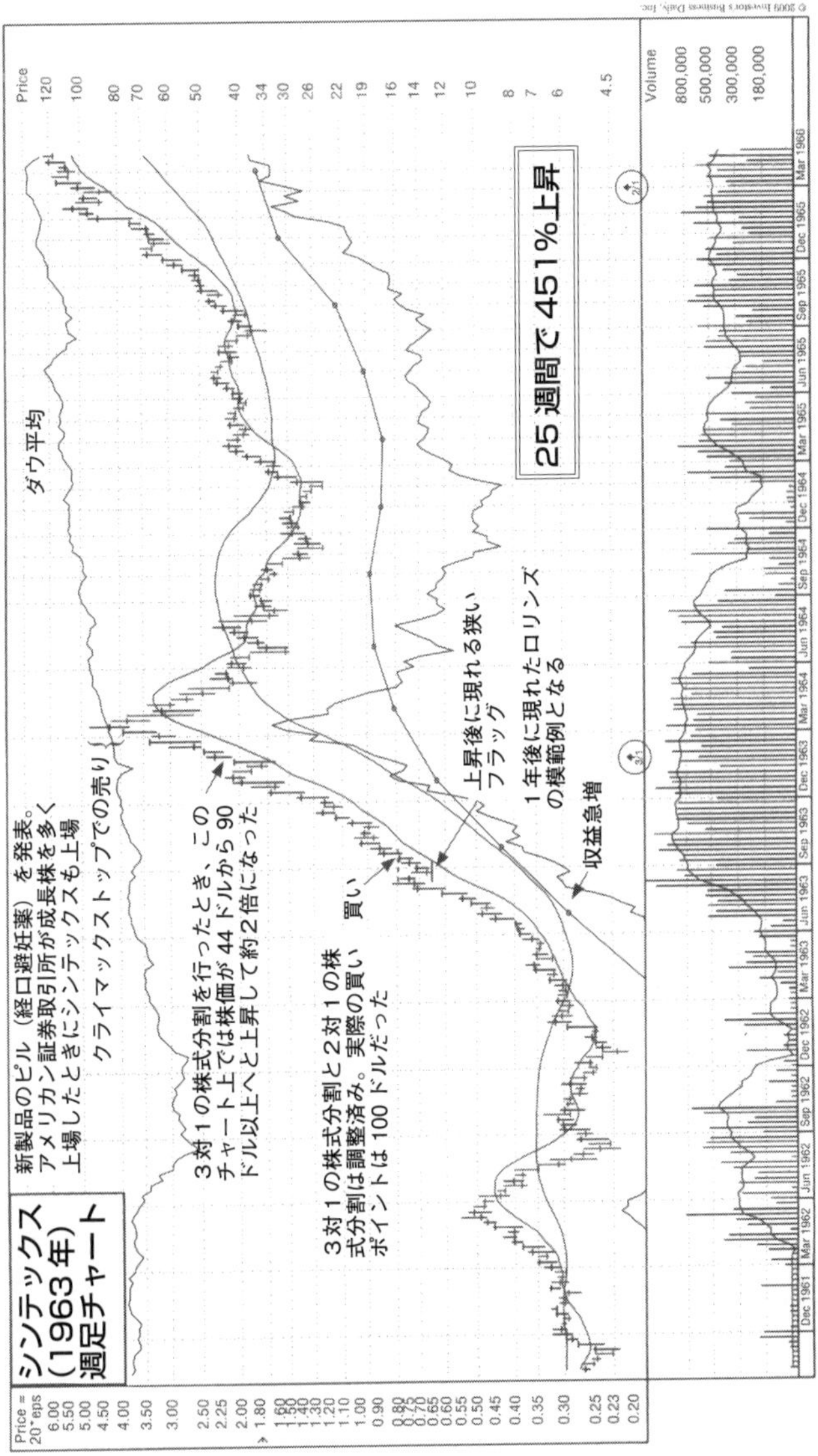
シンテックス（1963年）週足チャート
新製品のピル（経口避妊薬）を発表。アメリカン証券取引所が成長株を多く上場したときにシンテックスも上場
クライマックストップでの売り
ダウ平均
3対１の株式分割を行ったとき、このチャート上では株価が44ドルから90ドル以上へと上昇して約２倍になった
3対１の株式分割と２対１の株式分割は調整済み。実際の買いポイントは100ドルだった
買い
上昇後に現れる狭いフラッグ
１年後に現れたロリンズの模範例となる
収益急増
25週間で451％上昇

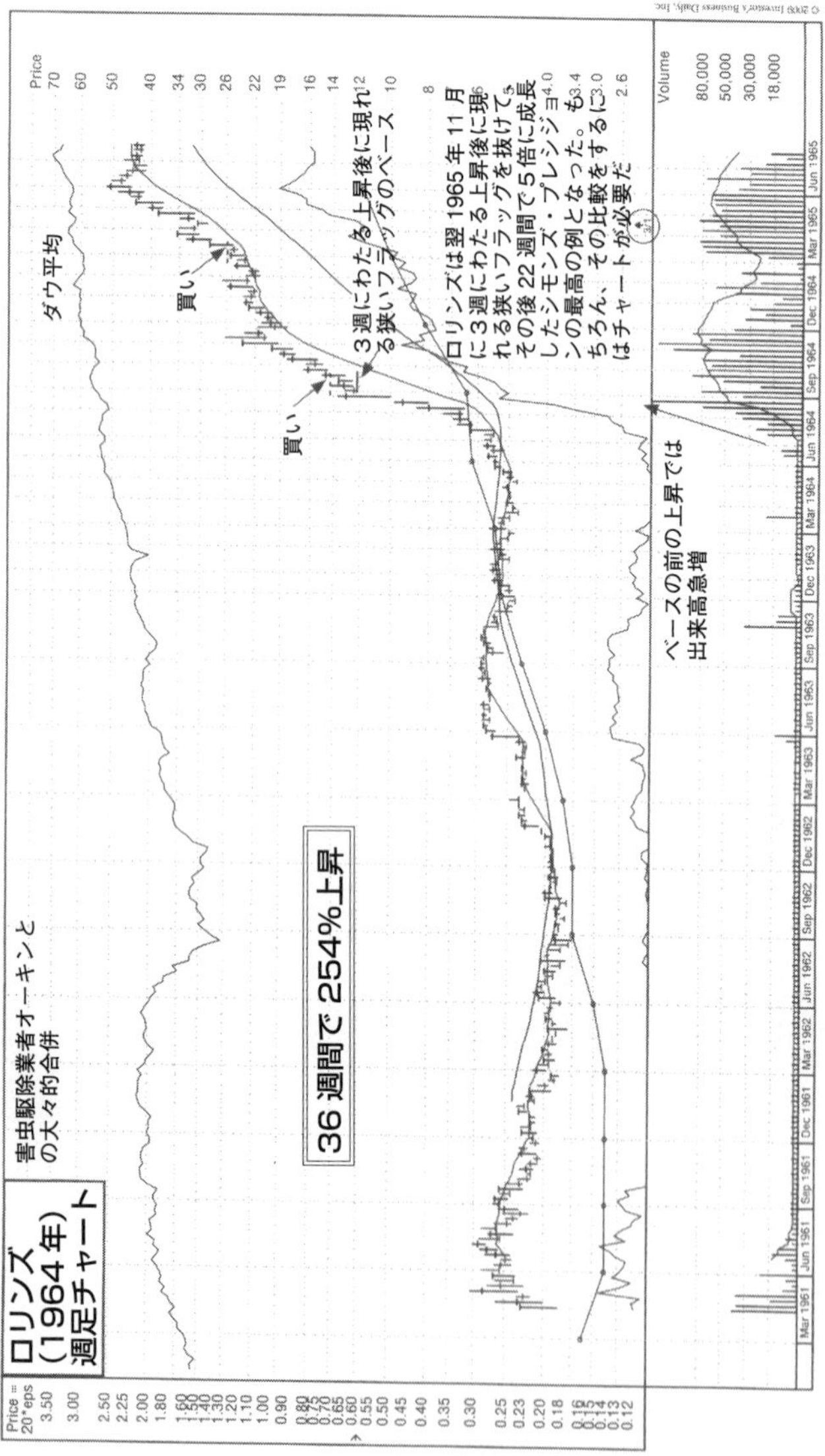
ロリンズ（1964年）週足チャート
害虫駆除業者オーキンとの大々的合併
36週間で254%上昇
ダウ平均
買い
買い
3週にわたる上昇後に現れる狭いフラッグのベース
ロリンズは翌1965年11月に3週にわたる上昇後に現れる狭いフラッグを抜けて、その後22週間で5倍に成長したシモンズ・プレシジョンの最高の例となった。もちろん、その比較をするにはチャートが必要だ
ベースの前の上昇では出来高急増
© 2009 Investor's Business Daily, Inc.

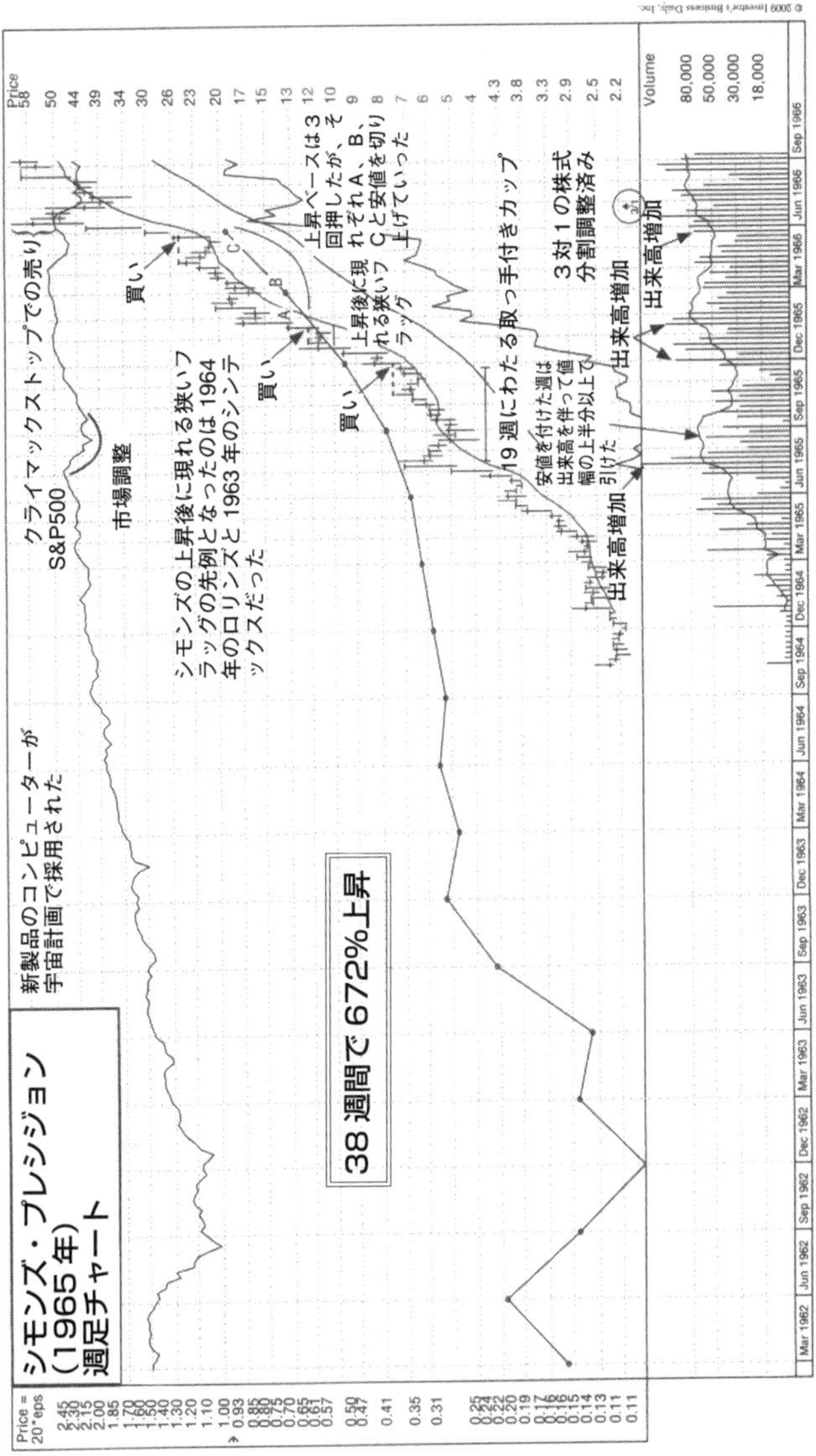

シモンズ・プレシジョン（1965年）週足チャート
新製品のコンピューターが宇宙計画で採用された
クライマックストップでの売り
S&P500
市場調整
シモンズの上昇後に現れる狭いフラッグの先例となったのは1964年のロリンズと1963年のシンテックスだった
買い
買い
買い
上昇ベースは3回押したが、それぞれA、B、Cと安値を切り上げていった
上昇後に現れる狭いフラッグ
19週にわたる取っ手付きカップ
安値を付けた週は出来高を伴って値幅の上半分以上で引けた
3対1の株式分割調整済み
出来高増加
出来高増加
出来高増加
38週間で672%上昇
Price = 20*eps
Price
Volume
80,000
50,000
30,000
18,000
Mar 1962
Jun 1962
Sep 1962
Dec 1962
Mar 1963
Jun 1963
Sep 1963
Dec 1963
Mar 1964
Jun 1964
Sep 1964
Dec 1964
Mar 1965
Jun 1965
Sep 1965
Dec 1965
Mar 1966
Jun 1966
Sep 1966
© 2009 Investor's Business Daily, Inc.

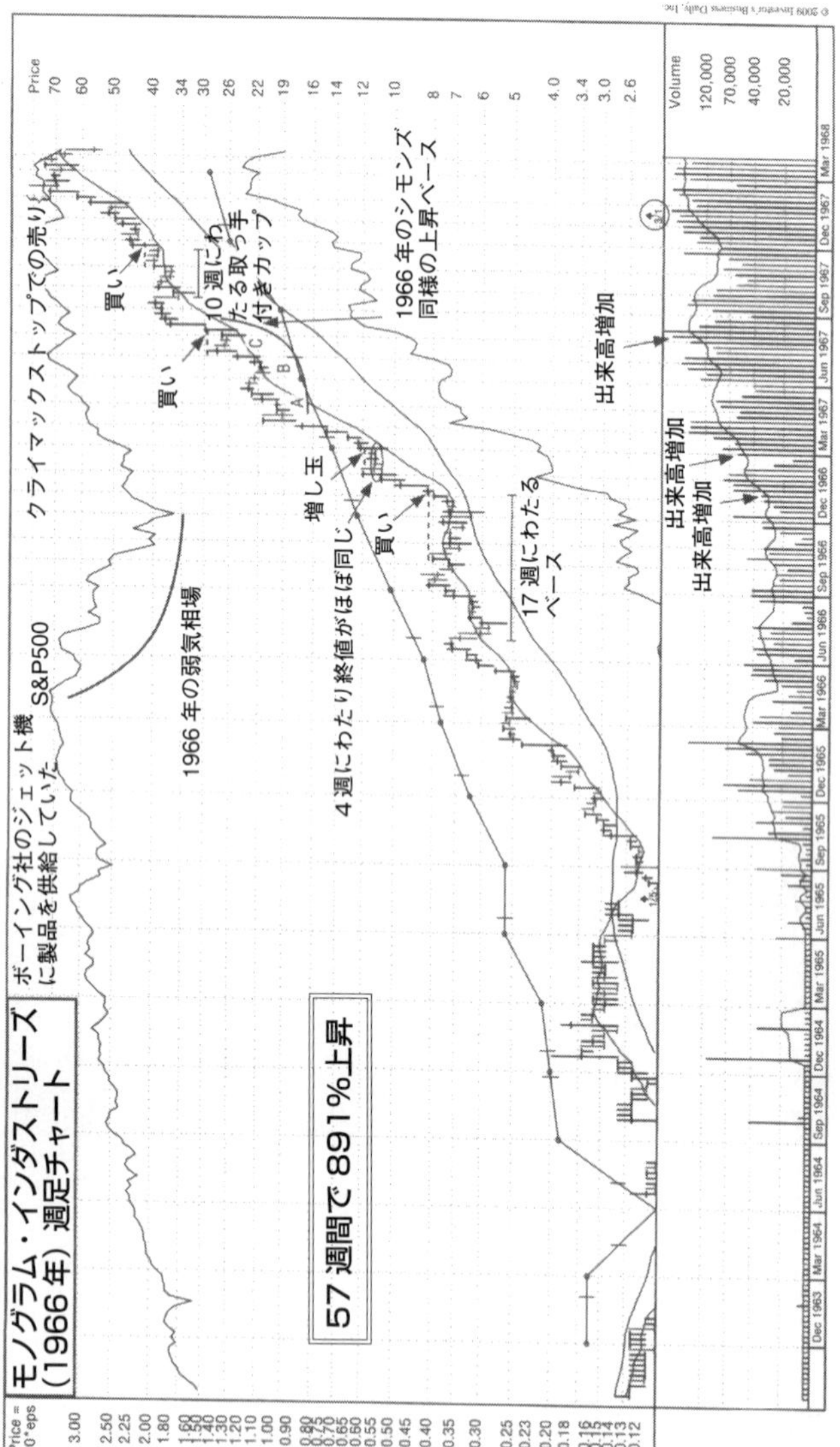
モノグラム・インダストリーズ（1966年）週足チャート
57週間で891％上昇
ボーイング社のジェット機に製品を供給していた
S&P500
1966年の弱気相場
クライマックストップでの売り
買い
買い
10週にわたる取っ手付きカップ
1966年のシモンズ同様の上昇ベース
増し玉
4週にわたり終値がほぼ同じ
買い
17週にわたるベース
出来高増加
出来高増加
出来高増加
© 2009 Investor's Business Daily, Inc.

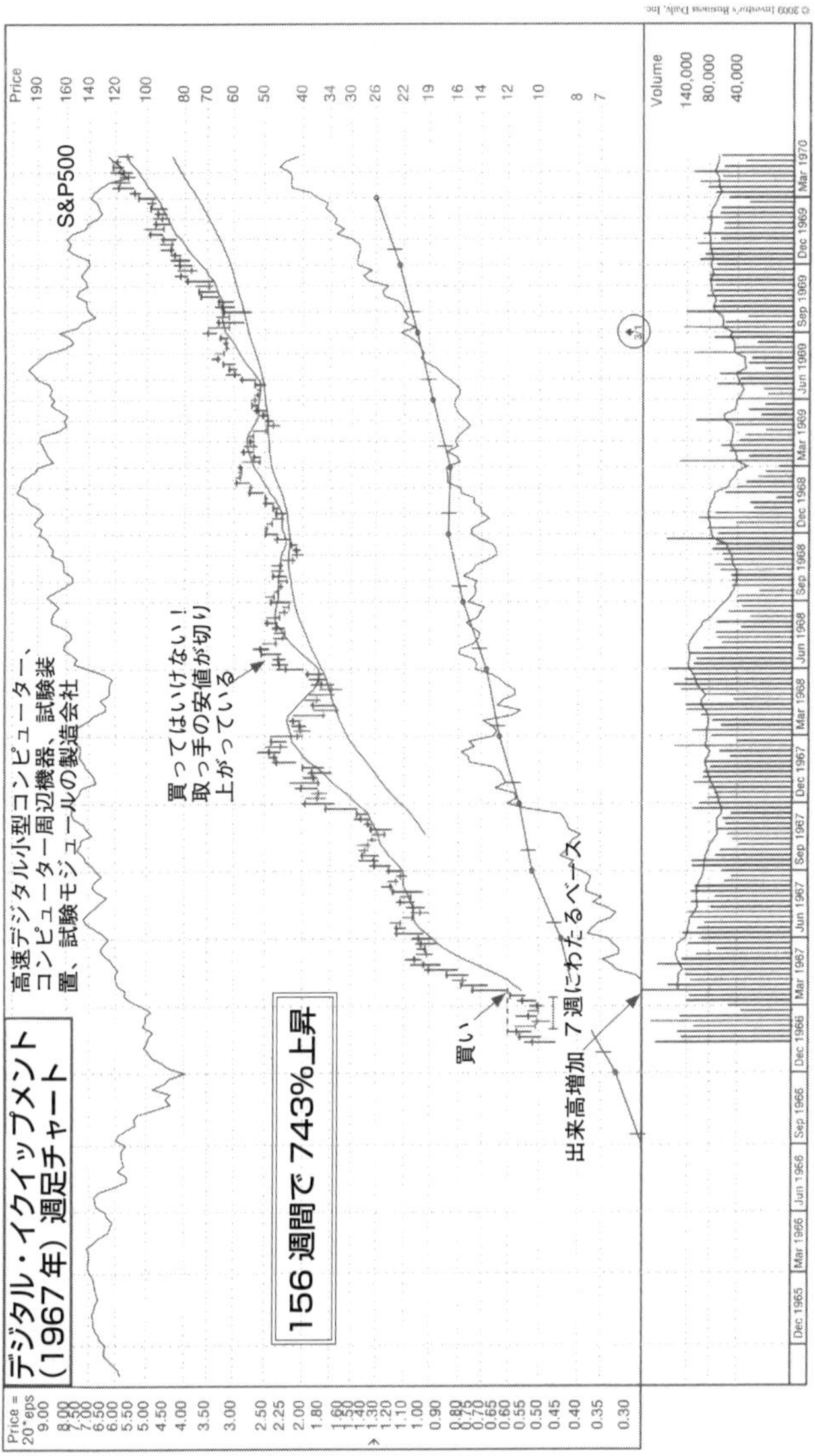
デジタル・イクイップメント（1967年）週足チャート
高速デジタル小型コンピューター、コンピューター周辺機器、試験装置、試験モジュールの製造会社
S&P500
156週間で743%上昇
買ってはいけない！取っ手の安値が切り上がっている
買い
出来高増加
7週にわたるベース
© 2009 Investor's Business Daily, Inc.

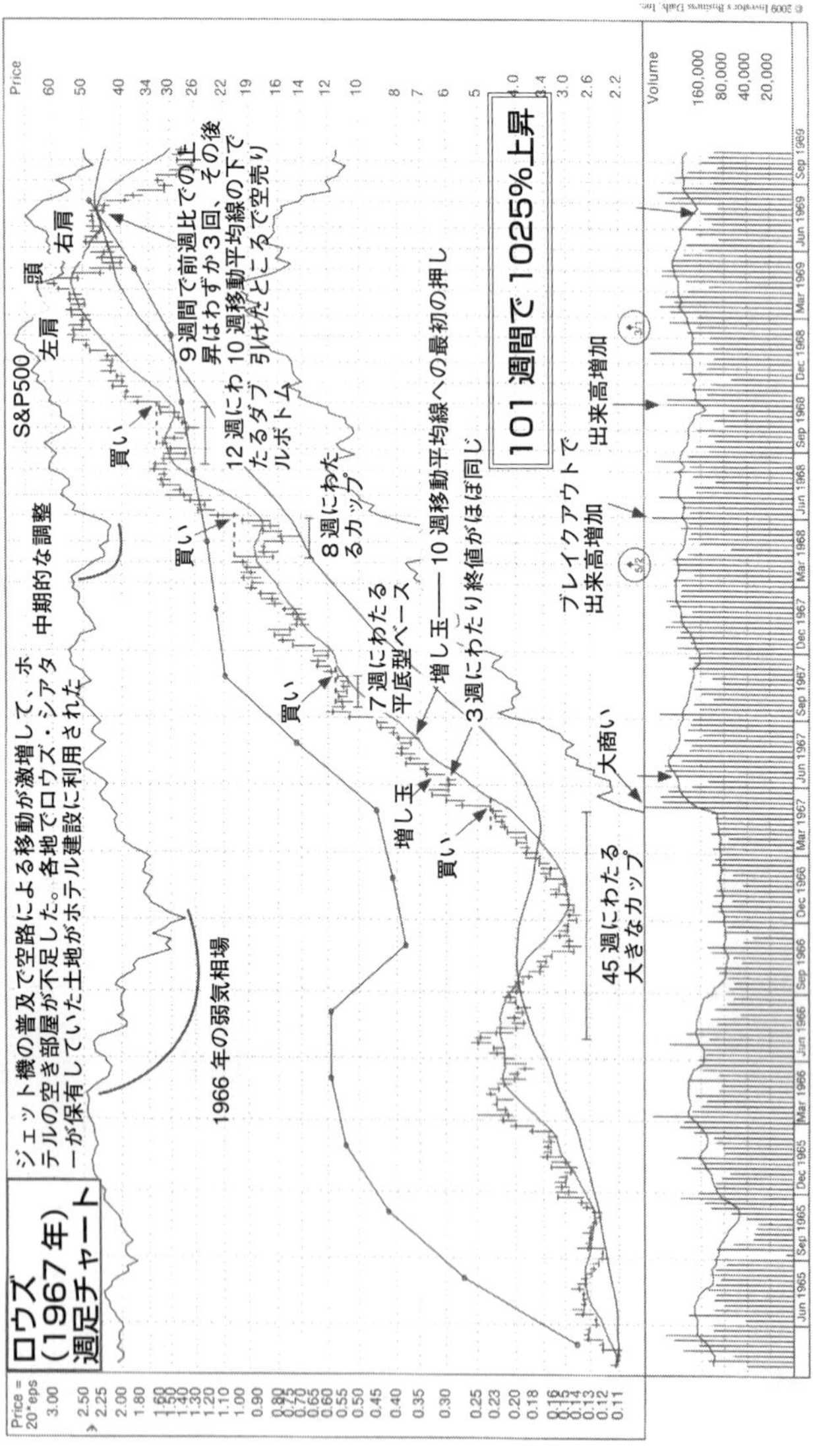

ロウズ（1967年）週足チャート
ジェット機の普及で空路による移動が激増して、ホテルの空き部屋が不足した。各地でロウズ・シアターが保有していた土地がホテル建設に利用された
中期的な調整
S&P500
左肩
頭
右肩
1966年の弱気相場
買い
買い
買い
買い
9週間で前週比での上昇はわずか3回、その後10週移動平均線の下で引けたところで空売り
12週にわたるダブルボトム
8週にわたるカップ
7週にわたる平底型ベース
増し玉――10週移動平均線への最初の押し
3週にわたり終値がほぼ同じ
増し玉
101週で1025%上昇
ブレイクアウトで出来高増加
出来高増加
大商い
45週にわたる大きなカップ
Price = 20*eps
Price
Volume
Jun 1965
Sep 1965
Dec 1965
Mar 1966
Jun 1966
Sep 1966
Dec 1966
Mar 1967
Jun 1967
Sep 1967
Dec 1967
Mar 1968
Jun 1968
Sep 1968
Dec 1968
Mar 1969
Jun 1969
Sep 1969
© 2009 Investor's Business Daily, Inc.

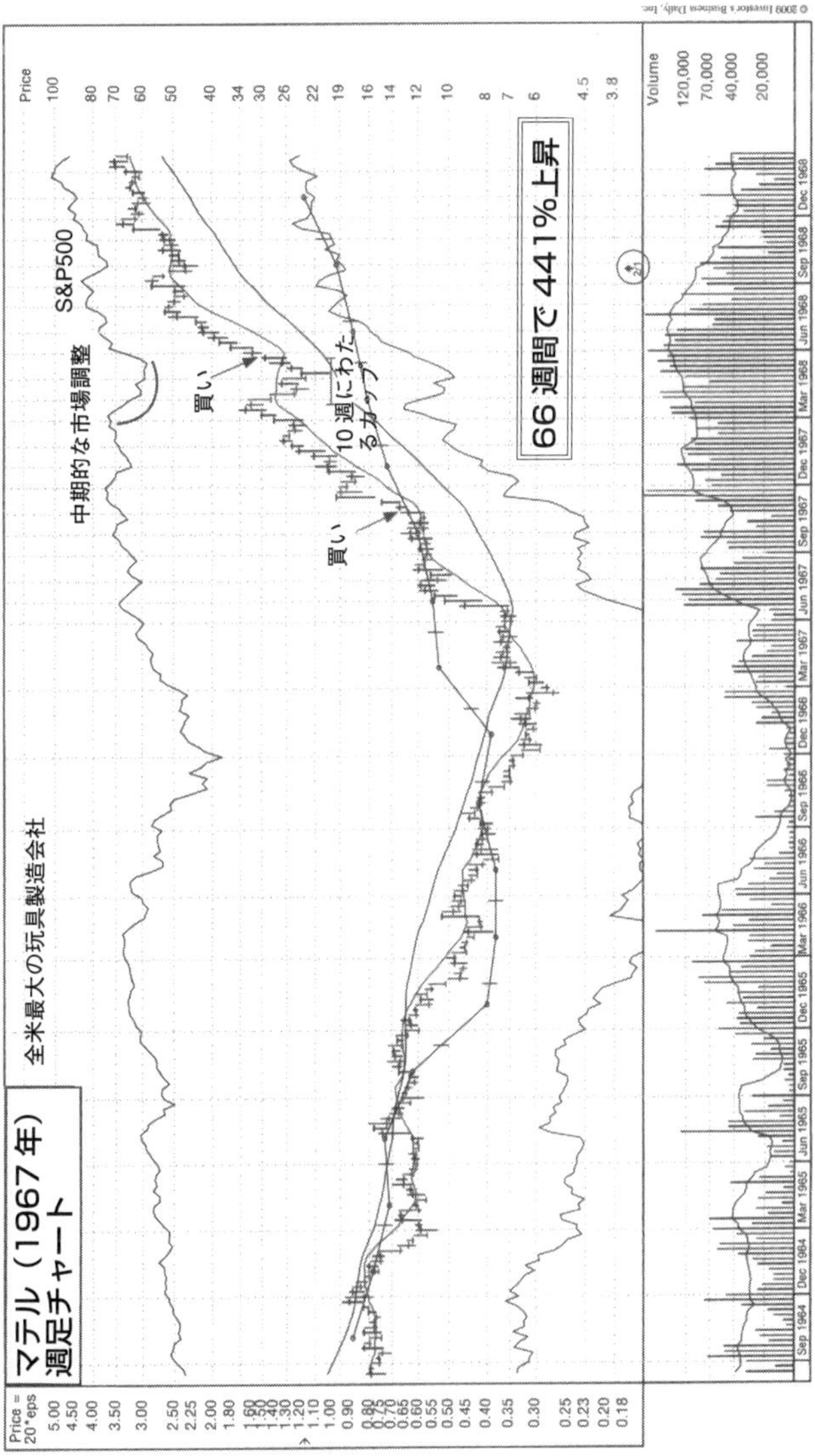

マテル（1967年）
週足チャート
全米最大の玩具製造会社
中期的な市場調整
S&P500
買い
買い
10週にわたるカップ
66週間で441％上昇
© 2009 Investor's Business Daily, Inc.

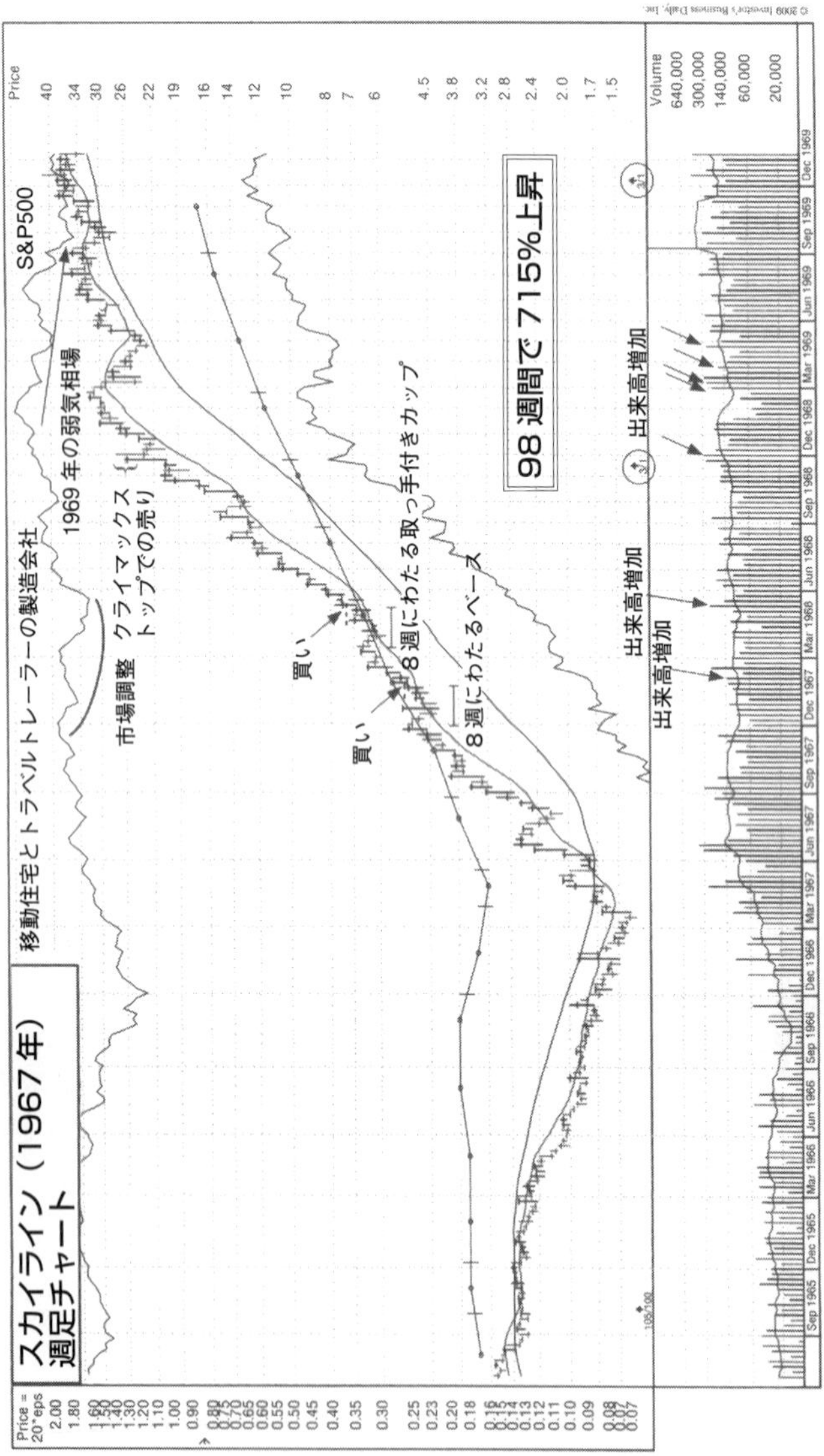
スカイライン（1967年）
週足チャート
移動住宅とトラベルトレーラーの製造会社
1969年の弱気相場
S&P500
市場調整
クライマックス
トップでの売り
買い
買い
8週にわたる取っ手付きカップ
8週にわたるベース
98週間で715%上昇
出来高増加
出来高増加
出来高増加
© 2009 Investor's Business Daily, Inc.

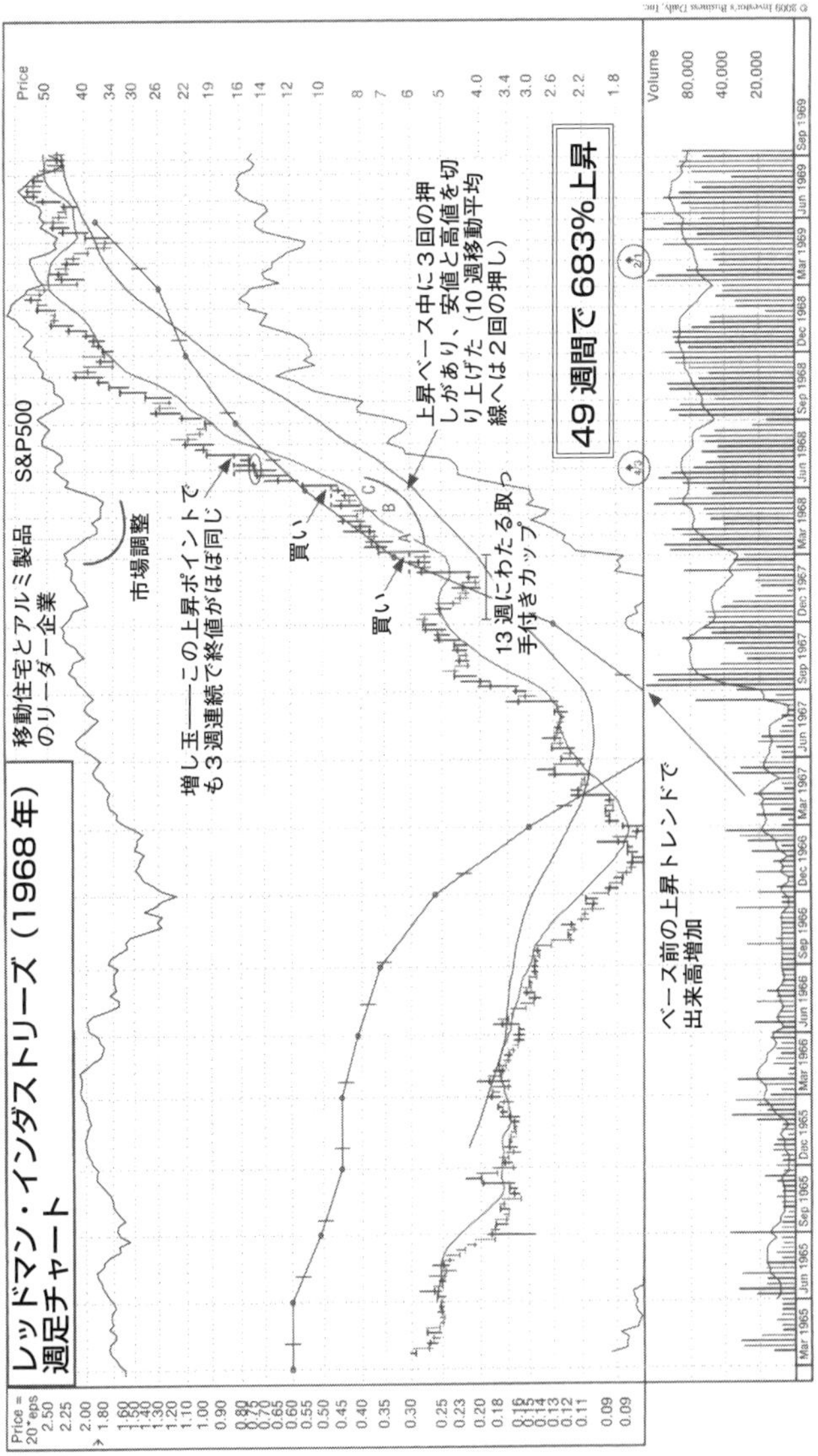
レッドマン・インダストリーズ（1968年）
週足チャート
移動住宅とアルミ製品のリーダー企業
S&P500
市場調整
増し玉――この上昇ポイントでも3週連続で終値がほぼ同じ
買い
買い
13週にわたる取っ手付きカップ
上昇ベース中に3回の押しがあり、安値と高値を切り上げた（10週移動平均線へは2回の押し）
49週間で683%上昇
ベース前の上昇トレンドで出来高増加
© 2009 Investor's Business Daily, Inc.

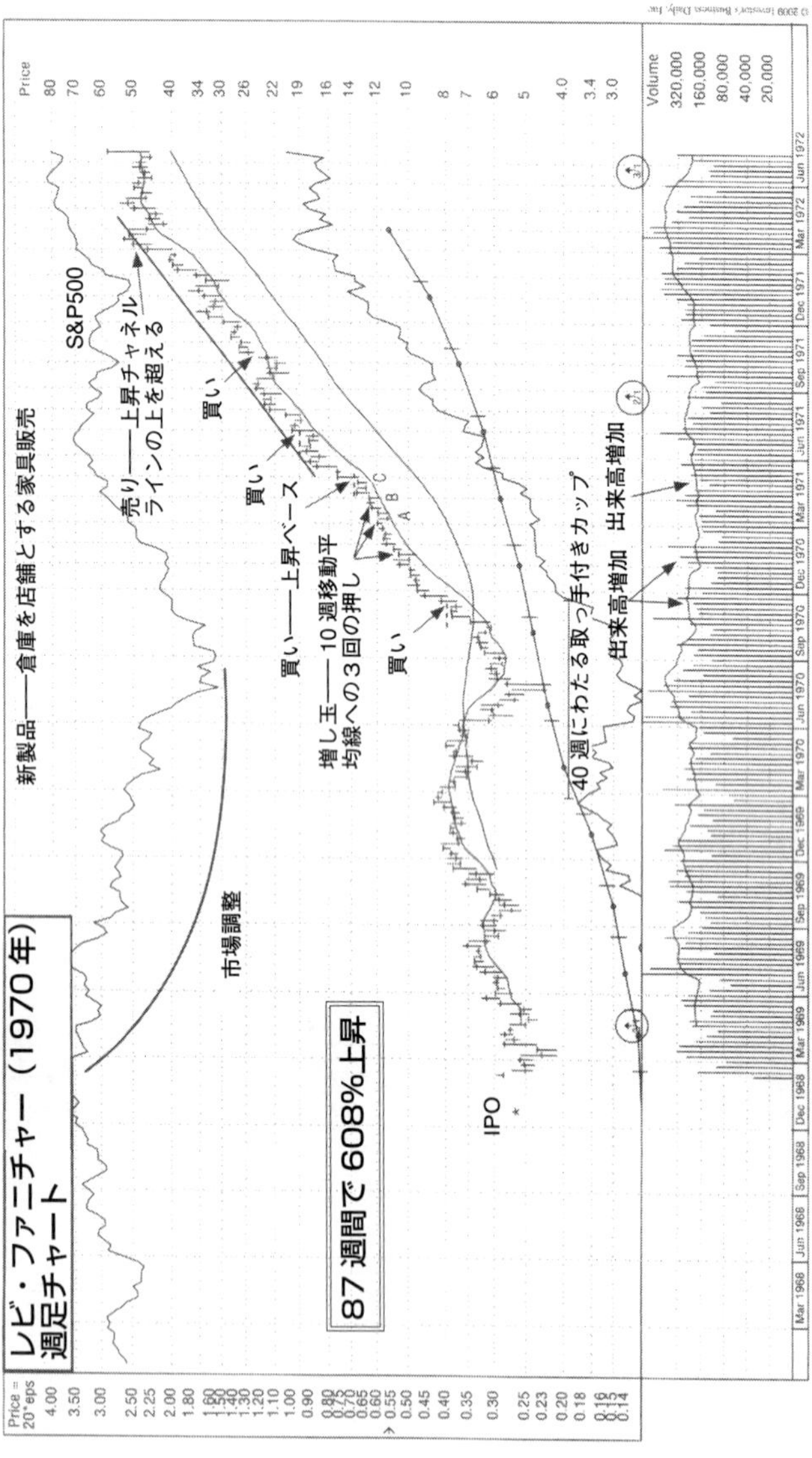
レビ・ファニチャー（1970年）
週足チャート
87週間で608%上昇
新製品――倉庫を店舗とする家具販売
市場調整
IPO
S&P500
売り――上昇チャネルラインの上を超える
買い
買い
買い――上昇ベース
増し玉――10週移動平均線への3回の押し
買い
40週にわたる取っ手付きカップ
出来高増加
出来高増加
Volume

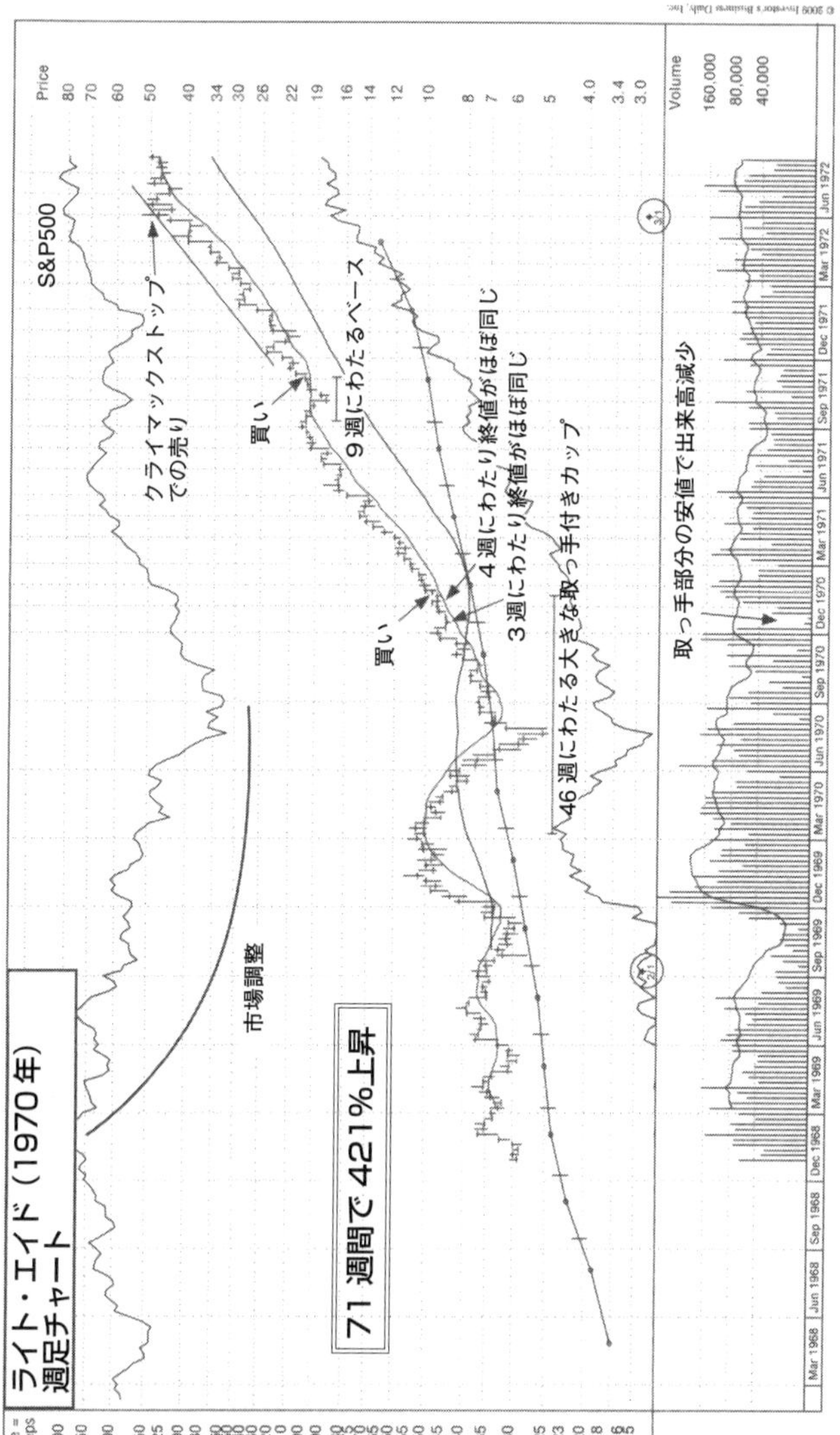
ライト・エイド（1970年）
週足チャート
71週間で421%上昇
市場調整
S&P500
クライマックストップでの売り
買い
9週にわたるベース
4週にわたり終値がほぼ同じ
3週にわたり終値がほぼ同じ
買い
46週にわたる大きな取っ手付きカップ
取っ手部分の安値で出来高減少
Price
Volume
© 2009 Investor's Business Daily, Inc.

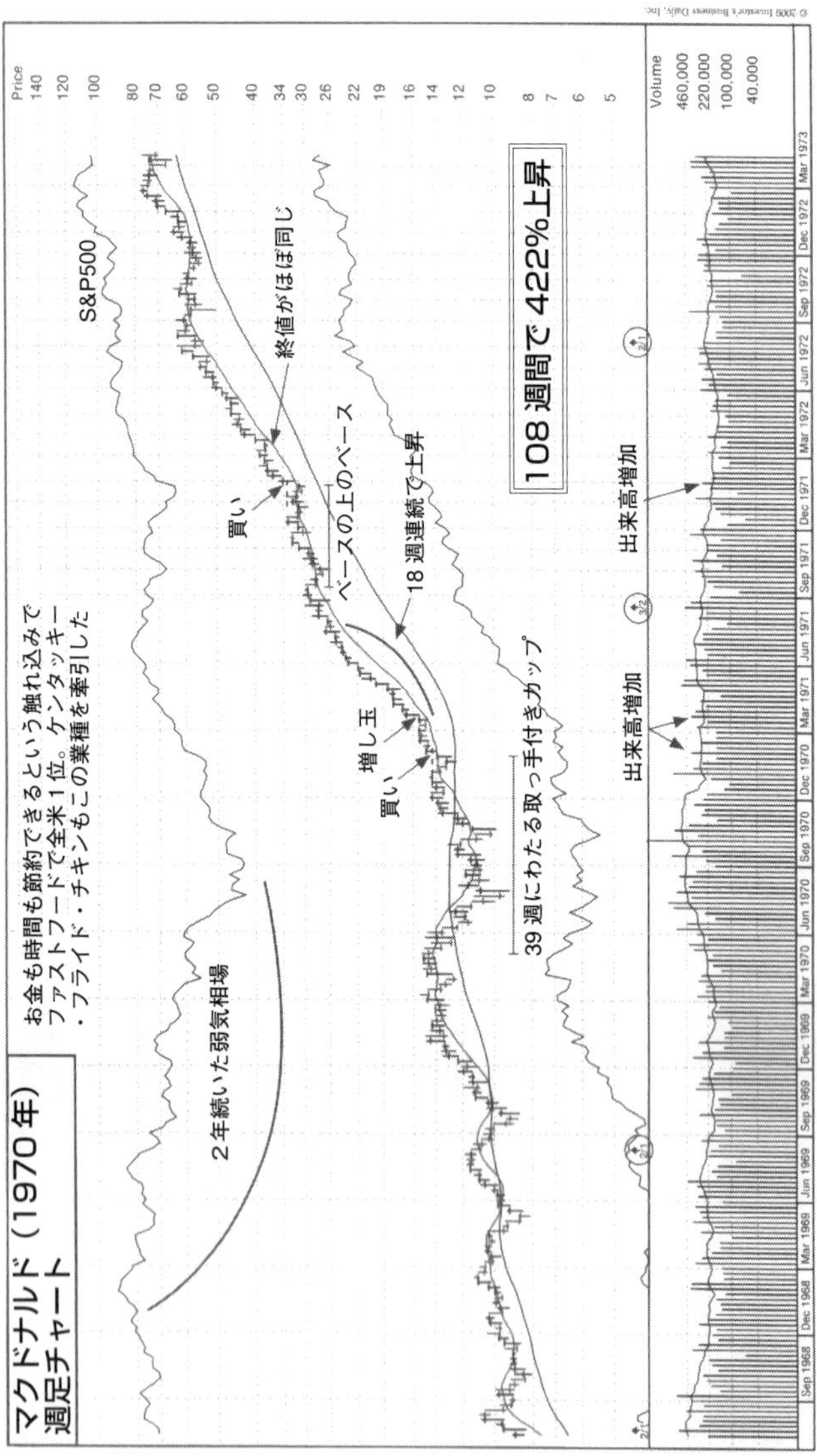
マクドナルド（1970年）
週足チャート
お金も時間も節約できるという触れ込みで
ファストフードで全米1位。ケンタッキー
・フライド・チキンもこの業種を牽引した
2年続いた弱気相場
S&P500
終値がほぼ同じ
買い
ベースの上のベース
18週連続で上昇
108週間で422%上昇
出来高増加
増し玉
買い
39週にわたる取っ手付きカップ
出来高増加

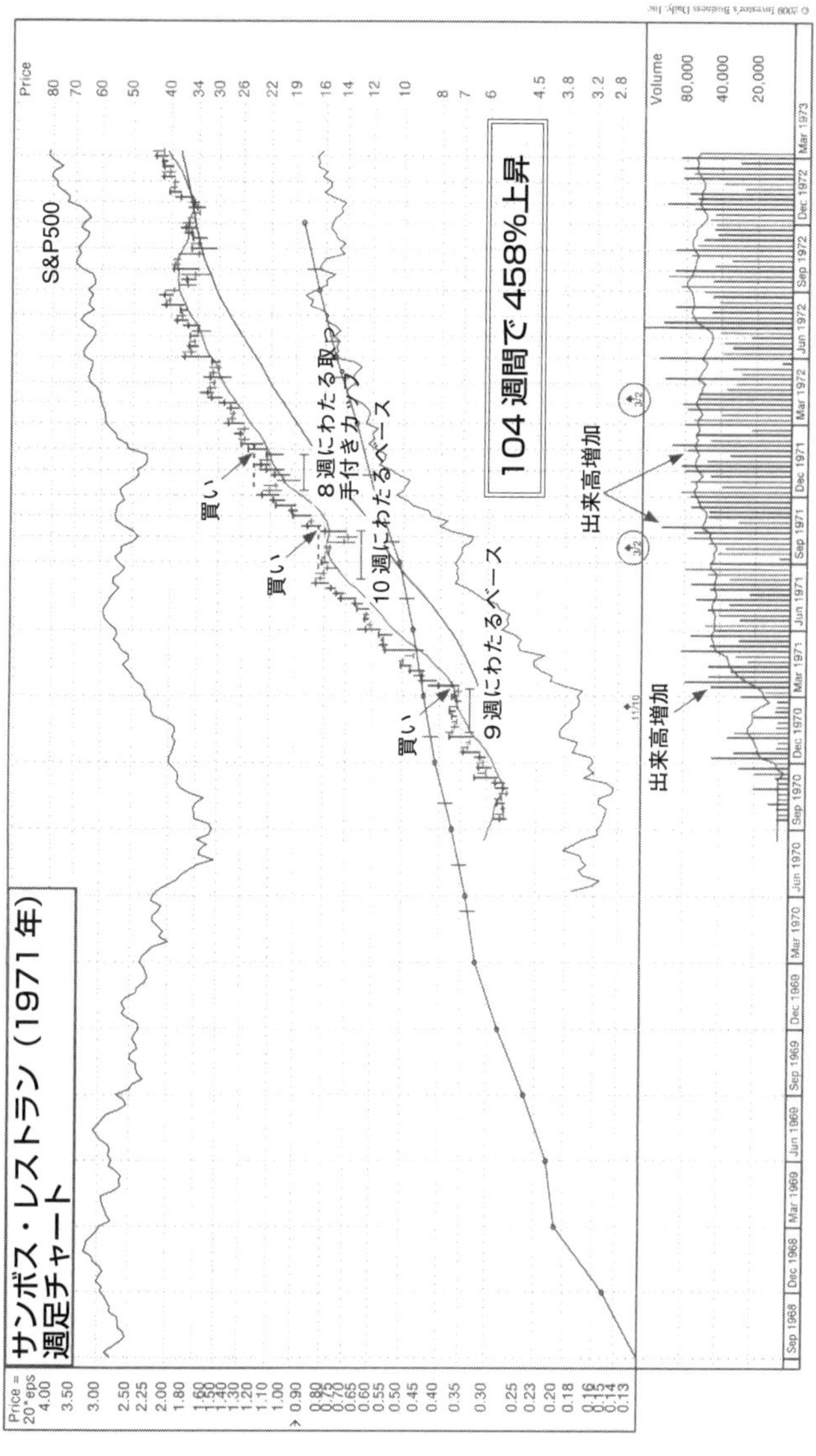
サンボス・レストラン（1971年）
週足チャート
S&P500
104週間で458%上昇
買い
8週にわたる取っ手付きカップ
買い
10週にわたるベース
買い
9週にわたるベース
出来高増加
出来高増加
© 2009 Investor's Business Daily, Inc.

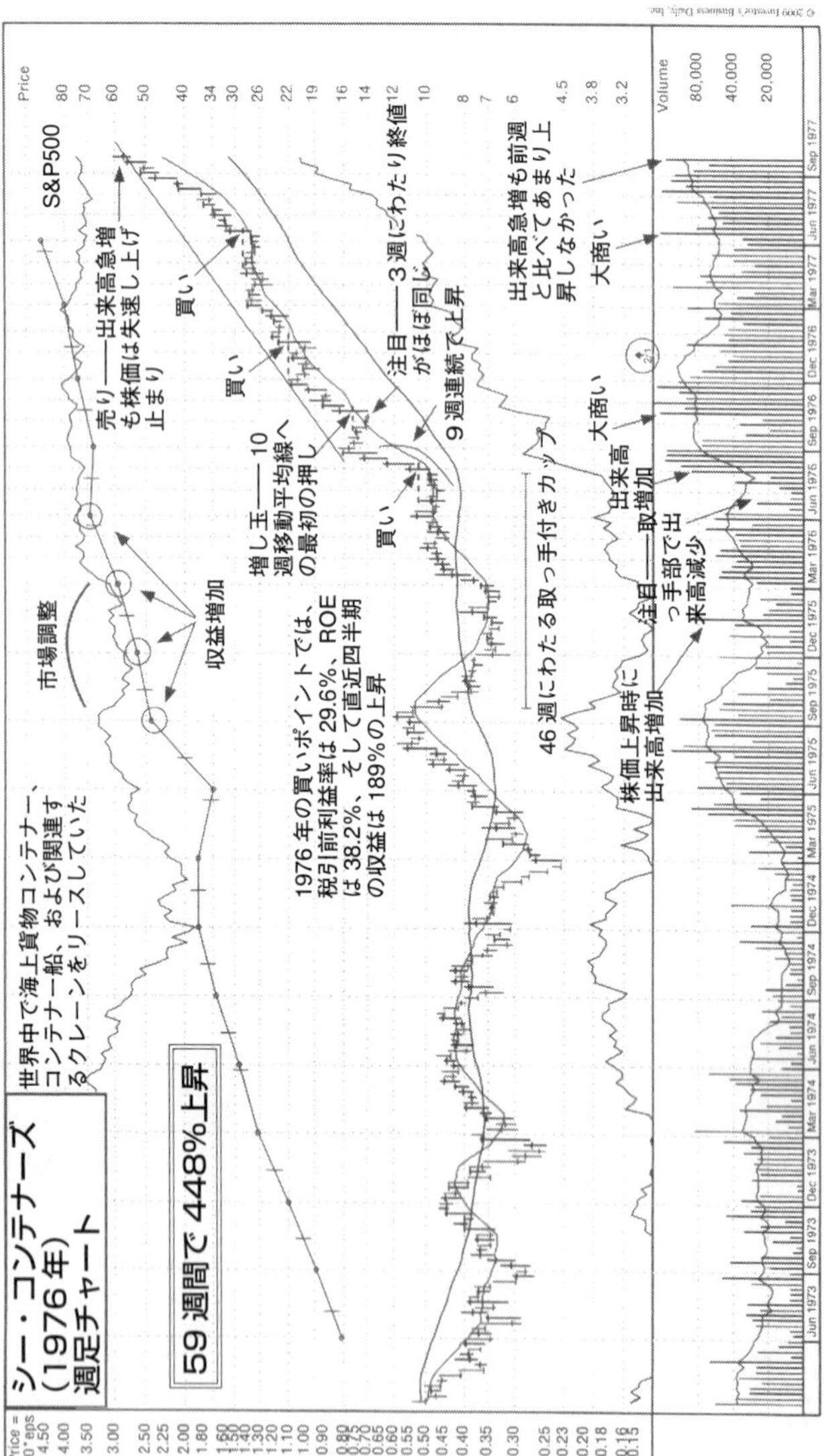
シー・コンテナーズ（1976年）週足チャート
59週間で448%上昇
世界中で海上貨物コンテナー、コンテナー船、および関連するクレーンをリースしていた
市場調整
収益増加
S&P500
売り――出来高急増も株価は失速し上げ止まり
買い
買い
増し玉――10週移動平均線への最初の押し
1976年の買いポイントでは、税引前利益率は29.6%、ROEは38.2%、そして直近四半期の収益は189%の上昇
注目――3週にわたり終値がほぼ同じ
9週連続で上昇
買い
46週にわたる取っ手付きカップ
大商い
出来高増加
注目――取っ手部で出来高減少
株価上昇時に出来高増加
大商い
出来高急増も前週と比べてあまり上昇しなかった
© 2009 Investor's Business Daily, Inc.

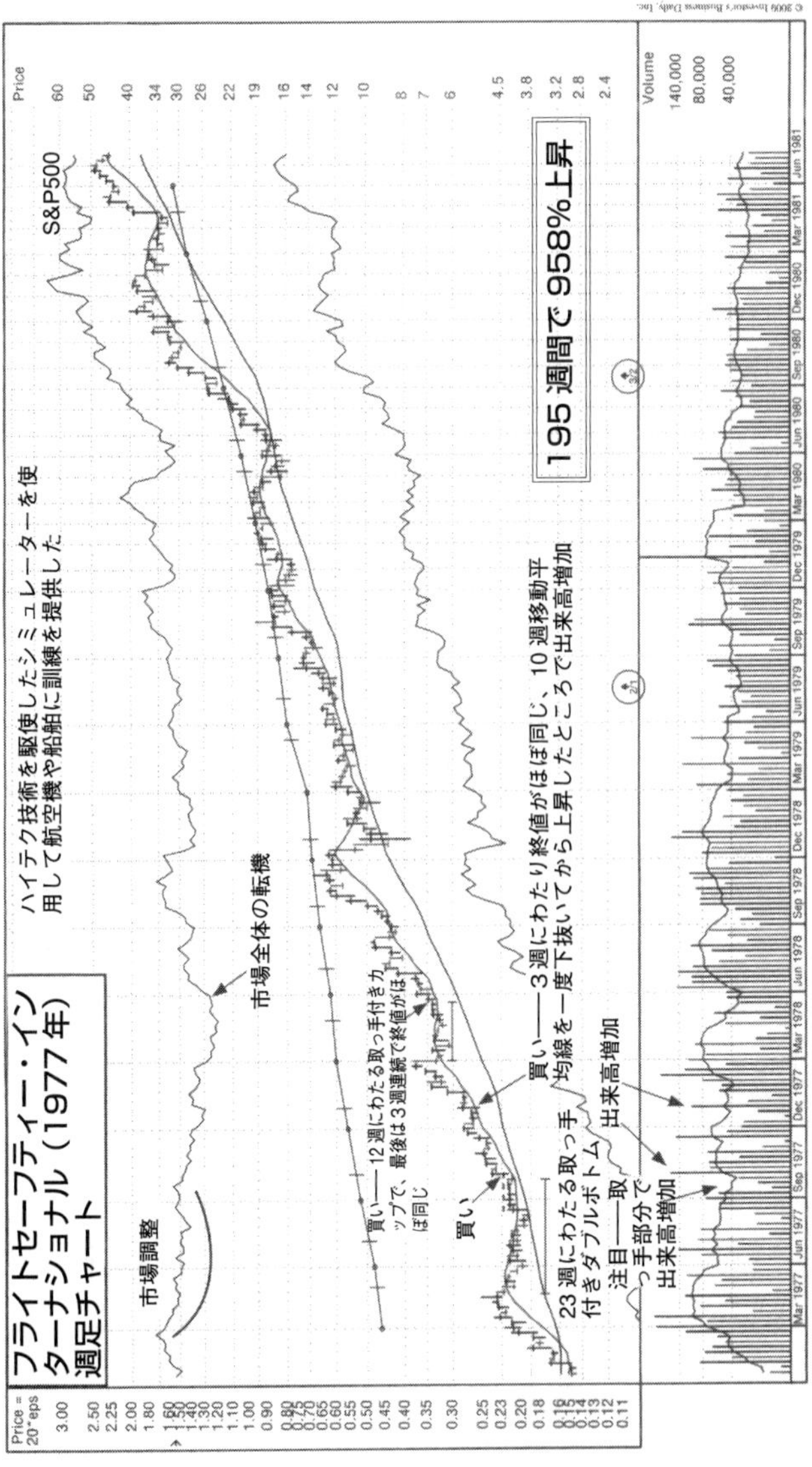
フライトセーフティー・インターナショナル（1977年）週足チャート
ハイテク技術を駆使したシミュレーターを使用して航空機や船舶に訓練を提供した
S&P500
市場調整
市場全体の転機
買い――12週にわたる取っ手付きカップで、最後は3週連続で終値がほぼ同じ
買い
買い――3週にわたり終値がほぼ同じ、10週移動平均線を一度下抜いてから上昇したところで出来高増加
23週にわたる取っ手付きダブルボトム
注目――取っ手部分で出来高増加
出来高増加
出来高増加
195週間で958%上昇
Price
Price = 20*eps
Volume
© 2006 Investor's Business Daily, Inc.

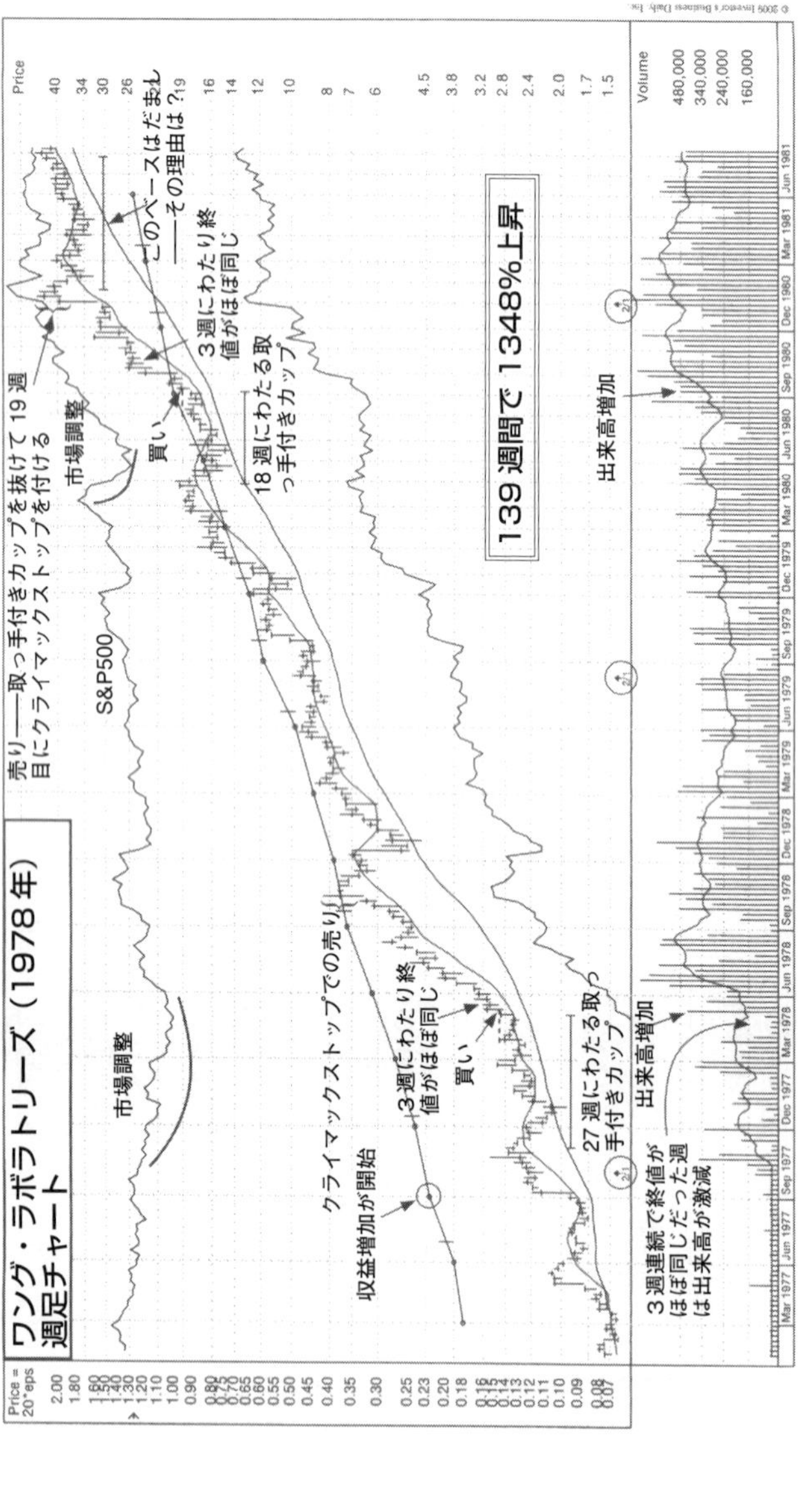
ワング・ラボラトリーズ（1978年）
週足チャート
売り――取っ手付きカップを抜けて19週目にクライマックストップを付ける
市場調整
S&P500
市場調整
買い
このベースはだまし――その理由は？
3週にわたり終値がほぼ同じ
18週にわたる取っ手付きカップ
139週間で1348%上昇
出来高増加
クライマックストップでの売り
3週にわたり終値がほぼ同じ
買い
27週にわたる取っ手付きカップ
出来高増加
収益増加が開始
3週連続で終値がほぼ同じだった週は出来高が激減
Price
Volume
© 2009 Investor's Business Daily, Inc.

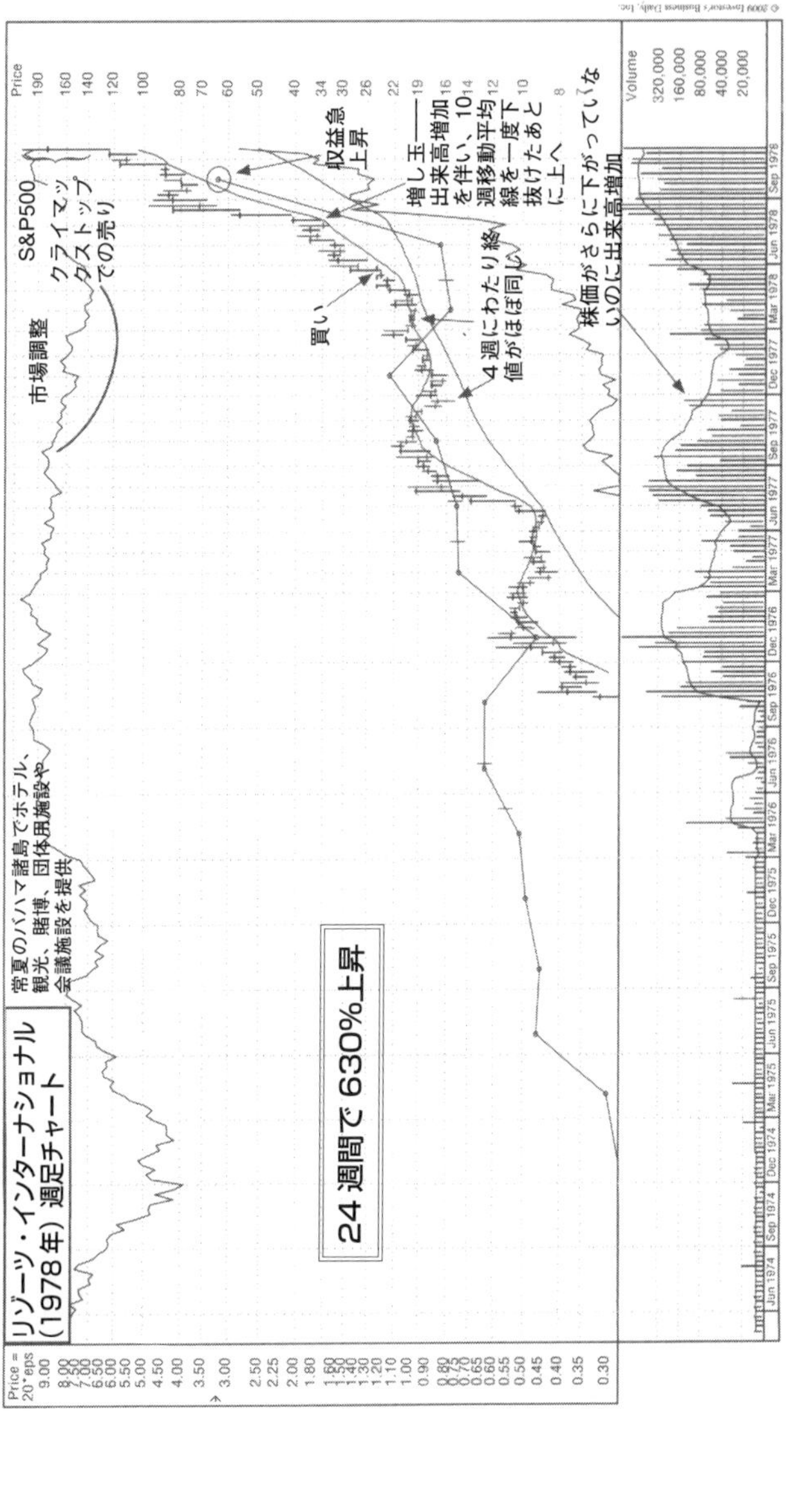
リゾーツ・インターナショナル
（1978年）週足チャート
常夏のバハマ諸島でホテル、
観光、賭博、団体用施設や
会議施設を提供
24週間で630%上昇
市場調整
S&P500
クライマックストップでの売り
買い
収益急上昇
増し玉――出来高増加を伴い、10週移動平均線を一度下抜けたあとに上へ
4週にわたり終値がほぼ同じ
株価がさらに下がっていないのに出来高増加
© 2009 Investor's Business Daily, Inc.

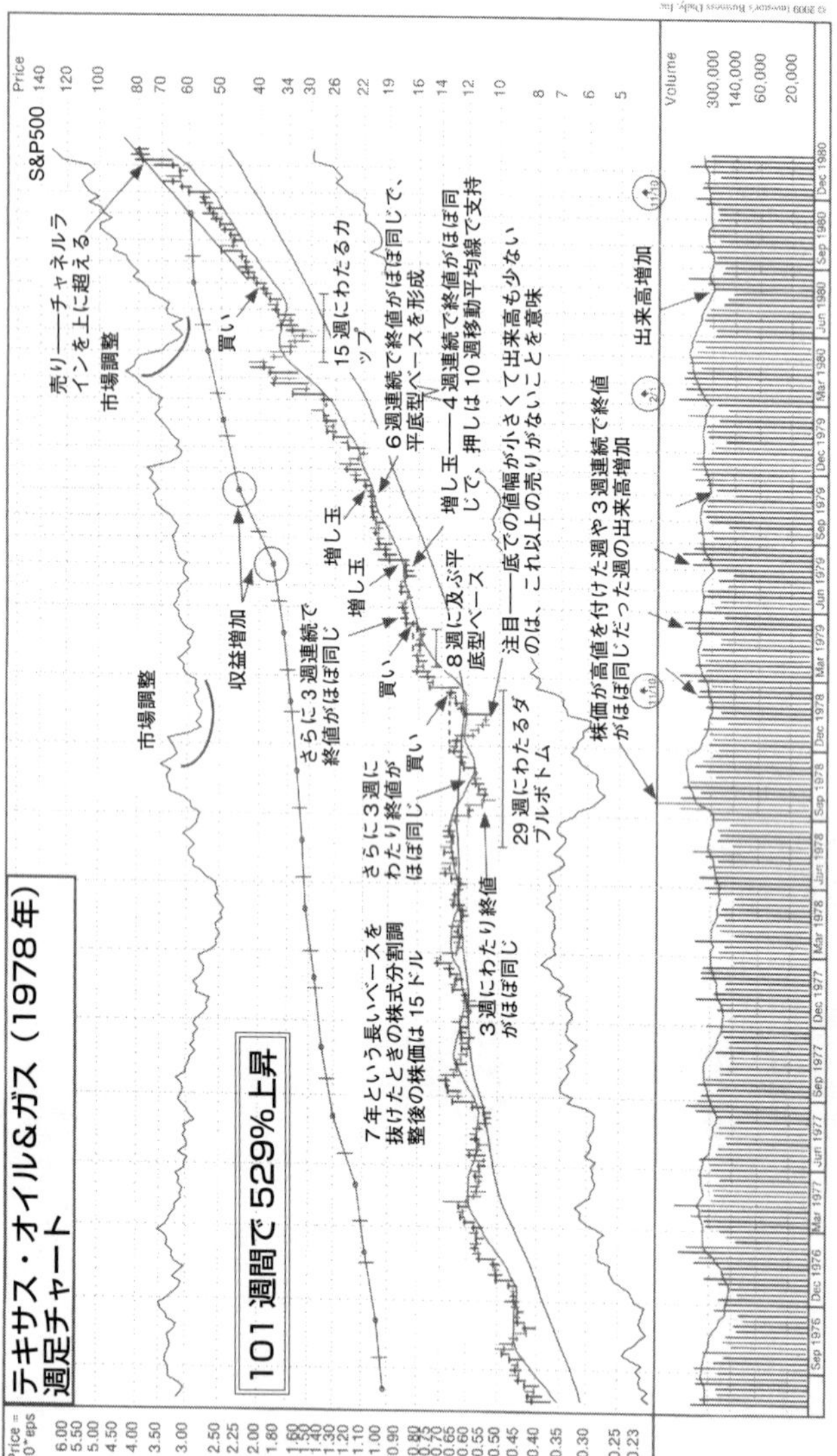
テキサス・オイル&ガス（1978年）
週足チャート
101週間で529%上昇
７年という長いベースを抜けたときの株式分割調整後の株価は15ドル
３週にわたり終値がほぼ同じ
さらに３週にわたり終値がほぼ同じ
買い
29週にわたるダブルボトム
市場調整
さらに３週連続で終値がほぼ同じ
収益増加
買い
８週に及ぶ平底型ベース
注目――底での値幅が小さくて出来高も少ないのは、これ以上の売りがないことを意味
増し玉
増し玉
増し玉――４週連続で終値がほぼ同じで、押しは10週移動平均線で支持
６週連続で終値がほぼ同じで、平底型ベースを形成
15週にわたるカップ
買い
売り――チャネルラインを上に超える
市場調整
S&P500
株価が高値を付けた週や３週連続で終値がほぼ同じだった週の出来高増加
出来高増加
Price
Volume
© 2009 Investor's Business Daily, Inc.

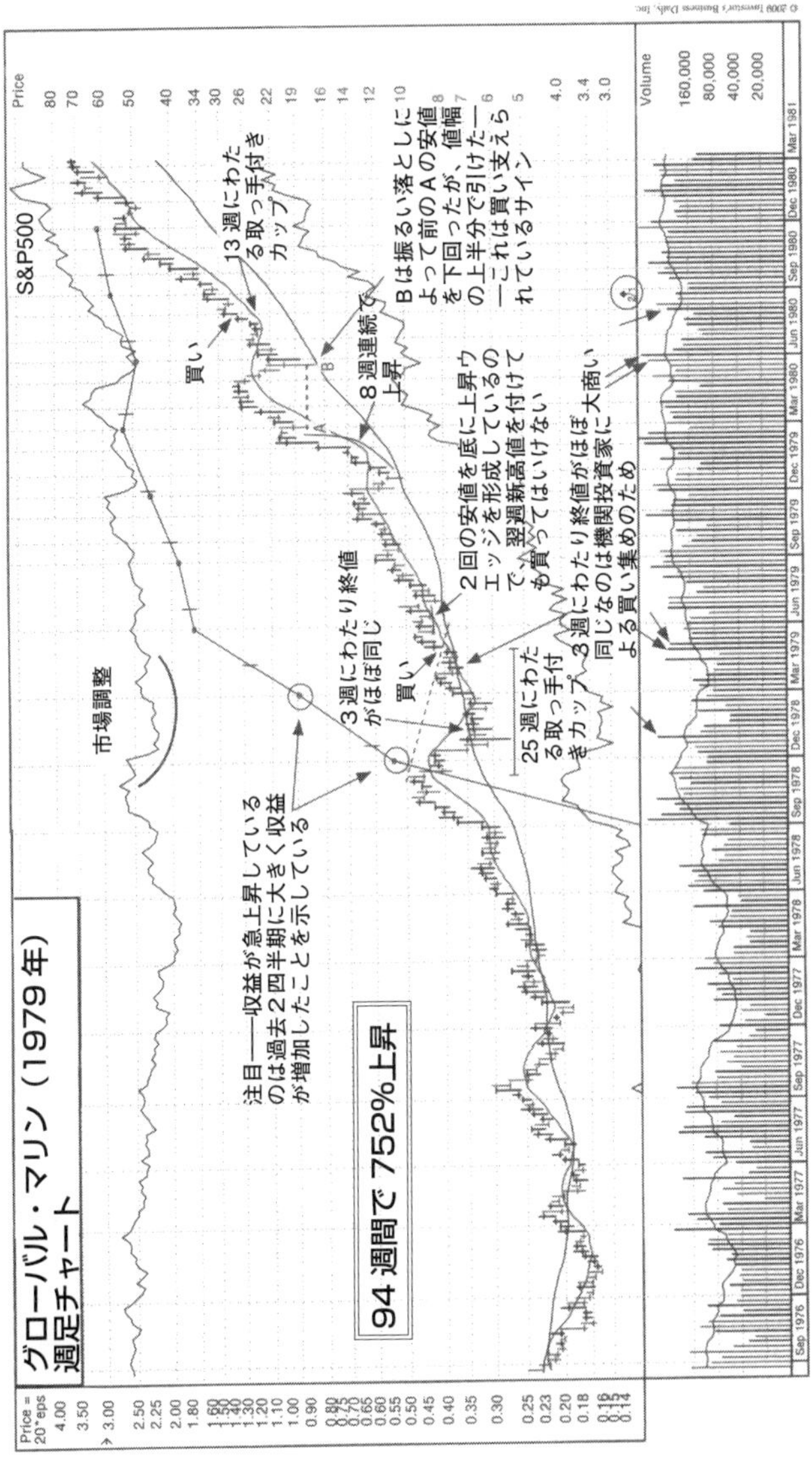
グローバル・マリン（1979年）
週足チャート
94週間で752%上昇
市場調整
S&P500
注目――収益が急上昇しているのは過去２四半期に大きく収益が増加したことを示している
３週にわたり終値がほぼ同じ
買い
25週にわたる取っ手付きカップ
３週にわたり終値がほぼ同じなのは機関投資家による買い集めのため
２回の安値を底に上昇ウエッジを形成しているので、翌週新高値を付けても買ってはいけない
８週連続で上昇
買い
13週にわたる取っ手付きカップ
Bは振るい落としによって前のAの安値を下回ったが、値幅の上半分で引けた――これは買い支えられているサイン
大商い
A
B
Price = 20*eps
Price
Volume
© 2009 Investor's Business Daily, Inc.

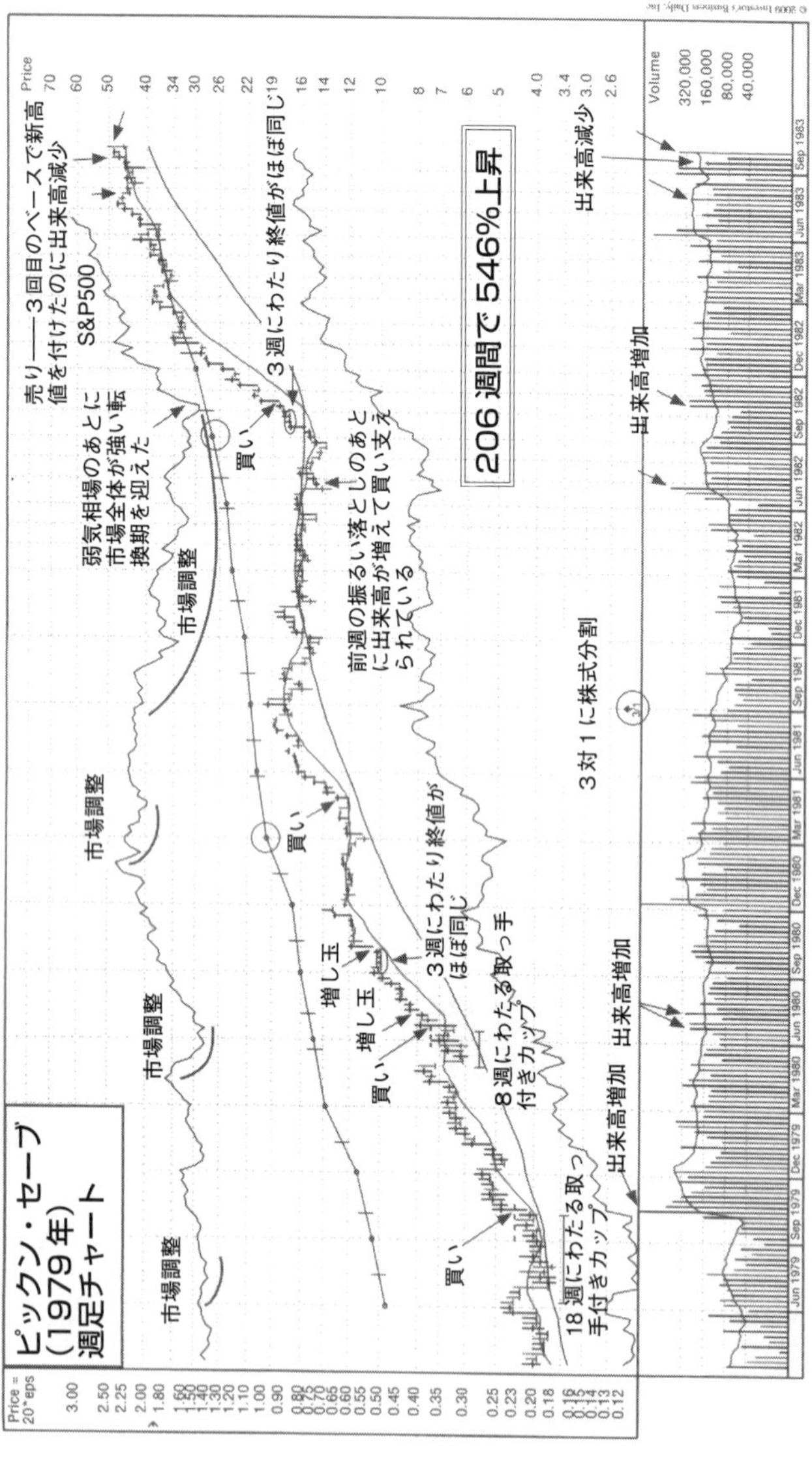
ピックン・セーブ（1979年）週足チャート
206週間で546％上昇
売り――3回目のベースで新高値を付けたのに出来高減少
S&P500
弱気相場のあとに市場全体が強い転換期を迎えた
市場調整
市場調整
市場調整
市場調整
買い
買い
買い
買い
3週にわたり終値がほぼ同じ
前週の振るい落としのあとに出来高が増えて買い支えられている
増し玉
増し玉
3週にわたり終値がほぼ同じ
8週にわたる取っ手付きカップ
18週にわたる取っ手付きカップ
3対1に株式分割
出来高増加
出来高増加
出来高増加
出来高増加
出来高減少
Volume
Price
© 2009 Investor's Business Daily, Inc.

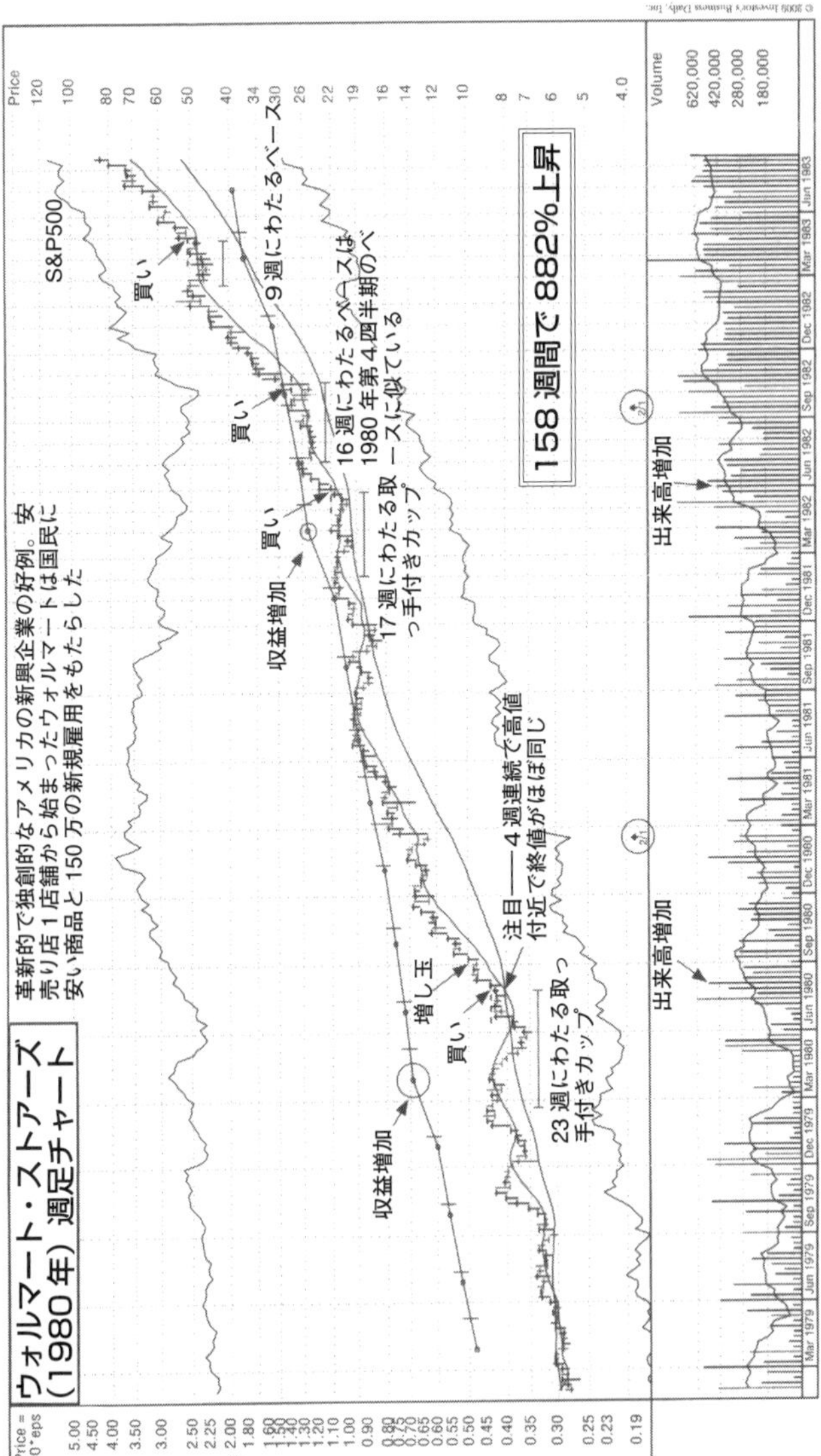
ウォルマート・ストアーズ（1980年）週足チャート
革新的で独創的なアメリカの新興企業の好例。安売り店1店舗から始まったウォルマートは国民に安い商品と150万の新規雇用をもたらした
S&P500
買い
9週にわたるベース
買い
16週にわたるベースは1980年第4四半期のベースに似ている
158週間で882%上昇
買い
収益増加
17週にわたる取っ手付きカップ
出来高増加
注目――4週連続で高値付近で終値がほぼ同じ
増し玉
買い
収益増加
23週にわたる取っ手付きカップ
出来高増加
© 2009 Investor's Business Daily, Inc.

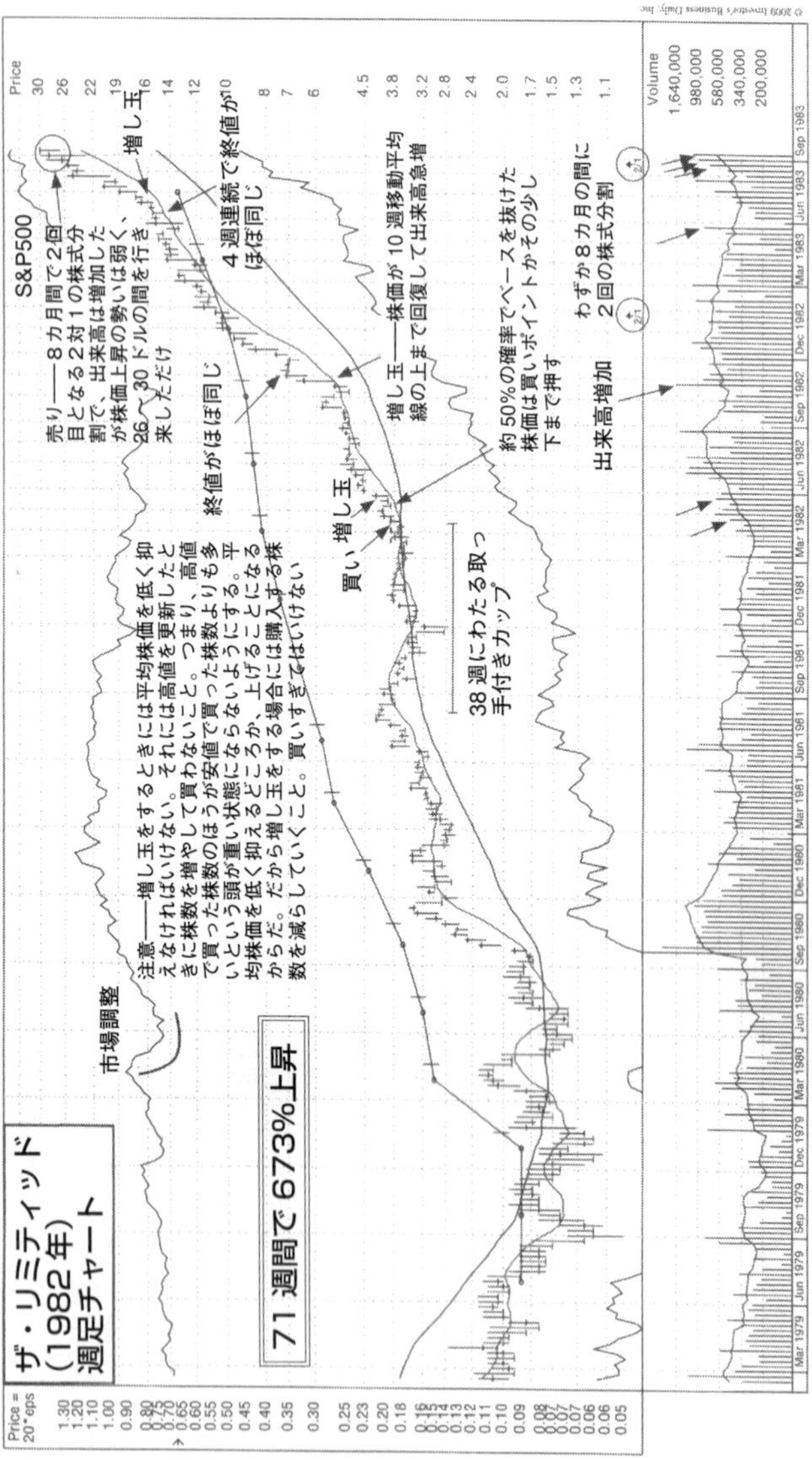
ザ・リミティッド
（1982年）
週足チャート
71 週間で673%上昇
市場調整
注意――増し玉をするときには平均株価を低く抑えなければいけない。それには高値を更新したときに株数を増やして買わないこと。つまり、高値で買った株数のほうが安値で買った株数よりも多いという頭が重い状態にならないようにする。平均株価を低く抑えるどころか、上げることになるからだ。だから増し玉をする場合には購入する株数を減らしていくこと。買いすぎてはいけない
38 週にわたる取っ手付きカップ
買い
増し玉
終値がほぼ同じ
売り――８カ月間で２回目となる２対１の株式分割で、出来高は増加したが株価上昇の勢いは弱く、26～30ドルの間を行き来しただけ
S&P500
増し玉
4 週連続で終値がほぼ同じ
増し玉――株価が10週移動平均線の上まで回復して出来高急増
約50%の確率でベースを抜けた株価は買いポイントかその少し下まで押す
出来高増加
わずか８カ月の間に２回の株式分割
Price
Volume
© 2009 Investor's Business Daily, Inc.

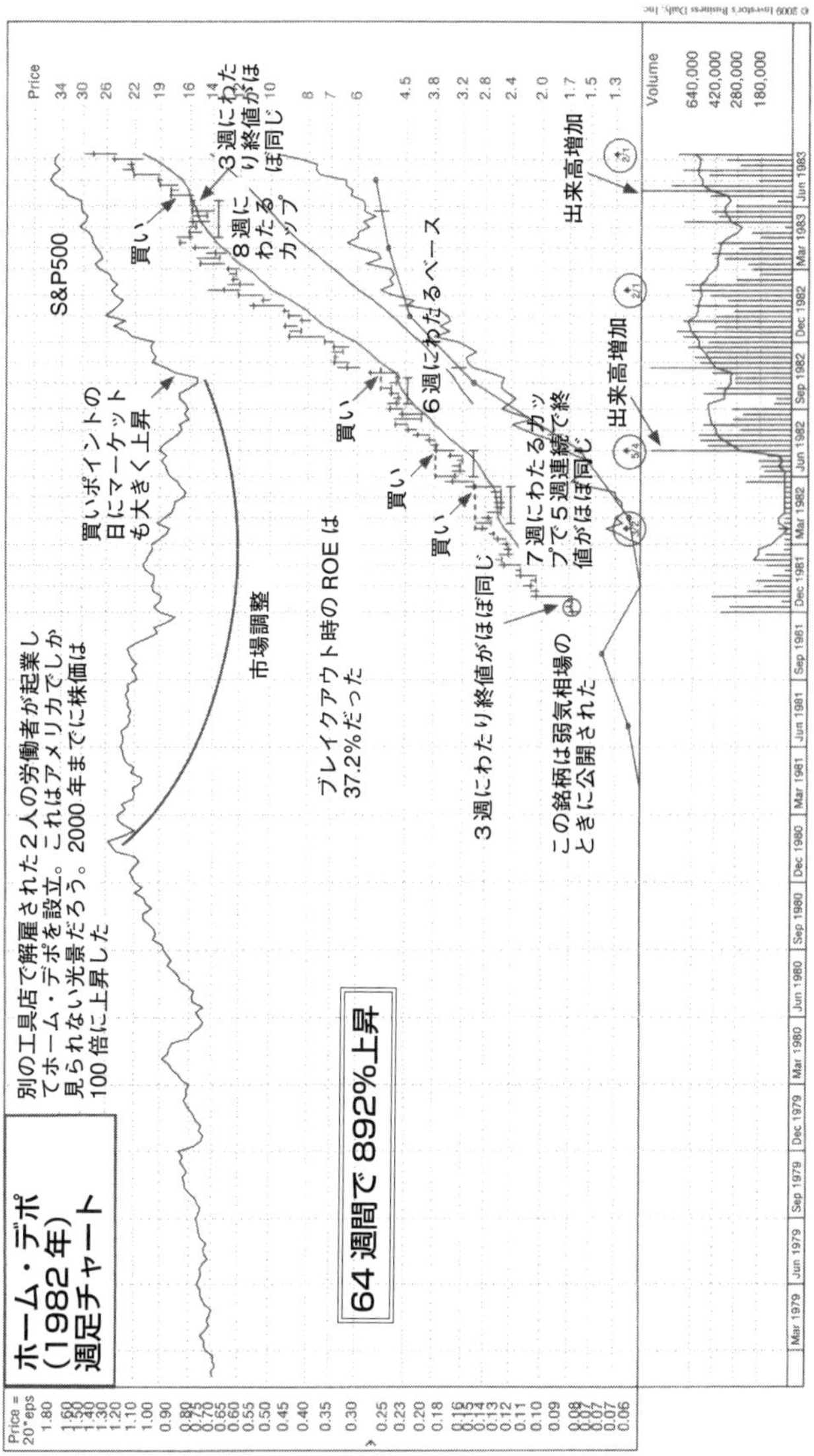
ホーム・デポ
（1982年）
週足チャート
別の工具店で解雇された２人の労働者が起業してホーム・デポを設立。これはアメリカでしか見られない光景だろう。2000年までに株価は100倍に上昇した
64週間で892%上昇
買いポイントの日にマーケットも大きく上昇
市場調整
S&P500
買い
３週にわたり終値がほぼ同じ
８週にわたるカップ
ブレイクアウト時のROEは37.2%だった
買い
６週にわたるベース
買い
買い
７週にわたるカップで５週連続で終値がほぼ同じ
３週にわたり終値がほぼ同じ
この銘柄は弱気相場のときに公開された
出来高増加
出来高増加
Price
Volume
© 2009 Investor's Business Daily, Inc.

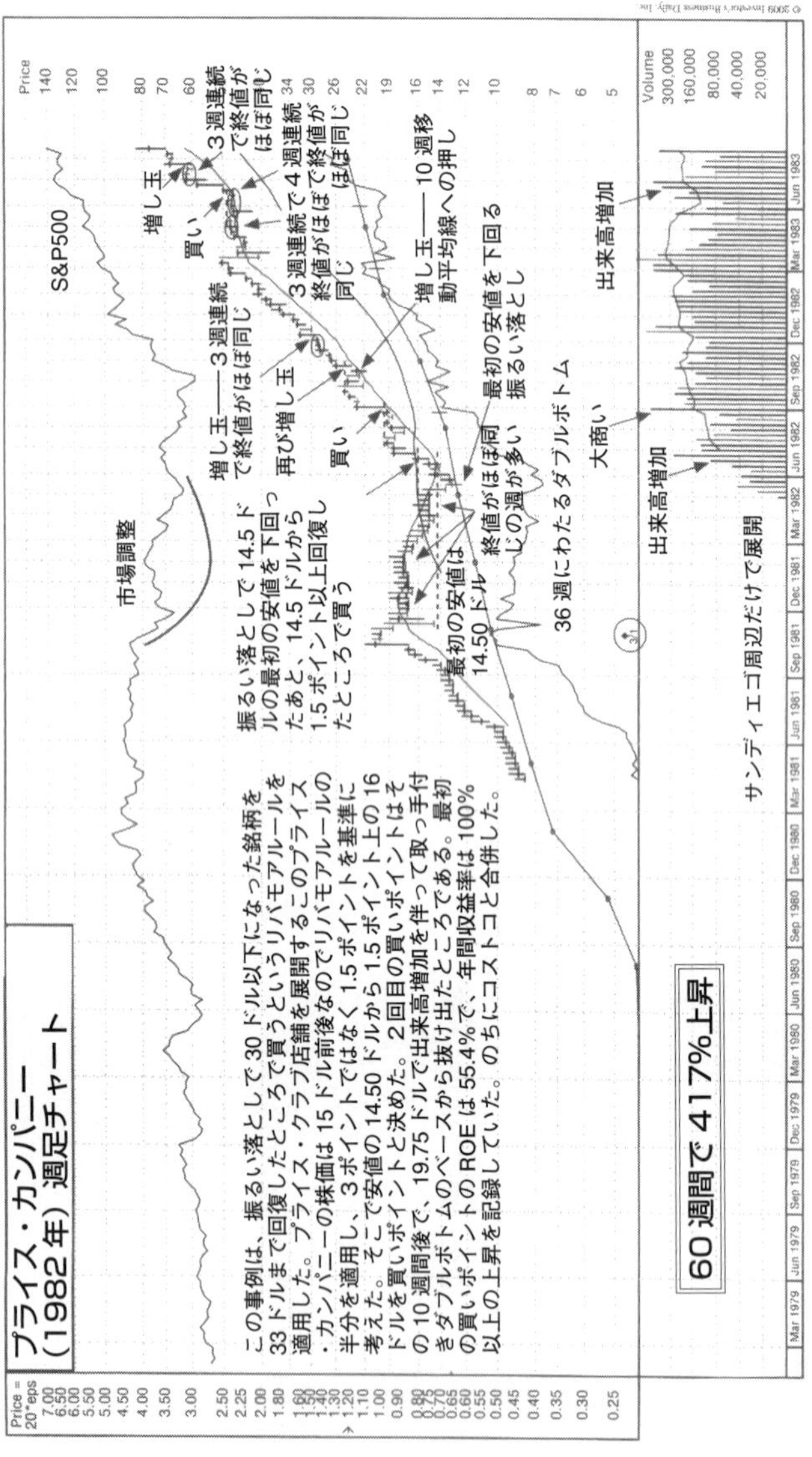
プライス・カンパニー（1982年）週足チャート
この事例は、振るい落としで30ドル以下になった銘柄を33ドルまで回復したところで買うというリバモアルールを適用した。プライス・クラブ店舗を展開するこのプライス・カンパニーの株価は15ドル前後なのでリバモアルールの半分を適用し、3ポイントではなく1.5ポイントを基準に考えた。そこで安値の14.50ドルから1.5ポイント上の16ドルを買いポイントと決めた。2回目の買いポイントはその10週間後で、19.75ドルで出来高増加を伴って取っ手付きダブルボトムのベースから抜け出たところである。最初の買いポイントのROEは55.4%で、年間収益率は100%以上の上昇を記録していた。のちにコストコと合併した。
市場調整
S&P500
振るい落としで14.5ドルの最初の安値を下回ったあと、14.5ドルから1.5ポイント以上回復したところで買う
最初の安値は14.50ドル
終値がほぼ同じの週が多い
36週にわたるダブルボトム
最初の安値を下回る振るい落とし
買い
再び増し玉
増し玉――3週連続で終値がほぼ同じ
3週連続終値がほぼ同じ
増し玉――10週移動平均線への押し
4週連続で終値がほぼ同じ
買い
増し玉
3週連続で終値がほぼ同じ
大商い
出来高増加
出来高増加
サンディエゴ周辺だけで展開
60週間で417%上昇
Price
Volume
© 2009 Investor's Business Daily, Inc.

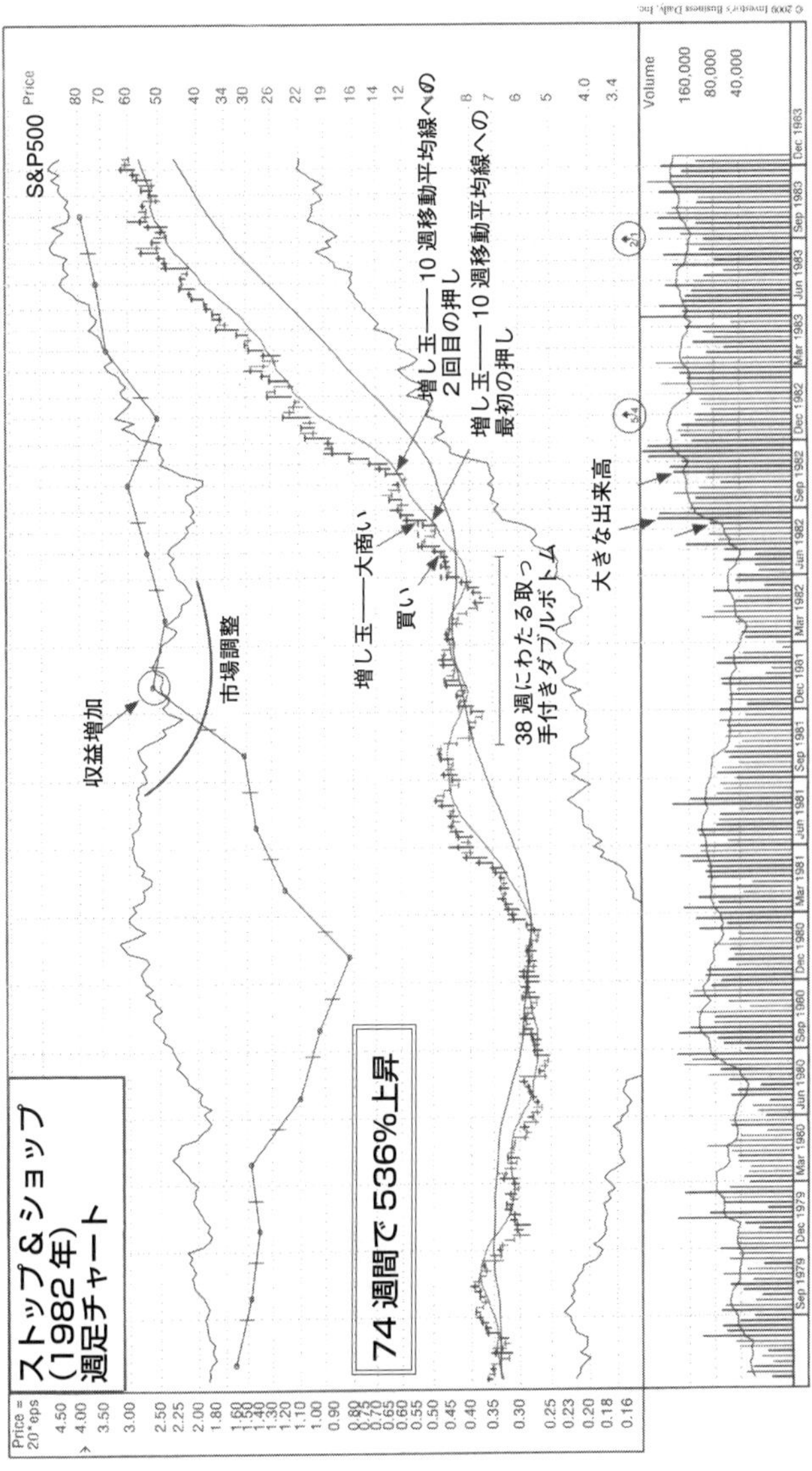
ストップ＆ショップ（1982年）週足チャート
74週間で536%上昇
S&P500
収益増加
市場調整
増し玉――大商い
買い
増し玉――10週移動平均線への2回目の押し
増し玉――10週移動平均線への最初の押し
38週にわたる取っ手付きダブルボトム
大きな出来高
© 2009 Investor's Business Daily, Inc.

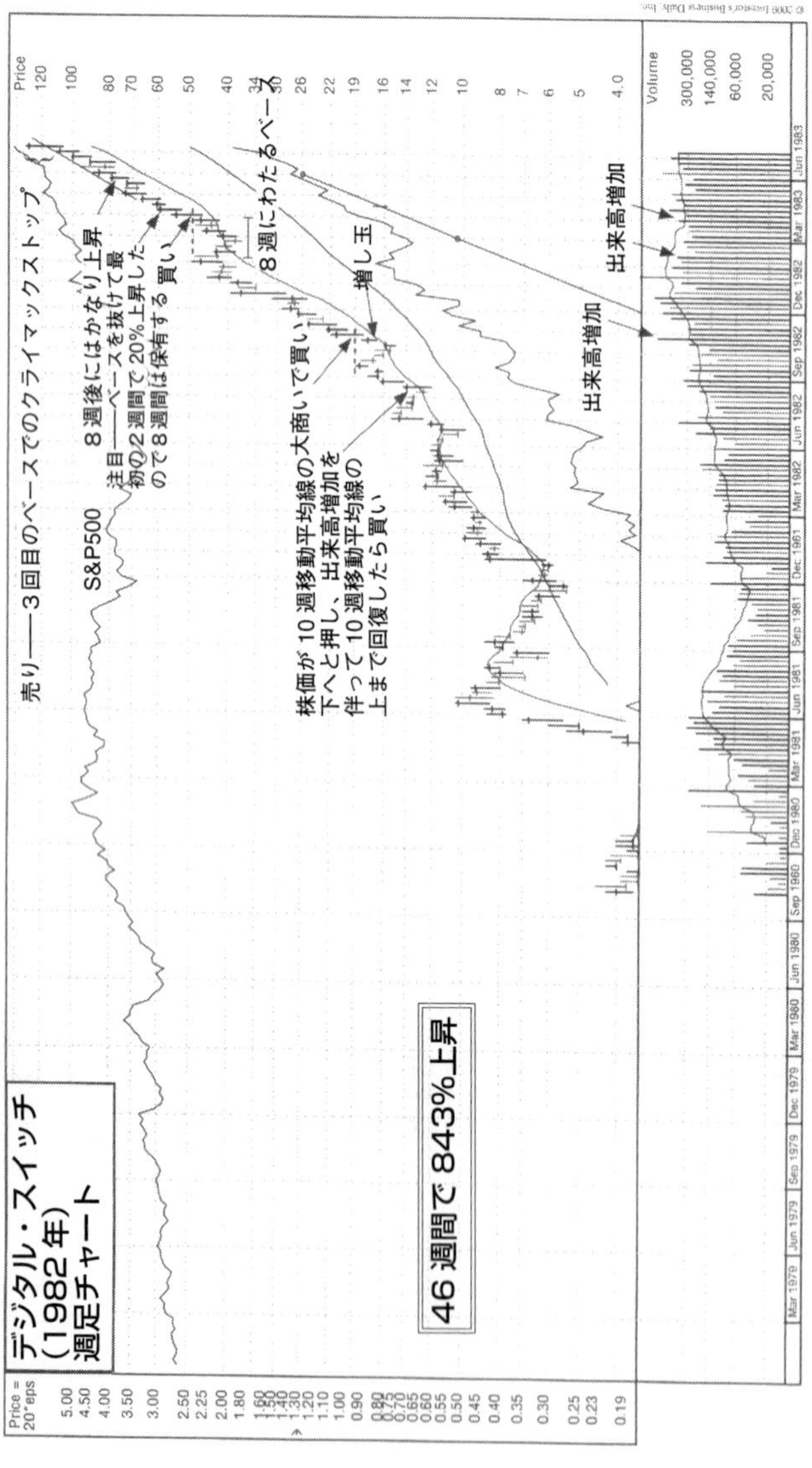
デジタル・スイッチ
（1982年）
週足チャート
46週間で843%上昇
売り——3回目のベースでのクライマックストップ
S&P500
8週後にはかなり上昇
注目——ベースを抜けて最
初の2週間で20%上昇した
ので8週間は保有する
買い
8週にわたるベース
株価が10週移動平均線の大商いで買い
下へと押し、出来高増加を
伴って10週移動平均線の
上まで回復したら買い
増し玉
出来高増加
出来高増加
Price = 20*eps
Price
Volume
© 2008 Investor's Business Daily, Inc.

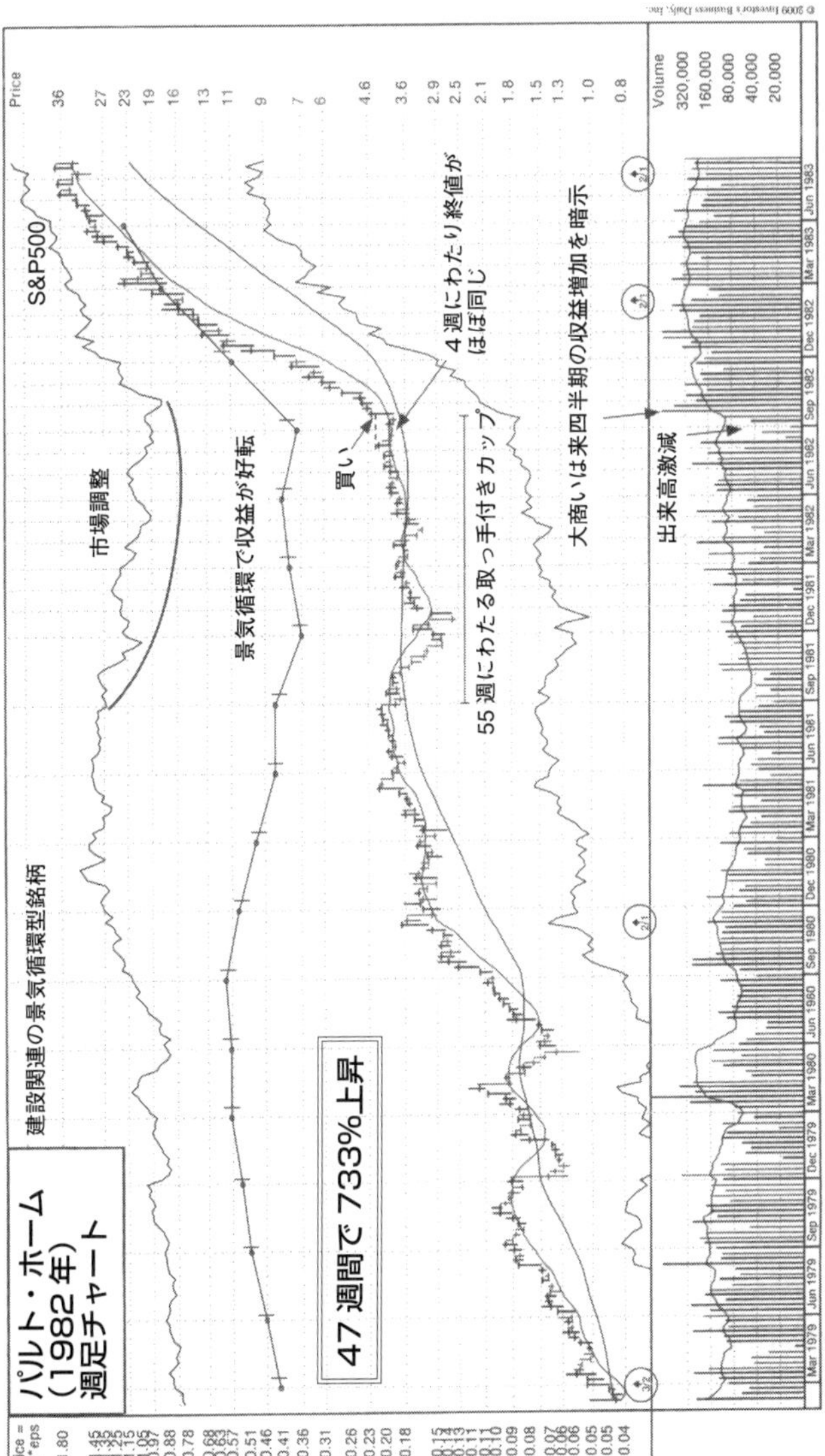
パルト・ホーム
（1982年）
週足チャート
建設関連の景気循環型銘柄
47週間で733%上昇
市場調整
S&P500
景気循環で収益が好転
買い
4週にわたり終値が
ほぼ同じ
55週にわたる取っ手付きカップ
大商いは来四半期の収益増加を暗示
出来高激減
Price = 20*eps
Price
Volume
© 2009 Investor's Business Daily, Inc.

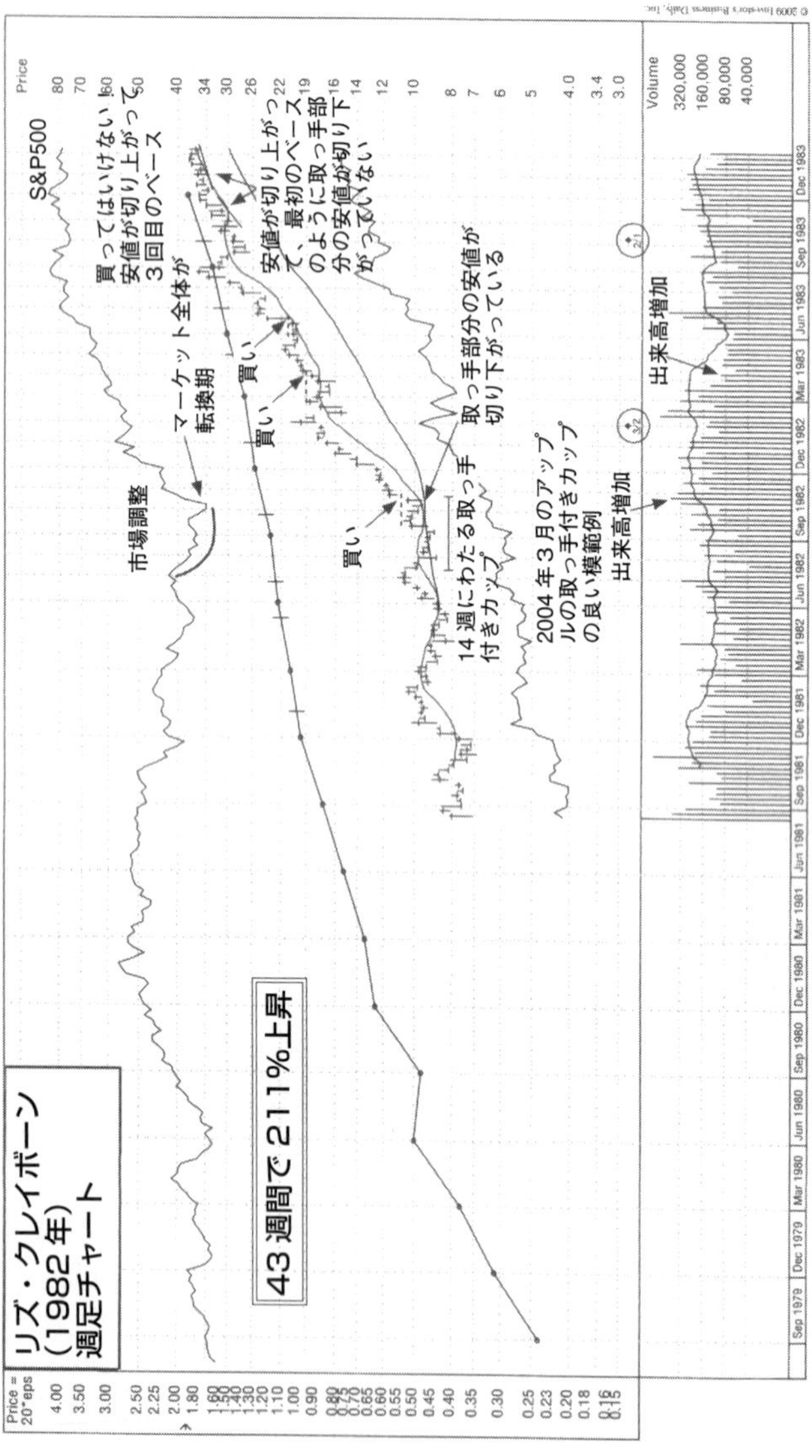
リズ・クレイボーン（1982年）週足チャート
43週間で211%上昇
S&P500
市場調整
マーケット全体が転換期
買ってはいけない安値が切り上がって3回目のベース
安値が切り上がって、最初のベースのように取っ手部分の安値が切り下がっていない
買い
買い
買い
買い
14週にわたる取っ手付きカップ
取っ手部分の安値が切り下がっている
2004年3月のアップルの取っ手付きカップの良い模範例
出来高増加
出来高増加
© 2009 Investor's Business Daily, Inc.

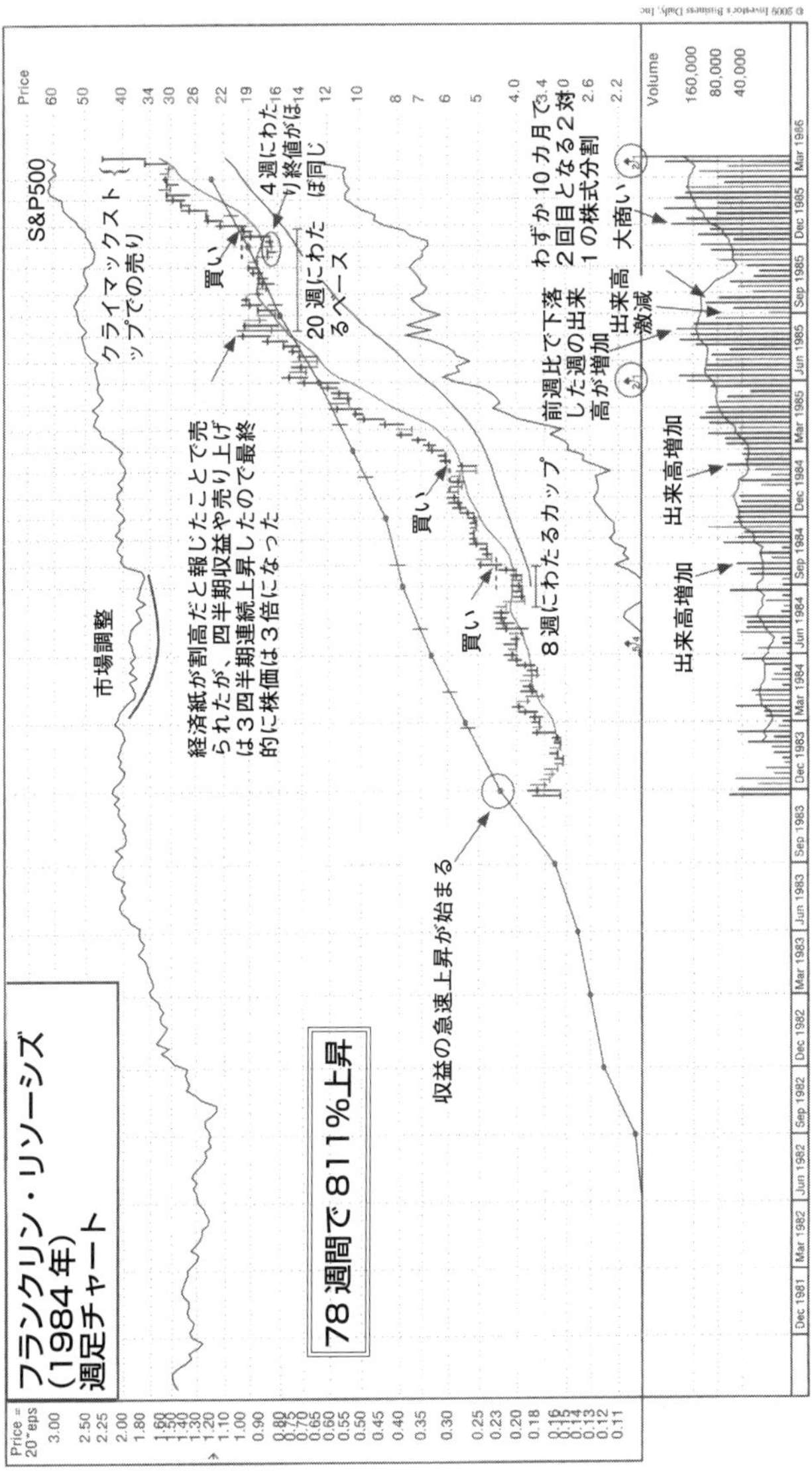

フランクリン・リソーシズ（1984年）週足チャート
78週間で811％上昇
S&P500
市場調整
クライマックストップでの売り
経済紙が割高だと報じたことで売られたが、四半期収益や売り上げは3四半期連続上昇したので最終的に株価は3倍になった
買い
4週にわたり終値がほぼ同じ
20週にわたるベース
買い
買い
8週にわたるカップ
収益の急速上昇が始まる
前週比で下落した週の出来高が増加
出来高激減
わずか10カ月で2回目となる2対1の株式分割
大商い
出来高増加
出来高増加
Price
Volume

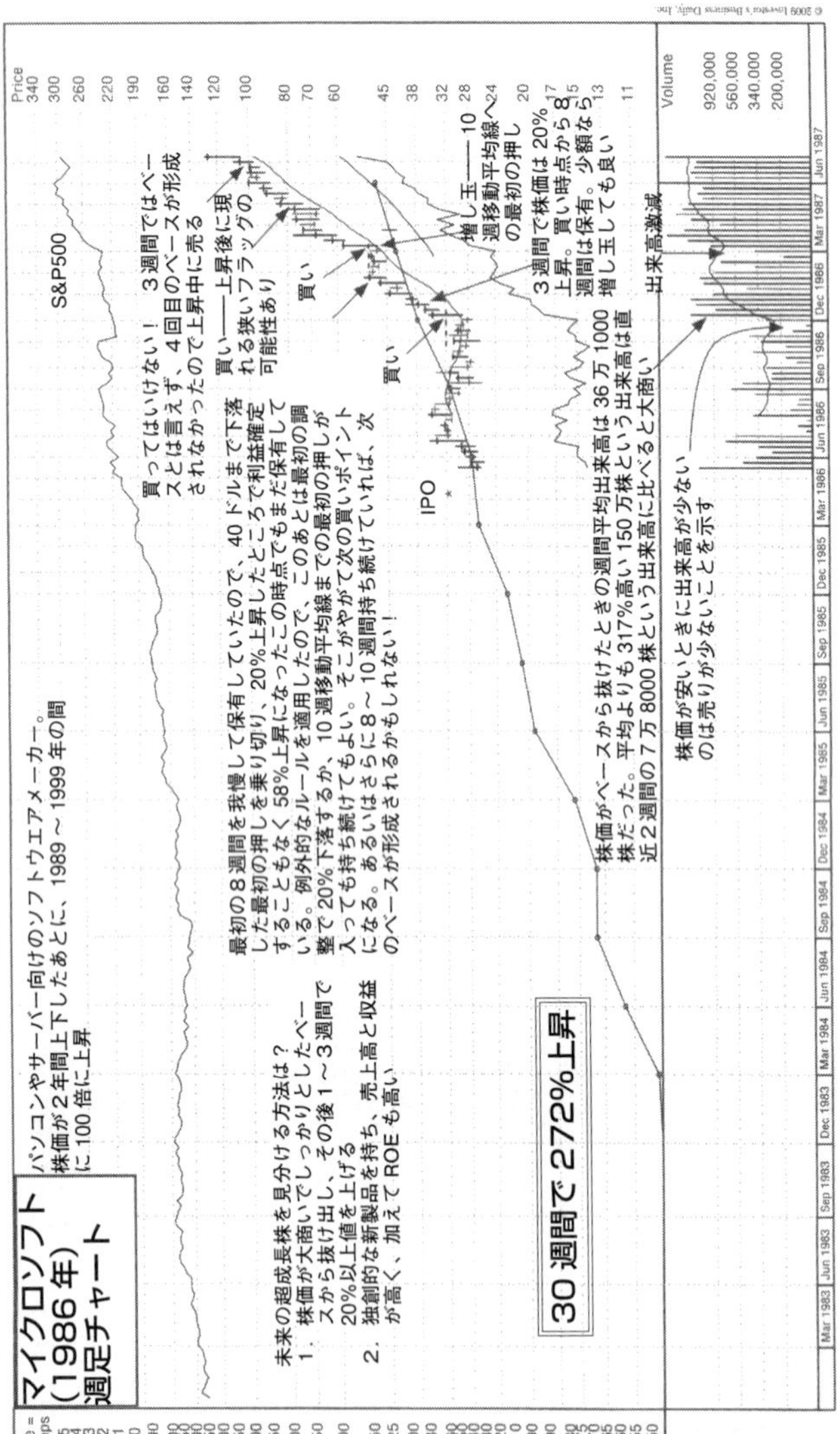
マイクロソフト
(1986年)
週足チャート
パソコンやサーバー向けのソフトウエアメーカー。
株価が2年間上下したあとに、1989～1999年の間
に100倍に上昇
S&P500
買ってはいけない！　3週間ではベースとは言えず、4回目のベースが形成されなかったので上昇中に売る
最初の8週間を我慢して保有していたので、40ドルまで下落した最初の押しを乗り切り、20%上昇したところで利益確定することもなく58%上昇になったこの時点でもまだ保有している。例外的なルールを適用したので、このあとは最初の調整で20%下落するか、10週移動平均線までの最初の押しが入っても持ち続けてもよい。そこがやがて次の買いポイントになる。あるいはさらに8～10週間持ち続けていれば、次のベースが形成されるかもしれない！
買い――上昇後に現れる狭いフラッグの可能性あり
未来の超成長株を見分ける方法は？
1．株価が大商いでしっかりとしたベースから抜け出し、その後1～3週間で20%以上値を上げる
2．独創的な新製品を持ち、売上高と収益が高く、加えてROEも高い
買い
買い
IPO
増し玉――10週移動平均線への最初の押し
3週間で株価は20%上昇。買い時点から8週間は保有。少額なら増し玉しても良い
30週間で272%上昇
株価がベースから抜けたときの週間平均出来高は36万1000株だった。平均よりも317%高い150万株という出来高は直近2週間の7万8000株という出来高に比べると大商い
出来高激減
株価が安いときに出来高が少ないのは売りが少ないことを示す
Price = 20*eps
Price
Volume
920,000
560,000
340,000
200,000
Mar 1983
Jun 1983
Sep 1983
Dec 1983
Mar 1984
Jun 1984
Sep 1984
Dec 1984
Mar 1985
Jun 1985
Sep 1985
Dec 1985
Mar 1986
Jun 1986
Sep 1986
Dec 1986
Mar 1987
Jun 1987
© 2009 Investor's Business Daily, Inc.

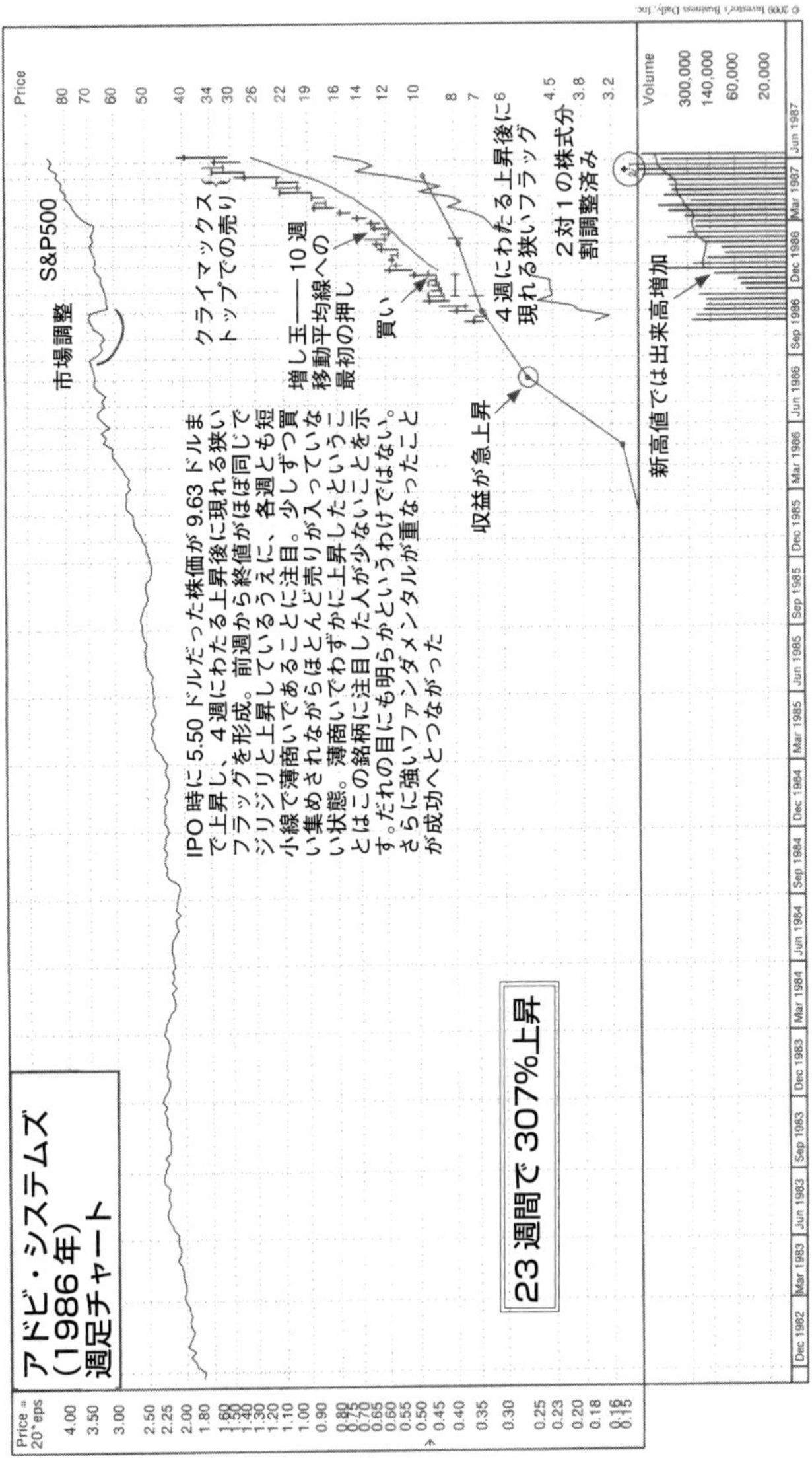
アドビ・システムズ
（1986年）
週足チャート
23週間で307%上昇
市場調整
S&P500
IPO時に5.50ドルだった株価が9.63ドルまで上昇し、４週にわたる上昇後に現れる狭いフラッグを形成。前週から終値がほぼ同じでジリジリと上昇しているうえに、各週とも短小線で薄商いであることに注目。少しずつ買い集めされながらほとんど売りが入っていない状態。薄商いでわずかに上昇したということはこの銘柄に注目した人が少ないことを示す。だれの目にも明らかかというわけではない。さらに強いファンダメンタルが重なったことが成功へとつながった
クライマックストップでの売り
増し玉――10週移動平均線への最初の押し
買い
収益が急上昇
４週にわたる上昇後に現れる狭いフラッグ
２対１の株式分割調整済み
新高値では出来高増加
Price
Volume
Price = 20*eps
© 2009 Investor's Business Daily, Inc.

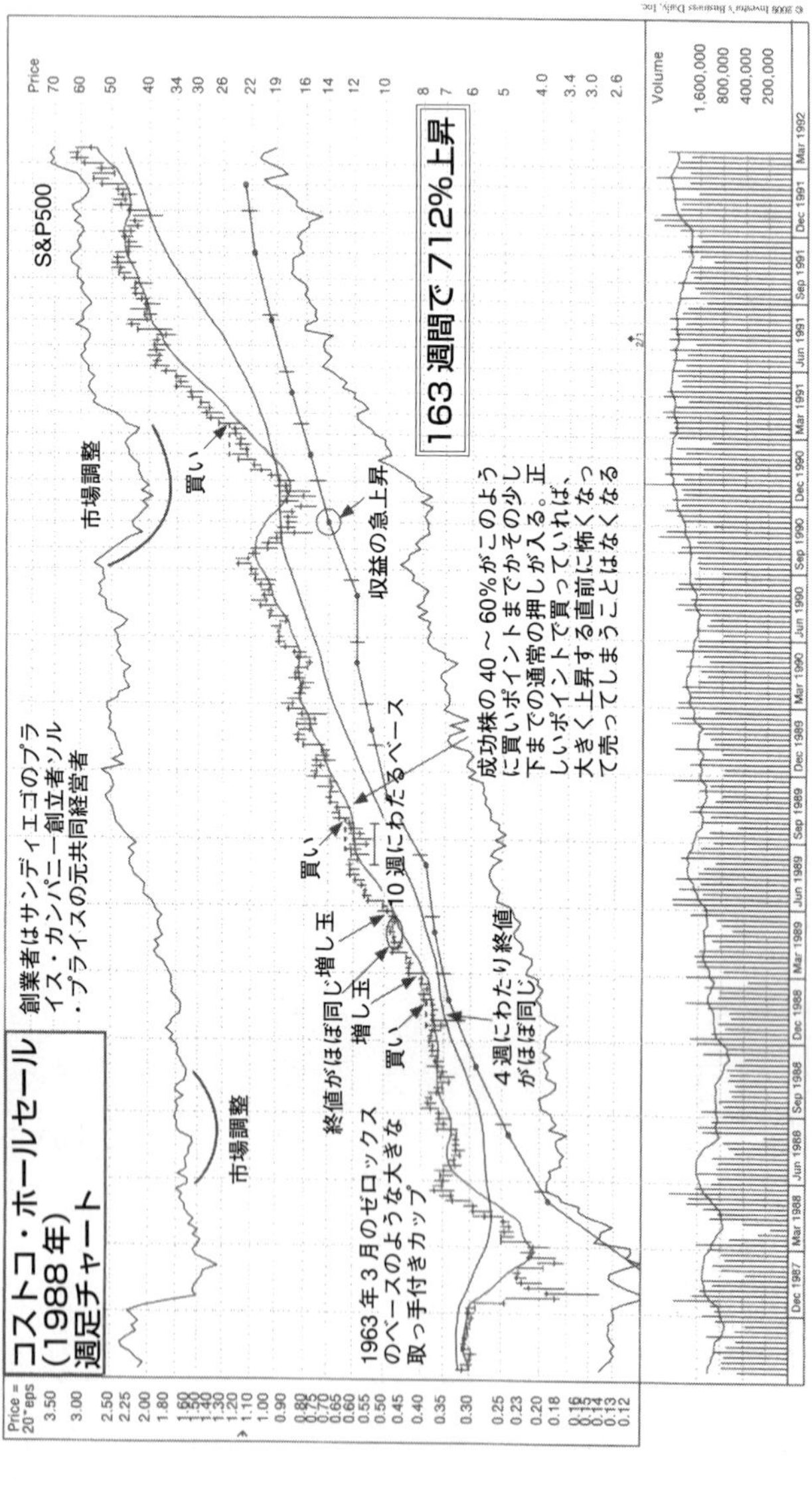
コストコ・ホールセール（1988年）週足チャート
創業者はサンディエゴのプライス・カンパニー創立者ソル・プライスの元共同経営者
市場調整
市場調整
S&P500
買い
買い
買い
163週間で712%上昇
収益の急上昇
10週にわたるベース
終値がほぼ同じ
増し玉
増し玉
4週にわたり終値がほぼ同じ
1963年3月のゼロックスのベースのような大きな取っ手付きカップ
成功株の40～60%がこのように買いポイントまでかその少し下までの通常の押しが入る。正しいポイントで買っていれば、大きく上昇する直前に怖くなって売ってしまうことはなくなる
Price
Volume

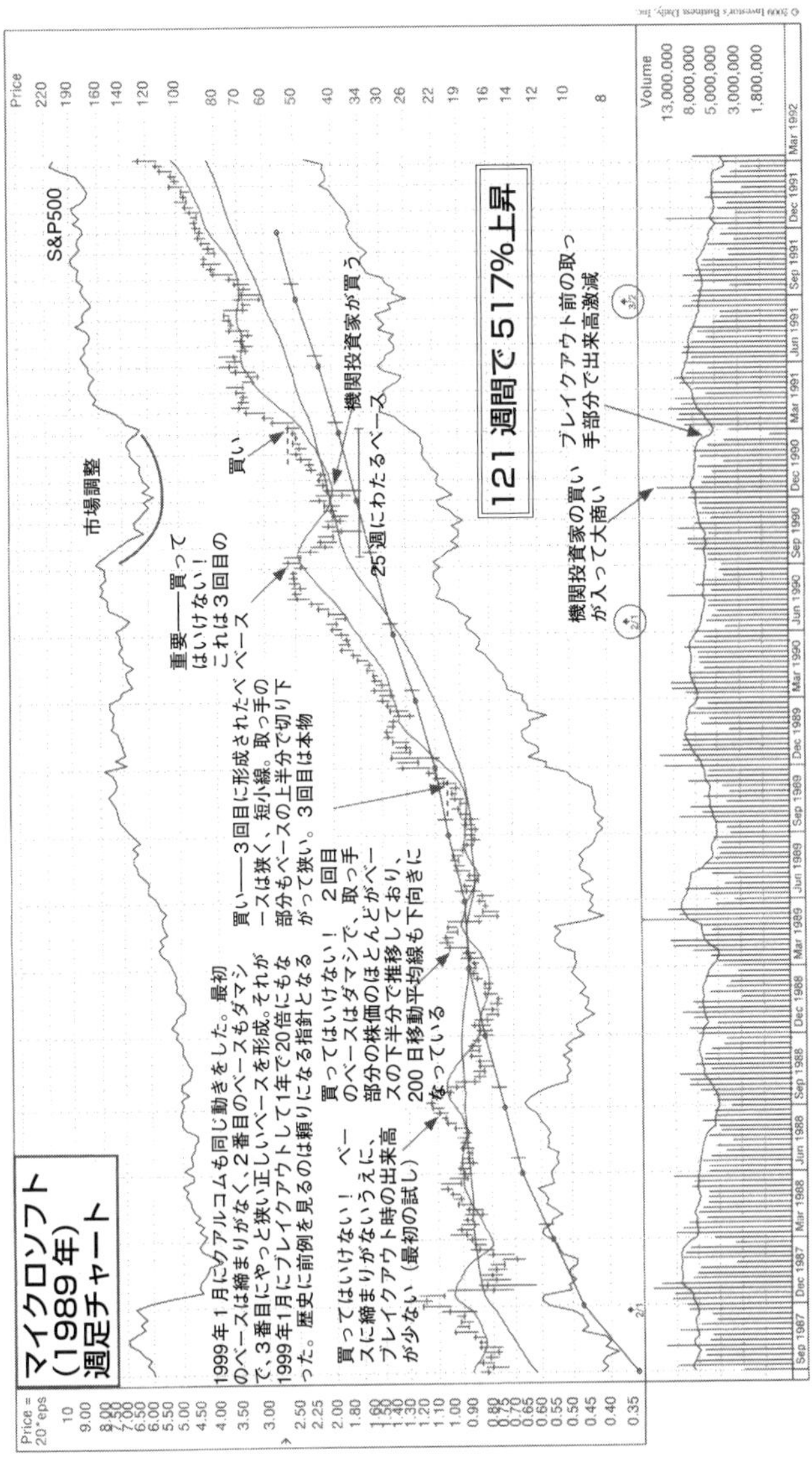
マイクロソフト
（1989年）
週足チャート
S&P500
市場調整
1999年１月にクアルコムも同じ動きをした。最初のベースは締まりがなく、２番目のベースもダマシで、３番目にやっと狭い正しいベースを形成。それが1999年1月にブレイクアウトして1年で20倍にもなった。歴史に前例を見るのは頼りになる指針となる
買ってはいけない！　ベースに締まりがないうえに、ブレイクアウト時の出来高が少ない（最初の試し）
買ってはいけない！　２回目のベースはダマシで、取っ手部分の株価のほとんどがベースの下半分で推移しており、200日移動平均線も下向きになっている
買い――３回目に形成されたベースは狭く、短小線。取っ手の部分もベースの上半分で切り下がって狭い。３回目は本物
重要――買ってはいけない！　これは３回目のベース
買い
機関投資家が買う
25週にわたるベース
121週間で517%上昇
機関投資家の買いが入って大商い
ブレイクアウト前の取っ手部分で出来高激減
Price = 20*eps
Price
Volume
© 2009 Investor's Business Daily, Inc.

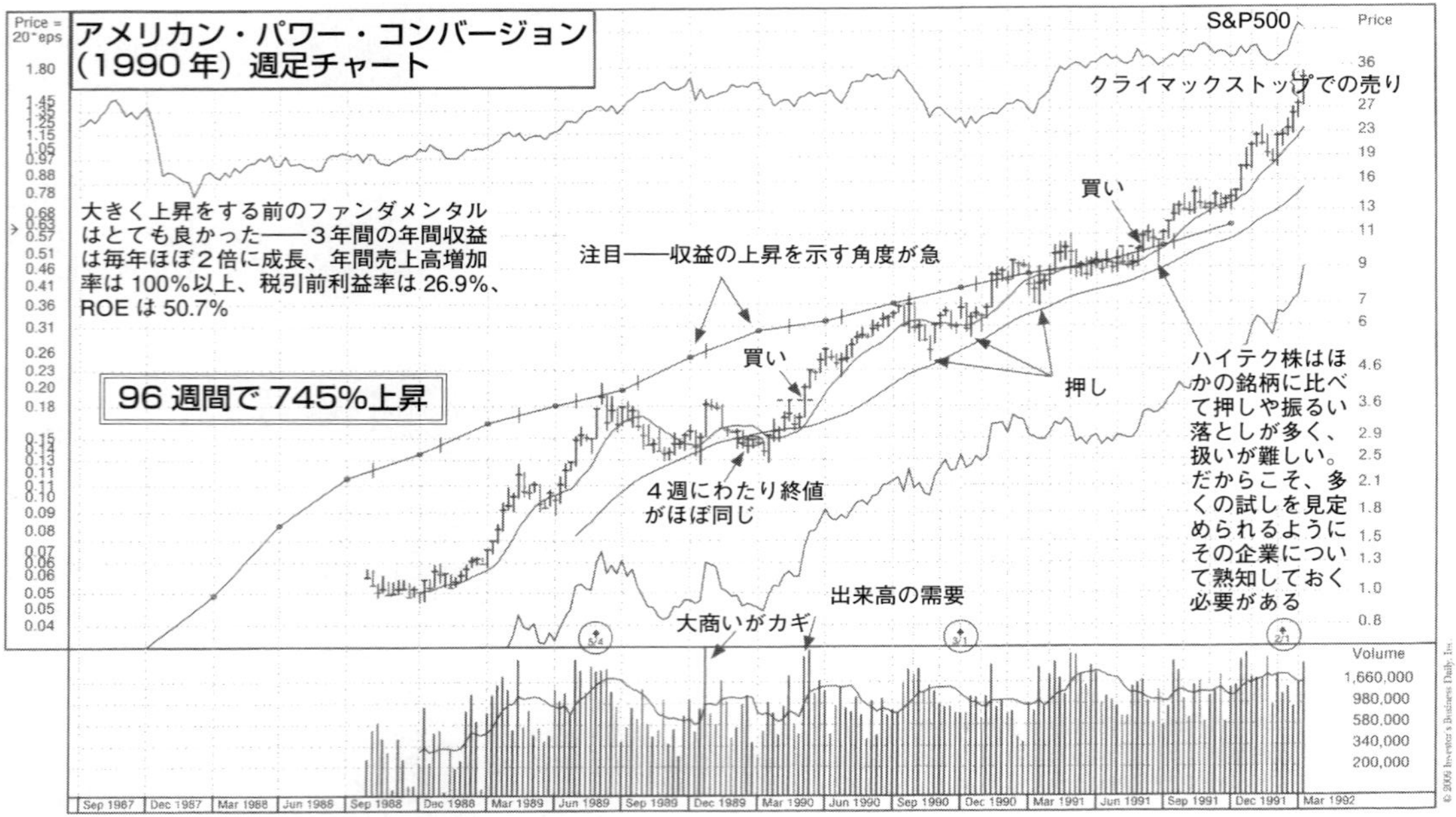
アメリカン・パワー・コンバージョン
（1990年）週足チャート
大きく上昇をする前のファンダメンタルはとても良かった――３年間の年間収益は毎年ほぼ２倍に成長、年間売上高増加率は100%以上、税引前利益率は26.9%、ROEは50.7%
96週間で745%上昇
注目――収益の上昇を示す角度が急
買い
4週にわたり終値がほぼ同じ
大商いがカギ
出来高の需要
押し
買い
S&P500
クライマックストップでの売り
ハイテク株はほかの銘柄に比べて押しや振るい落としが多く、扱いが難しい。だからこそ、多くの試しを見定められるようにその企業について熟知しておく必要がある
Price = 20*eps
Price
Volume
Sep 1987
Dec 1987
Mar 1988
Jun 1988
Sep 1988
Dec 1988
Mar 1989
Jun 1989
Sep 1989
Dec 1989
Mar 1990
Jun 1990
Sep 1990
Dec 1990
Mar 1991
Jun 1991
Sep 1991
Dec 1991
Mar 1992
© 2009 Investor's Business Daily, Inc.

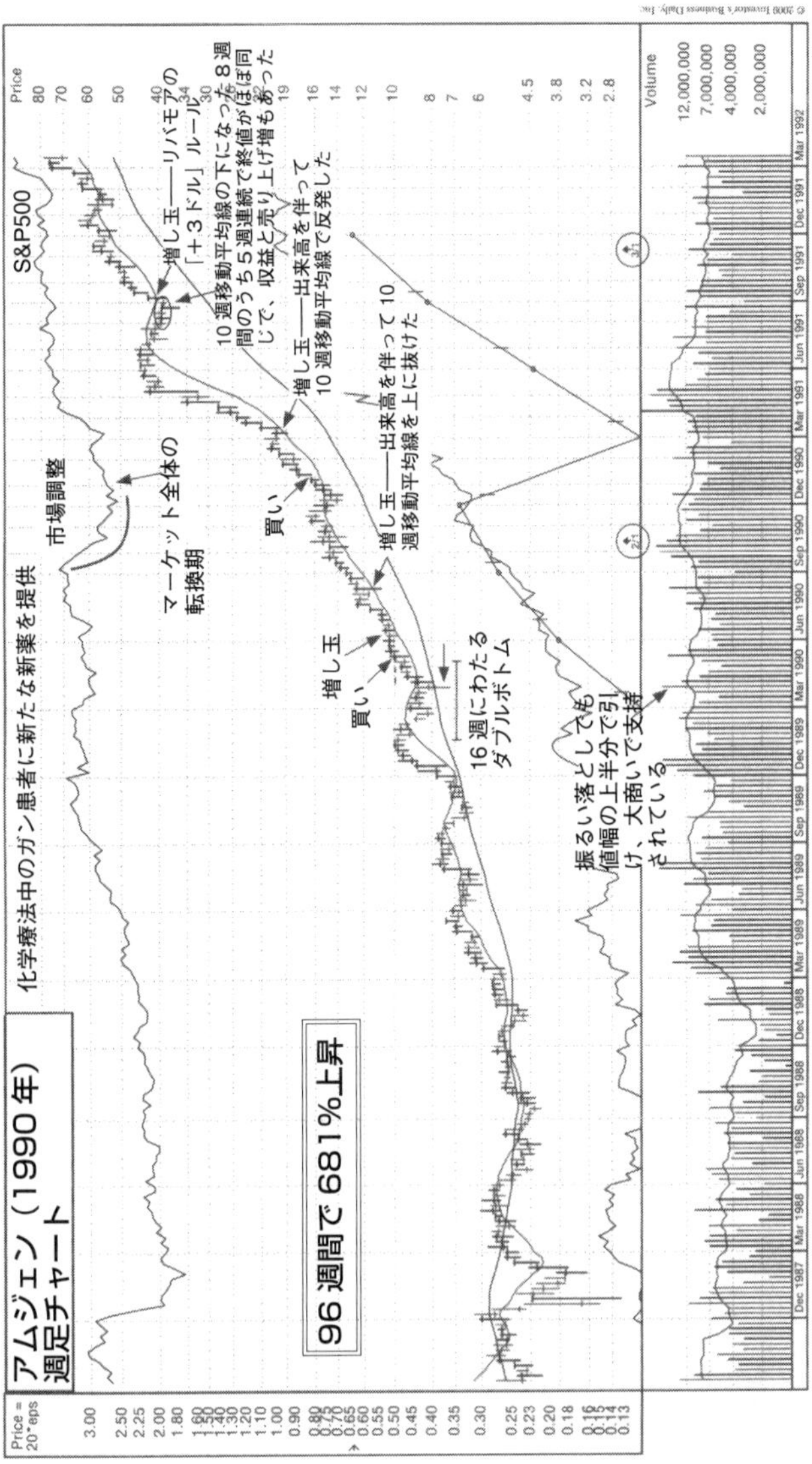

アムジェン（1990年）
週足チャート
化学療法中のガン患者に新たな新薬を提供
S&P500
市場調整
マーケット全体の転換期
96週間で681%上昇
増し玉――リバモアの「＋3ドル」ルール
10週移動平均線の下になった8週間のうち5週連続で終値がほぼ同じで、収益と売り上げ増もあった
増し玉――出来高を伴って10週移動平均線で反発した
買い
増し玉――出来高を伴って10週移動平均線を上に抜けた
増し玉
買い
16週にわたるダブルボトム
振るい落としでも値幅の上半分で引け、大商いで支持されている
Price
Volume
© 2008 Investor's Business Daily, Inc.

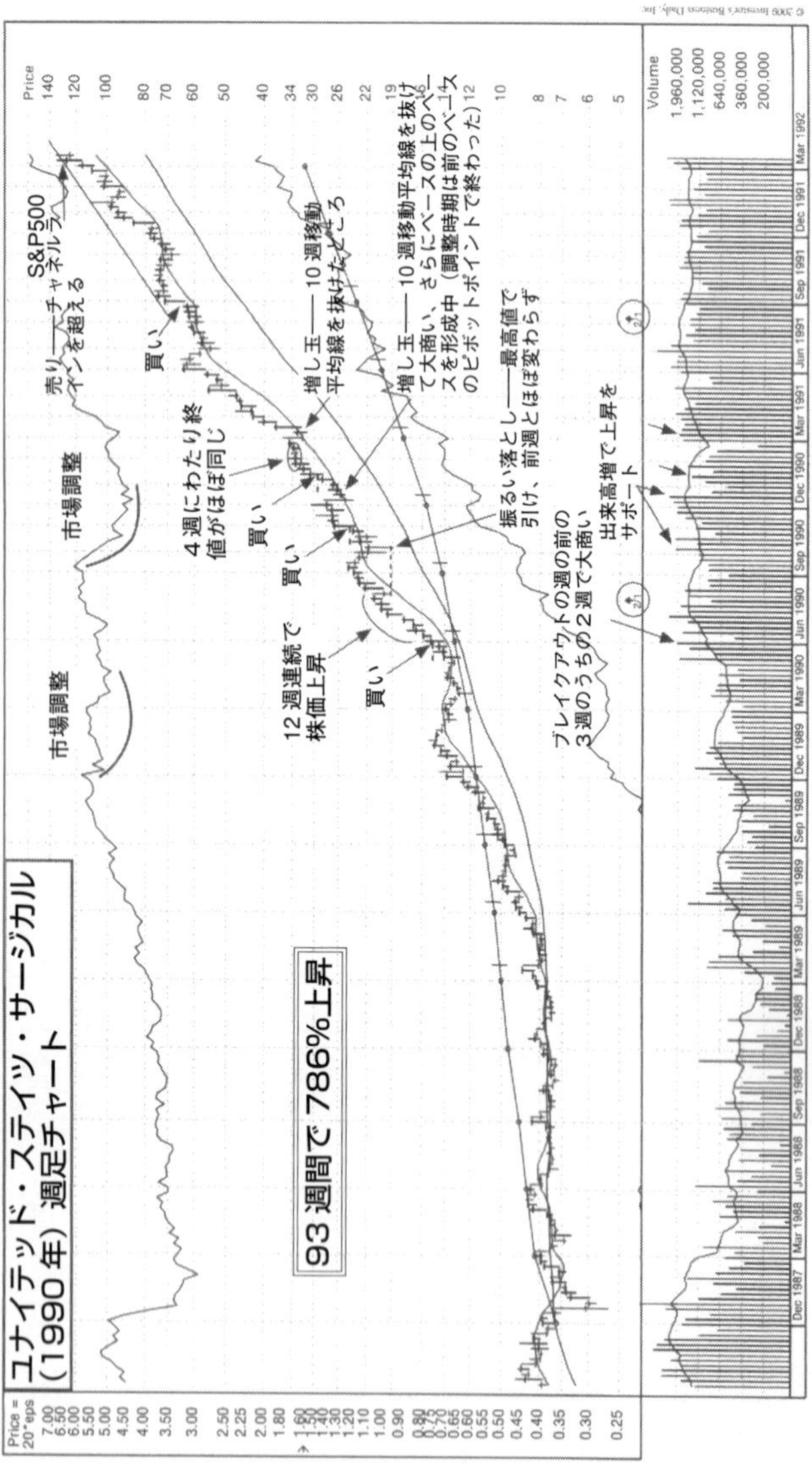
ユナイテッド・ステイツ・サージカル（1990年）週足チャート
93週間で786%上昇
市場調整
市場調整
売り――チャネルラインを超える
S&P500
買い
4週にわたり終値がほぼ同じ
増し玉――10週移動平均線を抜けたところ
買い
買い
買い
12週連続で株価上昇
買い
増し玉――10週移動平均線を抜けて大商い、さらにベースの上のベースを形成中（調整時期は前のベースのピボットポイントで終わった）
振るい落とし――最高値で引け、前週とほぼ変わらず
ブレイクアウトの週の前の3週のうちの2週で大商い
出来高増で上昇をサポート
Volume
© 2009 Investor's Business Daily, Inc.

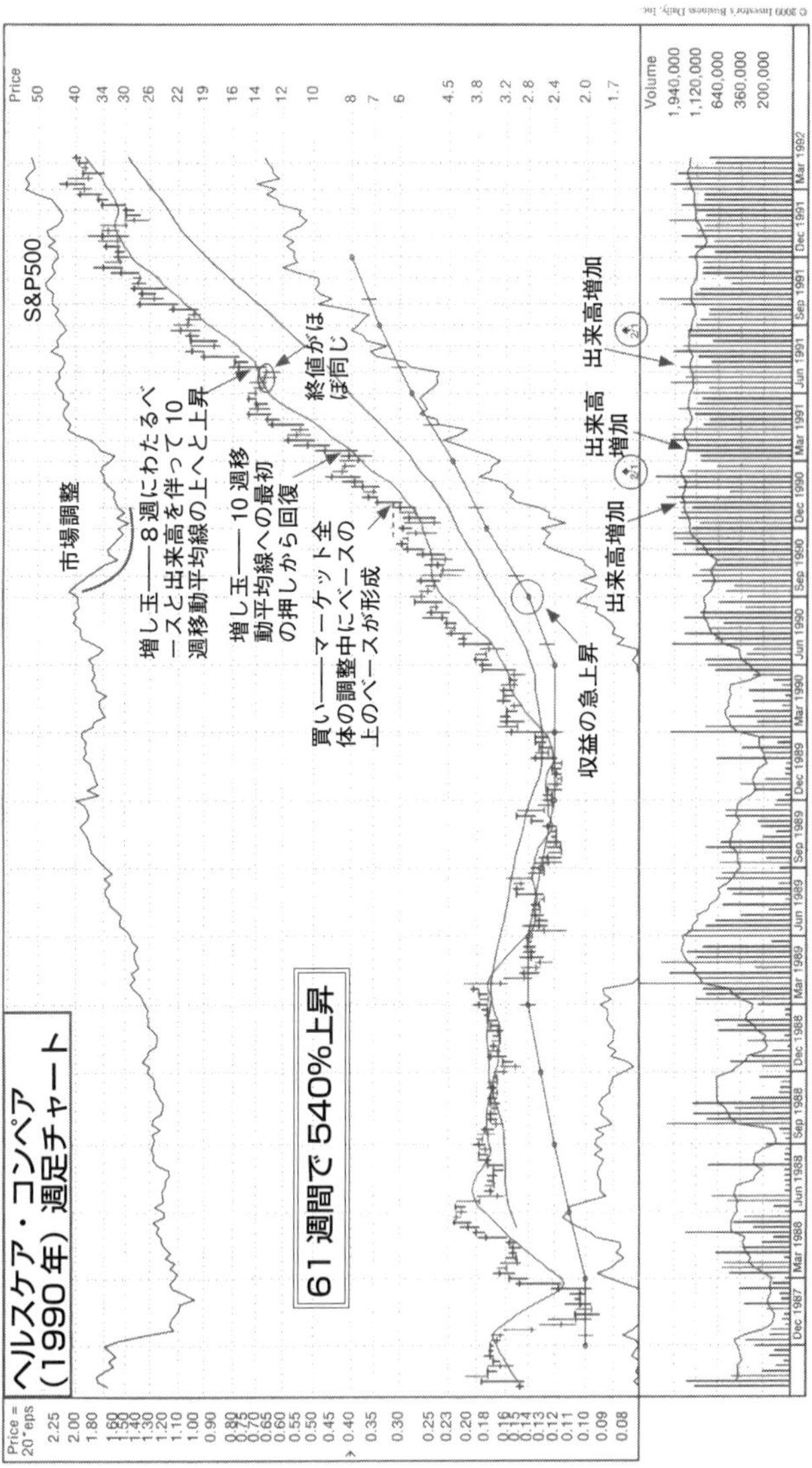
ヘルスケア・コンペア（1990年）週足チャート
61週間で540%上昇
S&P500
市場調整
増し玉――8週にわたるベースと出来高を伴って10週移動平均線の上へと上昇
増し玉――10週移動平均線への最初の押しから回復
買い――マーケット全体の調整中にベースの上のベースが形成
終値がほぼ同じ
収益の急上昇
出来高増加
出来高増加
出来高増加

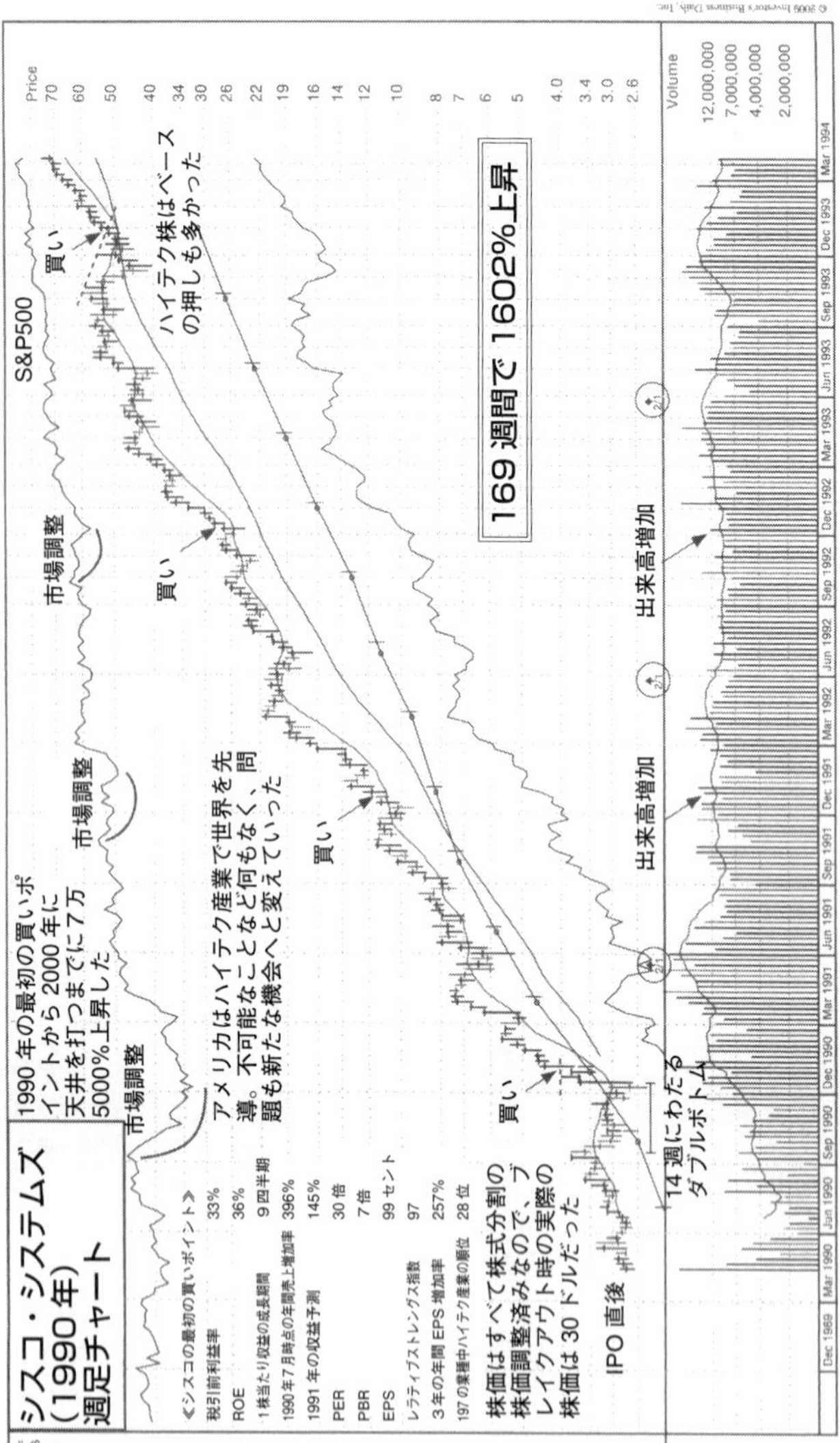
シスコ・システムズ（1990年）週足チャート
1990年の最初の買いポイントから2000年に天井を打つまでに7万5000％上昇した
《シスコの最初の買いポイント》
税引前利益率 33%
ROE 36%
1株当たり収益の成長期間 9四半期
1990年7月時点の年間売上増加率 396%
1991年の収益予測 145%
PER 30倍
PBR 7倍
EPS 99セント
レラティブストレングス指数 97
3年の年間EPS増加率 257%
197の業種中ハイテク産業の順位 28位
株価はすべて株式分割の株価調整済みなので、ブレイクアウト時の実際の株価は30ドルだった
IPO直後
市場調整
アメリカはハイテク産業で世界を先導。不可能なことなど何もなく、問題も新たな機会へと変えていった
買い
14週にわたるダブルボトム
出来高増加
市場調整
買い
出来高増加
市場調整
買い
169週間で1602％上昇
S&P500
ハイテク株はベースの押しも多かった
買い
© 2009 Investor's Business Daily, Inc.

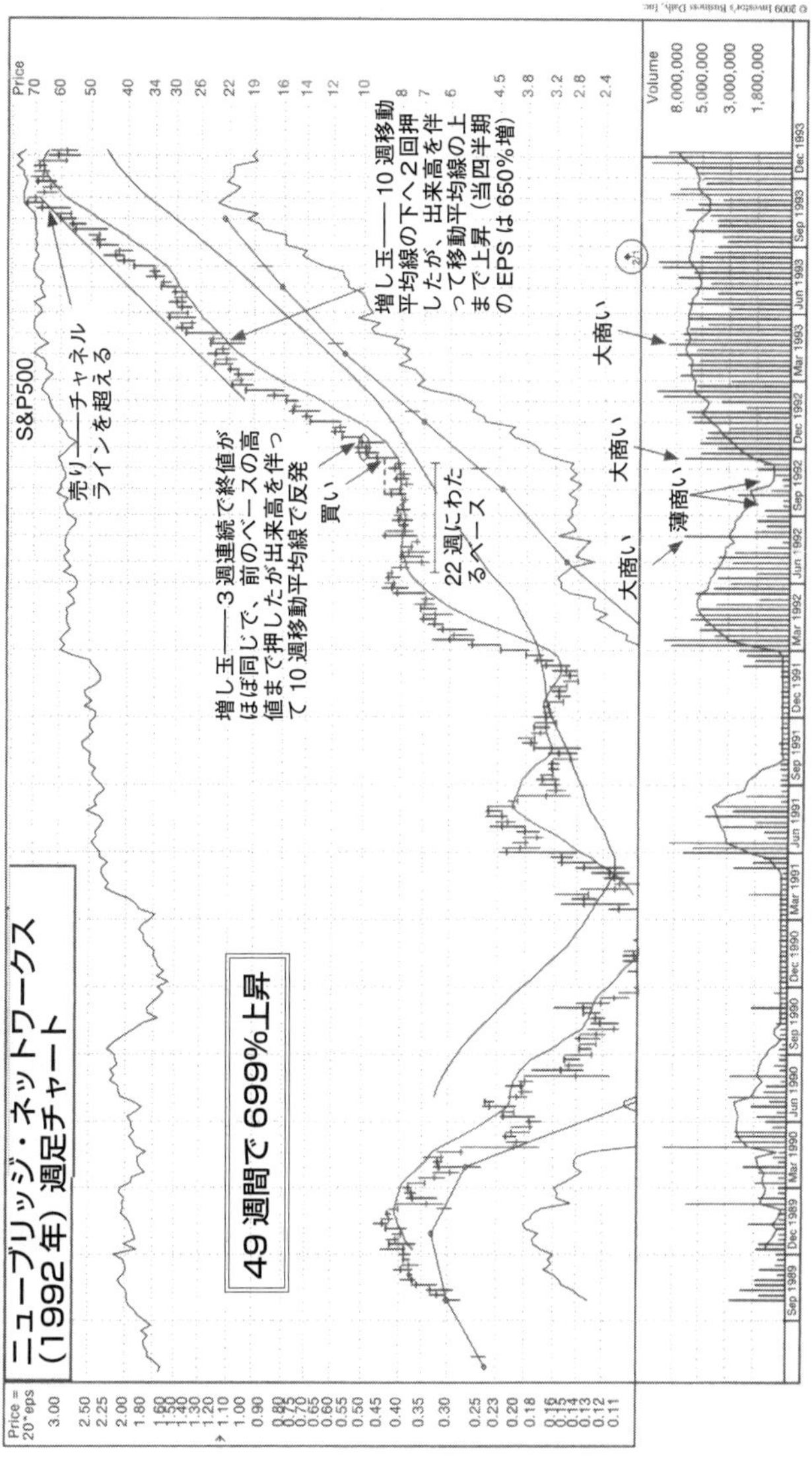
ニューブリッジ・ネットワークス（1992年）週足チャート
49週間で699%上昇
S&P500
売り――チャネルラインを超える
増し玉――3週連続で終値がほぼ同じで、前のベースの高値まで押したが出来高を伴って10週移動平均線で反発
買い
22週にわたるベース
増し玉――10週移動平均線の下へ2回押したが、出来高を伴って移動平均線の上まで上昇（当四半期のEPSは650%増）
大商い
薄商い
大商い
大商い
© 2009 Investor's Business Daily, Inc.

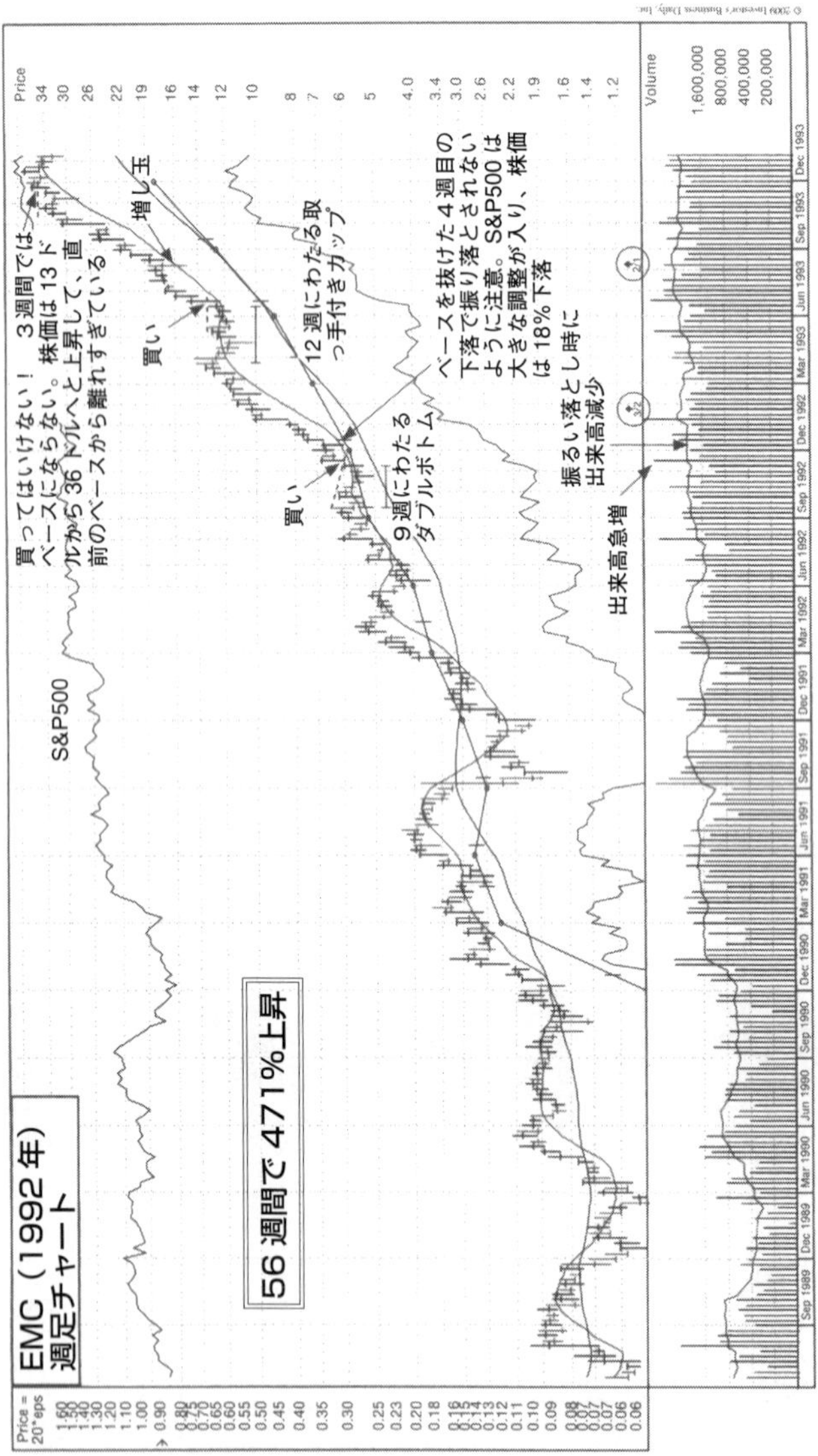
EMC（1992年）
週足チャート
56週間で471％上昇
S&P500
買ってはいけない！　3週間ではベースにならない。株価は13ドルから36ドルへと上昇して、直前のベースから離れすぎている
増し玉
買い
12週にわたる取っ手付きカップ
買い
9週にわたるダブルボトム
ベースを抜けた4週目の下落で振り落とされないように注意。S&P500は大きな調整が入り、株価は18％下落
振るい落とし時に出来高減少
出来高急増
Price
Volume
© 2009 Investor's Business Daily, Inc.

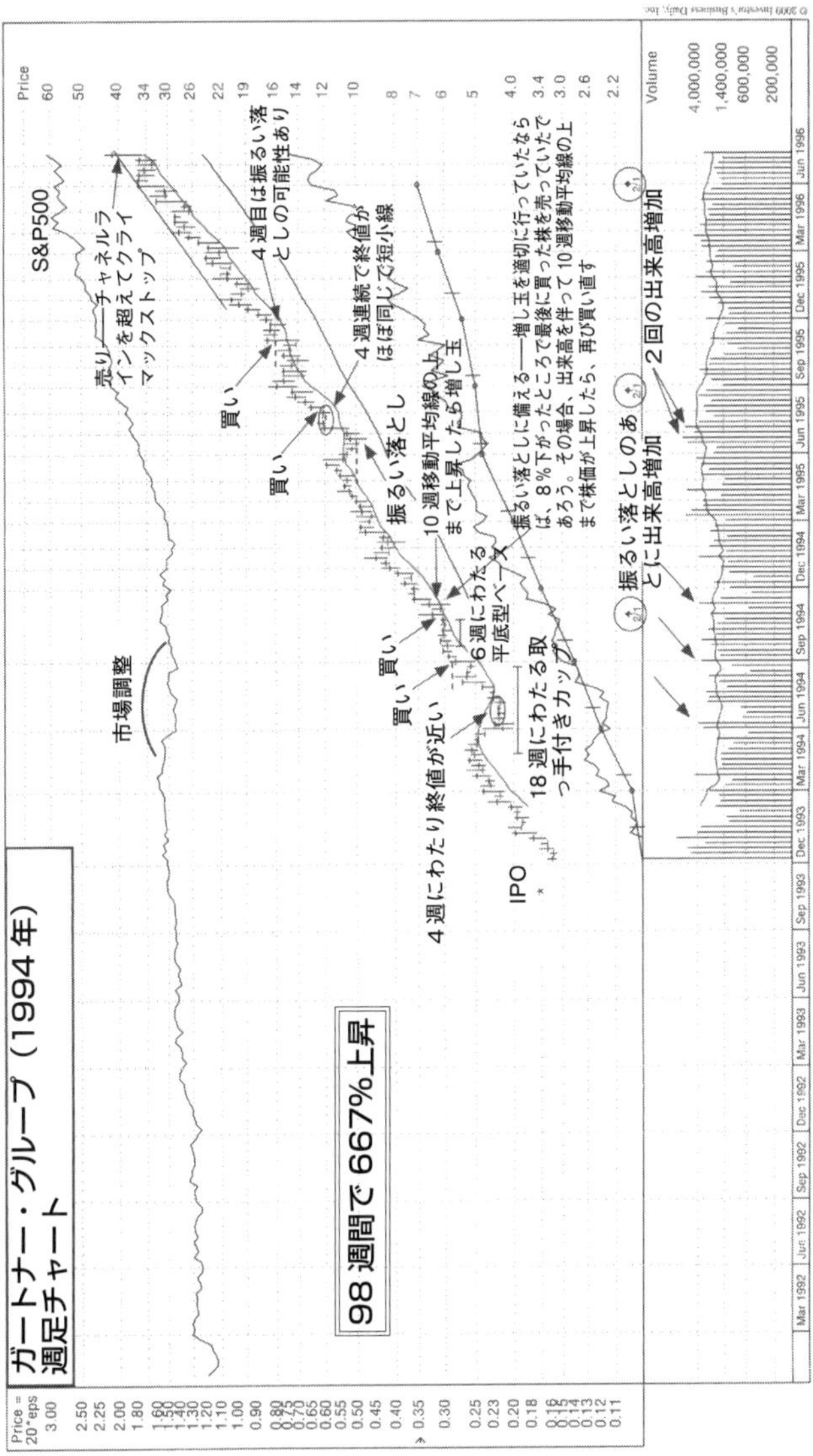
ガートナー・グループ（1994年）
週足チャート
98週間で667%上昇
市場調整
S&P500
売り――チャネルラインを超えてクライマックストップ
4週目は振るい落としの可能性あり
買い
買い
4週連続で終値がほぼ同じで短小線
振るい落とし
10週移動平均線の上まで上昇したら増し玉
買い
買い
6週にわたる平底型ベース
4週にわたり終値が近い
18週にわたる取っ手付きカップ
IPO
振るい落としに備える――増し玉を適切に行っていたならば、8%下がったところで最後に買った株を売っていたであろう。その場合、出来高を伴って10週移動平均線の上まで株価が上昇したら、再び買い直す
振るい落としのあとに出来高増加
2回の出来高増加
Volume
© 2009 Investor's Business Daily, Inc.

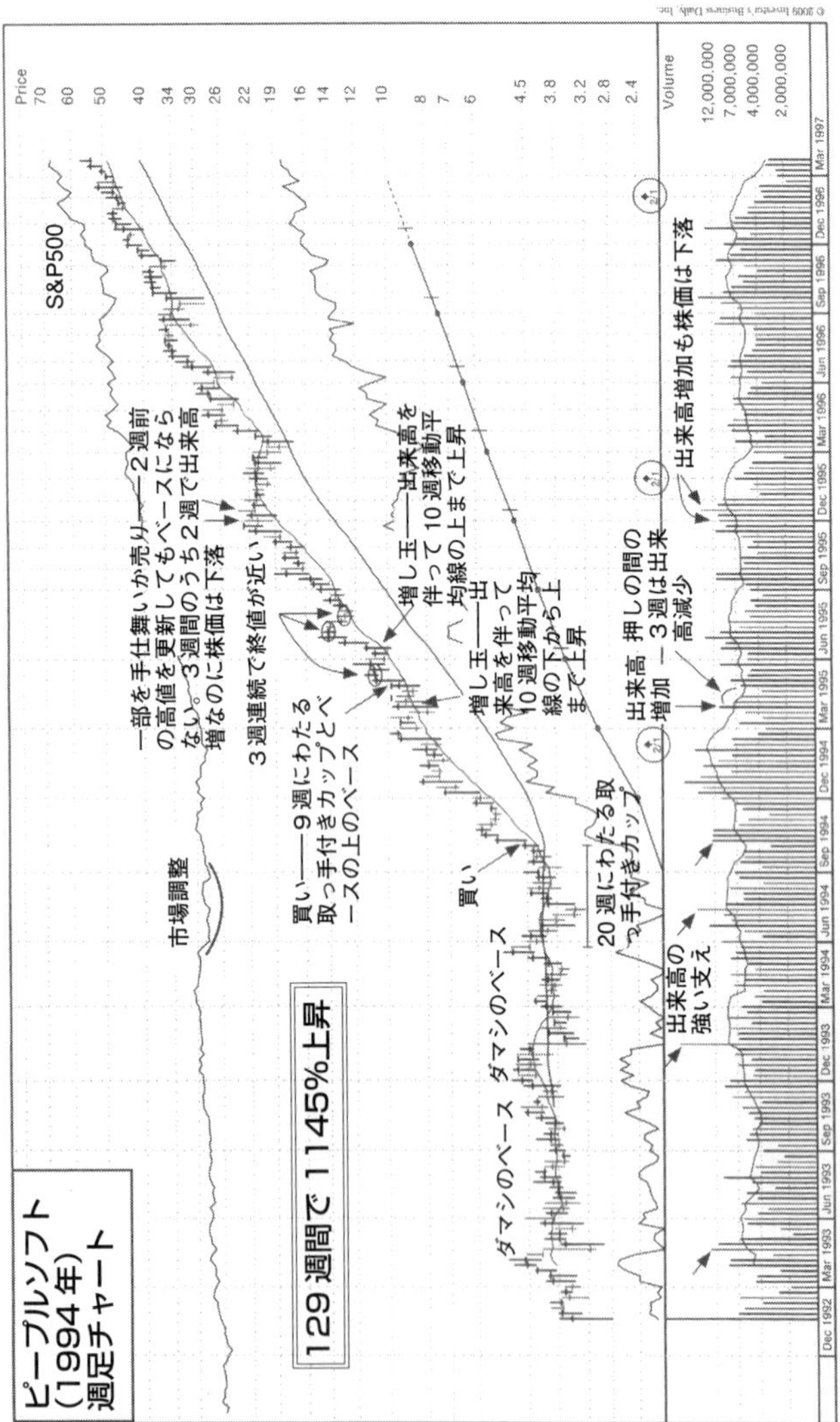
ピープルソフト（1994年）週足チャート
129週間で1145%上昇
市場調整
S&P500
一部を手仕舞いか売り――2週前の高値を更新してもベースにならない。3週間のうち2週で出来高増なのに株価は下落
3週連続で終値が近い
買い――9週にわたる取っ手付きカップとベースの上のベース
増し玉――出来高を伴って10週移動平均線の上まで上昇
増し玉――出来高を伴って10週移動平均線の下から上まで上昇
買い
ダマシのベース
ダマシのベース
20週にわたる取っ手付きカップ
出来高増加
押しの間の3週は出来高減少
出来高の強い支え
出来高増加も株価は下落
Volume
© 2009 Investor's Business Daily, Inc.

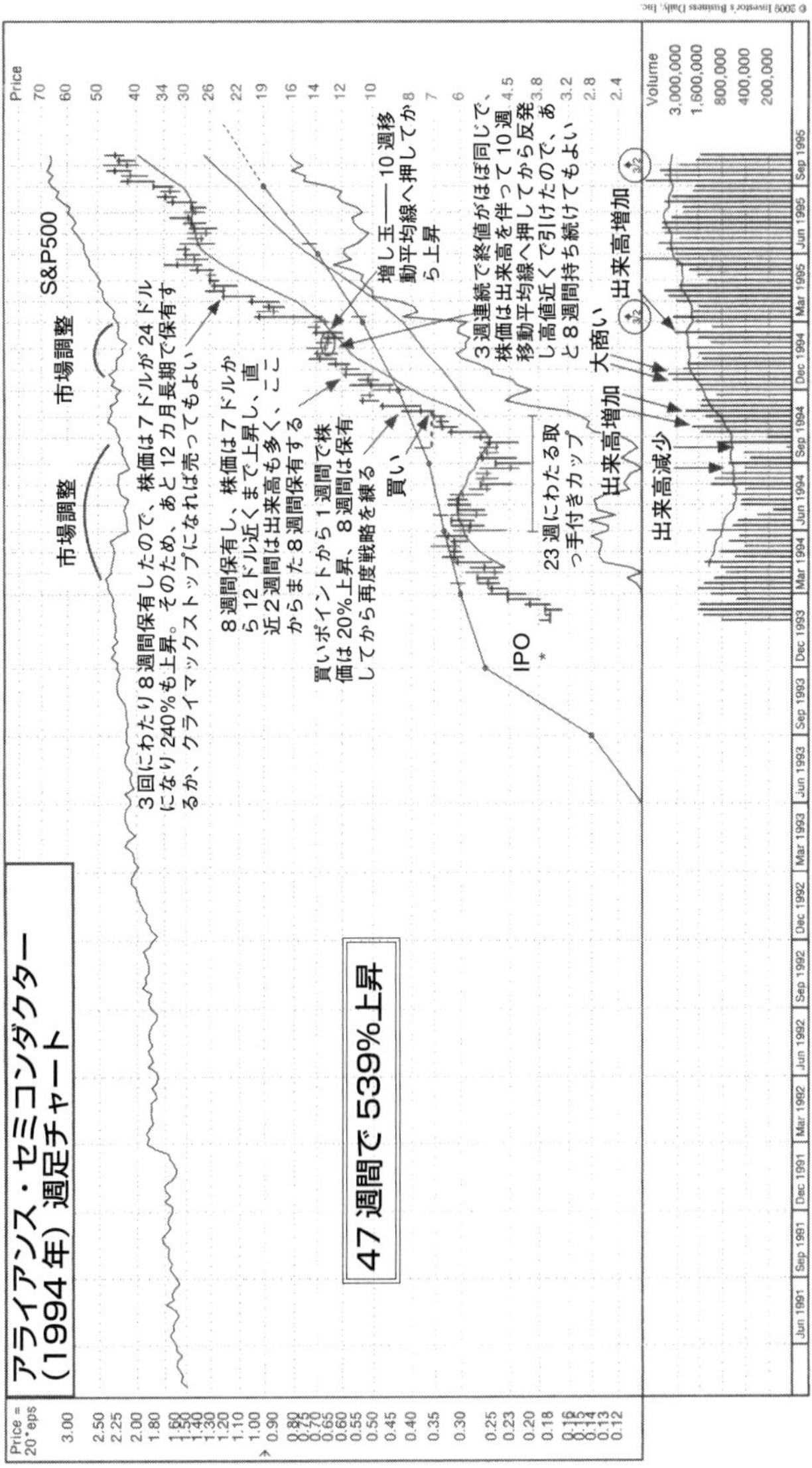
アライアンス・セミコンダクター（1994年）週足チャート
47週間で539%上昇
市場調整
市場調整
S&P500
3回にわたり8週間保有したので、株価は7ドルが24ドルになり240%も上昇。そのため、あと12カ月長期で保有するか、クライマックストップになれば売ってもよい
8週間保有し、株価は7ドルから12ドル近くまで上昇し、直近2週間は出来高も多く、ここからまた8週間保有する
買いポイントから1週間で株価は20%上昇、8週間は保有してから再度戦略を練る
買い
IPO
増し玉――10週移動平均線へ押してから上昇
23週にわたる取っ手付きカップ
3週連続で終値がほぼ同じで、株価は出来高を伴って10週移動平均線へ押してから反発し高値近くで引けたので、あと8週間持ち続けてもよい
大商い
出来高増加
出来高減少
出来高増加
© 2009 Investor's Business Daily, Inc.

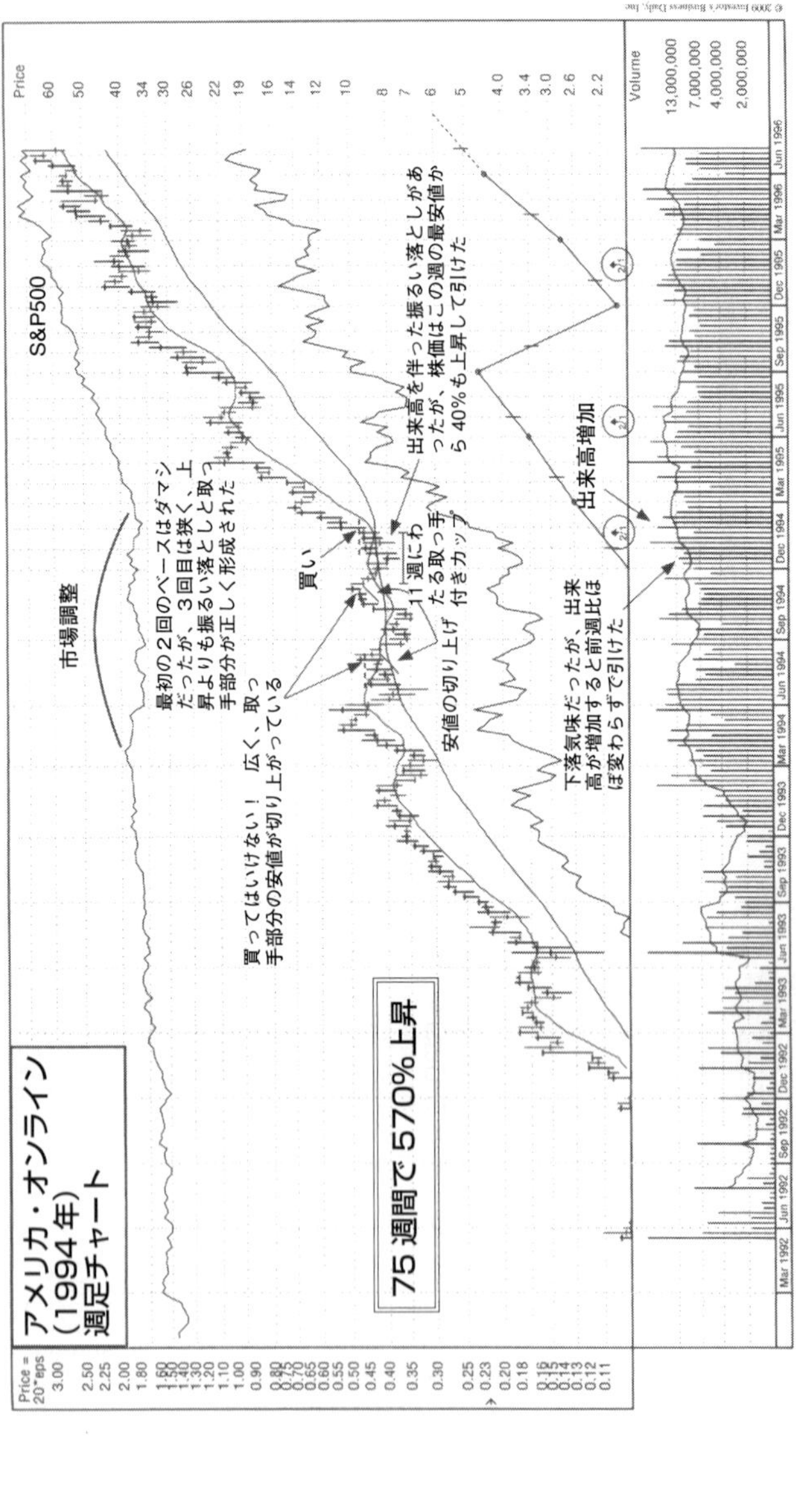
アメリカ・オンライン（1994年）週足チャート
75週間で570%上昇
市場調整
S&P500
最初の２回のベースはダマシだったが、３回目は狭く、上昇よりも振るい落としと取っ手部分が正しく形成された
買ってはいけない！　広く、取っ手部分の安値が切り上がっている
買い
11週にわたる取っ手付きカップ
安値の切り上げ
出来高を伴った振るい落としがあったが、株価はこの週の最安値から40%も上昇して引けた
出来高増加
下落気味だったが、出来高が増加すると前週比はほぼ変わらずで引けた
Price
Volume
© 2009 Investor's Business Daily, Inc.

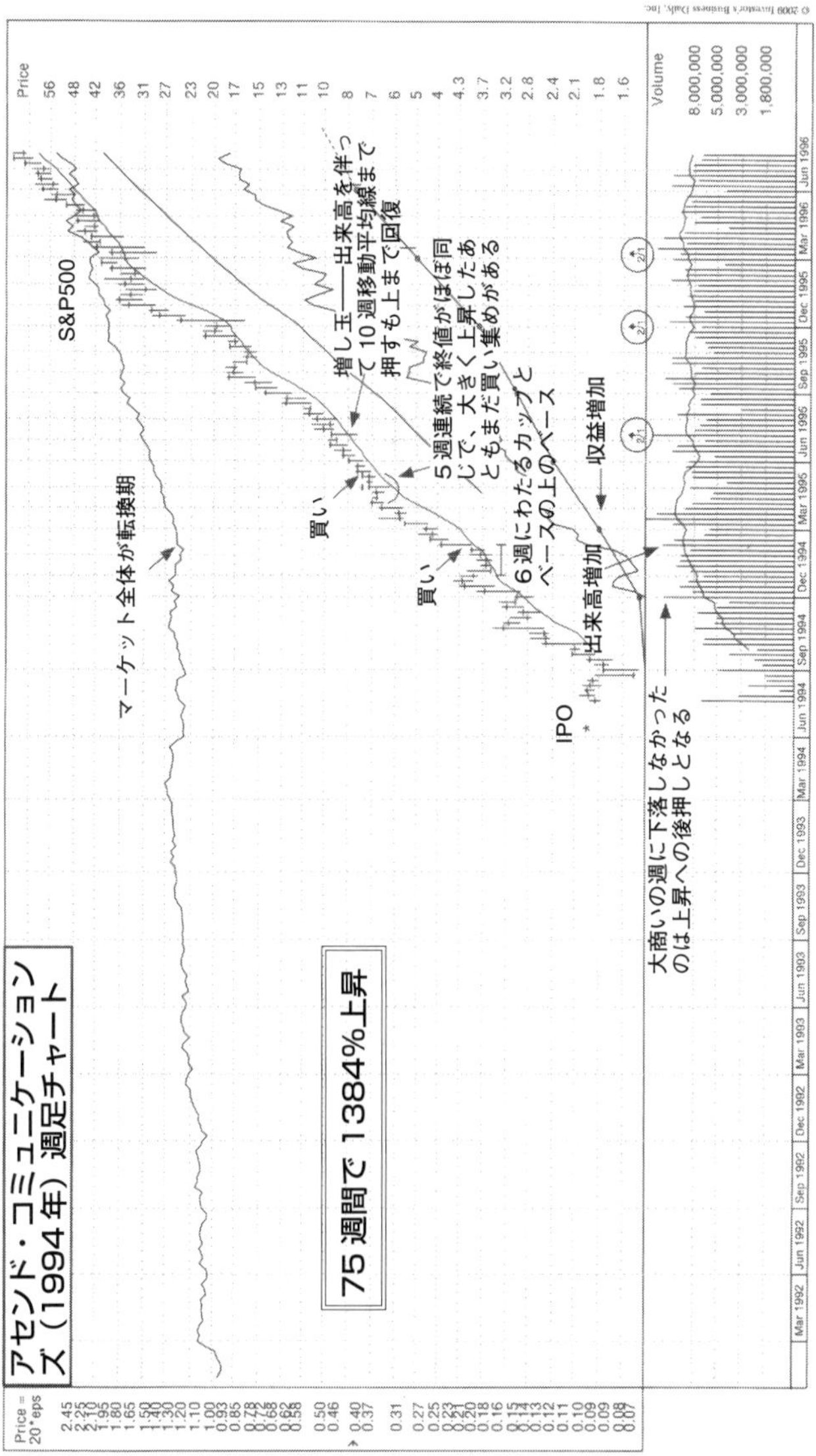
アセンド・コミュニケーションズ（1994年）週足チャート
75週間で1384%上昇
S&P500
マーケット全体が転換期
IPO
買い
買い
増し玉――出来高を伴って10週移動平均線まで押すも上まで回復
5週連続で終値がほぼ同じで、大きく上昇したあともまだ買い集めがある
6週にわたるカップとベースの上のベース
出来高増加
収益増加
大商いの週に下落しなかったのは上昇への後押しとなる
Price
Volume
© 2009 Investor's Business Daily, Inc.

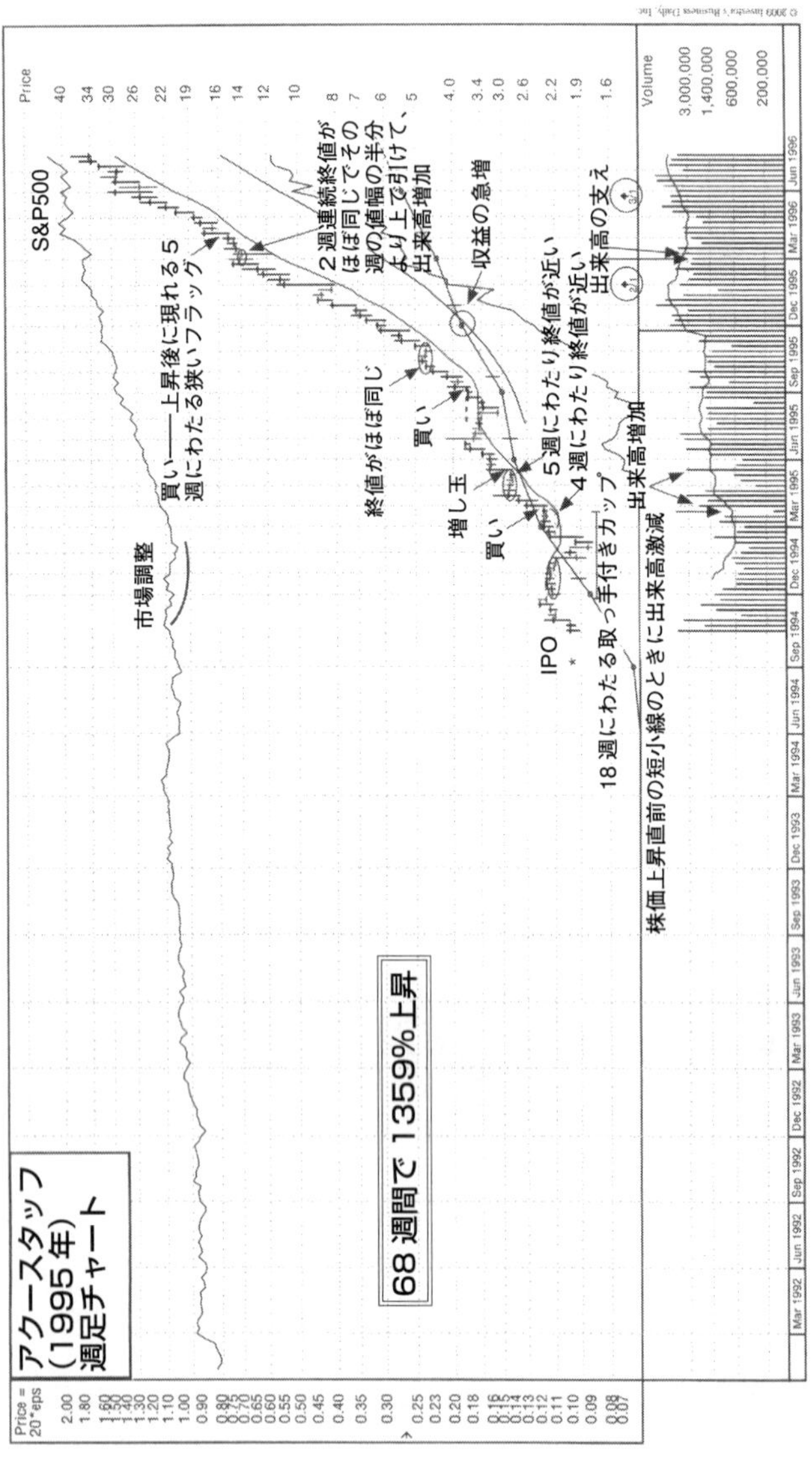
アクースタッフ
（1995年）
週足チャート
68週間で1359%上昇
S&P500
市場調整
買い――上昇後に現れる5週にわたる狭いフラッグ
2週連続終値がほぼ同じでその週の値幅の半分より上で引けて、出来高増加
収益の急増
終値がほぼ同じ
買い
増し玉
買い
5週にわたり終値が近い
4週にわたり終値が近い
IPO
18週にわたる取っ手付きカップ
出来高増加
出来高の支え
株価上昇直前の短小線のときに出来高激減
Price
Volume
Price = 20*eps
© 2009 Investor's Business Daily, Inc.

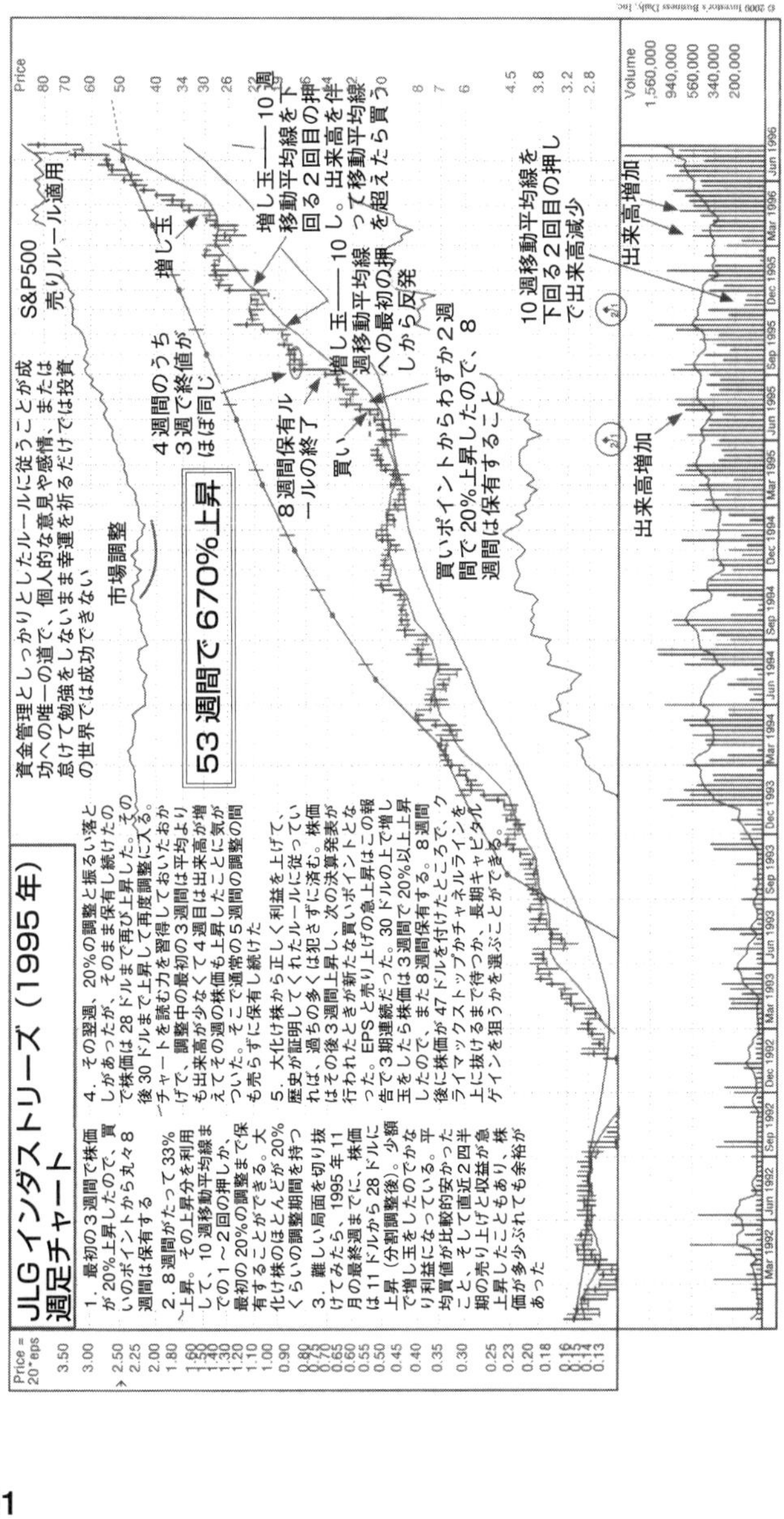
JLG インダストリーズ（1995 年）
週足チャート
1．最初の３週間で株価が 20％上昇したので、買いのポイントから丸々８週間は保有する
2．８週間がたって 33％上昇。その上昇分を利用して、10 週移動平均線までの１～２回の押しか、最初の 20％の調整まで保有することができる。大化け株のほとんどが 20％くらいの調整期間を持つ
3．難しい局面を切り抜けてみたら、1995 年 11 月の最終週までに、株価は 11 ドルから 28 ドルに上昇（分割調整後）。少額で増し玉をしたのでかなり利益になっている。平均買値が比較的安かったこと、そして直近２四半期の売り上げと収益が急上昇したこともあり、株価が多少ぶれても余裕があった
4．その翌週、20％の調整と振るい落としがあったが、そのまま保有し続けたので株価は 28 ドルまで再び上昇した。その後 30 ドルまで上昇して再度調整に入る。チャートを読む力を習得しておいたおかげで、調整中の最初の３週間は平均よりも出来高が少なくて４週目は出来高が増えてその週の株価も上昇したことに気がついた。そこで通常の５週間の調整の間も売らずに保有し続けた
5．大化け株から正しく利益を上げて、歴史が証明してくれたルールに従っていれば、過ちの多くは犯さずに済む。株価はその後３週間上昇し、次の決算発表が行われたときが新たな買いポイントとなった。EPS と売り上げの急上昇はこの報告で３期連続だった。30 ドルの上で増し玉をしたら株価は３週間で 20％以上上昇したので、また８週間保有する。８週間後に株価が 47 ドルを付けたところで、クライマックストップかチャネルラインを上に抜けるまで待つか、長期キャピタルゲインを狙うかを選ぶことができる。
資金管理としっかりとしたルールに従うことが成功への唯一の道で、個人的な意見や感情、または怠けて勉強をしないまま幸運を祈るだけでは投資の世界では成功できない
S&P500
売りルール適用
市場調整
53 週間で 670％上昇
４週間のうち３週で終値がほぼ同じ
増し玉
８週間保有ルールの終了
買い
増し玉―― 10 週移動平均線への最初の押しから反発
増し玉―― 10 週移動平均線を下回る２回目の押し。出来高を伴って移動平均線を超えたら買う
買いポイントからわずか２週間で 20％上昇したので、８週間は保有すること
10 週移動平均線を下回る２回目の押しで出来高減少
出来高増加
出来高増加
Price = 20*eps
Price
Volume
© 2000 Investor's Business Daily, Inc.

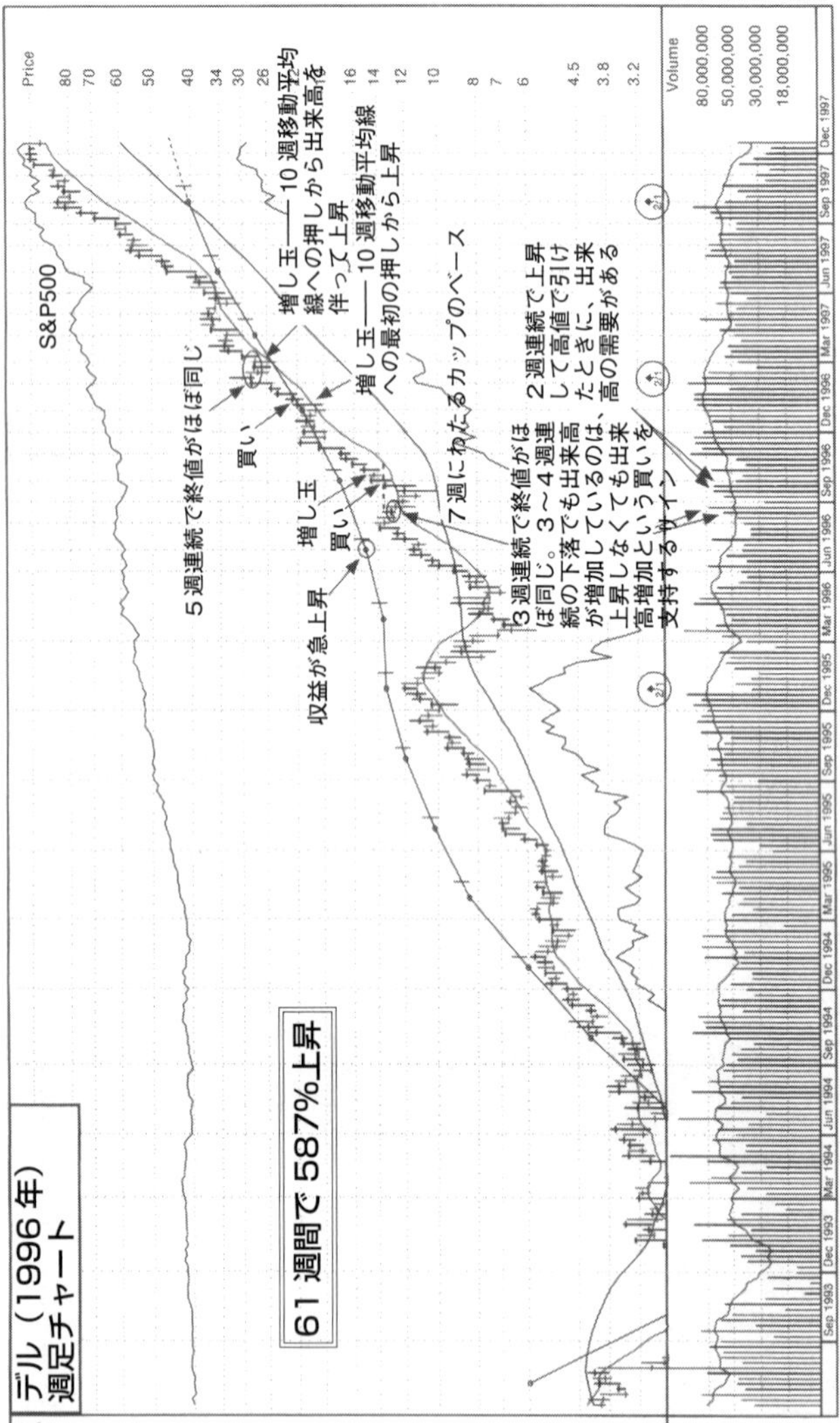
デル（1996年）
週足チャート
61週間で587％上昇
S&P500
5週連続で終値がほぼ同じ
買い
増し玉――10週移動平均線への押しから出来高を伴って上昇
増し玉――10週移動平均線への最初の押しから上昇
7週にわたるカップのベース
2週連続で上昇して高値で引けたときに、出来高の需要がある
3週連続で終値がほぼ同じ。3～4週連続の下落でも出来高が増加しているのは、上昇しなくても出来高増加という買いを支持するサイン
収益が急上昇
買い
増し玉
Price
Volume

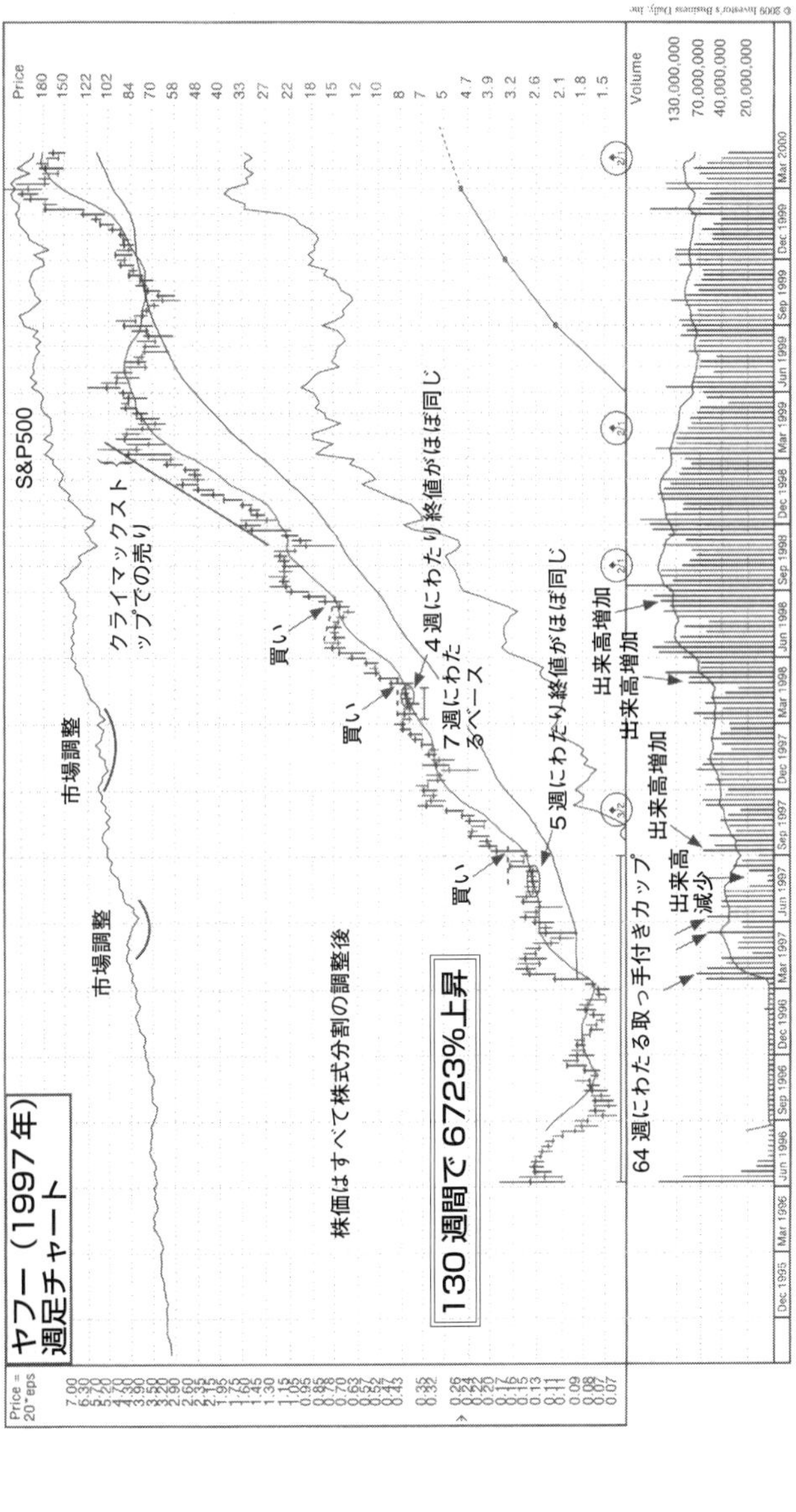
ヤフー（1997年）
週足チャート
S&P500
市場調整
市場調整
クライマックストップでの売り
買い
買い
買い
4週にわたり終値がほぼ同じ
7週にわたるベース
5週にわたり終値がほぼ同じ
株価はすべて株式分割の調整後
130週で6723%上昇
64週にわたる取っ手付きカップ
出来高減少
出来高増加
出来高増加
出来高増加
© 2009 Investor's Business Daily, Inc

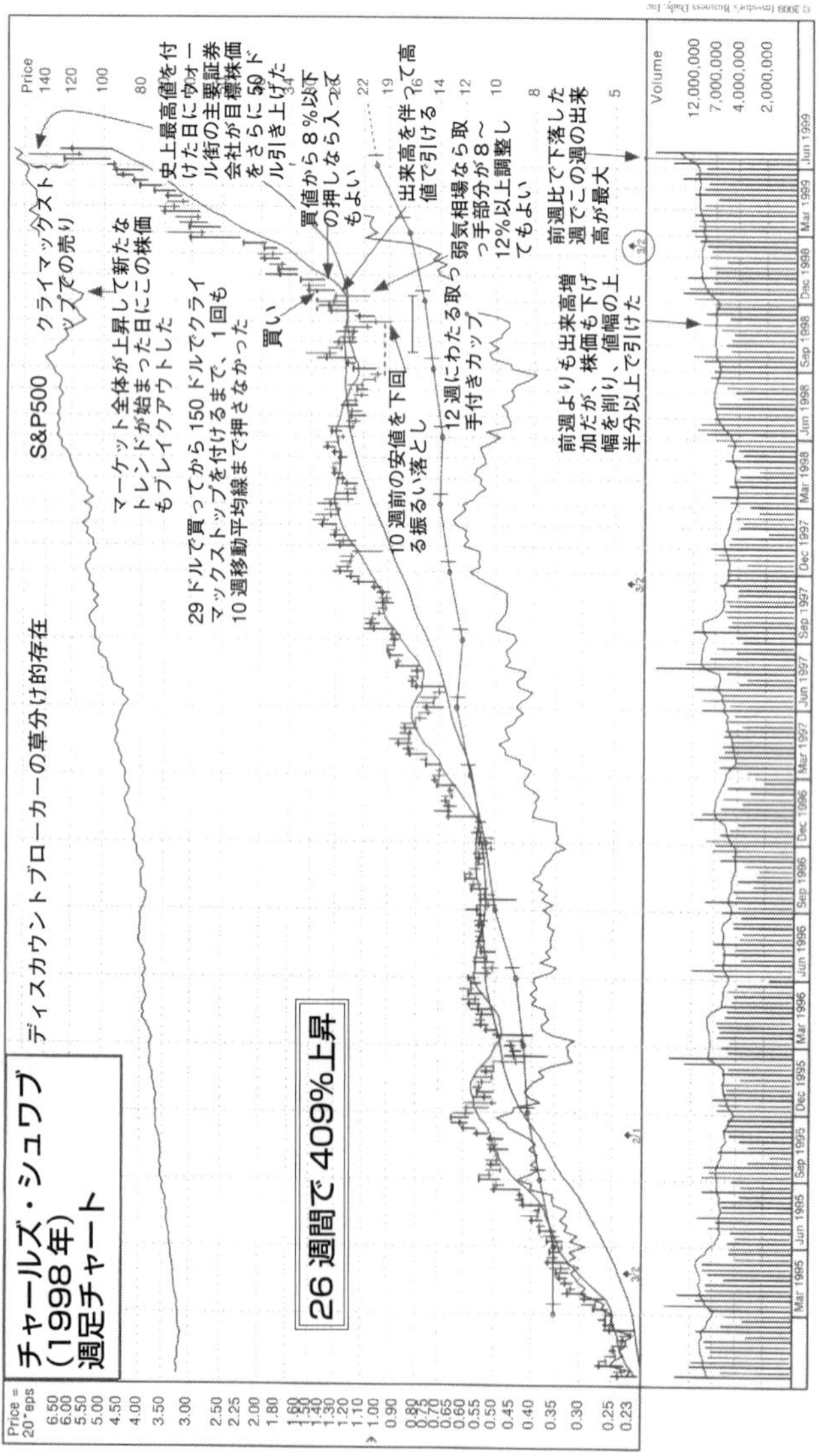
チャールズ・シュワブ
（1998年）
週足チャート
ディスカウントブローカーの草分け的存在
S&P500
26週間で409%上昇
マーケット全体が上昇して新たなトレンドが始まった日にこの株価もブレイクアウトした
29ドルで買ってから150ドルでクライマックストップを付けるまで、1回も10週移動平均線まで押さなかった
クライマックストップでの売り
史上最高値を付けた日にウォール街の主要証券会社が目標株価をさらに50ドル引き上げた
買値から8%以下の押しなら買ってもよい
買い
出来高を伴って高値で引ける
10週前の安値を下回る振るい落とし
12週にわたる取っ手付きカップ
弱気相場なら取っ手部分が8～12%以上調整してもよい
前週比で下落した週でこの週の出来高が最大
前週よりも出来高増加だが、株価も下げ幅を削り、値幅の上半分以上で引けた
Price = 20*eps
Price
Volume
© 2008 Investor's Business Daily, Inc

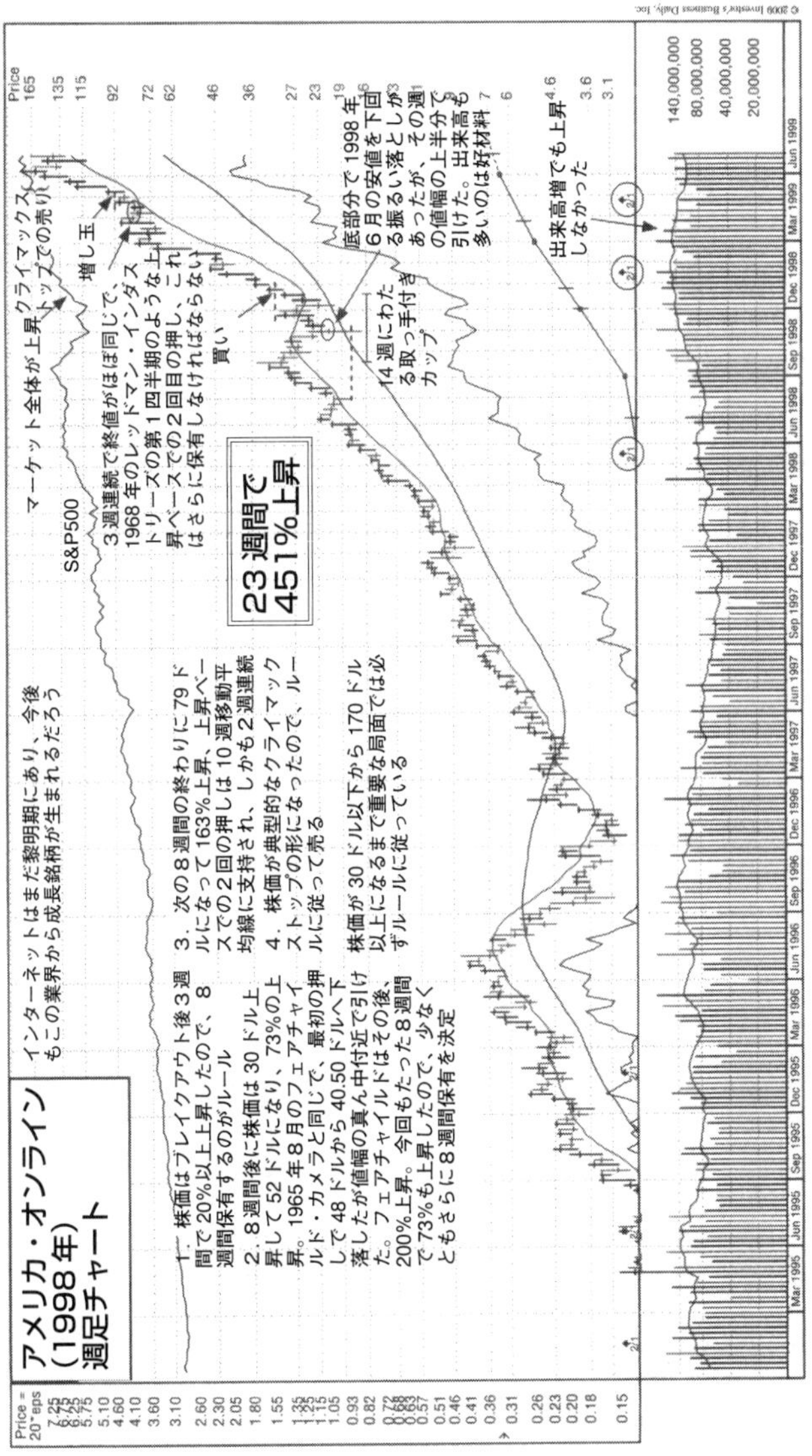
アメリカ・オンライン
(1998年)
週足チャート
インターネットはまだ黎明期にあり、今後
もこの業界から成長銘柄が生まれるだろう
S&P500
マーケット全体が上昇
クライマックス
トップでの売り
増し玉
3週連続で終値がほぼ同じで、
1968年のレッドマン・インダストリーズの第1四半期のような上昇ベースでの2回目の押し、これはさらに保有しなければならない
買い
23週間で
451%上昇
1．株価はブレイクアウト後3週間で20%以上上昇したので、8週間保有するのがルール
2．8週間後に株価は30ドル上昇して52ドルになり、73%の上昇。1965年8月のフェアチャイルド・カメラと同じで、最初の押しで48ドルから40.50ドルへ下落したが値幅の真ん中付近で引けた。フェアチャイルドはその後、200%上昇。今回もたった8週間で73%も上昇したので、少なくともさらに8週間保有を決定
3．次の8週間の終わりに79ドルになって163%上昇、上昇ベースでの2回の押しは10週移動平均線に支持され、しかも2週連続
4．株価が典型的なクライマックストップの形になったので、ルールに従って売る
株価が30ドル以下から170ドル以上になるまで重要な局面では必ずルールに従っている
14週にわたる取っ手付きカップ
底部分で1998年6月の安値を下回る振るい落としがあったが、その週の値幅の上半分で引けた。出来高も多いのは好材料
出来高増でも上昇しなかった
Price
Price = 20*eps
Mar 1995
Jun 1995
Sep 1995
Dec 1995
Mar 1996
Jun 1996
Sep 1996
Dec 1996
Mar 1997
Jun 1997
Sep 1997
Dec 1997
Mar 1998
Jun 1998
Sep 1998
Dec 1998
Mar 1999
Jun 1999
140,000,000
80,000,000
40,000,000
20,000,000
© 2009 Investor's Business Daily, Inc.

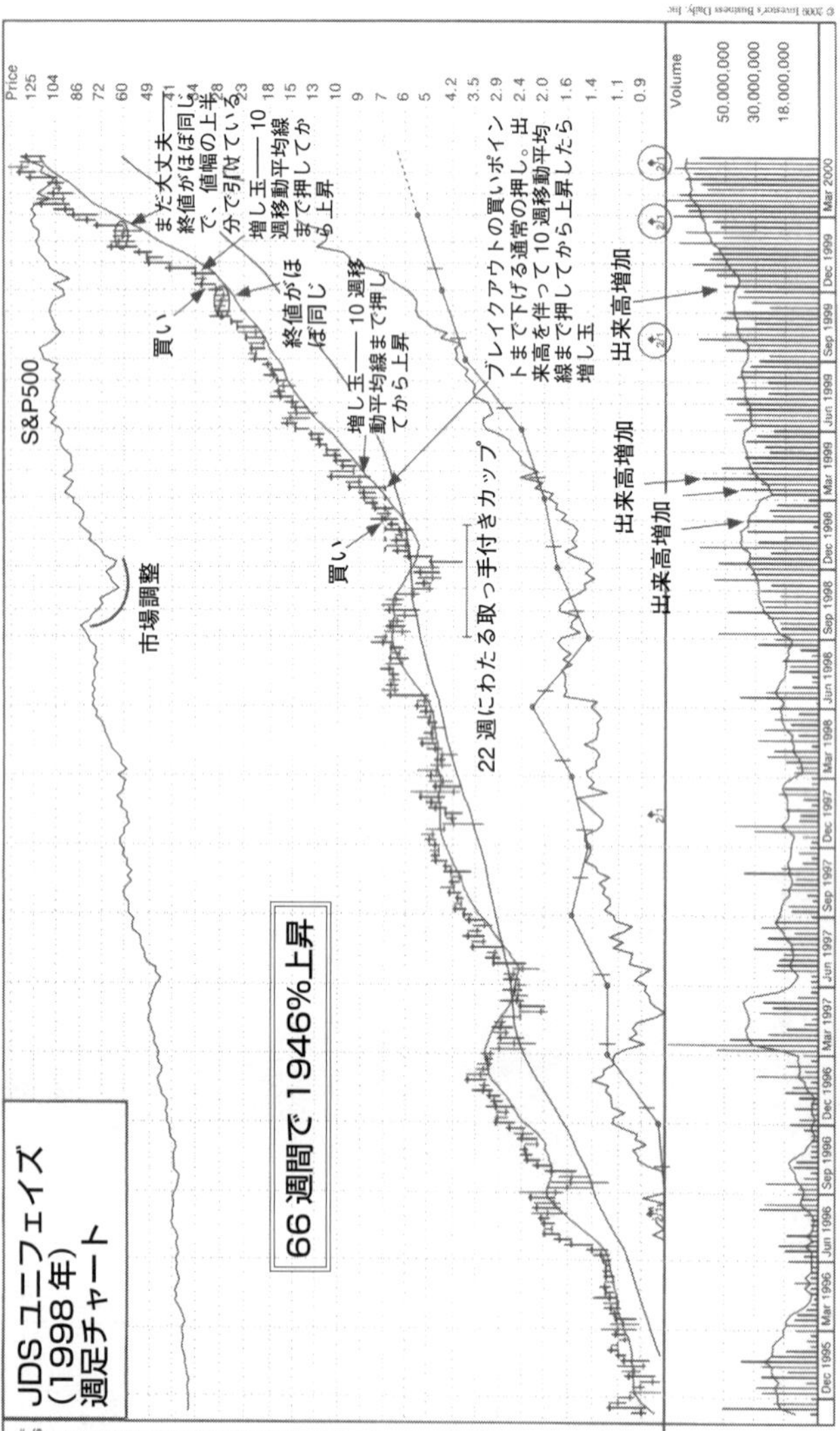
JDSユニフェイズ
（1998年）
週足チャート
66週間で1946%上昇
S&P500
市場調整
買い
22週にわたる取っ手付きカップ
ブレイクアウトの買いポイントまで下げる通常の押し。出来高を伴って10週移動平均線まで押してから上昇したら増し玉
増し玉――10週移動平均線まで押してから上昇
終値がほぼ同じ
買い
まだ大丈夫――終値がほぼ同じで、値幅の上半分で引けている
増し玉――10週移動平均線まで押してから上昇
出来高増加
出来高増加
出来高増加
Volume

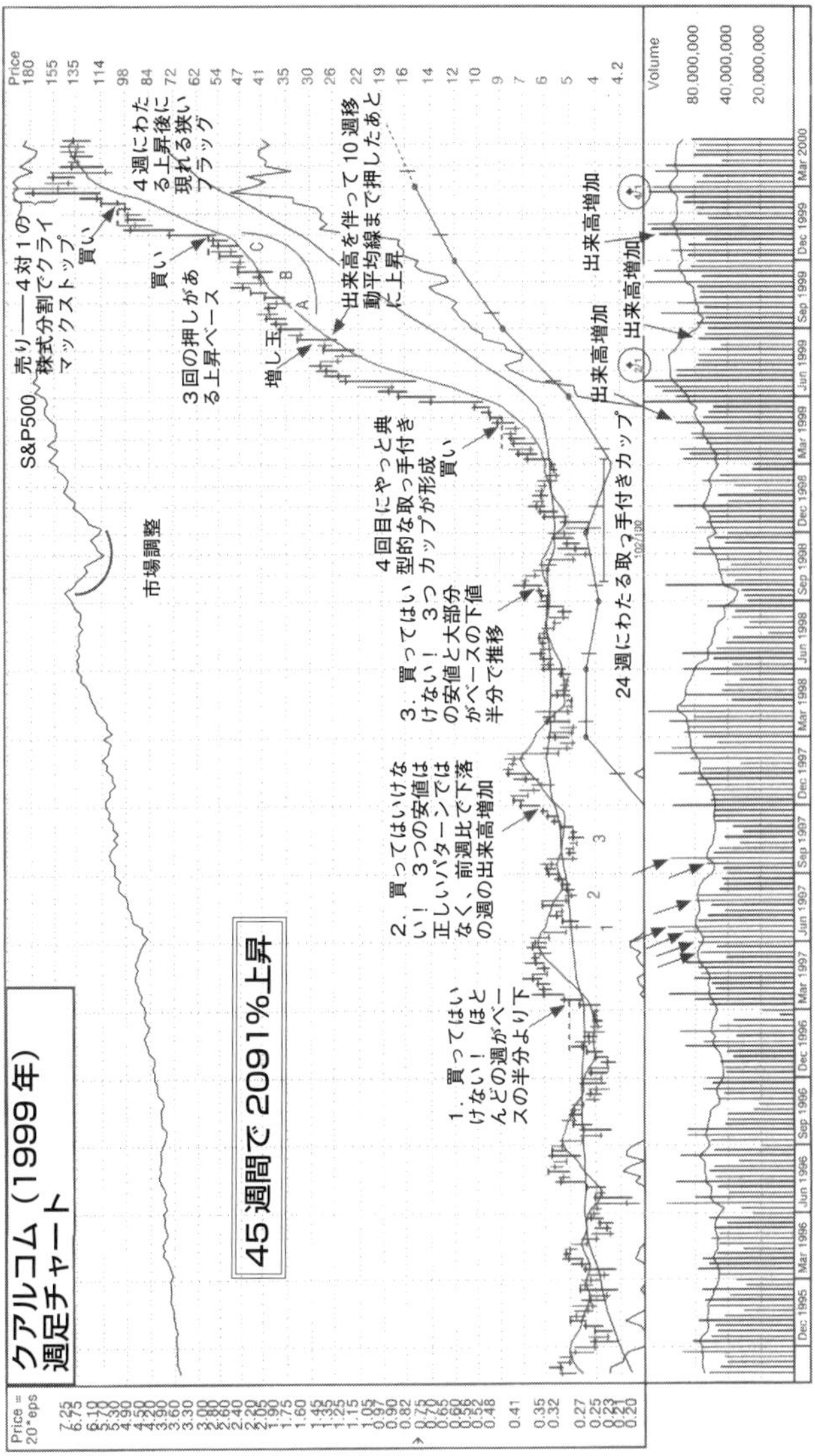
クアルコム（1999年）
週足チャート
45週間で2091%上昇
1．買ってはいけない！ ほとんどの週がベースの半分より下
2．買ってはいけない！ 3つの安値は正しいパターンではなく、前週比で下落の週の出来高増加
3．買ってはいけない！ 3つの安値と大部分がベースの下値半分で推移
4回目にやっと典型的な取っ手付きカップが形成
買い
市場調整
S&P500
売り――4対1の株式分割でクライマックストップ
買い
3回の押しがある上昇ベース
買い
増し玉
4週にわたる上昇後に現れる狭いフラッグ
出来高を伴って10週移動平均線まで押したあとに上昇
24週にわたる取っ手付きカップ
出来高増加
出来高増加
出来高増加
出来高増加
Volume

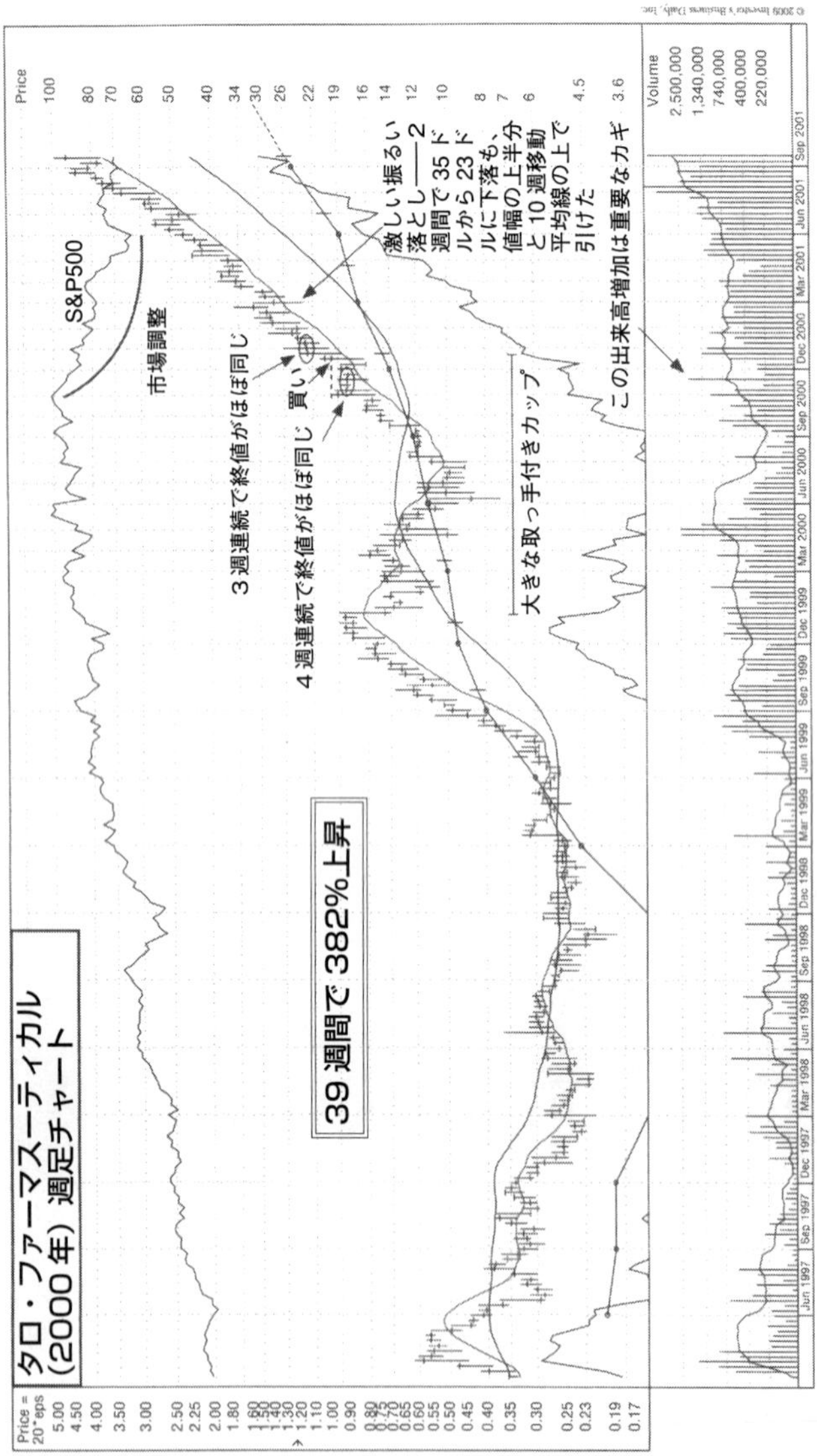
タロ・ファーマスーティカル
（2000年）週足チャート
39週間で382%上昇
S&P500
市場調整
3週連続で終値がほぼ同じ
4週連続で終値がほぼ同じ
買い
激しい振るい落とし――2週間で35ドルから23ドルに下落も、値幅の上半分と10週移動平均線の上で引けた
大きな取っ手付きカップ
この出来高増加は重要なカギ
Volume
© 2009 Investor's Business Daily, Inc.

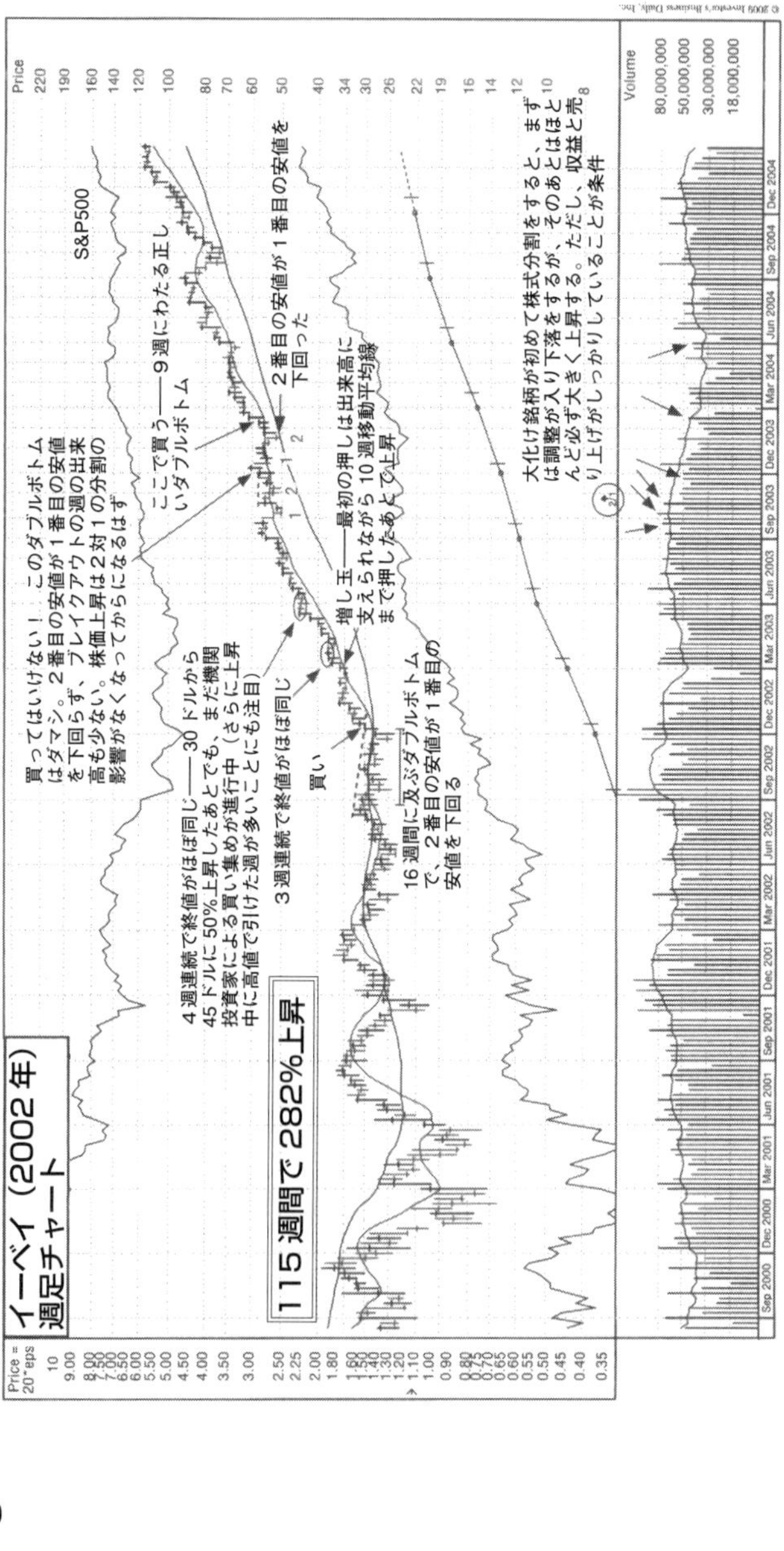
イーベイ（2002年）
週足チャート
115週間で282%上昇
買ってはいけない！　このダブルボトムはダマシ。2番目の安値が1番目の安値を下回らず、ブレイクアウトの週の出来高も少ない。株価上昇は2対1の分割の影響がなくなってからになるはず
S&P500
ここで買う――9週にわたる正しいダブルボトム
2番目の安値が1番目の安値を下回った
4週連続で終値がほぼ同じ――30ドルから45ドルに50%上昇したあとでも、まだ機関投資家による買い集めが進行中（さらに上昇中に高値で引けた週が多いことにも注目）
3週連続で終値がほぼ同じ
買い
増し玉――最初の押しは出来高に支えられながら10週移動平均線まで押したあとで上昇
16週間に及ぶダブルボトムで、2番目の安値が1番目の安値を下回る
大化け銘柄が初めて株式分割をすると、まずは調整が入り下落をするが、そのあとはほとんど必ず大きく上昇する。ただし、収益と売り上げがしっかりしていることが条件
2/1
Price
Price = 20*eps
Volume
80,000,000
50,000,000
30,000,000
18,000,000
Sep 2000
Dec 2000
Mar 2001
Jun 2001
Sep 2001
Dec 2001
Mar 2002
Jun 2002
Sep 2002
Dec 2002
Mar 2003
Jun 2003
Sep 2003
Dec 2003
Mar 2004
Jun 2004
Sep 2004
Dec 2004
© 2009 Investor's Business Daily, Inc.

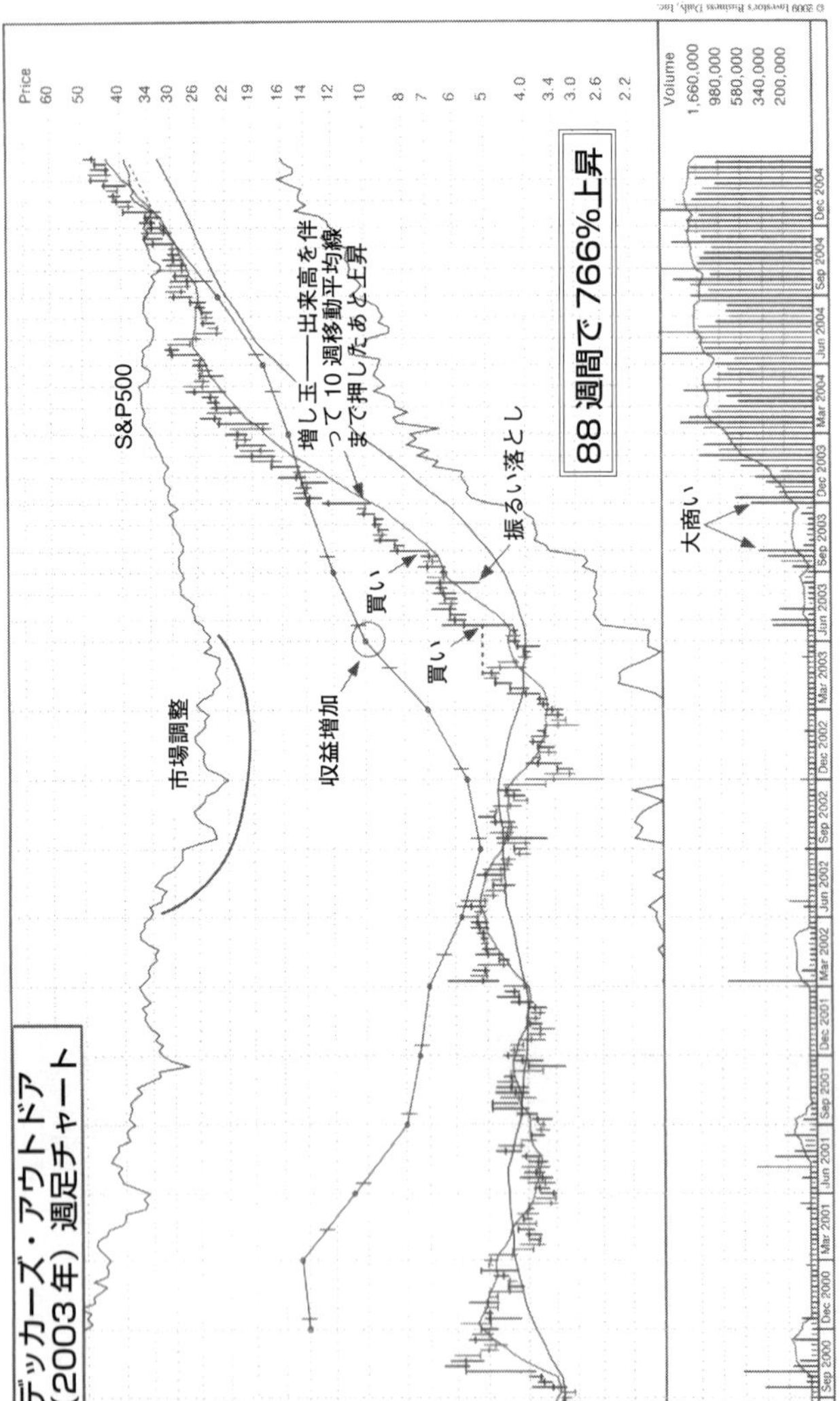
デッカーズ・アウトドア（2003年）週足チャート
S&P500
市場調整
収益増加
買い
買い
増し玉――出来高を伴って10週移動平均線まで押したあと上昇
振るい落とし
88週間で766%上昇
大商い
Price
Volume
© 2009 Investor's Business Daily, Inc.

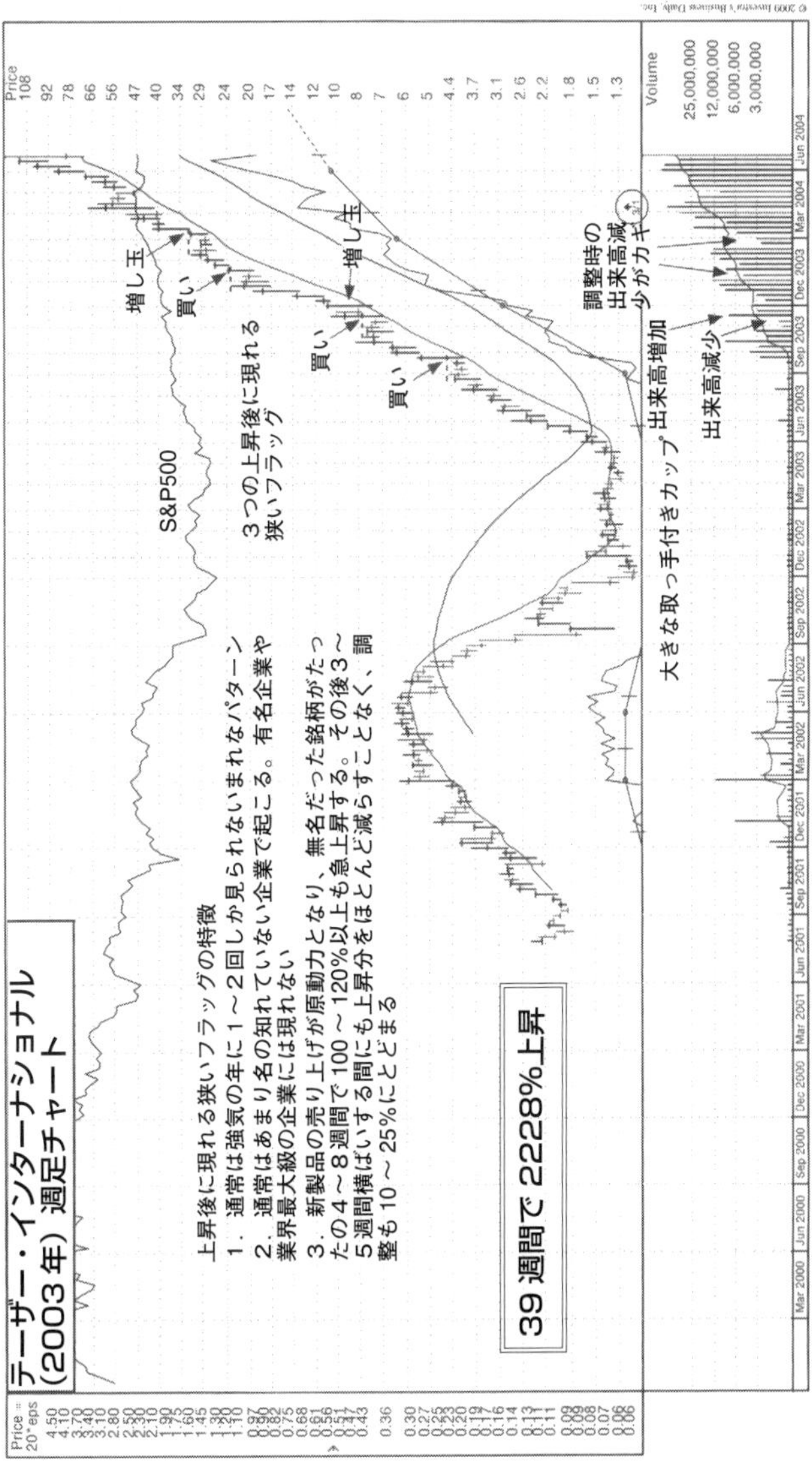
テーザー・インターナショナル（2003年）週足チャート
上昇後に現れる狭いフラッグの特徴
1．通常は強気の年に１～２回しか見られないまれなパターン
2．通常はあまり名の知れていない企業で起こる。有名企業や業界最大級の企業には現れない
3．新製品の売り上げが原動力となり、無名だった銘柄がたったの４～８週間で100～120%以上も急上昇する。その後３～５週間横ばいする間にも上昇分をほとんど減らすことなく、調整も10～25%にとどまる
39週間で2228%上昇
S&P500
３つの上昇後に現れる狭いフラッグ
増し玉
買い
買い
買い
増し玉
調整時の出来高減少がカギ
出来高増加
出来高減少
大きな取っ手付きカップ
Volume
© 2009 Investor's Business Daily, Inc.

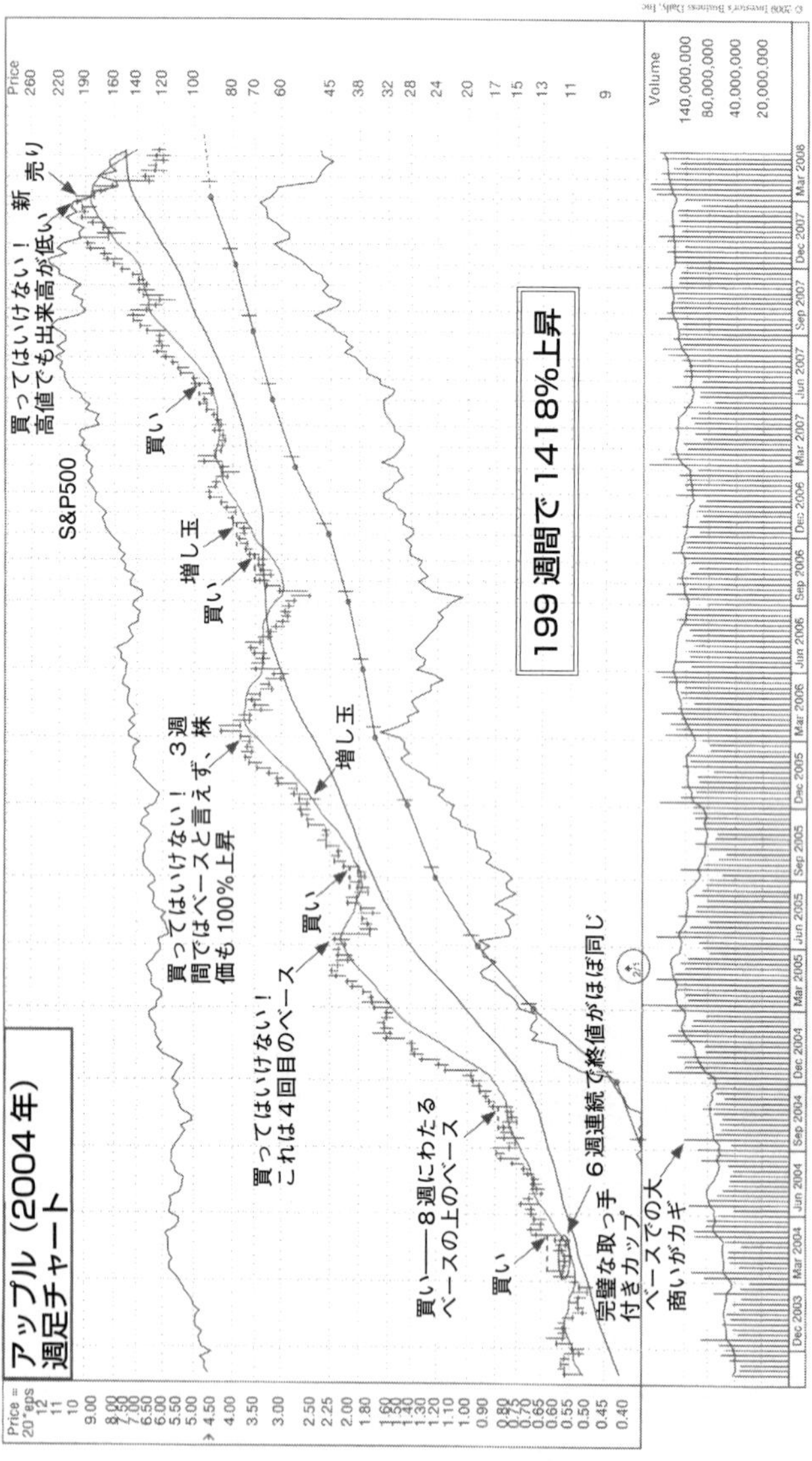
アップル（2004年）
週足チャート
199週間で1418%上昇
買ってはいけない！　新高値でも出来高が低い
売り
S&P500
買い
増し玉
買い
買ってはいけない！　3週間ではベースと言えず、株価も100%上昇
増し玉
買ってはいけない！
これは4回目のベース
買い
買い
買い――8週にわたるベースの上のベース
買い
完璧な取っ手付きカップ
6週連続で終値がほぼ同じ
ベースでの大商いがカギ
© 2008 Investor's Business Daily, Inc

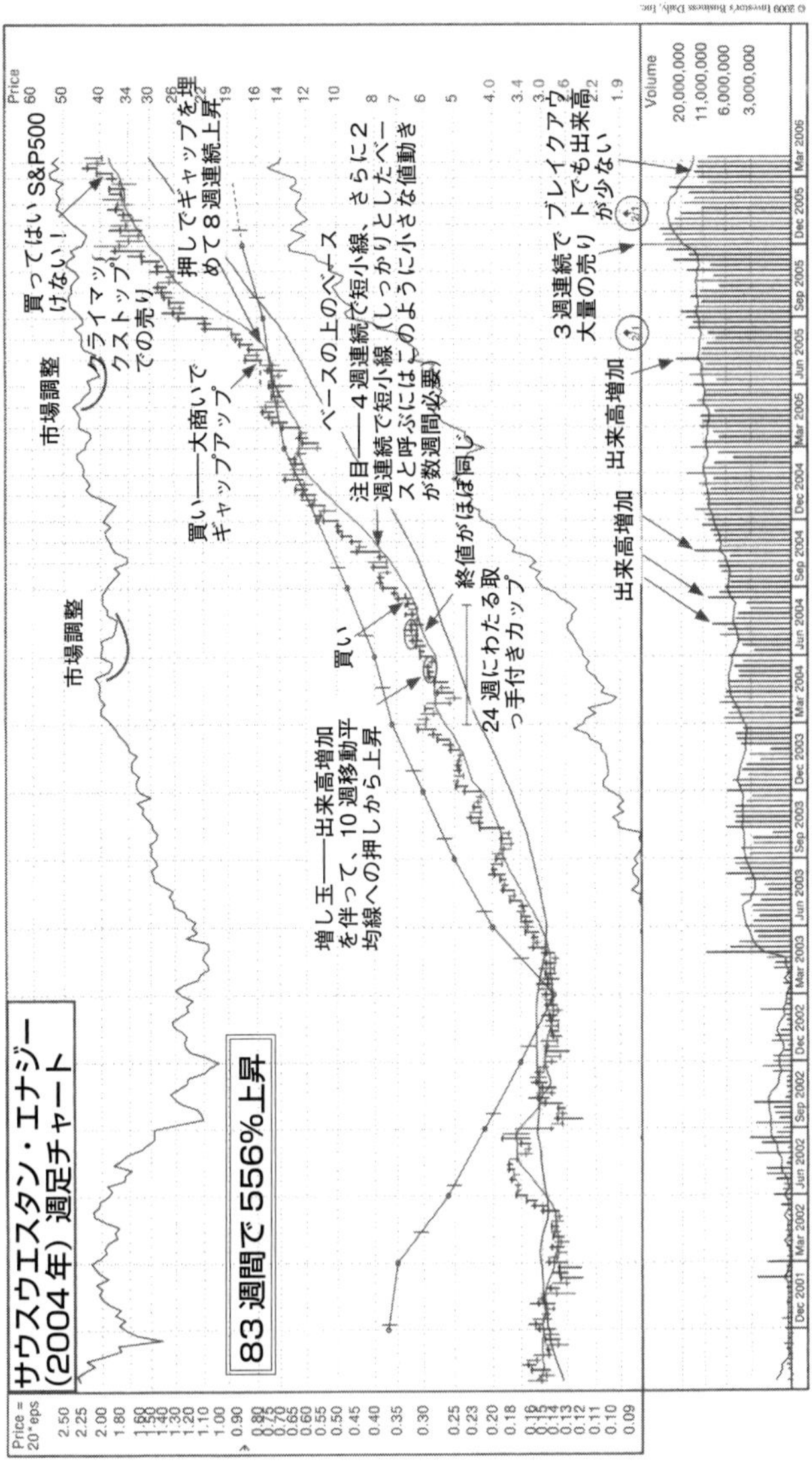
サウスウエスタン・エナジー（2004年）週足チャート
83週間で556%上昇
市場調整
市場調整
買ってはいけない！
S&P500
クライマックストップでの売り
押しでギャップを埋めて８週連続上昇
買い――大商いでギャップアップ
ベースの上のベース
注目――４週連続で短小線、さらに２週連続で短小線（しっかりとしたベースと呼ぶにはこのように小さな値動きが数週間必要）
終値がほぼ同じ
買い
24週にわたる取っ手付きカップ
増し玉――出来高増加を伴って、10週移動平均線への押しから上昇
出来高増加
出来高増加
３週連続で大量の売り
ブレイクアウトでも出来高が少ない
Volume
© 2009 Investor's Business Daily, Inc.

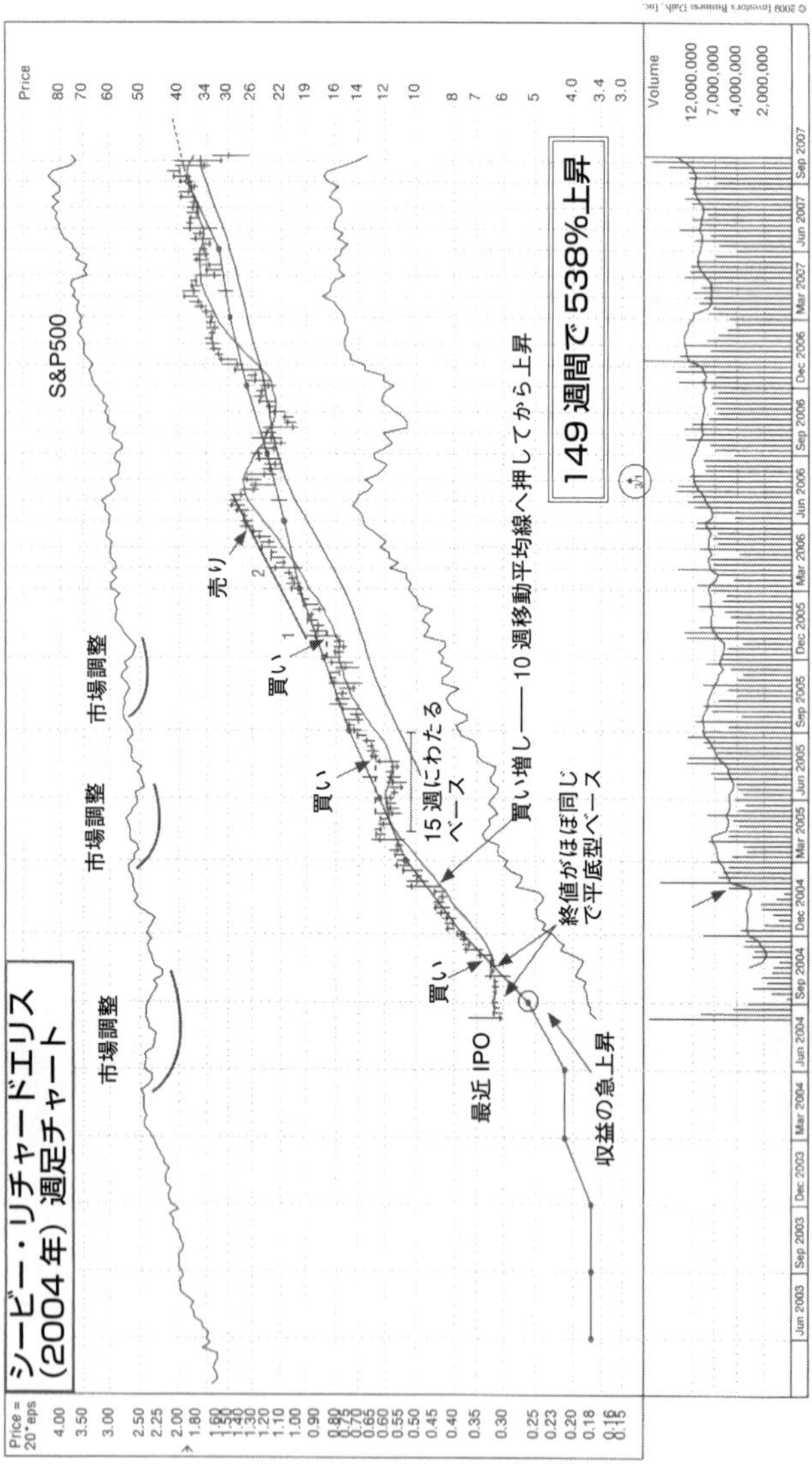
シービー・リチャードエリス
（2004年）週足チャート
市場調整
市場調整
市場調整
S&P500
売り
買い
買い
買い
15週にわたる
ベース
買い増し――10週移動平均線へ押してから上昇
終値がほぼ同じ
で平底型ベース
最近IPO
収益の急上昇
149週間で538%上昇
Price
Price = 20 * eps
Volume
12,000,000
7,000,000
4,000,000
2,000,000
Jun 2003
Sep 2003
Dec 2003
Mar 2004
Jun 2004
Sep 2004
Dec 2004
Mar 2005
Jun 2005
Sep 2005
Dec 2005
Mar 2006
Jun 2006
Sep 2006
Dec 2006
Mar 2007
Jun 2007
Sep 2007
© 2008 Investor's Business Daily, Inc.

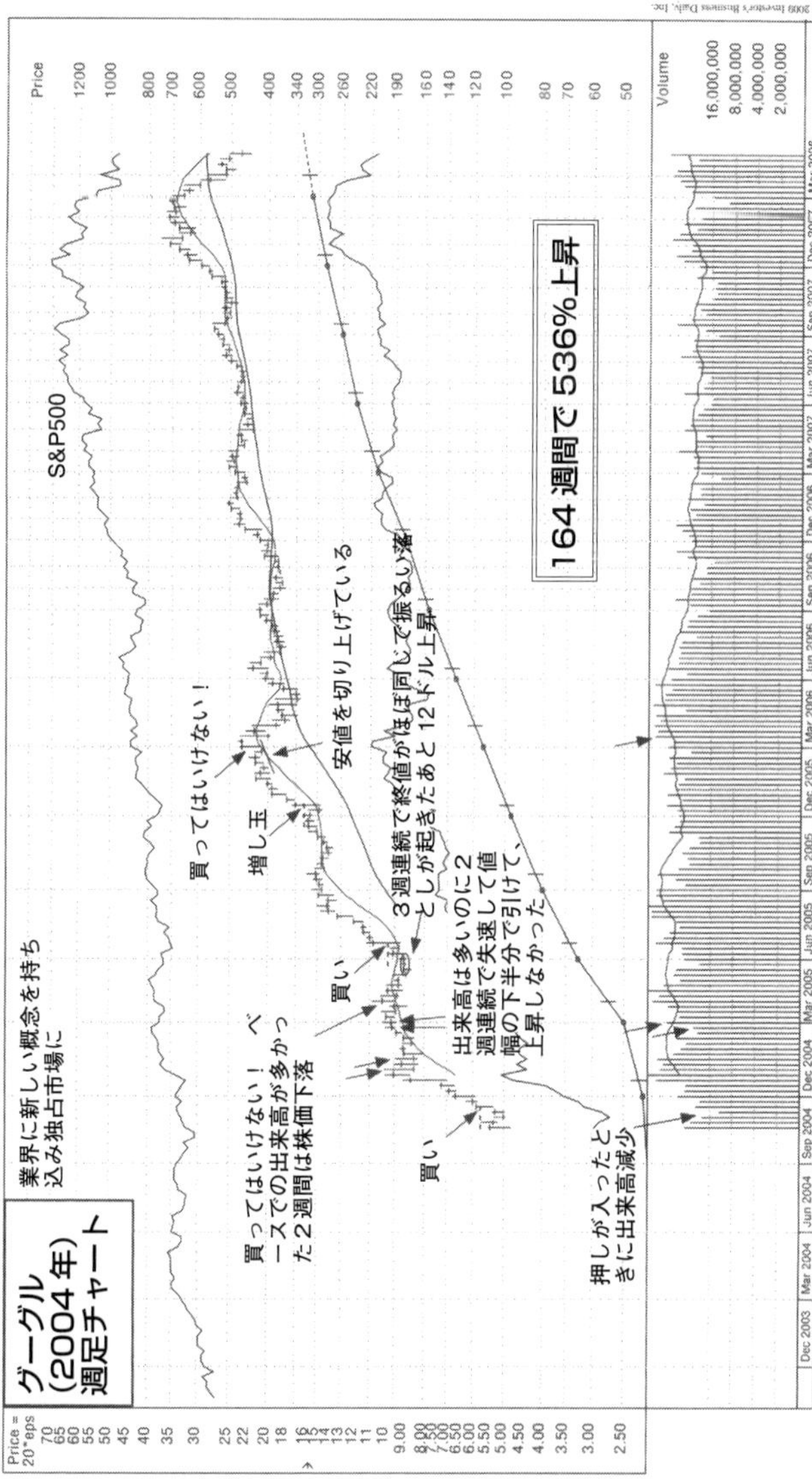
グーグル
（2004年）
週足チャート
業界に新しい概念を持ち
込み独占市場に
S&P500
買ってはいけない！ ベ
ースでの出来高が多かっ
た2週間は株価下落
買い
買い
増し玉
買ってはいけない！
安値を切り上げている
3週連続で終値がほぼ同じで振るい落
としが起きたあと12ドル上昇
出来高は多いのに2
週連続で失速して値
幅の下半分で引けて、
上昇しなかった
押しが入ったと
きに出来高減少
164週間で536%上昇
Price
Volume
© 2008 Investor's Business Daily, Inc.

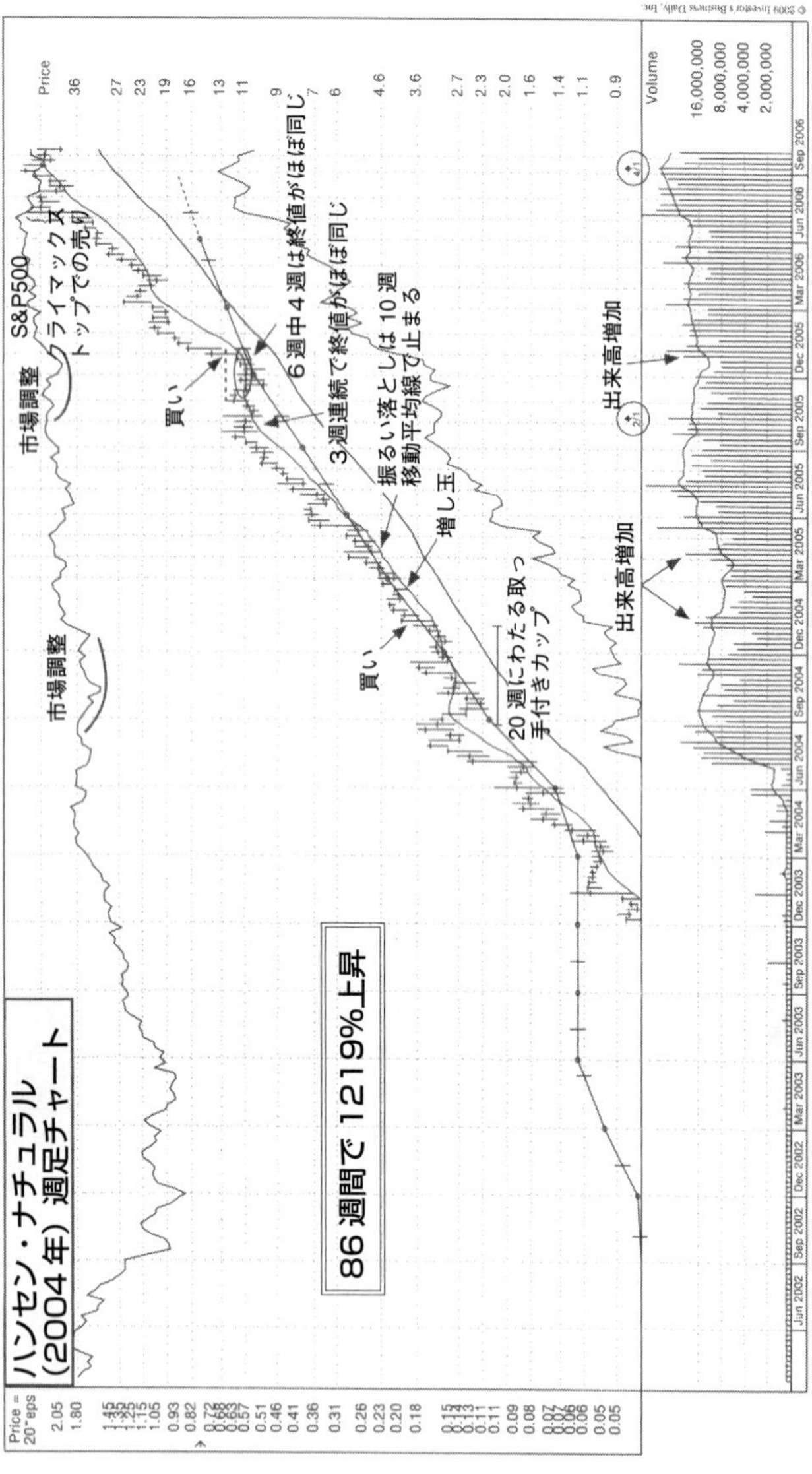
ハンセン・ナチュラル（2004年）週足チャート
86週間で1219％上昇
市場調整
市場調整
S&P500
クライマックストップでの売り
買い
6週中4週は終値がほぼ同じ
3週連続で終値がほぼ同じ
振るい落としは10週移動平均線で止まる
増し玉
買い
20週にわたる取っ手付きカップ
出来高増加
出来高増加
© 2009 Investor's Business Daily, Inc.

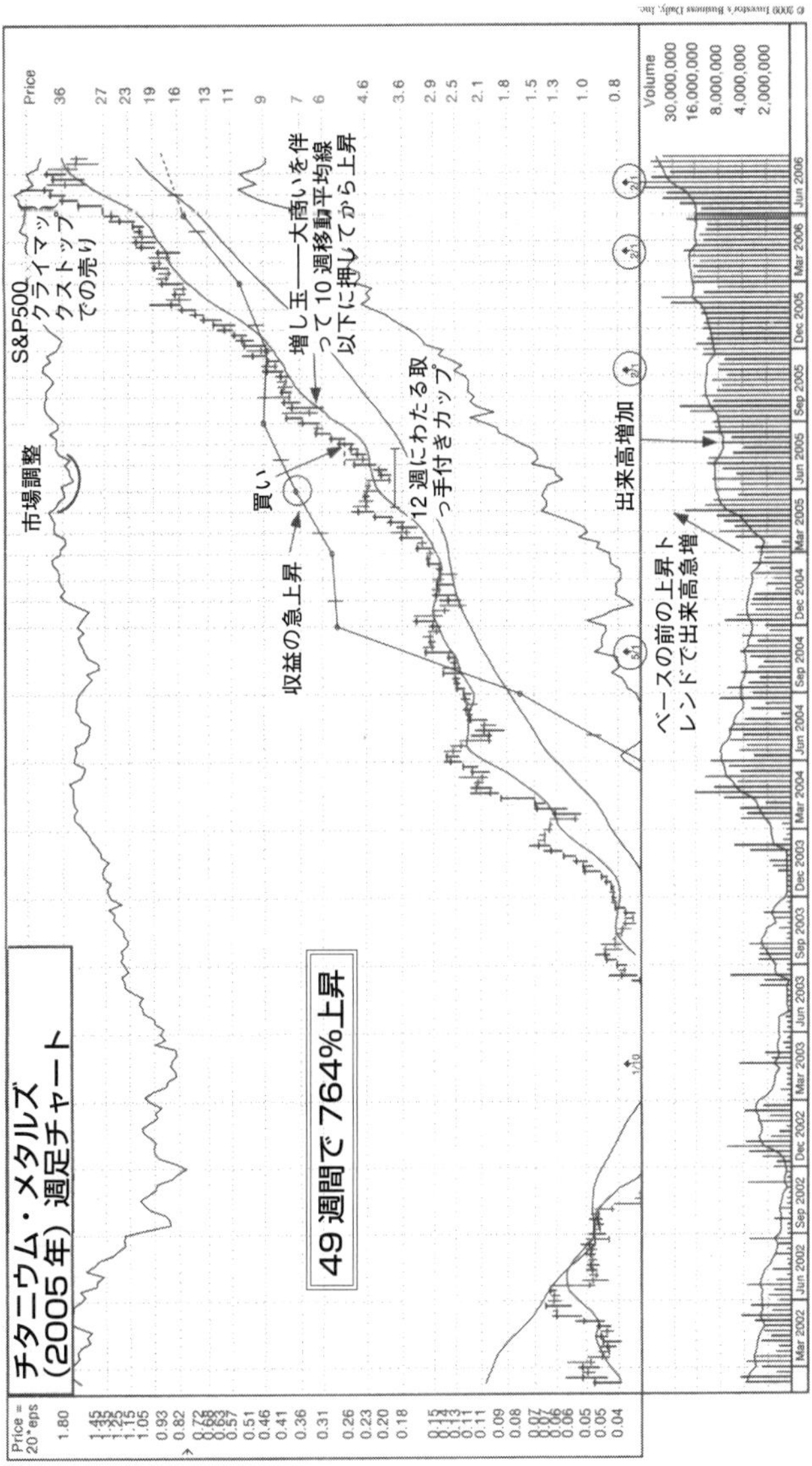
チタニウム・メタルズ（2005年）週足チャート
49週間で764%上昇
市場調整
S&P500
クライマックストップでの売り
買い
収益の急上昇
増し玉――大商いを伴って10週移動平均線以下に押してから上昇
12週にわたる取っ手付きカップ
出来高増加
ベースの前の上昇トレンドで出来高急増

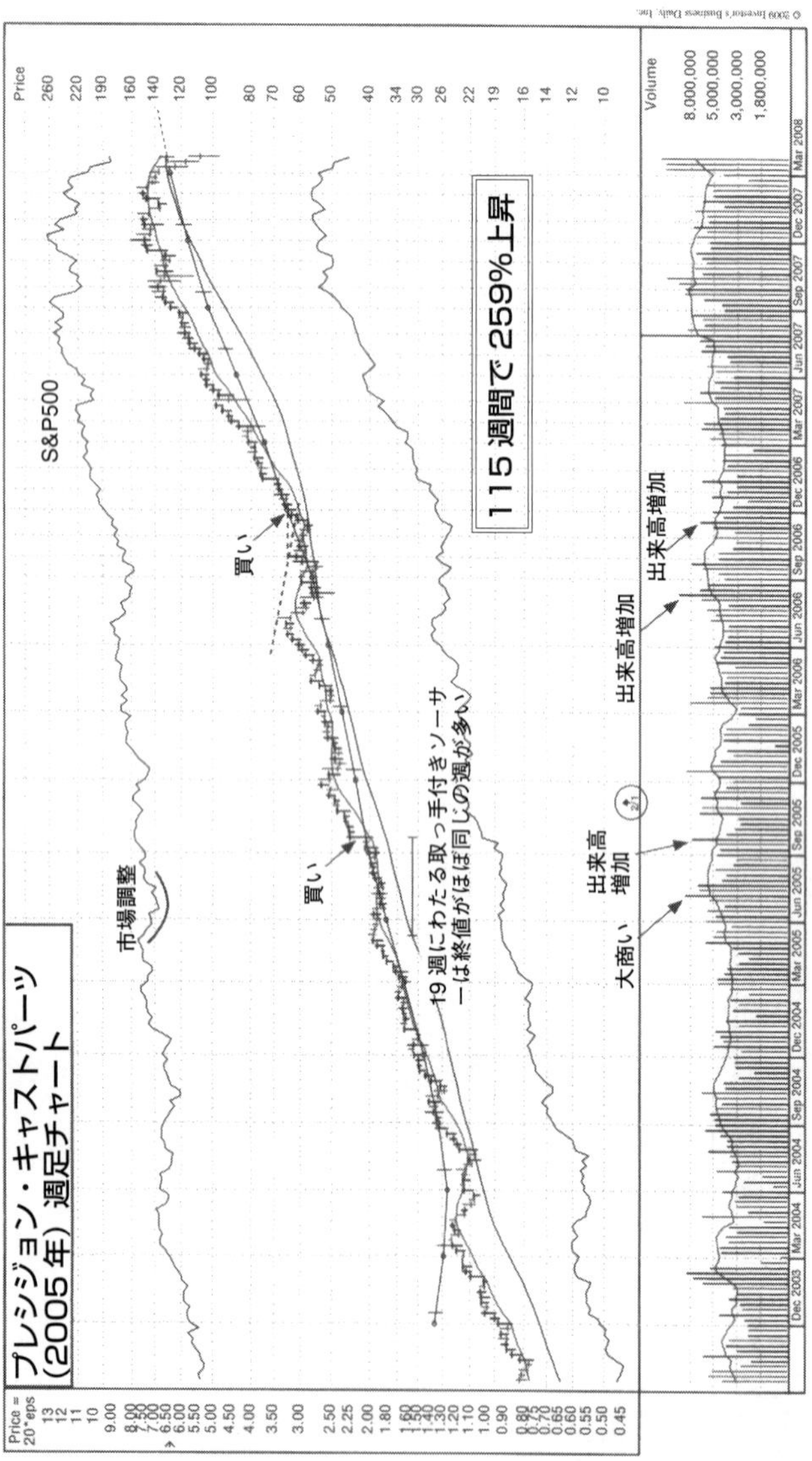
プレシジョン・キャストパーツ
（2005年）週足チャート
S&P500
市場調整
買い
買い
19週にわたる取っ手付きソーサー
ーは終値がほぼ同じの週が多い
115週間で259%上昇
大商い
出来高
増加
出来高増加
出来高増加
Price
Volume
© 2009 Investor's Business Daily, Inc.

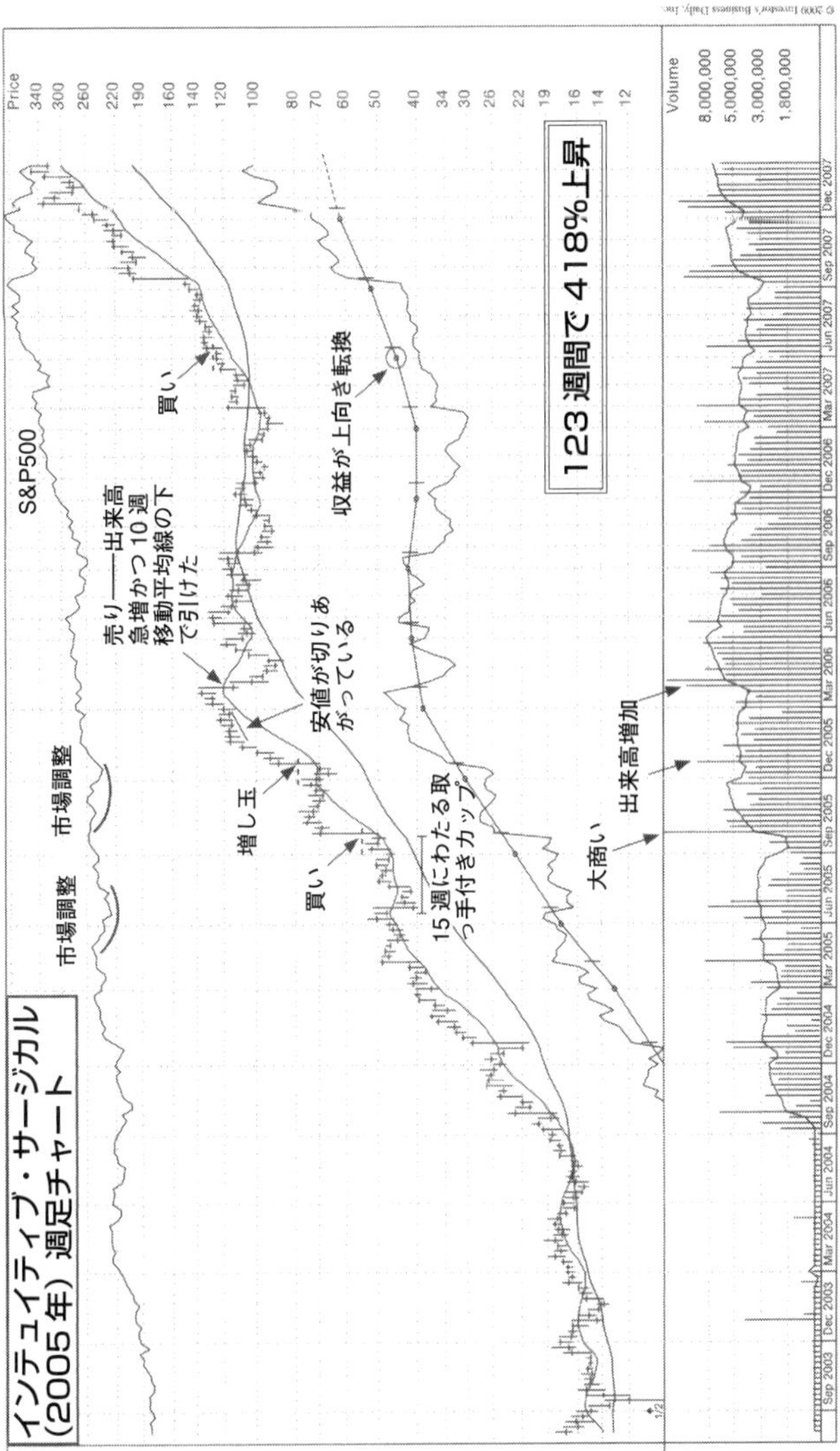
インテュイティブ・サージカル（2005年）週足チャート
S&P500
市場調整
市場調整
売り――出来高急増かつ10週移動平均線の下で引けた
買い
買い
増し玉
安値が切り上がっている
15週にわたる取っ手付きカップ
収益が上向き転換
123週間で418%上昇
大商い
出来高増加
© 2009 Investor's Business Daily, Inc.

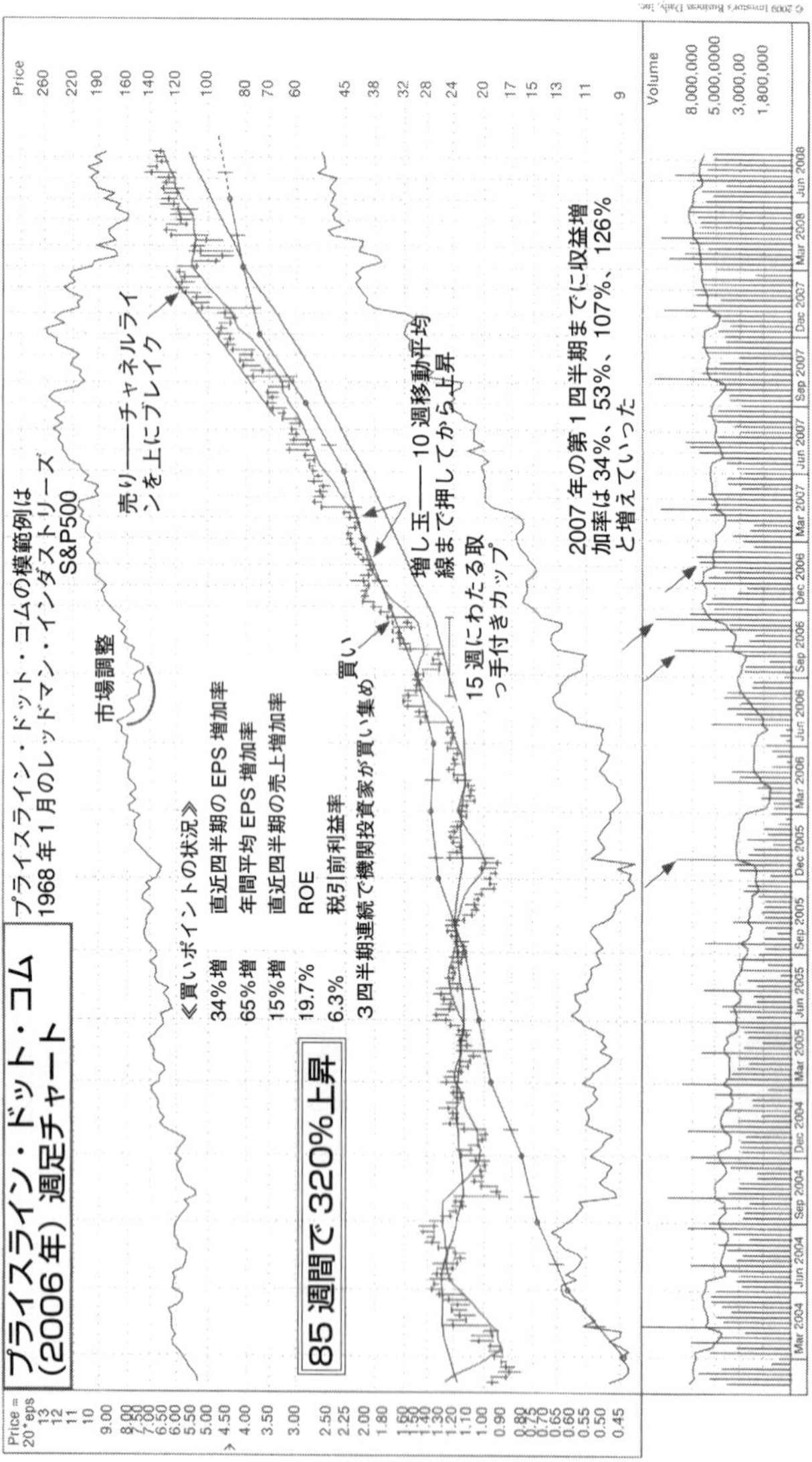
プライスライン・ドット・コム（2006年）週足チャート
プライスライン・ドット・コムの模範例は
1968年1月のレッドマン・インダストリーズ
S&P500
市場調整
売り――チャネルラインを上にブレイク
《買いポイントの状況》
34%増　直近四半期のEPS増加率
65%増　年間平均EPS増加率
15%増　直近四半期の売上増加率
19.7%　ROE
6.3%　税引前利益率
3四半期連続で機関投資家が買い集め
買い
85週間で320%上昇
増し玉――10週移動平均線まで押してから上昇
15週にわたる取っ手付きカップ
2007年の第1四半期までに収益増加率は34%、53%、107%、126%と増えていった
Price
Volume
© 2008 Investor's Business Daily, Inc.

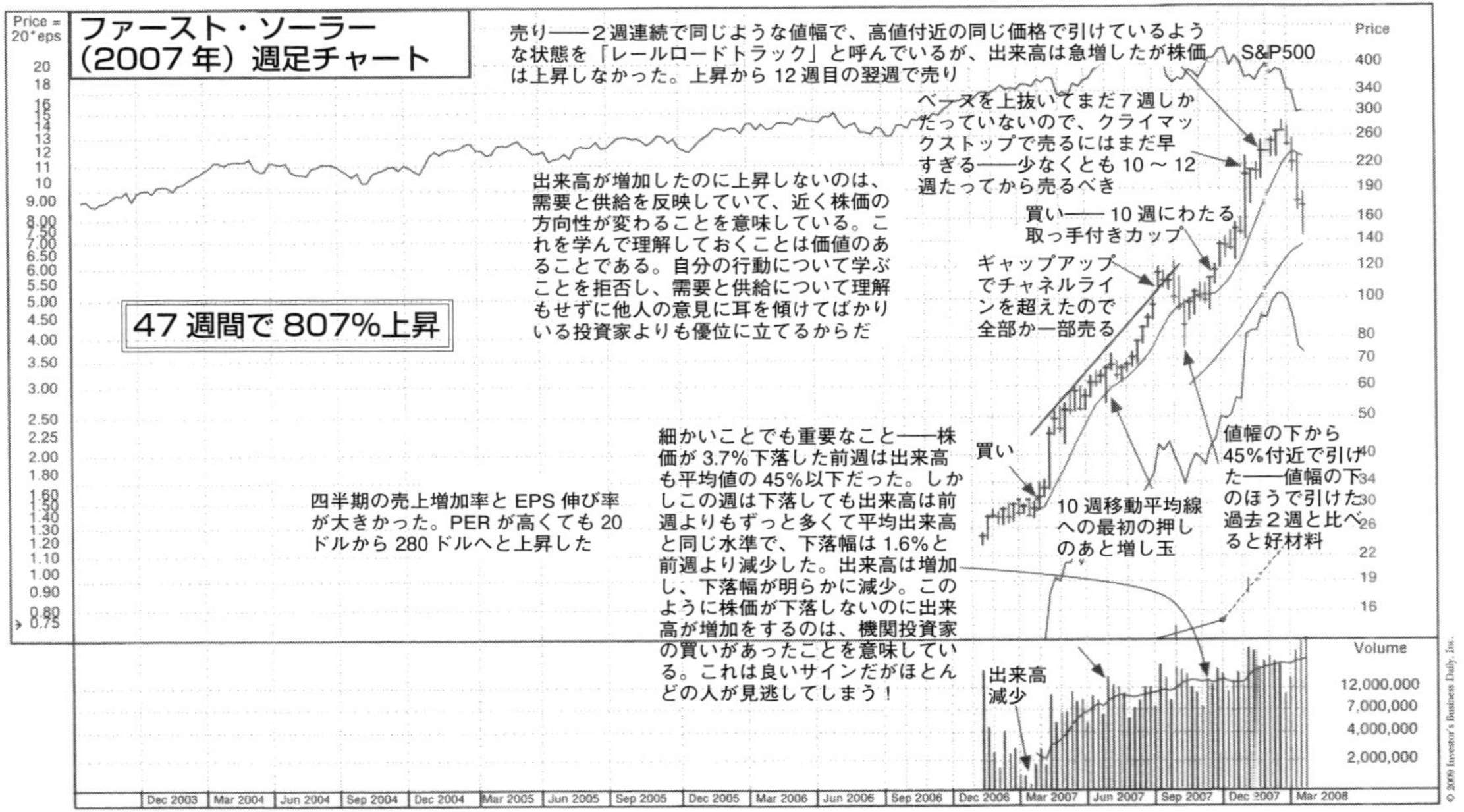
ファースト・ソーラー
（2007年）週足チャート
47週間で807%上昇
売り――２週連続で同じような値幅で、高値付近の同じ価格で引けているような状態を「レールロードトラック」と呼んでいるが、出来高は急増したが株価は上昇しなかった。上昇から12週目の翌週で売り
S&P500
ベースを上抜いてまだ７週しかたっていないので、クライマックストップで売るにはまだ早すぎる――少なくとも10～12週たってから売るべき
買い――10週にわたる取っ手付きカップ
ギャップアップでチャネルラインを超えたので全部か一部売る
出来高が増加したのに上昇しないのは、需要と供給を反映していて、近く株価の方向性が変わることを意味している。これを学んで理解しておくことは価値のあることである。自分の行動について学ぶことを拒否し、需要と供給について理解もせずに他人の意見に耳を傾けてばかりいる投資家よりも優位に立てるからだ
四半期の売上増加率とEPS伸び率が大きかった。PERが高くても20ドルから280ドルへと上昇した
細かいことでも重要なこと――株価が3.7%下落した前週は出来高も平均値の45%以下だった。しかしこの週は下落しても出来高は前週よりもずっと多くて平均出来高と同じ水準で、下落幅は1.6%と前週より減少した。出来高は増加し、下落幅が明らかに減少。このように株価が下落しないのに出来高が増加をするのは、機関投資家の買いがあったことを意味している。これは良いサインだがほとんどの人が見逃してしまう！
買い
10週移動平均線への最初の押しのあと増し玉
値幅の下から45%付近で引けた――値幅の下のほうで引けた過去２週と比べると好材料
出来高減少
Price = 20*eps
Price
Volume
Dec 2003
Mar 2004
Jun 2004
Sep 2004
Dec 2004
Mar 2005
Jun 2005
Sep 2005
Dec 2005
Mar 2006
Jun 2006
Sep 2006
Dec 2006
Mar 2007
Jun 2007
Sep 2007
Dec 2007
Mar 2008
© 2009 Investor's Business Daily, Inc.

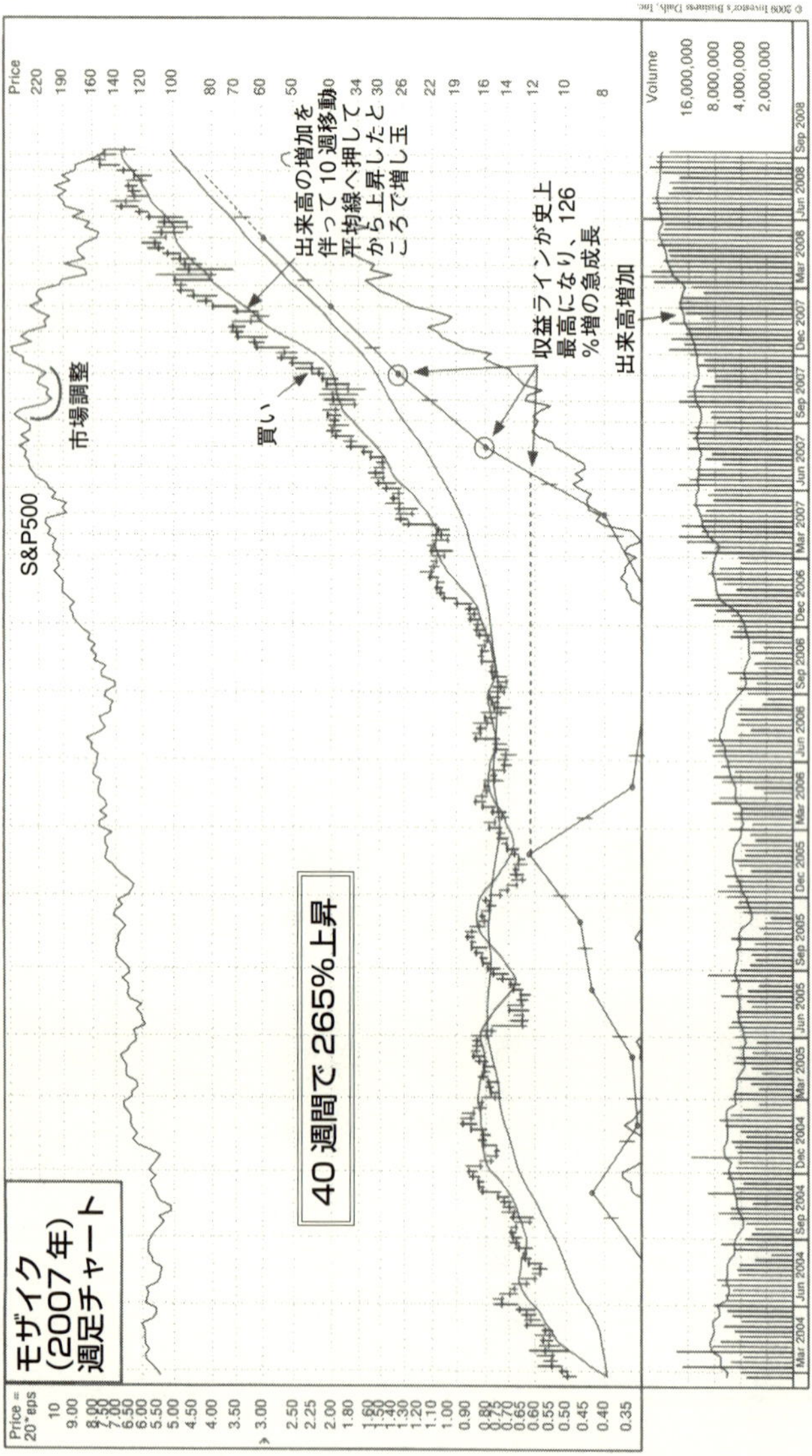
モザイク
（2007年）
週足チャート
40週間で265%上昇
S&P500
市場調整
買い
出来高の増加を伴って10週移動平均線へ押してから上昇したところで増し玉
収益ラインが史上最高になり、126%増の急成長
出来高増加
Price
Volume
© 2008 Investor's Business Daily, Inc.

第２章　プロのチャート読解術を身につけ、銘柄選択と売買タイミングを改善する

医学の世界では、医師がレントゲンやＭＲＩ検査、脳スキャンなどの「写真」をよく見て、人間の体のなかで何が起こっているのかを診断する。心電図や超音波は記録用紙に印刷されたりモニター画面に映し出されたりして、心臓の状態が示される。

同じように、正確に縮尺されている地図から、人々は現在位置を知り、目的地への道順を探し出すことができる。グラフ化された地震データは、どの地層に石油が埋蔵されている可能性が高いかを地質学者が研究する手段となる。

どのような分野でも、現況を正しく評価し、正確な情報を映し出すための道具が用意されている。投資の世界も同じである。経済指標は解読しやすいようにグラフ化される。株価や出来高の推移はチャートにされて、その銘柄が力強く好調で、機関投資家による買い集めの対象となっているか、あるいは弱々しく異常な動きをしているのかを判断する手がかりとなる。

手術に絶対必要な道具を使わないような医師に、あなたは心臓の切開手術をやってもらいた

いと思うだろうか？　当然ながら、思うわけがない。無責任な行動としか言いようがない。だが、株の売買となると、実に多くの投資家がまったく同じ過ちを犯している。実際に投資をする前に、その銘柄のチャートを確認しないのだ。患者のレントゲンやCATスキャンや心電図を見ずに執刀する医師は無責任であるのと同じように、チャートに示される株価や出来高のパターンを努力して解読しようとしない投資家は愚かなのである。ほかのことができなくても、チャートを読み取ることができれば、株価の怪しい動きや売り時などが分かるのだ。

株価が天井を打ち大きな調整に入ったことを自分では分からなかったり、他人の投資判断を頼りにしているような個人投資家は大金を失うことになりかねない。

チャート読解の基本

チャートには、何千という銘柄の実際の値動きが記録されている。価格変動は、世界最大の競売市場における日々の需要と供給の変化によって生み出される。チャートの値動きを的確に読み解く方法に精通した投資家は、努力して学びたくない、そんなことを考えたこともない、あるいはただ怠慢に過ごしているだけといった投資家たちに比べて、ずっと有利な立場にいる。

航空計器が装備されていない飛行機で空を旅したり、地図を持たないまま自分の車である国を大横断してみようなどと考えたりする人がいるだろうか？　チャートは投資における大切な地図である。事実、著名な経済学者ミルトン・フリードマンおよびローズ・フリードマンの両氏も、その優れた著書『選択の自由』（日本経済新聞社）の冒頭二八ページを割いて、マーケットにおいて事実の持つ力と価格が、いかに意志決定者にとって重要かつ正確な情報を提供してくれるかについて語っている。

私が「ベース」と呼んでいるチャートパターンとは、初期の株価上昇後に形成される株価調整と揉み合いの期間のことである。そのほとんど（八～九割）は、市場全体で起こっている株価の調整によって発生し形作られている。これらのベースを分析するには、価格と出来高の動きが正常か異常かを診断する技術を身につける必要がある。強さを示しているのか弱さを示しているのか、それを見極める力である。

大きな上昇は、強くはっきりとしたパターン（本章後半で説明する）のあとに発生する。ダマシのベースや、だれにでもそうと分かるベースの場合、株価は上昇しきれず、必ずと言っていいほどベースまで再び下落してしまう。

毎年、時間をかけてチャートを適切に解釈する方法を学んだ投資家が、ひと財産を築いている。チャートを利用しないプロ投資家は、大変価値のある指標やタイミングの仕組みについて、いかに自分が無知であるかを声高に宣言しているようなものだ。この点を再度強調しておきたい――私はこれまでに、高い地位のプロの投資家が収益を伸ばせずに最終的には職を失っていくさまを、何度も見てきた。

そのような結果になってしまったのも、市場の動きやチャートの読み方についてあまり知らなかったことが、成績不振の直接の原因となっていることが多い。大学によっては、金融学や投資学を教えながらも、意味がないからとか重要ではないからという理由でチャートを扱わないところがある。このような大学は、知識が欠如しているだけではなく、市場が実はどのような仕組みで動き、一流のプロの投資家がどのような投資法を実践しているのか、ということすら理解していないのだ。

個人投資家のあなたも、チャートを学ぶことで利益を得る必要がある。好調な収益率や売り上げなどのファンダメンタルが良いからというだけでは、株を買う十分な理由にはならない。たとえ、われわれが発行している経済新聞『インベスターズ・ビジネス・デイリー』の読者でも、本紙の独自サービスであるスマートセレクト・レーティングの評価だけを基に株を買ったりしてはならない。その銘柄のチャートを必ず確認してから、その銘柄が適切な買いの形にあるのか、または堅調な主導企業ではあるが適切なベース部分から株価が上昇しすぎているため今のところは避けるべきなのか、というような判断をしなければならない。

この数年間で、市場に参入する投資家の数が増えたこともあり、株価と出来高の簡易チャートが手に入りやすくなった（『インベスターズ・ビジネス・デイリー』紙の定期購読者なら、Investors.com から一万銘柄以上の日足および週足チャートが無料で見ることができる）。チャートに関する書籍やオンラインのチャート提供サービスを利用すれば、何百、何千という銘柄を体系的にそして時間をかけずに調べることができる。なかには高度な機能を持ったものもあり、価格と出来高の動きだけではなく、ファンダメンタルとテクニカルのデータまで提供している。機能性の高いチャートサービスに申し込めば、そう簡単に手に入らないような貴重な情報をいつでも手に入れることができる。

歴史は繰り返す――過去の例から学ぶ

まえがきと第1章の注釈入りの過去の大化け銘柄のチャート例で述べてきたとおり、われわれの成長株発掘法は、市場が実際にどのように作用しているかを基に決められており、けっして私自身やほかのだれかの個人的意見や学術的理論に頼るものではない。われわれは、過去に大きく成長した銘柄を分析し、そのどれもに七つの共通する特徴が備わっていることを発見した。その特徴を「ＣＡＮ－ＳＬＩＭ」という短く覚えやすいアルファベット七文字に要約した。さらに、何度も繰り返し現れる大化けする株価パターンや揉み合いの構造をいくつも発見した。株式市場では、歴史は繰り返される。それは、人間の本質が変わらないからである。そして需要と供給の法則も変わらないからである。過去の成長株の株価パターンを今後の銘柄選択の手本として利用できることは明らかだ。購入を検討している銘柄を分析するときは、探すべき株価パターンがいくつかある。また、株価パターンがダマシや不完全なものであることを暗示する、気をつけるべき兆候についても説明していく。

最も多いチャートパターン「取っ手付きカップ」

最も重要な株価パターンの一つに、カップを横から見たような形をしている「取っ手付きカップ」がある。このパターンは七週間から長いもので六五週間かけて形成されるが、だいたいは三～六カ月ほどの期間で作られる。このパターンの高値（カップの頂点）から安値（カップの底）の株価調整幅は、一二～一五％から三三％である。どのようなパターンでも、強いパターンには必ず、ベースパターンが形成される前に、明確でしっかりとした株価の上昇トレンドがあるものだ。その最初の上昇トレンドで株価が少なくとも三〇％上昇したかどうかをまず見極め、それと共にレラティブストレングスの改善や、出来高の増加なども、上昇トレンドのどこかで発生していたかを確かめる。

必ずではないが多くの場合、カップの底は鋭いV字型ではなく、丸いU字型の形をしているほうがよい。この特徴は、カップの底付近で二～三回小幅に下落したことで、その銘柄が必要とする自然な調整を十分に行えたことを示している。まだ残っていた力のない株保有者を振い落とし、そしてそのほかの投機家の関心をこの銘柄からそむける役割を果たすので、このU字の部分は重要だ。次の株価上昇の間に簡単には売らないであろう株主の強固な基盤が、こう

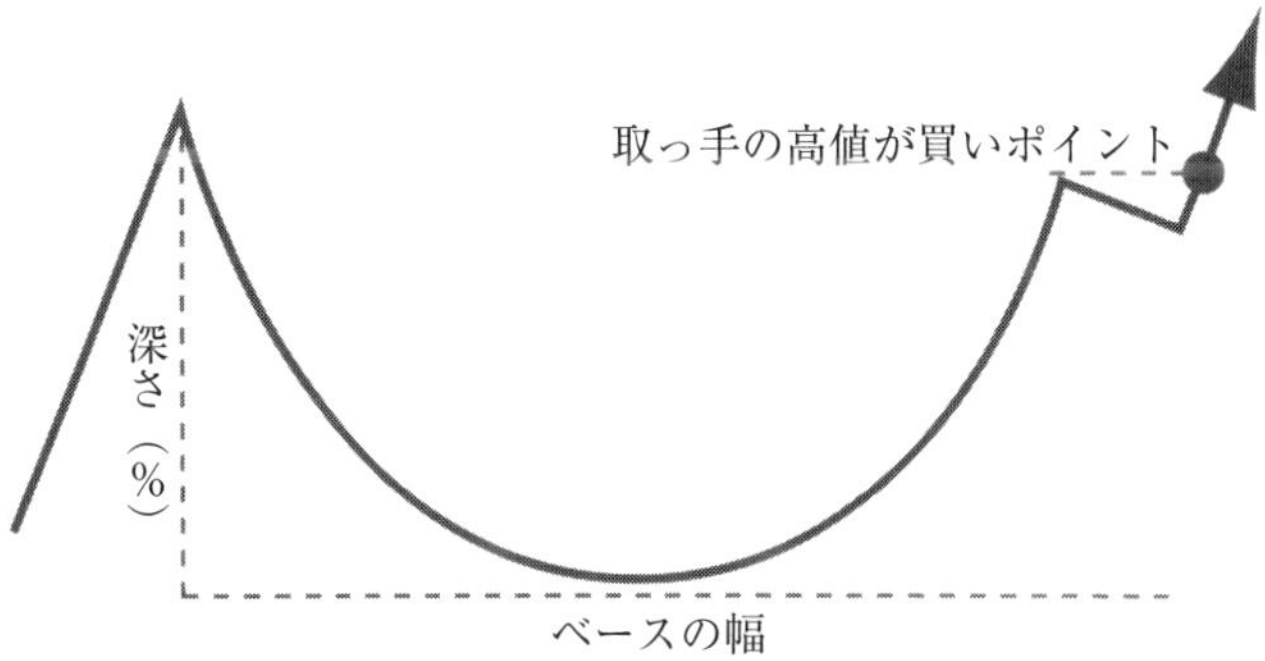

して作られるのだ。次のページに示すデイリー・グラフ・オンライン提供の日足チャートは、二〇〇四年二月のアップル・コンピュータの株価と出来高の推移を示している。

成長株が株式相場全体の一時的な低迷期にカップ型の株価パターンを作ったり、株価平均に比べて一・五～二・五倍ほどの調整をするのはおかしなことではない。だが、市場低迷時に最も下落の少なかったベースパターンの銘柄が、一般には最も良い選択肢と言える。強気相場であっても弱気相場であっても、平均株価の二・五倍以上の下落を見せた銘柄は、保ち合いの期間が長くなりすぎるため、警戒する必要がある。ＪＤＳユニフェイズなどのかつての一流ハイテク企業の多くが、二〇〇〇年の第２四半期と第３四半期に広くてしまりのない深いカップの株価パターンを形成した。そのほとんどがダマシの失敗するパターンで、株価が新高値を試してパターンを抜けるときに、その銘柄を購入するのは避けるべきであることを、暗示しているのだ。

変動の激しいリーダー企業で、強気相場において四〇～五〇

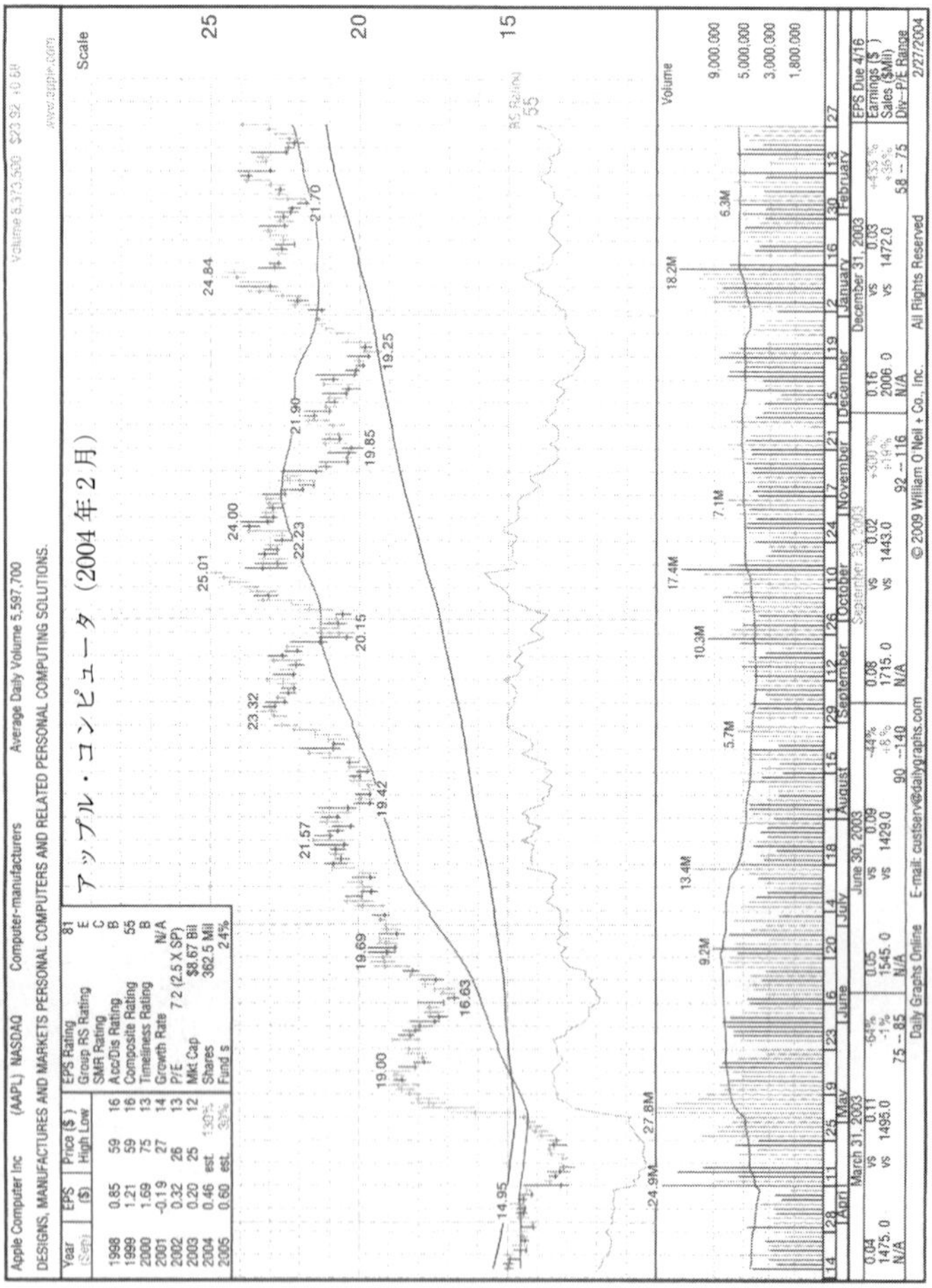
Apple Computer Inc　(AAPL) NASDAQ　Computer-manufacturers　Average Daily Volume 5,597,700
DESIGNS, MANUFACTURES AND MARKETS PERSONAL COMPUTERS AND RELATED PERSONAL COMPUTING SOLUTIONS.
アップル・コンピュータ（2004年2月）
Volume
Daily Graphs Online　E-mail: custserv@dailygraphs.com　© 2009 William O'Neil + Co., Inc.　All Rights Reserved

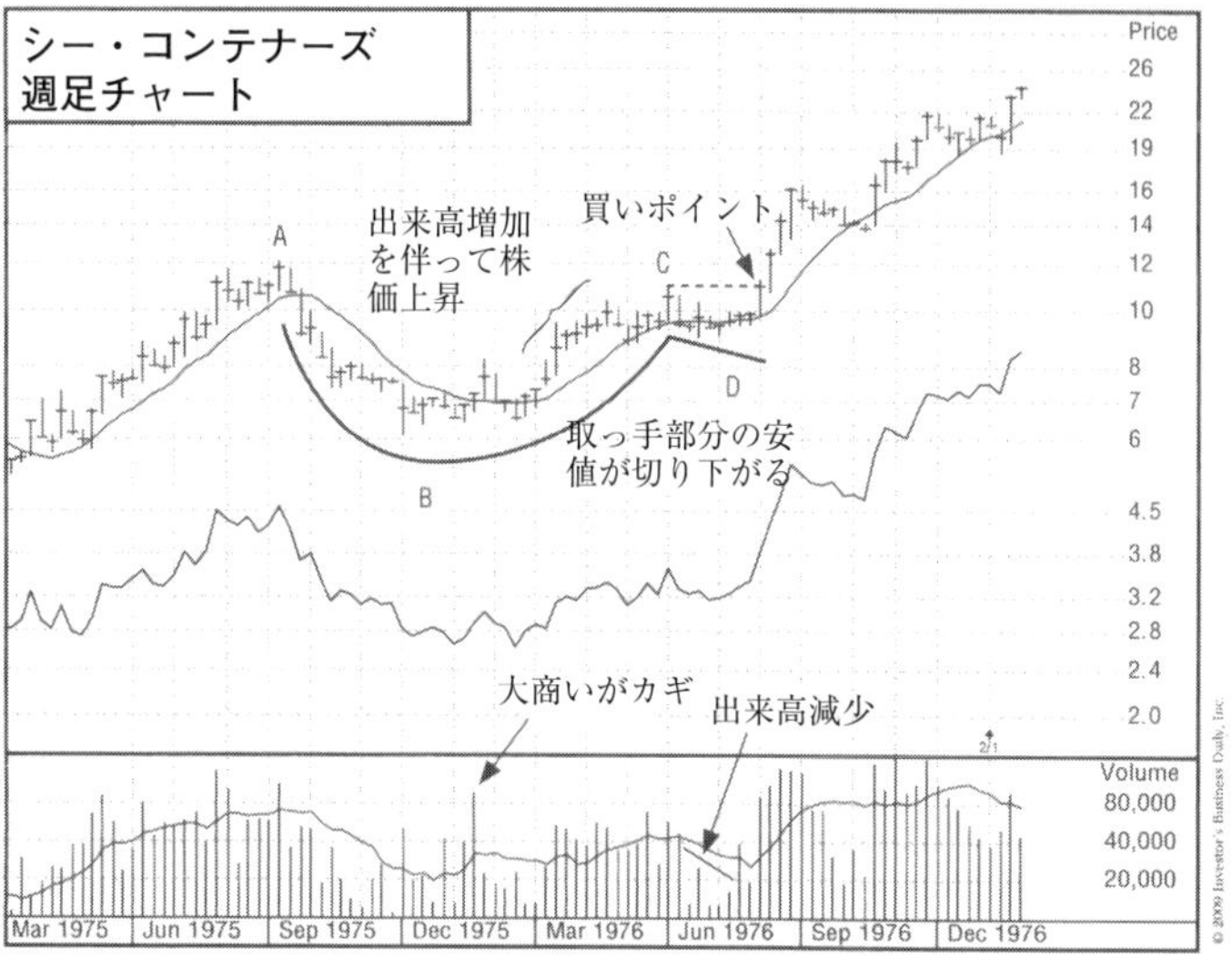
シー・コンテナーズ
週足チャート
出来高増加
を伴って株
価上昇
買いポイント
取っ手部分の安
値が切り下がる
大商いがカギ
出来高減少
A
B
C
D
Price
Volume
Mar 1975
Jun 1975
Sep 1975
Dec 1975
Mar 1976
Jun 1976
Sep 1976
Dec 1976
© 2009 Investor's Business Daily, Inc.

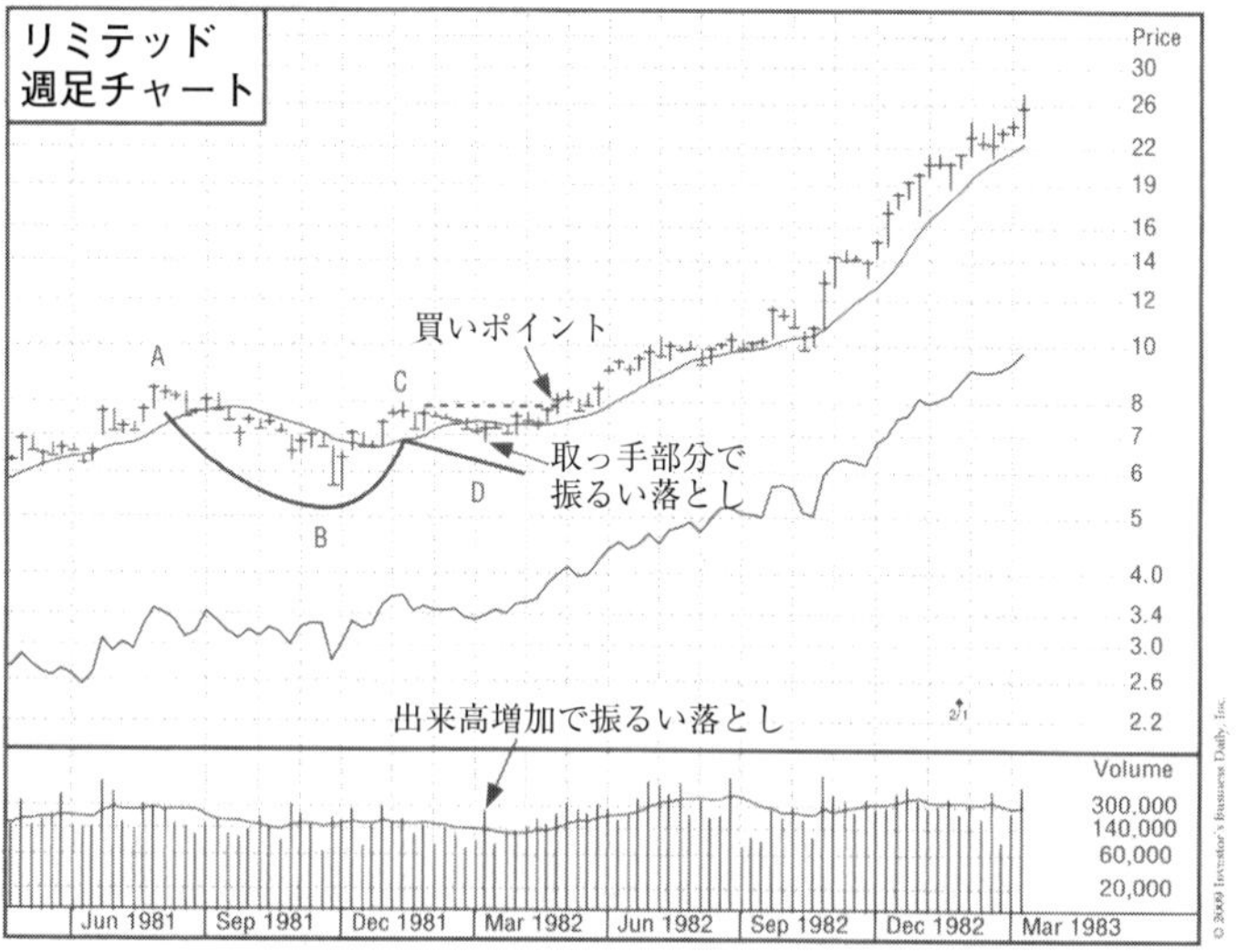
リミテッド
週足チャート
買いポイント
取っ手部分で
振るい落とし
出来高増加で振るい落とし
A
B
C
D
Price
Volume
Jun 1981
Sep 1981
Dec 1981
Mar 1982
Jun 1982
Sep 1982
Dec 1982
Mar 1983
© 2009 Investor's Business Daily, Inc.

％もの急落に耐えられる企業がわずかながら存在する。強気相場のときにそれ以上の調整が入るようなチャートパターンは、新高値を試して上昇を開始しても失敗する確率が高くなる。その理由は、新高値から安値まで五〇％以上下落するということは、つまりその銘柄が安値から以前の高値にまで上昇するには一〇〇％以上も上昇しなければならないことを意味しているからだ。過去の例からそのような大きく下落したあとに高値を更新した銘柄は、ブレイクアウトしてから五～一五％のところで反落する傾向にあることが分かっている。カップの底から一直線に高値を更新するような銘柄は押しを経ていないので、さらに危険だと言える。

ただし、輝かしい例外もある。シー・コンテナーズは、一九七五年の強気相場での一時的な急落局面で、約五〇％値下がりした。ところがその後、完璧なまでの取っ手付きカップの株価パターンを形成し、続く一〇一週間で五五四％も上昇した。私は、一九七五年六月初めにボストンのフィディリティ・リサーチ・アンド・マネジメントで開かれた月例会議で、年間収益増加率が五四％、直近の四半期収益増加率が一九二％というこのシー・コンテナーズを、典型的な取っ手付きカップの代表銘柄の一つとして紹介した。ポートフォリオマネジャーの一人は、このような素晴らしい数字を見るなりこの株に強い関心を示した。

この例からも分かるように、強気相場での一時的な下落や大きな弱気相場を抜け出すときに五〇～六〇％以上の調整が入ったパターンでも、成功する銘柄はある（シー・コンテナーズとザ・リミテッドのチャートを参照）。このような場合の下落の割合は、市場全体の下落の深刻度や、その銘柄の以前の大きな株価上昇の程度などが反映されているのである。

「取っ手」部分の基本的特徴

取っ手部分の形は一般的に一～二週間以上かかって形成され、下落する値動きの終わり付近で「振るい落とし」と呼ばれる現象が起こる（このとき、株価はその数週間前に作られた取っ手の安値を下回る）。また、取っ手部分の下落した安値のところでは極端な薄商いになることがある。強気相場では、取っ手部分の調整時期に出来高が増えることはまずないのだが、例外もいくつかあった。

取っ手のないカップのほうが失敗率は高いが、必ずしも取っ手を形成しなくても株価が上昇することが多くあることも確かである。また、値動きの激しいハイテク企業数社が、一九九九年に一～二週間という短い取っ手を形成した直後に大きく上昇を始めた例もある。

取っ手が発生する場合、全体のベース構造（カップの高値から安値まで）の上半分に形成されるものである。また、取っ手はその銘柄の一〇週移動平均線よりも上に現れる。ベース全体の下半分や一〇週移動平均線よりも明らかに下で形成された取っ手は弱く、株価上昇に失敗する傾向にある。その時点における需要がまだ不十分で、株価が以前の下落幅の半分も値を回復できていないということである。

さらに、幅が狭くなっていく取っ手（安値が切り上がるか、下落せずに下値が真横に動くような場合）は、上へのブレイクアウトに失敗する可能性が高くなる。このような、安値が切り上がる取っ手というのは、ベースの下からパターンの上部にまで上昇したあとに、その銘柄が必要としている振るい落としや深い押しの時期を経ていないことを意味する。このようなリスクの高い特徴が現れるのは、3回目と4回目のベースや停滞銘柄のベース、あるいは注目されすぎて有名になりすぎた活発な主導株などである。安値が切り上がった取っ手には注意する必要がある。

適切な取っ手の下落幅は、強気相場なら高値から八～一二％以内である。例外は、その銘柄が非常に大きなカップを形成した場合で、一九七五年のシー・コンテナーズがこれに当たる。強気相場でこの割合を超えて取っ手が下落するのは、下落幅が大きすぎるうえに不安定であり、そのほとんどが不適切でリスクの高い銘柄となる。しかし、弱気相場の底の時期に起こる最後の振るい落としならば、市場全体が特別弱っているせいで、取っ手部分が一気に二〇～三〇％ほど下落してしまうことがある。しかし、市場全体が上向きになり、新しいメジャーな上昇トレンドを作ることができれば、その株価パターンもまだ強いと考えられる（第9章「M＝株式市場の動向」を参照）。

株価の収束を伴う発展的パターン

機関投資家が買い集めをしている銘柄には、収束のパターンが現れる。週足チャートを見ると、その週の高値と安値の幅が小さく、同じくらいの終値が数週間続いたり、前週の終値とほとんど変わらなかったりという状況である。週の値幅が毎週大きいということは、常に市場に振り回されていることを意味しており、ブレイクアウトに失敗する。しかし、アマチュアのチャーチストはこの差に気がつくことができないため、あまり目の肥えていないトレーダーを誘い込みながら株価は五～一五％も上昇し、その後急転換をして下落する。

ピボットポイントを見つけ、出来高の変化に注目する

株価が適切な取っ手付きカップの株価パターンを形成し、その後上向きになって買いポイントまで上昇することを、ジェシー・リバモアは「ピボットポイント」とか「最も安い位置の抵抗線」と呼んだ。そのような現象が起こるときには、一日当たりの出来高は通常に比べて少なくとも四〇～五〇％は増えるはずである。新しい主導銘柄が大きくブレイクアウトをするときには、一日当たりの平均出来高が二〇〇～五〇〇％、あるいは一〇〇〇％も増えることもそれほど珍しくない。ピボットポイントのブレイクアウトで、比較的安くて素晴らしい成長の期待

できる銘柄の出来高が平均以上に増加する理由は、プロの機関投資家の買いが入ったからだと言ってほぼ間違いない。一般的な投資家の実に九五％は、高値で株を買うなんて怖いしリスクも高い、そのうえバカげているという思いから手を出さないものだ。

あなたの投資目的は最安値で買うことでも、底付近で買うことでもなく、成功する可能性が最大になる正しいタイミングで買い始めることにある。これはつまり、あなたが株に手を出す前に、株価が狙いの買いポイントまで上昇していくのを、じっと待つことを学ばなければならないことを意味する。日中は仕事をしていて市場をずっと見ていられないという読者は、小型の株価クオートや、携帯電話の株価情報サービス、あるいはウエブサイトなどを利用して、ブレイクアウトをしそうな銘柄の最新情報を逃さないようにしよう。

常に勝ち続ける個人投資家になるためには、この正確なピボットポイントまで株価が上昇するのを待って買わなければならない。通常、ピボットポイントから本格的に株価が動き始め、驚くような上昇を見せるのだ。ピボットポイントの前に買うのは時期尚早である。株価がブレイクアウトポイントまで一度も上昇しないことも多いのだ。それどころか、失速や下落をしてしまうことも多い。ある銘柄に投資をする前に、その銘柄が上昇をするだけの力があることをまずは見定めるべきだろう。また、正確な買いポイントをやり過ごして、五～一〇％以上も上昇したところで買っても、すでに遅れをとってしまい直後の株価調整に引きずり込まれてしまうことになる。そうなると、株価はすでに上昇し終わり、避けられない通常の下落を伴う小さな調整を生き抜くだけの余裕がない投資家は、八％の自動損切りルール（第10章「絶対に売って損切りをしなければならないとき」を参照）に引っかかり、売りを迫られることになる。だから、高くなりすぎた株価を追うような悪い習慣は身につけないようにしよう。

適切な株価パターンのピボットポイントは、株価の以前の高値水準になるとは限らない。多くは前の高値から五～一〇％下がったところで発生する。取っ手部分の高値が買いポイントになるわけだが、これはほとんどがベースの高値よりもやや低くなる。これは重要なので覚えておいてほしい。高値の更新まで待っていたら、おそらく手遅れになるだろう。カップの高値から取っ手を作り始めた高値を通って下向きになるトレンドラインを描くことで、少しだけ有利なスタートを切ることができる。そして数週間後にそのトレンドラインが上にブレイクされたときに買い始めるのだ。だが、この方法で儲けるためには、チャートと株価の分析を正しく行う必要があることを忘れないでほしい。

株価パターンの安値で生じる薄商い

適切に形成されたベースの場合、底部分で一～二週間、そして取っ手部分の後半数週間の安値の時期に、出来高が劇的に減少する。これは、株がすべて売り尽くされて市場に新たに入ってくる株がほとんどないことを意味している。機関投資家による買い集めが進んでいる健全な

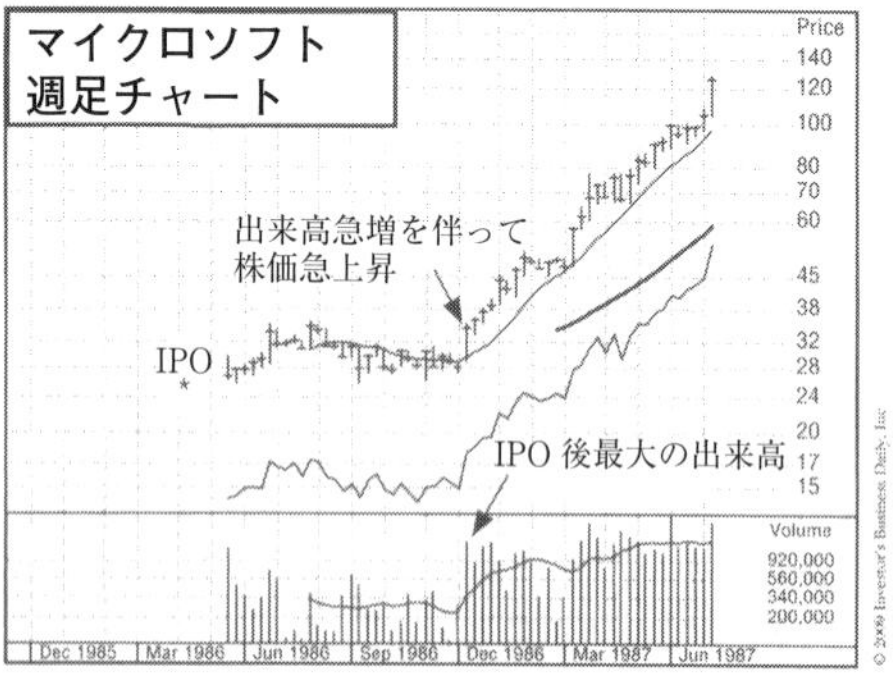

銘柄には、だいたいこの現象が見られる。株価の収束（日足または週足チャートで終値がほぼ同じこと）および要所での薄商いは、好材料だと言える。

出来高の急増も貴重な手がかり

もう一つ、目の肥えたチャーチストが手がかりにするのが、日足や週足チャートで発生する出来高の急増である。マイクロソフトの例で説明すると、株価が急上昇を始める直前に、出来高が急増し機関投資家による大きな買い集めをしていた。

大商いを伴って価格が何週間も上昇し、その後極端な出来高の減少が数週間起こる場合も、前向きの材料となる。デイリー・グラフ・オンラインのチャートサービスと出来高の週足グラフを同時に利用すれば、たった一日しか姿を現さない異常な動向ですら、すぐに見つけることができるだろう。マイクロソフト株が三一・五ドルの買いポイントからブレイクした日の出来高は一日平均出来高の五四五％増で、機関投資家の大量買いを示している。その後、株価は一三年間上昇し続けて、株式分割調整後の一〇セントから五三・九八ドルに一気に成長した。まさに、大化け株と呼ぶにふさわしい。

出来高を注意深く研究すれば、それなりの見返りを得ることができる。銘柄が買い集め（機関投資家の買い）状態にあるのか、あるいは売り抜け（機関投資家の売り）状態なのかを知ることができる。この技術を習得してしまえば、アナリストや自称専門家らの個人的意見に頼る必要などなくなる。要所における出来高増加を軽視してはならない。

出来高を利用して需要と供給のバランスおよび機関投資家の株式保有の状態を知ることは、株を正確に分析するためには不可欠である。チャートを学んで株を買う正しいタイミングをつかむのだ。誤ったタイミングで買ったり、もっとひどい場合は機関投資家が保有していない銘柄や、不完全なダマシのパターンの銘柄を買ったりすることは、損失を膨らませることにほかならない。

株の購入を検討するなら、その銘柄の週単位の出来高を確認することだ。株価パターンがベースを形成している時期に、出来高が週間平均出来高よりも多い週に注目して、そのうち株価が上昇して引けた週のほうが、株価が下落して引けた週よりも多ければ、好材料であると言える。

通常のサイズの取っ手付きカップ

テキサス・インスツルメンツ、アップル、ゼネラル・ケーブル、プレシジョン・キャストパーツなどは、長さも深さも同じような大きさのパターンを形成した。アップルとプレシジョン・キャストパーツの共通点を見つけることができるだろうか。この技術をしっかりと身につければ、このような過去の成長株と同じような取っ手付きカップを将来数多く見つけられるようになるだろう。

調整の重要性

株価パターンの八～九割が調整の時期に作られることを考えると、一時的な急落や空売り、あるいは長引く弱気相場などに直面しても、株式市場が持つ可能性に悲観することはない。発明家や起業家が活躍し、共産主義体制や独裁支配国家にはない完全なる自由と限りないチャンスにあふれるアメリカ経済は、必ず好転して回復に向かう。

弱気相場は三～九カ月、長くて二年、まれに三年ほど続くことがある。本書の売りのルールをしっかりと守れば、新たな弱気相場が訪れても、その初期段階のうちに株を適切な時期に売って利益を確定したり、損切りをして損失を減らしたり、資金をほとんどすべて現金化したり、

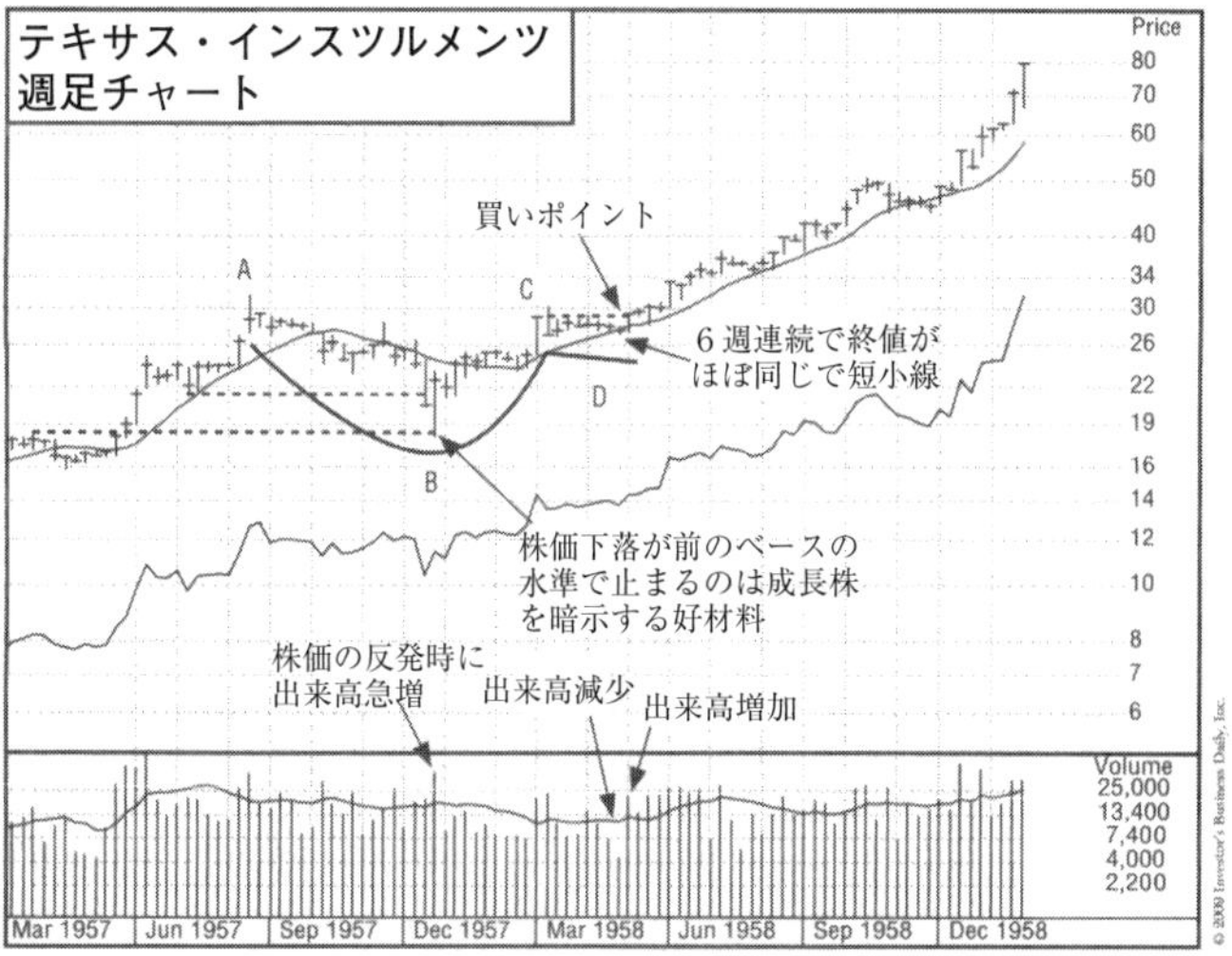
テキサス・インスツルメンツ
週足チャート
買いポイント
A
B
C
D
６週連続で終値が
ほぼ同じで短小線
株価下落が前のベースの
水準で止まるのは成長株
を暗示する好材料
株価の反発時に
出来高急増
出来高減少
出来高増加
Price
80
70
60
50
40
34
30
26
22
19
16
14
12
10
8
7
6
Volume
25,000
13,400
7,400
4,000
2,200
Mar 1957
Jun 1957
Sep 1957
Dec 1957
Mar 1958
Jun 1958
Sep 1958
Dec 1958

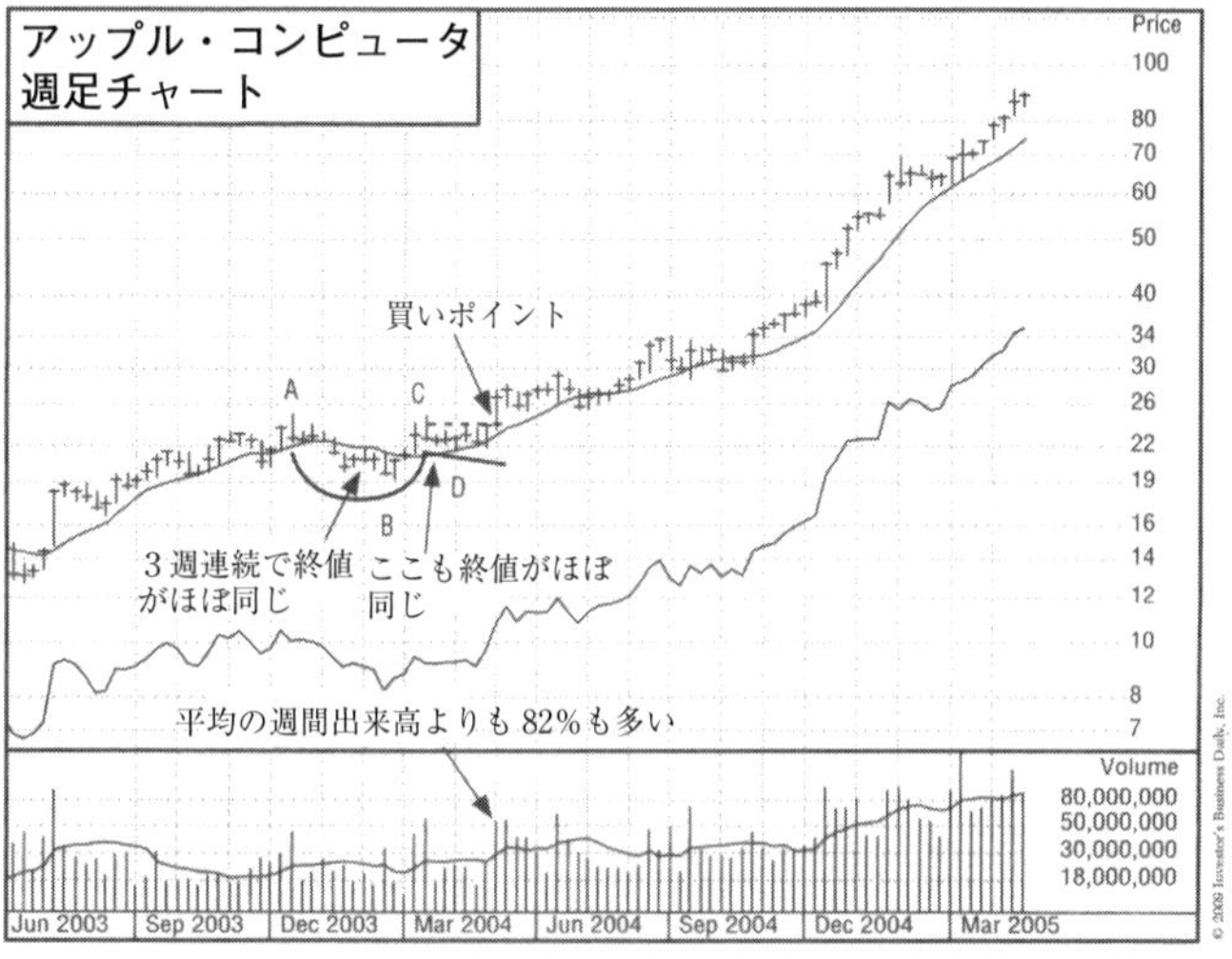
アップル・コンピュータ
週足チャート
買いポイント
A
B
C
D
３週連続で終値
がほぼ同じ
ここも終値がほぼ
同じ
平均の週間出来高よりも82％も多い
Price
100
80
70
60
50
40
34
30
26
22
19
16
14
12
10
8
7
Volume
80,000,000
50,000,000
30,000,000
18,000,000
Jun 2003
Sep 2003
Dec 2003
Mar 2004
Jun 2004
Sep 2004
Dec 2004
Mar 2005

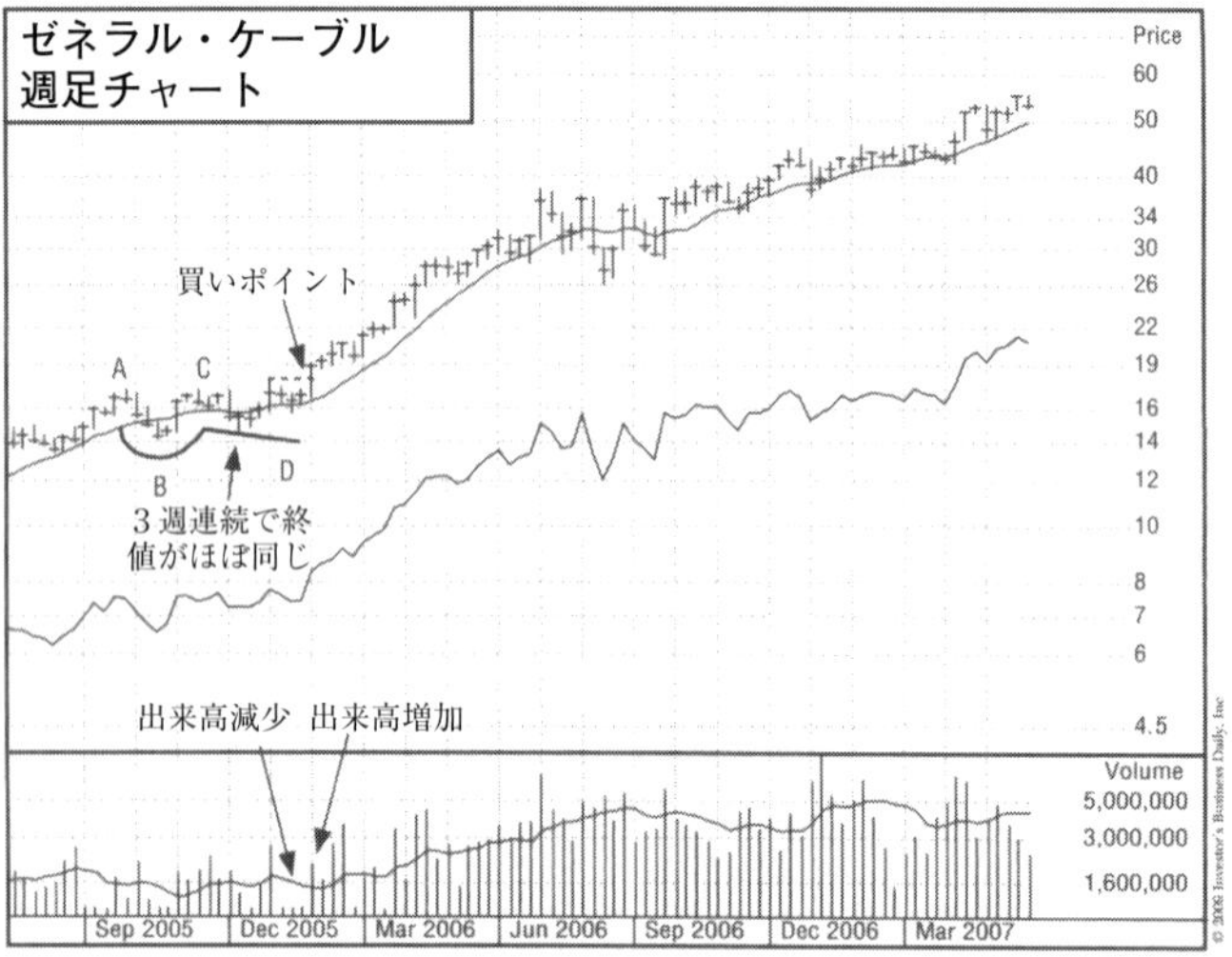
ゼネラル・ケーブル
週足チャート
Price
60
50
40
34
30
26
22
19
16
14
12
10
8
7
6
4.5
買いポイント
A
C
B
D
3週連続で終
値がほぼ同じ
出来高減少
出来高増加
Volume
5,000,000
3,000,000
1,600,000
Sep 2005
Dec 2005
Mar 2006
Jun 2006
Sep 2006
Dec 2006
Mar 2007

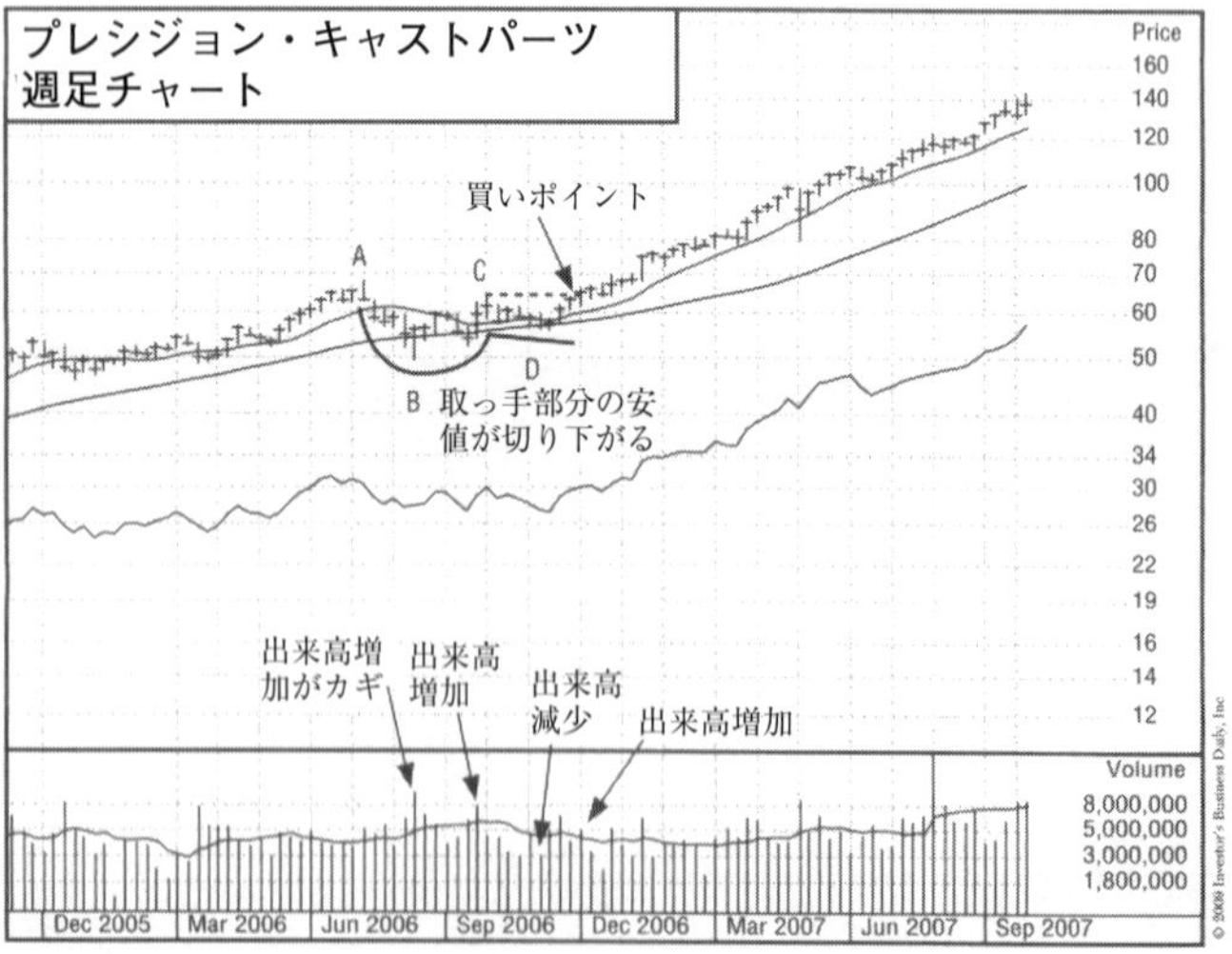
プレシジョン・キャストパーツ
週足チャート
Price
160
140
120
100
80
70
60
50
40
34
30
26
22
19
16
14
12
買いポイント
A
C
B
D
取っ手部分の安
値が切り下がる
出来高増
加がカギ
出来高
増加
出来高
減少
出来高増加
Volume
8,000,000
5,000,000
3,000,000
1,800,000
Dec 2005
Mar 2006
Jun 2006
Sep 2006
Dec 2006
Mar 2007
Jun 2007
Sep 2007

信用取引を控えたりすることができる。

『インベスターズ・ビジネス・デイリー』（ＩＢＤ）紙が二〇〇六年後半に四種類の調査を行った。それによると、本紙の定期購読者の約六割がわれわれのルールに従って二〇〇七年一二月あるいは二〇〇八年六月に保有株を売って現金化していたことが分かった。それが功を奏して、サブプライムローン問題に端を発した二〇〇八年後半の深刻な下落が起こる前に、資金の大半を守ることができたのだ。

たとえすべての保有株を売り払って現金化する結果になってしまっても、株式投資をあきらめてはならない。なぜなら、弱気相場の時期にこそ、新たな銘柄が新しいベースを形成するからだ。そしてその一部が次の強気相場の訪れとともに一〇〇〇％も上昇する成長株になっていく。一生に一度あるかないかの素晴らしいチャンスが手の届くところにまでやってきているというときに、あきらめてしまうのは愚かな行為である。

弱気相場の期間をうまく利用して、これまでの投資判断を分析する時間に充てるとよい。過去一年に取引をしたすべての銘柄について、日足や週足チャートに売買したポイントに印をつけてみよう。そして自分の下した投資判断を見直し、過去の相場で犯した過ちを避けるための新しいルールをいくつか書き出してみるのだ。その後、見逃してしまったり、売買方法を誤ってしまった大化け銘柄を研究する。そして、次の強気相場では力強い主導株を正しく買うことができるように、新たなルールを作り出すのだ。そういう銘柄は必ず出てくる。弱気相場とは、

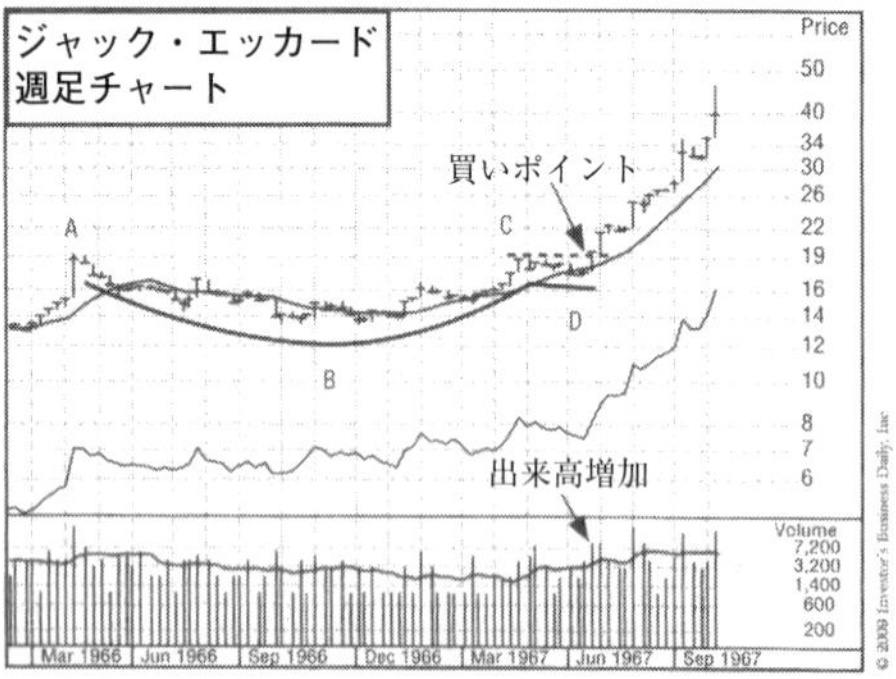

そういった銘柄がベースを形成し始める時期なのだ。十分に考え抜かれた投資戦略を持ち、大きな利益を享受する準備ができているかどうかは、あなた次第ということだ。

ほかにもある株価パターン

「取っ手付きソーサー型」

取っ手付きソーサー型は取っ手付きカップ型のパターンと似ているが、ソーサー型はカップ型よりも長く浅い形状をしている（「取っ手付きカップ」や「取っ手付きソーサー」と名付けることに慣れていないなら、星の分布に「大熊座の北斗七星」や「小熊座の小びしゃく」のような名前を付けるのと同じようなことだと思えばよい）。取っ手付きソーサー型の一例としては、一九六七年四月のジャック・エッカードを参考にしてほしい。

「ダブルボトム型」

底が二つあるダブルボトム型の株価パターンは、アルファベットの「W」に似ている。取っ手付きカップほど多くはないが、それでも頻繁に現れる。「W」の二つ目の底が一つ目の底と同じ水準になるか、一～二ポイントほど明らかに下回る（たいていは下回る）ことが重要で、これによって弱い株主が振るい落とされる。二つ目の底が一つ目の底を下回らないと、ダマシや不完全なダブルボトム型となる。ダブルボトムにも取っ手が形成されることがあるが、これは必須ではない。

ダブルボトムの深さと幅は、カップ型のパターンと似ている。ダブルボトムのピボットポイントは「W」の右側の二つ目の底を経たあとの高値になる。そして「W」の真ん中の高値と同じ価格になったときが買いポイントである。この真ん中の高値は左側の高値よりもやや下の水準で頭打ちするはずである。取っ手付きのダブルボトムの場合は、取っ手の高値が買いポイントとなる。ここに紹介する、ドーム・ペトロリアム（一九七七年）、

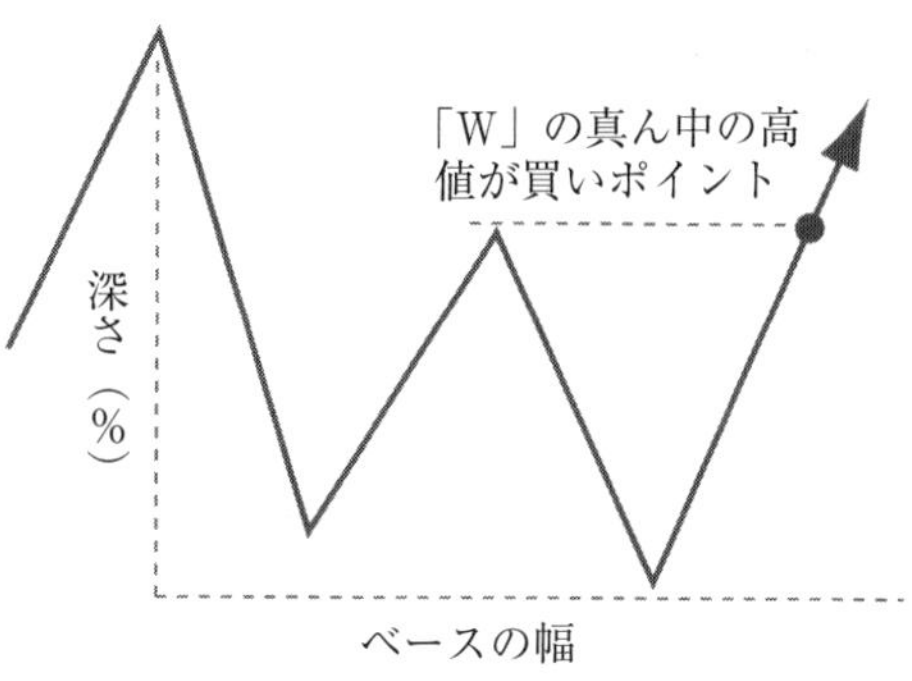

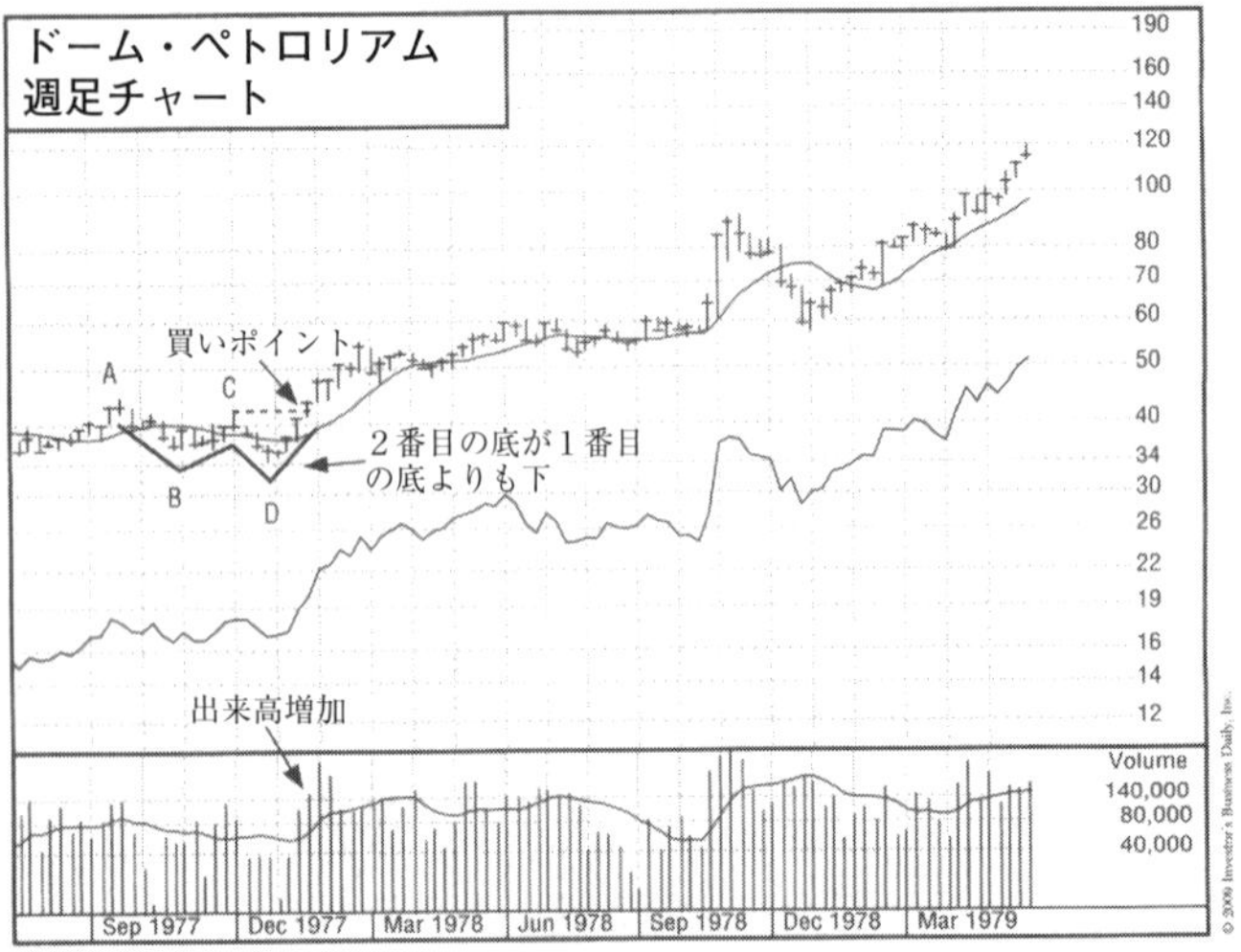

プライス・カンパニー（一九八二年）、およびシスコ・システムズ（一九九〇年）のチャートは、ダブルボトムの典型的な例である。ＥＭＣ、ＮＶＲ、イーベイの例も掲載する。

ダブルボトム型を分かりやすく説明するために、本書では次の記号を使用した。Ａ＝パターンの始まり、Ｂ＝一つ目の底、Ｃ＝買いポイントの基準となるＷの中央の高値、Ｄ＝二つ目の底――である。取っ手付きダブルボトムの場合は、Ｅ＝取っ手の高値（買いポイントとなる）、Ｆ＝取っ手の安値――となる。

「平底型」

平らな底の形をした株価パターンも、利益を狙える形である。取っ手付きカップ型、取っ手付きソーサー型、あるいはダブルボトム型を

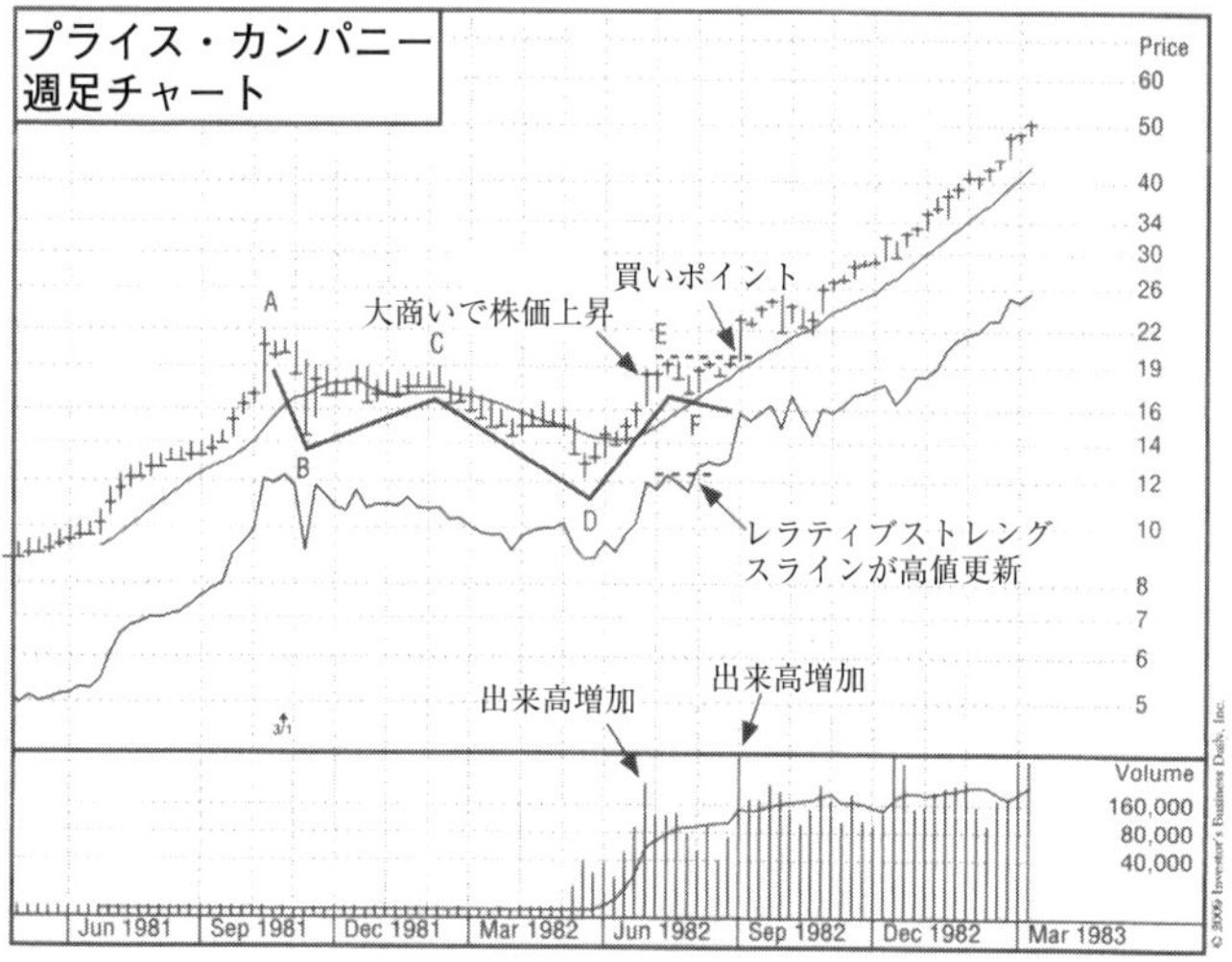
プライス・カンパニー
週足チャート
買いポイント
大商いで株価上昇
A
B
C
D
E
F
レラティブストレング
スラインが高値更新
出来高増加
出来高増加
Price
60
50
40
34
30
26
22
19
16
14
12
10
8
7
6
5
Volume
160,000
80,000
40,000
Jun 1981
Sep 1981
Dec 1981
Mar 1982
Jun 1982
Sep 1982
Dec 1982
Mar 1983
© 2009 Investor's Business Daily, Inc.

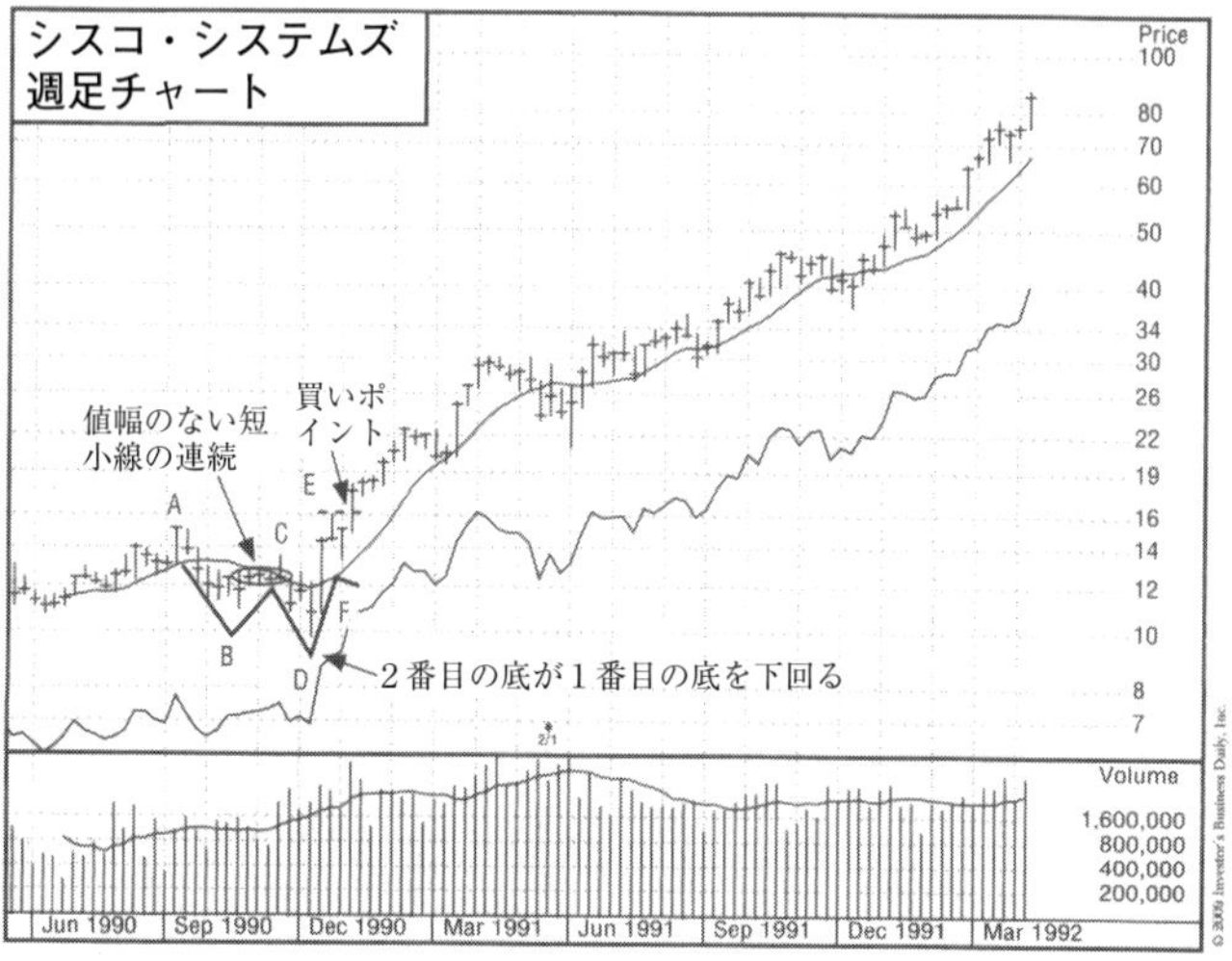
シスコ・システムズ
週足チャート
値幅のない短
小線の連続
買いポ
イント
A
B
C
D
E
F
2番目の底が1番目の底を下回る
Price
100
80
70
60
50
40
34
30
26
22
19
16
14
12
10
8
7
Volume
1,600,000
800,000
400,000
200,000
Jun 1990
Sep 1990
Dec 1990
Mar 1991
Jun 1991
Sep 1991
Dec 1991
Mar 1992
© 2009 Investor's Business Daily, Inc.

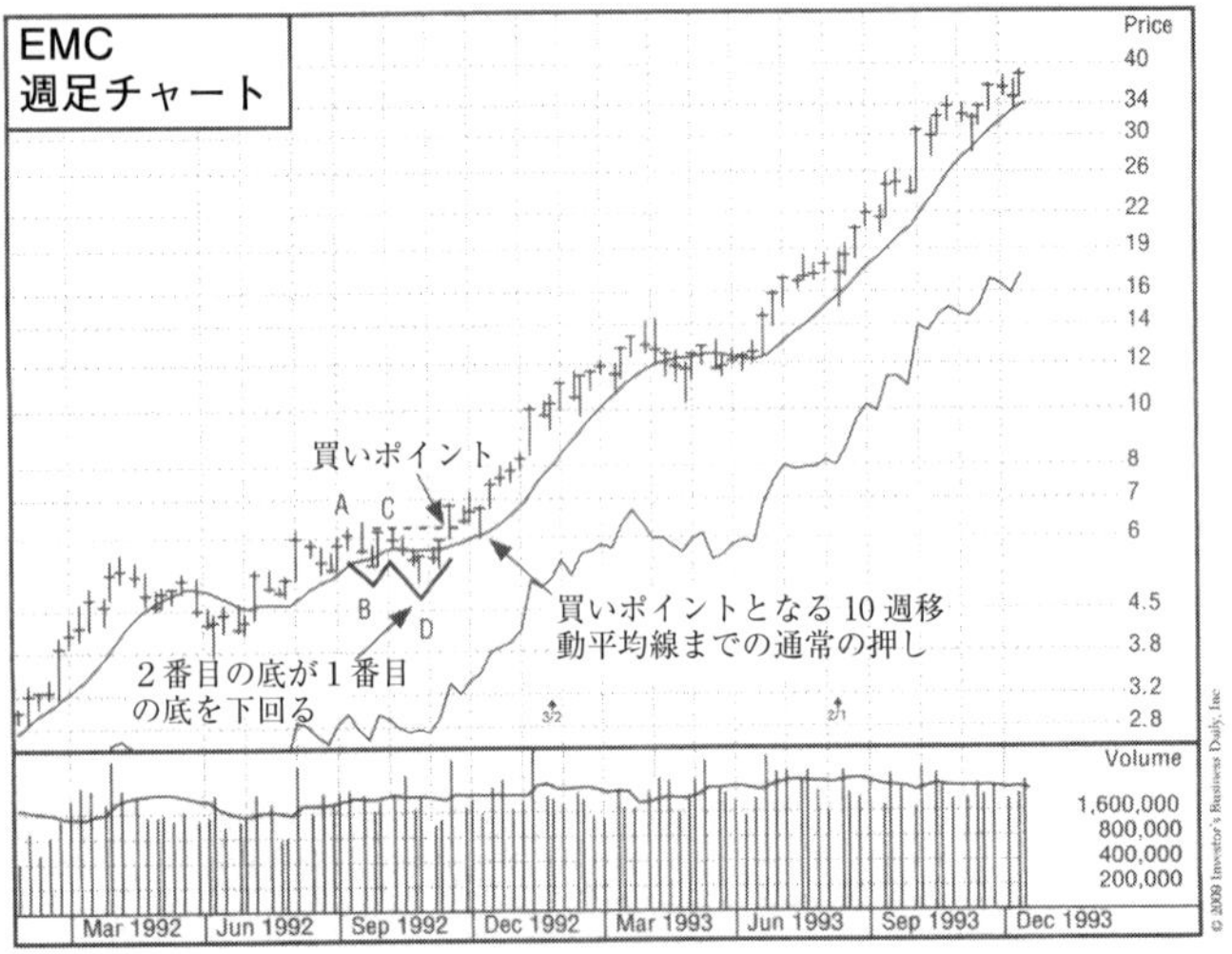
EMC
週足チャート
買いポイント
A
C
B
D
買いポイントとなる10週移動平均線までの通常の押し
2番目の底が1番目の底を下回る
Price
40
34
30
26
22
19
16
14
12
10
8
7
6
4.5
3.8
3.2
2.8
Volume
1,600,000
800,000
400,000
200,000
Mar 1992
Jun 1992
Sep 1992
Dec 1992
Mar 1993
Jun 1993
Sep 1993
Dec 1993
© 2009 Investor's Business Daily, Inc

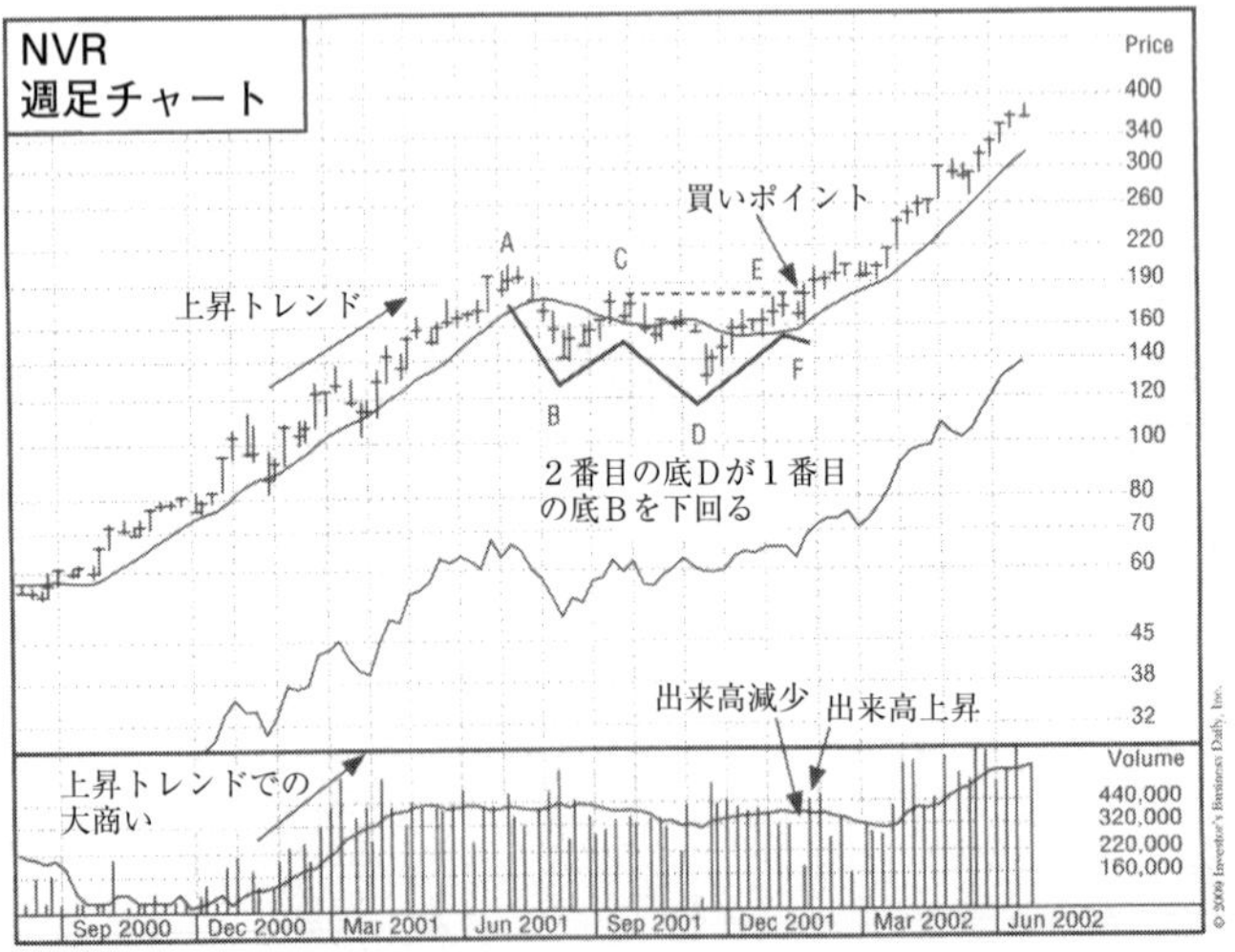
NVR
週足チャート
買いポイント
A
C
E
上昇トレンド
B
D
F
2番目の底Dが1番目の底Bを下回る
出来高減少
出来高上昇
上昇トレンドでの大商い
Price
400
340
300
260
220
190
160
140
120
100
80
70
60
45
38
32
Volume
440,000
320,000
220,000
160,000
Sep 2000
Dec 2000
Mar 2001
Jun 2001
Sep 2001
Dec 2001
Mar 2002
Jun 2002
© 2009 Investor's Business Daily, Inc.

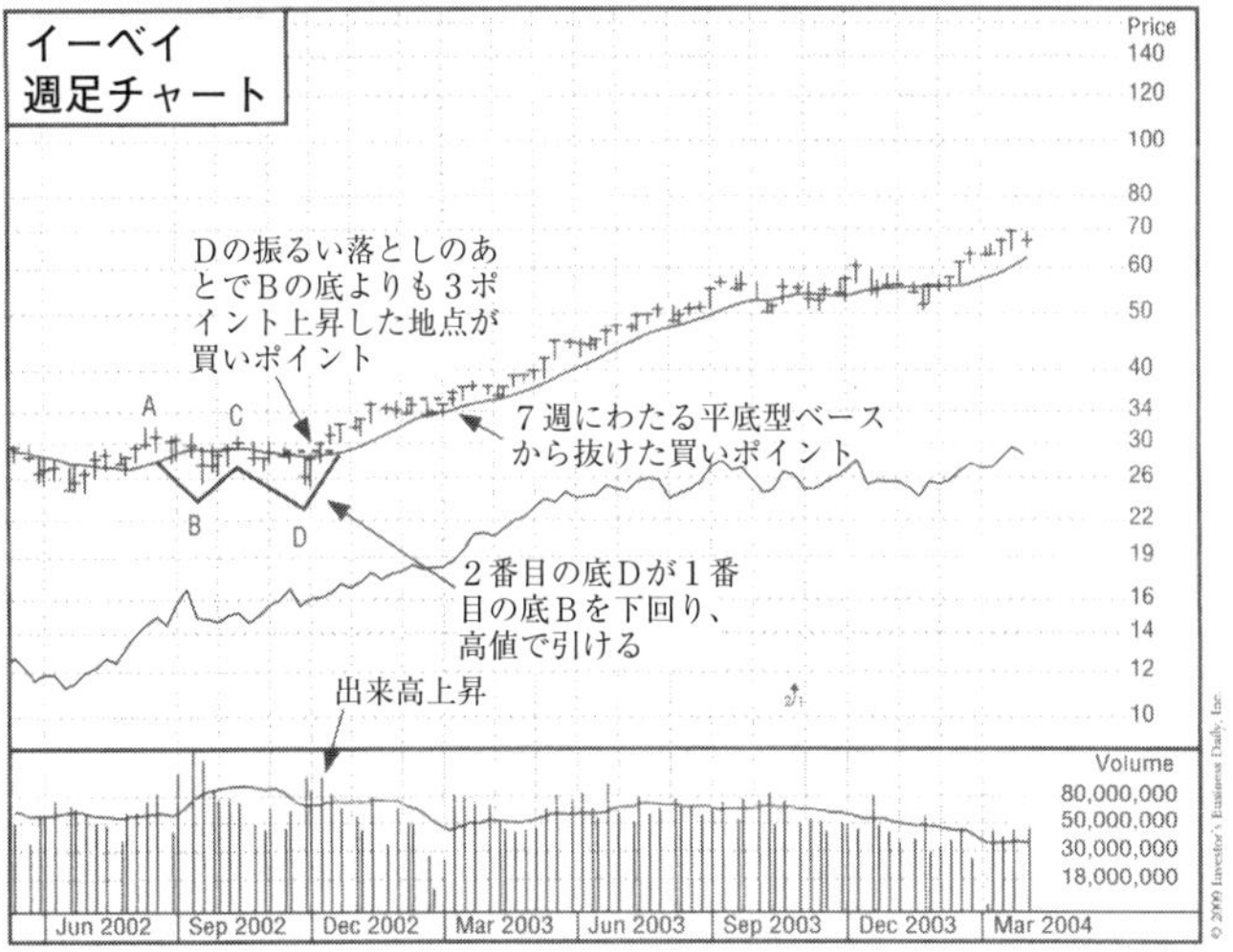

抜けて株価が二〇%以上ほど上昇したところで、二回目のベースとして現れる。平底型は、少なくとも五～六週間にわたり株価が収束しながら横ばいで推移し、一〇～一五%以上の株価調整は入らない。一九七九年五月のスタンダード・オイル・オブ・オハイオ、一九七八年三月のスミスクライン、および一九八二年のダラー・ゼネラルなどが平底型の好例である。一九八一年三月のペップ・ボーイズは長期にわたる平底パターンを形成した。取っ手付きカップから株価が最初に抜け出たときに買いそびれてしまったら、この平底パターンが現れるのを待つことだ。もしこの株価パターンが形成されたら、その銘柄を買う二度目の機会を与えてくれたということだ。サージカル・ケア・アフィリエイツ、C・B・リチャード・エリス、デッカーズ・アウトドアは、最年見られた例である。

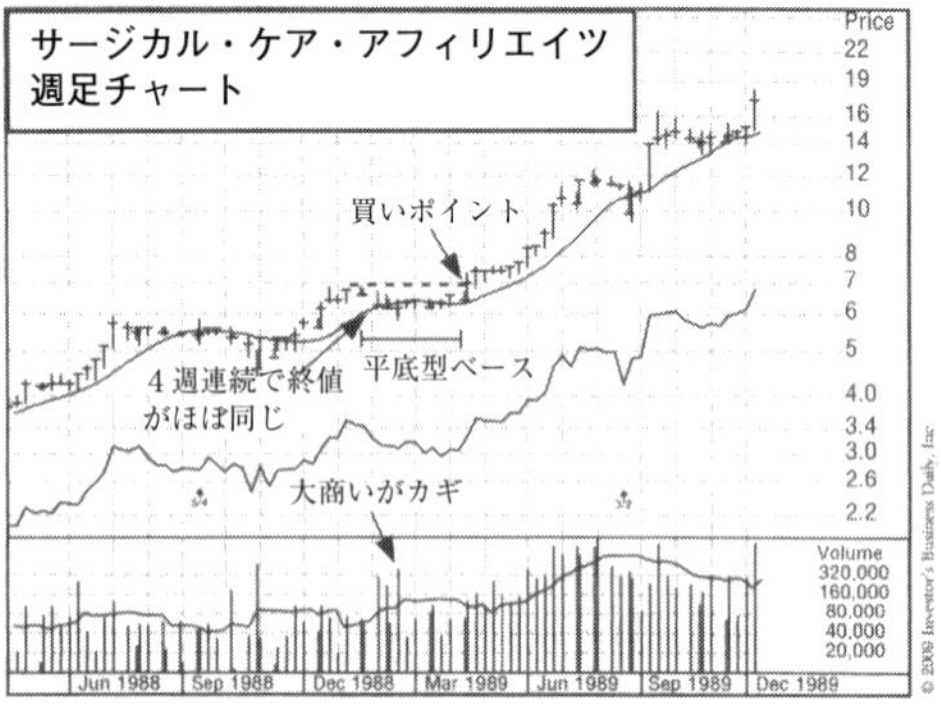
サージカル・ケア・アフィリエイツ
週足チャート
買いポイント
4週連続で終値がほぼ同じ
平底型ベース
大商いがカギ
Price
Volume
Jun 1988
Sep 1988
Dec 1988
Mar 1989
Jun 1989
Sep 1989
Dec 1989
© 2009 Investor's Business Daily, Inc

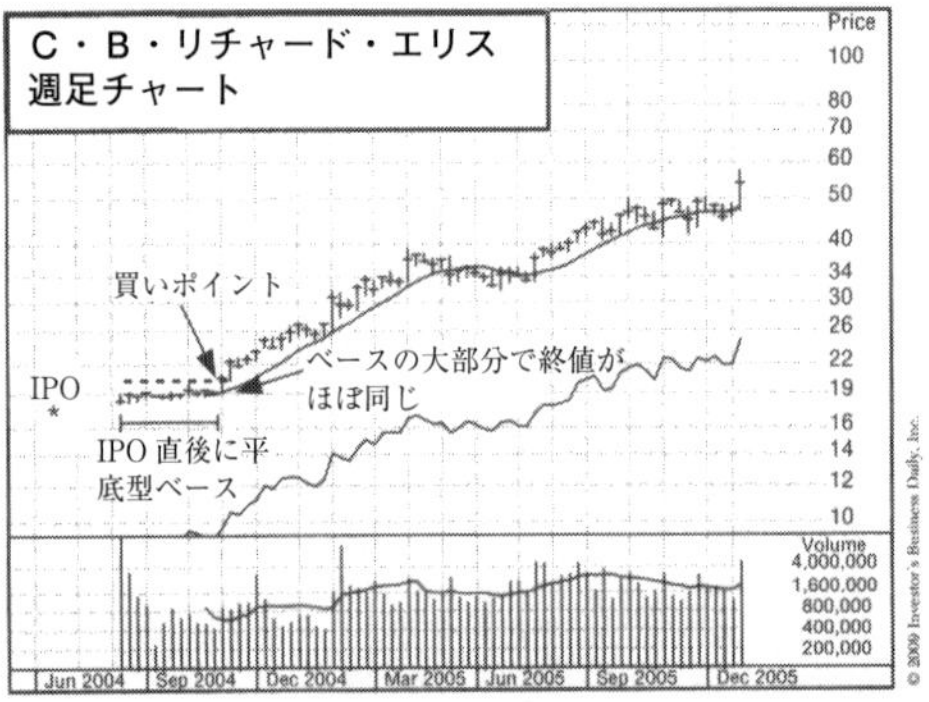
C・B・リチャード・エリス
週足チャート
買いポイント
ベースの大部分で終値がほぼ同じ
IPO
IPO 直後に平底型ベース
Price
Volume
Jun 2004
Sep 2004
Dec 2004
Mar 2005
Jun 2005
Sep 2005
Dec 2005
© 2009 Investor's Business Daily, Inc

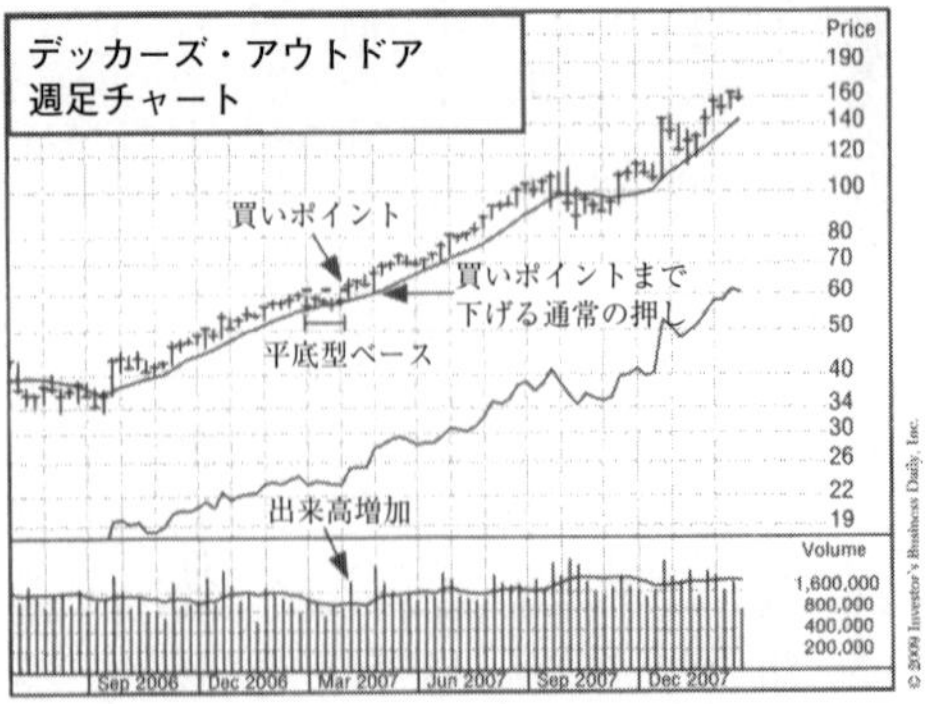
デッカーズ・アウトドア
週足チャート
買いポイント
買いポイントまで下げる通常の押し
平底型ベース
出来高増加
Price
Volume
Sep 2006
Dec 2006
Mar 2007
Jun 2007
Sep 2007
Dec 2007
© 2009 Investor's Business Daily, Inc

「正方形型」――新しい株価パターン

取っ手付きカップやダブルボトムを抜けて上昇したあとに現れるこの株価パターンは、通常四～七週間ほどかけて形成される。大きな株価調整はなく一〇～一五％にとどまり、正方形の箱のような形になる。この形にはかなり前から気がついていたのだが、最近になってやっと研究や測定を行い、正方形型として分類することができた。実例に、ロリラード、コルベット、テキサス・インスツルメンツ、ホーム・デポ、デル、タロ・ファーマスーティカルなどがある。

「上昇後に現れる狭いフラッグ」――めったに出現しない

「上昇後に現れる狭いフラッグ」の株価パターンは珍しく、強気相場でもせいぜい三度しか現れない。このパターンは、株価が短期間（四～八週間）に一〇〇～一二〇％急上昇して始まる。その後、横ばいになり一〇～二五％の株価調整が三～五週間ほど続く。

これは最強の株価パターンだが、リスクも高く、正しく見極めるのが難しい。多くの銘柄が、この形を経て、二〇〇％以上という飛躍的な上昇を遂げる（一九一五年五月のベスレヘム・スチール、一九三五年一〇月のアメリカン・チェイン・アンド・ケーブル、一九五八年六月のE・L・ブルース、一九五八年一〇月のゼニス、一九五八年一一月のユニバーサル・コントロール

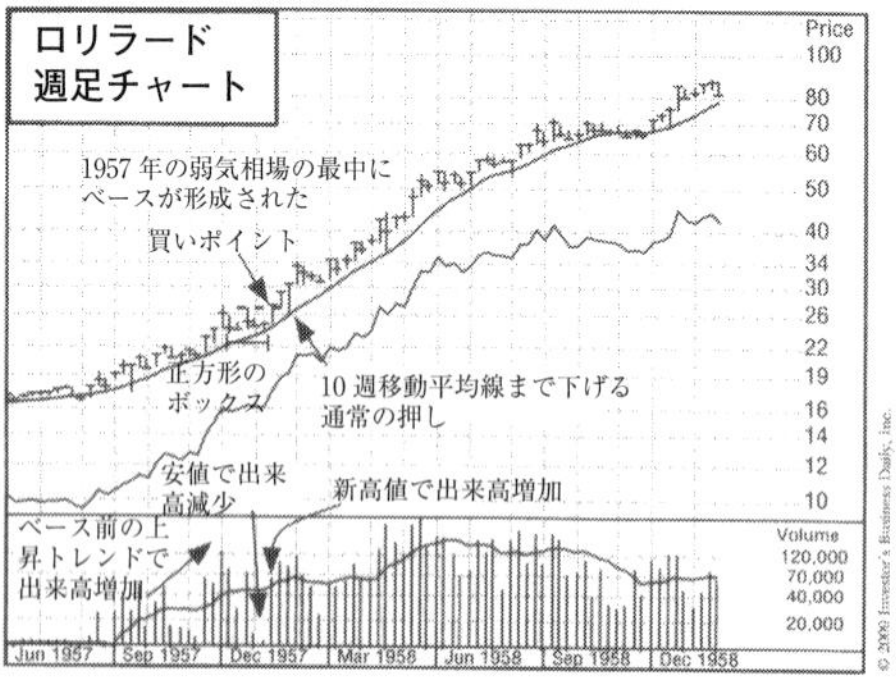
ロリラード
週足チャート
1957年の弱気相場の最中にベースが形成された
買いポイント
正方形のボックス
10週移動平均線まで下げる通常の押し
安値で出来高減少
新高値で出来高増加
ベース前の上昇トレンドで出来高増加
Price
100
80
70
60
50
40
34
30
26
22
19
16
14
12
10
Volume
120,000
70,000
40,000
20,000
Jun 1957
Sep 1957
Dec 1957
Mar 1958
Jun 1958
Sep 1958
Dec 1958
© 2009 Investor's Business Daily, Inc.

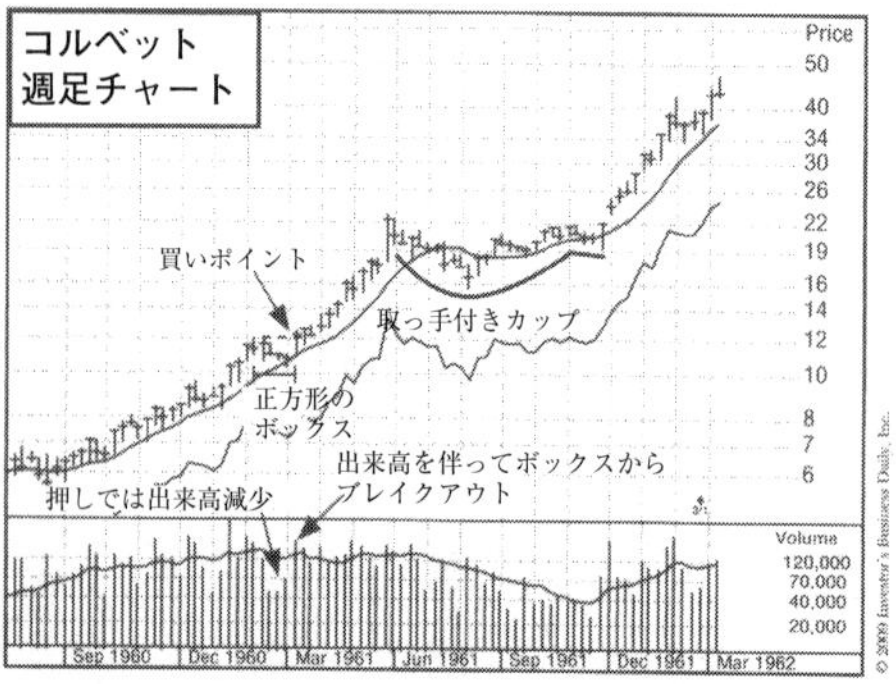
コルベット
週足チャート
買いポイント
取っ手付きカップ
正方形のボックス
出来高を伴ってボックスからブレイクアウト
押しでは出来高減少
Price
50
40
34
30
26
22
19
16
14
12
10
8
7
6
Volume
120,000
70,000
40,000
20,000
Sep 1960
Dec 1960
Mar 1961
Jun 1961
Sep 1961
Dec 1961
Mar 1962
© 2009 Investor's Business Daily, Inc.

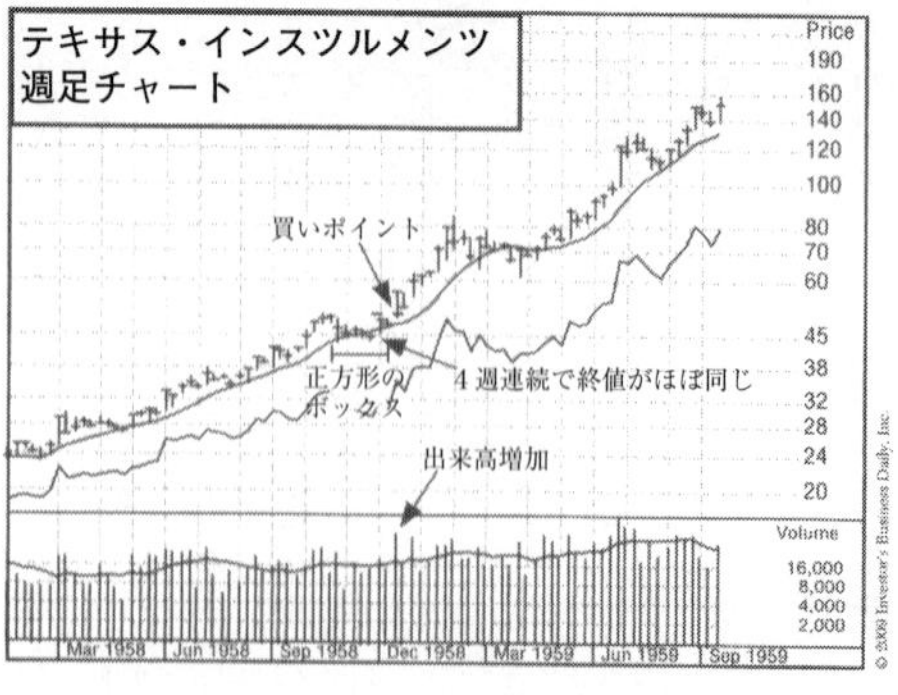
テキサス・インスツルメンツ
週足チャート
買いポイント
正方形のボックス
4週連続で終値がほぼ同じ
出来高増加
Price
190
160
140
120
100
80
70
60
45
38
32
28
24
20
Volume
16,000
8,000
4,000
2,000
Mar 1958
Jun 1958
Sep 1958
Dec 1958
Mar 1959
Jun 1959
Sep 1959
© 2009 Investor's Business Daily, Inc.

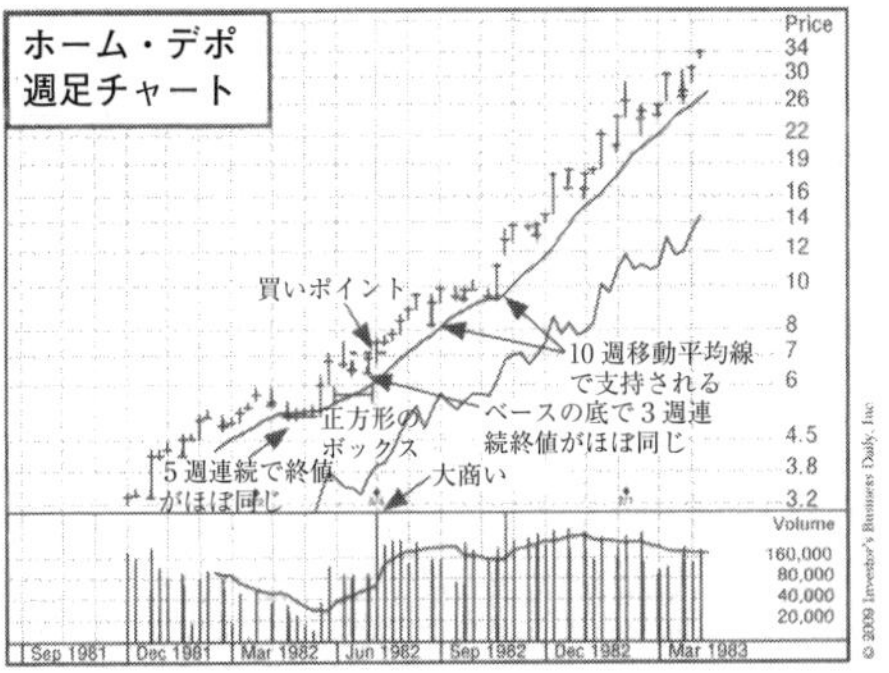
ホーム・デポ
週足チャート
Price
買いポイント
10 週移動平均線
で支持される
正方形の
ボックス
ベースの底で 3 週連
続終値がほぼ同じ
5 週連続で終値
がほぼ同じ
大商い
Volume
Sep 1981
Dec 1981
Mar 1982
Jun 1982
Sep 1982
Dec 1982
Mar 1983
© 2009 Investor's Business Daily, Inc

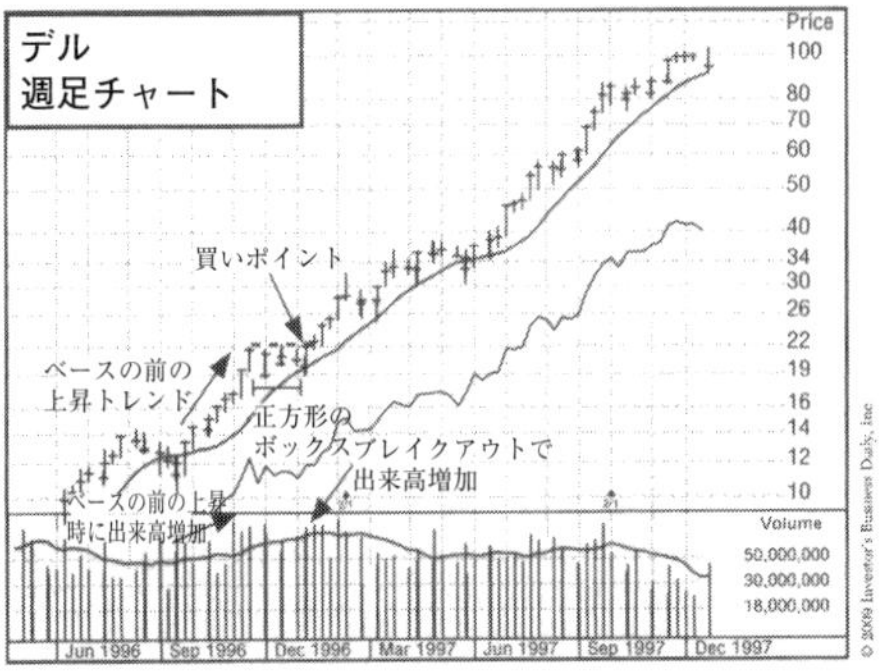
デル
週足チャート
Price
買いポイント
ベースの前の
上昇トレンド
正方形の
ボックスブレイクアウトで
出来高増加
ベースの前の上昇
時に出来高増加
Volume
Jun 1996
Sep 1996
Dec 1996
Mar 1997
Jun 1997
Sep 1997
Dec 1997
© 2009 Investor's Business Daily, Inc

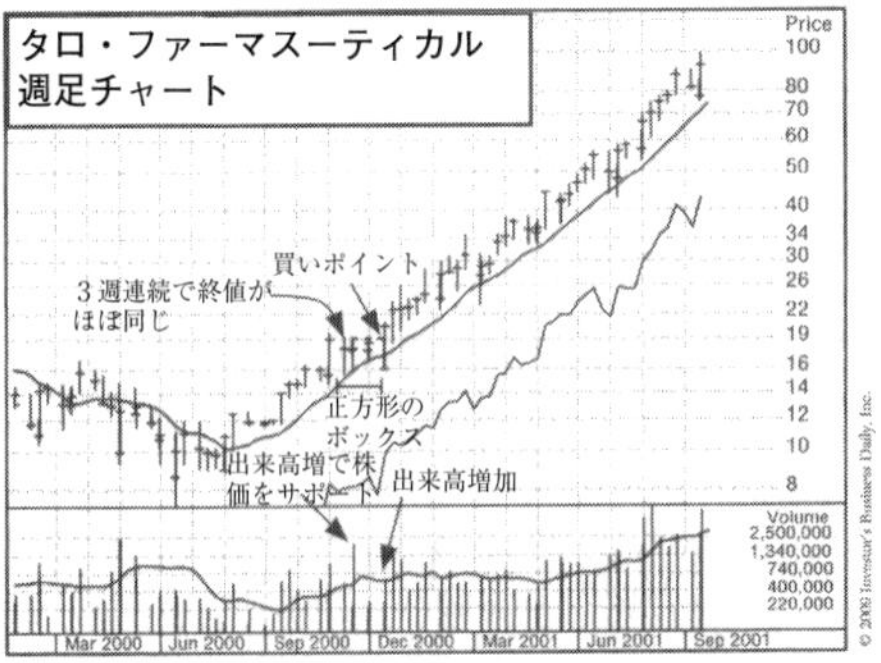
タロ・ファーマスーティカル
週足チャート
Price
3 週連続で終値が
ほぼ同じ
買いポイント
正方形の
ボックス
出来高増で株
価をサポート
出来高増加
Volume
Mar 2000
Jun 2000
Sep 2000
Dec 2000
Mar 2001
Jun 2001
Sep 2001
© 2009 Investor's Business Daily, Inc.

ズ、一九六一年一月のサーテン・ティード、一九六三年七月のシンテックス、一九六四年七月のロリンズ、一九六五年一一月のシモンズ・プレシジョン、一九九五年一月のアクースタッフ、一九九九年一〇月のエミュレックス、一九九九年一〇月のJDSユイフェイズ、一九九九年一二月のクアルコム、二〇〇三年一一月のテーザー・インターナショナル、二〇〇四年九月のグーグルのチャートを参照）。初期に発生したパターンはその後のパターンの規範的前例となるので、注意深く研究することだ。

一九五八年第2四半期に株価が五〇ドル付近だったE・L・ブルースのパターンは、一九六一年に上昇したサーテン・ティードの完璧な規範例となった。同じように、サーテン・ティードを模範例にして私は一九六三年七月にシンテックスを買い、それが私にとっての初めての大化け銘柄となった。

「ベースの上のベース」とは

弱気相場の後半になると、一見マイナス要因に思える現象が、実は新たな強気相場で勢いのある新しい主導銘柄を暗示していることがある。私はそのような珍しい例を、「ベースの上のベース」と呼んでいる。

どのような状況かを説明すると、力強い銘柄がその一定の値幅（ベース）から上方にブレイ

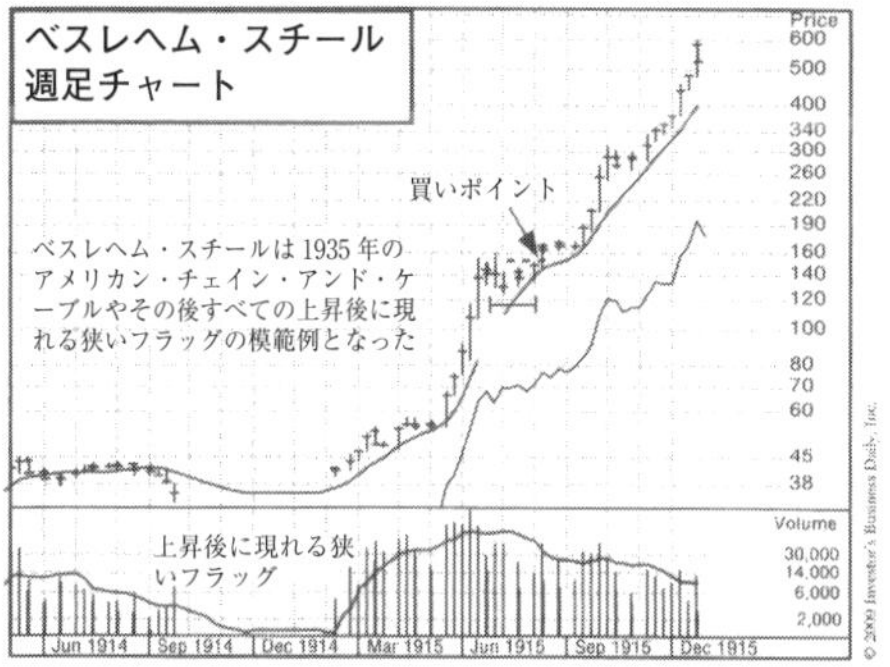

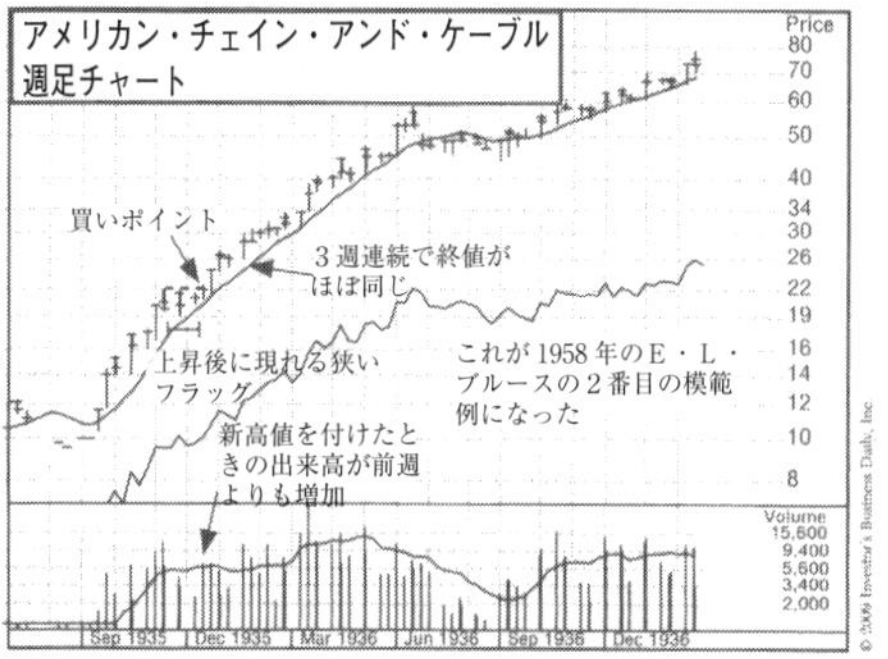

クしたものの、市場全体が新たな下落局面に入ったために、通常の二〇～三〇％ほどの上昇もできないでいる状態を言う。そのため株価は直前の安値付近まで押し、市場全体が安値を更新するなか、その銘柄だけは以前のベースのすぐ上で第二の揉み合いを演じることになる。

やがて市場全体が弱気相場の終わりを迎えると、このような銘柄は真っ先に新高値を付けて、さらに大きい飛躍を始める傾向にある。まるで、重い物体に押さえこまれていたバネのようだ。その物体（この場合は弱気相場）から解き放たれると、バネは自

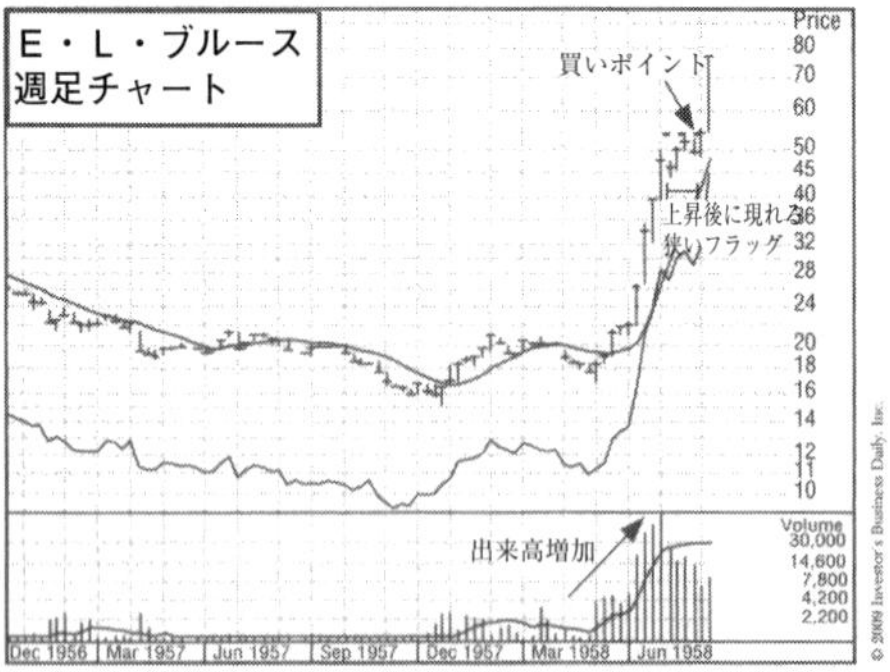
E・L・ブルース
週足チャート
買いポイント
上昇後に現れる
狭いフラッグ
出来高増加
Price
80
70
60
50
45
40
36
32
28
24
20
18
16
14
12
11
10
Volume
30,000
14,600
7,800
4,200
2,200
Dec 1956
Mar 1957
Jun 1957
Sep 1957
Dec 1957
Mar 1958
Jun 1958
© 2009 Investor's Business Daily, Inc.

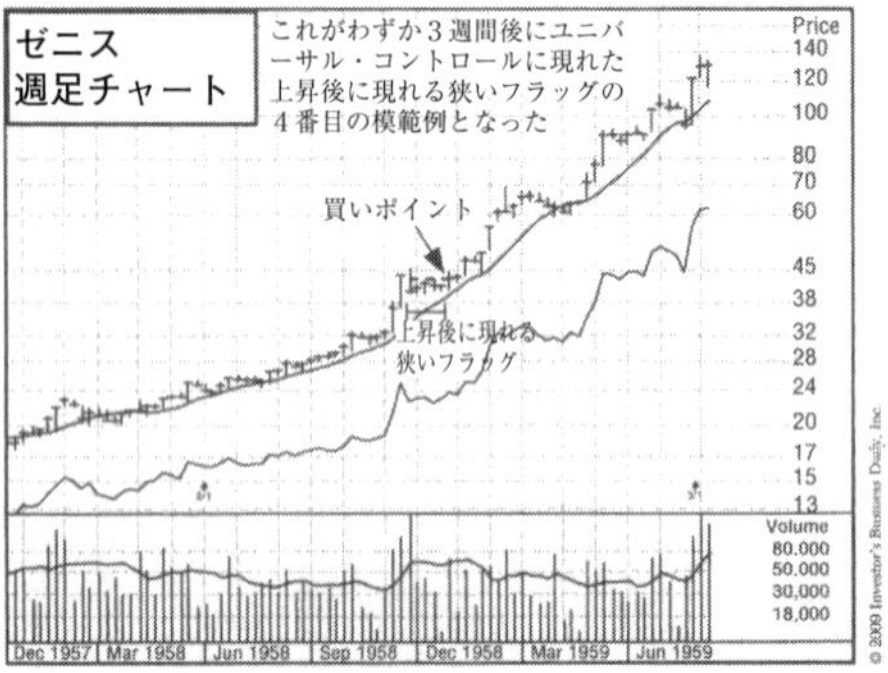
ゼニス
週足チャート
これがわずか３週間後にユニバーサル・コントロールに現れた上昇後に現れる狭いフラッグの４番目の模範例となった
買いポイント
上昇後に現れる
狭いフラッグ
Price
140
120
100
80
70
60
45
38
32
28
24
20
17
15
13
Volume
80,000
50,000
30,000
18,000
Dec 1957
Mar 1958
Jun 1958
Sep 1958
Dec 1958
Mar 1959
Jun 1959
© 2009 Investor's Business Daily, Inc.

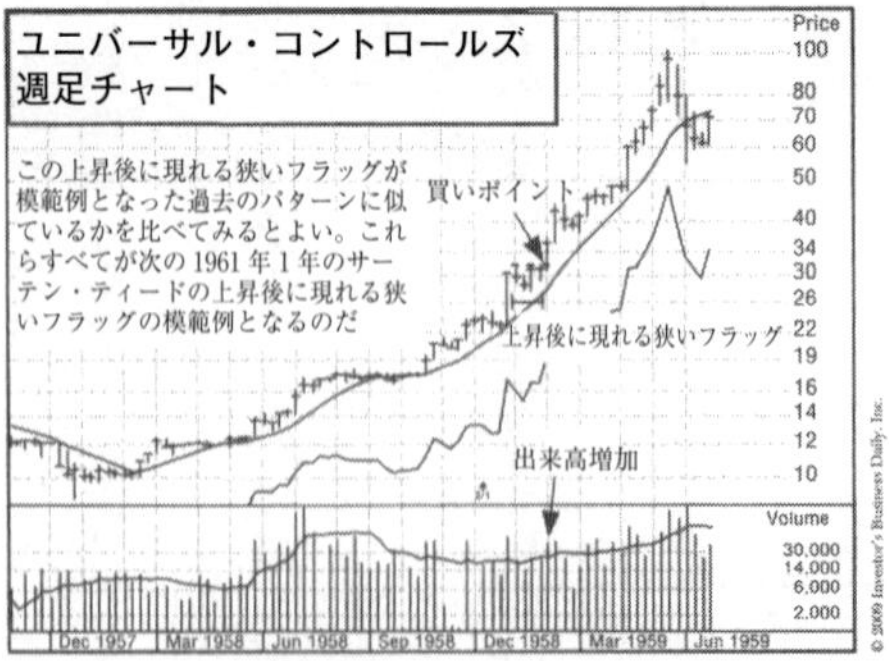
ユニバーサル・コントロールズ
週足チャート
この上昇後に現れる狭いフラッグが模範例となった過去のパターンに似ているかを比べてみるとよい。これらすべてが次の1961年1年のサーテン・ティードの上昇後に現れる狭いフラッグの模範例となるのだ
買いポイント
上昇後に現れる狭いフラッグ
出来高増加
Price
100
80
70
60
50
40
34
30
26
22
19
16
14
12
10
Volume
30,000
14,000
6,000
2,000
Dec 1957
Mar 1958
Jun 1958
Sep 1958
Dec 1958
Mar 1959
Jun 1959
© 2009 Investor's Business Daily, Inc.

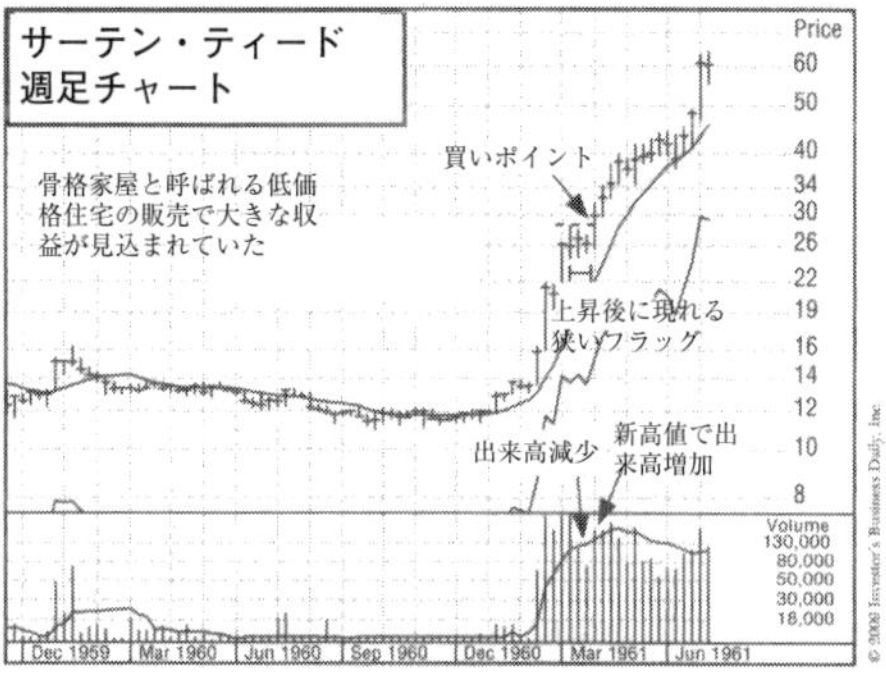
サーテン・ティード
週足チャート
骨格家屋と呼ばれる低価格住宅の販売で大きな収益が見込まれていた
買いポイント
上昇後に現れる狭いフラッグ
出来高減少
新高値で出来高増加
Price
60
50
40
34
30
26
22
19
16
14
12
10
8
Volume
130,000
80,000
50,000
30,000
18,000
Dec 1959
Mar 1960
Jun 1960
Sep 1960
Dec 1960
Mar 1961
Jun 1961
© 2009 Investor's Business Daily, Inc.

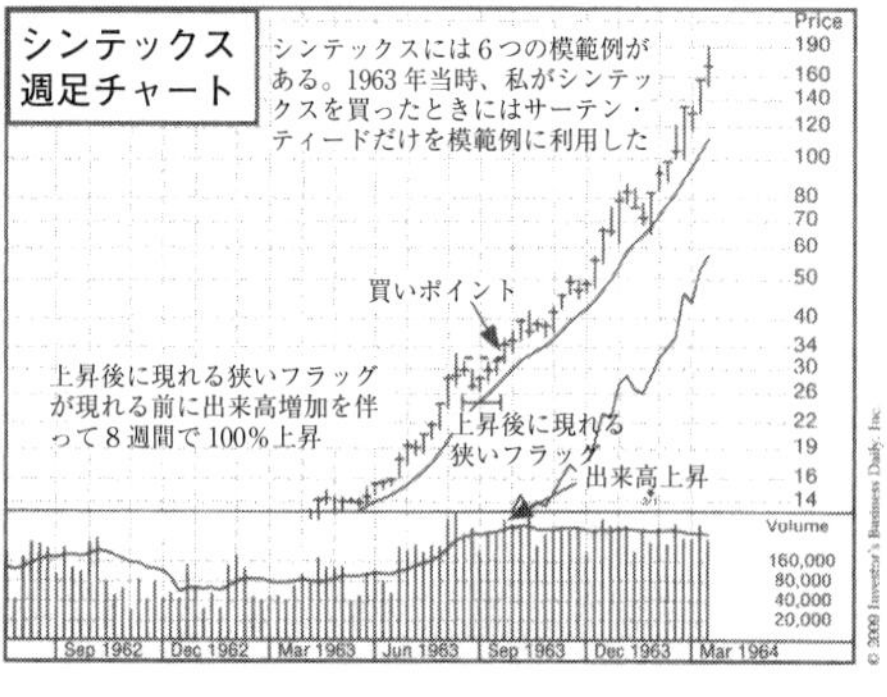
シンテックス
週足チャート
シンテックスには６つの模範例がある。1963年当時、私がシンテックスを買ったときにはサーテン・ティードだけを模範例に利用した
買いポイント
上昇後に現れる狭いフラッグが現れる前に出来高増加を伴って８週間で100％上昇
上昇後に現れる狭いフラッグ
出来高上昇
Price
190
160
140
120
100
80
70
60
50
40
34
30
26
22
19
16
14
Volume
160,000
80,000
40,000
20,000
Sep 1962
Dec 1962
Mar 1963
Jun 1963
Sep 1963
Dec 1963
Mar 1964
© 2009 Investor's Business Daily, Inc.

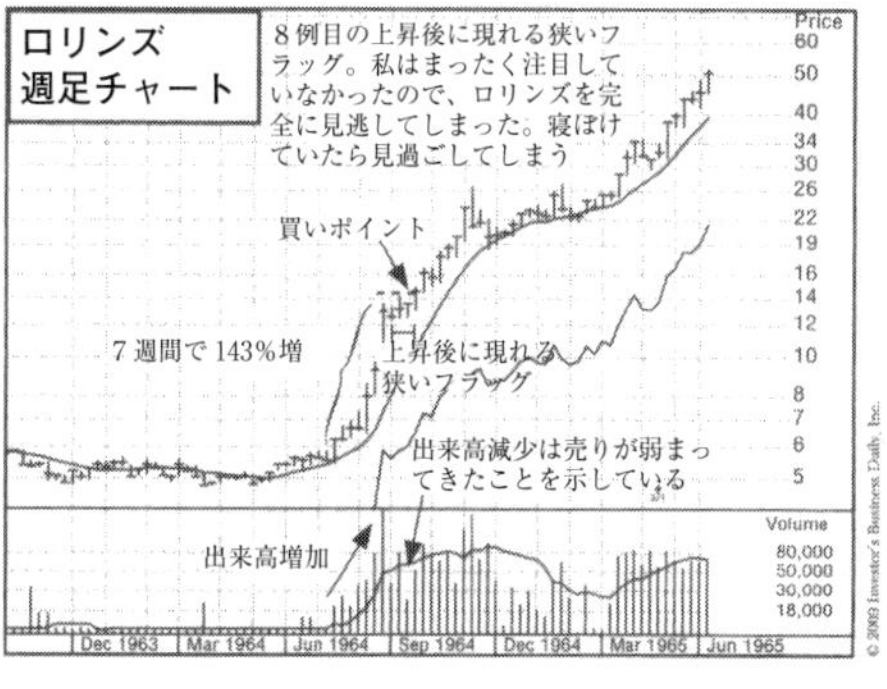
ロリンズ
週足チャート
８例目の上昇後に現れる狭いフラッグ。私はまったく注目していなかったので、ロリンズを完全に見逃してしまった。寝ぼけていたら見過ごしてしまう
買いポイント
７週間で143％増
上昇後に現れる狭いフラッグ
出来高減少は売りが弱まってきたことを示している
出来高増加
Price
60
50
40
34
30
26
22
19
16
14
12
10
8
7
6
5
Volume
80,000
50,000
30,000
18,000
Dec 1963
Mar 1964
Jun 1964
Sep 1964
Dec 1964
Mar 1965
Jun 1965
© 2009 Investor's Business Daily, Inc.

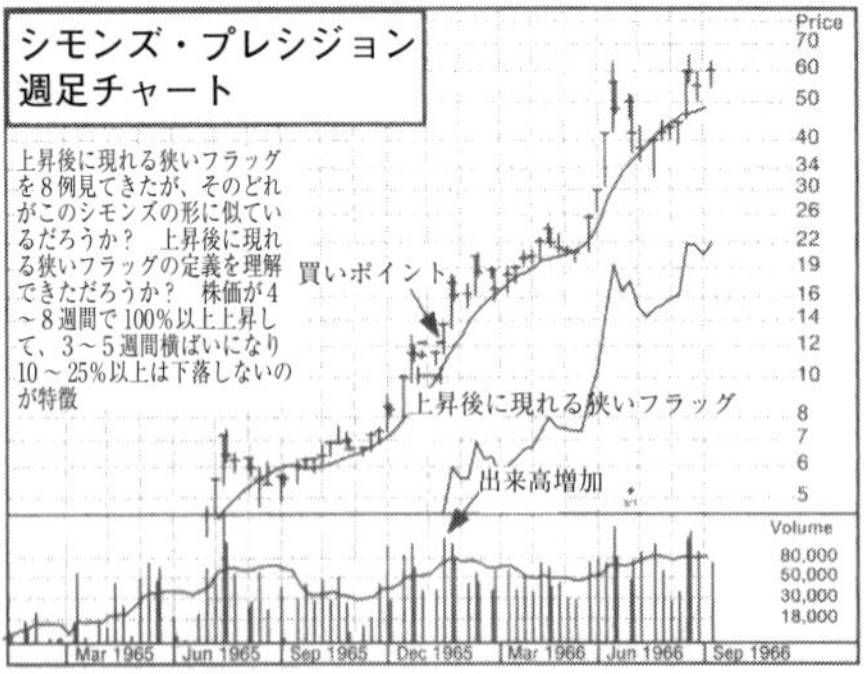
シモンズ・プレシジョン
週足チャート
上昇後に現れる狭いフラッグを8例見てきたが、そのどれがこのシモンズの形に似ているだろうか？　上昇後に現れる狭いフラッグの定義を理解できただろうか？　株価が4～8週間で100%以上上昇して、3～5週間横ばいになり10～25%以上は下落しないのが特徴
買いポイント
上昇後に現れる狭いフラッグ
出来高増加
Price
Volume
Mar 1965
Jun 1965
Sep 1965
Dec 1965
Mar 1966
Jun 1966
Sep 1966

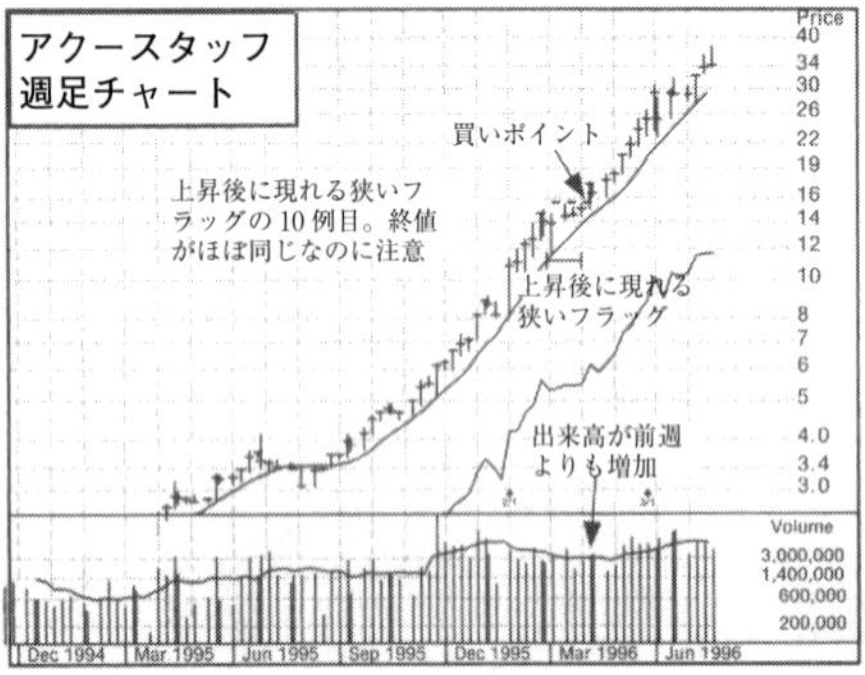
アクースタッフ
週足チャート
上昇後に現れる狭いフラッグの10例目。終値がほぼ同じなのに注意
買いポイント
上昇後に現れる狭いフラッグ
出来高が前週よりも増加
Price
Volume
Dec 1994
Mar 1995
Jun 1995
Sep 1995
Dec 1995
Mar 1996
Jun 1996

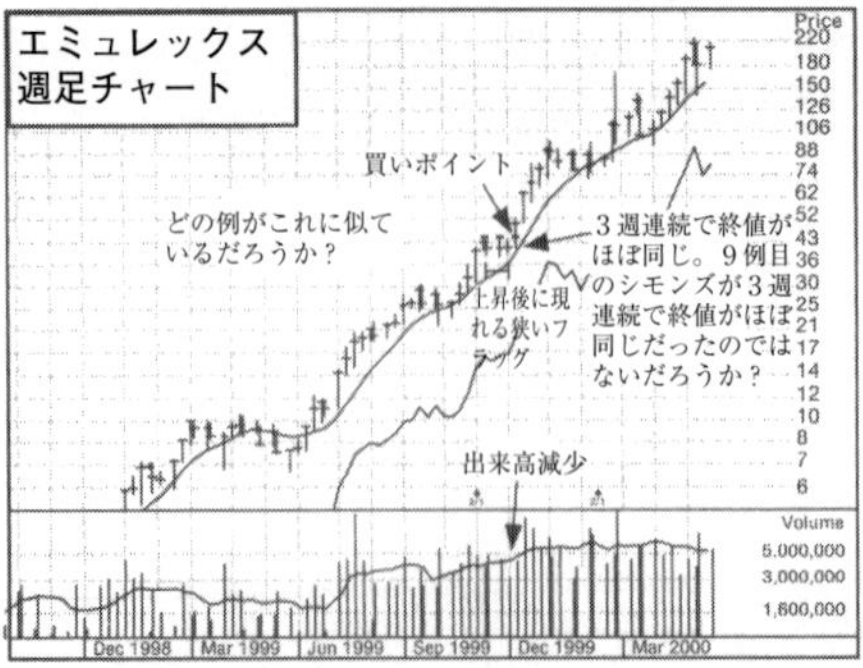
エミュレックス
週足チャート
どの例がこれに似ているだろうか？
買いポイント
3週連続で終値がほぼ同じ。9例目のシモンズが3週連続で終値がほぼ同じだったのではないだろうか？
上昇後に現れる狭いフラッグ
出来高減少
Price
Volume
Dec 1998
Mar 1999
Jun 1999
Sep 1999
Dec 1999
Mar 2000

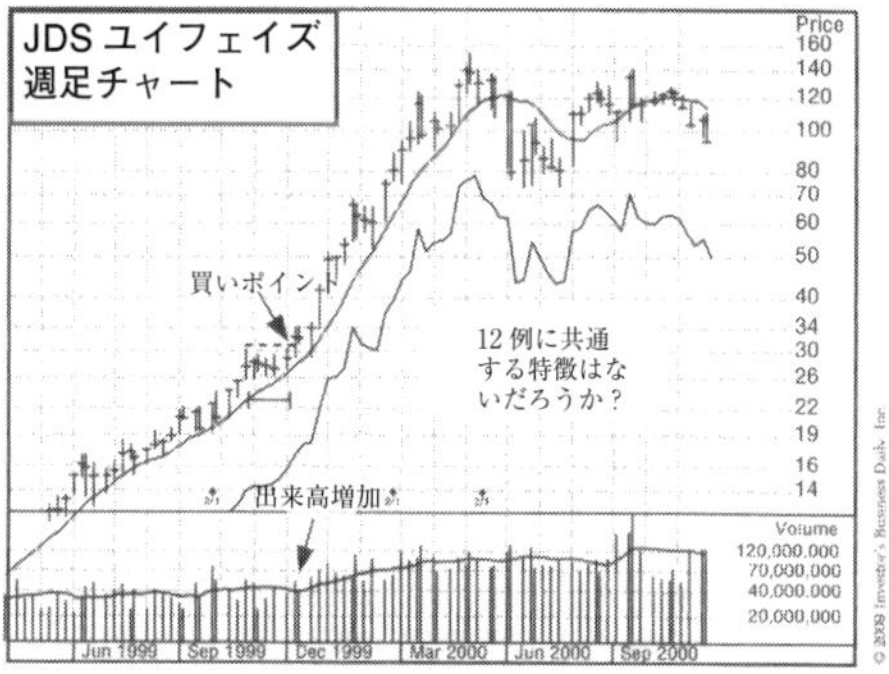
JDS ユイフェイズ
週足チャート
買いポイント
12 例に共通
する特徴はな
いだろうか？
出来高増加
Price
Volume
Jun 1999
Sep 1999
Dec 1999
Mar 2000
Jun 2000
Sep 2000
© 2008 Investor's Business Daily, Inc.

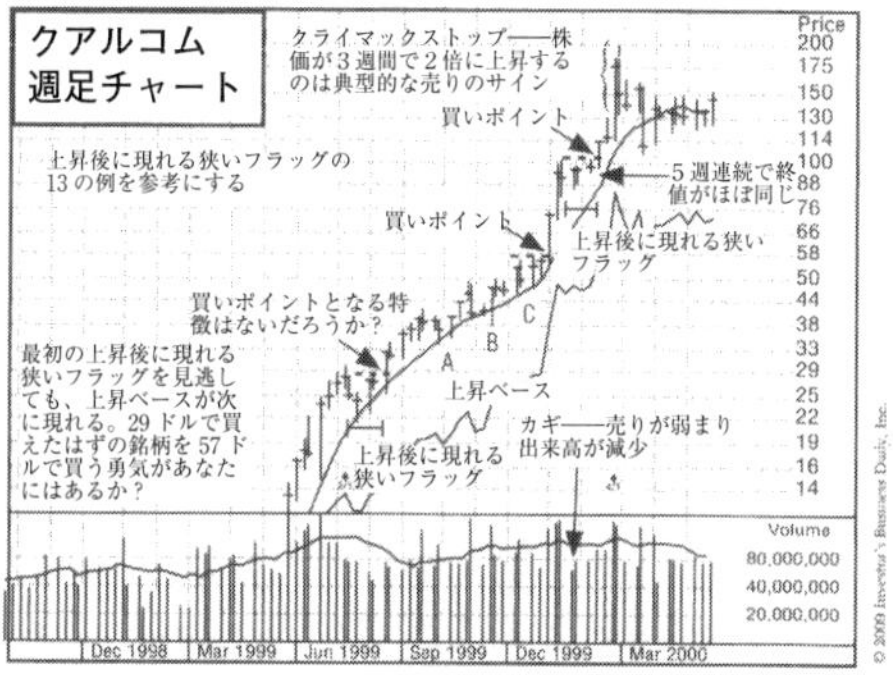
クアルコム
週足チャート
クライマックストップ――株
価が３週間で２倍に上昇する
のは典型的な売りのサイン
上昇後に現れる狭いフラッグの
13 の例を参考にする
買いポイント
５週連続で終
値がほぼ同じ
買いポイント
上昇後に現れる狭い
フラッグ
買いポイントとなる特
徴はないだろうか？
最初の上昇後に現れる
狭いフラッグを見逃し
ても、上昇ベースが次
に現れる。29 ドルで買
えたはずの銘柄を 57 ド
ルで買う勇気があなた
にはあるか？
上昇ベース
カギ――売りが弱まり
出来高が減少
上昇後に現れる
狭いフラッグ
Price
Volume
Dec 1998
Mar 1999
Jun 1999
Sep 1999
Dec 1999
Mar 2000
© 2009 Investor's Business Daily, Inc.

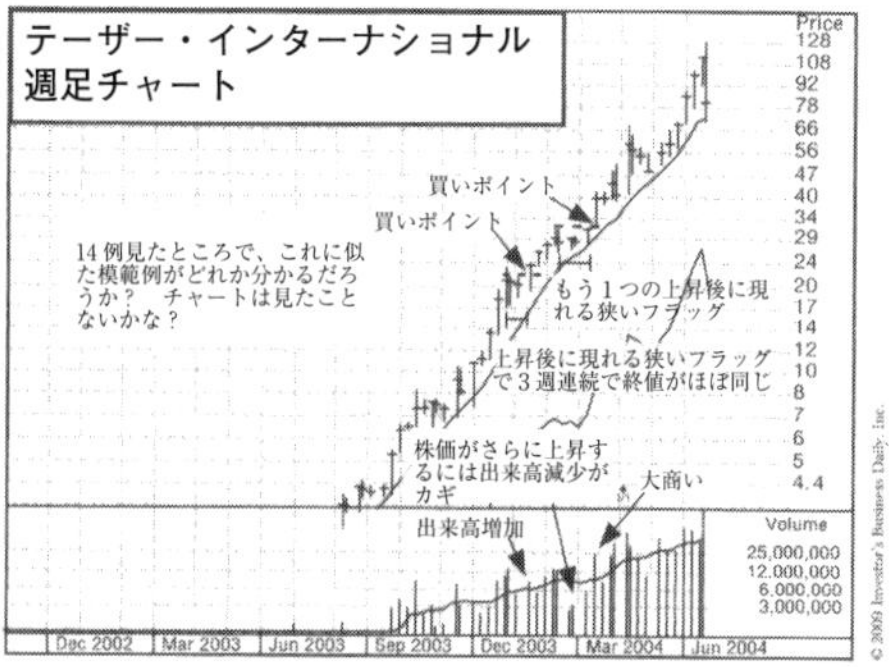
テーザー・インターナショナル
週足チャート
買いポイント
買いポイント
14 例見たところで、これに似
た模範例がどれか分かるだろ
うか？　チャートは見たこと
ないかな？
もう１つの上昇後に現
れる狭いフラッグ
上昇後に現れる狭いフラッグ
で３週連続で終値がほぼ同じ
株価がさらに上昇す
るには出来高減少が
カギ
大商い
出来高増加
Price
Volume
Dec 2002
Mar 2003
Jun 2003
Sep 2003
Dec 2003
Mar 2004
Jun 2004
© 2009 Investor's Business Daily, Inc.

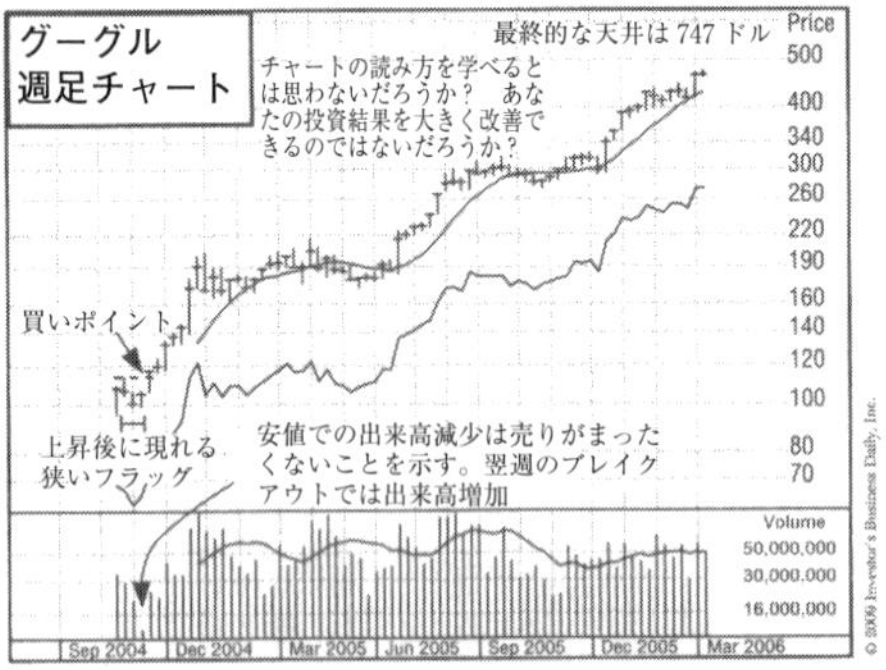

由の身となり、本来の上へと向かう力を発揮する。これは弱気相場だからといって不安になったり感情的になったり、また自信をなくしたりする必要はないと言えるだろう。というのも、ほんの数カ月後には、次の大きな飛躍が待っているかもしれないのだから。

一九七八年に、われわれは機関投資家向けのサービスの一環として、ＭＡコムとボーイングを買いの推奨銘柄にした。どちらも株価がベースの上にベースを形成していたのである。その後、前者は一八〇〇％、後者は九五〇％も上昇した。アセンド・コミュニケーションズやオラクルも、ベースの上のベースを形成した例である。一九九四年一二月の弱気相場から抜け出したアセンド株は、一七カ月で一五〇〇％近く上昇した。オラクルは一九九九年一〇月に同じようなベースの上のベースから抜け出して、三〇〇％近く急上昇した。一九三四年の大恐慌が終わった直後のコカ・コーラも、同じ動きをしている。

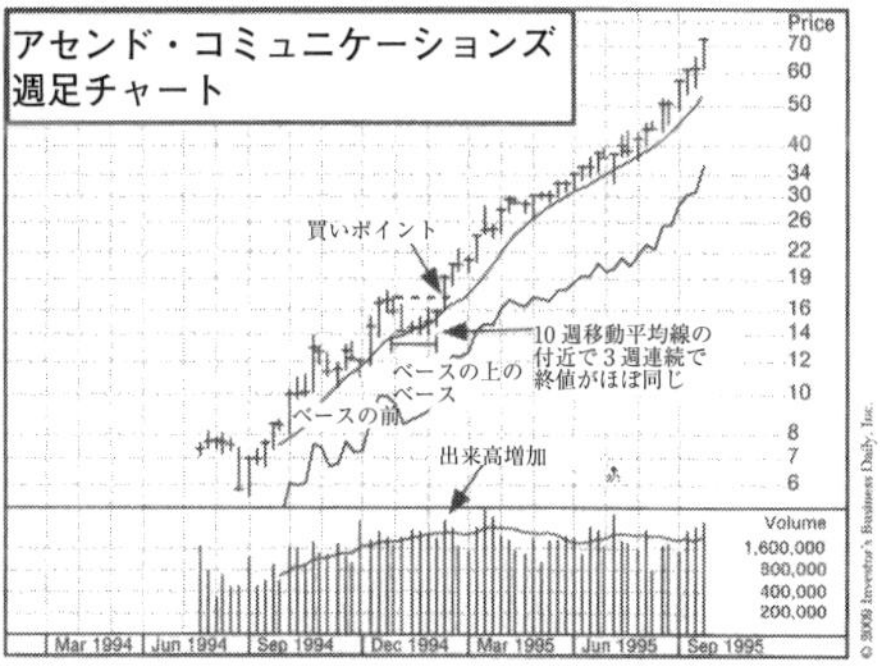
アセンド・コミュニケーションズ
週足チャート
買いポイント
10週移動平均線の付近で3週連続で終値がほぼ同じ
ベースの上のベース
ベースの前
出来高増加
Price
Volume
Mar 1994 Jun 1994 Sep 1994 Dec 1994 Mar 1995 Jun 1995 Sep 1995
© 2009 Investor's Business Daily, Inc.

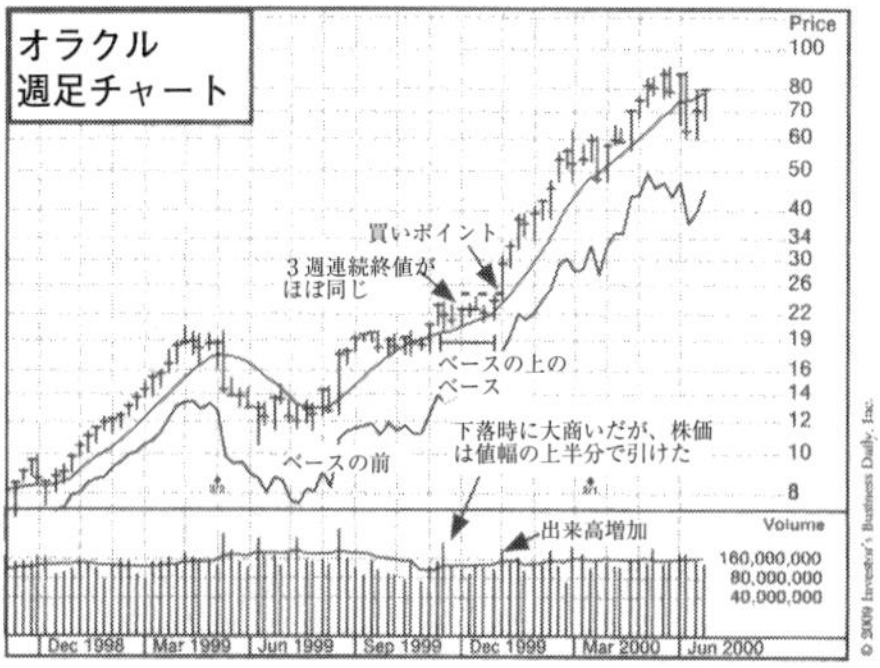
オラクル
週足チャート
買いポイント
3週連続終値がほぼ同じ
ベースの上のベース
ベースの前
下落時に大商いだが、株価は値幅の上半分で引けた
出来高増加
Price
Volume
Dec 1998 Mar 1999 Jun 1999 Sep 1999 Dec 1999 Mar 2000 Jun 2000
© 2009 Investor's Business Daily, Inc.

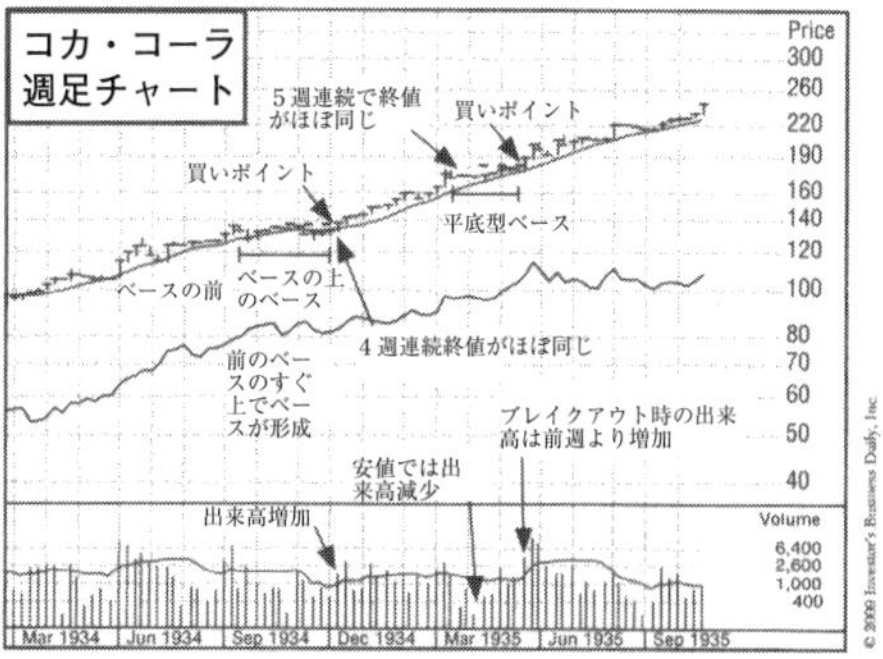
コカ・コーラ
週足チャート
5週連続で終値がほぼ同じ
買いポイント
買いポイント
平底型ベース
ベースの前
ベースの上のベース
4週連続終値がほぼ同じ
前のベースのすぐ上でベースが形成
ブレイクアウト時の出来高は前週より増加
安値では出来高減少
出来高増加
Price
Volume
Mar 1934 Jun 1934 Sep 1934 Dec 1934 Mar 1935 Jun 1935 Sep 1935
© 2009 Investor's Business Daily, Inc.

「上昇ベース」

上昇ベースは、平底ベースと同じように株価が取っ手付きカップや取っ手付きソーサーの株価パターンから抜け出たあとの上昇途中で発生する。このベースには一〇～二〇％の押しが三度起こり、その押しの安値はそれぞれ直前の押しの安値を上回る。これが「上昇ベース」と呼ぶ理由である。

通常、市場全体が下落しているために、押しが発生する。

ボーイング株は一九五四年の第２四半期に一三週にわたる上昇ベースを形成し、その後、株価は二倍に上昇した。移動住宅の建設業者であるレッドマン・インダストリーズは一九六八年の第１四半期に一一週間続く上昇ベースを作り、その後も値上がりを続けてわずか三七週間で五〇〇％も上昇した。アメリカ・オンラインも一四週間続いた取っ手付きカップを一九九八年一〇月に抜けたあと、一九九九年の第１四半期に同じような上昇ベースを作り、五〇〇％もの急上昇を果たした。

もうお分かりだと思うが、歴史は本当に繰り返される。過去のパターンを多く知識として蓄え、それを認識する技術を磨けば、将来の株式市場でより大きな利益を得ることができるはずだ（第１章のチャート例、およびここに掲載したシモンズ・プレシジョン、モノグラム・インダストリーズ、レッドマン・インダストリーズ、アメリカ・オンライン、チタニウム・メタルズを参照）。

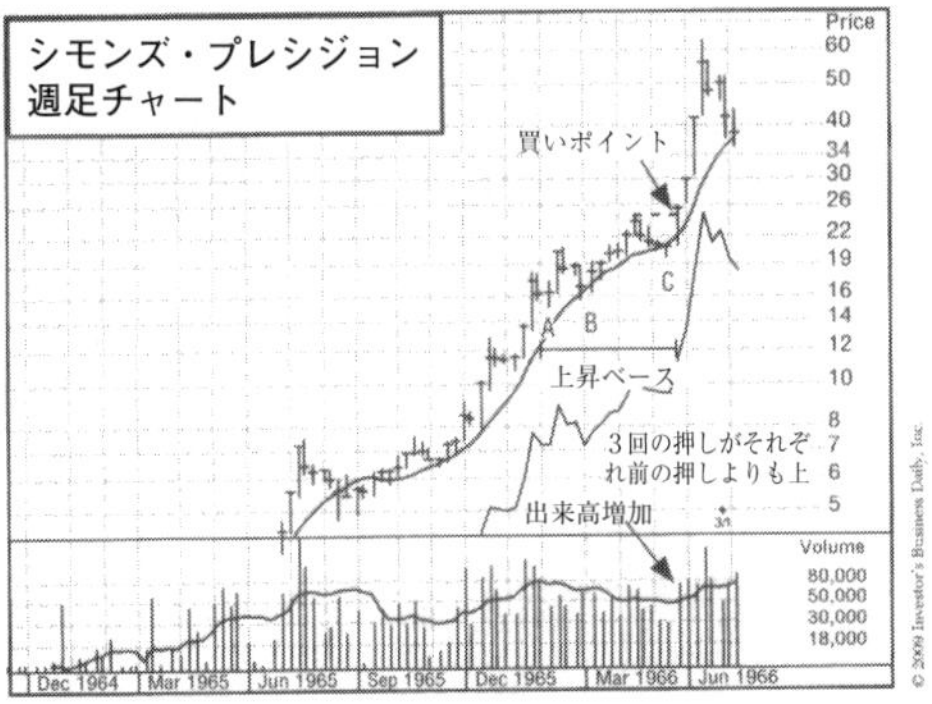
シモンズ・プレシジョン
週足チャート
買いポイント
A
B
C
上昇ベース
3回の押しがそれぞれ前の押しよりも上
出来高増加
Price
Volume
Dec 1964
Mar 1965
Jun 1965
Sep 1965
Dec 1965
Mar 1966
Jun 1966
© 2009 Investor's Business Daily, Inc

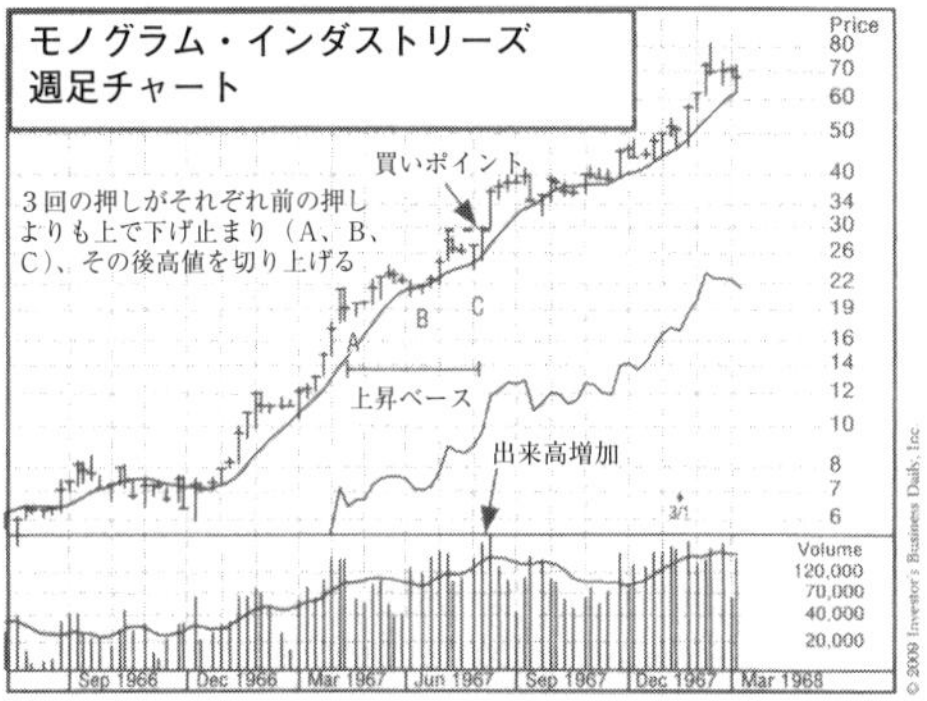
モノグラム・インダストリーズ
週足チャート
買いポイント
3回の押しがそれぞれ前の押しよりも上で下げ止まり（A、B、C）、その後高値を切り上げる
A
B
C
上昇ベース
出来高増加
Price
Volume
Sep 1966
Dec 1966
Mar 1967
Jun 1967
Sep 1967
Dec 1967
Mar 1968
© 2009 Investor's Business Daily, Inc

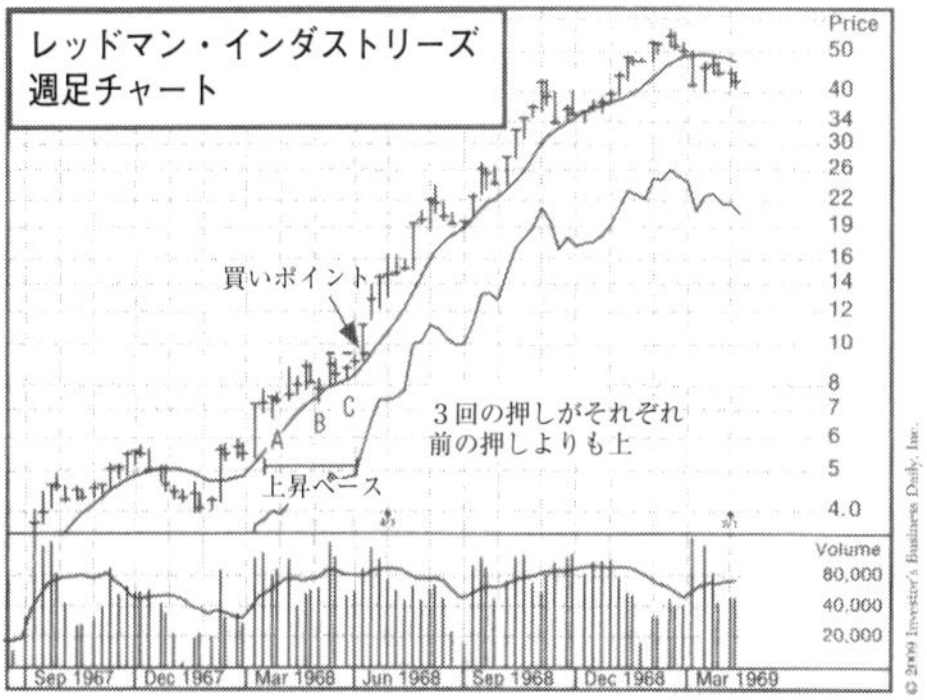
レッドマン・インダストリーズ
週足チャート
買いポイント
A
B
C
上昇ベース
3回の押しがそれぞれ前の押しよりも上
Price
Volume
Sep 1967
Dec 1967
Mar 1968
Jun 1968
Sep 1968
Dec 1968
Mar 1969
© 2009 Investor's Business Daily, Inc.

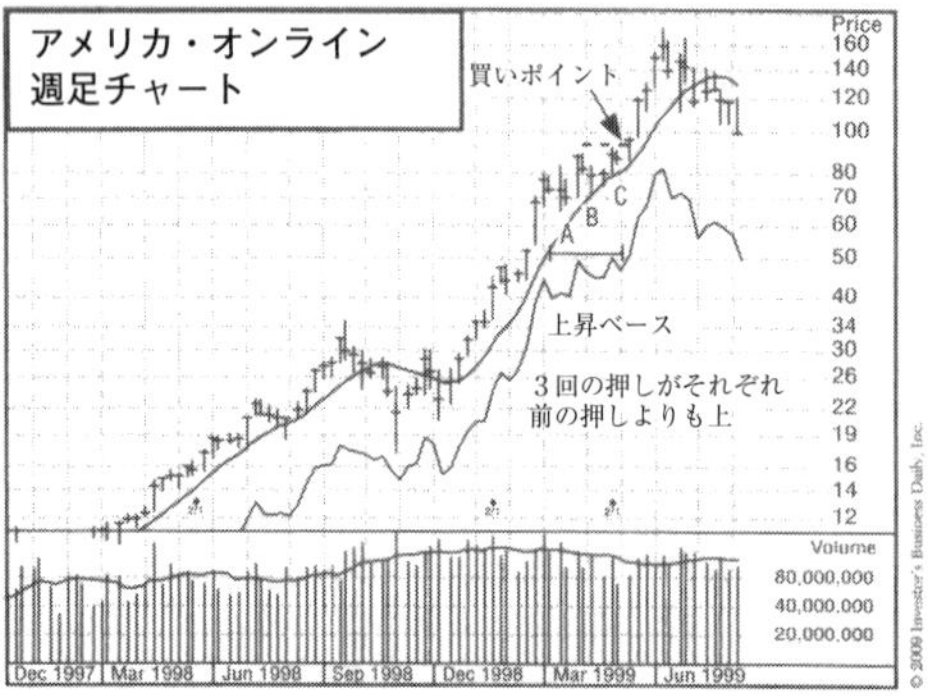

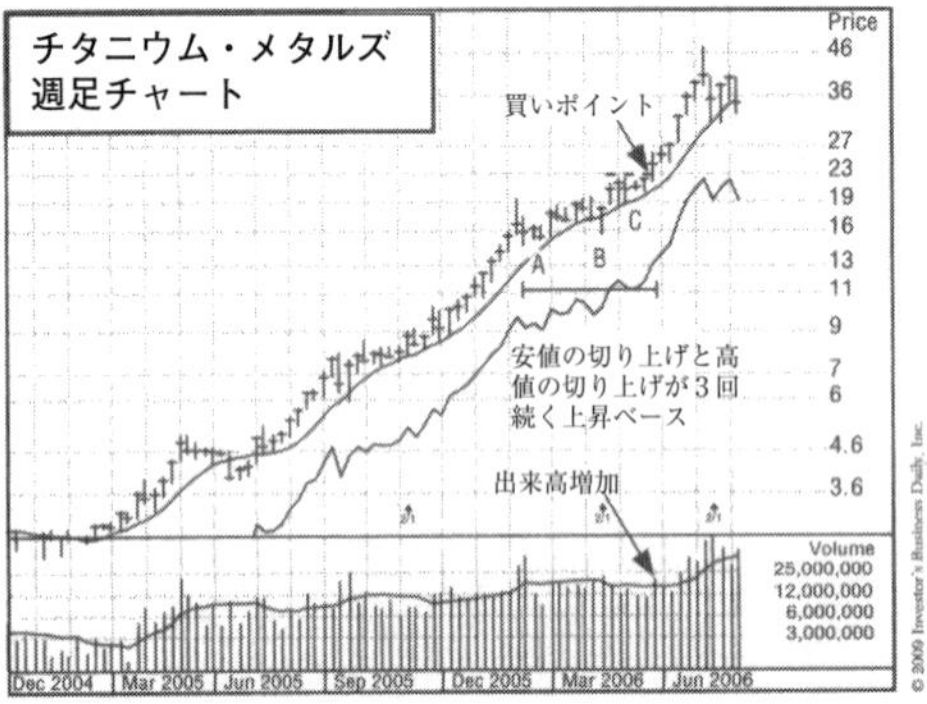

下落しやすい幅の広いルーズな構造

株価が幅の広いルーズな構造を続けると、たいてい下落が起こるのだが、なかにはあとから上昇に転じるものもある。ニューイングランド原子力発電とヒューストン・オイル・アンド・ミネラルズは、幅の広いルーズな構造を抜け出して、最終的には相場構造が引き締まった事例である。この二銘柄を例に挙げたのは、私自身が両銘柄の投資チャンスを逃したからである。

見過ごしてしまった大化け銘柄を見直して、上昇する準備を整えていたその銘柄を見抜けなかった理由を考えることは、いつでも賢いことだ。

ニューイングランド原子力発電は幅の広いルーズな構造を保ちながら、A、B、C、D、Eと動いてダマシのダブルボトムの株価パターンを形成した。AからDまでの下落率は四〇％ほどもあり大きすぎるし、底に到達するまでに約六カ月と時間もかかりすぎていた。このダマシ形成中のレラティブストレングスが下降トレンドを描いていたことも注目してほしい。Eでの購入は誤りである。さらに「取っ手」も短すぎるし、振るい落としもなかった。安値も切り上がっている。

ニューイングランド原子力発電はその後、E、F、Gと進み二つ目のベースを作った。だが、Gで買うのもまた誤りだ。この株価パターンはまだ幅が広く値動きも不安定なので時期尚早である。EからFへの動きは長期におよぶ下落局面で、レラティブストレングスラインも大幅に下向きになっている。FからダマシのブレイクアウトであるGまでの急上昇も三カ月と短く不安定だ。レラティブストレングスラインが三カ月の間に改善したとはいえ、それまでの一七カ月間の下落分を取り戻すほどの強いトレンドにはならなかった。

その後、株価はGからHへと下落し、E、F、Gを「カップ」部分に見立てた「取っ手」とも思える形を作った。だが、ブレイクアウトを試したIで仕掛けていたら、再度の値下がりを被っていた。「取っ手」部分の値動きが安定せず、二〇％も後退したことが失敗の原因だ。し

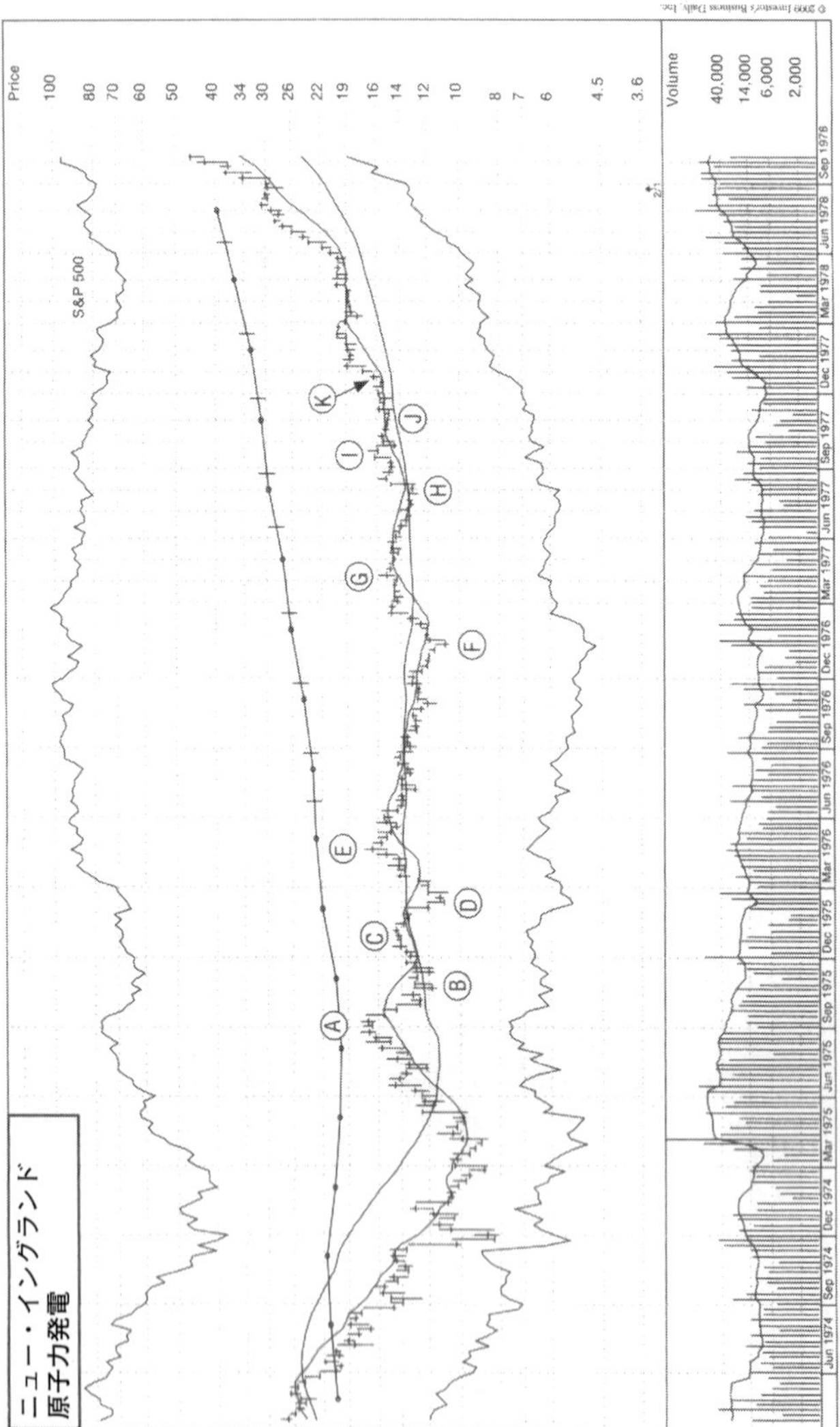
ニュー・イングランド
原子力発電
S&P 500
Price
Volume
© 2009 Investor's Business Daily, Inc.

かしこの失敗後、I、J、Kとついに価格構造が狭まり、一五週間後のKでは、株価は収束した堅いベースから抜け出して、三倍近くに上昇した。強い上昇トレンドと、Kから以前のFまでの一一カ月間にレラティブストレングスラインが著しく改善したことに注目してほしい。

この例から分かることは、株を買う時期には、明らかに正しいタイミングと誤ったタイミングがあるということだ。だが、その違いを理解できるようになるには、多くのチャートを研究しなければならない。株式市場では一夜にして成功を収めるということはあり得ない。さらに、他人の助言に耳を傾けても、また強運の持ち主であったとしても、それらは何の役にも立たない。自己判断で投資をして、自らの力で成功するために、研究を怠ってはならないのだ。だからこそ多くの知識を吸収してほしい。最初は簡単ではないかもしれないが、努力をするだけの価値は十分ある。だれにでも達成できる目標なのだ。あなたにもきっとできる。自分自身の学ぶ力を信じることだ。過去に失敗した思い込みの知識は捨てたほうがよい。

ここに、二〇〇〇年三月に始まった長い弱気相場で多くの人を買いに誘った、幅の広いルーズなダマシのパターンをいくつか紹介する。二〇〇〇年一〇月二〇日のベリタス・ソフトウエア、二〇〇〇年一二月二八日のアナレン・マイクロウエーブ、二〇〇一年一月二四日のコンバース・テクノロジーである。

前に挙げたヒューストン・オイル・アンド・ミネラルズはさらに鮮明な例で、FからGまで幅が広くルーズだった「取っ手」部分がその後引き締まってしっかりとしたパターンを形成した（一七一ページのチャート参照）。AからB、そしてCまでは長期にわたり不安定な動きをしている（下落幅も大きすぎる）。BからCまでは一直線に上昇し、押し目は一度も入らなかった。CとDはちゃぶついた値動きからのブレイクアウトに失敗している。さらにHも同様に、幅の広すぎるダマシの取っ手付きカップ型からのブレイクアウトを試した。その後九週間かけてHからI、そしてJへとベースが作られた（一九七五年一二月の安値の周辺で出来高が極端に減少していることに注目）。

この構造について、コネチカット州ハートフォードに住むある明敏な株式ブローカーが最初に気がつき、私に教えてくれた。ところが私は、この銘柄の二年にわたる乏しい株価パターンと期待どおりに伸びない収益率から固定観念に縛られていたので、その株価構造がほんの九週間で素早く改善されても、気持ちの切り替えができなかった。それだけでなく、この銘柄が先の一九七三年の強気相場で驚異的に株価を伸ばしたことでも恐れをなしていたのだろう。これもまた、人間の意見や感情は間違ってばかりなのに、市場はめったに間違わないことを証明する一例だ。

ここから重要な原則を学ぶことができる。それは、人間が長年かけて築いてきた思考を変えるには、時間がかかるということである。この銘柄の場合、３四半期連続で減少していた収益率が当四半期には三五七％も上昇したのに、私は弱かったこの株が強くなったと認めることができなかったのだ。買いを入れる正しいタイミングは、一九七六年一月（チャートのJ）であ

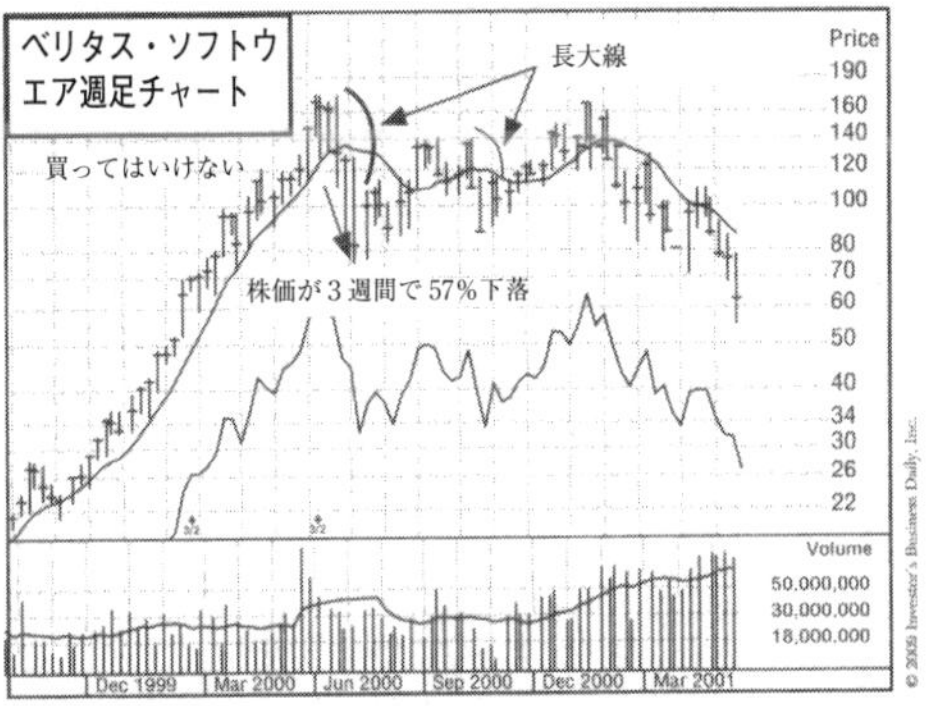
ベリタス・ソフトウエア週足チャート
買ってはいけない
長大線
株価が3週間で57%下落
Price
190
160
140
120
100
80
70
60
50
40
34
30
26
22
Volume
50,000,000
30,000,000
18,000,000
Dec 1999
Mar 2000
Jun 2000
Sep 2000
Dec 2000
Mar 2001
© 2009 Investor's Business Daily, Inc.

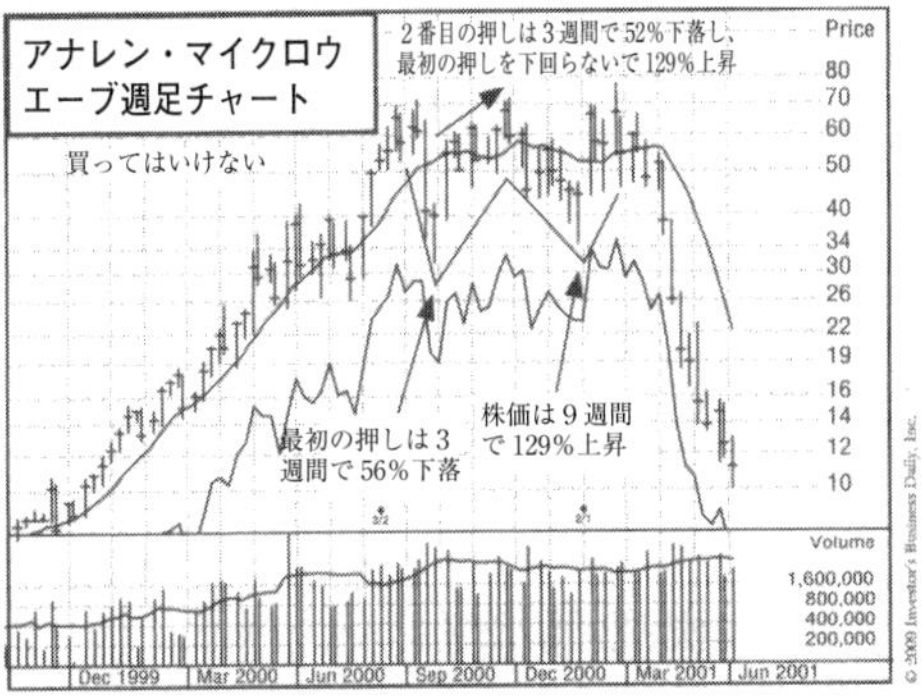
アナレン・マイクロウエーブ週足チャート
買ってはいけない
2番目の押しは3週間で52%下落し、最初の押しを下回らないで129%上昇
最初の押しは3週間で56%下落
株価は9週間で129%上昇
Price
80
70
60
50
40
34
30
26
22
19
16
14
12
10
Volume
1,600,000
800,000
400,000
200,000
Dec 1999
Mar 2000
Jun 2000
Sep 2000
Dec 2000
Mar 2001
Jun 2001
© 2009 Investor's Business Daily, Inc.

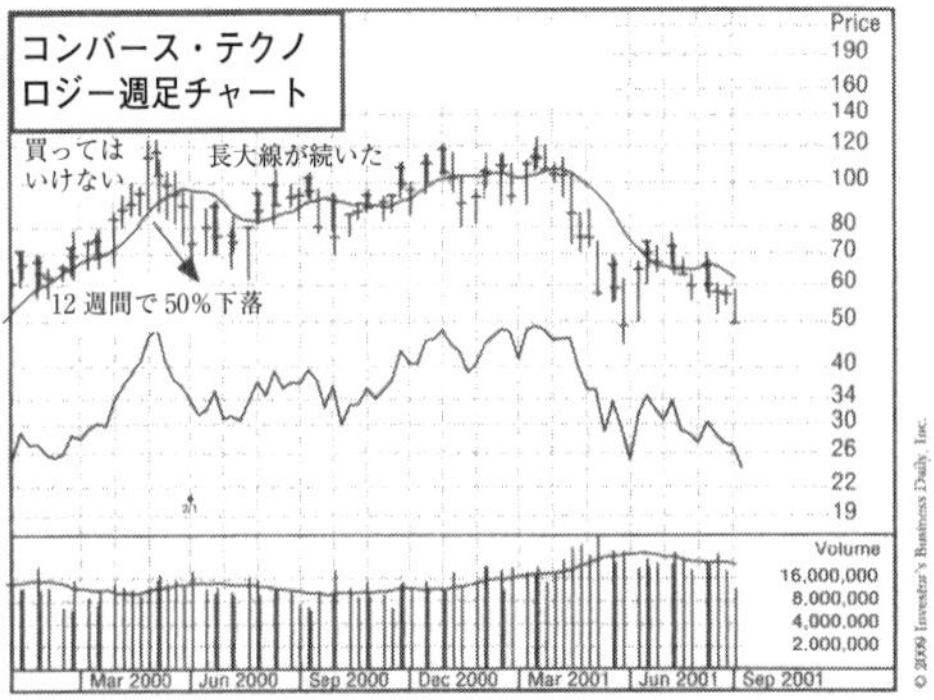
コンバース・テクノロジー週足チャート
買ってはいけない
長大線が続いた
12週間で50%下落
Price
190
160
140
120
100
80
70
60
50
40
34
30
26
22
19
Volume
16,000,000
8,000,000
4,000,000
2,000,000
Mar 2000
Jun 2000
Sep 2000
Dec 2000
Mar 2001
Jun 2001
Sep 2001
© 2009 Investor's Business Daily, Inc.

った。

一九九四年の夏、ピープルソフトがニューイングランド原子力発電とヒューストン・オイル・アンド・ミネラルズと同じ株価パターンを形成した。この銘柄は、一九九三年九月に株価の収束を伴った幅が広くルーズで上昇ウエッジからのブレイクアウトに失敗していた。その後一九九四年三月にも二回目のブレイクアウトに失敗し、そのときの取っ手付きカップ「取っ手」部分は「カップ」部分の下半分に作られていた。ようやく適切な株価パターンを形成し株式市場も好調になると、一九九四年八月を皮切りにピープルソフトは飛躍的に上昇した。

一九九九年一月の第一週のクアルコム株も、ピープルソフトが見せた三段階パターンと同じ動きをした。一九九七年一〇月にクアルコムは、株価がベースの下半分に寄りすぎの幅が広くルーズなダマシの構造から一直線に最高値へと躍進した。二回目のベースは取っ手の安値がカップの下へとブレイクし、その後の上昇に失敗した。次も失敗し、四回目でやっと魅力的なベースが現れた。取っ手付きカップが適切に形作られ、一九九九年一月の第一週に高値のブレイクに成功した。その後、わずか一年で分割調整後の株価である七・五〇ドルから二〇〇ドルへと一気に天井まで上り詰めた。過去の模範的例をもっと勉強する気になったのではないだろうか。クアルコムに七五〇〇ドル投資していたら、一年後にはそれが二〇万ドルに膨らんでいたのだ。

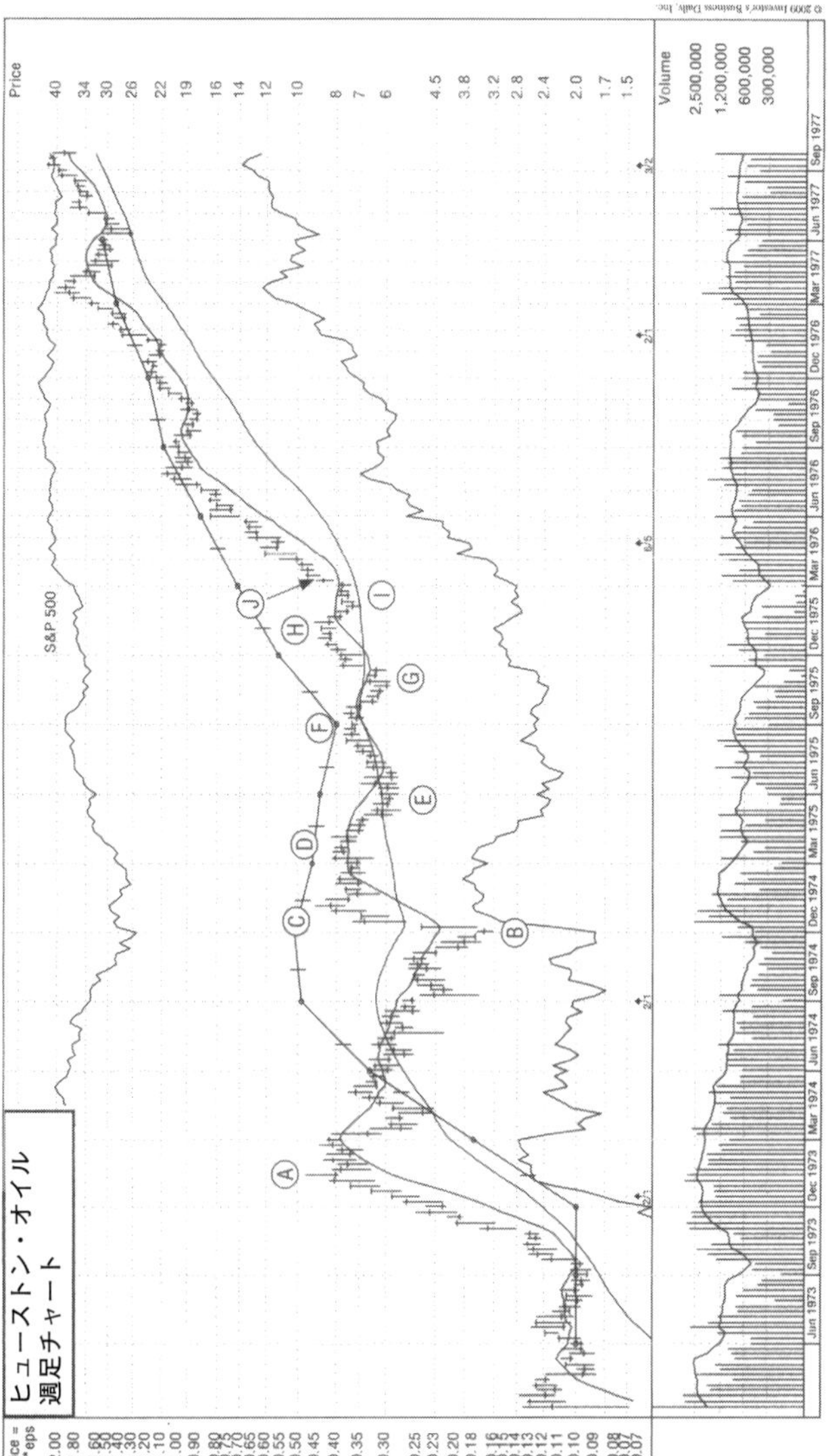
ヒューストン・オイル
週足チャート
S&P 500
Price
Price = 20*eps
Volume
A
B
C
D
E
F
G
H
I
J
© 2009 Investor's Business Daily, Inc.

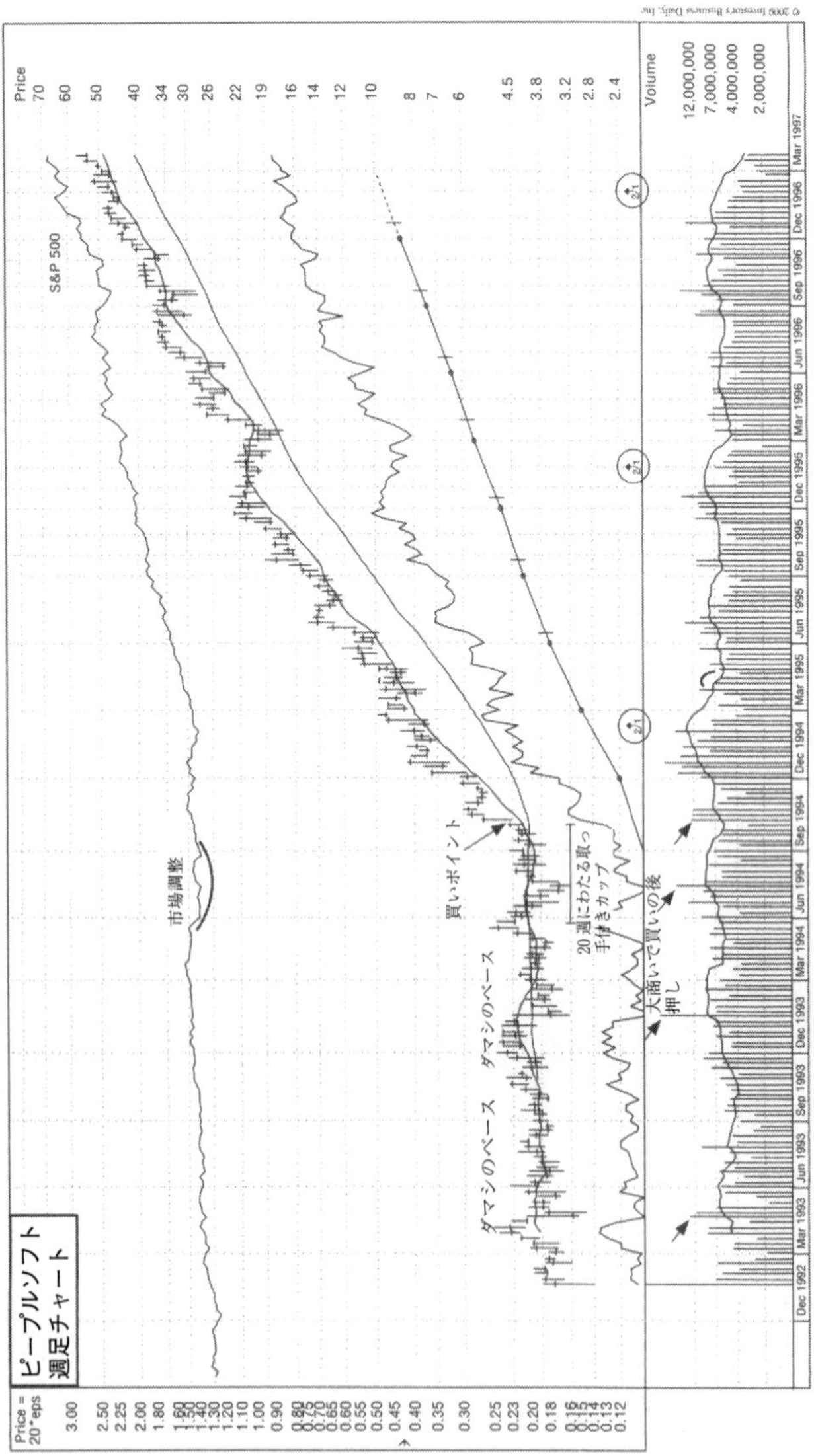
ピープルソフト
週足チャート
S&P 500
市場調整
ダマシのベース
ダマシのベース
買いポイント
20週にわたる取っ手付きカップ
大商いで買いの後押し
© 2000 Investor's Business Daily, Inc

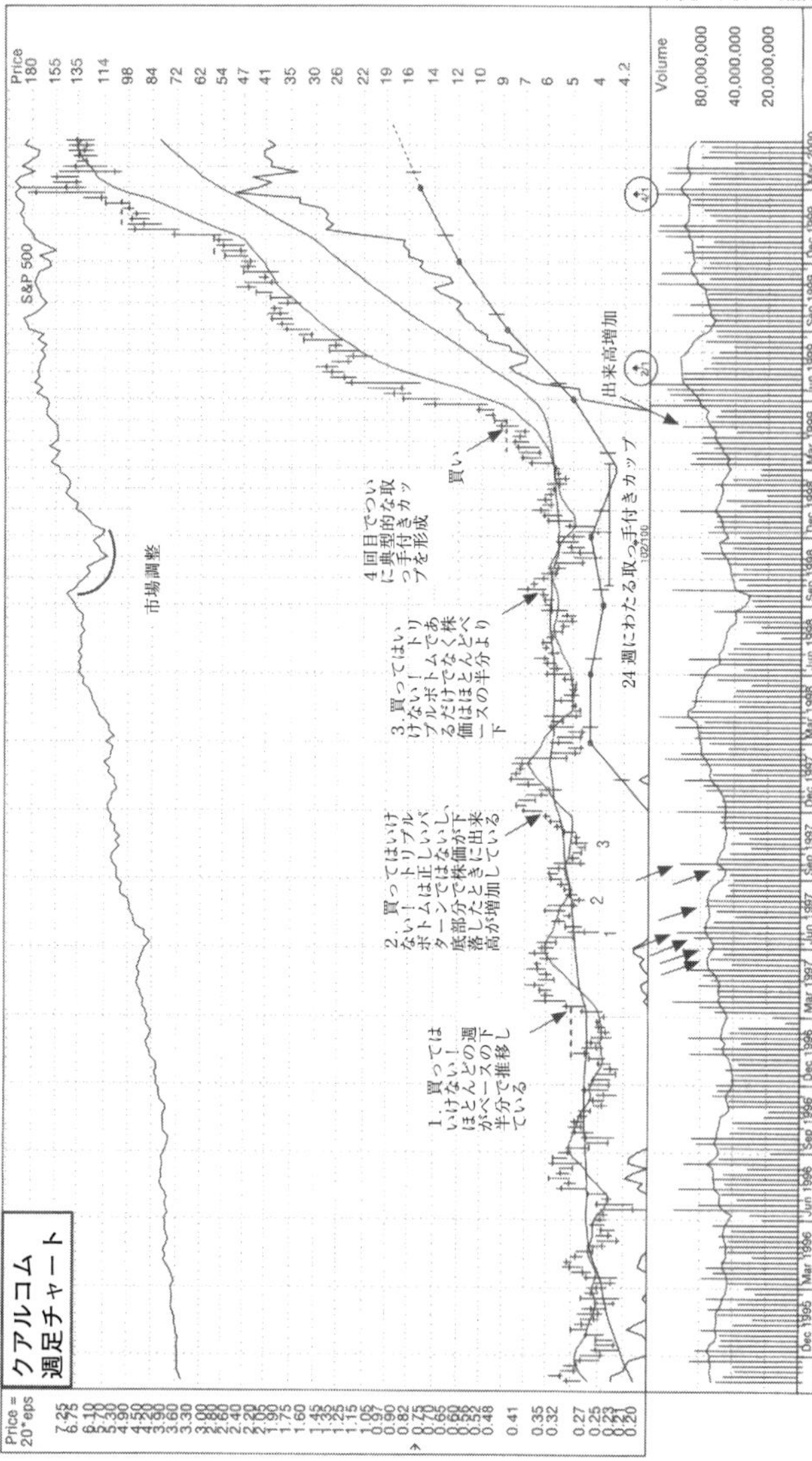
クアルコム
週足チャート
Price = 20*eps
S&P 500
市場調整
1．買ってはいけない！ほとんどの週がベースの下半分で推移している
2．買ってはいけない！　トリプルボトムは正しいパターンではないし、底部分で株価が下落したときに出来高が増加している
3．買ってはいけない！　トリプルボトムであるだけでなく株価はほとんどベースの半分より下
4回目でついに典型的な取っ手付きカップを形成
買い
24週にわたる取っ手付きカップ
出来高増加
Price
Volume
80,000,000
40,000,000
20,000,000
Dec 1995
Mar 1996
Jun 1996
Sep 1996
Dec 1996
Mar 1997
Jun 1997
Sep 1997
Dec 1997
Mar 1998
Jun 1998
Sep 1998
Dec 1998
Mar 1999
Jun 1999
Sep 1999
Dec 1999
Mar 2000
© 2000 Investor's Business Daily, Inc.

ダマシの株価パターンとベース構造を見破る

残念ながら、過去七八年間、株価パターンを分析する詳細な研究は一切行われていない。一九三〇年に、フォーブス誌の金融記事編集員リチャード・シェイバッカーは、著書『ストック・マーケット・セオリー・アンド・プラクティス（Stock Market Theory And Practice）』のなかで、「トライアングル」「コイル」「ペナント」といった数多くのパターンについて論じた。だが、われわれが長年かけて行った株価のモデル構築と構造研究の結果、シェイバッカーの唱えた説は信頼できずリスクが高いことが分かった。おそらく、当時のどんな銘柄でも荒々しくそして激しく急上昇した「狂騒の二〇年代」の後半だからこそ成功したパターンだったのだろう。一九九九年と二〇〇〇年の第1四半期にも同じような現象が起こった。最初はうまく上昇しそうだったが、結局は上がりきれずに終わった多くの失敗のパターンがあった。このような時代は、一七世紀にオランダで起きたチューリップバブルを彷彿とさせる。チューリップバブルは、人々の憶測が蔓延したことに端を発し、やがてあらゆる種類のチューリップの球根が天文学的な金額にまで急上昇し、その後暴落したという事件である。

われわれの研究で分かったことは、めったに現れず解釈も難しい「上昇後に現れる狭いフラッグ」や、五～六週間で形成される「平底型」、および四～七週間で形成される「正方形型」を除き、信頼できるベース構造には最低でも七～八週にわたる揉み合いの期間が必要だということだ。「コイル」「トライアングル」「ペナント」のパターンは、適切なベースを作るための時間と調整を経ていない弱いベース構造なのだ。一〜三週間で形成されたベースはリスクが高い。こういったベース構造を持つ銘柄は避けるべきである。

ジョン・マギーとロバート・D・エドワーズは、『**マーケットのテクニカル百科　入門・実践編**』（パンローリング）のなかで、シェイバッカーと同じ不完全なパターンについて同じ議論を展開している。

一九六二年にウィリアム・L・ジラーが平易な文章で書いた『**マーケットのチャート入門——株式市場のテクニカル分析をマスターする**』（パンローリング）のなかで、テクニカル分析における正しい原理について多くの説明をしている。だが、これもまた大恐慌前の時代だけに通用した、不完全なパターンについて論じているのだ。

「トリプルボトム」と「ヘッド・アンド・ショルダーズ・ボトム」という株価パターンは、テクニカル分析を扱った書籍に広く紹介されている。われわれの研究ではどちらも弱いパターンであることが分かっている。ヘッド・アンド・ショルダーズ・ボトムは場合によっては上昇につながることもあるが、強い主導銘柄には欠かせない、強い上昇トレンドという要素を伴わない形なのだ。

だが、株価の天井を見極める場合は、「ヘッド・アンド・ショルダーズ・トップ」（三尊型）パターンが最も信頼性が高い。ただし、チャートの知識が浅いとヘッド・アンド・ショルダー

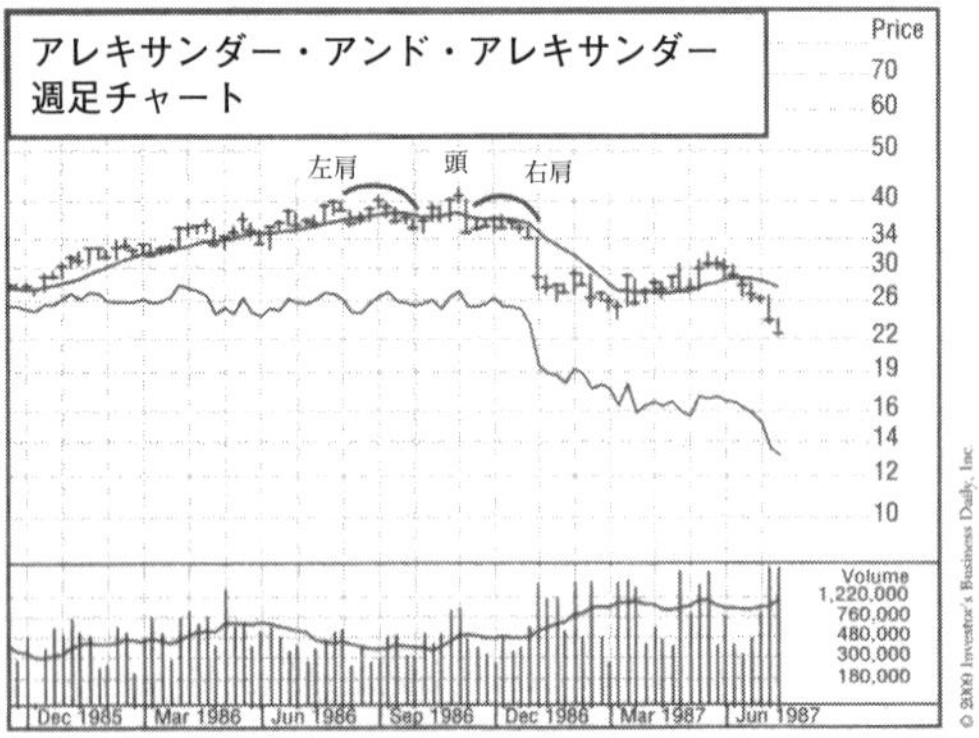

ズ・トップの形を正しく解釈できないので、注意が必要だ。このパターンを適切に解釈できないプロの投資家も少なくない。右肩（二つ目の肩）は、左肩よりもやや低くなければならない（アレキサンダー・アンド・アレキサンダーのチャートを参照）。

「トリプルボトム」は「ダブルボトム」に比べると、レンジが狭くかつ力強さと魅力に欠けるパターンである。その理由は、安値への急激な株価調整が三度も入るからだ。「ダブルボトム」なら二度、「取っ手付きカップ」なら一度ですむ。先に述べたように、安値が上昇する「取っ手」部分の形も不完全で、ダマシであることが多い。グローバル・クロッシングのチャートがこの一例である。優秀なチャート解析者なら、あとに倒産することになるこのグローバル・クロッシング株を避けるか売っていたことだろう。

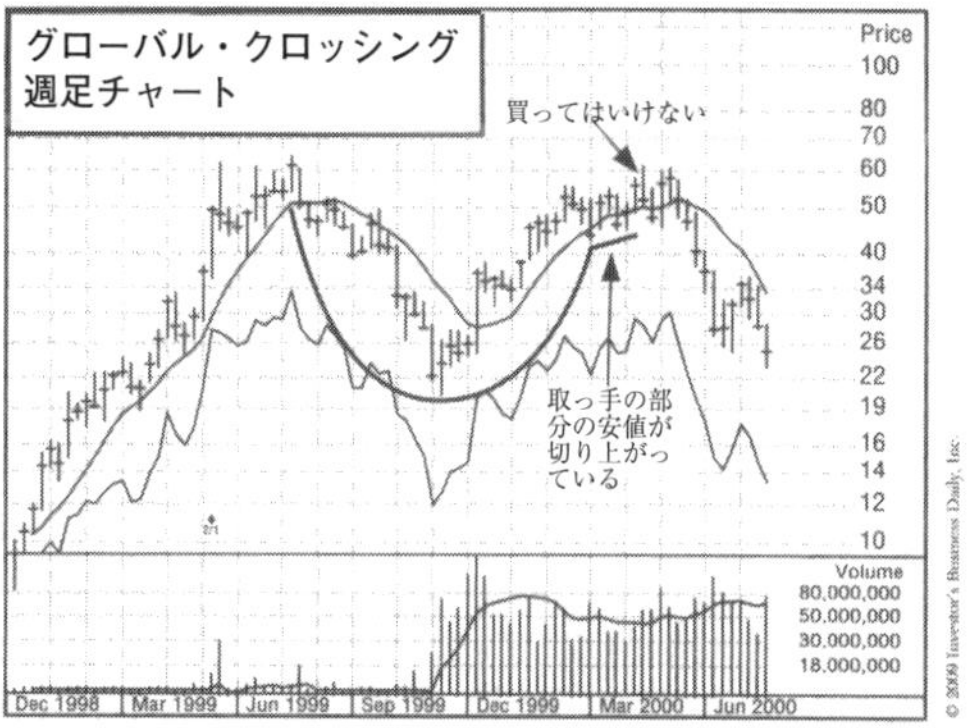

レラティブストレングスの正しい使用法

ファンダメンタル派のアナリストの多くは、テクニカル分析とはレラティブストレングスが最も強い銘柄を買うことだと考えている。なかには、単にモメンタムが強い株を買うことだと思っているアナリストまでいる。そのどちらの考えも誤っている。

優秀な業績の企業のなかからレラティブストレングスが最強の銘柄を買うだけでは十分とは言えない。それに加えて、市場全体よりも強い動きを見せながら、適切なベース形成時期を経てそこから抜け始めている銘柄を買うべきなのだ。適切な売りのタイミングは、株価が急上昇してベースから著しく上昇し、レラティブストレングスも非常に高い数値を示しているときである。このような違いを見極めるには、日足や週足のチャートの利用が必須である。

高値における株式供給

株価の動きを分析するうえで非常に重要な概念は、「高値における株式供給」の原理である。下降トレンドのあとに株価が上昇をするとき、高値付近で強い抵抗を受けるときにこう呼ぶ。

このような抵抗が起こるのは、以前にその株価付近で買った投資家がいることを示している。このような投資家は、自分が買った水準まで株価が回復したところで売ろうと待ち構えているので、その売りものが出ると、株価は上昇しにくくなる（アット・ホームのチャートを参照）。例えば、株価が二五ドルから四〇ドルへと上昇し、その後三〇ドルまで下落したら、三〇ドル台後半や四〇ドルで買った人のほとんどがすぐに売って損切りをしないかぎり（ほとんどの人はこれができない）、含み損を抱えることになる。その後、株価が三〇ドル台後半や四〇ドル近辺まで再び上昇したところで売れば、含み損を抱えていた投資家はやっとその株を手放してトントンで終われる。

このような投資家たちは、「トントンにまで株価が戻ったらすぐに売るぞ」と自分自身にい い聞かせているのだ。人間の本質が変わることはない。よって、巨額の含み損を抱えたあとに、それをゼロにまで戻せる機会が訪れたなら、多くの人が売るのはごく当然のことである。

優秀なチャート分析者は、このような高値における株価供給が現れる株価水準を見極める術を心得ている。高値での売りが出た直後の株を買うような致命的な過ちを犯すことはけっして

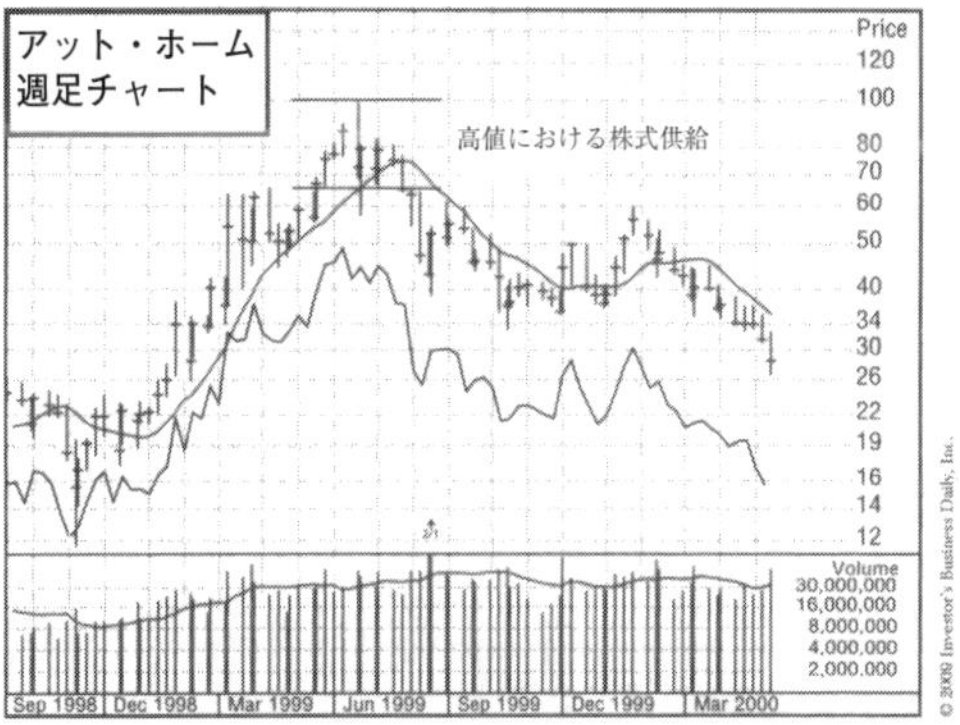

ない。これは、多くのファンダメンタル派アナリストが犯す重大な過ちである。

反対に、高値における株式供給があった水準を切り抜けることができた銘柄は、たとえ高値で推移していても安全だと言える。大きな供給を吸収して高値の抵抗線を超えるに足りる需要があることを証明しているからである。しかし高値における株式供給も、二年以上経過すると抵抗力は衰える。もちろん、初めて新高値へとブレイクアウトした株は高値で売りを浴びることはなく、魅力を増すことにつながる。

無名の新興銘柄が秘める可能性

抜け目ない投資家は、過去一〇年間に浮上してきたＩＰＯ（新規公開）株をすべて把握しているはずだ。この作業が重要なのは、これらの若い新興企業のなかから、一～二年以内に驚くほどの伸びを見せる銘柄が生まれるからである。このような株のほとんどがナスダックで取引される。

ＩＰＯ株のなかには少し上昇したあとに弱気相場で新安値まで下落して、悪い第一印象を与えるものがある。だが、次の強気相場が訪れたときに収益率と売り上げを伸ばしていれば、そんな忘れ去られた新銘柄でもいつの間にか値を回復させながらベースパターンを形成し、そして突如として急成長を始めて二倍、三倍と値を上げるものがあるのである。

これは無名の新興企業に起こる現象なので、ほとんどの投資家がこの素晴らしい株価上昇を逃してしまう。チャートサービスを利用すれば、このような名の知られていない新規参入企業を見つけるのに役立つだろう。ただし、必ず大量の銘柄を（一〇〇〇～二〇〇〇銘柄では少ない）網羅しているサービスを選ぶようにしよう。

成長を遂げる若い銘柄は、起業から五～一〇年間に収益率を最も急速に伸ばす傾向にあるので、若い起業の初期の成長期に目を光らせておくことだ。

本章の要点をまとめると、チャートの読み方と使い方を学んで銘柄選択眼とポートフォリオ全体のパフォーマンスを向上させろ、ということに尽きる。チャートは情報の宝庫である。熟練するには時間と学習が欠かせないが、チャート解釈はあなたが思っている以上に簡単なものである。

賢者への警告

ここで一つ重要な助言をしたい。あなたが株式市場や本書で解説されている歴史によって実証された投資手法になじみがないのなら、そしてさらに、弱気相場の始まりや最中で初めて本書を手に取ったのなら、買いパターンを見つけたと思ってもその銘柄が本書のとおりに成功するとは限らない。あなたが買いパターンだと思っても、そのほとんどは不完全なものだからである。弱気相場では絶対に買いを仕掛けてはならない。たいていは失敗に終わる。

強気相場と比べると、弱気相場で見られる価格パターンは形が深すぎたり、幅が広くルーズだったりする。三回目や四回目のベースだったり、安値が切り上がる不完全な取っ手を形成していたり、ベースの下半分で取っ手が形成されていたり、あるいは鋭い「V」字型を描きながら、ベースの安値から新高値まで一気に上昇し、その後も取っ手を作ることなく動いていたりと、さまざまである。レラティブストレングスが弱い、出来高がパターンに伴っていない、長大線の週が何週間も続く、そんな停滞銘柄が潜んでいるパターンもある。

本書で紹介されているベースやブレイクアウトや投資手法がもはや機能しないという意

味ではない。タイミングや銘柄選択が間違っているということだ。弱気相場の株価と出来高のパターンは不完全で、不安定で、人の目を欺くものだ。市場全体が力を失い売りが先行している時期である。だから辛抱強く待ち、研究を続け、来るべき強気相場に備えて準備万端にしておくしかない。人々の希望がついえ、悲惨な状況に包まれたように思えるとき、冬はついに過ぎ去り、素晴らしい新たな強気相場が息を吹き返すのである。本書で論じる実用的かつ実証済みの手法や規律は、今後訪れる幾度もの景気循環のなかで役に立つに違いない。そのときに備えて学習を怠ってはならない。将来にわたり使い続けることができる自分だけの売買ルールを作るのだ。

第３章　C（Current Quarterly Earnings＝当期四半期のEPSと売り上げ）

デル（一七八〇％）、シスコ・システムズ（一四六七％）、アメリカ・オンライン（五五七％）──毎日何千という数の銘柄が取引されるなか、この三銘柄は一九九〇年代にどうしてこれほどの上昇を記録したのだろうか？

さらには、二〇〇四年八月に一株当たり八五ドルで株式公開をし、その後二〇〇七年に七〇〇ドル強で天井を打つまで上昇を続けたグーグルはどうだろう？　またアップルも、六カ月前に形成した完璧な取っ手付きカップから抜け出たあと、株式分割調整後の株価で一株当たり一二ドルから四五カ月で二〇二ドルにまで上昇している。

株価の値動きに影響を与える要因は何百とあるが、これらの企業に共通していた重要な特徴はいったい何だったのだろうか。

これはつまらない質問などではない。その答えこそが、株式市場で真に成功する秘密の扉を開く鍵となる。われわれが過去一二五年をさかのぼって株式市場で大成功を収めたすべての銘柄を研究してみると、やはりある共通点が見つかった。

　そのなかでも特に際立っていたのが、株価が大きく上昇する直前の1～2四半期で報告された収益だった。例を挙げてみよう。

- ●デルは一九九六年一一月に株価上昇をする直前に、2四半期連続でEPS（一株当たり収益）を七四％と一〇八％とに大きく伸ばした
- ●シスコは三年にわたる株価急上昇をする前に、一九九〇年一〇月までの2四半期連続でEPSを一五〇％と一五五％とに増加させた
- ●アメリカ・オンラインは一九九八年一〇月から六カ月の間に株価を急上昇させる前に、EPSの九〇〇％増と二八三％増を達成していた
- ●グーグルは公開会社として輝かしく登場する前の2四半期で、EPSを一一二％と一二三％増加させていた
- ●アップルは株価が値上がりする直前の四半期で、EPSを三五〇％増やし、その翌四半期にはさらに三〇〇％増を記録した

　しかし、これは最近に限った現象ではない。アメリカの長い株式市場の歴史をひも解くと、株価の急成長には必ず劇的なEPS増加が伴っているのだ。スチュードベーカー株が一九一四

年に八カ月で四五ドルから一九〇ドルへと急上昇する前にも、ＥＰＳの二九六％増があった。キューバン・アメリカン・シュガー株もＥＰＳが一九一六年に一一七五％に急上昇したが、同年に株価も三五ドルから二三〇ドルへと上昇した。

ベアキャットという車を覚えているだろうか？　ベアキャットなどの高性能スポーツカーの一流メーカーであったスタッツ・モーター・カーは、一九一九年夏にＥＰＳを七〇％伸ばし、その後株価もわずか四〇週間で七五ドルから三八五ドルまで急騰した。

Ｕ・Ｓ・キャスト・アイロン・パイプのＥＰＳは一九二二年末時点で一・五一ドルだったが、一九二三年末には二一・九二ドルへと上昇して一三五二％も上昇した。一九二三年終わりの株価は三〇ドルだったが、一九二五年初めには二五〇ドルにまで上昇している。

さらに一九二六年三月、デュポン・ドゥ・ヌムールはＥＰＳを二五九％伸ばしたあと、同年七月には四一ドルだった株価が一九二九年には二三〇ドルまで上昇した。

このように、マーケットで大きく成長した銘柄をくまなく調べていくと、ＥＰＳの急上昇と価格の急上昇に関連性があることはすぐに気がつくだろう。

そこまで知れば、われわれの研究から次のような結論が導き出されたこともうなずけるはずだ。

株を買うときは、当四半期（最新の決算が発表された四半期）のEPSが前年同期比で、大

きな伸び率を示している銘柄を選ばなければならない。

当期のEPS増加が大きい銘柄を探す

一九五二年～二〇〇一年の間に最も成長した六〇〇銘柄を分析すると、四銘柄中三銘柄が目覚ましい株価上昇を始める直前の当期四半期決算発表で平均七〇％以上のEPS増加を見せている。当期四半期ではEPS増加が報告されなかった企業でも、その次の四半期には平均九〇％の伸び率を見せているのだ！

プライスライン・ドット・コムの株価が三〇ドルから一四〇ドルへと上昇し始めたとき、二〇〇六年の第2四半期で報告されたEPS増加率はたったの（と言ってもすごい数字なのだが）三四％だった。だがその後、四半期ごとにEPS増加率は五三％、一〇七％、一二六％と加速的に上昇していった。

一九一〇～一九五〇年の間に大化けした銘柄のほとんどが、大きな価格上昇の前に四〇～四〇〇％のEPS増加を示している。

つまり、大化け銘柄が値を上げる前にこれほどはっきりとEPS増加を見せているのだから、EPSの低い銘柄をわざわざ買うことはないのだ。ナスダックやNYSE（ニューヨーク証券取引所）に上場されている全銘柄のうち、これほどのEPS増加を見せるのはわずか二％ほどかもしれない。だが、忘れてはならない――冴えない銘柄を探しているのではなく、並外れた銘柄を探しているのだ。そういった銘柄は必ず存在するから、心配することはない。

しかし、どのような調査にもつきものかもしれないが、そのような銘柄を探す過程ではさまざまなワナや落とし穴が待ち受けている。それを避ける方法を学んでおく必要がある。

EPSは、当期純利益を発行済み普通株式数で割ることで計算できる。銘柄選択において、このEPSの伸び率の変化こそが、現代においては最も重要な要素なのである。伸び率は大きければ大きいほど望ましい。

残念ながら、一九九〇年代後半の荒々しいインターネットブームの時期には、単にこれから富と利益がもたらされると騒がれていたというだけの理由で、ハイテク株を買った人たちが大勢いた。ところが実際のところ、インターネット企業やドットコム企業のほとんどが、それまでずっと赤字だったのだ。AOLやヤフーなどは実際にEPSを伸ばしていたので、EPSも伸ばせないような何の根拠もない銘柄に投資して苦労して稼いだお金をリスクにさらす必要などまったくなかったのだ。

AOLやヤフーは、当時の正真正銘の主導企業だった。避けられない市場の調整（下落）が始まると、EPSの低いより投機的な三流企業は急速に値を下げた。そのようなリスクを伴う銘柄に投資する必要などまったくなかったのだ。

個人投資家はもちろんプロのマネーマネジャーまでもが、当期四半期の決算発表でEPSが横ばい（変化なし）や減少している普通株を買っていることに、私は今でもいつも驚かされる。当期のＥＰＳが悪いのに株価が大きく上昇を続ける理由など、どこを探しても絶対にないからだ。

ＥＰＳ増加率が五～一〇％では、株価を大きく上昇させるだけの力はない。事実、八％や一〇％といった小幅伸び率を示している企業は、次の四半期で突如としてＥＰＳを下げる可能性が大きいのだ。

投資信託や銀行や保険会社などの機関投資家のように、何十億ドルという資金を管理していてその資金の規模にもいろいろと制約が設けられている場合とは異なり、個人投資家には強気サイクルで最も成長しそうな銘柄にだけ投資してよいという特権が与えられている。ＥＰＳの増加を伴わない企業（アマゾンやプライスラインなど）が一九九八～一九九九年に値を上げたこともあるが、当時の投資家はＡＯＬやチャールズ・シュワブなどの大きくＥＰＳを上昇させた銘柄を買っていたほうが成功率は高くなっていた。

ＣＡＮ－ＳＬＩＭのＥＰＳのルールに従えば、投資家はどのような市場サイクルにおいても、一時的かつ投機的な「バブル」や高ぶる感情などに惑わされずに常に力強い銘柄だけを選ぶことになる。もちろん、銘柄選択の基準はＥＰＳの増加だけではない。以降の章で紹介していくほかのルールも、同じくらい重要なものである。ただ、ＥＰＳが何はさておき最も重要である、ということなのだ。

紛らわしい決算発表に注意

このような四半期決算報告書を目にしたことはあるだろうか？

「当社の第1四半期は目も当てられない状態でした。本社の非効率が原因で、収益予測は悪化しています。競合他社が当社よりも優れた製品を発売したので、当社の売り上げは悪影響を受けるでしょう。さらに、経営陣がヘマをやらかしたため、中西部における事業運営は大赤字になりそうです」

こんな報告書は絶対にないだろう！　代わりに目にするのはこんな報告書だろう。

「グレートシェークス・コーポレーションは、三月三一日締めの四半期において、前年同期の六〇〇万ドルから二〇％上昇して七二〇万ドルという記録的な売り上げを達成しました」

グレートシェークスの株主にとっては、素晴らしい知らせだ。失望することはないだろう。結局のところ、この企業は素晴らしいと信じているのだし（そうでなければ最初から投資などしなかったはずだ）、その考えをこの決算発表が裏付けてくれている。

だがこの「記録破り」の売り上げは、良い報告だと言えるだろうか？　さらに、同社のEPSが二・一〇ドルで記録的な数字になり、前年同四半期の二ドルから五％上昇していたと想定してみよう。これなら、さらに良い報告と言えるだろうか？　実はここで疑問に思わなければならないことがある。売り上げが二〇％も上昇したのに、どうしてEPSはたったの五％しか上昇しなかったのか？　この事実からこの企業の収益についてどんなことが分かるだろうか？　ほとんどの投資家は自分が読んだ内容に好感を持つもので、企業側もプレスリリースやテレビによる売り込みの努力を惜しまない。ところが、この例では、企業の売り上げが二〇％も伸びて過去最高を記録したのに、収益には反映されなかった。投資家として成功したいのならば、次のような質問を投げかけることが重要だ。

当期四半期のEPSは前年同期比でどれほど（何％）伸びたか？

例えば、あなたが株を保有するある企業の売り上げが一〇％上昇し、純利益が一二％上昇したとしよう。これに満足できるだろうか？　これは必ずしも良い報告とは言えない。企業の総純利益がいくらかは考えるべきではない。企業をまるごと所有しているわけではなく、自分の割り当て分だけを所有しているのだから。過去一二カ月の間に、その企業が新株を発行したかもしれないし、それ以外の方法で普通株の利益価値が希薄化されているかもしれない。だから、たとえ純利益は一二％増だったとしても、ＥＰＳ――投資家として最も注目すべきもの――は、たったの五％や六％しか上昇していないかもしれないのだ。
偏った表現から真実を見抜く力を持たなければならない。「売り上げ」や「純利益」というような言葉に気を取られて、当期四半期のＥＰＳという最も重要な事実を忘れてはならない。もう一度、明確に説明する。

企業のＥＰＳは、季節性による変動の影響を排除するために、直前の四半期ではなく前年の同期四半期と比べること。つまり、一二月が期限の四半期のＥＰＳなら、直前の九月が期限の四半期と比べるのではなく、前年の同じ一二月が期限の四半期と比べることで、より正確な評価ができるのである。

一度きりの特別利益は無視する

投資家として成功するには、臨時の収益に惑わされてはならない。例えば、あるパソコンメーカーが前四半期のＥＰＳに不動産の売却で得た臨時収入を含めた場合、この収益は決算発表から差し引いて考えるべきである。こういった収益は一度きりの出来事であり、企業運営がもたらす継続的な収益性を示しているわけではない。そのような一時的な出来事の結果現れる収益は、すべて無視することだ。

ニューヨークのシティグループが過剰なほどの借り入れをしてサブプライム危機にかかわる前、一九九〇年代に、商業不動産の売却による臨時収入を加算して、ＥＰＳにてこ入れをしていた可能性を考えたことがあるだろうか？

当期ＥＰＳの増加率に最低目標を設定する

投資初心者も経験の豊富な投資家も、直近の四半期のＥＰＳが前年同期比で一八％から二〇％くらいの上昇しかしていない銘柄は買いを控えたほうがよい。大きな成長を遂げた企業の研究から、株価が大きく上昇する前に、どの企業も必ず共通してこの割合以上のＥＰＳ増加を示していることが分かった。成功している投資家の多くは、ＥＰＳ増加率の最低目標として二五％や三〇％を設定している。

さらに成功率を上げるために、過去２四半期続けて、大幅にＥＰＳが増加している銘柄を必ず選ぶのだ。強気相場（市場の大きな上昇トレンド）では、私自身は四〇～五〇〇％、あるいはそれ以上と飛躍的にＥＰＳが増加した銘柄に絞るようにしている。幾千という銘柄から選ぶことができるのだ。最高の銘柄を買うに越したことはない。

銘柄選択の過程をさらに厳しくするならば、次の四半期およびその次の四半期まで見越して、その前年同期のＥＰＳを見るのだ。そのとき、前年のＥＰＳが例外的に大きかったり小さかったりしていないかを確認することが必要だ。前年同期の例外的な結果が季節要因によるものでないならば、今後の決算発表で強い数字が出るか弱い数字が出るかをある程度予測できるかもしれない。

また、ＥＰＳのコンセンサス予想（大勢のアナリストのＥＰＳ予想を集計した調査）を今年分および今後一～二年先の四半期分まで必ず調べて、その企業が上昇軌道に乗ると予測されていることを確認しよう。ＥＰＳを予測するサービスのなかには、多くの企業の年間ＥＰＳの増加率をこの先五年間分の予測までしているものもある。

個人投資家や機関投資家の多くは、お気に入りの企業の株価が「安くなったから」という理由で、直近の四半期決算でＥＰＳが下がった株を買いたがる。近い将来、収益が力強く回復すると読んでいるのだ。たしかにそうなることもあるが、多くの場合、それはかなわない夢となって終わる。もう一度言うが、何千という選択肢から選んで投資ができること、そしてその多くは実際に強い業績を示していることを忘れてはならない。現実になるかどうかも分からないようなＥＰＳ増加の口約束を信じる必要はない。

当期四半期のＥＰＳが大きく増加していることを銘柄選択の必須条件に加えることは、誤った銘柄を選択するリスクを減らすという賢い投資判断につながる。しかし、強気相場の後半では、長期にわたって上昇を続けていた多くの主導企業のなかには、ＥＰＳ増加率が一〇〇％を超えているにもかかわらず株価が頭打ちするものも出てくることを理解しなければならない。これには投資家もアナリストもいつもだまされるのだ。マーケットの歴史を知っておくことは有益である。

保身型経営陣に縛られた歴史ある大企業を避ける

多くのアメリカ企業が、ぱっとしない収益結果ばかりを出し続ける二流経営陣を抱えている。私はそういった経営陣を「かたくななな保身主義者」とか「管理人による経営」などと呼んでいる。このような企業は、幹部経営陣を交代させるという勇気ある決断をだれかが下すまでは、投資対象としては避けたほうがよい。当期ＥＰＳを無理やり八～一〇％引き上げようと画策しているのも、このような企業であることは単なる偶然ではない。素晴らしい新製品や優れた経営陣を持つ真の成長企業なら、当期ＥＰＳの結果を誇張する必要などない。

当期ＥＰＳが急増した企業を探す

大化け銘柄の分析の研究から、大きく上昇した銘柄のほとんどすべてがそれ以前の10四半期の間のいずれかの時点で、四半期ＥＰＳを加速的に伸ばしていることが分かっている。つまり、

ＥＰＳが増加したことや、その増加率だけが大きな株価上昇を引き起こしているのではないということだ。その企業のＥＰＳ増加率が以前よりも改善されていることも重要になるのだ。年間ＥＰＳ増加率一五％の企業が突如として四〇～五〇％、あるいはそれ以上の躍進を始めたら、上昇のための重要な基礎的条件が整ったことを意味している（このように、突然ＥＰＳが増加することを、ウォール街では「アーニングサプライズ」と呼んでいる）。

これ以外にも、過去数カ月の間にアナリストが企業の予測を何回上方修正したか、そして、最近の四半期決算発表が実際にアナリストの予測をどの程度上回ったかなども、ＥＰＳを判断する材料となる。

ＥＰＳ増加に加えて売り上げが増加した企業を探す

四半期ＥＰＳが勢いを付けて上昇していても、売り上げが直近の四半期に少なくとも二五％以上増加しているか、あるいは売り上げ増加率が直近３四半期で加速していることが最低条件である。新しい株式（新規公開株）のなかには、直近８四半期、10四半期、または12四半期のそれぞれで、売り上げ増加率が平均一〇〇％を超えるものがある。そのような銘柄は詳しく調べてみる価値がある。

売り上げと収益の両方が過去３四半期で急速に伸び出した銘柄は、特に注目に値する。そのような急成長を見せた銘柄はどんなに利益を確定したくても、そこは我慢をして売ってはならない。しばらく保有しておくのである。

一九九八年前半に、機関投資家がウエースト・マネジメント株を五〇ドルで買った。この企業の収益は二四％、七五％、二六八％と3四半期連続で伸びていたからだ。だが売り上げは五％しか上昇していなかった。数カ月後、株価は一五ドルまで暴落した。

この例のように、運営コストや広告費、研究開発費、および建設事業費などを削減することで、企業はある一定期間見せかけの収益増加を作り出すことができるのだ。しかし、収益増加を継続的に達成させるには、売り上げの上昇が伴わないと実現しない。ウエースト・マネジメントの場合は、その売り上げが伴っていなかったのだ。

また、直近の四半期の当期純利益が最高値かそれに近い水準を記録しており、その企業が所属する業界のなかでも最上位であることを銘柄選択の条件として加えれば、成功率はさらに向上するだろう。確かに、本気で投資結果を改善したければそれなりの下調べが必要である。苦労なくして得るものはない。

2四半期連続でEPS増加率が減少したときは注意せよ

四半期のEPS増加率の上昇している銘柄を認識することも重要だが、EPS増加率が失速し始めている銘柄や、著しく減少した銘柄を認識することも同じくらい重要である。毎四半期ごとに五〇％の増益を見せていた企業が、突如一五％の増益にとどまるようなことがあったら、その銘柄は何らかの問題を抱えていることを意味している可能性があるため、買いは控えるべきだろう。

ただし、どんなに優れた企業でも、一時的に業績が振るわないことはある。そこで、企業のＥＰＳが悪化したと判断するのは、２四半期連続で著しく増加率が減少したことを確認してからにしたい。具体的には、前回の増加率に比べて三分の二以上の減少を目安にするとよい。例えば、一〇〇％の増加率が三〇％になったとき、あるいは五〇％が一五％になったときなどである。

週単位の対数グラフを分析する

ＥＰＳの増加や減少の原理を理解することは必要不可欠である。

翌年の予測ＥＰＳの絶対値に基づいて推奨銘柄を決めている証券アナリストは、誤った数値を分析している可能性がある。例えば、ＥＰＳが五ドルだった銘柄が、翌年は六ドルと見込まれているとしよう。この場合は二〇％増となり大きな増加率に思えるが、これまでの収益率の推移状況を知らなければ正しい判断は下せない。仮にこれまでのＥＰＳ増加率が六〇％だったと知っていたらどうだろう？　証券アナリストが推薦する銘柄を買ったり売ったりしているのに、実際に利益を上げている投資家が非常に少ないのはこういった理由があるからなのだ。

対数グラフは株式分析をするうえで大きな価値を発揮する。それは、四半期ごとのＥＰＳの増減率が明確に見て取れるからである。株価やＥＰＳの対数グラフの目盛りは、どこを取っても等しい変化率を示している。これは通常の等差グラフではできない。

一般的な等差グラフのチャートは、株価が一〇ドルから二〇ドルへと一〇〇％上昇しても、二〇ドルから三〇ドルへと五〇％上昇したときと目盛り数は同じになる。

何でも自分で判断するＤＩＹ投資家にならば、直近四半期のＥＰＳとそれ以前３四半期のＥＰＳをすべて対数グラフに描いてみると、ＥＰＳの増減がはっきりと見える。優秀な企業なら、過去一二カ月のＥＰＳを四半期ごとに描いていくと、その線が最高値かそれに近い水準になっているはずである。

同業他社の銘柄を確認する

銘柄選択の質をさらに向上させるには、狙っている銘柄の同業他社のＥＰＳを確認することが有益である。同じ産業に、強いＥＰＳの増加率を示している目を引く銘柄が少なくとも一つなければ、正しい銘柄選択をしていない可能性が高い。

当期四半期決算報告の入手方法

一昔前までは、企業の四半期決算はほとんどの地元紙のビジネス面や金融雑誌に日常的に掲載されていた。だが最近はそのほとんどがビジネス面の縮小でそのような情報を次々に切り捨てている。その結果、投資家が必要としている最も重要な情報が十分に提供されなくなってしまった。

例外は、『インベスターズ・ビジネス・デイリー』紙である。本紙は現在でも詳細な決算情報を提供し続けているだけなく、最新の決算発表をすべて分析して「増益」だった企業と「減益」だった企業に分類している。こうすることで、優秀な企業と低迷している企業が一目で分かるようになっている。

デイリー・グラフやデイリー・グラフ・オンラインなどのチャートサービスは、その週に発表された決算報告およびチャートで示す全銘柄の最新のEPSを表示してくれる。前年同四半期と比べたときのEPSに変化が見られたら、四半期ごとのEPSの変化も合わせて比較するとよい。第1四半期、第2四半期、第3四半期、第4四半期と順番に見ていけば、その企業の収益が加速しているのか失速しているのかが分かる。

ここに、銘柄選択の上達に欠かせない最初の重要なルールをまとめた。

当期四半期のEPSは、前年同期比で少なくとも二五～五〇％の大きな上昇率を示す銘柄を選ぶ必要がある。本当に優秀な企業なら、一〇〇～五〇〇％あるいはそれ以上の上昇率を記録する銘柄もあるのだ！

一〇％や一二％という月並みな上昇率では十分とは言えない。大化け銘柄を選ぶには収益が肝心なのだ。

第4章　A（Annual Earnings Increases＝年間EPSの増加）――大きく成長している銘柄を探す

どんな企業でも、一時的に良い決算を発表することはある。これまで見てきたように、当期四半期のEPS（一株当たり収益）の上昇は、株式市場で大化け銘柄を発掘するには欠かせないものである。しかし、それだけでは不十分なのだ。

最新の報告が一時的なものではないこと、そして株式の購入を検討している企業の質が高いものであることを確認するには、もっと証拠を集めなければならない。それはその企業の年間EPSの増加を確認することである。

年間EPSが過去三年連続で増加しているものを探すのだ。二年目のEPSが下がっている銘柄は、たとえ三年目の結果が過去最高水準にまで回復したとしても、選択肢から外したい。直近数四半期で高いEPSの増加を示していること、およびここ数年で着実に成功している記録があること、この両者がそろって初めて大化け銘柄が生まれる。あるいは少なくとも市場全体が上昇トレンドのときに、大化けする可能性が高い銘柄が生まれるのである。

年間EPSの増加率が二五～五〇％以上の銘柄を選ぶ

株を買うなら、その銘柄の年間EPSの増加率が二五％、五〇％、あるいは一〇〇％以上のものを選ばなければならない。われわれの研究結果では、一九八〇～二〇〇〇年の全発行済み株式の初期上昇段階における平均の年間EPSの増加率は三六％であった。大化け銘柄の四銘柄のうち三銘柄が、大きく株価上昇をする前に、最低三年から長くて五年の間にある程度の年間EPSの増加率を示している。

一般的に、株価が上昇する前の五年間のEPSの推移は、〇・七〇ドル、一・一五ドル、一・八五ドル、二・六五ドル、そして四・〇〇ドルという具合になる。五年の間に一時的に増加率が下がっても、翌年に新たな高水準にまで回復すれば良しとする。

EPSが一年目に四・〇〇ドル、二年目に五・〇〇ドル、三年目に六・〇〇ドル、そして四年目に三・〇〇ドルとなることがある。その翌年の年間EPSが例えば四・〇〇ドルだとしたら、たとえ三・〇〇ドルだった前年から三三％の上昇を見せたとしても、良い結果ではない。前年のEPS（三・〇〇ドル）があまりにも落ち込んでいたために、その程度の上昇でも改善したと勘違いしているだけである。ここで注目するべきなのは、EPSの回復が遅く、この企業が記録した一株当たり六・〇〇ドルという最高水準にまだ遠く及ばないという事実である。

アナリストのコンセンサス予想も、翌年のEPSが上昇すると見込んでいることが重要である。これは上昇率が高ければ高いほど良い。だが忘れてはならない。見通しはあくまで個人的な意見であり、意見は間違っていることがある（高すぎや低すぎる予想など）。これに対して、実際に発表されたEPSは事実である。

ROEが高い銘柄を探す

さらに株式の利益と成長を測定する方法が二通りある。ROE（株主資本利益率）と一株当たりキャッシュフローである。

ROEは、純利益を株主資本で割ることで計算できる。算出される数値は、企業がその資金をどれだけ効率的に使っているかを示すため、経営状態の良い企業と悪い企業を見極めることができるのだ。われわれは研究を通して、過去五〇年間で急成長を遂げたほぼ全銘柄が、最低でも一七%のROEを示していたことを突き止めた（なかでも特に優れた大化け銘柄のROEは二五～五〇%ほどになる）。

また企業のキャッシュフローを見極めるには、内部で発生する現金の額を反映させるために企業の減価償却費を加えて計算する。大化け銘柄のなかには、実際のEPSと比べて、一株当たりの年間キャッシュフローが二〇%以上も大きい銘柄がある。

過去三年間のEPSの安定性を確かめる

われわれの研究から、成長株を選ぶときにもう一つ重要な要因があることが分かった。それは、過去三年間の年間EPSの増加率の安定性と一貫性である。われわれは一般の統計とは違う独自の計算方法を用いて、安定性を一～九九の数値で示した。値が小さいほど、過去のEPSの記録が安定していることを示す。この指数は、過去三～五年間のEPSを四半期ごとにチャートに点で描画し、その点に沿ってトレンドラインを描くことで、基本的な成長トレンドからどの程度乖離しているかを計ることで算出されている。

EPSの安定性を示す成長株は、この安定性指数が二〇～二五以下になる傾向がある。この指数が三〇以上を示す企業は、景気循環の傾向がより強く、成長の見込みが低い。ほかの条件が同じような銘柄から買い銘柄を選択するならば、過去のEPSの増加に持続性、一貫性、そして安定性が見られる銘柄を選ぶのが賢明だろう。年間EPSが二五％の増加率を達成している企業なら、安定性指数が一～三になることもある。過去数年分のEPSを四半期単位で対数チャートに描いてみると、EPSを示すトレンドラインは一直線に上向きになるはずである。ほとんどの場合で、最近の四半期の上昇率が加速を見せていることだろう。

この左ページの表にはEPSの増加率のすぐ下に、EPSの安定性を示す指数を示したが、アナリストや投資サービス会社がこの計算をすることはほとんどない。われわれは、この指数

EPS の安定性を示す例

マクドナルド	
EPS の増加率	19%
EPS の安定性指数	4
PER	15（1.4 ×株価）倍
5年間の PER の幅	12 ～ 21 倍
ROE	29%
キャッシュフロー	4.85 ドル

を機関投資家向けの商品を始め、デイリー・グラフやデイリー・グラフ・オンラインなどの個人投資家向けの商品にも提供している。

実証済みの成長記録を持つベンチャー企業に絞って銘柄を選択すれば、過去に不安定なＥＰＳを示した企業や、景気循環が理由で利益を回復しただけの企業のような何百という銘柄を避けることができる。そのような銘柄は、前回の相場サイクルにおける最高のＥＰＳに近づくと天井を打ってしまう可能性がある。

正常な株式市場サイクルとは？

これまでの歴史をさかのぼると、ほとんどの強気（上昇）市場は二～四年間続いたあとに、景気後退や弱気（下落）市場に見舞われ、その後新たな強気相場に突入する。

新しい強気相場の初期段階では、通常、成長株がマーケットを牽引して新高値を付ける。そのような銘柄は、四半期ごとに利益を伸ばし続けていたのにマーケット全体の条件が整わずに株価が伸び悩んでいた企業である。マーケット全体が後退するなかで、継続的に利益の増加を達成していたこのような銘柄は、PER（株価収益率）が必然的に低くなり、それがPERを重要視する機関投資家の目を引くのだ。

製鉄、化学、製紙、合成ゴム、自動車、機械などの景気循環の傾向が強い基幹産業に属する銘柄は、強気相場が訪れても初期段階での回復は遅れる。

そして若い成長株が強気相場を二サイクルほど支配する。その後、相場の中心は景気敏感株や下落から上昇に転じた銘柄、そして新たに力を付け始めた業種へと移っていく。

過去の大化け銘柄を調べると、四分の三は成長株なのだが、四分の一は景気敏感株や企業再生株だった。一九八二年に、クライスラーとフォードが大きな好転を果たした。一九五三～一九五五年、一九六三～一九六五年、そして一九七四～一九七五年の各期間は、景気敏感株や企業再生株の成功が市場を牽引する波となった。景気敏感株である製紙、アルミニウム、自動車、化学、プラスチックら各産業が一九八七年に再び浮上し、同じく景気敏感株である住宅建設産業も別の期間に市場を先導した。企業再生株の例としては、一九九四年のＩＢＭや二〇〇三年のアップルなどがある。

とはいえ、景気敏感株が勢いを増している時期であっても、極めて目覚ましい若い成長株は存在している。アメリカの景気敏感株は、時代遅れの非効率的な産業であることが多い。このような企業のなかには、中国の基幹産業が急速に発展して鉄鋼、銅、化学、石油などに対する需要が高まって初めて競争力を増したものもある。二〇〇〇～二〇〇三年の弱気相場のあとに景気敏感株が急速に息を吹き返したのは、このような背景がある。

だが、それでもそういった株が景気敏感株であることに変わりはなく、アメリカの明るい未来を支える銘柄になるとは限らない。さらに、巨大化した時代遅れのアメリカ企業というのは、その規模が不利に働くことも多い。その大きさゆえに、新製品を開発したり企業革新をし続けて機転の利く海外の競合企業や国内の若く新しいベンチャー企業などに対抗することができないのだ。

景気敏感株は、株価上昇しても長く続かなかったり、不景気や収益後退が近づくとまず先頭を切って後退する傾向がある。企業再生株を探すなら、少なくとも年間EPSの増加率が五～一〇％を示し、さらに2四半期連続で急速にEPSが回復して直近一二カ月のEPSを最高水準にまで引き上げてくれる企業を選ぶことだ。株式チャートで一二カ月間のEPSの推移を確認してみるとよい。EPSの増加率が急であるほど好ましい。

EPSの増加が最高水準に届くほど勢いのある銘柄であれば、わずか1四半期の好転でもEPSが十分回復する場合がある。鉄鉱石ペレットを製鉄産業に提供していたクリーブランド・クリフズ（現クリフズ・ナチュラル・リソーシス）は、赤字だった四半期収益を二〇〇四年に六四％伸ばし、その後も二四一％と劇的に上昇させた。その勢いに乗った株価は八カ月で一気に一七〇％も値上がりした。

同一業界内の負け組を除外する方法

三年連続のＥＰＳの増加を銘柄選択の条件にすれば、それだけである特定の業界内の銘柄の八割を除外することができる。どの業界でも、ほとんどの銘柄の成長率は、冴えないものや、あるいはまったく成長していないものばかりである。この条件に当てはまる数少ない銘柄を例に挙げよう。

●ゼロックスはＥＰＳの増加率を年平均三二％ずつ伸ばしたあと、株価は一九六三年三月～一九六六年六月に七〇〇％も飛躍的に上昇した
●ウォルマート・ストアーズは安定して四三％の年間ＥＰＳの増加率を示したあと、株価は一九七七～一九九〇年に一万一二〇〇％という驚異的な上昇を見せた
●シスコ・システムズは一九九〇年一〇月に二五七％という爆発的なＥＰＳの増加率を記録し、同様にマイクロソフトも一九八六年一〇月に一挙に九九％ものＥＰＳ増加率を示した――両企業ともその後大きく値を上げた
●プライスライン・ドット・コムは二〇〇四～二〇〇六年の間にＥＰＳを〇・九六ドルから二・

○三ドルと二倍以上に伸ばしたあと、株価は5四半期で三倍になった

●グーグルは二〇〇二年に〇・五五ドルだったEPSを二〇〇四年には二・五一ドルにまで伸ばし、その後、株価は二〇〇七年までに二〇〇ドルから七〇〇ドルへと飛躍した

記録的な年間EPSの増加率を示しても、必ずしもその企業が安定した成長株であるとは限らない。実際に、世間で成長株と呼ばれていた銘柄でも、以前の相場サイクルに比べると著しく鈍い成長率を示すことがある。ある相場サイクルで大きく成長した主導株でも、次のサイクルには影を潜めることがほとんどだ。

過去三年間のEPSの増加率が三〇%という素晴らしい記録を持つ企業でも、直近の数四半期のEPSの増加率が一〇～一五%ほどに減速している銘柄は、完全に成長が止まった成熟株だと言える。歴史が古く巨大化した企業は、特徴としてEPSの増加率の伸びも鈍く、一般的には避けるべきである。アメリカ経済は常に新しい革新的で起業家精神にあふれた企業によって牽引され活気づけられてきた。アメリカに新しい産業を生み出しているのは政府ではなく、このような新興企業なのである。

年間EPSと当期四半期EPSがともにずば抜けた企業を見つける

近年の安定したEPSの増加と、直近数四半期のEPSの増加がともに優れているものでなければ傑出した銘柄とは呼べない。これは一方だけでは不十分で、両方の重要な要因が重なることで、強力な大化け銘柄や、少なくとも成功する可能性が高い銘柄が生まれるのである。

強い当期EPSと安定した過去三年間のEPSの増加率を見つけるには、『インベスターズ・ビジネス・デイリー』紙に掲載されている株価一覧にある「各銘柄のEPS指数」という本紙独自の指数を確認するのが、最も手っ取り早い。

EPS指数とは、企業の直近2四半期のEPSの増加率を前年同期と比べ、過去三年間でどれほど成長したかを測定したものである。その後、その測定結果を公開されている全銘柄と比較し、一（最低）～九九（最高）の指数で表す。EPS指数が九九の企業は、年間EPSと当期四半期EPSの両方で、残り九九％の企業よりも良い成績であったことを意味する。

三年間のEPSがまだ記録されていない新規公開株の場合には、直近5～6四半期に大きなEPSの増加があったか、さらに、より大きな売り上げ増加があったかを調べるとよい。1～2四半期だけ利益が出たというのでは不十分で、それだけではいつかは下落する可能性を示している。

ＰＥＲは重要か？

一般的な投資家なら、あなたもおそらく、株式投資で最も重要なのはＰＥＲ（株価収益率）であると学んだのではないだろうか。相当驚くだろうが、以降は覚悟して読んでほしい。

長年の間、アナリストはＰＥＲを基本的な投資判断の道具としてとらえ、ある銘柄が過小評価されている（ＰＥＲが低い）から買うべきだとか、過大評価されている（ＰＥＲが高い）から売るべきだ、という判断をしていた。ところが、われわれが今も引き続き行っている一八八〇年から現在までの大化け銘柄の分析によると、投資家たちに浸透しているこの考えは実は誤っているという結果が出たのだ。実際のところ、ＰＥＲは株価の動きとは関連性がなく、株式の売買判断にはほとんど役に立たないという事実が示されたのだ。

さらには、ＥＰＳの増加率のほうがＰＥＲよりもずっと重要であることも示された。ＰＥＲが低いから、あるいは過去のＰＥＲと比べて低いほうだから、その株が「過小評価」されていると言うのは、実は何の根拠もなかったのだ。**銘柄選択で最も重要視するべきなのはＰＥＲではなく、ＥＰＳの変化率が著しく増加しているか減少しているかなのである。**

一九五三～一九八五年まで大化け銘柄の上昇初期段階におけるＰＥＲは平均で二〇倍であっ

た（同時期のダウ工業株のＰＥＲは平均一五倍）。そのような銘柄は上昇過程でＰＥＲを一二五％も伸ばし四五倍にまで拡大している。一九九〇～一九九五年の間に市場を主導してきた企業は上昇初期のＰＥＲは平均三六倍だったが、その後八〇倍以上へと成長した。しかもこれは単なる平均値である。成長株のＰＥＲは初めはだいたい二五～五〇倍で、それが六〇～一一五倍まで上昇している。一九九〇年代後半の市場高騰で、この数値はさらに高くなった。過小評価されているバリュー株を狙っていた投資家は、このときの素晴らしい投資対象をほとんどすべて買い逃してしまったのだ。

最高の買い銘柄を逃した理由

この分析で明らかにされたのは、ＰＥＲが二五～五〇倍以上の成長株は買わないと決めていたら、最高の投資銘柄のほとんどを自動的に除外してしまっていたということだ！　マイクロソフトも、シスコ・システムズも、ホーム・デポも、アメリカ・オンラインも、そしてそのほか、数多くの素晴らしい成長を見せた銘柄を、すべて逃してしまったわけだ。

われわれの研究で分かったことは、ＰＥＲはＥＰＳが増加することで現れる末端効果であり、そのために資金力のある機関投資家の買いが集まり、その結果素晴らしい値動きをするのである。ＰＥＲが素晴らしい業績を生み出すのではない。例えば、高いＰＥＲは強気相場が原因で現れ、低いＰＥＲは景気敏感株を除いては、一般に弱気相場が原因で現れる、ということが分かっている。

市場全体が急上昇する強気相場では、ある銘柄のＰＥＲが高すぎるという理由だけで選択肢から外してはならない。次の大化け銘柄になる可能性だってあるのだ。さらに、ＰＥＲが低くてお買い得だからという理由だけで株を買っては絶対にならない。ＰＥＲが低いのには、それなりの理由があるものだ。ＰＥＲが八～一〇倍の株が、その後四～五倍に下落しないという保証はどこにもない。

もうずっと昔、私がマーケットの素人だったころ、私はノースロップ株をＰＥＲが四倍だったときに買った。その後、そのＰＥＲが二倍に下落するまで株価が後退していくのを、私は信じられない思いで見ていた。

ＰＥＲの誤った利用法

ウォール街のアナリストの多くが、ある銘柄が過去最低水準のＰＥＲになったというだけの理由で、買いの推奨銘柄にしてしまう。また、株価が下落し始めてＰＥＲが下がり、さらにお買い得になったように思えると、その銘柄を勧めたりもする。

一九九八年に、ジレットとコカ・コーラの株価が数ポイント下がり、ＰＥＲが魅力的なほど低くなった時期があった。しかし実際は、両企業ともに収益が大幅に減少していたのでPERも低くて当然だったのだ。PER分析の多くが、アナリストや学識経験者やそのほかの大勢の株式市場では儲けた実績もなければ経験すらない人たちが長年受け継いできた個人的意見や理論に基づいている。二〇〇八年に、ウォール街のアナリストの数人が、株価が下落していたバンク・オブ・アメリカを買い推奨した。マーケットには安全性や確実性など存在しない。だからこそ、買い銘柄を選定するルールがあるように、回避銘柄や売り銘柄を選定するルールが必要なのだ。

PERに頼った分析方法では、基本的なトレンドを見落とす場合がある。例えば、市場全体が天井を打っているような状況では、すべての銘柄が値下がり局面を迎えている。いくら二二倍だったPERが一五倍に下がったからと言っても、それを過小評価されている銘柄でお買い得だと飛びつく人は愚かだし考えが甘い。

しかし私はPERをある方法で使うことがある。それは、成長株が今後六～一八カ月の間にどれほどの伸び幅を達成することができるかを、その銘柄の将来の収益の見通しを基に予測するときである。例えば、今後二年間の収益の見通しの数値を、その銘柄のチャートで見付けた最初の買いポイント時点のPERの数値で掛け、そこで得た結果に一〇〇％か一〇〇％強を掛けるのだ。この計算は、成長株が大きく値を上げたときに、平均的にPERがどの程度上昇する可能性があるかを測定するものである。ここで得た数値は、強気相場で成長株がどのような株価で売れるかを予測する。ただし、強気相場や成長銘柄でもPERがあまり上昇しないことやほとんど上昇しないこともある。

例えば、チャールズ・シュワブ株が四三・七五ドルのときに最初のベースをブレイクアウトし（一九九八年後半のときのように）、最初の買いポイントにおけるPERが四〇倍だったと仮定しよう。この場合、四〇に一三〇％を掛けて得た数値（＝五二）が今後の株価の伸び幅となり、もしこの銘柄が大きく上昇することがあればPERが九二倍にまで伸びる可能性があることが分かる。その次に、九二倍という将来のPERの予測値を、EPSが一・四五ドルという二年後の見通し予測で掛ける。この結果出た数字は、その成長銘柄の株価がどこまで上昇する可能性があるかを示す。

同一業界内の企業の誤った分析方法

素人やプロの投資家に共通している、PERの誤った使用方法がもう一つある。それは、ある産業内の銘柄を比較して、最も低いPERで取引されている企業が過小評価されている銘柄であり、ゆえに最も魅力的な買い銘柄だと結論づけることである。しかし、PERが最低水準にある本当の理由は、だいたい決算結果がひどく悪かったからなのである。

株式は通常、その銘柄が持つ現在の価値に相当する株価で売られていると言うが、それがまさに真実なのである。ＰＥＲが二〇倍の銘柄にはそれ相応の理由があり、またＰＥＲが一五倍の銘柄にはそれ相応の別の理由がある。例えばＰＥＲが七倍の銘柄は、業績に問題があるからそれ以上の水準には上昇できないのだ。また、景気敏感株の場合、ＰＥＲはだいたい低めとなり、たとえ好景気でも成長株ほどのＰＥＲの拡大を見せることはあまりないことを覚えておくと良い。

シボレーの金額でベンツは買えないし、海から数キロも内陸に入った土地と同じ価格では海をのぞめる不動産は買えない。どんなものでも需要と供給の法則に従ってそのときどきの価値に見合った値段が付けられているのだ。

名画の価格高騰の火付け役は、ひと昔前の美術商であったジョセフ・デュビーンという一人の男である。彼はヨーロッパに旅しては、レンブラントなどが描いたこの世に二つと存在しない貴重な絵画作品を市場より高値で買い付けていった。そしてそれらをアメリカに持ち帰り、ヘンリー・フォードなどの当時の実業家たちにより高額な値段で売り付けた。つまり、一点物の名画を高値で買っては、それをさらに高値で売るのが、デュビーン卿の儲けの手口だったのだ。

これは、二流作品を安く買うことはだれにでもできるが、本当に価値のある素晴らしいものを手に入れるにはもっとお金がかかるという教訓である。優れた絵画と同じように、優れた銘柄は二流の銘柄よりも高値になるのはごく当然のことなのだ。

企業の株価とＰＥＲに近い将来変化が見えたら、その背景には企業の経営状態、企業情勢、人々の心理、および収益などに改善なり悪化なりの変化があるものだ。どんな銘柄でもいずれはPERが頭打ちするが、そんなときは平均株価も天井を打ち、大きな下落局面を迎えているのである。

PERが高い銘柄のほうが不安定だというのは確かに事実で、特にハイテク産業に言えることだ。PERが高い銘柄の場合、株価が一時的に先走ってしまうことがあるが、それはPERが低い銘柄とて同じである。

PERが高くても割安だった銘柄の例

企業規模が小さく革新的な新製品を有する魅力的な企業の成長段階においては、PERが高くても、実際の価値から考えれば低いという場合がある。例を挙げてみよう。

- ゼロックスは一九五九年に世界初の乾式複写機を発表し、一九六〇年のPERは一〇〇倍だった。その後、株価は三三〇〇％（株式分割による影響を除いた水準で五ドルから一七〇ドルに）上昇した。
- シンテックスは世界で初めてピル（経口避妊薬）の特許申請をした企業で、一九六三年七月のPERは四五倍だった。その後、株価は四〇〇％上昇した。

●ジェネンテックは遺伝情報を利用して新たな特効薬を開発する草分け企業であると同時に、バイオ技術産業で最初に株式公開をした企業である。一九八五年一一月のPERは二〇〇倍だったが、五カ月後には株価が三〇〇％も飛躍した。
●アメリカ・オンラインは独自のソフトウエアを使ってインターネットという世界へアクセスする革新的な手段を何百万人という国民に提供した。一九九四年一一月のPERは一〇〇倍だったが、その後一九九九年一二月で最高値を付けるまでに、一万四九〇〇％も上昇した。
●グーグルの株価は二〇〇四年九月は一一五ドルだったが、二〇〇六年一月初めには四七五ドルに上昇した。その間のPERは五〇～六〇倍台を前後していた。

高いPERの水準を勝手に決め込んでしまっている投資家は、各相場サイクルに現れる最高の投資機会を見逃してしまう。特に強気相場ではそのような偏見があだとなり、文字どおり莫大な損失を被ることになりかねない。

PERが高い銘柄を空売りしてはならない

株式市場がどん底だった一九六二年六月、ビバリーヒルズのある大物投資家が私の友人のブローカーのオフィスへと押しかけてきて、ゼロックスのPERが五〇倍だから過大評価されていると大声で叫び、すぐに八八ドルで二〇〇〇株を空売り（株価が下がることを見込んでブローカーから株を借りて売却し、安くなったら買い戻してその差額を利益して手に入れること）をした。案の定、その銘柄は急上昇して最終的には（株式分割を考慮しない水準で）一三〇〇ドルまで値を上げ、ＰＥＲは最高八〇倍まで上がった。

ＰＥＲが高すぎるという意見など、この程度なのである！　投資家の個人的な意見はだいたい間違っている――正しいのはいつもマーケットなのだ。だから、マーケットに逆らったり、疑問を投げかけたりするのはやめよう。

株を買うなら、過去三年連続で大幅にEPSが増加し、さらに最近の四半期でもEPSに力強い向上が見られる銘柄に絞ること。この条件は必ず守らなければならない。

第5章　N（Newer Companies, New Products, New Management, New Highs Off Properly Formed Bases＝新興企業、新製品、新経営陣、正しい株価ベースを抜けて新高値）

株価が驚くような上昇を見せるには、何らかの新しいものが必要だ。大ヒットとなり収益増加率をこれまで以上に加速的に伸ばす原動力となるような、重要な新製品や新サービスかもしれない。あるいは新しい活力や新アイデアをもたらしてくれたり、少なくともすべてを一掃してきれいにしてくれる新しい経営陣かもしれない。業界に需要の拡大、価格上昇、改革的技術の開発などの変化が訪れることも、同じ業界内の株価に好ましい影響を与えることがある。

一八八〇～二〇〇八年の大化け銘柄に関するわれわれの研究によると、アメリカで大化けした銘柄の九五％以上が上記のような何らかの変化を示している。例えば一八〇〇年代後半は、新しい鉄道産業によって国内の各地域の往来が可能になり、電気や電話、そしてジョージ・イーストマン（コダックの創業者）のカメラを各地域に普及した。エジソンは蓄音機、動画撮影機、そして電球を世に送り出した。その後も自動車、飛行機、そしてラジオと続々と新製品が生まれた。氷を箱に入れて冷やすアイスボックスは冷蔵庫に取って代わられた。テレビ、コンピューター、ジェット機、家庭用パソコン、ファクス機、インターネット、携帯電話――アメリカの意欲満々の発明家や起業家たちが消えることはない。このような人々が新製品や新興企業を作り出し、アメリカの目覚ましい成長の原動力となっていった。それがおびただしい数の新規雇用を生み出し、多くの国民の生活水準を高めることにつながった。平坦な道のりではなかったが、アメリカ人の暮らしは三〇年前や五〇年前の世代よりも裕福になったのである。

新製品がもたらした成功例

驚くような新製品を市場に売り出すことが、企業の成功、ひいては株価の上昇につながる。ここで言う新製品とは、新成分を配合した食器洗剤などではない。われわれの暮らしに革命を起こすような新製品のことである。これまでに何千という新興企業がアメリカの原動力となり、その高度成長期に何百万という雇用を生み出して、世界一の生活水準をアメリカにもたらしてきた。ここにそのほんの一例を示す。

一．ノーザン・パシフィック――最初の大陸横断鉄道として認可され、一九〇〇年ごろにわずか一九七週で株価が四〇〇〇％も急騰した。

二．ゼネラル・モーターズ――もとはビュイック・モーター・カンパニーとして起業。一九一三～一九一四年の間に、この企業の株価は一三六八％上昇した。
三．アメリカ・ラジオ会社――一九二六年までに商業ラジオの市場を獲得したあと、一九二七年六月に五〇ドルだった株価は、一九二九年に市場が崩壊前までに、株式分割前の水準で五七五ドルに成長した。
四．レクソール――第二次世界大戦のあと、新部門であるタッパーウエア事業の功績で、一九五八年に、一六ドルだった株価が五〇ドルに上昇した。
五．チオコール――一九五七～一九五九年にかけて、ミサイル用の新しいロケット燃料を製品化し、株価を四八ドルから三五五ドル相当へと押し上げた。
六．シンテックス――一九六三年に（ピル）経口避妊薬の販売を開始。株価は六カ月で一〇〇ドルから五五〇ドルへと上昇した。
七．マクドナルド――低価格のファストフード店をフランチャイズ化し、一九六七～一九七一年に株主に一一〇〇％もの利益をもたらした。
八．レビ・ファニチャー――巨大な倉庫を店舗にした激安家具店が人気を集め、一九七〇～一九七一年にかけて株価が六六〇％急上昇した。
九．ヒューストン・オイル・アンド・ガス――新たな大型油田の開発によって、一九七二～一九七三年の六一週間で株価が九六八％上昇し、その後一九七六年にも三六七％上昇した。
一〇．コンピュータービジョン――工場自動化を可能にする新しいＣＡＤ・ＣＡＭ（電算機援用設計・製造システム）を製品化し、一九七八～一九八〇年にかけて株価を一二三五％上昇させた。

一一．ワング・ラボラトリーズ――オフィス用ワープロの発明により、一九七八～一九八〇年にかけてクラスB株が一三五〇％上昇した。

一二．プライス・カンパニー――南カリフォルニアで革新的な会員制卸売店をチェーン展開し、一九八二～一九八六年にかけて株価を一五倍以上に成長させた。

一三．アムジェン――バイオテクノロジーを駆使して開発したエポジェンとニューポジェンという二種類の新薬が好評で、一九九〇年に六〇ドルだった株価は一九九二年初めには四六〇ドル相当まで一気に上昇した。

一四．シスコ・システムズ――同じくカリフォルニアの企業である同社は、ルーターとネットワーク機器を開発し、地理的に離れたコンピューター同士をLAN（地域情報通信ネットワーク）でつなげることに成功した。株価は一九九〇年一一月から一九九四年三月までに約二〇〇〇％上昇した。一九九〇～二〇〇〇年の一〇年間では七万五〇〇〇％という驚異的な伸びを記録した。

一五．インターナショナル・ゲーム・テクノロジー――マイクロプロセッサー（超小型演算処理装置）を基盤に使った新たなゲーム製品を開発し、一九九一～一九九三年にかけて株価は一六〇〇％も上昇した。

一六．マイクロソフト――ウィンドウズという革新的なOSで家庭パソコン市場を支配し、一九九三年三月から一九九九年末にかけて株価を一八〇〇％近く成長させた。
一七．ピープルソフト――家庭用ソフトウエアの主導メーカーだった同社は、一九九四年八月から三年半で二〇倍の株価上昇を達成した。
一八．デル――革新的なコンピューターの受注生産と直販で市場を先導し、一九九六年一一月から一九九九年一月にかけて株価は一七八〇％上昇した。
一九．EMC――増え続けるネットワーク記憶装置への必要性に応え、優れたコンピューター用記憶装置を開発し、一九九八年一月から一五カ月で株価を四七八％上昇させた。
二〇．AOLとヤフー――両社ともインターネット市場を先導し、ネット上のあらゆるサービスや情報にアクセスできる新しい「ポータルサイト」を提供した。両社とも一九九八年秋から一九九九年の最好調期にかけて五〇〇％の上昇を記録した。
二一．オラクル――データベースやインターネット事業用のアプリケーションを提供し、一九九九年からたったの二九週間で、株価を二〇ドルから九〇ドルへと押し上げた。
二二．チャールズ・シュワブ――低料金でサービスを提供する一流のネット証券会社である同社は、オンライン投資が活発になり始めた一九九八年後半からたったの六カ月で四一四％の上昇を達成した。
二三．ハンセン・ナチュラル――果実栄養飲料「モンスター」がスポーツ愛好家に受けて、二〇〇四年後半からわずか八六週間で株価は一二一九％も急上昇した。

二四．グーグル――インターネットを通して世界中に素早い情報提供を行い、株価は新規公開した二〇〇四年から五三六％も上昇した。

二五．アップル――新しい小型音楽プレーヤー「ｉＰｏｄ」が人気を集め、株価は二〇〇四年二月二七日のチャートにはっきりと形成されていた典型的な取っ手付きカップのパターンを抜けて一五八〇％上昇した。

二〇〇四年にアップル株を買い逃してしまっていても、チャートを毎週確認していれば、その後の典型的な株価パターンが現れたときに同株を買う機会が四度あったのだ――二〇〇四年八月二七日、二〇〇五年七月一五日、二〇〇六年九月一日、二〇〇七年四月二七日である。

ここで紹介したような、独創性で市場を先導する新興企業が将来にわたり何百何千と現れ、われわれはそのような銘柄を買う機会を幾度となく得ることだろう。世界中の人々が自由とチャンスを求めてアメリカへとやってくる。それがほかの国にはない、アメリカを成功へと導く秘訣である。だからこそ、弱気になってマーケットがもたらす絶好の機会を逃したりしてはならない。マーケットについて学習し、資金を蓄え、万全の準備を整えて投資に関する知識を深めていけば、あなたも未来の大化け銘柄を見極めることができるようになる。信じることだ。やる気と決意さえあれば、あなたにも必ずできる。地位や生まれや置かれている状況などは関係ない。すべてあなた次第なのだ。成功したいと思うかどうかにかかっている。

株式市場の「大いなる矛盾」

大化け銘柄には、必ず初期段階に興味深い現象がもう一つ起こる。われわれはそれを「大いなる矛盾」と名付けた。その内容について説明する前に、ここに示す三種類の典型的なチャートを見てほしい。

A株、B株、C株のなかでどれが最高の買い銘柄に見えるだろうか。また、避けるべき銘柄はどれだろうか？　答えは本章の最後で明かすことにしよう。

驚くほど多くの個人投資家が、投資の初心者や熟練者にかかわらず、天井を付けたあとに大きく下落した銘柄を見ると割安の銘柄を見つけたと喜んで簡単に買ってしまう。一九七〇年代～二〇〇〇年代にかけて私の投資講座に参加していた何十万人という個人投資家の多くが、株価が高値を更新しているような銘柄は買わないと口をそろえて言っていた。

このような偏見は個人投資家だけのものではない。われわれは歴史をさかのぼって調べた数多くの模範的前例を六〇〇社を超える機関投資家に提供してきたが、彼らもまた「底値買い」をしていたのだ。株価が大きく下落したり安値圏内で売られているような、一見割安の銘柄を買うほうがリスクが低いと感じているのだ。

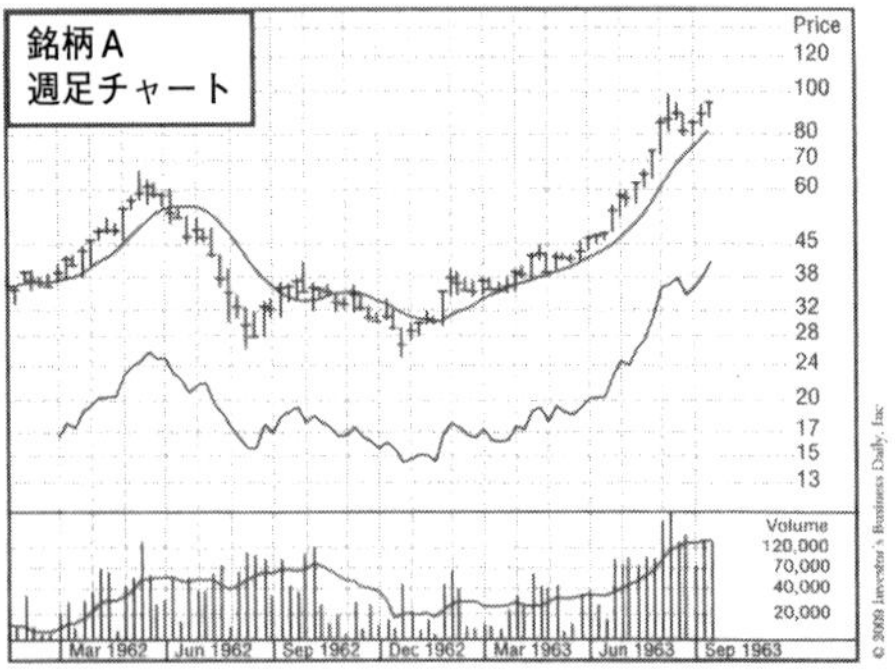
銘柄A
週足チャート
Price
120
100
80
70
60
45
38
32
28
24
20
17
15
13
Volume
120,000
70,000
40,000
20,000
Mar 1962
Jun 1962
Sep 1962
Dec 1962
Mar 1963
Jun 1963
Sep 1963
© 2009 Investor's Business Daily, Inc.

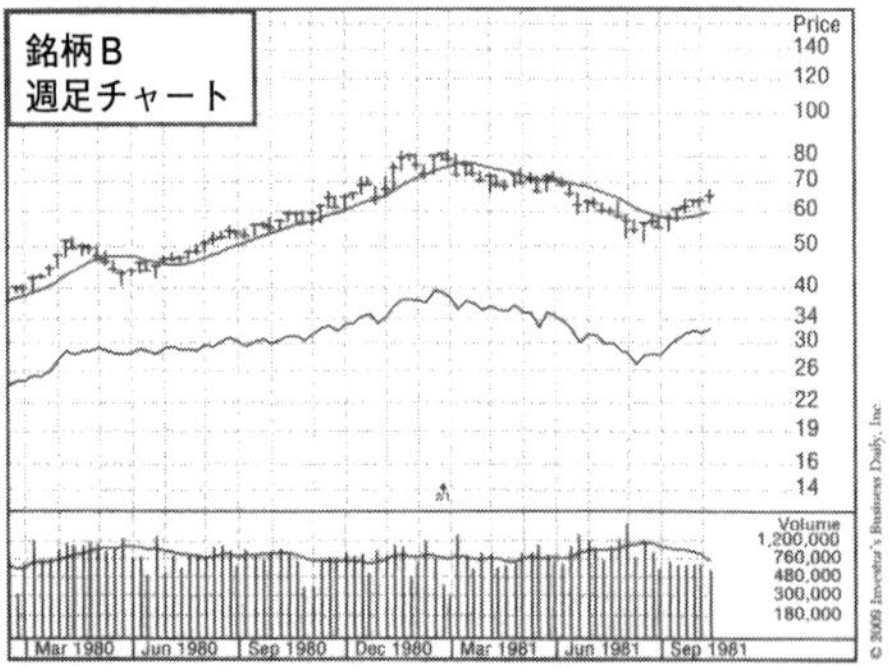
銘柄B
週足チャート
Price
140
120
100
80
70
60
50
40
34
30
26
22
19
16
14
Volume
1,200,000
760,000
480,000
300,000
180,000
Mar 1980
Jun 1980
Sep 1980
Dec 1980
Mar 1981
Jun 1981
Sep 1981
© 2009 Investor's Business Daily, Inc.

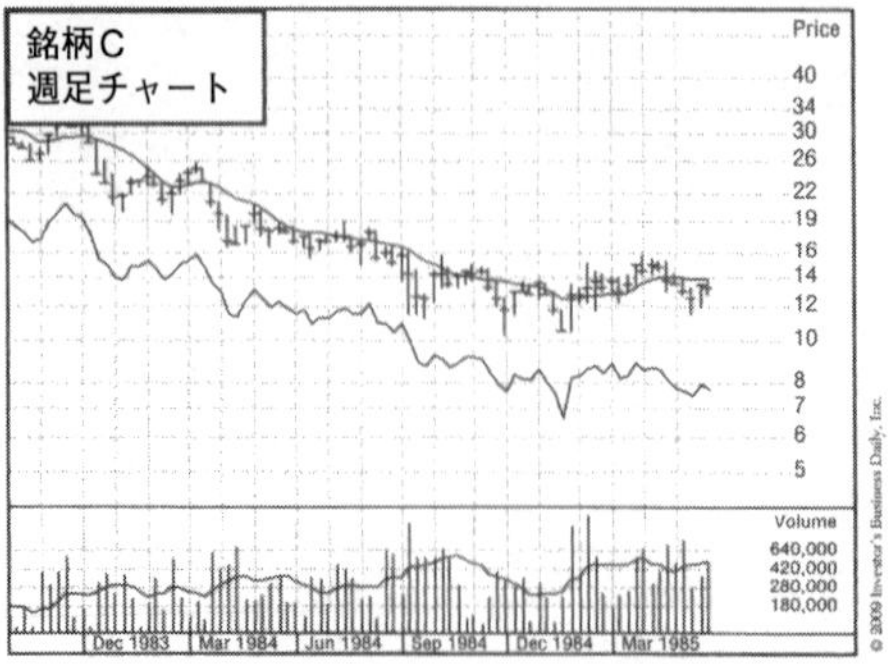
銘柄C
週足チャート
Price
40
34
30
26
22
19
16
14
12
10
8
7
6
5
Volume
640,000
420,000
280,000
180,000
Dec 1983
Mar 1984
Jun 1984
Sep 1984
Dec 1984
Mar 1985
© 2009 Investor's Business Daily, Inc.

われわれの大化け銘柄に関する研究は、昔から言われる「安値で買い、高値で売る」の手法が完全に誤った投資法であることを実証している。むしろ、われわれの研究はそのまったく逆のことを証明している。株式市場における驚きの「大いなる矛盾」とは。

株価が高すぎてリスクが高そうに見える銘柄はさらに値上がりし、株価が低く割安に見える銘柄はさらに値下がりする傾向にある。

この「高値の矛盾」に従って銘柄を買うのは勇気がいることだろうか？　われわれの行った研究をもう一つ紹介しよう。この研究では、多くの強気相場で新高値を更新した株と新安値を更新した株という二種類の銘柄について分析した。その結果、ある決定的な結論にたどりついた――新高値を更新した銘柄はさらに値上がりし、新安値を更新した銘柄はさらに値下がりする傾向があるというものだ。

この研究結果から、『インベスターズ・ビジネス・デイリー』紙の「安値更新銘柄」に掲載されている株は、値上がりの見込みが低く避けるべき銘柄であると考えられる。素早い判断のできる投資家ならば、むしろそのような銘柄は、「安値更新銘柄」に掲載される前にすでに売却しているはずである。逆に「高値更新銘柄」に載るような銘柄、特に強気相場で多くの出来高を伴って株価を上昇させて初めてここに掲載されたような場合、その銘柄は今後大きく上昇する可能性を秘めていると言えるのだ。

五〇ドルの株価が一〇〇ドルに上昇する理由

株価が史上最高値を付けたときに買うことに抵抗感があるのなら、まずは考えてみてほしい――何カ月間も四〇ドル～五〇ドルで取引され現在は五〇ドルで売られている銘柄が、株価を二倍の一〇〇ドルに上昇させるにはどのような過程をたどる必要があるだろうか。まずは最高値の五一ドルを付け、そして五二ドル、五三ドル、五四ドル、五五ドルと次々に高値を更新していかないと一〇〇ドルには到達できないだろう。

大勢の二流投資家が、株価が高すぎると感じているときに買い、その株価が大幅に上昇してやっと二流投資家がその魅力に気づき始めたときに売る、それが賢い投資家のすることだ。一九九〇年一一月、シスコ株は史上最高値で取引されていた。最高値を更新したばかりでもう値上がりしないのではないかと思えるそのときにこの銘柄を買っていたならば、その時点から二〇〇〇年の天井に向かって約七万五〇〇〇％もの躍進をするのを、あなたは大いに楽しんで見ていたことだろう。

正しいタイミングで買う

ある銘柄が新高値を付けているからといって、必ずしもそれが正しい買いのタイミングであるとは限らない。銘柄選択をするにあたり、チャートを利用することはとても重要である。チャートを見ながら株価が過去にどのような値動きをしたかを細かく研究し、そしてきちんと形成された基本パターンからブレイクアウトをして新高値を付けている銘柄を探すのだ（チャートの読み方およびチャートパターンの見極め方については第2章を参照）。第1章で紹介したチャート一〇〇例を見ておけば、チャートに関する理解を深めたうえで読み進めていけるだろう。

正しく形成された株価パターンからのブレイクアウトは、最大級の上昇が始まる場所であり、大幅な値動きを記録する可能性が高まる。株価のベース（地固め）形成期間は、通常七～八週間から長いときで一五カ月ほど続く。

第2章で述べたとおり、買いの絶好のタイミングとは、強気相場で株価がベースから上へブレイクアウトし始めたときである（アメリカ・オンラインのチャートを参照）。ベースを上へブレイクアウトして買いポイントから株価がすでに五％～一〇％上昇してしまうと、もう買うのは遅すぎる。そのような高水準で買うと、必ず訪れる次の調整や押し目で振るい落とされる可能性が高くなってしまう。どんな優良銘柄でも無鉄砲に買うものではない。買って良いとき

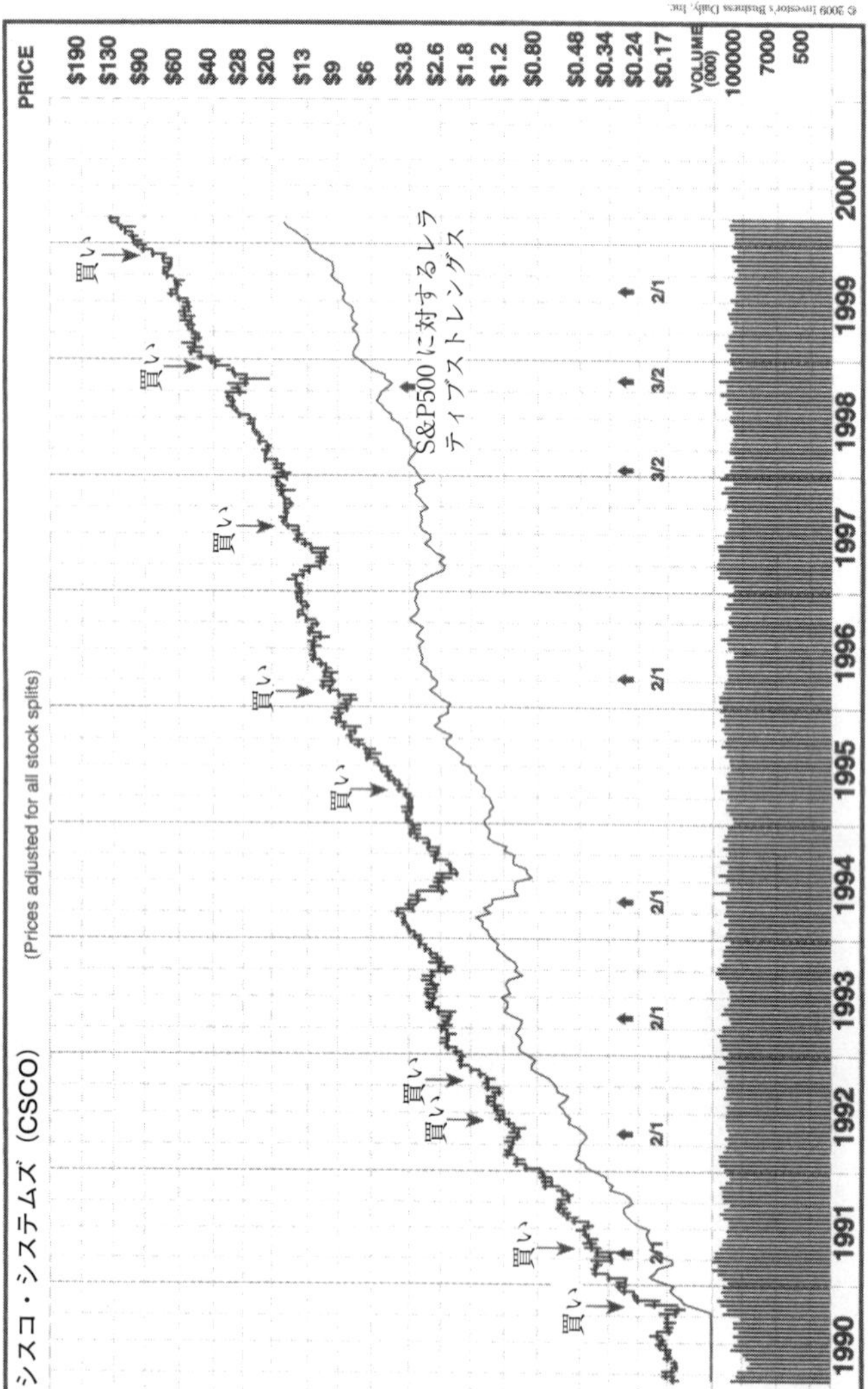
シスコ・システムズ（CSCO）
(Prices adjusted for all stock splits)
PRICE
S&P500に対するレラティブストレングス
買い
2/1
3/2
VOLUME (000)
1990
1991
1992
1993
1994
1995
1996
1997
1998
1999
2000
© 2009 Investor's Business Daily, Inc.

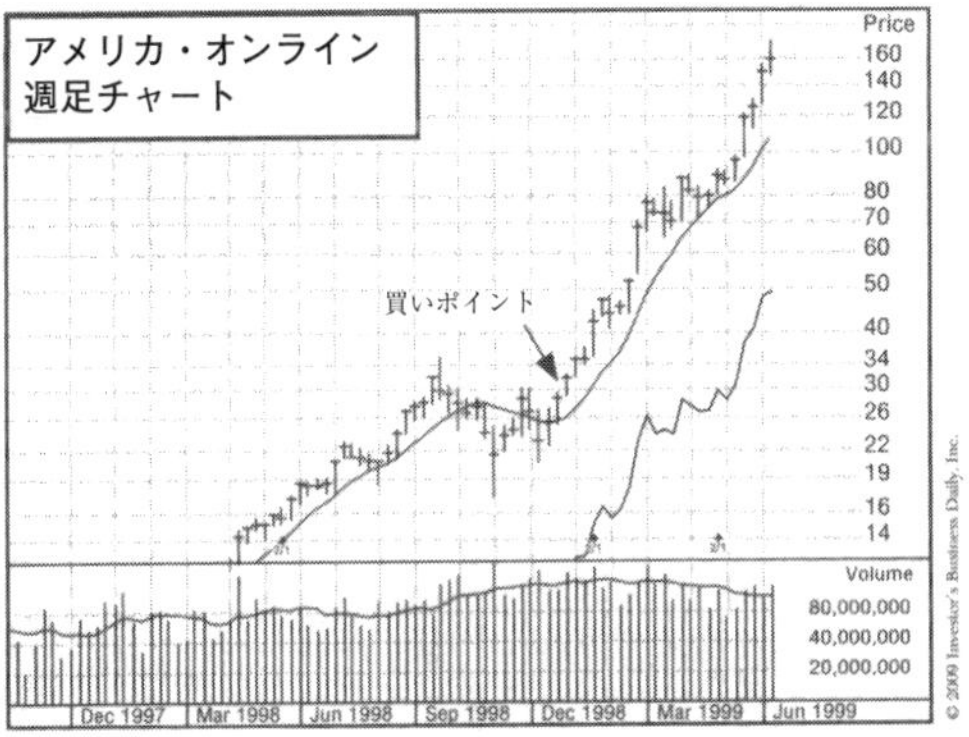

と悪いときがあるのである。

大いなる矛盾の答え

「大いなる矛盾」について学んだ今なら、選択すべき買い銘柄がどれか分かっただろうか？　正解はA株、つまりシンテックスだった。二三四ページに掲載したシンテックスの週足チャートに描かれた矢印（一九六三年七月）が、買いポイントを示している。この矢印は先に示したA株のチャートの終わりと一致する（三対一の株式分割調整済み）。シンテックスは、一九六三年七月のこの買いポイントから、大きく値上がりした。一方で、B株（ハリバートン）とC株（コムデータ・ネットワーク）は、二三四ページに掲載したチャートから分かるように、どちらも値を下げた（矢印はそれぞれ先のチャートの終わりと一致する）。

重要な新製品や新サービスを生み出した企業、または経

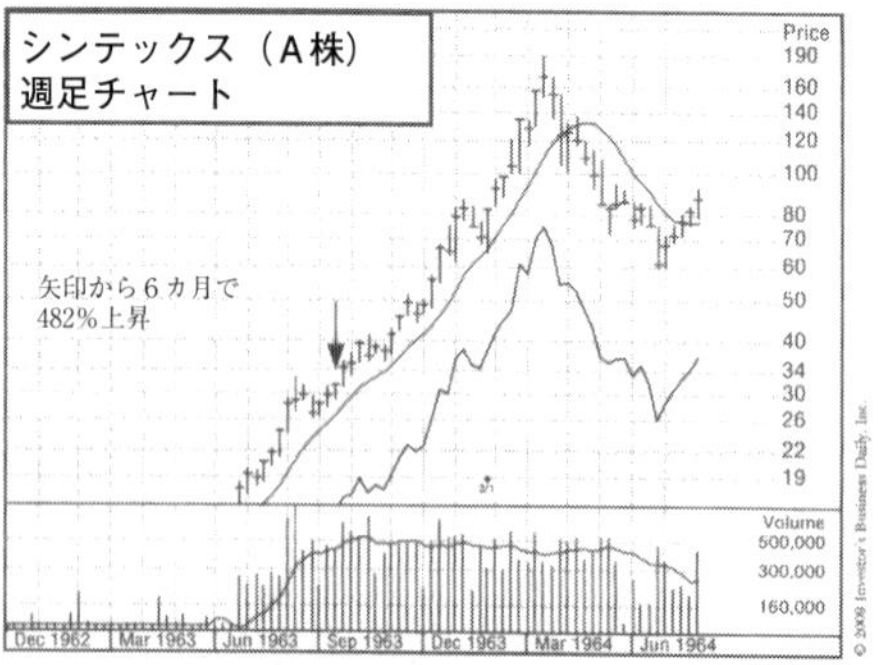

Stock A: 482% increase in 6 months from buy arrow.

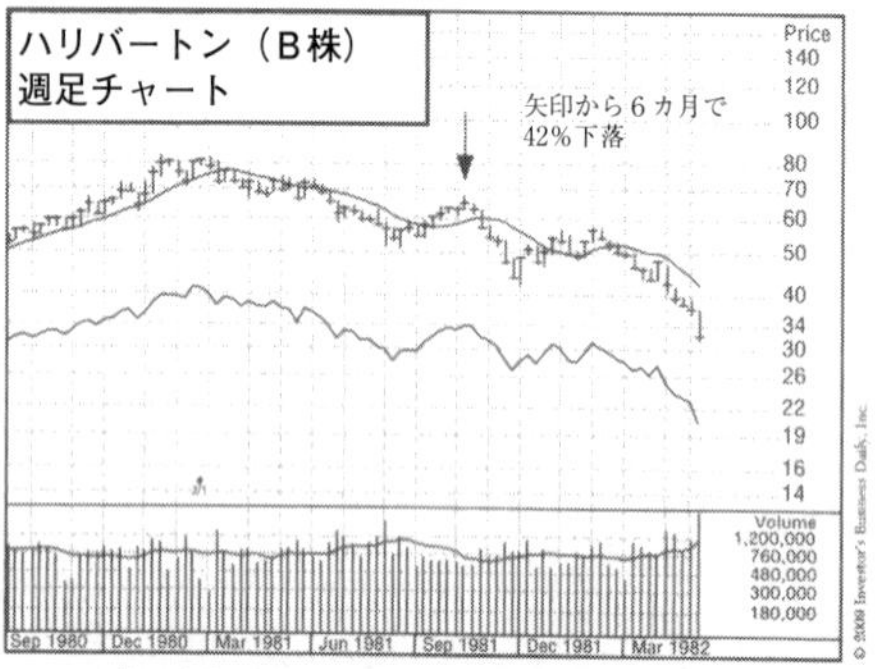

Stock B: down 42% in 6 months from arrow.

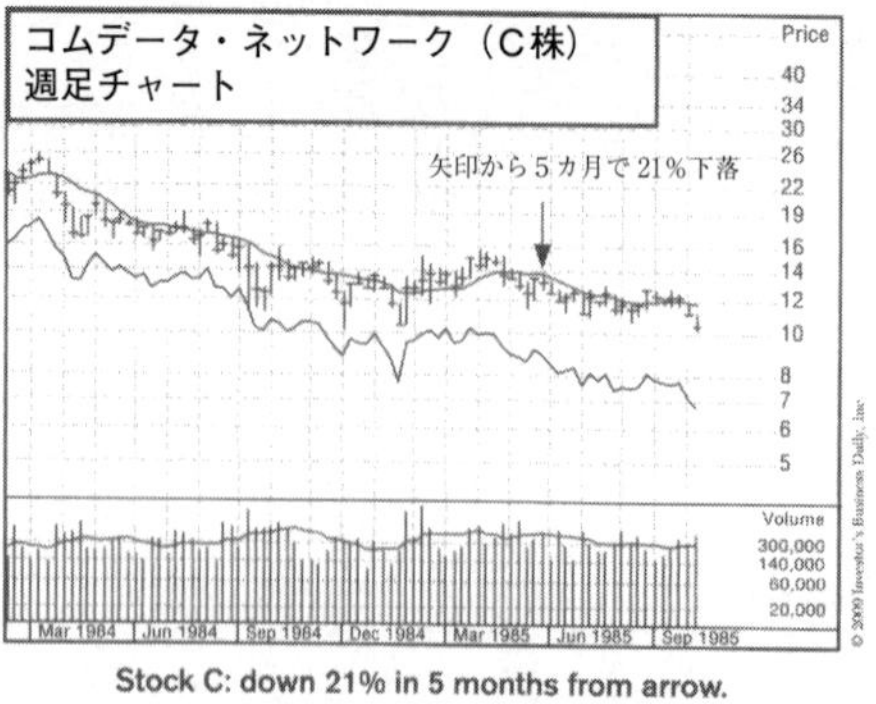

Stock C: down 21% in 5 months from arrow.

営陣が新しく変わったり業界内の基礎条件が著しく改善し、利益を伸ばした企業を探そう。そのような銘柄の株価がきちんとした正しいベース形成の揉み合いパターンから抜け出るまさにそのときに、出来高の増加を伴って新高値に近づいたり実際に新高値を付けた銘柄を買うのだ。

第6章　S（Supply and Demand＝株式の需要と供給）――重要なポイントで株式の需要が高いこと

日常的な商品の価格はほとんどすべて需要と供給によって決められている。レタスやトマト、卵や牛肉に付けられる値段は、その製品を入手できる量と、その製品を欲しがる人の数によって変わる。理論上は貧富の差などないはずの旧共産主義諸国ですら、需要と供給によって支配されていた。このような国では、国が所有する商品は常に供給不足なので、限られた特権階級の高級官僚や闇市場で法外な価格を支払うことのできる富裕層だけがそういった商品を入手していた。

この需要と供給の基本原理は株式市場にも例外なく存在する。株式市場では、ウォール街のどんなアナリストの意見よりも、この基本原理のほうが重要である。彼らの学歴や学位やＩＱがどれほど高くても、需要と供給の基本原理にはかなわない。

株式の供給量による違い

発行済み株式数が五〇億株もあるような銘柄は、その供給量の多さのためなかなか株価が動かない。これらの株を大きく上昇させるには、かなり多くの買いでの出来高、つまり需要が必要になる。その一方で、発行済み株式数が五〇〇〇万株ほどの比較的供給量の少ない銘柄なら、ある程度の買いが入れば株価を押し上げることができる。

つまり、五〇億株流通している銘柄と五〇〇〇万株の銘柄では、どちらを買ったほうが良いだろうか。ほかの条件がまったく同じであると仮定するならば、通常は五〇〇〇万株の銘柄を買ったほうが良い成績を期待できる。とはいえ、そのような総資本の少ない小型株は流動性に欠けるため、加速的に上昇する一方で値下がりもそれだけ速い。つまり、大きく成長する可能性は高いが、その分リスクも大きいということである。そのようなリスクを最小限に抑える方法については、第10章と第11章で解説している。

企業の資本構成における発行済み株式数は、その株式の市場流通規模を示している。マーケットのプロは、それ以外にも「浮動株」の数に注目している。これは、全体の株式発行数から経営陣などが保有している安定保有株式数を差し引いた、市場に流通している株のことである。経営陣が保有している株式の割合が大きいと（大企業だったら最低一～三％、中小企業ならそれ以上）、株の値動きが経営陣自らの利害につながるために、企業としての株価上昇に対する努力が期待できるため、良い買い候補となる。

発行済み株式数の多い企業のほうが株価の動きが鈍くなる理由は、需要と供給だけではない。基本的にそのような企業というのは組織体制が古く、成長の速度も衰えている。要は大きくなりすぎて動きが鈍っているのである。

例外的に、一九九〇年代に発行済み株式数の多い大型株のほうが小型株よりも値を上げるということが何年か続いたことがあった。これは投資信託の規模が拡大したことが原因の一つである。投資信託を買う投資家が急増したために、ファンドは大量に流れ込んだ現金をもてあます状態に陥った。そこで大きく膨れ上がったファンドの資金を運用するために、大型株を買うしかなかったのである。必要にかられたファンドのこのような動向が、一見大型株を好んで買っているように見せたのだ。これは通常の需要と供給の原理とは、まったく逆の効果である。機関投資家の需要の増加を満たすために流通量の少ない小型株が値上がりしやすくなるほうが普通である。

大型株にも長所はある――流動性の高さや質の高さに加え、一般的には下落しにくいこと、そして場合によってはリスクも少ないことなどが挙げられる。さらに、近年では大きなファンドが相当の資金力を持っているため、一流の大企業の株でも中小企業とほぼ同じくらいの速さで値上がりする可能性を秘めている。

管理人ではなく起業家精神に富む経営陣を選ぶ

大企業にはものすごい権力と影響力があるように思えるが、その規模の大きさが想像力の低下と生産性の非効率を招くことがある。大企業の多くは、昔ながらの保守的な「管理人タイプの経営者」によって運営されており、革新的な決断やリスクのある行動をとったり、素早く賢く行動をして急速に移り変わる時代に追いつこうという意欲に欠ける。また、たいていの場合、大企業の経営陣が自社株を大量に保有しているということはない。これは重大な欠陥であり、大企業が正すべき努力課題である。こうした企業の経営陣および社員は自社の成功に個人的な関心を寄せていない――優れた投資家の目にはそう映っても仕方がない。なかには、経営陣が何層にもなっていて、上級幹部が顧客レベルからあまりにもかけ離れている大企業さえある。資本主義経済で競う企業にとって、究極の上司は顧客であるはずだ。

情報の伝達手段は、日々加速的に変化を遂げている。今注目されている新製品を持っている企業でも、時代に合った優れた新製品を常に市場に送り出していかないと、二年後や三年後には売り上げを落とす結果になる。新製品や新サービス、および発明などは、起業家精神に富んだ経営陣を抱える、革新的でハングリー精神にあふれる比較的新しい中小企業から生み出される。公開会社や非公開会社にかかわらず、このような小規模の企業群が急速な成長を遂げ、そしてアメリカの新規雇用の八割～九割を生み出しているのは、けっして偶然などではない。サービス産業、ハイテク産業、または情報産業にこのような企業が多く見られる。アメリカの将来の大成長がこれらの産業から始まるかもしれない。一九八〇年代～一九九〇年代には、活力に満ちた小規模だが革新的な企業の多くが成長を続けて最終的には大きな資本を築くに至った。マイクロソフト、シスコ・システムズ、オラクルなどはそのほんの一例である。

動きの鈍ったマンモス企業が重要な新製品を生み出すことがあったとしても、株価を著しく押し上げることにはつながらないだろう。それは、巨大な企業にとって、その新製品が売り上げや収益に与える影響は微々たるものだからである。例えるなら、大きなバケツに落ちた小さな一滴にすぎないのだ。

過度の株式分割には注意

企業は時として株式分割を行いすぎるという過ちを犯す。株式分割は、ウォール街の投資銀行の助言を基に行われる場合がある。私の考えでは、株式分割は一対三や一対五よりも、一対二や二対三で行ったほうが良い（一対二の株式分割が行われると、保有株一株につき二株を手にすることになるが、新株の値は以前の半分になる）。過度の株式分割は供給量が一気に増えるため、値動きの重い「大資本」の企業状態を本来よりも早く招く結果になりかねない。

一般に、新たな強気相場が訪れたときに初めて株式分割を行うと、株価は上昇する傾向にある。だが実際に株価が上昇し始める前には、数週間にわたる調整期間がある。

株価が一年～二年ほど順調に上昇していた企業が、強気相場の終盤や弱気相場の初期段階において度を超えた株式分割を行うのはあまり賢いとは言えない。だが、実に多くの企業がこれを行っているのだ。

おそらくそのような企業は、株価を引き下げればより多くの買い手が注目してくれるだろうと考えている。確かにそのような買い手も出てくるだろうが、逆に売り手を増やしてしまう危険もある。一～二年以内に二回目の株式分割となると、その可能性はさらに高くなる。それは、経験豊富なプロ投資家や少数の賢い個人投資家らが過度の株式分割でにわかに株が注目されているそのときに、株を売って利益を確定しようと考えるからである。さらに、売却時期を待っていた大口株主も、一対三の株式分割が行われて一〇万株が三〇万株になってしまう前に手放すほうが売りやすいだろうと考えるかもしれない。さらに腕利きの空売りトレーダーも、機関投資家が多く保有している株が急上昇したあとに下落局面に入ったのを見たら空売りを仕掛けることだろう。

株式分割を二回か三回行うと、株価が天井を打つ傾向にある。われわれの大化け銘柄の研究では、大きな株価上昇を見せる前年に株式分割を行った企業は全体のわずか一八％にすぎないことが分かっている。クアルコムは、一対四の株式分割を行った直後の一九九九年一二月に天井を付けた。

公開市場で自社株買いをしている企業を探す

公開市場で長期間かけて継続的に自社株を買っている企業というのは見込みのある企業である（自社株を一〇％保有していれば相当な量である）。これはほとんどすべての企業について言えることで、特にCAN－SLIMの基準を満たしている成長中の中小企業ならばなおさらである。自社株を買うという行為は、流通する株式数を減らすだけでなく、企業が今後の売り上げや収益の改善を見込んでいることを暗示している。

流通する株式数が減ると、企業の純利益は減った株式数で分け合うことになるので、EPS（一株当たりの収益）が増加する。すでに説明したように、このEPSの増加率こそが大化け銘柄の株価押し上げの原動力となる。

一九七〇年代半ばから一九八〇年代初期にかけて、タンディー、テレダイン、そしてメトロメディアは自社株を順調に買っていった。その結果、三社ともEPSを増加させて見事な株価上昇を達成した。チャールズ・タンディーはかつて私にこんな話をしてくれた――市場が揉み合いに入り、タンディー社の株価が下落を始めると、氏は銀行へ出向き資金を調達しては自社株を買い集め、その後市場が回復して株価が上昇したら借金の返済をしたという。もちろん、これはタンディー社が安定した収益の増加を報告していた時期と重なる。

タンディー社の株価は、一九八三年に二・七五ドルから六〇ドルまで上昇した（株式分割調整済み）。メトロメディア株は一九七一年の三〇ドルから一九七七年の五六〇ドルへと急騰し、テレダイン株は一九七一年の八ドルから一九八四年の一九〇ドルへと急成長した。テレダインは八回の自社株買いを行い、八八〇〇万株あった株式資本を一五〇〇万株にまで減らし、その結果、ＥＰＳは〇・六一ドルから二〇ドル近くにまで増加した。

一九八九年と一九九〇年に、インターナショナル・ゲーム・テクノロジーが自社株を二〇％ほど買っていると発表した。その後一九九三年九月には、この株価は二〇倍以上も上昇した。住宅建設業者のＮＶＲも、二〇〇一年に大規模な自社株買いを行って大きな成功を収めている。ここで紹介した企業はすべて成長企業だった。収益が増加していない企業の自社株買いについては、それほどの信頼性はないだろう。

総資本に対する負債比率の低い企業が望ましい

適切な株式数の銘柄を見つけたら、その企業の総資本のうち長期負債や社債が占める割合はどのくらいかを確認しよう。一般には、負債の比率が低いほど安全で優良な企業である。金利が高くなったり深刻な不景気が訪れると、負債率が高い企業はＥＰＳに大きな打撃を受ける。負債の多い（＝高いレバレッジの）企業はおおむね、低品質でハイリスクとみなされる。

一九九五年～二〇〇七年、銀行やブローカー、住宅ローン会社、ファニーメイ、フレディーマックなどの準政府機関の間で、四〇倍～五〇倍の過剰なレバレッジを利用する企業が増えた。これらの企業は、低所得層の住宅購入者に提供するサブプライムローンに対する巨額投資を推進していた政府によって強く後押しされていたのだが、最終的にはこのような高レバレッジ取引が二〇〇八年の金融不安と財政危機を引き起こす原因となった。

投資家と住宅購入者が知っておくべき最も大切なルールは、返済できない額を借りては絶対にならないということだ。過剰債務は人、企業、政府ともに例外なく打撃を与える。

過去二～三年の間に、総資本に対する負債率が減少しているような企業は検討の余地がある。少なくとも、利息の支払いにかかる費用が削減されるので、EPSが増加するからである。

もう一つ注目するべき点は、資本構成における転換社債の有無である。その社債が普通株に転換されると、収益の希薄化につながることがあるので、注意したい。

需要と供給を見極める

ある銘柄の需要と供給を知る最善策は、日々の出来高を観察することである。これは特に重要なので、『インベスターズ・ビジネス・デイリー』紙には、株式一覧表に一日の出来高だけでなく過去三カ月間の平均出来高から何％上か下かも合わせて掲載されている。これらの数値と、最近の買い集めと売り抜けの程度を示す本紙独自の指数は、とりわけ貴重な情報である。『ウォール・ストリート・ジャーナル』紙をはじめほかの日刊紙では提供されていない。

一般的に、株価が一時的に下落するとき、出来高の減少が伴っていれば、大きな売り圧力がすべて出尽くしたことを示している。逆に株価上昇時に出来高の増加が伴っていれば、一般投資家ではなく機関投資家による買いが入ったことを示している。

株価が揉み合いからブレイクアウトするとき（チャートの読み方と大化け銘柄の株価パターンの見分け方については第2章を参照）、出来高は少なくとも通常時の四〇～五〇％以上になることが望ましい。一日で一〇〇％を超える出来高の増加が見られることもまれではなく、これは株の大量買いや株価のさらなる上昇の見込みが高いことを示している。日足チャートや週足チャートは、株価や出来高の動きを分析したり解釈するのに役に立つ。月足チャートもまた有効である。

株価のベースパターンをチャートで毎週探してみることだ。株価が下落して引けて新たなベースを形成し始めたら、その株価がベースから抜ける直前まで、毎週続けて観察するのだ。一週間で株価がどれほど上昇したか、あるいは下落したか、そしてそのときの出来高が増加していたか減少していたかも合わせて確認する。そして、株価が一週間の値幅の高値圏内で引けたのか、あるいは安値圏内で引けたのかも注意して見ておきたい。毎週チャートを見ること、そして正しいパターンが形成されているかどうかを判断すること、この二点を行うことで、その銘柄が機関投資家による買い集めの状況下にあるパターンなのか、それとも欠陥ばかりのパターンなのかを見分けるのだ。

覚えておくこと――CAN－SLIMの条件を満たす銘柄ならば、総資本の規模にかかわらず買ってよい。ただし、資本の少ない小型株のほうが上昇時も下落時も値動きが激しくなる。マーケットの焦点は小型株から大型株へ、あるいはその逆へと移り変わっていくものだ。公開市場で自社株買いをしている経営陣が多くの株式を保有している企業のほうが投資対象としては望ましい。

第７章　Ｌ（Leader or Laggard＝主導銘柄か、停滞銘柄か）――あなたの株は？

投資家の多くは、保有していることで満足感に浸れたり、何らかの安心感を与えてくれる銘柄を買う傾向にある。強気相場では、どこまでも値を上げて何度もわれわれを驚かせてくれるような活力に満ちた主導銘柄が数多く現れるが、感傷的な理由で買ったお気に入りの銘柄というのはたいてい最も動きの鈍い停滞銘柄で終わってしまう。

例えば、コンピューター関連の株を買う場合、業界内で最高の業績を記録している銘柄を正しいタイミングで買えば、大きな株価の上昇が期待できる。だが、値動きの少ない銘柄や、ましてや株価が下落して割安だから安全だと思うような銘柄は、実はあまり見込みのない銘柄である。結局のところ、その銘柄の株価が安いのには、それなりの理由があるのだ。

ただ気に入っているからという理由で株を買ったりしてはならない。きちんと調べてその銘柄にまつわる状況を理解し、ほかよりも株価が上昇している銘柄にはどんな秘密があるのかを探るのだ。一度腰を据えて取り組んでみれば、あなたにもできることである。

業界内で上位二～三銘柄を狙う

その業界における上位一～三銘柄は、残りの企業がまったく振るわないときでも、信じられないような成長を見せることがある。

一九七九～一九八〇年の強気相場で台頭したワング・ラボラトリーズ、プライム・コンピューター、データポイント、ロルム、タンディーなどの優良銘柄は、五～七倍も値上がりしてからようやく天井を打って下落へと転じた。だが人気銘柄である大御所のＩＢＭの株価はみじんも動かず、最大手のバロースやＮＣＲやスペリー・ランドは、死んだも同然だった。一九八一～一九八三年の強気相場でようやくＩＢＭは息を吹き返し、素晴らしい結果を残した。

小売り業界では、ホーム・デポが一九八八～一九九二年にかけて一〇倍も上昇した一方で、日曜大工という隙間産業の停滞銘柄だったウェイバンやヘッチンジャーの値動きは伸び悩んだ。

あなたが探しているのは真に最高の企業だ――つまり、業界全体を牽引し、その専門分野でトップを走る銘柄である。一九六三年のシンテックス、一九七六～一九八三年のピック・Ｎ・セーブ、一九八二～一九八五年のプライス・カンパニー、一九八五～一九八六年のフランクリン・リソーシズ、一九八六～一九八七年のジェネンテック、一九九〇～一九九一年のアムジェン、一九九八～一九九九年のアメリカ・オンライン、一九九八～一九九九年のチャールズ・シュワブ、一九九八～一九九九年のサン・マイクロシステムズ、一九九九年のクアルコム、二〇〇二～二〇〇四年のイーベイ、二〇〇四～二〇〇七年のグーグル、二〇〇四～二〇〇七年のアップル――これらは私が買った大化け銘柄で、それぞれ購入時にはその業界の上位企業だった。

上位企業とは、規模が最大であるとか、だれもが知っているブランドという意味ではない。最高の四半期ＥＰＳ（一株当たり収益）増加率および年間ＥＰＳの増加を示し、ＲＯＥ（株主資本利益率）も最大で、利益率や売上増加率もずば抜けていて、株価の動きも活発な企業のことである。さらに、独創性のある優れた製品やサービスを生み出しては、革新的になりきれない古株の競合他社からマーケットシェアを奪い取っていることも特徴である。

共振株は買わない

われわれの研究から、株式市場では前代未聞の出来事などはまず起こらないということが分かっている――歴史はただ繰り返しているのだ。

私は、経口避妊薬の開発企業であるシンテックス株を一九六三年七月に初めて買った。上昇後に現れる狭いフラッグのパターンを形成したあとで、その後株価は急速に四〇〇％も上昇した銘柄だったが、当時ほとんどの投資家が手を出そうとしない銘柄だった。それは、ＡＭＥＸ（アメリカン証券取引所）で新高値の一〇〇ドルを付けたばかりだったこと、そして四五倍というＰＥＲ（株価収益率）も高すぎてリスクが高い銘柄だと思われていたからだった。どの証券会社もこの銘柄についての調査報告を出しておらず、投資信託で唯一保有していたバリューラインファンドも、株価が上昇し始めた前の四半期に売却していた。この銘柄の代わりにウォール街の投資会社の数社が「共振株」として勧めていたのがG・D・サールだった。サールはシンテックスと同じような製品を持っていたが、その株価はまだそれほど上昇していなかったので、ずっと割安に感じたのだ。ところが、この銘柄はシンテックスのように株価を上昇させることはできなかった。この場合、シンテックスが主導銘柄でサールは停滞銘柄だったのだ。

共振株とは、主導銘柄のおこぼれをもらうために買われる同じ業界内の別の銘柄のことである。だがそのような企業の利益は、主導銘柄のそれと比較するとたいてい見劣りする。株価は主導銘柄に「共振」して上昇しようとするが、主導銘柄ほどの成功を収めることはけっしてない。

一九七〇年に、当時革新的だった卸売り事業の主導銘柄だったレビ・ファニチャーが、驚くような成功を収めた。ウィックス・コーポレーションも同じような事業を展開したので、大勢の投資家が株価が安かったウィックスを買った。だがウィックスの業績は伸び悩み、最終的には経営不振に陥った。その間も、レビ株は天井を付けるまで九〇〇％上昇していた。

鉄鋼業界の第一人者アンドリュー・カーネギーは自叙伝で語ったように、「先頭を行く者がカキの実を手に入れ、二番手はカキの殻を手にする」のである。アメリカの新しい景気循環は、常に新しい革新者や発明家や起業家によって突き動かされているのだ。

政府が本気で生活保護の拡大よりも新規雇用の拡大を重視するのならば、小規模企業を新たに興す意欲のある起業家に、開業二～三年間は税制を優遇することが最も効果的だろう。過去二五年間、アメリカの小規模企業が全新規雇用の八～九割を作り出してきたことは、われわれのデータが証明している。これは、政府のデータよりも著しく高い割合となっているが、それは政府が新規雇用を現実的、そして包括的な方法で計算していないからである。

例えば、アメリカの中小企業局は雇用五〇〇人以下の企業を小規模ビジネスと定義している。しかし、サム・ウォルトンがウォルマートを起業したとき、そしてビル・ゲイツがマイクロソフトを起業したとき、両社の雇用はだいたい三〇～四〇人ほどだった。二年目の雇用は七五人、三年目は一二〇人、そしてその後も二〇〇人、三二〇人、五〇一人と増えていったのだ。その時点で、両社とも小規模企業の定義から外れてしまった。しかし両社はその後も一〇～一五年間かけて、それぞれ一〇〇万人と五〇万人の雇用を生み出した。この大量の雇用も元をたどればすべて元気な新興企業が作り出したもので、こういった企業もきちんと雇用を生み出す企業として認識して計算に入れるべきなのだ。

われわれは、すべての公開企業に関する大量のデータベースを持っている。過去二五年の間に、大企業の雇用者数の純増はまったくなかった。大企業が別の企業を買収して従業員数が膨らんでも、新しい雇用が生まれたことにはならない。むしろ、合併整理に伴って重複する職務に就いている社員が解雇されるのが普通だろう。そのような企業の多くは時と共に規模を縮小していくものだ。非効率的で官僚的なアメリカ政府には、新興企業や小規模企業が起業一五～

二〇年の間に生み出す雇用数を、ぜひもう一度すべて確実に数え直してもらいたい。

主導銘柄と停滞銘柄を見分ける方法――レラティブストレングスを使う

資産を株式で持つ投資家は、業績が最低の銘柄をまず先に売り、業績が最高の銘柄をより長く保有し続けることを学ぶ必要がある。つまり、誤った判断をしたと実証された銘柄は損失が少なくてすむうちに必ず売り、より良い選択をしたと実証された銘柄はそれが大化け銘柄へと発展していくのかを見定めるのだ。しかし人間の性とは悲しいかな、ほとんどの人がその逆の行動を取ってしまう――負けている株を長く持ち、勝っている株をさっさと売ってしまうのだ。これは大きな損失につながる方程式だ。

では、手持ちの銘柄の業績順位はどのように判断するのだろうか？　これを素早く簡単に調べるには、『インベスターズ・ビジネス・デイリー』紙の株価のレラティブストレングス指数を見るのが一番である。

レラティブストレングス指数とは、『インベスターズ・ビジネス・デイリー』紙が独自に開発した評価法で、ある特定の銘柄の値動きを市場の残りの銘柄の値動きと過去五二週間にわたり比較するものだ。そしてその評価として各銘柄に一～九九の数値が割り当てられる（九九が

最高）。例えば、レラティブストレングス指数が九九の場合は、その銘柄の値動きは市場全体の九九％の企業を上回ったことを意味している。レラティブストレングス指数が五〇の場合は、市場の銘柄の半分がその銘柄よりも良い値動きをし、残りの半分が悪い値動きだったことを意味する。

もし保有銘柄のレラティブストレングス指数が七〇以下ならば、市場全体のなかで良い結果を出している銘柄の足を引っ張っていることになる。そのような銘柄の株価はけっして上昇しないと言っているのではない。仮に上昇することがあっても、おそらくほかの銘柄ほどは上昇しないだろうということである。

一九五〇年代初期～二〇〇八年にかけて最高の値動きを記録した銘柄について、大きく株価が上昇する前のレラティブストレングス指数を調べてみると、平均が八七であることが分かった。これは、大化け銘柄がいよいよ最大の上昇を始めようとしているときには、市場の残りの九割の銘柄よりも、値動きですでに上回っていることを意味しているのだ。そこで、株式市場で大きな成功を収めたいのならば、この大原則を守ってほしい――真の主導銘柄を見つけて買い、低迷株や共振株は避けること。レラティブストレングス指数が四〇～六〇台の銘柄は買ってはならない。

『インベスターズ・ビジネス・デイリー』紙では掲載されているすべての銘柄のレラティブストレングス指数が毎日更新されている。ほかの日刊紙や地方紙では提供されていない情報である。さらに、デイリー・グラフ・オンラインのチャートサービスにも最新のレラティブストレングス指数が掲載されている。

また、レラティブストレングスは、チャートに折れ線グラフとして描くこともできる。レラティブストレングスラインが七カ月以上下落していたり、あるいは四カ月以上にわたり異常なほどの急激な下落を見せている場合には、その株価の値動きに問題があると判断し、その銘柄を売ることを検討するべきである。

レラティブストレングス指数が八〇～九〇台でベースを形成している銘柄を選ぶ

主導銘柄だけを狙って銘柄選択の質を向上させようと考えているならば、レラティブストレングス指数が八〇以上の企業だけを買うようにするのも一つの手である。アメリカ最大の運用会社を含む多くの投資家が低迷銘柄を好んで買うが、そのような銘柄を買っても何の利益も生まれない。

私自身、レラティブストレングス指数が八〇以下の株は買わないようにしている。実際に大きな利益をもたらす銘柄は、だいたい株価が一回目や二回目のベースから上にブレイクアウトするとき、そのレラティブストレングス指数は九〇以上になっている。野球のピッチャーが投げる速球で考えてみれば分かりやすい。メジャーリーグの速球は平均で時速八六マイル（一三八キロ）ほどだが、トップクラスのピッチャーは最速九〇マイル台（一五〇キロ）の速球を投げるのだ。レラティブストレングス指数もトップクラスでなければならない。

株を買うもう一つの絶対条件は、正しく形成されたベースや揉み合いからブレイクアウトしているということだ。さらに、ピボットポイント（正しい買値）で必ず買うことも忘れてはならない。前にも述べたが、この最初の買いポイントから五～一〇％上昇してしまった銘柄は避けなければならない。この原則さえ守れば、株価が急上昇してしまった株を後追いすることもなくなるし、突然の市場の急落が起きても振るい落とされる可能性が低くなる。

昔の外科医たちは、手術前に器具を消毒する必要性を知らなかった。銘柄選択に最低限の基準を設けてそれに従おうとしない投資家は、この外科医を連想させる。ルイ・パスツールやジョゼフ・リスターという二人の研究者が消毒の必要性を実証したのだが、外科医たちはその研究を渋々受け入れるまで、幾人もの患者を死に至らしめていたのだ。どんな職業でも、無知や無教養が報われることはない。それは株式市場とて例外ではないのだ。

マーケットの調整局面で新たな主導銘柄を探す

市場全体が調整局面を迎えたり下落を始めるときというのは、実は新しい主導銘柄を見つけやすい時期なのである。しかしその見つけ方を知らなければならない。魅力的な成長株は、市場平均株価の一・五～二・五倍の調整が入る。つまり、市場全体が一〇％下落したら、優秀な成長株の下落率は一五～二五％になるということだ。しかし強気相場、つまり上昇トレンドで起こる一時的な調整の場合には、最も下落率が少なかった成長株が最高の選択であると考えてよい。反対に、最も下落率が大きかったものが最悪の選択となる。

例えば、市場平均株価が一〇％の中期的な株価調整に入ったとき、これまで順調だった手持ちの成長株のうち三銘柄がそれぞれ一五％、二五％、三五％下落したとしよう。このなかでは一五％と二五％下落した二銘柄が、市場全体が回復したあとにまた良い値動きをする可能性が高い。市場全体が一〇％の下落なのに三五～四〇％も下落してしまった銘柄は、売りの警告を出していると考えたほうが賢明だ。通常はそのような警告に耳を傾けたほうがよいだろう。

市場全体の下落が最終局面を迎えたあとに、最初に新高値を付けるまでに回復した銘柄が正真正銘の先導株である。このような株価のブレイクアウトが、約一三週間ほどにわたって次々と続くのだ。一級品の銘柄は、だいたい最初の三～四週の間に抜け出てくるだろう。これが理想的な株の買い時期なので、絶対に見過ごさないように。マーケットの方向性に関する章（第

9章）をしっかりと読んで、その判断方法を学んでほしい。

プロだって間違える

プロであっても多くの投資マネジャーが、通常よりも大きく下落をした直後の銘柄を買うというような深刻な過ちを犯す。このような投資判断が確実に自らを窮地に陥れることになるのは、われわれの研究が実証済みである。

一九七二年六月、メリーランド州に住む本来は有能なある機関投資家が、一週間で六〇ドルから四〇ドルという異常な値崩れを起こした直後のレビ・ファニチャー株を買った。すると数週間ほどは株価が上昇したが、その後は転がるように一八ドルまで急落した。

一九七八年一〇月、数人の機関投資家がパソコン周辺機器の一流供給会社であるメモレックスを買った。初めて大きな値崩れを起こしてとても割安に見えたからだ。だが株価はその後さらに急落した。

一九八一年九月、ニューヨークのあるマネーマネジャーたちは、ドーム・ペトロリアムが一六ドルから一二ドルへと下がったところを買った。割安に見えたことと、この銘柄に関する良いうわさがウォール街に広がっていたからだ。しかし数カ月後のドームの株価は一ドルになっていた。

一九九〇年代半ば、ウォール街で人気株だったルーセント・テクノロジーがAT&Tから独立すると、株価は七八ドルから五〇ドルへと急落し、機関投資家たちが一気に飛びついた。だがその年の終わりには、株価はさらに暴落して五ドルになってしまった。

二〇〇〇年、年初来高値の八二ドルを付けたシスコ・システムズの株価が五〇ドルに下がると、大勢の投資家がこれを買った。ネットワーク機器の製造業者であるシスコは、一九九〇年代に大きな成功を収めて七万五〇〇〇%も値を上げていたため、五〇ドルは相当なお手ごろ価格だったに違いない。だが株価はその後八ドルまで下落し、そこから五〇ドルに再び戻ることはなかった。五〇ドルで安いと買い手が飛びついてから八年後の二〇〇八年、シスコの売値はわずか一七ドルだった。株式市場で成功するには過去に失敗した手法をきっぱりと捨て、継続して使えるような、より優れた新ルールや手法を考案しなければならない。

あるところに平凡な投資家ジョーがいた。二〇〇六年九月に、靴メーカーのクロックスが完璧な取っ手付きカップのパターンを描いたあと、一五ドルでそこからブレイクアウトしたときに、ジョーはその銘柄を買い逃してしまった。そして二〇〇七年四月に現れた次のカップで株価が二八ドルだったときも、また買い逃してしまった。その後、同株は一〇月までに七五ドルに急上昇し、毎四半期ごとに一〇〇%の増益を記録していった。ところが一カ月後、株価は四七ドルへと下落した。ジョーは、今こそ自分が何度も買い逃して、値上がりしていた優良株を安く買う絶好のチャンスだと考えて、ついにこの銘柄を買った。だが株価はそのまま下落し続け、二〇〇九年一月には一ドルで取引されるまでに値を下げた。下落中の株を買うのは危険な行為である。資金を失ってしまうことになりかねない。だから、このような危険な悪習慣は今すぐやめよう。

それならば、銀行業界を先導する一流優良株、バンク・オブ・アメリカを買うのはどうだろう？　二〇〇六年一二月、この銘柄は五五ドルだったが、その一年後に四〇ドルと安くなったところで、あなたはこの銘柄を買ったとしよう。ところが、さらに一年後には、株価は急落して六ドルまで下がってしまった。自分は長期投資家だからと持ち続けているあなたは、〇・〇四ドルというなけなしの配当金を手にしているのである。

こういうことがあるから、優良と呼ばれる銘柄でも下落中に買ってはならないし、さらに七～八％下落したところで損切りをすることを私は勧めているのだ。どんな株が、どんな動きをするかはだれにも分からない。苦労して稼いだ資金を保護してやるルールを持たなければならない。人間はだれだって間違いを犯す。そこで迷わず自分の過ちを修正できるような投資家になるのである。

下落中のシスコやクロックスやバンク・オブ・アメリカを買ってしまったプロの投資家や個人投資家は、正常な株価の下落と、大きな下落を暗示する異常な出来高を伴った株価調整の違いが分からなかったのだ。だが最大の問題点は、彼らが人から聞いたうわさに頼ったり、ＰＥＲは低いほど良いという誤った認識を持つファンダメンタル分析家の手法に頼っていたことにある。市場の出す警告に耳を傾けていれば、市場の本当の状況を知ることができたはずなのだ。

市場の出す警告に耳を傾けて、通常の動向と異常な動向の違いを認識できる投資家は、「市場に対するカンが良い」と言われるだろう。そういった警告を無視する投資家は、大きな代償を支払うことになる。株価が下落して割安だからという理由で株を買うような投資家は、その投資法がいかに大きな損失をもたらすかを身をもって学ぶことになるだろう。

弱気の日に異常な強さを示す銘柄を探せ

一九六七年春、ダウ平均が一二ドル下落したある日、私はニューヨークの証券会社に来ていた。二〇〇八年には八〇〇〇ドルまで成長したダウだが、当時のダウは八〇〇ドルとまだ低かったので、一二ドルの下落は大きかった。私は、壁に据え付けられた株価を示すティッカーテープを見上げると、そこにはスーパーコンピューターの草分けであるコントロール・データが、三・五ポイント上昇して出来高の増加を伴って六二ドルで取引されているのが映し出されていた。私はすぐさま同株を買った。コントロール・データについては熟知していたし、市場全体が弱含んでいるのに同株は異常なほどの強さを示していたからだ。その後この株価は一五〇ドルまで上昇した。

一九八一年の弱気相場が始まったばかりの同年四月、店頭銘柄のMCIコミュニケーションズ（電気通信会社）が一五ドルでベースからブレイクアウトした。そして二一カ月で九〇ドル相当まで上昇した。これもまた、弱気相場で異常なほどの強さを見せた好例だと言えよう。

タバコ会社のロリラードも、一九五七年の弱気相場で同じような動きをした。ソフトウエア・ツールワークスも一九九〇年初期に市場が下落するなか上昇した。無線通信会社のクアルコムも一九九九年半ばの難しい市場局面であったにもかかわらず大きく上昇した。タロ・ファーマスーティカルも二〇〇〇年春に始まった弱気相場のなか、同年後半になると値を上げた。さらに二〇〇〇年には住宅建設会社のＮＶＲが五〇ドルから急上昇を始め、低金利の波に乗り売り上げ幅を伸ばし、二〇〇三年三月には三六〇ドルにまで上昇した。二〇〇三年の新たな強気相場は、アップル、グーグル、リサーチ・イン・モーション、ポタッシュ、そして一部の中国株などの数多くの新しい主導株を輩出した。

覚えておくこと――停滞株に投資するのは、たとえそれが興味をそそるほどの安値に見えても、利益を生み出すことはない。マーケットを牽引する主導銘柄を探し、そういった株からのみ買い銘柄を選択するのだ。そして買値から八％下落した持ち株は、損失を出している停滞株とみなして、大きな痛手を被る前に損切るのだ。

第8章　I（Institutional Sponsorship＝機関投資家による保有）

株価を押し上げるには大きな需要（＝買い）が必要だ。株式市場において最大の需要源となるのは間違いなく機関投資家であろう。投資信託、年金基金、ヘッジファンド、保険会社、大規模な投資顧問会社、銀行の信託部門、国家機関、慈善施設、教育機関などの多くの機関投資家たちが日々のマーケットを動かす主な原動力となっている。

機関投資家による保有とは？

そのような機関投資家によって保有されている株を、機関投資家による保有株と呼んでいる。ある銘柄について調査報告が作成されたり、アナリストがある銘柄を買い推薦することは、特定の銘柄に短期的な影響を与えるが、機関投資家による保有とは意味が違う。投資相談サービスや市場のニュースレターなどがある銘柄の買いを勧めても、同様に機関投資家やプロによって株が保有されているわけではない。彼らの影響力は機関投資家が持つ、密度の濃い持続性のあるバイイングパワーやセリングパワーに劣るからである。

多くの機関投資家による保有が成功する銘柄の必須条件ではないが、少なくともある程度は欲しいところだ。小規模企業や新興企業の場合は例外的に最低二〇社ほどの保有があればよいかもしれないが、たいていの銘柄はさらに多くの機関投資家による保有が必要だ。プロの投資家が保有しないような銘柄は、株価の値動きも平凡に終わる可能性が高い。その理由は、一万を超える機関投資家のうち、少なくとも数社はその銘柄を検討したはずなのに、最終的には買い銘柄の候補から外しているからである。仮に彼らの判断が間違っているとしても、重要な上昇を起こすには大きなバイイングパワーが必要であることに変わりはない。

株主の質と増加数に注目する

本気で投資に取り組むならば、さらに深く調べる必要がある。買いを検討している銘柄は何社の機関投資家によって保有されているかだけでなく、最近の数四半期でその銘柄を保有する機関投資家の数が着実に増加しているか、そして最も重要な点が、直近四半期で株主数が著しく増加しているか、に注目することだ。そして株主となった機関投資家はだれなのかということまで、そのような情報を提供するサービスを利用して詳しく調べるのだ。そして、少なくとも、業界トップクラスの業績と確かな手腕を持つポートフォリオマネジャー一～二人によって保有されている銘柄を探すのだ。こういった作業が株主の質を分析するということである。

このようにして株を保有する機関投資家の質を調べるならば、直近一二カ月間だけでなく、過去三年までさかのぼって株主となっている投資信託がどのような投資成績を上げているかを分析するのが効果的である。『インベスターズ・ビジネス・デイリー』紙の投資信託欄に掲載されている過去三六カ月の業績評価を見れば、このような情報を素早く簡単に入手できる。Aプラスの評価はそのファンドの成績が上位五％に入っていることを示している。Bプラス以上の評価なら、成績優秀なファンドだと考えられる。ただし、ほとんどの成長株がほぼ間違いなく調整に入る弱気相場においては、成長銘柄を投資対象とする成長株（グロース型）の投資信託の評価はたとえ優秀なファンドでも低めに付けられる傾向にあるので、その点を頭に入れておいてほしい。

また、ポートフォリオマネジャーが勤め先を変えて別の資金運用会社に移ったりすると、結果が大きく変わることがある。上位の投資信託を運用しているマネジャーは、一般的に年を追うごとに少しずつ異動している。

機関投資家のファンド保有高や投資成績を公開している金融サービスがいくつかある。例を挙げると、Morningstar.com では、各ファンドを保有している機関投資家を高い順に上位二五社まで一覧にしたデータなどが手に入る。一昔前までは投資信託はかなり積極的な動きをマーケットでしていたが、最近では、起業家的な投資顧問会社による公的資金や機関の資金の運営が増えている。

機関投資家による保有が増加している株を買う

先にも述べたが、機関投資家の何社が保有しているかよりも、だれが、つまり優秀な機関投資家が保有しているか、あるいは最近買ったのかを知るほうが重要である。さらに、機関投資家の株主数が増えているのか減っているのかを知ることも重要になる。最も注目すべきは最近の四半期の動きである。数四半期ほど継続して収益と売り上げを伸ばし、さらに機関投資家による保有も増加している銘柄が、最も適した買い銘柄になる。

直近の四半期に機関投資家が買った株に注目する

一般的に、直近の四半期に機関投資家が新たに買ったポジションのほうが、長期間保有されている既存のポジションよりも重要である。ファンドが新規にポジションを建てると、その後は増し玉していく可能性が高く、すぐに売却する可能性は低い。そのような報告書は、ファンドの四半期終了から約六週間後に一般にも入手できるようになる。優良銘柄を見極める力を持ち、正しい買いのタイミングやチャート分析を理解している投資家にとっては、非常に役立つ情報である。

報告書が入手できるまでに六週間の遅れがあることから、情報の価値はすでに失われていると感じている投資家も多い。だが、そのような個人的な意見は間違っている。

機関投資家が一〇〇〇～一〇万株以上の取引をすると、証券会社のティッカーテープに現れることが多い。主力企業の株式売買の七割程度が機関投資家による売買で占められている。彼らこそが、大きな値動きの裏に隠れている持続的な力なのだ。NYSE（ニューヨーク証券取引所）のティッカーテープに現れる機関投資家による買い取引のうち、約半数は停滞株である。その大半が適切な買い銘柄ではないだろう。だが一方で、残りの半分の買い銘柄のなかには、本当に目を見張るような素晴らしい投資対象がいくつもあるかもしれないのだ。

そこであなたは、機関投資家が買った銘柄のうち、どれが多くの情報に基づいて買われた良い銘柄で、どれが粗悪で避けるべき銘柄なのかを区別することになる。最初は難しいかもしれないが、本書で紹介している実績に基づくルール、ガイドライン、そして基本原則を学び利用するうちに、次第にそれができるようになるだろう。

市場で成功する手法を理解するには、上手に運用されている投資信託の投資戦略を学ぶことが重要だ。『インベスターズ・ビジネス・デイリー』紙のファンド一覧表から、強気相場ならAやAマイナス、またはBプラスの評価が付けられている成長株を探し、その銘柄の目論見書を入手する。目論見書には、それぞれのファンドの投資哲学や使用している投資手法、および買った銘柄の種類やその成績なども知ることができる。その一例を紹介しよう。

●ウィル・ダノフが運用しているフィディリティのコントラファンドは、長年にわたり最高の成績を記録し続けている数十億ドル規模の巨大ファンドである。ダノフは銘柄にまつわる新しい概念や状況に関する情報のすべてを即座に仕入れるために、国内市場および海外市場をまたに掛けて投資銘柄を探している。

●ジム・スタワーが運用するアメリカン・センチュリー・ヘリテージとギフト・トラストは、どちらもコンピューターを駆使して最近の売り上げや収益が急速に上昇している株を見つけている。

●ケン・ヒーブナーが運用するCGMフォーカスとCGMミューチュアルは、長年にわたり素晴らしい結果を残してきた。フォーカス・ファンドはわずか二〇銘柄に投資対象を絞っている。そのためファンド成績が上下しやすいが、過去に好成績を収めてきた主力業種を中心に銘柄選択をするのがヒブナー流である。

●ジェフ・ビニックは一流マネジャーとして勤めたフィディリティを退職して、国内最高のパフォーマンスを誇るヘッジファンドを設立した。

●デンバーに本社を構えるジャヌス社は、ジャヌス二〇という三〇以下の成長株に絞ったポートフォリオを運用している。

ファンドの手法は新高値を買うものから、安値で買って新高値で売るものまでさまざまである。

機関投資家による「過剰保有」に注意

機関投資家による株式の保有が増えすぎるのも問題である。われわれは一九六九年に、そのような機関投資家による保有が増えすぎた株を「過剰保有」銘柄と名付けた。あまりに多くの機関投資家が保有している銘柄というのは、企業に変化があったり、マーケットが弱気に転じた場合に、大規模な売りが起こる可能性があるという危険性を伴う。

ジャヌス・ファンドは、単独でノキア株を二億五〇〇〇万株とアメリカ・オンライン株を一億株所有していたが、それが二〇〇〇～二〇〇一年に起こった需要と供給の不均衡という悪影響を生む一因となってしまった。ワールドコム（一九九九年）、JDSユニフェイズ、シスコ・システムズ（二〇〇〇年と二〇〇一年）なども過剰保有されていた銘柄である。

このことから、「人気銘柄五〇選」に名を連ねる銘柄や、幅広く機関投資家によって保有されている銘柄というのは、弱く危険をはらんだ銘柄だと考えられる。企業の好業績がだれの目にも明らかになって全機関投資家がその株を保有するころには、おそらく株価は頭打ちしているだろう。熟し切った果実ということだ。

一九九〇年代後半から二〇〇〇年代にかけて、シティグループ株を大量に保有しようと考えた機関投資家がどれほど多かったかを思い出してほしい。二〇〇八年にサブプライム住宅ローン問題と金融危機が起こると、ニューヨーク最大級だったシティグループの株価は三・〇〇ドルに急落し、その後もさらに一・〇〇ドルにまで値を下げた。わずか二年前までは五七ドルで売られていた株である。こういうことがあるから、本書では第一版のころから、二章を割いて株の売り方を詳細に解説しているのだ。ほとんどの投資家が売りのルールや計画を何も持っていない。これは重大な過ちである。

同じことがアメリカン・インターナショナル・グループ（ＡＩＧ）にも言える。二〇〇〇年には一〇〇ドル強で売られていたＡＩＧだが、三六〇〇社以上の機関投資家によって所有されていた二〇〇八年にはわずか五〇セントにまで大暴落した。政府出資のファニーメイも、同年の金融危機で株価は一ドル弱まで落ち込んだ。

二〇〇一年夏のアメリカ・オンラインや二〇〇〇年夏のシスコ・システムズもまた、一〇〇〇社以上の機関投資家によって過剰保有されていた。このような大きな供給は、弱気相場では株価に悪影響を与えることがある。株価が値を上げている一部の成長企業にどっと押し寄せた無数のファンドが、値が下がったとたんに一斉に株を売却してしまうのだ。

難攻不落の成長株でさえいずれは天井を打つ

なかには無敵に思える銘柄もあるが、昔から「上がったものはいつか下がる」と言うように、株式もいつかは天井を打つのだ。経営問題や経済の低迷、そして市場の方向転換などから、永遠に無傷でいられる企業などない。腕利きの投資家なら、株式市場においては絶対安全な銘柄など存在しないことを知っている。勝てるという保証もどこにもない。

一九七四年六月、ウィリアム・オニール・アンド・カンパニーは、機関投資家への助言サービスの一環として、一一五ドルで取引されていたゼロックスを回避銘柄および売り銘柄に加えたのだが、これにはだれも聞く耳を持ってくれなかった。それまでのゼロックスの成長ぶりは目を見張るもので、機関投資家の多くがこの銘柄を保有していた。しかしわれわれのデータは、この銘柄がすでに天井を打ち、下落に向かっていることを示していた。そして、機関投資家によって過剰保有されていることも分かっていた。機関投資家たちが競うようにこの銘柄を買ったために、ゼロックスはその年最も広く保有される銘柄になっていたのだ。ところが株価が下落を始めたことで、この企業の真の価値が露呈されたのである。

見事に予測が当たったことで、われわれの機関投資家向けサービスが注目を浴び、初めてニューヨークの主力保険会社を顧客として獲得するに至った。この企業は、ゼロックス株が下落して八〇ドル台だったときに買い続けていた。それをわれわれが売ったほうがよいと説得してやめさせたのだ。

絶対安全と考えられていたジレット株についても、株価が下落する前の六〇ドル近くだった一九九八年に避けるべき銘柄に指定した。そのときも機関投資家たちはかなりの抵抗を示した。エンロンも、七二・九一ドルだった二〇〇〇年一一月二九日に注目株の一覧から外して、この銘柄の動向を追うのをやめた（すると六カ月後、株価は四五ドルに値を下げ、さらに六カ月後には五ドルまで下落して企業は倒産した）。

われわれは、機関投資家向けのサービス「ニュー・ストック・マーケット・アイデア」で新規注目株を一覧にして配信している。二〇〇〇年にこの一覧からハイテク銘柄をいくつか削除したのだが、それはアナリストたちが間違った判断をして「買い銘柄」だと推薦していたのと同じ銘柄だった（表参照）。学ぶべき教訓――人気を集めている銘柄や、株価が下がり、アナリストが買いを勧めた銘柄だからといって、それに惑わされてはならない。

機関投資家による保有は市場の流動性を意味する

個人投資家に与えられたもう一つの優位性――それは、機関投資家によって保有されている銘柄なら、あなたが売ろう思ったときに彼らが買い支えとなって売りやすくなるということだろう。機関投資家が買わない銘柄は、弱気相場で売ろうとしてもなかなか買い手がつかないこ

2000年に新規注目株から外された銘柄

ティッカー	企業名	除外日	除外時株価	2001/10/30での付安値	2001/10/30での下落率
AMAT	アプライド・マテリアルズ	2000/5/11	$80.56	$26.59	67%
CSCO	シスコ・システムズ	2000/8/1	$63.50	$11.04	83%
CNXT	コネクサント・システムズ	2000/3/3	$84.75	$6.57	92%
DELL	デル	2000/5/9	$46.31	$16.01	65%
EMC	EMC	2000/12/15	$74.63	$10.01	87%
EXDS	エクソダス	2000/3/30	$69.25	$0.14	100%
INTC	インテル	2000/9/15	$58.00	$18.96	67%
JDSU	JDSユニフェイズ	2000/10/10	$90.50	$5.12	94%
MOT	モトローラ	2000/3/30	$51.67	$10.50	80%
NXTL	ネクステル	2000/4/12	$55.41	$6.87	88%
NT	ノーテル・ネットワークス	2000/10/2	$59.56	$4.76	92%
PMCS	PMCシエラ	2000/8/1	$186.25	$9.37	95%
QLGC	キューロジック	2000/3/14	$167.88	$17.21	90%
SEBL	シーベル・システムズ	2000/12/15	$76.88	$12.24	84%
SUNW	サン・マイクロシステムズ	2000/11/9	$49.32	$7.52	85%
VIGN	ビネット	2000/3/15	$88.33	$3.08	97%
YHOO	ヤフー	2000/3/30	$175.25	$8.02	95%

注＝下落率は小数点以下を四捨五入

とがある。日々の流動性が高いことが、アメリカ市場の質の高い株式を所有する場合の最大の利点であろう（不動産は株式に比べるとはるかに流動性に欠けるし、売買に伴う仲介料や販売手数料が相当高い）。機関投資家による保有がそれなりに存在する銘柄は、持続的な流動性を個人投資家に提供してくれる。下向きの不動産市場では、あなたがいくら売りたいと思っても、積極的な買い手が見つかるという保証はない。六カ月～一年かかってようやく買い手が見つかっても、希望の売却価格よりもはるかに安い価格を付けられる可能性だってあるのだ。

まとめ――**平均以上の投資成績を残している機関投資家が少なくとも数社は保有している銘柄で、さらに最近の四半期で機関投資家の数が増えた銘柄を買い銘柄の条件とすること。**私自身は、機関投資家による保有が多くあっても、成績上位一〇社に入るファンドによる保有がなければ、たいていその銘柄の買いを見送る。機関投資家による保有の分析は、買い銘柄を選択するうえで、もう一つの重要な手がかりなのである。

第９章　M（Market Direction＝株式市場の方向）――見極め方

第３章からこれまでにＣＡＮ－ＳＬＩＭの七つのルールのうち六つを学んできた。しかし、その六つの条件すべてを満たす銘柄を見つけても、マーケットの方向性を見誤れば意味がない。市場が下向きのときは、保有している株式の四銘柄のうち三銘柄は平均株価と共に真っ逆さまに下落する。そして二〇〇〇年や二〇〇八年に多くの人が大金を失ったように、あなたも大きな損失を出すことになる。だからこそ、今が強気相場（上昇トレンド）なのか弱気相場（下降トレンド）なのかを正確に判断できるような、実績と信頼性のある分析方法を学ぶ必要があるのだ。プロの投資家やブローカーですら、そのような必須の技術を習得している人は非常に少ない。多くの投資家は、他人に頼って投資判断を下している。そういった相談役や助言者たちは、マーケット全体がリスクの高い下落局面に入ったと判断できるような信頼性のある一定のルールを持っているのだろうか？

だが、マーケットの方向性を知るだけでは十分とは言えない。強気相場なら、それが初期段階なのか終盤なのかを知る必要がある。さらに重要なのは、マーケットの現在の状況を把握することである。マーケットを取り巻く環境が悪化しているために値を下げているのか、それとも単に通常の中期的下落（通常は八～一二％）に入っているだけなのか？　国の経済状況を考えれば、市場は当然の動きをしているだけなのか、それとも異常な強さや弱さを示しているのか？　このような重要な質問に答えるには、マーケット全体を正しく分析する方法を学ぶ必要がある。それにはまず、その最も基本的な論理を知ることから始めなければならない。

われわれはかなり前にマーケットの方向性を探る手法を発見し、それを発展させてきた。投資で成功するためには非常に重要な要素なので、これを理解して日々応用できるようになるまで本章を何度も読み返し、今後の投資に生かしてほしい。これを習得すれば、将来大きな弱気相場が訪れても、ポートフォリオの三〇～五〇％を失うような状況に陥ることはけっしてないはずだ。

マーケットの方向性を判断する最善の方法は、主要な平均株価三～四種類の日足チャートで価格と出来高が日々どのように変化しているかを注意深く観察し続けて、チャートの示すマーケットの方向を読み取ることである。最初は難しいと感じるだろうが、忍耐強く練習を続ければすぐにプロのように市場を分析することができるようになる。負け組から勝ち組になりたいと願うなら、これこそが最も重要な技術である。もっと賢くなろうではないか。そして、将来の不安から解放されて経済的自立を手に入れるために、少しの努力を惜しまず強い意志を持とうではないか。

マーケットのタイミングなんて測れるものか、そんなことを言う人に耳を貸してはならない。そのような考えは、ウォール街やマスコミ、および自分がマーケットのタイミングを計れた試しがないから他人にもできるわけがない、と思い込んでいる人たちによって受け継がれている単なる妄想にすぎないからだ。本章や『インベスターズ・ビジネス・デイリー』紙の「ザ・ビッグ・ピクチャー」欄を読んでマーケットの方向をどのように理解するかを学んだ何千という読者から、喜びの声が届いている。彼らは時間をかけてこのルールを学び知識を蓄えることで基礎的な理解を深めていたので、チャートからどのような事実を探せばよいのかを知っているのである。そのような先見の明と理解力が実を結び、二〇〇〇年三月、二〇〇七年一一月～二〇〇八年一月、そして二〇〇八年六月に訪れた市場の下落局面で彼らは手持ちの株を売って現金化し、一九九八年～一九九九年、および五年間続いた二〇〇三年三月～二〇〇八年六月の強気相場で儲けた利益の大部分を守ることができたのである。

「マーケットの動きを予測するのは絶対に不可能でだれにもなし得ない」——このような誤った思い込みは、元はといえば四〇年以上前に投資信託のマネジャー数人がマーケット予測に挑戦して失敗に終わったことから生まれた迷信だ。彼らは正しいタイミングで売り、そして再び市場に参入するべきところを、資産規模の問題や明確なルールの欠如から、市場の転換を確信できず再び参入するまでに何週間も後れをとってしまったのだ。市場が底を付けて上昇し始めたという判断を、個人的な見解や感情に頼って下したためである。市場が底を付けるときの報道はどれも否定的になる。だから彼らも、当然のごとく行動を起こすことをためらった。しかしそれが原因で彼らのファンドは市場の底で頻繁に見られる素早い転換と上昇の波に乗り切れず、成績を最大限に伸ばすことができなかった。

一九五〇年代に金融専門家のジャック・ドレフュスが弱気相場の初めに自身のドレフュス・ファンドの現金資産を増やし、うまく危機を免れたということが二度もあった。しかし、先ほどのマネジャーのような例もあったので、ほとんどの投資信託の経営陣は常に全資金（全体の九五～一〇〇％）を投資しろという融通の利かないルールをマネーマネジャーたちに強要するようになったのだ。投資信託を本当の意味での長期投資として考えれば、たしかに妥当な投資法かもしれない。さらに、ファンドは投資対象を広く分散（あらゆる業界の銘柄を一〇〇種類以上保有）しているものなので、時と共に市場が回復すればファンドも必ず回復する。これまではファンドを一五～二〇年持ち続けていれば大きな利益を生むことができたし、今後もそれは変わらないと考えられる。しかし、五～二〇銘柄程度の株式しか保有していない個人投資家の場合、投資信託のような大規模な資金を常に運用する必要性はない。手持ちの株が著しく値を下げてもう二度と回復しなかったり、回復しても何年も時間がかかる場合があるのだ。そこで保有株を売って現金化するタイミングを心得ることがとても重要になる。だからこそ、本章で紹介する正しい売買タイミングを見極める方法をぜひとも習得してほしい。

マーケット全体とは？

「マーケット全体」という言葉は、主要な市場指標を意味している。このような総合指標は、一日の取引状況の強さや弱さを大まかに知るための指針であり、ときには最新のマーケットトレンドの兆しを示すことがある。以下に一例を挙げる。

●S&P五〇〇　主力企業五〇〇社の平均株価を示すスタンダード&プアーズの指標で、ダウよりも幅広く現代によりマッチした市場の動きを示す。

●ナスダック総合指数　以前よりも動きが激しくなり市場の最新状況をよく反映している指標。ナスダック市場はマーケットメーカーのネットワークを通じて取引され、若く革新的で急成長を遂げる企業が多く上場している。ハイテク業界にやや偏っている傾向がある。

●ダウ工業株三〇種平均　広く取引されている大型株三〇種によって構成されている指数。以前は、規模の大きい景気敏感株の工業銘柄を中心にしていたが、近年は少し幅が広がりコカ・コーラやホーム・デポなどの企業も仲間入りしている。分かりやすいが研究対象としては時代遅れだと言える。現代の起業家精神にあふれた企業よりも、巨大化して成長が遅くなった歴史ある有名企業によって占められているのがその理由である。また、三〇銘柄に限定されていることから一時的な人為操作が起こりやすいとも言える。

●**NYSE総合株価指数**　NYSE（ニューヨーク証券取引所）に上場されている全銘柄を対象に時価総額加重方式で割り出される指数。

　ここで紹介した主要な指数は、分析しやすいように『インベスターズ・ビジネス・デイリー』紙に大きなチャートで掲載されており、合わせて各指数には移動平均線と「買い集め・売り抜け指数」も書き込まれている。この指数は、機関投資家による買い支えがあるか、あるいは大きく売られているかを示すものである。私はこれらの指数を毎日確認している。重要なトレンドの変化はわずか数週間で現れることがあるので、そのときに思わず見逃してしまったということのないようにしたいからだ。同紙の「ザ・ビッグ・ピクチャー」欄でもこれらの指数については日々検証されているので、マーケットの現況や方向性を理解するうえで大きな助けとなっている。

熟練した細かい市場観察の重要性

　ハーバード大学のある教授は、学生たちに魚に関する論文を書くように言った。学生たちは、図書館へ足を運んで魚に関する本を読み、そしてそれぞれの考えを論文にまとめた。だがそれを提出すると、教授はすべて破ってゴミ箱へ捨ててしまったので、学生たちは愕然とした。

自分たちの論文のどこがいけなかったのかと学生たちが問うと、教授はこう言った。「魚のことについて学ぼうと思ったら、水槽の前に座って魚を観察するのです」。そう言って、教授は学生らを座らせ、魚を何時間も観察させた。そして学生たちは、自分の目で見た魚の観察結果のみに基づいて、課題を書き直したのだ。

マーケットについて学ぶという行為も、この教授の授業と共通する点がある──マーケットについて何か学びたければ、主要な株価指数を注意深く観察してそこから学ばなければならない。そうすることで、市場平均が天井や底などの重要な転換期にさしかかっていることを見極めることができるようになり、その正しい知識と大きな自信を十分に生かせるようになるのだ。

ここには重要な教訓がある。物事の真相を究明しようとするならば、その対象を自分の目で注意深く観察して分析する必要があるということだ。トラについて学びたければ、トラを取り巻く気候や植生、あるいは丘の上のほかの動物を見るのではなく、トラそのものを自分の目で見るのだ。

何年も前、野球選手ルー・ブロックは盗塁の新記録を樹立しようと決意した。彼はメジャーリーグのすべてのピッチャーの写真を一塁ベースの後ろの席から高感度フィルムで撮影させた。そして、それぞれのピッチャーが一塁ベースにボールを投げるときに、体のどの部分が最初に動いているかをその映像を見て研究した。ブロックの研究対象はピッチャーだったので、彼はピッチャーたちを非常に細かく研究したのだ。

二〇〇三年、アメリカンフットボールの王座決定戦であるスーパーボールで、タンパベイ・バッカニアーズは、敵のオークランド・レイダーズのパスを五回もインターセプトした。彼らは、敵のクオーターバックの目の動きと身振りをまず研究し、そしてその動きに注目することで、どこにボールが投げられるかを「読む」ことに成功したのだ。

クリストファー・コロンブスは、地球が平らだという世間の常識を信じることを拒否した。それは、海に浮かぶ船が水平線の向こう側へと消えていくさまを、彼自身が自分の目で見て以来、その一般常識に疑いを持つようになったからだ。米国政府は盗聴器や偵察機、無人飛行機、そして衛星写真などを使って、アメリカ国民の安全を脅かす可能性のある対象物を観察して分析している。これがキューバに存在したソビエト製ミサイルの発見につながったのだ。

株式市場でも同じである。マーケットの方向を知るには、主要な指数を毎日のように観察して分析しなければならない。市場の今後の動きを人に聞くなど、もってのほかだ。日々の市場の動きを正確に読みとる力を自分で身につけるのだ。

マーケットが天井や底を付けることを見極められるようになれば、投資という複雑な勝負の半分を制したことになる。しかし、プロや初心者を問わず、ほぼすべての投資家にこの重要な投資技能が欠如しているのも事実である。ウォール街のアナリストは、二〇〇〇年の市場の天井、特にハイテク銘柄の主導株の天井を正確に言い当てることが一度もできなかった。二〇〇八年も同様である。

われわれは二〇〇八年に『インベスターズ・ビジネス・デイリー』紙の定期購読者を対象に四種類のアンケートを行った。さらに購読者から何百という数の手紙を受け取った。そこから分かったことは、読者の六割が「ザ・ビッグ・ピクチャー」欄を読んで「四～五週間に五～六日の売り抜け日があったら売れ」というわれわれのルールに従って行動したことで、二〇〇七年一二月や二〇〇八年六月に保有株を売って現金化し、自分の資金を守ることができたらしいということだった。政府による後押しで強く推進されてきたサブプライム住宅ローン市場が加熱し、それが原因で二〇〇八年秋の市場崩壊劇が起こったが、われわれの読者はその打撃を回避できたのだ。本紙に掲載している「ユー・キャン・ドゥー・イット・トゥー」（あなたにもできる）欄には、読者から寄せられた便りが掲載されている。本紙が教えている市場指標を使った売り抜けルールの応用方法を本章の後半で詳しく解説する。

相場サイクルの各段階

投資で成功するためには、通常の景気循環がどれほどの時間をかけてどのような過程をたどるのかを理解する必要がある。特に、最近の景気サイクルに注目するべきだ。これまでのサイクルが三～四年ほどだったとしても、将来にわたり同じ期間のサイクルが続くという保証はない。

強気相場も弱気相場も、そう簡単には終わらない。通常は、二～三回ほど予測しづらい動きをしながら株価が上下し、わずかに市場に残っていた投機家をダマシたり、振るい落としていくのだ。そのような激しい動きに耐えきれない投資家が全員降参のタオルを投げ入れると、市場の一方的な下落や上昇を後押しする投資家がすべて市場から退場したことになる。そこでマーケットはようやく方向転換をし、まったく新しいトレンドを形成し始めるのだ。これは群集心理による影響が大きい。

弱気相場の終わりは、通常、景気がまだ下向きのときにやってくる。その理由は、株式が将来の経済事象、政局、世界での出来事などを何カ月も前からすべて「織り込む」、つまり予測しているからだ。アメリカの数ある主要な経済指標のなかでも株式市場は常にほかの指標を先導して経済を牽引している。マーケットとは極めて敏感で、あらゆる出来事や基本条件の影響を受ける。今何が起こっているか、そしてそれが国にどのような影響を及ぼすかということに反応して動いているのだ。マーケットはウォール街が操作しているのではない。全国の何百万という投資家と何千という巨大な投資機関、そして世論によって動かされているのだ。政府の政策や展望とそれらが与える影響は、国民が将来の見通しについてどのように感じているかによって決まるのだ。

同様に、強気相場は通常、不景気が始まる前に天井を打って下向きに転じる。この理由から、景気を反映する経済指標を見て株の売買の時期を決めるのは、実はお粗末なやり方でお勧めできない。それでも、投資会社のなかには実際にそのような投資判断をしているところがあるのだ。

多くの経済学者の予測も大いに不満を残す内容ばかりである。彼らの過ちに苦しめられた大統領もいる。例えば一九八三年、経済が初期回復期に入ってまだ数カ月しかたっていないころ、レーガン大統領の経済諮問委員会委員長は資本財部門があまり振るわないことから景気の先行きへの不安を抱いていた。これはこの委員長の能力不足を疑うべき最初の出来事だった。きちんと過去のトレンドを理解していれば、経済回復の初期段階で資本財部門の需要が強いことはこれまで一度もなかったことが分かったはずだ。国内工場の稼働率が低かった一九八三年第1四半期には特にそれが顕著だった。

相場サイクルの各段階において各業界がどのような順番で動くかを、過去のサイクルから学ぶべきである。すると、鉄道機器や機械、およびそのほかの資本財産業にいる企業群は景気循環や株式の相場サイクルにおいて遅れた動きをすることが分かる。この知識を持っていると、今が相場サイクルのどの段階なのかが分かるようになる。遅れて発進する業界の調子が上り始めると、そのサイクルがすでに終わりに近づいていると考えられる。二〇〇〇年初めも、資本財であるインターネットとインフラストラクチャーを提供していたコンピューター関連産業や情報通信機器の供給者が、当時の相場サイクルの最終段階で遅れて動き始めていた。

もっと市場について詳しく学び、アメリカの経済成長の周期や長い歴史を学びたい投資家は、セキュリティィーズ・リサーチ・カンパニーに手紙で企業の長期のチャートポスターの購入希望を伝えるとよい（Securities Research Company, 27 Wareham Street, #401, Boston, MA 02118, USA）。また二〇〇八年にデイリー・グラフも、一九九〇～二〇〇八年の株式市場の主要な出来事と経済事象を一覧化したチャートを制作している。

平均株価のチャートのなかには、過去一二カ月の主要な社会事件も合わせて掲載しているものもある。このようなものを毎年集めてあとから見返すことは非常に有意義である。平均株価と同時に、マーケットの方向に影響を与えた出来事が歴史としてひと目で分かるからである。例えば、大統領が交代したとき、戦争のうわさが流れたとき、賃金価格統制を行ったとき、政策金利が変更されたとき、あるいは経済基盤が不安定になったり「パニック」が起きたときなど、あらゆる状況で市場がどのように反応してきたかを知る手がかりになるのである。次に示すS&P五〇〇種指数のチャートは、過去の相場サイクルを陰陽（下落相場が陰）で示したものである。

マーケット全体の指数を毎日分析する

弱気相場では、株価は寄り付きで強く、引けで下落する傾向がある。強気相場では、寄り付きで弱く、引けで上昇する傾向がある。トレンドの転換はほんの数日の間に起こることがあるため、市場平均株価は毎日観察しなければならない。これらの主要な株価指数をうまく利用す

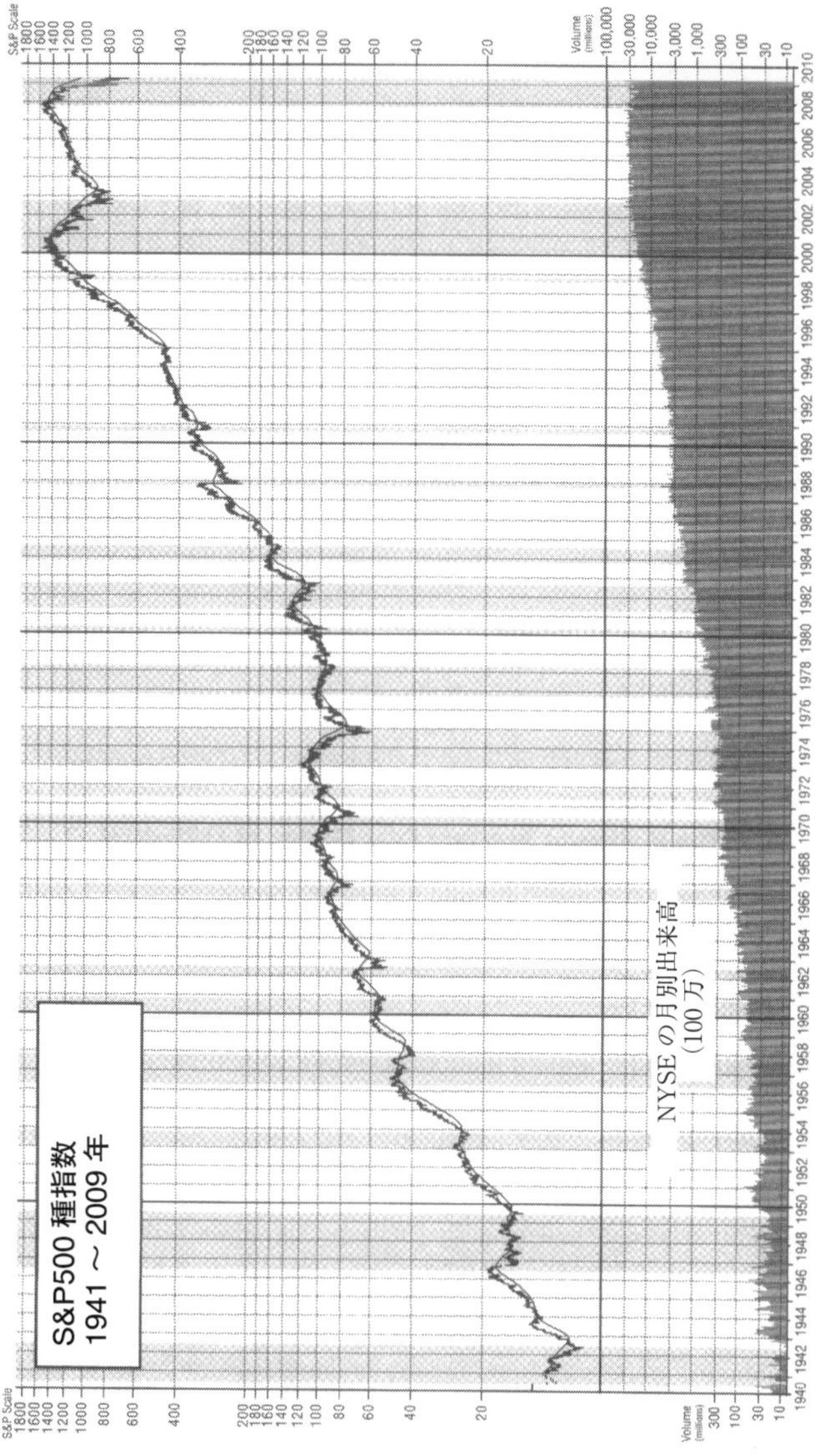
S&P500 種指数
1941 ～ 2009 年
NYSE の月別出来高
（100 万）

れば、より直接的で実用的、そして効果的にマーケットの動向とその方向性を判断できる。補助的な指標には頼らないほうがよい。タイミングを正確に測れるという実証はどこにもないからだ。三〇～五〇種類にも及ぶさまざまなテクニカル指標や経済指標が存在するが、これらを凝視して市場がどうなるかの意見を述べるようなニュースレター発行者やテクニカルアナリストや投資戦略家に聞いても、時間の無駄になるだけである。投資に関するニュースレターなどは、投資家の心に疑念や困惑を抱かせかねない。興味深いことに、あまりに悪いニュースばかりでそのような専門家らが市場の先行きに不安を感じているときに限って、市場は上昇する傾向にあるということを歴史は証明しているのだ。

マーケット全体が天井を打ったら、保有株を売って少なくとも一部を現金化し、信用取引を縮小して自分の口座を守ることだ。個人投資家ならば、一～二日あれば資産を現金化して信用取引から手を引くことができる。そして市場が落ち着いてきたら、また信用取引を再開すればよい。市場の天井で現金化をする機会を逃してしまうと、これまでは勢いのあった市場の先導株が次々と急速に値を下げることもある。そのなかにはもう二度と以前と同じ株価水準まで回復しない銘柄がいくつかは出てくるのだ。

そのような事態を防ぐには、主要な市場平均の日々の株価および出来高の変化をチャートから読み取る方法を学ぶことが最善策であろう。そうすれば、市場の流れを大きく読み誤ることはなくなるので、ほかの補助的な指標に頼る必要はなくなる。市場に逆らって得るものは何もない。経験を積めば分かることだが、市場を出し抜こうとすると金銭的に痛い目に遭うだけである。

長引いた一九七三～一九七四年の弱気相場

ウォーターゲート事件の審議とOPEC（石油輸出国機構）による一九七四年の石油禁輸措置が重なり、一九二九～一九三三年の大恐慌以来最悪となる大惨事が一九七三～一九七四年にかけて株式市場を襲った。ダウは五〇％も調整し、個別株は平均して七〇％以上も下落した。これは株主にとっては大問題で、その深刻さは一九二九～一九三三年の平均株価の下落率九〇％に匹敵する打撃だった。一九三三年の工業生産高は一九二九年の水準から五六％も落ち込み、国内の失業者は一三〇〇万人以上、そして一九三〇年代の最大失業率は二五％を記録した。その後も一九三〇年代は二ケタ台の失業率が続き、一九三九年になっても二〇％のままだった。

一九七三～一九七四年の弱気相場も長引いたことから市場は大きな喪失感に包まれた。NYSEのフロアトレーダーの多くが証券所の存続を危ぶんだほどだった。このような長い弱気相場に備えるためには、平均株価の動きを学び、壊滅的な損失で自らの健康や資産に悪影響を及ぼさないような投資術を身につけることが必須である。あなたならきっと学ぶことができる。真剣になって熱心に取り組めば、だれにでもできるのだ。大事なあなたの資金を守ろうではないか。

三三％の下落を取り戻すには五〇％の上昇が必要

マーケット全体の方向を知る重要性はいくら強調しても足りない。ポートフォリオで三三％の損失を出すと、トントンに戻すためにはそこから五〇％の利益が必要になる。例えば、一万ドルのポートフォリオが六六六六ドルに目減り（三三％の下落）すると、そこから三三三三ドルの利益（五〇％の上昇）を出さないと始まりの地点にすら回復できない。二〇〇七～二〇〇八年の弱気相場ではS&P五〇〇が五〇％以上下落したので、完全に前の水準に戻るには、そこから一〇〇％の上昇が必要となった。一〇〇％の利益を出すのがいかに難しいかはお分かりだろう。あなたもこれまでの投資法を見直して新しいルールや方法を導入し、五〇％もの損失を出すような無謀なやり方はきっぱりとやめる時期に来ているのである。

強気相場で積み上げた利益は、難しい下落局面で保有していても減少してしまうだけだ。利益を守るためには常に積極的に行動しなければならない。それには、実証済みの売りのルールを学ぶ必要がある（詳細は第10章および第11章を参照）。

「長期」投資と「満玉」投資に潜む危険

多くの投資家が自らを「長期投資家」と考えていたりそう呼んだりする。彼らの投資術はと言えば、全資金を不況好況にかかわらず常に市場に投入することだ。たいていの機関投資家も同じ手法をとる。だが、そのような柔軟性のない投資法は、特に個人投資家に悲劇的な結果をもたらすことになりかねない。比較的穏やかな弱気相場（二五％に満たない下落率）なら、個人投資家でも機関投資家でも切り抜けることができるかもしれない。しかし、弱気相場の多くはそのような生やさしい下落では終わらない。一九七三～一九七四年、二〇〇〇～二〇〇二年、二〇〇七～二〇〇八年などは、まさに壊滅的な弱気相場だった。

これから弱気相場が始まりそうだと感じるころが、実は最も判断が難しい時期である。経済状態が今後どれほど悪化するのか、そしてその悪化がどれほど長引くのかは、なかなか予測不可能だ。二年も続いた一九六九～一九七〇年の弱気相場の場合は、ベトナム戦争やインフレ、貨幣供給の引き締めなどが、三六・九％もの下落の引き金となってしまった。それ以前の弱気相場の継続期間は平均すると九カ月ほどで、下落率も平均二六％ですんでいたのだ。

弱気相場ではほとんどの銘柄が値を下げるが、そのすべてが以前の株価まで回復できるわけではない。どれほど緩やかな弱気相場であっても、株を保有し続けていれば、もう二度とかつての高値まで戻ることのない不良株を売る絶好の機会を永遠に逃す可能性がある。経済状態が全体的に変化の兆しを見せ始めて手持ちの銘柄が不調であると感じたら、保有株を少なくともある程度は売却して資産を現金化するのは必須なのである。

多くの長期保有を好む投資家が一九八〇年代～一九九〇年代のコカ・コーラ株にほれ込んでいた。清涼飲料水を扱うこの巨大企業は、高値をどんどん飲みこむようにして市場と共に値動きしながら株価を上昇させた。しかしその上昇が一九九八年にピタリと止まったのだ。長期保有投資家が同じように好んで保有していたジレット株も、同じくこの年に頭打ちした。その夏、市場が穏やかな調整局面に入ると、コカ・コーラもその流れに続いて下落した。二年後、市場は何十年ぶりという華やかな上昇を遂げたにもかかわらず、コカ・コーラは下降トレンドのまま伸び悩んでいた。もちろん、このような銘柄があとから息を吹き返すこともある。しかし、これだけは明確である――コカ・コーラを保有していた株主たちは、一九九八年と一九九九年に株価を急上昇させたアメリカ・オンラインやクアルコムなどの大物を完全に取り逃してしまったのだ。

長期保有という投資法は、二〇〇〇～二〇〇二年の間にハイテク銘柄を保有し続けた株主全員にも悲惨な結果をもたらした。高値だった銘柄の多くが七五～九〇％の下落率を記録した。そのような銘柄のなかには以前の高値水準まで二度と戻らないものも出てくるだろう。タイム・ワーナー、コーニング、ヤフー、インテル、ＪＤＳユイフェイズ、ＥＭＣなど、一九九八～二〇〇〇年に市場を牽引していた銘柄が現在どうなっているかを見れば、それは一目瞭然だ。

市場の低迷から身を守る

ナポレオンは、「戦いの最中にけっして躊躇しないことが敵よりも有利に立つ極意である」という言葉を残しており、実際に彼は長年負け知らずだった。株式市場という名の戦場では、俊敏な決断ができるか否かが投資家の生命を左右するのだ！

市場が天井を打ったことを暗示する兆候をいくつか目にしたら、躊躇している暇はない。本格的な弱気相場に突入する前に素早く保有株を売るのだ。株価指数が次々と頭打ちをして下方向へと大きく転換したら、すぐさま行動を起こして手持ちの株を市場価格（成り行き注文）で売り、株式資産の二五％以上を現金化しよう。指値注文（あらかじめ売買価格を指定すること）を使うことはお勧めしない。必要なときに素早く対象銘柄を手に入れたり手放したりできる成り行き注文を使うのだ。一二・五セントだの、二五セントだの（要はドル以下の細かい数字）をいちいち気にして売値を指定していたら、株を売却する機会を逃してしまいかねない。

あなたの株式口座が信用取引口座なら、さらなる電光石火の行動力が求められる。ポートフォリオ全体が信用取引で保有株の半分の資産を証券会社から借りている状態である場合、株価が二〇％下がるとあなたの資金は四〇％目減りすることになる。株価が五〇％下がれば一文無しだ！　弱気相場を信用取引で乗り越えるなど、絶対にしてはならないことだ。

極論だが、新たな弱気相場が始まったときにできることは、本当はたったの二つしかない

――売って撤退するか、空売りをするかだ。撤退するならば、弱気相場が終わるまで現金化した資産を持ってそのままおとなしくしていることだ。だいたいは五～六カ月前後だろう。しかし、弱気相場が長期化した一九六九～一九七〇年や一九七三～一九七四年のように、最高二年続く弱気相場もあった。クリントン政権の最後の年であった二〇〇〇年三月に始まった弱気相場は、通常より長引いて深刻な経済状態を招いた。一〇人の投資家のうち九人が特にハイテク銘柄で大きな損失を被った。これが、注意を怠り気を緩めた一九九〇年代後半にアメリカが招いた過剰な投資に終わりを告げる結果になった。まさに「何でもあり」の勢いで、株価も自由気ままに暴れ回った時期だったのだ。

空売りで利益を出すことはできなくはないが、あらかじめ警告しておく。空売りは難易度が高く専門的な技能を要求されるものであり、弱気相場にのみ使うべき投資法だ。空売りで利益を出せるのは一握りの投資家だけである。空売りについては、第12章で詳しく述べる。

損切りの逆指値注文を利用する

逆指値注文を置いていたり、特定の売値できちんと売却するようにあらかじめ決めてそのとおりに行動すれば、市場が天井を付けて下落し始めたら機械的に多くの株が売り払われることになる。逆指値注文を置いておくと取引所のスペシャリストにその指示が伝わり、指定した価格まで株価が下落した時点で成り行き注文として執行されて次の取引で株が売却されることになる。

一般的には逆指値注文は使わないほうがよい。この注文を利用すると、その投資家の手の内をマーケットメーカーにさらすことになり、損切り注文を振るい落とすために彼らが意図的に株価を下げることがある。そこで通常は逆指値注文を使わずに保有ポジションを注意深く観察しながら、ここまで下がったらすぐに売って損切りをするという明確な価格をあらかじめ決めておく。そうは言っても、旅行や出張が多くて株価を常に見ているわけにはいかない人もいるだろう。あるいは、含み損を出しているときにきっぱりと売って損を確定することがなかなかできない人もいるだろう。そのような物理的な問題や優柔不断という精神的な問題を補うには、逆指値注文が有効である。

逆指値注文を置いたあとに気が変わって成り行き注文で株を売ってしまったら、忘れずに逆指値注文を取り消そう。これが残ったままだと、あとですでに売って手放したその銘柄をうっかりと空売りしてしまうことになりかねない。そのような間違いは高くつくだけである。

マーケットの天井を見極める方法

マーケットの天井を見極めるには、S&P五〇〇やNYSE総合株価指数、ダウ工業株三〇種平均、ナスダック総合指数などの指数が上昇していくのを毎日注意深く観察することから始まる。すると上昇トレンドをしていたある日突然、マーケット全体の出来高が前日よりも増加したのに株価指数は失速して動かない（前日の上昇に比べて勢いが衰えた）という現象が起こる。私はこれを、「株価の上昇を伴わない出来高の増加」と呼んでいる。その日の平均株価が下げて引ける必要はないが、ほとんどの場合では下げて引ける。機関投資家による株式の大量売り、つまり「売り抜け」の状態を明確に示すものである。株価平均のその日の高値と安値の価格差が、場合によっては前日よりも少し大きくなることもある。

天井を打つ直前での大量売りは、通常なら四～五週間に三～五日起こる。つまり売り抜けは、市場がまだ上昇中に起こるのだ！　これこそが、売り抜けを見極められる投資家が極端に少ない理由の一つである。四週間～五週間で明確な売り抜けが四～五日あると、その後の市場全体はほぼ必ず下落を始める。

二～三週間というやや短い期間でも、明確な売り抜けが四日あれば、それまで上昇してきた市場を下落させるだけの力を十分に蓄えた可能性がある。場合によっては市場が新高値を試して戻し、売り抜けがやや長めの六週間以上に長引くこともある。S&P五〇〇やNYSE総合指数、ナスダック、ダウなどが見せる天井のサインを寝ていたり気がつかなくて見逃してしまっていたら（ほんの数日の間に起こることもあるので、見逃してしまう可能性は高い）、マーケットの方向を見誤ったままになってしまう。そのような状態で投資判断をしてもすべて間違ったものになるだろう。

また、上昇はまだ続くと信じ込んでいる投資家の個人的な意見や見解を覆すのに時間がかかるということも、大きな問題点である。買いポイントから七～八％下落したら常に損切りして損失を最小限に抑えるということをしていれば、マーケット全体が調整を始めたときに、少なくとも一～二銘柄は強制的に売られることになるだろう。そうなれば、株価のさらなる上昇に対して疑いを持った防御的な心構えが早い時期に作られるはずだ。われわれが考案したこの単純で強力なルールに従った多くの投資家が、二〇〇〇年にハイテク主導株が壊滅的な下落をしたときや二〇〇八年にサブプライムローン問題が引き起こした弱気相場で命拾いをしているのだ。

売り抜けが繰り返しあったかどうかは、一つの指数で確認できれば十分である。四～五日の売り抜けを複数の主要な指数で確認する必要はない。また、ある指数で前日の出来高より増加したのに株価は下げて引けたことが示されたら、その下落率が〇・二％以上であれば「売り抜け日」として数えてよいとする。

天井から下落を始めたあとの上昇の試しに注目する

天井付近で出来高が上昇した「売り抜け日」が必要日数に達すると、最初の下落が起こる。

その後、平均株価は弱々しく上昇したり、上昇に失敗したりするか、株価も出来高も勢いを取り戻して上昇したりする。どのようなマーケットのサインを探しているのかをまずは詳しく学び、そして先入観を持たずにマーケットを観察しよう。平均株価からマーケットのこれまでの動きや現在の動きについて学ぶのだ（マーケットの上昇については本章後半の「マーケットの底を見極める方法」で詳しく述べる）。

上昇の試しが失敗することを暗示する三つのサイン

マーケットが天井を付けたあとは、だいたい株価は弱々しく上昇をしたあとに下落に転じる。例えば、下落した翌日は反発して二日目も寄り付きは強かったのに、引けが近づくにつれて株価が下落してしまう。最初の上昇の試しに失敗したときは、手持ち株をさらに売ったほうがよいだろう。

最初の反発が弱々しいことを示すサインは、①株価が三日目、四日目、五日目と上昇するのに、出来高は前日よりも少ない、②平均株価の上げ幅が前日よりも少ない、③平均株価が前に付けた高値から直近の安値の値幅の半分も回復していない――などが挙げられる。このような弱い上昇や試しに失敗したら、手持ちの株をさらに売るべきであろう。

二〇〇〇年三月のナスダック天井を見抜いた方法

一九九九年一〇月、市場は激しく上昇をした。二〇〇〇年一月一日に起こるとされた二〇〇〇年問題に対する不安が取り除かれたからである。多くの企業が期限を迎えたばかりの第3四半期で大きな利益を報告していた。市場を先導するハイテク銘柄や投機的なインターネットやバイオ技術関連株が、わずか五カ月ほどで大きく利益を伸ばしていた。ところが二〇〇〇年三月初めになるとほころびが少しずつ出始めたのだ。

三月七日、ナスダックは前日よりも多い出来高なのに安く引けた。これは六週間以上ぶりのことだった。うなぎ登りで値を上げる強気相場において、それは異常な動きだったが、売り抜けが一日あっただけでは重要度は低い。それでも、最初の危険信号であることは確かであり、その後も注意深く観察する必要性を示唆していた。

三日後、ナスダックは午前中に八五ポイント以上上昇して新高値を付けた。ところが午後になると反転して一日が終わってみるとわずか二ポイントの上昇だったのだが、出来高は平均を一三%も上回っていた。これが二番目の危険信号である。株価の大きな動き（激しく値動きした割には終わってみるとほぼ同じ――明らかな売り抜けのサイン）はより重大なサインだった。なぜなら、先導していた銘柄までもが天井を打つ兆候を見せ始めたからだ（これについては第11章で説明する）。そのわずか二日後の三月一四日、大商いだったにもかかわらず株価は四%

下げて引けた。これは三回目の売り抜けを警告するもので、この時点で保有株を一部売るべきであった。

平均株価は三月一六～二四日まで怪しく上昇したのだが、再び失速して四回目の売り抜け日を記録した。そしてまもなく力尽きて頭打ちして、出来高が増加した日に方向転換をして五回目の売り抜け日を記録した。これが最終的には三月一〇日が天井だったことを確信させるものとなった。マーケットは「売れ」「現金化しろ」「持ち株を手放せ」というサインを送ってくれていた。あなたの仕事は他人の意見に耳を傾けることではなく、それを正しく読み取って行動することだった。他人に頼ったところで彼らは誤った判断ばかりするのは分かっているし、売り抜け日を見つけることも理解することもきっとできないに違いないからである。

それから二週間、ナスダックとS＆P五〇〇とダウは、前日よりも多い出来高を伴って値下がりする「売り抜け」を何度も繰り返した。CAN－SLIMについて本書で学んでいた明敏な投資家たちは、どんなサインに注目するべきかを事前に学んで知っていたので、余裕を持って利益を確定することができた。

この例のチャートに加えて市場の天井を示したほかのチャートも研究するとよい。株式市場に関して言えば歴史は繰り返されるのだ。これからも同じような動きを何度となく見ることになるだろう。だからこそ、すぐにでもチャートの研究に取りかかることだ。

二〇〇七年の市場の天井を見抜いた方法

先に述べたように、二〇〇八年に急激な株式市場の暴落が起こる前に、『インベスターズ・ビジネス・デイリー』紙の約六割の読者が手持ち株を売って現金化していることが複数のアンケート結果から分かっている。本紙の「ザ・ビッグ・ピクチャー」欄に掲載される「マーケット・パルス」という市場の動向を示すコラムのなかで、われわれは、平均株価が五回目の売り抜けを示したことからマーケットの見通しが「調整に入った」と明言し、その後記事のなかでも保有株を現金化するときが来たと助言している。そのとおりに株を売却した人のほとんどが、二〇〇〇年三月に市場から撤退した方法を詳しく説明している本章を読んで研究していたに違いない。そのような読者は、『インベスターズ・ビジネス・デイリー』紙が説くマーケット全体のルールを上手に自らの投資に適応することで利益を守り、そして深刻な下落局面においても自分を保護するそのようなルールや方法について無知でいる投資家のような犠牲を払わずにすんだのである。前回はわれわれのルールに従わなかった読者も、今後は上手に使えるようになってほしいと願わずにはいられない。

マーケットに偶然性などほとんどない。マーケットの天井を正確に見抜くには、努力して知識を習得する必要がある。アップルの最高経営責任者スティーブ・ジョブズは努力について、「私が人生で成し遂げたことは、何年もの苦労を経てようやく実を結んだものばかりである」と語っている。一九七六～二〇〇七年までの市場の天井を注釈入りのチャートで掲載するので、よく研究してほしい。

過去のマーケットの天井

過去をさかのぼって見てみると、一九五四年八月の一週目に付けた天井が、売り抜けを伴った中期的な天井（通常はその後マーケット全体の平均株価が八～一二％下落する）の良い模範例として挙げられる。第一に、NYSEの出来高が増加したのにダウ平均は前日ほど上昇しなかった。その翌日には大商いだったのにもかかわらず、ダウは高値と安値に大きく振れて最終的には上昇せずに引けた。同じような天井が一九五五年七月の一週目にも現れた。一日の値幅が大きいクライマックストップを形成し、翌日には出来高が増えながらもダウは下げて引けた。そしてその三日後、NYSEの出来高は増加したのにダウは再び値を下げたのだ。

ほかにも左の時期に現れた弱気相場や中期的天井を研究するとよい。

さらに、ここに示す天井を集めた主要株式指標のチャートをよく研究して、それがどのように起こったかを理解することができれば、将来市場を観察していて同じような兆候を見つけることができるようになるだろう。チャート上の数字は、売り抜けの日数を示している。

1955年9月
1955年11月
1956年4月
1956年8月
1957年1月
1957年7月
1958年11月
1959年1月
1959年5月
1959年6月
1959年7月
1960年1月
1960年6月
1961年4月
1961年5月
1961年9月
1961年11月
1961年12月
1962年3月
1963年6月
1963年10月
1965年5月
1966年2月
1966年4月
1966年6月
1967年5月
1967年9月
1967年12月
1968年12月
1969年5月
1971年4月
1971年9月
1973年1月
1973年10月
1975年7月
1976年9月
1978年9月
1979年9月
1980年2月
1980年11月
1981年4月
1981年6月
1981年12月
1982年5月
1984年1月
1986年7月
1986年9月
1987年4月
1987年8月
1987年10月
1989年10月
1990年1月
1990年7月
1992年6月
1994年2月
1994年9月
1996年5月
1997年3月
1997年10月
1998年7月
1999年8月
2000年1月
2000年4月
2000年9月
2001年2月
2001年5月
2001年12月
2004年1月
2006年4月
2007年11月
2008年6月

主導株から市場の天井を見極める

市場の方向の大きな変化を示す指標として平均株価の次に重要なものは何かと言えば、主導株の動向である。上げ相場が何年か続いたあとにマーケットを牽引していた個別銘柄の大多数が異常な動きを見せ始めたら、市場が転換期を迎えていると確信してよいだろう。

一例として、主導株が上昇しながら三回目あるいは四回目のベースを抜け出たときに異常な値動きをすることがある。そのようなベース構造のほとんどは不完全で、長期的な保ち合いになる。そのようなダマシのベースを見抜くには、各銘柄の日足や週足チャートで株価と出来高の推移を研究することが最良の方法だろう。

また「クライマックストップ」を伴った天井も、異常な動きだと言える。この場合、主導株が、何カ月も上昇したあとに、二～三週間続けてこれまでよりもさらに急上昇をする（売りについては第11章を参照）。

主導株のなかには、調整の安値付近から上昇できないというのを除いても、出来高が急増しているのに高値へとブレイクできないような異常な値動きを見せるものがあるだろう。また、直近の四半期収益が深刻なほど伸び悩む銘柄も出てくるだろう。

マーケットの方向の変化は、自分が保有している銘柄のうち、最近購入した四～五銘柄を観察することからも読み取れる。それらの銘柄にまったく含み益が乗っていないようならば、新

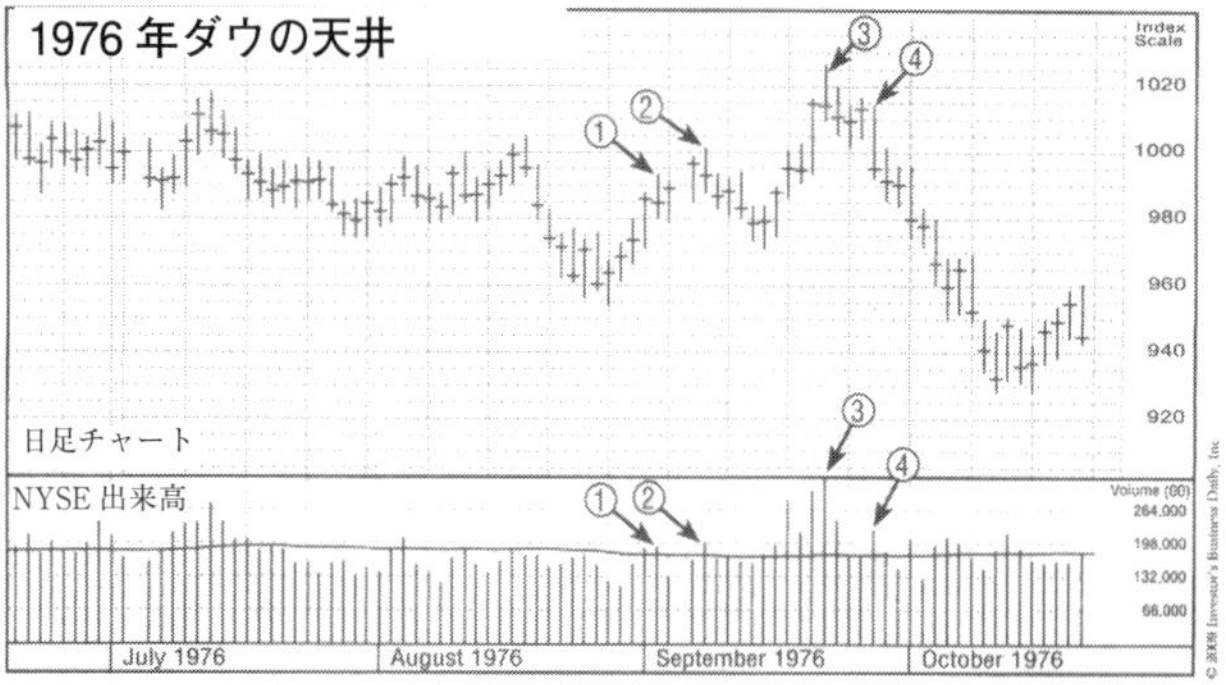
1976 年ダウの天井
Index Scale
1020
1000
980
960
940
920
日足チャート
NYSE 出来高
Volume (00)
264,000
198,000
132,000
66,000
July 1976
August 1976
September 1976
October 1976

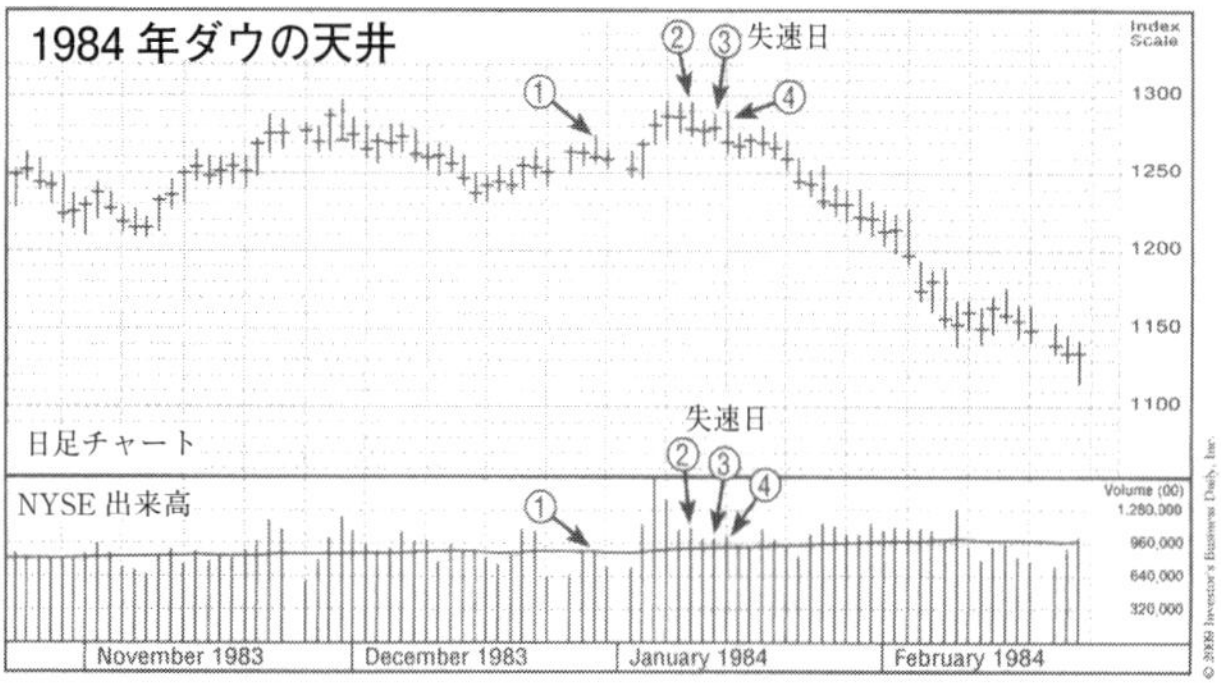
1984 年ダウの天井
失速日
Index Scale
1300
1250
1200
1150
1100
日足チャート
失速日
NYSE 出来高
Volume (00)
1,280,000
960,000
640,000
320,000
November 1983
December 1983
January 1984
February 1984

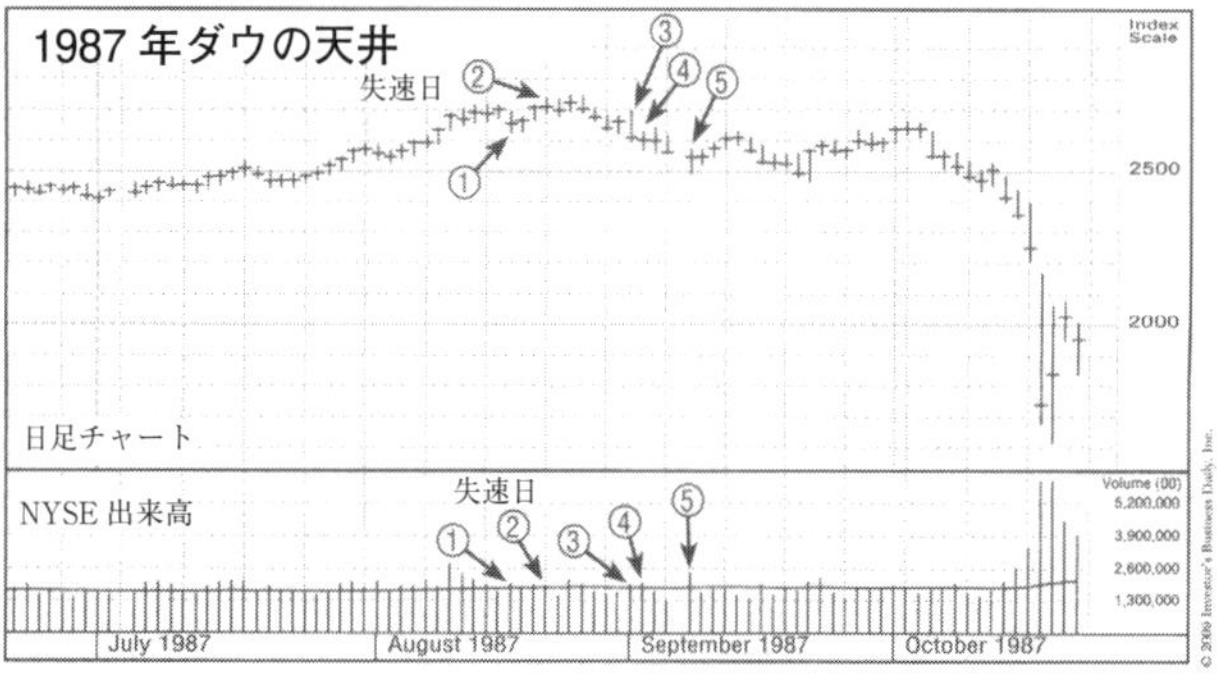
1987 年ダウの天井
失速日
Index Scale
2500
2000
日足チャート
失速日
NYSE 出来高
Volume (00)
5,200,000
3,900,000
2,600,000
1,300,000
July 1987
August 1987
September 1987
October 1987

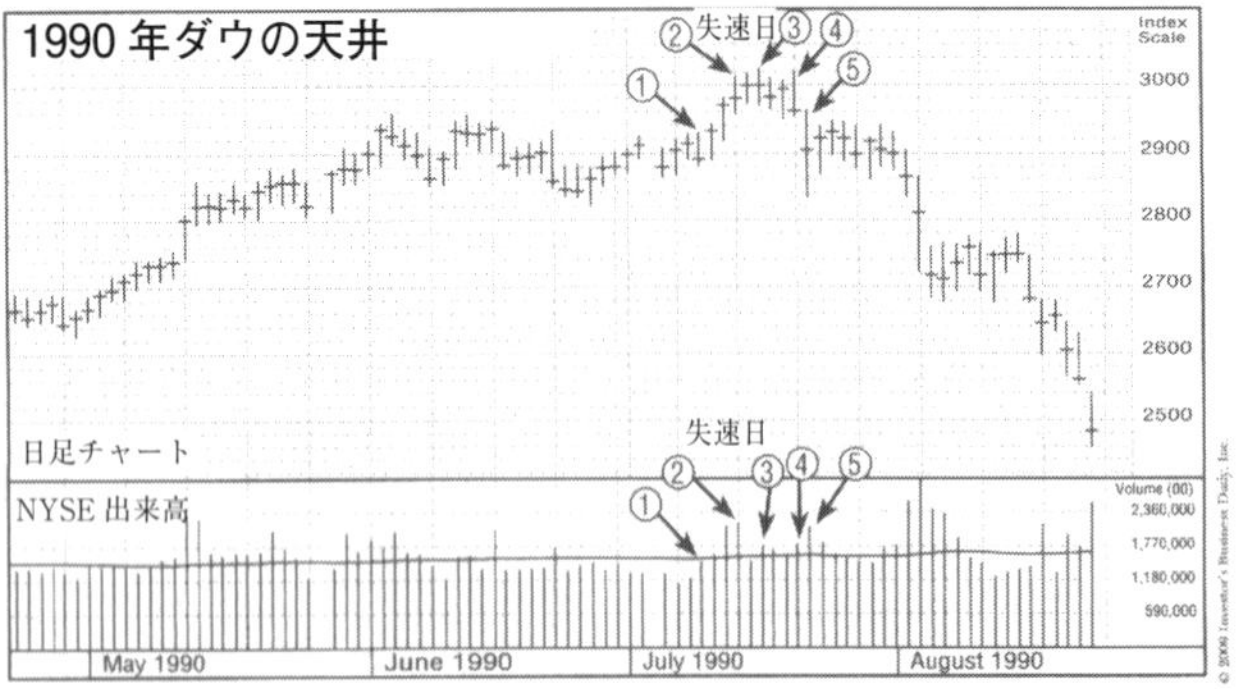
1990年ダウの天井
失速日
Index Scale
3000
2900
2800
2700
2600
2500
日足チャート
NYSE出来高
Volume (00)
2,360,000
1,770,000
1,180,000
590,000
May 1990
June 1990
July 1990
August 1990
© 2009 Investor's Business Daily, Inc.

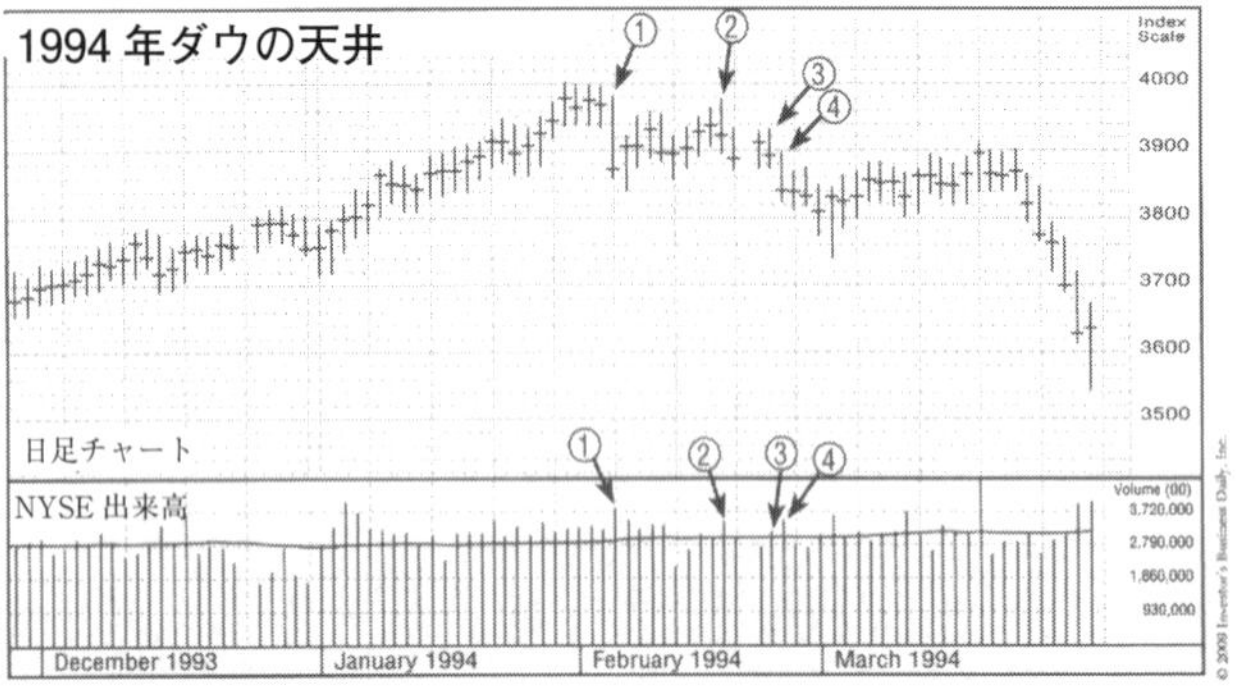
1994年ダウの天井
Index Scale
4000
3900
3800
3700
3600
3500
日足チャート
NYSE出来高
Volume (00)
3,720,000
2,790,000
1,860,000
930,000
December 1993
January 1994
February 1994
March 1994
© 2009 Investor's Business Daily, Inc.

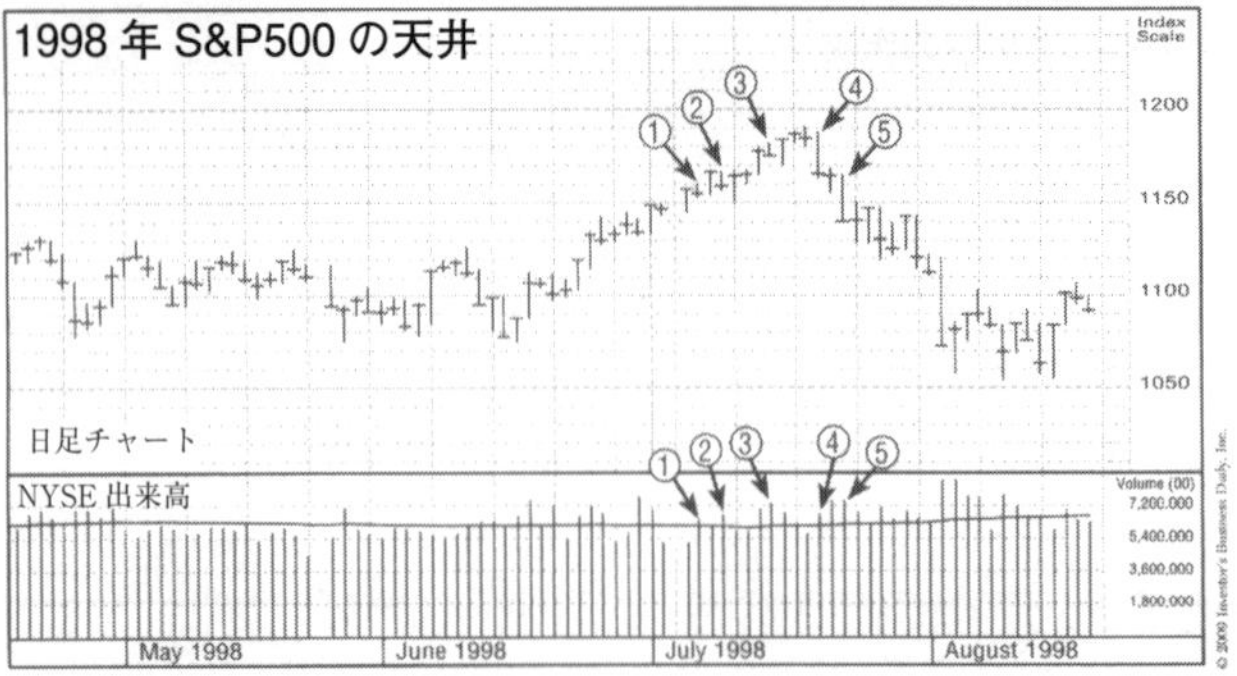
1998年S&P500の天井
Index Scale
1200
1150
1100
1050
日足チャート
NYSE出来高
Volume (00)
7,200,000
5,400,000
3,600,000
1,800,000
May 1998
June 1998
July 1998
August 1998
© 2009 Investor's Business Daily, Inc.

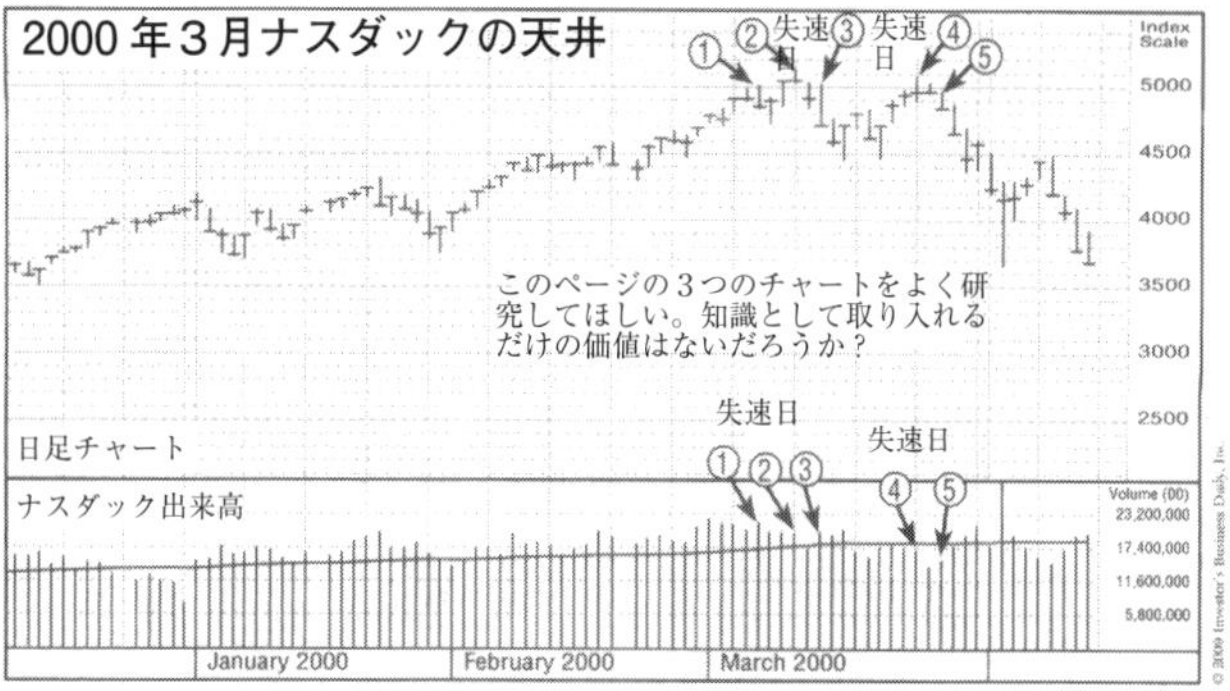
2000年３月ナスダックの天井
① ② 失速日 ③ 失速日 ④ ⑤
このページの３つのチャートをよく研究してほしい。知識として取り入れるだけの価値はないだろうか？
日足チャート
ナスダック出来高
失速日
① ② ③
失速日
④ ⑤
Index Scale
5000
4500
4000
3500
3000
2500
Volume (00)
23,200,000
17,400,000
11,600,000
5,800,000
January 2000
February 2000
March 2000
© 2009 Investor's Business Daily, Inc.

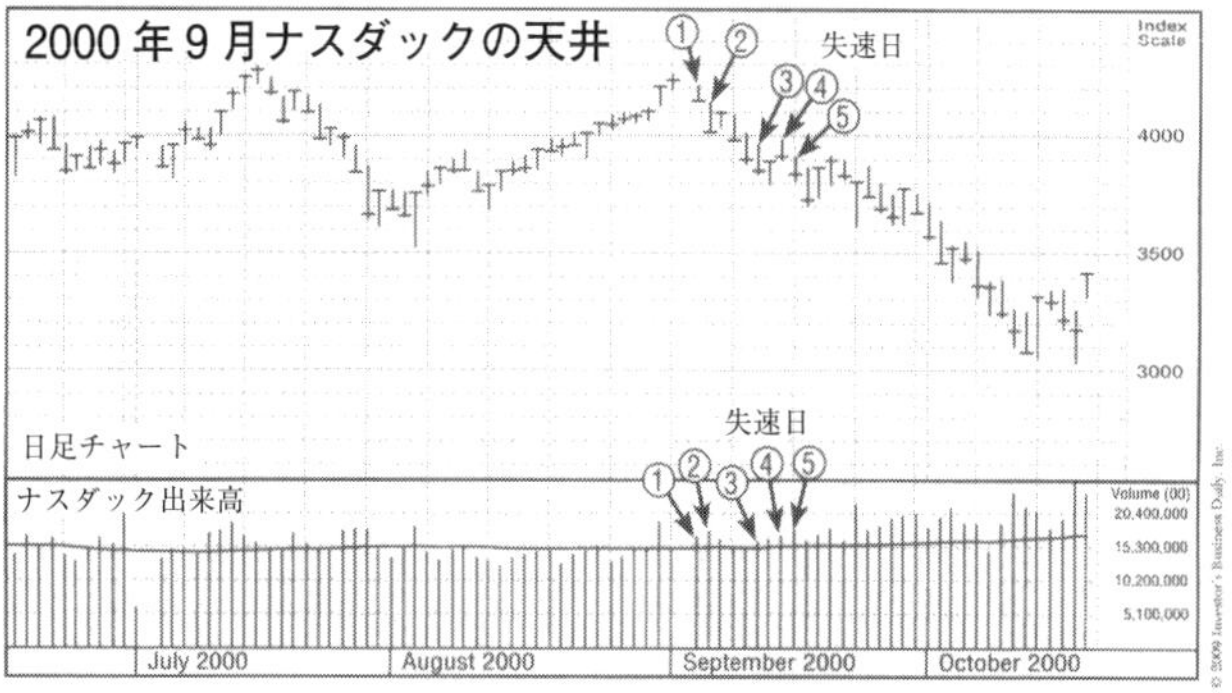
2000年９月ナスダックの天井
① ② 失速日
③ ④ ⑤
日足チャート
ナスダック出来高
失速日
① ② ③ ④ ⑤
Index Scale
4000
3500
3000
Volume (00)
20,400,000
15,300,000
10,200,000
5,100,000
July 2000
August 2000
September 2000
October 2000
© 2009 Investor's Business Daily, Inc.

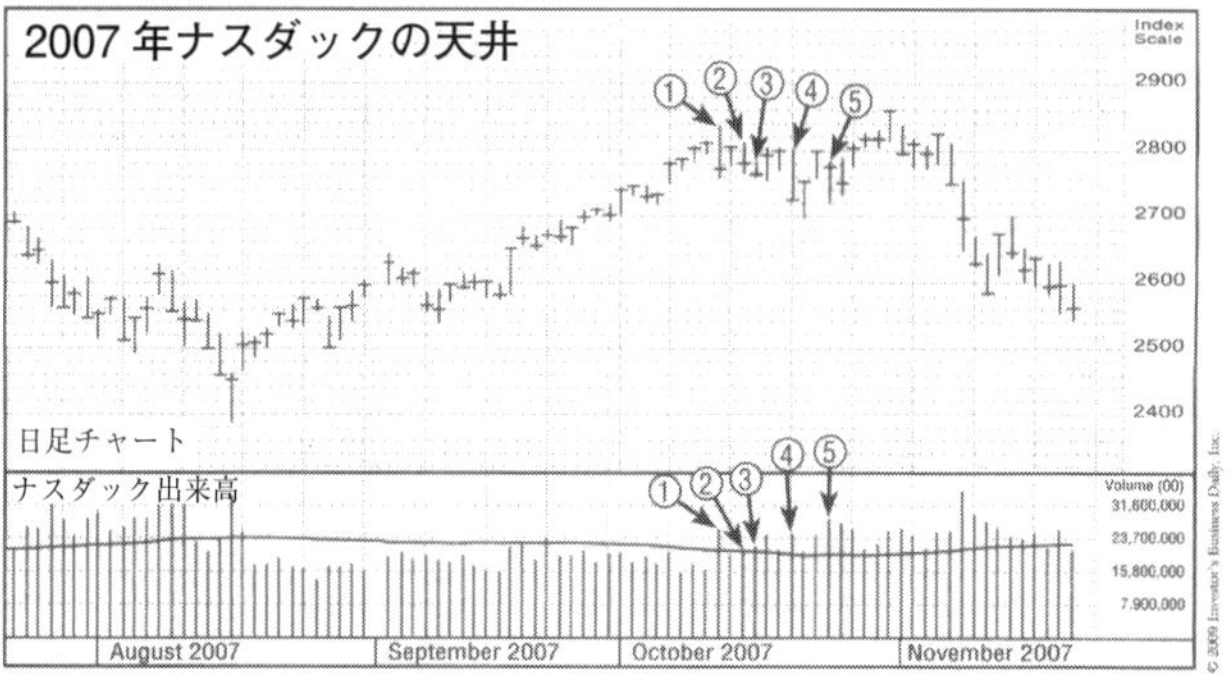
2007年ナスダックの天井
① ② ③ ④ ⑤
日足チャート
ナスダック出来高
① ② ③ ④ ⑤
Index Scale
2900
2800
2700
2600
2500
2400
Volume (00)
31,600,000
23,700,000
15,800,000
7,900,000
August 2007
September 2007
October 2007
November 2007
© 2009 Investor's Business Daily, Inc.

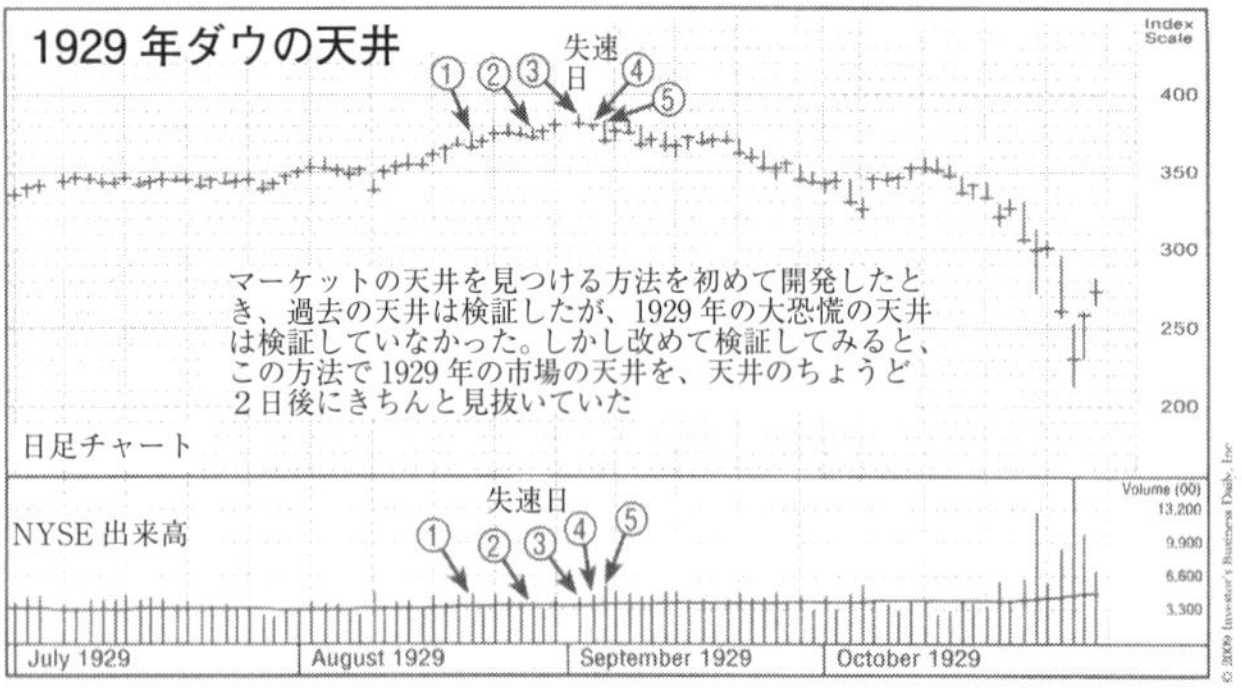

しい下降トレンドが始まったことを示すサインかもしれない。

チャートを使って市場の動きを理解している投資家ならば、市場の天井付近で魅力的に見える先導株などほんどないことを知っている。このような時期というのは、正しく形成されたベースから抜け出るような銘柄が単に一つも見られないのだ。最高の銘柄の買い時はもうとっくの昔に過ぎてしまったということである。

このような局面では、ほとんどのベースが広くてルーズになっており、これは危険を示す大きな警告なので、必ず学んで理解し、そしてその警告に従わなければならない。この段階で力を見せて上昇することができるのは、停滞株くらいだ。賢いマーケットトレーダーならば、出足も遅く安値で低品質の停滞株が値を上げて強くなってきているのを見れば、上昇トレンドが終わりに近づいている知らせであることが分かるだろう。

弱気相場の初期段階では、特定の主導株が下降トレンドに抵抗するかのように強く、上昇できるという印象を与えるものだ。しかしこれは単に、避けられない下落という運命に逆らっている姿にすぎない。やがて本格的な下落が始まると、そこから逃れられる銘柄はなく、いずれは主導株ですら例外なく売り局面に屈するのだ。二〇〇〇年の弱気相場が良い例だ。シスコやそのほかハイテク関連の主導株は、多くのアナリストが買うべきだという誤った助言をしていたにもかかわらず、最終的にはすべて暴落した。

また、二〇〇八年の六月～七月にも、ナスダックが同じように天井を打った。二〇〇三～二〇〇七年の強気相場を牽引してきた鉄鋼、肥料、石油関連銘柄が、実際には二〇〇七年一〇月に五日間の売り抜け日を伴って始まっていたマーケットが天井を付けることに抵抗する動きを見せたあと、ようやく方向転換をして最後には暴落した。USスチールは、その直後の2四半期の決算報告で収益率が一〇〇％以上も上昇していたが、やはり暴落を免れることはできなかった。ポタッシュも当期四半期収益が一八一％上昇し、その翌四半期も二二〇％上昇したのに天井を打った。これには、収益増加の決算や見通しだけを判断基準にしていたほとんどのアナリストがだまされたのだ。彼らは過去の天井をすべて研究するということをしていなかったので、収益が一〇〇％増加しても天井を打った主導企業が過去にたくさん存在していたことを知らなかったのだ。では、そのような収益の増加を示した銘柄ですら値崩れを起こした理由はなんなのか？　それは八カ月も前の二〇〇七年後半にはすでに弱気相場が始まっていたからだ。

中期的な調整（通常は八～一二％の下落）と強気相場の天井に共通している点は、天井の多くが主導株や平均株価を最後に買った時点から五～七カ月後くらいに現れるということである。つまり天井におけるマーケットの方向転換というのは、実は最終警告で暴落前の最後の一息というわけだ。この段階では、ほとんどの場合で機関投資家による売りはマーケットの各主導銘柄で何日も、時には何週間も前から起こっているはずである。第10章と第11章で取り上げる売りのルールを使えば、市場が天井を付ける前のまだ上昇中の手持ち株を一～二銘柄売ることになっているはずだ。

まだある弱気相場の警告

これまでマーケットを牽引してきた主導銘柄がつまずき始めて、代わりに低価格でより投機的なボロ株が浮上し始めたら要注意だ！　老犬（重厚長大産業）が吠え始めると、マーケットは最後の弱った足でようやく立っている状態だ。停滞株には市場を牽引して株価を上昇させるような力はない。市場が上昇した日に最も活発だった銘柄を示す一覧表のなかにボロ株がいくつも名を連ねて占領する日が増えてきたら、このような状態であると考えて間違いない。これは単に弱い銘柄が市場を先導しようとしているだけだ。最高の銘柄でも先導できなかったものを、最悪の銘柄が長期間先導し続けることなどできるわけがない。

天井での反転（相場が新高値を付けたあとにその日の安値で引けたとき）は、多くの場合、平均株価が小さめのベースから抜けて新高値圏内へと向かい始めてから三～九日ほど上昇する間に起こる（これはこのパターンの初めから終わりまでの期間が実は短すぎることを意味している）。過去に現れた天井はほぼすべて同じような状況であったことを覚えておくことが重要だ。

また、天井を付けても数カ月間は持ち直し、前の高値水準かそれ以上の新高値近くまで値を戻してから、大きな下落を始める場合もある。一九七六年一二月、一九八一年一月、一九八四年一月にこのような例があった。これには重要な心理学的背景がある――ほとんどの投資家が、本当に正しいときに本当に正しい行動をとることができないからである。一九九四年、ダウが天井を付けたあともナスダックは何週間も天井を付けなかった。二〇〇〇年初めにも、同じような現象が起きた。

機関投資家や個人投資家を問わず、ほとんどの投資家が最初は天井にダマされる。これはすべて人間心理学と感情の作用なのだ。一九八一年に手持ち株を売ったり、あるいは空売りができるほど賢い投資家であったのならば、二月と三月に起こった強い戻りにおそらく空売りの買い戻しを余儀なくされ損切りをしたか、あるいは強い戻りに我慢しきれずに新規に再び買ってしまったことだろう。これは、市場の転換期がどれほど不安定かを示す一例だ。

焦りは禁物

一九六二～二〇〇八年にかけて多くの弱気相場が出した初期のサインを、私は素早く見つけては常に売却という行動で対応してきた。しかし、まだ時期尚早なのに再び株を買い始めるという過ちを犯したことが何度かある。株式市場で間違いを犯したら、その過ちを修正するのが正しい道である。マーケットに逆らってはならない。うぬぼれや自尊心、そして含み損が出始めたときの動揺は、すべて何の利益も生み出さない。

典型的な弱気相場では、通常、三つの段階があり、株価は何度かの戻りによって下落が中断される（すべての弱気相場がこうなるというわけではない）。その上昇のスイングがちょうど、投資家に買いたいと思わせるような長さなのだ。一九六九年と一九七四年に、いくつかの銘柄で、ダマシの上昇が最長一五週間という長い期間続いたことがあった。それほど戻りが長引くことは珍しい。

機関投資家は好んで底値買いをする。実はまだ底ではないのに、底だと思ったら株を買い始めるため、彼らによって引き起こされた上昇は単なる戻りなのに株価の上昇が真実味を帯びてきて、今度はあなたが買いたくなってしまうのだ。だが新しい強気相場が本当に始まるまでは、現金を片手に横で傍観しているだけのほうがよい。

マーケットの底を見極める方法

弱気相場の到来を感知して手持ちの株式数を減らしたら、次に考えるのは、いつまで傍観者でいなければならないのか、ということだろう。市場に早く戻りすぎると、上昇しているように見えた株価がやがて力を失い、そしてあなたは資金を失うことになる。しかし大幅に回復するその直前で躊躇すれば、大きな機会を見逃すことになる。この場合も、マーケット全体の平均株価が何よりも役に立つ。投資家が持つ感情や個人的な意見よりも、マーケットのほうがずっと信頼できるのである。

株価の調整時期では、その規模にかかわらず、必ずある時点でマーケットが上昇を試すものである。そのときに焦ってその波に飛び乗ると痛い目に遭う。マーケットが新たな上昇トレンドに入ったことを確認できるまでは、じっと待つことだ。

高値への試しは、主要な平均株価が下落のあとに上昇して引けると始まる。例えば、ダウが午前中に三％急落したのに午後には回復して高値で引けたとき、あるいは、ダウが二％下がって引けたがその翌日に回復したときなどである。通常は、ダウが実際に上昇して引けた日を試しの初日とするが、なかには例外もあった。例えば、一九九八年一〇月初日は出来高増加を伴って下落したのだが、終値がその日の値幅の半分より上で引けたので一日目とした。腰を据えて、じっと我慢して待つのだ。株価が回復をし始めて最初の数日では、その試しが成功するかどうかはまだ分からない。

試しの上昇が始まって四日目以降は、いずれかの主要な平均株価が前日よりも出来高を大幅に増やして上昇し続けるかどうかを観察する。これが起これば、その上昇が本物になる可能性が一層高くなる。最も強力な上昇は、だいたい上昇を初めてから四～七日目に起こる。先ほど述べた一九九八年の底は、上昇を始めてから五日目に大きく突き抜けた。市場は二・一％上昇した。このような日の株価は、強く勢いがあり、大きな爆発力を持って上昇する。渋々上昇していたり、どっちつかずとか、ようやく一・五％上昇したというようなものではない。その日の市場の出来高も、前日よりも増加するだけではなく、ほとんどの場合で一日の平均出来高よりも多いのである。

まれに、強力な上昇を始めてわずか三日目に起こることがある。そのような場合は、一日目、二日目、三日目のすべてが強い上昇で、平均株価は出来高増加を伴ってそれぞれ一・五～二％以上は上昇していなければならない。

以前の私は、一％の上昇があれば試しは成功と考えていた。だが、近年では、機関投資家がわれわれの手法を学び初めているので、ナスダックとダウについてはその判断水準を大幅に引き上げた。そうすることで、プロの投資家たちがダウ平均の三〇銘柄を一部操作してニセやダマシの上昇日を作る可能性を減らしている。

上昇を確認したのに、それが失敗に終わる場合もある。莫大な資金力を持つ巨大な機関投資家が集まると、ある特定の日に平均株価を上昇させて試しが成功したかのような印象を作り出すことができる。だが、賢い買い手がその波に乗らないかぎり、その上昇は崩壊することになる。時には数日間以内に大商いを伴って急落することもある。

だが、確かな上昇を見せた翌日に市場に調整が入ったというだけでは、その上昇がダマシだったという理由にはならない。弱気相場が底を付けたあとでも、株価はよく下落し、そして過去数週間に付けた安値の上か、もしくはその近辺に落ち着く。この下落での試しが市場平均で最近付けられた日中での安値よりも少しでも上であれば、より強い上昇の基盤が作られたと考えられる。

この上昇へのサインは、急いで好き勝手に買うべきだということを意味しているわけではない。単に、素晴らしい売り上げと収益率を持つ高品質な銘柄が、しっかりとしたベースから抜け出たら買い始めても良いという許可にすぎない。これは上昇が成功していることを知らせる二番目の重要なサインである。

忘れないでほしいのは、どんな新しい強気相場も強い株価と出来高の増加が証明されないまま始まったことはないということである。忍耐強く待ち続け市場に耳を傾けておいて損はない。

次のグラフは、一九七四～二〇〇三年の間の株式市場における底を示した例である。

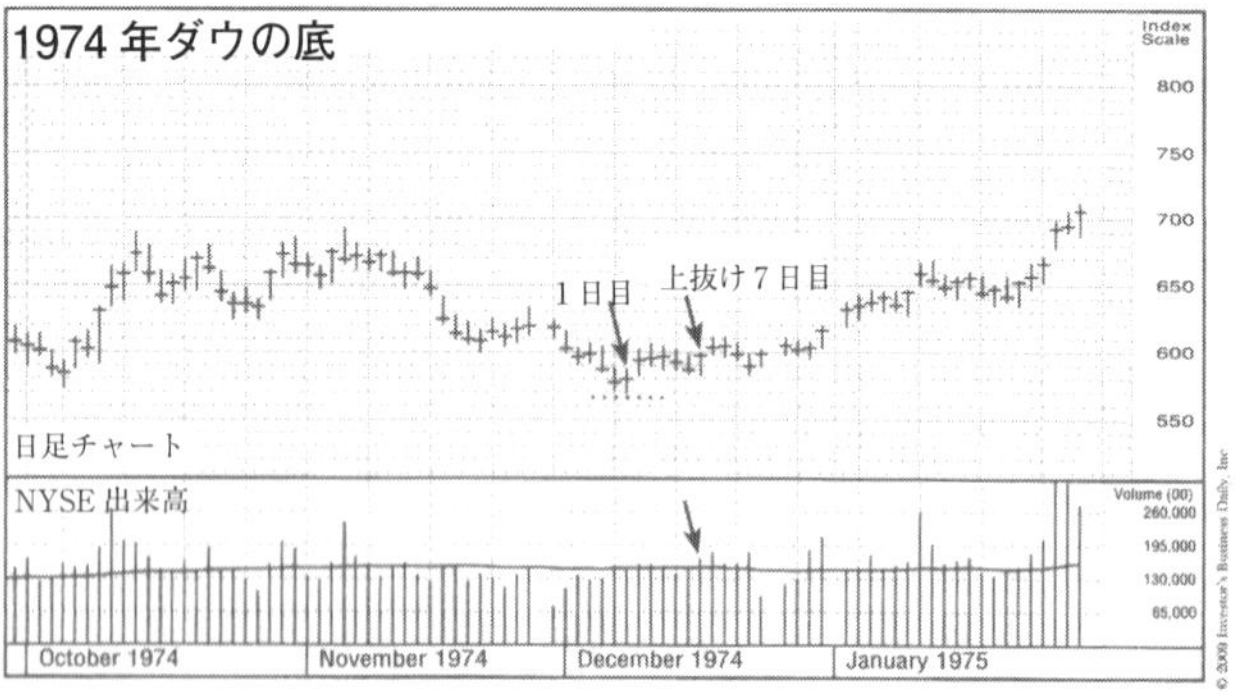

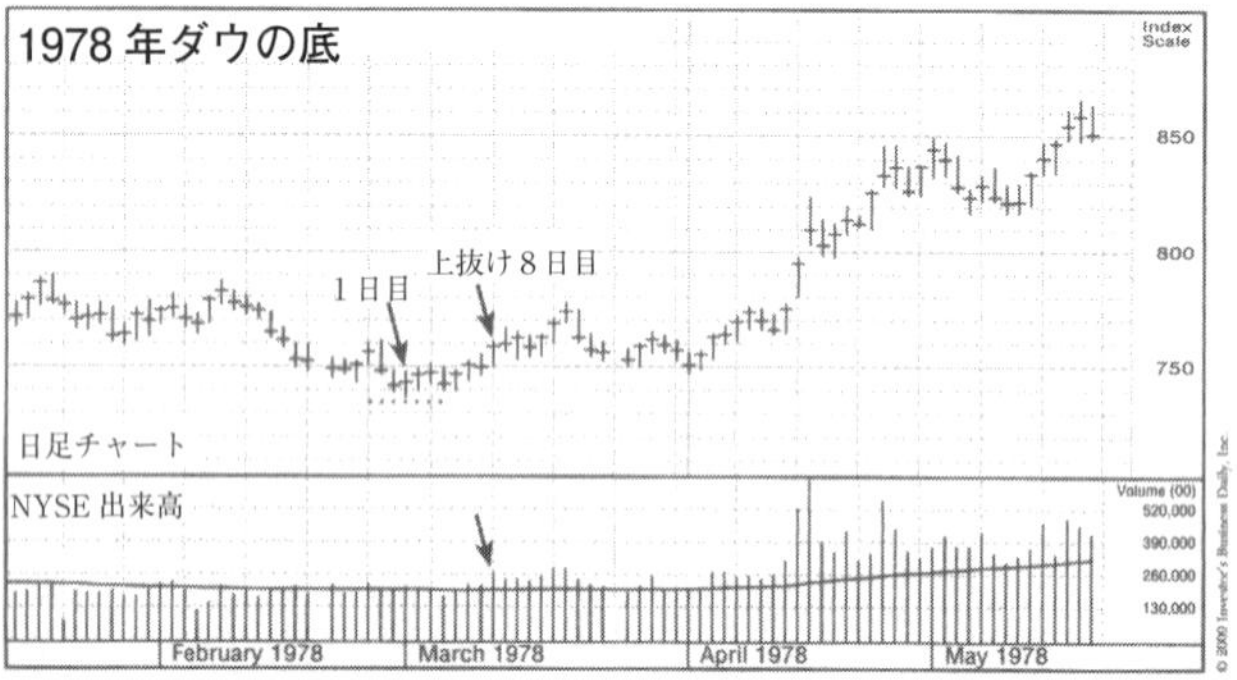

強気相場の最初の二年が儲けどき

大金を儲ける絶好のチャンスは、だいたい新しい強気相場が始まってから最初の一～二年に訪れる。このときに現れる市場のサインを見逃さずに、できるだけ多くの利益を得る必要がある。

その後、「上昇」相場は市場平均株価を上下させながら推移し、やがては弱気相場を迎える。一九六五年は数少ない例外で、新しい相場サイクルから三年目に

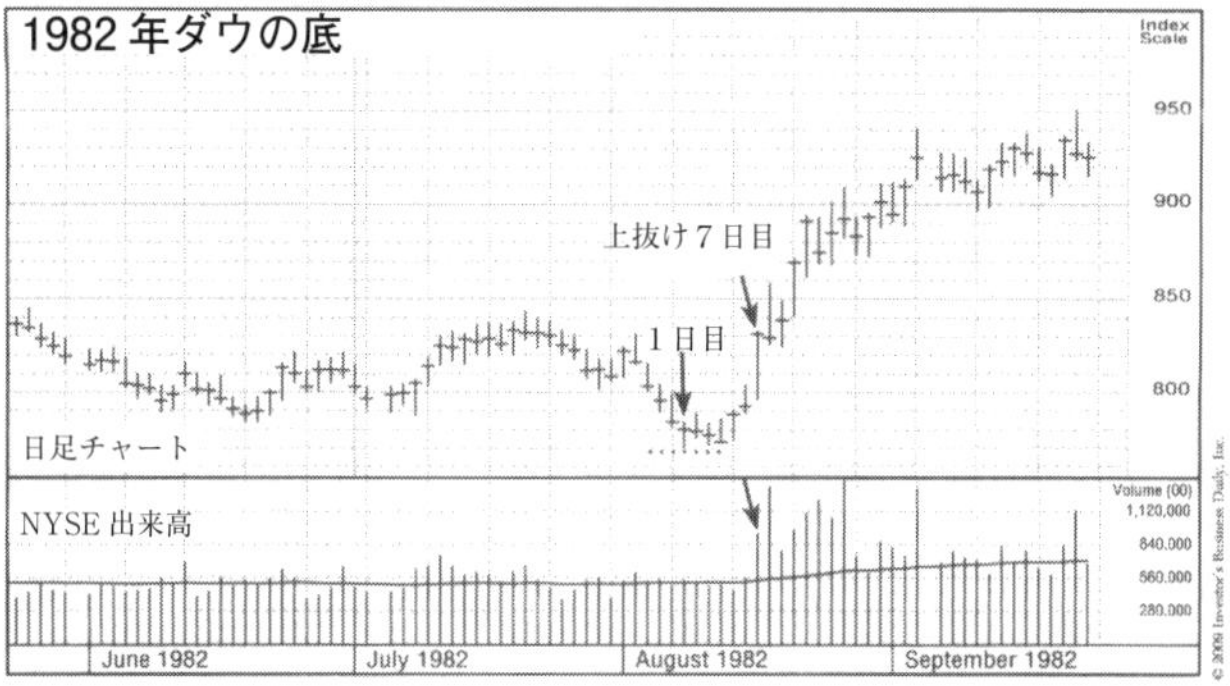
1982年ダウの底
Index Scale
950
900
850
800
上抜け7日目
1日目
日足チャート
NYSE出来高
Volume (00)
1,120,000
840,000
560,000
280,000
June 1982
July 1982
August 1982
September 1982
© 2009 Investor's Business Daily, Inc.

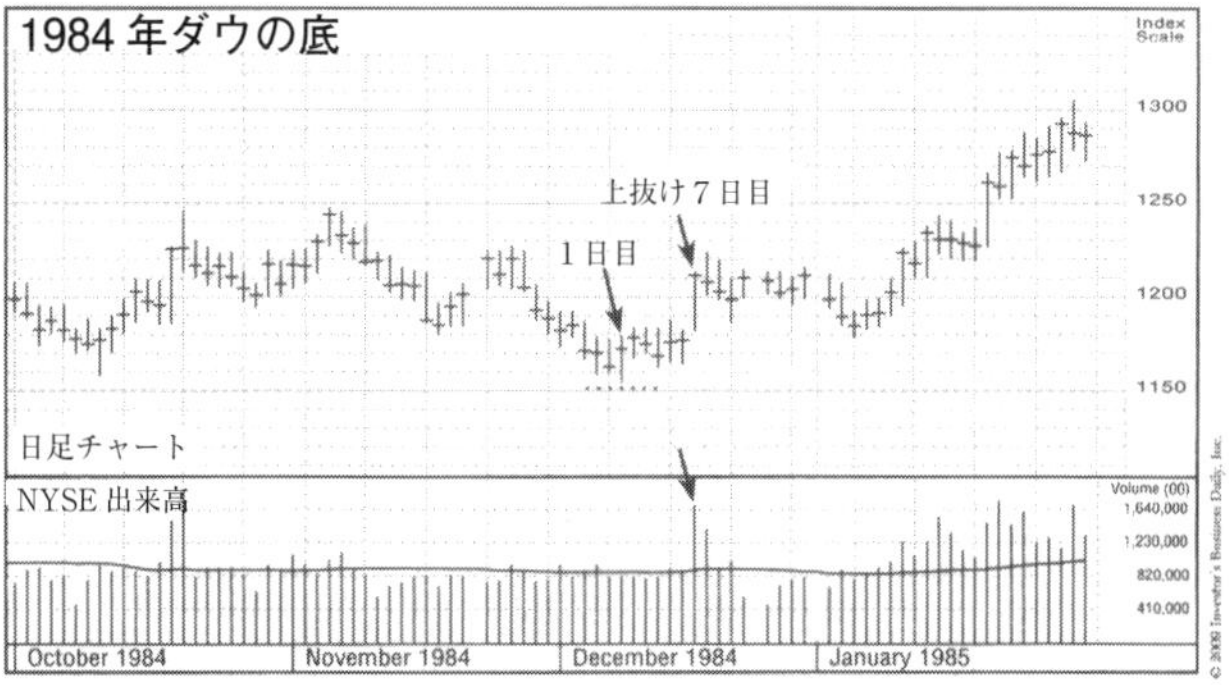
1984年ダウの底
Index Scale
1300
1250
1200
1150
上抜け7日目
1日目
日足チャート
NYSE出来高
Volume (00)
1,640,000
1,230,000
820,000
410,000
October 1984
November 1984
December 1984
January 1985
© 2009 Investor's Business Daily, Inc.

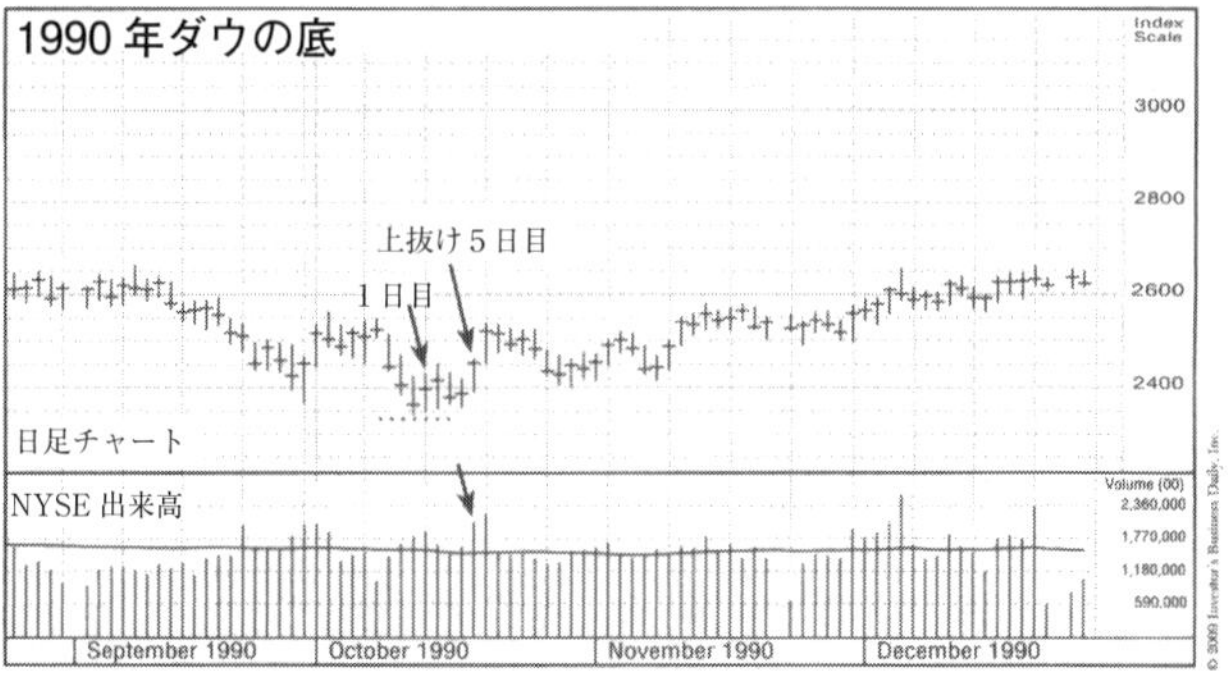
1990年ダウの底
Index Scale
3000
2800
2600
2400
上抜け5日目
1日目
日足チャート
NYSE出来高
Volume (00)
2,360,000
1,770,000
1,180,000
590,000
September 1990
October 1990
November 1990
December 1990
© 2009 Investor's Business Daily, Inc.

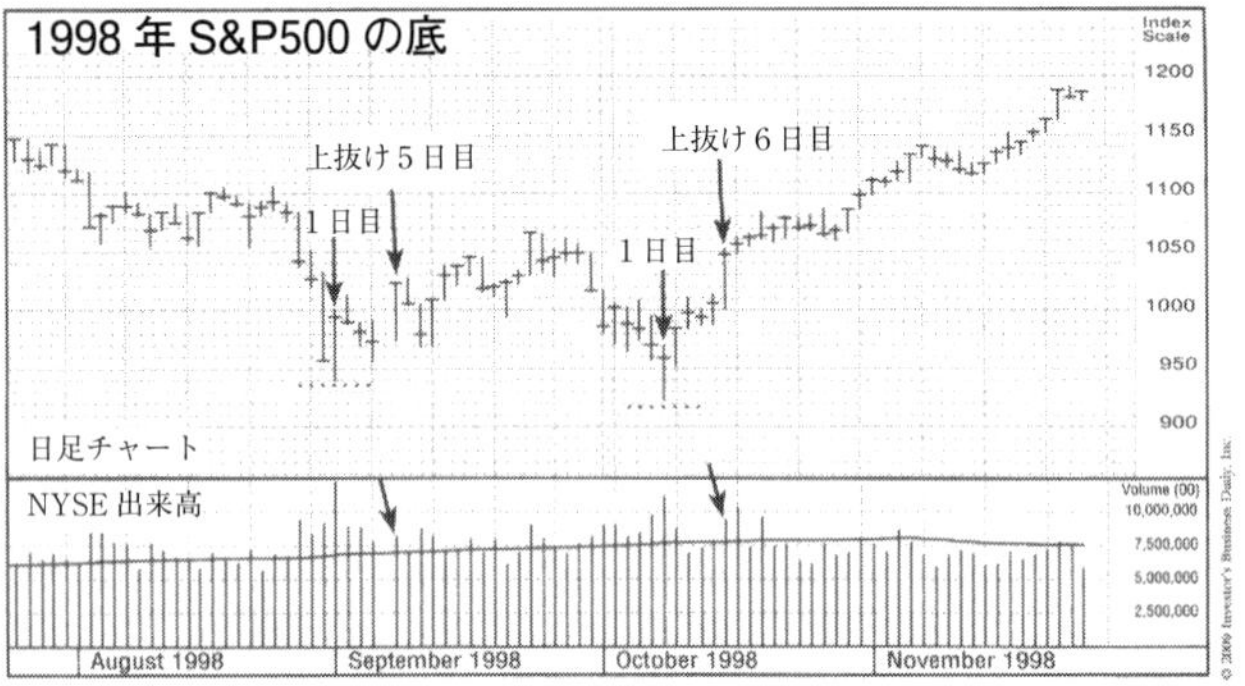

入っても上昇相場が続いたのは、ベトナム戦争の始まりがその背景にあったからである。

強気相場の最初の一～二年は、平均株価に中期的な下落が数回起こる。それはだいたい数カ月間ほど続き、平均株価は八％から時には一二～一五％ほど下落する。このような調整が何度か入りながら強気相場が始まって最低二年経過すると、平均株価が伸び悩んでいるのに出来高が増える日が現れるようになる。こうなると、次の弱気相場の始まりが暗示されたと考えてよい。

マーケットは需要と供給で支配されているので、個別銘柄のチャートとほぼ同じ方法でマーケット全体を反映する平均株価のチャートも解読できる。ダウとS&P五〇〇のチャートは一流紙に掲載されている。『インベスターズ・ビジネス・デイリー』紙には、ナスダック総合指数、NYSE総合株価指数、およびS&P五〇〇の見やすい大きな日足チャートが上下に並べられて掲載されているため、それぞれの株価と出来高を簡単に比較できる。さらに過去六カ月間の高値と安値、そして終値に加えて、NYSEとナスダックの出来高も一〇〇万株単位で掲載されている。

ちなみに、私が投資を始めた約五〇年前は、NYSEの一日の平均出来高はだいたい三五〇万株ほどだった。今では一日平均で一五億株が取引されている――この四三〇倍という驚きの増加は、わが国の自由な起業家精神と資本主義体制の素晴らしい成長ぶりと成功を、明らかに裏付ける事実である。アメリカという国が提供する他国では類を見ない自由とチャンスこそが世界中の野心あふれる人々を魅了し続け、そのような人たちの力がこの国の生産性や創造性を著しく向上させてきた。そのおかげで、われわれの生活水準はかつてないほどにまで上昇し、大多数のアメリカ国民は地域を問わず暮らし向きを向上させることができた。解決しなければならない問題は常に存在するものの、わが国の体制は世界で最も成功しており、働く意志や訓練を受ける意志、そして自らの知識を増やす意志を持つ人々が成長および発展するための素晴らしい機会が用意されている。第1章のチャート一〇〇例は、過去に訪れた絶好の投資チャンスのほんの一部にすぎない。

強気相場では通常、株価の下落が三回起こるものだが、だからといってそれが四回や五回は起こらないという保証はない。国内の状況や出来事を客観的に評価し、平均株価が出すサインを見逃さないことだ。そして出されたサインの意味を解釈するのがあなたの仕事なのである。

マーケットの転換期を見つけるそのほかの方法

主要な平均株価のダイバージェンスを探す

マーケットの転換期を見つけるためには、平均株価をいくつか確認して大きなダイバージェンス（乖離）が起こっていないかを観察する。つまり、それぞれの平均株価が相反する方向（ある指標は上昇したのに別の指標は下落したなど）に向かっていないか、そしてある指標がほかと比べると大きく上昇したり下落していないか、などの動きを探すのである。

例えば、ダウが一〇〇ドル上昇したのに、S&P五〇〇はダウに換算すると二〇ポイントしか上昇しなかったとする（S&P五〇〇のほうが扱う指標が多いため、相対的な比較をするには株価の換算が必要となる）。この場合は上昇の力が見た目ほど強くないことを示している。

S&P五〇〇とダウの値動きを比べるには、まずダウをS&P五〇〇で割り、そこで導き出された数値とS&P五〇〇の前日との差を掛けることで相対的な比較が可能になる。

例を挙げよう。もしダウが九〇〇〇ドルで引け、S&P五〇〇が九〇〇ポイントで引けたら、ダウをS&P五〇〇で割ると一〇倍という数値が導き出される。そのうえで、ダウがその日一〇〇ドル上昇し、S&P五〇〇が五ポイント上昇していたら、S&P五〇〇の五ポイントと導き出した一〇という数値を掛ける。このようにして、S&P五〇〇はダウ相当に換算すると五〇ポイントしか上昇しなかったと算出できる。

一九八四年一月にダウが新高値を付けたときは、このようなダイバージェンスになっていた。幅広い銘柄を集めているため重要視されるS&P五〇〇のほうは、新高値を付けなかったのだ。ほとんどのプロ投資家が主要な指標のチャートを並べて見るのは、このように指標が大きく動いても必ずしもそれが主要な転換期を示すものではないことを簡単に見抜くためなのだ。機関投資家たちは、わずか三〇銘柄から成るダウを意図的に上昇させる一方で、それに隠れるようにしてより幅広い銘柄で構成されて流動性のあるナスダックやハイテク銘柄などを大量に売って手仕舞いすることがある。市場参加者が手の内を隠しながらハッタリやダマシで勝負するところは、まるで大がかりなポーカーゲームのようである。

役に立つ投資家心理の指標

プットオプションやコールオプションによる取引で一獲千金を狙う投機家が増えた今、コールとプットの割合をグラフ化して分析することは、群集心理を知るうえで貴重な手がかりとなる。オプショントレーダーはコール（普通株を買う権利）を買うか、プット（普通株を売る権利）を買う。コールを買ったトレーダーは株価が上がることを願い、プットを買ったトレーダーは株価が下がることを望む。

ある期間におけるコールオプションの出来高がプットオプションの出来高よりも多い場合、オプション投機家という集団は株価の値上がりを期待している、つまり強気の見通しを立てている、という論理が成立する。プットオプションの出来高がコールオプションの出来高よりも多い場合は、投機家は弱気の見通しを立てていると考えられる。オプショントレーダーがコールよりもプットを多く買っている状態では、プット・コール・レシオが一・〇をやや上回る。このような現象が一九九〇年、一九九六年、一九九八年、そして二〇〇一年の四月と九月の市場の底に合わせるように起きている。しかし毎回起こるとは限らないので注意が必要だ。

弱気の見通しを持っている専門家や評論家の割合も、投資家心理を計るうえで興味深い。弱気相場が底に近づいていると、彼らの助言はだいたい弱気なものになる。市場の天井が近いと、だいたい強気の内容になる。つまり肝心な転換期では彼らの助言は間違っているということだ。

ただし、前回マーケット全体が底を付けたときに専門家や評論家の六五％が弱気を示していたから、今回も同じ数の専門家や評論家が弱気を示せば大きな市場の下落はもうすぐ終わる、というような単純なものではないので、やみくもに信頼しないほうがいい。

空売り比率とは、ＮＹＳＥで空売りされている株式の数をＮＹＳＥの総出来高との割合で示したものである。この数値もまた、市場の投機家がどのくらい弱気になっているかを反映している。弱気相場が底を付けるときというのは、空売りの急増を示す数値の上昇が通常二回か三回現れる。この指標がどのくらいの数値を示せば弱気相場の底である、というような明確なルールはないが、過去のマーケットの底を研究すれば、主要な市場の転換期にどのような数値になりそうかの見当はつく。

ナスダック対ＮＹＳＥ出来高比率は、両市場の出来高を比較して投機家の動向を探るものである。この指標は、ナスダックの出来高がビッグ・ボード（ＮＹＳＥの通称）に比べて著しく増加した一九八三年夏に、差し迫っていた混乱を予測する警告として役に立った。トレンドが一方的に急速な動きをするときというのは大規模な投機筋の動きを示しており、市場全体の調整がまもなく訪れることを暗示している。近年、ＮＹＳＥに比べて、ナスダック市場の出来高のほうが多くなってきている。これは、新しい起業家精神にあふれる企業が多くナスダックに上場しているからなのだが、そのことを考慮すると、今後はこの指標の使い方を少し変えなければならないだろう。

過大評価された騰落ラインを解釈する

テクニカルアナリストのなかには、騰落ラインを熱心に研究している人がいる。騰落ラインとは、一日に上昇した銘柄数と下落した銘柄数を比較して、その比率をグラフ化したものである。しかしこの指標は、市場が最終的な天井を付けるずっと前に、急に下向きに方向転換することが頻繁にあるので、正確とは言い難い。これは、停滞銘柄が力尽きて精鋭の優良銘柄だけがマーケットを牽引して市場を高値に押し上げているときに起こる現象だ。

騰落ラインには主要な株価平均ほどの信頼性はない。なぜなら、マーケットの方向性は単純な足し算分析などで得られる答えでは語れないからだ。すべての株が平等な重みを持っているわけではない。真の主導株を見極め、それらの動きを研究するほうが、二流銘柄の数を数えるよりも重要なのである。

ＮＹＳＥの騰落ラインは一九九八年四月に頂点に達し、六カ月後の一〇月に始まった新たな強気相場の最中も下降トレンドを描き続けた。一九九九年一〇月～二〇〇〇年三月にも下降を続け、何十年ぶりかの市場最大級ともいえる大きな株価上昇を逃している。

騰落ラインが役に立つこともある。明確な弱気相場が短期の上昇を試みるときだ。騰落ラインが平均株価に遅れて上昇したものの再び下落するようならば、たとえダウやＳ＆Ｐで強い上昇が見られても、マーケット全体はまだ脆弱であることを示している。そのような上昇には勢いが感じられない。つまり、たった数社の先導株だけでは、新たな強気相場を作るのに十分な原動力にはなり得ないということなのだ。

騰落ラインは使い道が限定された補助的な指標である。経済解説者や市場戦略家がテレビでこの指標を引き合いに出して強気だ弱気だと言っているのを見かけたら、彼らは勉強不足だと思って間違いない。このような補助的な指標が主要な平均株価ほど正確にマーケットの方向性を言い当てることはまずあり得ない。だから間違ってもこのような無数に存在する補助的なテクニカル指標を過度に重視しないでほしい。多くの投資家が使っているが、実際には良い結果を生んでいるわけではないのだ。

ＦＲＢの金利変化に気を付ける

マーケットの全体像を占うファンダメンタル指標のなかでは、ＦＲＢ（連邦準備制度理事会）の公定歩合（ＦＲＢが所属銀行に対するローンに適用する金利）、フェデラル・ファンド金利（準備金を持つ銀行が準備金を持たない銀行に対するローンに適応する金利）、そして時には株式委託証拠金水準などが重要になる。

一般に金利というのは、基本の経済状態を確認する最良の手段で、公定歩合やフェデラル・ファンド金利の変化は、そのなかでも最も信頼できる指標である。過去に、三回続けてＦＲＢ

の金利が引き上げられると、それがきっかけとなって弱気相場が始まり不景気に突入したことがある。

弱気相場が終わるのは、金利が下げられたときが多い。一方で、アラン・グリーンスパンがFRB議長に就任した直後の一九八七年九月に、公定歩合が六％まで引き上げられると、翌一〇月にはブラックマンデーが起こった。

金融市場の指標は、経済全体の動向を鏡のように映し出している。私はときどき、政府やFRBによる指標を厳選して観察してみた。そのなかには通貨の需要と供給の経済指標や金利水準の経済指標なども一〇種類ほど含まれていた。マーケット全体や特定の産業界の方向性が金利の変化に影響されやすいことは、すでに歴史が証明している。その理由は、金利の水準とFRBの金融政策の引き締めや緩和の状態が密接に関係しているからである。

最も簡単で役に立つ金融指標は、公定歩合とフェデラル・ファンド金利なので、投資家はこれらの指標を観察して理解を深めるべきである。

コンピューターによる自動売買やさまざまなヘッジサービスによって、リスクの高い弱気相場で発生する株価の下落から資金を守るために、ポートフォリオの大部分をヘッジするファンドが現れた。どのようなヘッジ法が成功しているかは、ヘッジファンドの手腕やタイミングによって大きく異なる。しかし、ポートフォリオの株式を大量に損切りしなければならないという重圧感を軽減するという意味では、マネジャーたちにとっては効果のある手法なのかもしれない。

多くのファンドは、投資対象を多様化して常に全資金（あるいは大部分）を投資することを方針として運営されている。何十億ドルという今日のファンドの規模が背景にあるのもさることながら、正しいタイミングで取引を手仕舞って現金化したり、さらに重要な点だが、大底からの最初の強い上昇期に素早く市場に舞い戻ることができるファンドマネジャーはほぼ皆無だから、というのがその理由である。だから彼らは大型のディフェンシブ銘柄に投資を集中する傾向があるのだ。

一九八一年の暴落を招いたＦＲＢ

例えば、一九八一年に始まった弱気相場と長期化して大きな犠牲を伴った景気後退は、一九八〇年九月二六日と一一月一七日、そして一二月五日に、ＦＲＢが続けざまに行った公定歩合の引き上げという、たった一つの出来事が原因となって起こったものだ。一九八一年五月八日の四回目の引き上げで、公定歩合は過去最高の一四％になった。これが当時のアメリカ経済、基幹産業、そして株式市場に長期にわたる大打撃を与えたのである。

ただ、ＦＲＢの金利変更がいくら信頼できる指標だと言っても、これだけで投資判断をしてはならない。やはり、株式市場そのものの動きに勝る最高の指標はないからである。相場サイクルを分析してみると、公定歩合からは予測できなかった大きな市場の転換が三回あったこと

S&P500 指数と公定歩合

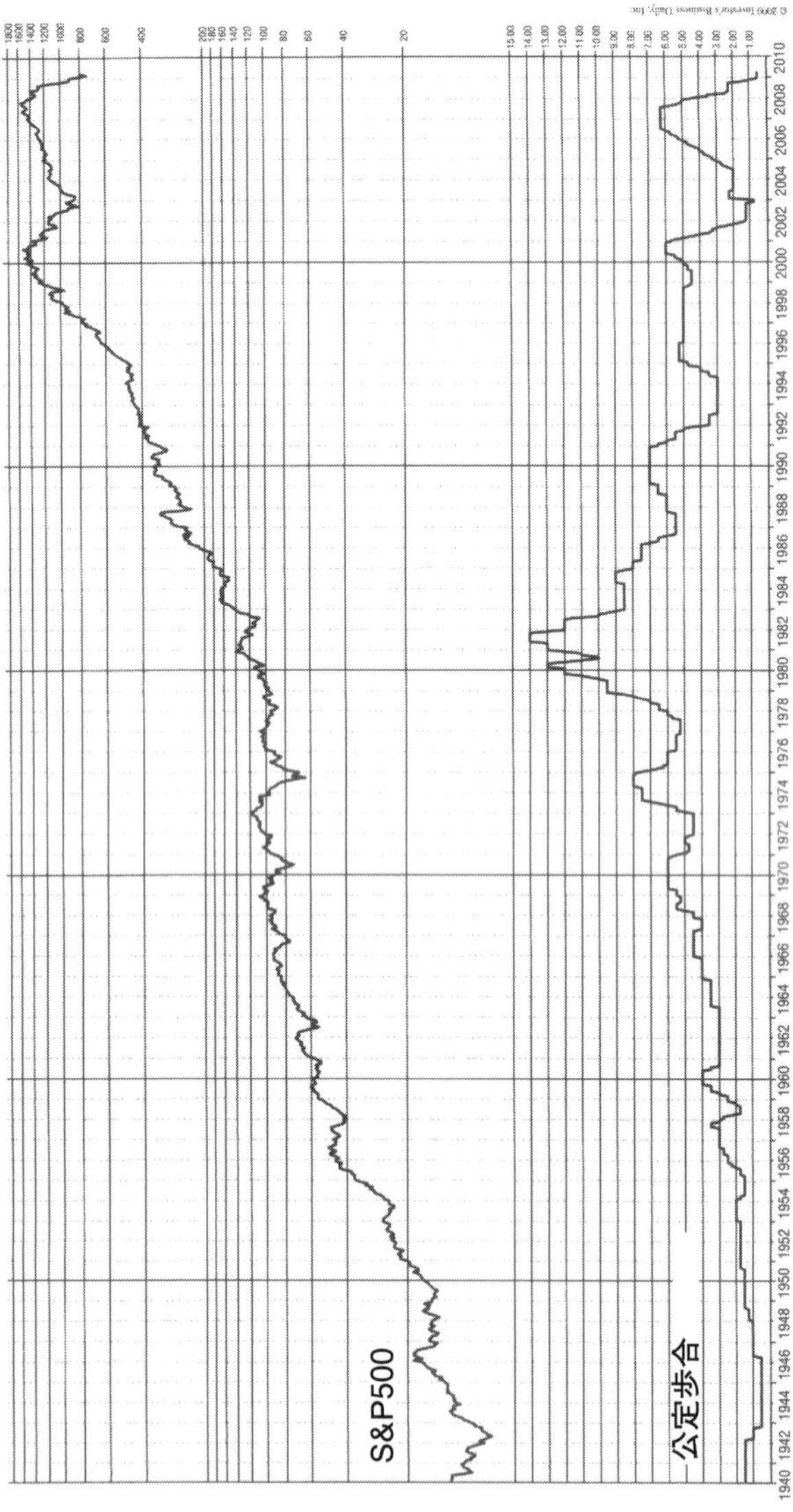

が分かった。

ＦＲＢの行動は通常はかなり建設的なものばかりなのだが、これは加熱しすぎたわが国の経済状態や急激な経済の冷え込みを抑えようという目的があるからである。ところが、このようなＦＲＢの政策がもたらす結果を見てみると、株式市場がこれらすべての出来事に反応して動く力は限定的で、時には連邦政府そのものがわれわれの経済将来に非常に大きな影響を良くも悪くも与えているという事実が浮かび上がってくる。

事実、前代未聞の市場崩壊を引き起こした二〇〇八年のサブプライム住宅ローン問題や金融恐慌も、一九九五年当時の政権が一九七七年に制定された地域社会再投資法を大きく増強しようとしたことに端を発していることは明白である。銀行側は、この政策により生み出されたリスクの高いローン商品を半ば強制的に低所得地域向けに提供しなければならなくなった。これに従わなければ厳しい罰則や訴訟、さらには合併や支店拡大などの承認が困難になるからであった。

政府は主要銀行に対して事実上の働きかけを起こし、これまで長く使われ安全性が実証されていた貸し出し基準を引き下げるよう強要したのだ。一兆ドル以上が費やされた地域社会再投資法による新たなサブプライムローンの大部分が、変動金利を採用していた。そしてやがては借り手の収入証明も不要、頭金も少額かゼロで可、という商品まで現れたのだ。

さらに、新たに制定された取り締まり規制によって、貸し手である銀行がこの危険なサブプライムローンを最優遇貸出金利のプライムローンと一体化することが承認されたばかりか奨励されたのだ。こうして、このうわべだけの政府支援のローン商品は、これを安全な最高格付けの債券だと勘違いした別の組織や海外に売り付けられた。このような一体型ローンが最初に投資市場に登場したのは、一九九七年のことだった。この一連の流れにより、最初にローンを開発した企業や大手銀行らは素早く利益を手に入れることができるようになり、低品質ローンに付随する将来のリスクや責任から逃れることができたのだ。それに味を占めた銀行は地域社会再投資法を利用したローンを次から次へと開発し、それを自らの将来リスクや責任を排除した一体化商品として売りつけていった。

このようにして、まったく予想もしなかった巨大な政府支援のピラミッド式構造が出来上がった。政府支援のファニーメイやフレディーマックまでもが、よりリスクの高いサブプライムローンを買い占めていき、政府による後押しの強さを強調している感があった。しかしこれが直接の原因となって両社とも破綻に追い込まれ、最終的には大規模な政府による救済措置が必要となった。フレディーマックとファニーメイの経営陣は、それまで巨額のボーナスを受け取ったり、連邦議会議員に政治献金を行ったりしていた。まともな改革案のすべてに反対し、高債務でリスクの高い貸し出しを繰り返し持ってきたのは、だれあろう、その政治家たちなのだ。

結論――元々は「大きな政府」が完全なる善意と崇高なる社会的意図を持って始めた政策だったが、洞察力と予測力の完全なる欠落があだとなり、国全体に深刻な打撃と予想外の悪影響をもたらす結果になった。悲しいことに、この無能な政権が手を差し伸べるはずだった低所得者層までもがそれに巻き込まれ苦しみを味わったのである。国の金融体制そのものが危険にさらされたわけである。銀行と証券の分離を定めたグラス・スティーガル法が一九九八年に廃止されると、ウォール街の大手企業もこの大惨事に加担し、民主党および共和党、連邦議会、そして国民全員が、協力して歯車を回す形で史上最大の経済危機を生み出してしまったのである。

一九六二年の株式市場暴落

もう一つ特筆すべき市場暴落が一九六二年に起こっている。同年春の経済状態は特に問題はなかったのに、政府が株式市場の調査を発表したあと、鉄鋼価格の引き上げを行った鉄鋼会社を追求し始めると、一転して市場は不安定な状態に陥った。ＩＢＭ株は五〇％も下落した。同年秋、ソビエト連邦がからんだキューバ危機が幕を下ろすと、新たな強気相場が息を吹き返した。この一連の動きはすべて公定歩合の変化のないまま起こったものだ。

また、市場が底を付けて六カ月後にようやく公定歩合が引き下げられたこともあった。このときに公定歩合が引き下げられるのをただ待っていたら、市場に参入するのが遅れていただろう。ＦＲＢの公定歩合引き下げがあったあとに、数カ月にわたり市場が下落して二重の損を被ったということも幾度かあった。これと同じことが二〇〇〇年と二〇〇一年にも起こっている。

平均株価と出来高を一時間ごとに確認する

マーケットの動向をきちんと観察できるトレーダーは、重要なマーケットの転換期に入ると、市場の平均株価と出来高の推移を一時間ごとに調べて、それを前日の同時間の出来高と比べるという作業を行うものだ。

マーケットが天井を付けてから最初の下落後に、初めて戻りを試すときに、出来高の推移を一時間ごとに確認するのが最も効果的だ。出来高の増加が止まった、あるいは減少した、などの動きを見極めることができるだろう。さらに、株価はその日の後半で上昇する力が弱まったのに出来高は増えてきた、といった兆候も、戻りが力不足でおそらく頭打ちに合うだろうというサインとなる。

また、平均株価が以前の安値水準に到達して、その支持線（投資家がそれ以上は下落しないでほしいと願う心理状態が株価に働く安値水準）を試しているときにも、出来高の観察が役に立つ。これから大きく売られるのか、それとも市場が新安値へと崩壊する前の踊り場なのか、という情報が読み取れるからである。大量の売りが出来高に現れた場合は、市場に大きな下落圧力がかかっていることを示している。

過去の安値を株価が下に抜けてからすでに数日たったのに出来高はわずかしか増えていなかったら、出来高が激減する、あるいは平均株価が下げ止まって出来高が一～二日上昇する、といった日が発生するかを見定める。もしこのような状況を目にしたら、「振るい落とし」（マーケットがトレーダーに大きな売りの圧力をかけることで、損切りを巻き込むことも多い）の可能性がある。この場合は、弱い株主をマーケットから追い出したあとに株価が再び上昇に転じる準備を進めていることを意味する。

「買われ過ぎ」と「売られ過ぎ」――二つの危険な言葉

短期の買われ過ぎ・売られ過ぎ指標は、株価の上下の動きを一〇日移動平均線としてグラフ化したもので、個人投資家やテクニカルアナリストの熱い支持を得ている。しかし、新たな強気相場の初期段階では、この指標が極端な買われ過ぎを示すことがあるので、注意が必要だ。このような動きを、株を売るべきサインと勘違いしてはならない。

トレンドとは逆の動きをするこのような指標の大きな問題点は、転換期が終わりを迎えるまでに、あとどれくらい株価が下がるのかという疑問を常に抱えることになるということである。にもかかわらず、素人の多くが買われ過ぎ・売られ過ぎ指標に頼って投資判断をしている。

同様に、この指標が極端な売られ過ぎを示す現象が、大きな弱気相場の初期段階、または最初の下降スイングで起こることがある。しかしこれも転換期ではなく、さらなる下落局面が差し迫っていることを示している。二〇〇〇年に起きた容赦なき市場崩壊でも、株価が下落し続ける間、この指標はずっと売られ過ぎを示していた。

私はかつて、このようなテクニカル指標を利用していたある著名なテクニカルアナリストを雇ったことがある。一九六九年の市場崩壊が起きていたとき、私はあらゆる情報を総合的に考えて市場が深刻な状況に陥っていると判断した。そしてポートフォリオマネジャーを数人集めて株式を大量に売却して現金化しようと躍起になっていたら、そのアナリストは買われ過ぎ・売られ過ぎの指標によると、市場はすでにかなり売られ過ぎているので、いまさら売っても遅すぎると言うのだ。しかしご想像のとおり、市場はその後、絶壁を滑り落ちるように急降下した。

言うまでもなく、私はこのような売られ過ぎや買われ過ぎを示す指標にはほとんど注目しない。長年の経験から学んだ知識のほうが、ありとあらゆる指標を使いこなす専門家の意見や理論よりも、ずっと貴重なのである。

マーケットを占うそのほかの指標

上昇株・下落株出来高とは、株価が上がって引けた銘柄の出来高と、株価が下がって引けた銘柄の出来高を比べる短期指標である。この指標は一〇週移動平均線としてグラフ化され、相場の中期的な転換期でダイバージェンスを見せることがある。例えば、株価が一〇～一二％下落したあと、市場の平均株価は一～二週間ほど新たな安値圏内へと進み続けるようなときがある。そんなときに上昇株・下落株出来高が急に上向きに方向転換をして、着々と上昇時の出来高を増加しながら下落時の出来高を減少させたような場合、そのような転換はマーケットの中期的な転換を示している。しかし、ダウやナスダックやS&P五〇〇の株価とその出来高を毎日観察していれば、同じ変化に気がつくはずだ。

企業年金基金への新規投入資金の割合は、普通株に投資された額と現金相当の投資物や債券に投資された額を比較する指標である。この指標からも機関投資家の心理を垣間見ることができる。だが、投資においては群集心理が正しいことはほとんどない。たとえそれがプロの集まりでもだ。一～二年に一度ほど、ウォール街の心が一つになり、まるで家畜の群れのように全員が同じ目的に向かって突進することがある。彼らの行動は多額の資金を一斉に積み上げるか、あるいは手仕舞うかのどちらかなのである。

共益事業、タバコ、食品、石けんなど、比較的安定していて安全だと考えられている銘柄を測定対象とするディフェンシブ銘柄指標も、強気相場の状態が二年ほど続いたあとに強さを示すことがよくある。これは「賢い」と呼ばれるような投資家がディフェンシブ銘柄のポジションに資金を注入していることを意味しており、弱気相場が迫っていることを暗示している。しかし、常にマーケットの姿を正しく示してくれるとは限らない。これら補助的な指標はどれも、主要な平均株価の信頼性の足元にも及ばない。

相場サイクルの段階を評価するうえで、もう一つ役立つ指標は、新高値を付けているディフエンシブ銘柄・低迷銘柄の比率である。一九八三年以前の相場サイクルでは、あるテクニカルアナリストたちが市場の弱さをそれほど懸念していない理由として、新高値を付けている銘柄の数が増えていることを挙げていた。だが、新高値を付けた銘柄一覧の分析研究から、一般に好感度の高い銘柄やディフェンシブ銘柄がこの新高値一覧を占めてくるのは弱気相場の始まりを示していることが分かっている。ただの思い込みの知識は株式市場では痛手になる。

複雑だが極めて重要な本章のまとめ――マーケット全体の平均株価と出来高の日々の変化と、市場を先導する個別銘柄の動きを学び、それらを読み取る方法を習得せよ。ひとたび正しく行う方法を覚えてしまえば、素人やプロを問わずどんな投資家の個人的な意見にも耳を傾ける必要はなくなる。そういった無知の塊のような意見は、損失を膨らませるだけである。もうお分かりだろうが、**市場の将来の動きを予測したり言い当てることが株式市場の熟練者への道ではない。過去数週間で実際に市場で何が起こって、現在は何が起こっているかを知って理解することが正しい道なのだ。**私は個人的な意見や予測を教えるつもりはない。ただ、日々移り変わる市場の需要と供給を注意深く観察していくだけなのだ。

平均株価と出来高の変化を解釈するというこの手法の最大の利点は、市場の天井と底をうまく見極められるようになるというだけではなく、市場が下向きのときに、戻りを見極める技術を習得できるということでもある。強い上昇日を待っていて、結局は失敗に終わる単なる戻りにつられて早めに市場に参加してしまうということを防ぐことができる。つまり、単なる戻りにだまされない方法を常に知っているということだ。この方法に従ったからこそ、われわれは二〇〇〇～二〇〇二年のほとんどの期間で市場の傍観者となって、一九九八～一九九九年に獲得した利益の大部分を守ることができた。そしてこれらの基本的ルールを学んでそれに従った多くの読者を助けることもできた。本段落には貴重な財産が詰まっている。

第1部まとめ――これまでの内容を身につけて、利用する方法

ただ文章を読むだけではまだ足りない。読んだことを覚えて、それをすべて実践に移さなければならない。CAN－SLIM投資法は、これまで読んだことを簡単に覚えられるように作られている。七文字のアルファベットは、それぞれ優れた銘柄を選ぶ基本となる七つの原理を表している。大化け銘柄はすべて、成長段階でこれら七つの特徴を共通して持っているのだから、努力して記憶するだけの価値はある。この七文字の意味を簡単に思い出して使えるようになるまで、繰り返し唱えてみよう。

C＝Current Quarterly Earnings

当期四半期のEPS（一株当たり利益）と売り上げ。EPSが上昇していること。少なくとも一八～二〇％、できれば四〇～一〇〇％、あるいは二〇〇％以上が好ましい。上昇率は大き

ければ大きいほど良いが、さらに最近の四半期のどこかの時点で、加速的に上昇していることが必須である。同様に、四半期売り上げも加速的に上昇しているか、二五％以上上昇しているべきである。

A＝Annual Earnings Increases

年間の収益増加。過去三年間、毎年大きな収益増加（二五％以上）を続け、ROE（株主資本利益率）は一七％以上（理想は二五～五〇％）であること。ROEが低すぎる場合は、税引き前利益が高いことが必須である。

N＝New Products, New Management, New Highs

新製品、新経営陣、新高値。新製品や新サービス、新経営陣、あるいは産業状況に見られた新たな変化などを探す。何よりも重要なのは、正しく形成されたベースから抜け出て新高値を付け始めた銘柄を買うことだ。

S＝Supply and Demand

株式の需要と供給（重要ポイントで株式の需要が高いこと）。現代のニューエコノミーにおいては、総資本の規模に制限はない。ただし、CAN－SLIMのすべてのルールに適合していることが必須条件である。適切に形成されたベースから抜け出るときに出来高が増加する銘柄を探すのだ。

L＝Leader or Laggard

主導銘柄か、停滞銘柄か。マーケットを牽引する主導銘柄を買い、停滞銘柄は避けること。特定の分野や地域で首位を行く企業の株を買うのだ。ほとんどの主導株は、レラティブストレングス指数が八〇～九〇以上、総合評価も強気相場ならば九〇以上になる。

I＝Institutional Sponsorship

機関投資家による保有。機関投資家による買いが増加している銘柄を買うこと、そして少なくとも最近の投資成績がトップの投資信託マネジャー一～二人が買っている銘柄を選ぶことである。さらに、経営陣が自社株を所有している企業を探すと良い。

M＝Market Direction

株式市場の方向。日々の平均株価と出来高の動き、および個々の主導銘柄の動きを正確に読み取り、マーケット全体の方向性を判断する方法を学ぶこと。これにより勝ち組に入れるか、それとも負け組で終わるのかが決まる。常にマーケットの動きを把握することが重要である。

マーケットを知らずして利益を出すことはできない。

CAN－SLIMはモメンタム投資か？

私には「モメンタム投資」の意味すらよく分からない。われわれの投資方法を何も理解していないアナリストやマスコミらが、われわれの話や手法を見聞きしてそのように名付けたのだ。彼らいわく、「株価が最も上昇した銘柄とレラティブストレングス指数が最も高い銘柄を買うこと」らしい。正気な投資家でそんな投資方法を実践する人はいない。われわれの手法は、強いファンダメンタルを持つ企業、つまり独自の新製品や新サービスによってもたらされた大きな売り上げと増益を見せる銘柄を見つけだし、そのような銘柄が適切に形成されたベース期間から抜け出して強気相場で大きく上昇を始める前に、正しいタイミングで買うということだ。

弱気相場が初期段階に入った場合には、保有株を手仕舞って現金化する正しいタイミングを知ることで、資本を守り、利益を確定してほしい。われわれは投資アドバイザーではない。株の調査報告を書くことも宣伝をすることもない。企業にセールス電話をかけたり訪問したりもしない。われわれは株式市場のマーケットメーカーではないし、金融派生商品を扱ったり、引き受け業務を行ったり、合併のお膳立てもしない。公的資金や機関投資家の資金の管理もしない。

われわれは歴史学者である。株式やマーケットが実際にどのように働いているのかを研究したり新しい発見をして、賢く、そして現実的な投資を実践して利益を出したいと願う人々のために国内を飛び回って指導や訓練をしている。そこに集まるのは専門家を含め、あらゆる立場のごく普通の人々だ。われわれは彼らにエサを与えるのではなく、まったく新しい未来を築くためにエサの採り方を教えることで、彼らもまたアメリカンドリームを実現できるように導いているのだ。

専門家、教育、うぬぼれ

ウォール街では、賢者ですら愚者同様にいとも簡単にワナにかかってしまう。長年の経験から言えることは、これまで受けてきた教育や学歴、そして高いＩＱなどは、投資で利益を稼ぐにはまったく役に立たないということだ。特に男性に顕著なのだが、その人物の知性が高いほど自分の行動に自信を持っている。そしてそれが障害となり、マーケットを出し抜くような知識など持ち合わせていないことを、身をもって学ぶ状況に陥るのだ。

ニューヨークやワシントンＤＣに住む俗に「利口で、知的で、高学歴」と呼ばれる人々が、二〇〇八年にこの国にもたらした重大な損害については、私も含め国民全員が身をもって知っている。上院議員たち、議会委員会のトップ、ファニーメイやフレディーマックのような政府系の機関、さらにニューヨーク拠点の一流証券会社や商業銀行や住宅金融会社の幹部経営陣らは、全員自分の行動に自信を持っていたがゆえに、五〇倍などというバカげたレバレッジでサブプライム住宅ローンに投資をしていたのだ。

さらに彼らは複雑な金融派生商品や保険制度を生み出しては、そのような大きなリスクを正当化しようとした。民主党と共和党もこれにかかわっていたので、名指しで特定の団体を非難することはできない。だが、グラス・スティーガル法の廃止が決まると、善意で始まった政策が一九九五年、一九九七年、一九九八年と年を追うごとに急速に推し進められていき、しまいには手に負えない状況になるまで悪化していった。

そんな今だからこそ、自らの投資への考えをしっかりと持つべきではないだろうか。そして汗水垂らして稼いだ資金を、一九九〇年代のワシントンＤＣやウォール街よりも安全かつ賢い方法で貯蓄し、それを投資する方法を学ぶのだ。今こそが決断のときである。心から望めば、だれにでも、必ず成し遂げられる。

私の知人のなかでもアメリカ市場に投資して特に大きな成功を収めた人々というのは、みんな大きなうぬぼれを持たず決断力のある人たちだった。マーケットは過剰な自尊心やうぬぼれを、いとも簡単にへし折ってしまう。結局のところ投資というのは、昨日や六週間前に自分が言った言葉の正しさを証明する場所ではなく、完全に客観的になりきってマーケットが出すサインを読み取ることなのだ。自分が正しく市場が間違っているなどと証明しようとすれば、真っ先にマーケットの洗礼を受けることになる。謙遜と常識を持つことが、投資のうえで必要不可欠である心の均衡をもたらしてくれる。

また、マスコミが引き合いに出すような有名な専門家の意見を聞くことが失敗の元になることもある。一九八二年前半にある著名な専門家が、「政府による借入金が民間企業の締め出しを誘い、金利とインフレが再びかつてないほどの高水準まで高まるだろう」と主張した。ところが実際はその逆のことが起こった。インフレは終わり、金利は低下した。一九九六年夏にも、別の専門家が弱気相場を予測したが、そのすぐ翌日には市場は底を付けて上昇に転換してしまった。

二〇〇〇年の弱気相場のときには、毎週のように専門家たちがハイテク株を買う時期だとCNBCで言っていた。だが、ハイテク株は下落を続ける一方だった。知名度の高いアナリストや戦略家たちは下落局面であるのに、一生に一度あるかないかの「買い時」を逃す手はない、と投資家をあおり続けたのだ！　下降トレンドで買うのは、危険な火遊びである。

市場に対する世間一般の通念や世論が正しいことはほとんどない。専門家がぞろぞろと紙上やテレビに登場しては、市場に関する個人的な意見をつらつらと述べるのを、私はけっして注目して読んだり聞いたりしない。あまりにも大きな混乱を招くうえに、資金的にも大きな痛手を負うことになるからだ。二〇〇〇年に、一部の投資戦略家が短期の下落で買いを勧めていた。投資信託の資金が大量に現金化され、その資金が市場に再び投入されるのを今か今かと横で待っている状態だったからだ。だが、『インベスターズ・ビジネス・デイリー』紙の「ゼネラル・

マーケット・アンド・セクター」（マーケット全体と業種）面を見れば、だれでも簡単にそれが間違っていることを証明できただろう。投資信託の現金化が進んでいたのは事実だが、それでもまだ過去の最高水準からはほど遠く低く、平均値すら超えていない状況だったのだ。

投資を成功させるたった一つの方法は、市場の平均株価からマーケットの入口と出口を読み取ることである。けっしてマーケットに逆らってはならない。人間はマーケットには到底かなわないのだから。

第2部

最初から賢くあれ

第10章　絶対に売って損切りをしなければならないとき

　これまでに、最高の銘柄だけをいかに、いつ買うかを学んできた。本章からはその銘柄をいかに、いつ売るかを学んでいこう。スポーツの世界で「最高の攻撃とは最高の防御である」と言うのを聞いたことがないだろうか。こういう決まり文句は真実をついていることが多いのでおもしろい。攻撃ばかりでディフェンスをおろそかにするチームが試合に勝つことはあまりない。むしろ、ディフェンスがうまいチームが勝ち進む確率のほうが高いのだ。

　メジャーリーグのブルックリン・ドジャースの全盛期、ブランチ・リッキーがチームの社長兼GMだったころ、ドジャースは常に良いピッチャーを抱えていた。野球というスポーツでは、ピッチャーと野手による守備が試合の七割を左右すると言っても過言ではない。守備の悪いチームが試合に勝つことは不可能である。

　株式市場でも同じことが言える。大きな損失から身を守るための確かな防衛策を持っていないと、投資という勝負の世界で大きく勝つことなど絶対にできない。

バーナード・バルークが語る億万長者になる秘密の必勝法

バーナード・バルークはウォール街で有名な相場師で、米国大統領顧問としても一目置かれる存在だった。その彼が残した言葉は、実に真実をついている――「投機家の下す判断が半分正しいとすれば、彼の打率はなかなかのものだ。間違いを犯したときに素早く損切りするだけの分別さえあれば、一〇回のうち三、四回しか正しい判断を下せなくても、大金を儲けることができるはずである」。

どんなに成功している投資家でも、間違いを何回も犯すことがある。そのような悪い決断が損失を招くのだが、このときにこそ規律を持って注意深く行動をしなければ、損失を際限なく膨らます結果になる。どれほど賢くても、ＩＱが高くても、高学歴でも、情報量が多くても、あるいはきちんと投資分析をしていても、常に正しい判断をすることなど絶対にできない。むしろ、正しい決断が下せるのは半分以下だろう！　本章で教える大成功を収める個人投資家になるための最初のルールを、前向きにとらえて理解し、そして受け入れなければならない。そのルールとは、損失の割合が常に一桁のうちに損切りをして最小限に抑える、ということだ。これを実行するには、規律と勇気を常に持ち続ける必要がある。

ラジオ番組『ウィニング・オン・ウォール・ストリート』のホストのマーク・マンデルは、一九八七年から『インベスターズ・ビジネス・デイリー』紙を購読している。儲かるアイデアやリスク管理の戦略に重点を置いた本紙の作りが気に入っているからだという。「小さく負けて、大きく勝つ」が彼の信条であり、「それが投資の世界における聖杯なんだ」と語っている。

相場師バルークの主張する「損失を最小限にとどめるべき」という考えについては、一九六二年当時、私が管理していたある口座がその正当性を証明した。マーケット全体が二九％も真っ逆さまに急落したとき、われわれは三回に一回しか正しい判断を下していなかった。それでも年末にはその口座は利益を出していた。それは、全体のわずか三三％だった正しい判断のときに獲得した平均利益が、判断を誤っていたときに受け入れたわずかな平均損失の二倍以上だったからだ。

私自身は、利益確定と損切りの比率を三対一くらいにしておくのが理想だと考えている。二〇～二五％の利益を得るなら、損失は七～八％で抑えるということだ。二〇〇八年のような弱気相場で何かしらの銘柄を買うならば、せいぜい数銘柄で一〇％～一五％の利益しか出せないだろう。そうなると、許容範囲となる損失は三％である。三％の含み損が出た銘柄は、すべて自動的に素早く損切りをする。例外はなしである。

株式市場で大きく勝つための一番の秘訣は、毎回正しい判断を下すことではない。間違った判断を下したときにできるだけ損失を抑えることなのだ。

間違った判断をしたことに気がついたら、躊躇なくその銘柄を売って、すべての損失を最小限に抑えることだ。あなたの仕事は市場に合わせて柔軟に動くことであり、市場をあなたに合わせて無理やり動かそうとすることではない。

では、どうしたら自分が間違った判断をしたと分かるのだろうか？　答えは簡単だ。株価が買値を下回ったら、である！　お気に入りの銘柄が買値よりも一ポイント下落するたびに、あなたが間違っていた可能性が高まり、そしてその代償も高くなっていくのだ。

成功は幸運か、それとも常に正しい判断か？

成功するには、幸運か常に正しい決断が必要だと思われている。だがそれは違う。成功している人たちだって頻繁に間違いを犯す。彼らの成功は単なる幸運などではなく、努力のたまものなのだ。ただ彼らは、平均的な人よりも努力をし、果敢に何度も挑戦しているというだけだ。ローマは一日にして成らず――成功するには時間が必要だ。

発明家のトーマス・エジソンは電球のフィラメントを探すために、六〇〇〇本もの竹材を炭化して試験した。そのなかで成功したのはわずか三本だった。それ以前にも、木綿糸から鳥の羽まで、ほかの材料を何千種類と試していたという。

ベーブ・ルースはホームランの記録にこだわっていたので、結果として三振王の記録も樹立した。作曲家のアービング・バーリンは六〇〇曲以上も作曲したが、そのうちヒットしたのはわずか五〇曲に満たなかった。歌手ビートルズは、有名になる前にイギリスのすべてのレコード会社から契約を断られていた。プロバスケット選手のマイケル・ジョーダンは高校のバスケットボール部のメンバーから実力不足で外された。物理学者のアルベルト・アインシュタインは数学で落第点を取っていた（そして相対性理論を発展させて証明するのに、何年もの時間を費やした）。

株式投資も同じで、何度も試行錯誤を繰り返してようやく大きな利益を獲得できるようになるのである。そのような利益を獲得できた銘柄の例を挙げよう――一九六一年に二倍になったブランズウィックとグレート・ウエスタン・フィナンシャル、一九六三年のクライスラーとシンテックス、一九六五年のフェアチャイルド・カメラやポラロイド、一九六七年のコントロール・データ、一九七〇～一九七二年のレビッツ・ファニチャー、一九七七～一九八一年のプライム・コンピューターやヒューマナ、一九八一～一九八二年のMCIコミュニケーションズ、一九八二～一九八三年のプライス・カンパニー、一九八六～一九九二年のマイクロソフト、一九九〇～一九九一年のアムジェン、一九九一～一九九三年のインターナショナル・ゲーム・テクノロジー、一九九五～二〇〇〇年のシスコ・システムズ、一九九八～一九九九年のアメリカ・オンラインとチャールズ・シュワブ、一九九九年のクアルコム。これらの銘柄は、一〇〇～一〇〇〇％以上の利益を生み出してマーケットを圧倒した。

長年の経験から私が気がついたのは、自分が購入した銘柄のうち、このような素晴らしい大きな利益を上げられた銘柄は、実に一〇銘柄中一～二銘柄しかなかったということだ。つまり、大きく稼げる株を一～二銘柄手に入れるには、一〇の銘柄を探して買わなければならないということだ。

そこでふと疑問が浮かぶ――残りの八銘柄はどうすればよいのだろうか？　ほとんどの人がするように、ただ我慢して持ち続けて上昇するのを願うのか？　それとも売って手仕舞いをして、次の大化け銘柄が見つかるまで再び市場に挑戦し続けるのか？

損失が損失になるとき

「その株を売ることはできない。今売ると損が出るから」と言うとき、その人は希望的観測が現実を左右すると勘違いしている。しかし株はあなたがだれかも知らないし、ましてやあなたの望みや希望などどうでもいいと思っているはずだ。

それに、売ることで損失が確定するのではない。損失はすでに出ているのである。株を売るまでは損失を被らないと思っているなら、それは自己欺瞞である。含み損が大きくなるほど、損失は現実味を増してくる。仮に「ゲット・リッチ化学」という銘柄を一株当たり四〇ドルで一〇〇株買ったのに、それが一株二八ドルにまで値下がりしたら、四〇〇〇ドルで買った株が二八〇〇ドルの価値に目減りしたことになる。一二〇〇ドルの損失だ。それを現金化しようが、そのまま株式の形で保有しようが、その株の価値が二八〇〇ドルでしかないことに変わりはない。

たとえ損切りをしなくても、株価が下がればすでに損失を被っているのだ。そのような銘柄は売って現金に戻しておいたほうが、もっと客観的な立場から考えられるだけずっとましである。

大きな損失を放っておくと、まともな思考ができなくなる。感情的になるからだ。損失を抱えた状況を正当化して「もう下がることはない」などと言い始める。しかし、市場にはその損失を埋め合わせることができるような有望株が、ほかにもたくさん残っていることを忘れてはならない。

それでも損切りの決断ができないのなら、こんなふうに考えてみてはどうだろう。その銘柄を持っていないと仮定して、ただ二八〇〇ドルの現金が銀行にあったのならば今この銘柄を買いたいと思うかどうかを、自分自身に問いかけてみるのだ。その答えがノーならば、持ち続ける理由などないはずである。

買値から七～八％の下落で損切り

個人投資家ならば、各銘柄を買った買値から最大でも七～八％の損失が出たら損切りするという確固たるルールに絶対に従うべきである。巨大なポジションを建て、広く分散投資をして全体のリスクを減らしている機関投資家は、そのような損切り計画を実行できるほど銘柄を素早く売買できない。これはあなたのような素早い行動力と決断力を持つ個人投資家が機関投資家に勝る点なのだから、利用しない手はない。

Ｅ・Ｆハットン社の故ジェラルド・Ｍ・ローブが株式市場に関する最後の本を執筆中に私に会いに来てくれたことがあり、私はこの損切りルールについて彼と話をするという素晴らしい機会に恵まれた。ローブは最初の著書である**『投資を生き抜くための戦い』**（パンローリング）のなかで、すべての損失を一〇％で抑えることを提唱していた。それに興味を持った私は、彼自身が実際にその損切り一〇％ルールにいつも従っているかと尋ねてみた。彼は、「一〇％になるずっと前に、損切りをしていたいものだがね」と答えた。ローブは株式市場で何百万ドルも儲けている。

ジョージア州アトランタを拠点とするアストロップ・アドバイザリー社の社長ビル・アストロップは、一〇％損切り戦略に少し手を加えた手法を提案している。個人投資家ならば、買値から五％下落したらポジションを半分売り、一〇％下落したら残りの半分も売ることを提言したのだ。これは良い提案だと思う。

苦労して稼いだ資金を守るためには、私自身は七～八％の損失が限界だと考えている。規律を厳しく守り、しっかりとルールに従える人ならば、全体の平均損失はそれより少ない五～六％になるだろう。すべての過ちや損失を平均五～六％にとどめておくことができれば、敵にボールを動かすスキすら与えない強いアメリカンフットボールのチームのような投資家になれるだろう。あなたのチームが多くのファーストダウンを取れば、あなたのチームが負けることなんてないはずだ。

ここで貴重な秘密を教えよう。チャートを使って正しいベース（株価の揉み合い）から抜け出たばかりの銘柄をタイミング良く買えば、そこから株価が八％下落することはほとんどない。つまり、もし八％下落したら、銘柄選択を誤ったか、市場全体の下落の始まりを示していると考えられる。これはあなたの将来の成功を左右する、大きなカギとなるだろう。

『インベスターズ・ビジネス・デイリー』紙の読者で、われわれの研修会に何度か参加してくれたバーバラ・ジェームズという女性がいる。彼女は二〇年間不動産業界で働いたあとに投資の世界に足を踏み入れたのだが、株については何の知識も持っていなかった。そこでまず、本紙のルールに従って、つもり売買をしてみた。するとあまりにもうまくいったので、実際に自分の資金で投資をする自信を持つことができた。当時は一九九〇年代後半で、市場は脇目も振らず上昇中という相場だった。本紙の買いのルールを参考にして初めて買った銘柄は、ＥＭ

Cだった。それを二〇〇〇年に売ったとき、彼女は一三〇〇％の利益を手にした。また、ギャップ株でも二〇〇％以上の利益を獲得した。投資を始めて一〇年後、本紙を利用して儲けた利益で、住宅ローンと車のローンを完済することができた。

七％損切りルールを使って手持ちの株を現金化しておいたおかげで、ジェームズさんは市場が改善したときに市場に再び戻って投資ができたわけである。二〇〇七年秋に市場が調整に入る前、彼女はCAN－SLIMを使って三つの銘柄を買っていた。モノリチック・パワーとチャイナ・メディカルとセント・ジュード・メディカルである。「この三銘柄をピボットポイントちょうどで買いましたが、七月と八月に市場が調整に入ったらその三銘柄を強制的に売ることになってしまったんです。たったの七～八％の損失ですむなら安いものでしょう。この売りのルールがなかったら、身ぐるみはがされているところだったので。そんなことになっていたら、次の強気相場が来ても資金がなくて投資できなかったと思います」、と彼女は語ってくれた。

ハーブ・ミッチェルも本紙の購読者で、二〇〇九年二月にこんな言葉を残している。「買いのルールと売りのルール、特に売りのルールが繰り返し成功したんです。頭に完全に覚え込ませるまでに二年もかかったけれど、ちょうどそんなときに結果が見え始めました。二〇〇八年は大部分をマーケットの傍観者として外で見て過ごしました。その年に個人退職金口座で何千ドル、つまり五〇％以上にあたる損失を出した友人たちに、僕は五％の利益を出したんだと教えたら、すごいじゃないかって称賛されたんですよ。本当はもっと良い結果が残せたのかもしれないですが、人生経験ですからね」

この損切りルールは、すべての損失が七～八％になるまで実行してはならないというものではない。マーケット全体の平均株価が機関投資家による売り抜けを示していたり、手持ちの銘柄の値動きが何かおかしくて、間違った判断をしてしまったとなんとなく感じることがある。そのような場合には、株価が一～二ポイントしか下がっていなくても、損切りをして損失の拡大を早めに食い止めてよいのだ。

例えば、一九八七年一〇月に市場が急落する前などは、手仕舞って損切りをするだけの時間がたっぷりあった。そのときの株価調整は実際には八月二六日に始まっていた。万が一、マーケットの流れに逆らってそのような弱気局面で株を買おうと思うほどあなたが愚かな投資家ならば、少なくとも損切り水準を三～四％と厳しくしなければならない。

本書のＣＡＮ－ＳＬＩＭ法を使って長年経験を積んでいけば、銘柄選択や買いのタイミングが改善されていくし、成績の良い銘柄を少しずつ増し玉していく技術も覚えるので、平均損失は少しずつ減少していくだろう。株価が上昇しているときに安全な増し玉をする方法を学ぶのは時間がかかるものだが、そのやり方を習得できれば、成績の振るわない銘柄からより成績の良い強い銘柄へと資金を強制的に移動させることができる。私はこれを、「強制移動」と呼んでいる（第11章「いつ売って利益を確定するか」を参照）。これは、明らかな強気相場で現金を増やして最高の銘柄に追加投資するために、まだ七～八％まで下落していない銘柄を強制的に売るためのルールである。

忘れてはならない――七～八％が損切りの絶対的な最低基準である。ここまで含み損が出たら躊躇なしに売らなければならない。様子見でもう数日待ってみることも、株価が再び上昇を始めるかもしれないと希望を持つことも、その日の市場の引けまで待つ必要もない。買値から株価が七～八％下がってしまったというその事実だけで損切りをする十分な理由なのである。

逆にある程度上昇してまとまった利益が出た銘柄の場合には、株価が天井からの通常の下落のときに、下げ幅に余裕をもたせることができる。最高値から七～八％下がったというだけで売ってはならない。この違いをしっかり理解していることが重要である。

一方は間違ったタイミングで株を買ってしまった場合である。思ったとおりに株価が伸びず、値を下げてしまった。苦労して稼いだ資金が損失に変わり始め、さらに損失は膨らむかもしれない。そんなときには、七～八％のところで損切りをする。もう一方は正しいタイミングで買った場合で、株価は上昇してかなり値上がりした。あとは利益がどれだけ増えるかというところである。このような強気相場ではもっとその銘柄の株価の変動に幅をもたせて、通常の一〇～一五％の調整から振るい落とされないようにするのだ。この違いを理解しよう。

いずれにせよ、株を買ったら、あまりしつこく追わないことだ。重要なのは、その株が八％下落する可能性を最小限にするために、ブレイクアウトしたちょうどの正しいタイミングで買うことなのだ（チャートを使った銘柄選択については第2章を参照）。

普通株には投機性とリスクがつきもの

普通株にはすべて少なからずリスクが伴う。それは企業名や企業の質、あるいは俗に言う優良株だったり過去の企業成績や現在の収益状態が良好でも同じである。素晴らしい収益率でアナリストの見通しも楽観的でも、成長株が天井を打つことは往々にしてあるということを、忘れてはならない。

株式市場には絶対儲かる株とか安全な株というものは存在しない。どんな銘柄がいつ下落してもおかしくはない。そしてどこまで下落するかなど、だれにも予測はできない。

五〇％という大きな損失は、最初は必ず一〇％や二〇％の損失から始まる。手持ち株を売って、前向きに損失を受け入れるだけの勇気ある行動が、さらに大きな損失から身を守る唯一の手段なのだ。決断と行動は素早く、そして同時に行わなければならない。大きな成功を収めるには、決断力を持つ必要がある。高学歴で投資以外の世界では知的な人なのに、損切りをしたくないという理由だけで断固として手持ち株を売らずにいるうちに、完全に無一文になってしまったという例を、私は少なくとも一〇人は知っている。

価格が買値から遠ざかり、損失が一〇％以上に膨らんでしまったら、あなたはどうするべきなのか？　このような状況はだれにでも起こり得ることだ。ここまでくると、その銘柄の売りのサインはもはや警告へと変わる。そのような銘柄はもともと不良銘柄だったからこそ、ほかの銘柄よりも早く下落したのである。二〇〇〇年の市場崩壊では、多くの新米投資家たちが大金を失い、なかには破綻に追い込まれた人もいた。本章で紹介した簡単な売りのルールにさえ従っていれば、彼らはほぼ全資産を守ることができただろう。

私の経験から、買値から遠ざかって通常より大きな損失を出しているような銘柄は、もともと非常にまずい選択をしてしまった銘柄ということなので何が何でも無条件で売らなければならない。その銘柄かマーケット全体で、何か大きな問題が起こっていることを示すサインなので、迫っている大惨事を避けるためにも、なるべく早く売って手仕舞う必要があるのだ。

損切りが遅れて株価が五〇％下落してしまったら、損益ゼロに戻すためには一〇〇％上昇しなければならないということを忘れないでほしい！　株価が二倍（一〇〇％の上昇）になる銘柄をうまく買えることなど、ほとんどないのだ。損失が大きく膨らみ続ける銘柄を、黙って見ているような余裕はまったくないのだ。

株価が下がったのだから、あとからまた回復するに違いない、と思い込むのは危険な考えだ。二度と回復しない銘柄はたくさんある。回復するにしても、何年もかかることもある。一九六四年にAT&Tが七五ドルの高値を付けたあとに下落したが、その後この高値に回復するまでにかかった時間は二〇年だ。また、S&P五〇〇やダウが弱気相場で二〇～二五％下落したら、多くの銘柄は六〇～七〇％下落することも覚えておきたい。

つまり、二〇〇八年のようにS&Pが五二％も下落したら、銘柄によっては八〇～九〇％下落するものも出てくるということだ。ゼネラル・モーターズ（GM）が九四ドルから下落して二ドルで売られる日が来るなど、だれが予想できただろう。アメリカにとって自動車産業はとても重要だが、もしGMが今後生き残って世界の激しい競争社会で効率的に競うつもりならば、大がかりな組織再編を行ったり、最悪の場合破産宣告も必要となってくる可能性だってある。一九九四～二〇〇八年の一四年間、GM株のレラティブストレングス指数は確実に下降トレンドを描いていた。インドや中国が、一ガロン当たり五〇マイル（一リットル当たり約二一キロ相当）走る車を、もっと低価格で売り出し始めることになれば、GMはどう競争していくつもりなのだろうか？

不良銘柄による損失の拡大を防ぐには、その損失がまだ少ないうちに躊躇なく損切りするしか方法はない。明日も相場で生き残って良い投資を続けるために、常に自分の口座を守ることを優先するのである。

二〇〇〇年に、ハイテク銘柄は必ず回復するから儲けやすいという誤った理由で、多くの新米投資家が下落するたびにハイテク銘柄を買っていった。これは素人的な戦略で、こういう考えは必ずと言ってよいほど大きな損失につながる。半導体やそのほかのハイテク関連銘柄は、そのほかの産業の銘柄よりも二～三倍不安定でリスクが高くなる。だから、このような銘柄を持っているなら、素早く動いてすべての損失を最小限に抑えることが、さらに重要になる。あなたのポートフォリオがハイテク銘柄一色の場合や、ハイテク銘柄で信用取引をしているのなら、素早く損切りをしないと、深刻な状況に自分を追い込むことになる。

素早く損切りをするつもりがないのなら、けっして信用取引をしてはならない。これは破産への近道である。もし証券会社から追証（持ち株を売って現金清算するか、口座に追加で現金を振り込んで含み損の埋め合わせをするかの決断を迫られること）を請求されたら、間違った判断をした銘柄に貴重な資金をさらにつぎ込んではならない。手持ちの株を一部売って、市場と追証が伝えようとしているメッセージの意味を考えてみることだ。

損切りは保険の代わり

この損失を抑えるという考え方は、保険の掛け金を支払うのと似ている。リスクを自分が安心できる水準まで引き下げているのだ。たしかに、売った銘柄がすぐに方向転換をして再び上昇するということが頻繁に起こる。それは悔しいことでもある。しかしそれでも、売ったことが間違いだったと考えてはならない。そのような考え方は極めて危険で、いずれあなたを大変な状況に陥れる結果につながる。

悔しがる代わりに、こう考えてほしい――昨年、自動車保険を買ったのに交通事故に遭わなかったら、保険に支払ったお金は無駄だったことになるだろうか？　当然、今年も自動車保険に入ろうと思うことだろう。自宅や会社に火災保険を掛ける場合はどうだろう。自宅や会社が火災に遭わずにすんだからといって、間違ったお金の使い方をしたと憤慨するだろうか？　そんなことはないはずだ。家が燃えることが分かっているから火災保険に入るのではない。保険は万が一の事態に備えて買うもので、深刻な損失を被るというわずかな可能性から身を守るために用意するのである。

損切りを素早くできるようになることも、投資で成功するうえでこの保険と同じ意味を持つ。損切りは、回復不可能になるほどの大きな損失を被る可能性から身を守る、たった一つの方法なのだ。

損切りを躊躇して、損失が二〇％にまで膨らむのを許してしまったら、損益ゼロに戻すまでにそこから二五％の上昇が必要となる。もっと待って損失が三三％になってしまったら、五〇％上昇しなければ元のスタートラインにすら立つことができない。損切りを待つ時間が長くなればなるほど数字は不利に働くことになるので、二の足を踏んでいる暇はない。即座に行動を起こし、間違った判断を下した可能性のある銘柄を排除するのだ。売りのルールに必ず従えるような厳格な規律を持たなければならない。

投資家のなかには健康を害するまで負け株を放置してしまう人がいる。このようなときの最善策は、損失を出している株を売り払い心配の種を取り払うことだ。一九六一年にブランズウィックの株価が下げているときに、六〇ドルで買ったあるブローカーがいた。ブランズウィックは一九五七年から市場の超成長株として躍進し、二〇倍以上にも値を上げた銘柄だった。それが五〇ドルまで下がったとき、そのブローカーはナンピンをした。そして四〇ドルに下がったとき、さらにナンピンをした。

株価が三〇ドルに下がったとき、彼はゴルフ場で倒れて急死してしまった。

歴史と人間の性というものは、株式市場で繰り返されていくものだ。二〇〇〇年秋に、大勢の投資家が同じ間違いを犯した。彼らは、それまでの強気相場でマーケットを牽引していたシスコ・システムズを買ったのだ。八七ドルで天井を打ったあとにこの株が七〇ドル、六〇ドル、五〇ドルと、どんどん下落していくなか、彼らはこの銘柄をナンピンした。七カ月後に株価は一三ドルにまで落ち込み、七〇ドルの時点から八〇％の下落を記録した。ここから学ぶべき教訓は、市場に逆らってはならないということだ。どんな銘柄よりも、あなた自身の健康と心の安らぎのほうがずっと重要である。

小さな損失は、言ってみれば安い保険であり、あなたの投資対象に掛けられる唯一の保険と言ってよい。売ったあとに株価を再び上昇させる銘柄を多く見ることになるだろうが、たとえそうなったとしても、すべての損失を小さく抑えるという重要な目的は達成したことになる。そして次の勝ち銘柄を買って挑戦するに足りる資金も十分手元に残したことになるのだ。

損切りは素早く、利食いはゆっくり

「マーケットで出す最初の損失が最少の損失である」という投資格言がある。常に（例外なく）損切りを素早く、そして利食いはゆっくりと行うべき、というのが私の持論である。しかし、ほとんどの投資家は感情的になって混乱し、利食いは素早く、損切りはゆっくりしてしまう。

われわれが本書で伝授している方法で株を買う場合、その銘柄に潜む最大のリスクは何だろうか？　それは八％の損失である。どんな銘柄を買ったにしても、われわれの売りのルールにきちんと従っていれば、最大のリスクは八％ですむのだ。これだけ説明しても、ほとんどの投資家がしつこく食い下がって聞いてくる。「株を売って損失を被るよりも、我慢して持ち続けたほうがいいのでは？」「否定的な報道があったから株価が下がったような特別な場合でも？」「この損切りルールはいつでも適応されるのか、それとも、その企業が優れた新製品を出したときなどは例外として許されるのか？」といった具合である。例外などない、というのがその答えである。どんな理由があっても条件は何も変わらない。苦労して稼いだ資金は、常に守らなければならないのだ。

ほぼすべての投資家が損失を膨らませるという深刻な過ちを犯す。長い経験を積んだプロの投資家ですら、銘柄選択やタイミングを間違えることが頻繁にある、という事実をまずは受け入れることだ。損切りで損失を制限するつもりがないのなら、最初から株など買うな、と私は言いたい。ブレーキのない車で道を走ったりするだろうか？　戦闘機のパイロットがパラシュートを装備せずに戦場へと赴くだろうか？

ナンピン買いをするべきか？

ブローカーとして最もプロ失格の行動と言えば、株価が下がっているのに顧客に連絡するのをためらったり、連絡そのものをしなかったりすることだ。顧客が最も助けを必要としているような難しい局面で自分の責任から逃れるということは、追い詰められた状況での勇気の欠如を示すものだ。それよりもさらにまずい行動があるとしたら、責任から逃れようと顧客に「ナンピン買い」（下落している株を買うこと）を勧めることだ。もし私がこんな助言を受けたら、私はすぐに口座を閉じて、もっと賢いブローカーを探すだろう。

だれもが喜んで株を買うが、喜んで売る人はいない。株を持ち続けていれば少なくとも損益ゼロになるくらいにまでには回復してくれるかもしれない、という希望を絶やさずにいられるからだ。売るという行為は、すべての希望を捨て、一時的な敗北という冷たい現実を受け入れることを意味する。投資家は、現実的になる前に、常に希望を持ってしまう。根拠のない希望を持つよりも、知識を持って行動するほうがはるかにましだ。損益ゼロで手仕舞えるまで株価が上がればいいという希望を持ったところで、市場の動向や容赦ない現実には何の影響も与えることができない。市場の動きはただ一つ、需要と供給の法則によって決められているのだから。ある偉大な投資家が、市場にはたった二種類の感情しかないと言ったことがある。その感情とは「希望」と「恐れ」である。「問題なのは、みんな恐れるべきときに希望を持ち、希望を持つべきときに恐れてしまうということである」。これは、一九〇九年でも二〇〇九年でも変わらない真実であった。

七面鳥の話

何年も前、私は『ホワイ・ユー・ウィン・オア・ルーズ（Why You Win Or Lose）』の著者フレッド・C・ケリーからある話を聞いた。それは標準的な投資家が売りの決断を迫られたときの思考を、完璧なまでに描き出していた。

ある少年が道を歩いていると、一人の男が七面鳥を捕まえようとしているところに出くわした。男はワナを仕掛けていて、それは大きな箱の上に扉が付いただけの粗末な道具だった。その扉はつっかえ棒で開かれた状態で、そのつっかえ棒には一本のひもが縛り付けられ、それは数十メートル先に隠れている男にまでつながっていた。

七面鳥をおびき寄せるためのトウモロコシが、箱まで続く細い線状にちりばめられていて、箱のなかにはさらに多くのトウモロコシが置かれていた。十分な数の七面鳥が箱のなかに入ったところでつっかえ棒をひもで引っ張ると、扉が落ちて閉まるという仕組みだ。ただ、ひとたび扉が閉まると、その扉を開くには男が出て行く必要があるため、まだ外をうろついているほかの七面鳥は驚いて逃げてしまう。だからつっかえ棒を引くのは、できるだけ多くの七面鳥が箱のなかに入ってからにしなければならなかった。

ある日、男の箱のなかには一二羽の七面鳥がいた。ところがそのうちの一羽がフラフラと箱の外に出てしまい、残り一一羽となってしまった。「しまった、一二羽が中にいたときに、ひもを引いておけばよかった」と男は言った。「もうちょっと待ってみよう。またさっきの鳥が箱の中に戻るかもしれない」。先ほど逃げた七面鳥が再び箱に入るのを待つうちに、さらにもう二羽が箱から出てしまった。「一一羽で満足しておきゃ良かったな」と男は言った。「あと一羽だけ戻ってきたらすぐに、ひもを引こう」。その間にまた三羽が歩いて箱から出てしまっても、男は待ち続けた。一度は一二羽まで増えたのだから、たった八羽であきらめるのが嫌だったのだ。

男は、最初に箱に入っていた七面鳥のうちの何羽かが戻ってきてくれるかもしれないという希望を捨てることができなかった。ついに、箱には最後の一羽しか残らなかった。「奴が出て行くか別のが入ってきたら、今日は終わりにしよう」。そして最後の一羽は、箱から出て仲間のもとへと戻っていき、男は手ぶらで家路についたのだった。

投資家の心理もこの男の心理とよく似ている。もっと箱のなかに七面鳥が戻ってくるかもしれないと希望を持つのではなく、すべての七面鳥が逃げて手元に一羽も残らない可能性を恐れなければならないのだ。

典型的な投資家の発想

　あなたが典型的な投資家なら、きっと自分の取引の記録をつけていることだろう。そして株の売却を考えるときには、その記録を見て買値を確認するに違いない。こういうときに、利益が出ていたら売るが、損失が出ていたら売るのを待とうと思うのが、典型的な投資家の発想である。なぜならば、そもそも損をするために株式投資をしたわけではないからだ。ところが本来であれば、最も成績の悪い株を真っ先に売るべきなのである。美しい花壇に生える雑草を抜いていくのと同じである。

　例えば、ミリアド・ジェネティィクス株がなかなかの利益を出したので売ると決めたとしよう。ところが、ゼネラル・エレクトリック株は買値に回復するまでまだまだ先が長いため、売らないことにした。もしあなたがこういう考え方をする投資家なら、全投資家の九五％をさいなむ「買値の呪縛」にとらわれてしまっている。

　二年前に三〇ドルで買ったある銘柄が、現在は三四ドルまで上昇したとしよう。ほとんどの投資家は、利益が出ているこの銘柄を売る。だが、二年前に支払った金額が現在の株価と何の関係があるだろうか？　それにその金額が今その銘柄を持ち続けるべきか、それとも売るべきかにどう関係するのだろうか？　大事なのは、その銘柄があなたの保有している、あるいは代わりに保有できるほかの銘柄に比べてどのような成績なのか、という点である。

投資記録のつけ方

「買値の呪縛」から逃れるためにとても役に立つ投資記録のつけ方を紹介しょう。特に長期投資家にお勧めだ。一カ月に一度か四半期に一度、最後に記録をつけた日から各銘柄の株価がどれだけ変化したかを百分率として割り出すのだ。次に、その変化率の数字が良い順に銘柄を上から並べていく。例えば、キャタピラーが六％下がり、ＩＴＴが一〇％上がり、ＧＥが一〇％下がっていたら、ＩＴＴが一番上で、次にキャタピラー、その次にＧＥという順番になる。翌月か翌四半期の終わりにも同じように記録をつける。何度かやっているうちに、成績の振るわない銘柄が一目瞭然になる。そういった銘柄は一覧表の常に下位に入り、最も上昇した銘柄は上位か首位に入っている。

これだけやればあとは絶対大丈夫という方法ではないが、その銘柄に支払った金額ではなく、市場で比較的良い成績を出している銘柄に目を向けさせてくれる。投資判断を明確化するのに役立つのだ。もちろん、税金を納めるときのことを考えて、買値などの記録も残しておかなければならないが、このような現実に利用できる方法でポートフォリオを長期的に管理することを提案したい。四半期に一回以上できれば理想的だ。買値の呪縛から逃れることができれば、そこには利益という自由が待っている。

ひとたび株を買うという重大な決断をしたら、潜在的利益と損失の見込み額をあらかじめ想定しておくべきである。これは投資家として当然のことだ。利益の見込みが二〇％で損失の見込みが八〇％の株を買ったりはしないだろう。このような想定を怠ったり十分考え抜かれたルールを使わずに取引をしても、本当に正しい買い時かどうかは分からないだろう。明確なルールに従った買い判断なのか、それとも単に当てずっぽうの買い判断なのか、今一度考えてみる必要がある。

そこで、損切りをする価格（買値から八％以内の下落）と、期待できる利益の見込み額を、購入したすべての銘柄について書き出しておくことをお勧めする。例えば、成長株を持っているとしたら、最初の株価のベースパターンを抜けて大きく上昇を始めた時点から、ＰＥＲ（株価収益率）が一〇〇％以上増加したら売るというようなルールを決めるのである。

このようにあらかじめ数字を決めて書き留めておけば、その水準に株価が達したときにすぐに気がつくことができる。

買値に縛られて売りの判断基準を決めたり、軽はずみな判断で買ってしまった銘柄が損失を出しているという事実が受け入れられずに、株価が下がった銘柄を持ち続けるようなことをするのは、けっして良い資金運用方法とは言えない。もしあなたが会社の経営者だったら、損失が膨らむような意思決定はしないだろう。

赤いドレスの話

株式市場に投資をするのは、自分で会社を経営するのと同じようなものだ。投資はビジネスであり、同じような考え方を持って行動しなければならない。あなたが女性用洋服店の経営者だと仮定しよう。そして黄、緑、赤の三色のドレスを仕入れておいた。赤いドレスはすぐに売り切れ、緑のドレスは半分ほど売れたが、黄色のドレスはまったく売れない。

こんなときに、あなたはどうするだろうか。「赤いドレスは売り切れてしまったわね。黄色いドレスは人気がなかったけど、私はすてきな色だと思うのよ。それに大好きな色でもあるから、もっと仕入れましょう」と仕入れ係に指示するだろうか？

まさか、そんなことは言わないだろう！

小売業で生き残れる賢い経営者は、このような難しい状況を客観的に判断して、次のように言うだろう。「失敗したわね。黄色いドレスはやめましょう。セールで出せばいいわ。まずは一〇％値引きして売ってみましょう。それでも売れなければ、二〇％引きにするわ。だれも欲しがらない商品はさっさと売って現金を取り戻しましょう。そのお金で需要が多い売れ筋の赤いドレスをもっと仕入れるのよ」。これは小売業者の常識だ。あなたはこの考えを持って投資ができるだろうか？　できない理由はどこにもないはずだ。

どんな投資家でも間違った買い判断を下すことがある。百貨店のバイヤーもプロだが、彼らだって間違いを犯す。あなたも間違ってしまったら、それを認めて株を売り、そして次の株へと気持ちを切り替えればよい。毎回正しい投資判断をしなくても、大きな利益を得ることはできるのだ。

これで、リスクを減らして最高の銘柄を選択するための本当の秘訣が分かっただろう――七面鳥を数えるのはやめて、黄色いドレスは処分するのだ！

あなたは投機家か、それとも投資家か？

株式市場に参入する人々を表す二つの言葉で、よく誤解されているものがある。それは、「投機家（speculator）」と「投資家（investor）」である。「投機家」と聞くと、大きなリスクをとって株の将来的な成功を見越してギャンブルをする人たちだと思うかもしれない。反対に、「投資家」という言葉を聞くと、分別と理性を持って株式市場に接する人たちを想像するかもしれない。このような一般的な感覚から、投資家のほうが投機家よりも賢いものであると思っている人も多いのではないだろうか。

ところが、バーナード・バルークは投機家を次のように定義している――「投機家という言葉の語源はラテン語の『speculari』で、様子をうかがって観察するという意味である。つまり、投機家とは、未来が訪れる前に観察をして行動を起こす人のことである」。それこそまさに、あなたがするべきことではないか。市場と個別銘柄をよく観察し、それが今どのような動きをしているのかを判断し、そしてその情報に基づいて行動をするのだ。

同じく株式市場における伝説的相場師のジェシー・リバモアは、投資家について次のように定義している――「投資家は大胆な賭博師だ。賭けをしてそれにしがみつき、そして思ったとおりにことが運ばなければすべてを失う人たちだ」。本書をここまで読んできた皆さんなら、これが正しい投資方法ではないことはすぐに分かるだろう。ひとたび含み損を抱え、買値から八%も下落してしまったら、もう長期投資などあり得ないのである。

彼らの定義は、ウェブスター辞典の定義とは少し異なるが、よっぽど的を射ていると私は思う。バルークとリバモアはともに、株式市場で何百万ドルという利益を何度も稼ぎ出していることを忘れないでほしい。

本書の目的の一つは、読者がこれまで聞いたり使ったりしてきた投資に対する誤った考えや信条、そして方法について、読者に疑問を感じてもらうことである。その一つに、投資という行為の意味そのものも含まれている。世のなかには、株式市場に関する誤った情報や概念および成功方法が驚くほど大量にあふれている。個々の銘柄やマーケットの動き方について、関連性のある事実を客観的に分析できるようになってほしい。友人や同僚、そしてテレビ番組に日々登場する数々の専門家の個人的な意見に耳を傾けたり、それに影響されるのはもうやめよう。

分散投資はリスクを減らすのか？

幅広い分散投資は、投資家の知識不足を補う手段である。聞こえは良いし、多くの専門家も分散投資を勧める。だが弱気相場では、ほとんどすべての銘柄が値を下げる。そしてそのなかには二度と回復しない銘柄があり、そのような銘柄の損失は五〇％かそれ以上に膨らむ。つまりいくら分散投資をしても、確実な防衛計画を持って自分の口座を守るために売りのルールに従うことに比べると、安全性は低い。二〇～三〇銘柄を持っているときに、そのうちの三～四銘柄を売却したところで、残りの銘柄も大きく損失を出しては何も変わらないだろう。

愚かな思い込み

「株価が下がっても心配しなくて大丈夫。これは優良銘柄だし、配当金も受け取っているのだから」と自分に言い聞かせるのは、危険で愚かな行為である。優良銘柄でも間違ったタイミングで買っていれば不良銘柄と同じくらい下落することがあるし、そもそもその銘柄が思っているほど優良ではない可能性だってある。ただあなたが勝手にそう思い込んでいるだけかもしれないのだ。

それに、株価が三五％も値を下げているときに、四％の配当利回りがあるから大丈夫だなどと言うのもおかしな話である。三五％の損失から四％の配当金分を引いたとしても、三一％が大きな損失であることに変わりはない。

投資家として成功するためには、事実に向き合い、正当化したり希望的観測を持つことをやめなければならない。だれだって心のなかでは損失など出したくないと思っている。しかし、株式市場で成功する可能性を最大限まで高めるには、やりたくないことをたくさんやらなければならない。明確なルールと絶対に曲げない売りのルールを持ち、それに従っていれば、かなり有利な立場に立つことができるだろう。

自信を持ち続ける

最後に、大きな損失を出して打撃を受ける前に損切りをするべき重要な理由がもう一つある。それは今後の決断力と勇気を失わないためである。保有株を取り巻く状況が悪化し始めたときに素早く損切りをしないでいると、その後の売買判断をするときに必要となる自信がいとも簡単に失われてしまう。もっとひどくなると、損切りをせず損失を膨らませてしまい、しまいには降参して失意のうちにマーケットから去ったため、何が間違っていたのかも知ることなく、誤った手法を正すこともないまま、素晴らしいチャンスを与えてくれるアメリカの株式市場の持つ未来への可能性を、一切あきらめてしまうことになる。

ウォール街では人間の悲しい性が毎日のように繰り返される。正しく株を買い利益を得るのは、とても難しい仕事である。人間の性というものが障害となり、プロも素人も実にマーケットの九割の人々が、とにかく準備不足なのである。自分の行動が正しいか誤っているかを真剣に検証して、そこから学んでいない。成功する銘柄の値動きについて十分詳細に学んでいない。マーケットは運などに左右される場所ではないし、謎に包まれているわけでもない。そして世間知らずの大学教授らが唱えていた「ランダムウォーク」というような確率で動きが決まる効率的な場所などでもけっしてない。

銘柄選択の技術を向上させるには、相当の努力が必要だ。その銘柄をいつ、どのように売るかを知るには、さらなる努力が必要である。株を正しく売るのは買うよりも難しく、人々の知識が最も不足している分野なのだ。これを正しく行うには、損切りルールと、そのルールを素早くためらうことなく実行するための規律が必要なのだ。

うぬぼれを捨て、他人の目など気にすることはやめなさい。そして、マーケットに歯向かうのをやめて、損失を出している銘柄に感情的な思い入れをするのもやめるのだ。株価が上昇しない銘柄は良い銘柄ではない。そのような銘柄はすべて悪い銘柄である。それを肝に銘じてほ

しい。二〇〇〇年と二〇〇八年の惨事から学ぶことがあるではないか。われわれの売りのルールに従った投資家は、資金を守り、利益を確定することができたのだ。反対に、売りのルールを持っていなかったり、あるいはそれに従わなかった投資家たちは大きな痛手を被ったのだ。

第11章　いつ売って利益を確定するか

本書のなかでも特に本章は重要な章であり、少数の投資家にしか実行できない根本的な内容について語られている。ぜひともしっかりと学んでほしい。普通株はほかの商品とまったく同じである。あなたはその商品を売る商人であり、利益を実現するには買った商品をうまく売らなければならない。株を売る最良の時期とは、株価が上昇して、これからも上昇し続けるとだれもが疑わないときなのである。

これは本来の人間の本能に反する行動なのかもしれない。なぜなら、勢いよく株価が上昇して、さらなる利益をもたらしてくれるように思えるときに売らなければならないからだ。だがこれができれば、苦々しい二〇～四〇％の調整につかまることはなくなる。このような下落局面はマーケットの主導株も襲い、あなたのポートフォリオに悪影響を与える。天井で売ることはまず無理だと割り切って、売ったあとに株価がさらに上昇しても、自らを責めないことだ。

売りの正しいタイミングが訪れたら、なるべく早いうちに売らなければ手遅れになる。株式投資の目的は、大きな利益を生んでそれを確定することであり、株価が上昇して強くなったからと興奮したり、楽観視したり、欲を出したり、われを忘れることではない。昔から言い伝えられている相場の格言を肝に銘じておこう――「雄牛（強気の人）は利益を得ることがあり、熊（弱気の人）も利益を得ることがあるが、豚（戦い方を知らない欲深い人）は殺される運命にある」。

取引口座の基本目標は純利益を積み上げることである。価値ある利益を実現するには、株を売って利益を確定しなければならない。肝心なのは、それをいつ確定するかを知ることである。株式市場で一財産築いた資本家バーナード・バルークは、次のように述べている――「まだ上昇中の銘柄をこれまで何度も売ってきた。おかげで私は財産を失わずにすんだのだ。売ったことで多額の利益を逃したことも何度かあったが、売らずにいたら株価暴落時にその転落に巻き込まれていただろう」。

大成功を収めた銀行投資家のネーサン・ロスチャイルドは、株式市場で利益を出す秘訣が何かあるのかと聞かれると、このように語った――「それはもちろんあるさ。けっして底では買わず、早めに売ってしまうことだ」。

かつての投機家でジョン・F・ケネディの父親でもあるジョー・ケネディーは、「最高の利益を狙って粘り続けるのは愚か者のすることである」と信じていた。「投資の目的は、まだ株が上昇している間、つまり天井を打って転換を始める前に手仕舞うことなのだ」。さらに、大きな成功を収めた資本家のジェラルド・M・ローブも、「株価が通常範囲を超えたり予測以上の高値圏内に入ったら、相場が上昇するごとに持ち株を着実に減らしていくべきだ」と助言している。

伝説的なウォール街の投資家たち全員が共通して信じていたのは、経済状況が悪化する前に素早く手仕舞う、ということだ。上昇するエレベーターに乗ったなら、最上階に達してそれが下がり始める前に、目的の階が来たところでさっさと降りるだろう。それが成功の秘訣なのだ。

損益計画の必要性

株式市場で大きな成功を収めるには、信頼できる売買ルールと損益計画が必要である。本書で紹介している買いのルールと売りのルールの多くは、私が駆け出し時代でヘイデン・ストーン社の株式ブローカーだった一九六〇年代前半に作り上げたものだ。このルールのおかげで、私はNYSE（ニューヨーク証券取引所）の会員権を買って、その後間もなく自分の会社を起業することができたのだ。だがまだ若かったそのころは、最高の銘柄を見つけるための買いのルールを作ることに夢中になっていた。だが、お分かりのように、買いのルールだけではパズルの半分しか完成しない。

私が初めて買いのルールを作ったのは一九六〇年一月のことで、まずは過去二年間に最高の業績を記録した三つの投資信託を分析することから始めた。特に突出していたのは当時はまだ小さかったドレフュス・ファンドで、競合ファンドの二倍もの利益を上げていた。

私は、一九五七～一九五九年のドレフュスの四半期報告と目論見書をすべて取り寄せた。そして、そのファンドが購入した新規銘柄の平均株価を一つ一つ計算していった。次に、株式チャートの本を買い、ドレフュスが四半期ごとに購入した新規銘柄の平均株価を赤でしるしていったのだ。

ドレフュスが購入した一〇〇以上の新規銘柄を見ていくと、ある驚くべき発見をした。そのすべてが、過去の最高値を付けたところで買われていたのだ。つまり、ある銘柄が四〇ドル～五〇ドルの間で何カ月も揉み合っていたら、ドレフュスはそれが新高値を付けた五一ドルで取引された直後に買っていたのだ。さらにドレフュスの銘柄は新高値を付ける前に特定のパターンを描いていた。このことから、私は二つの極めて重要な手がかりを得たのである――新高値で買うのが重要であること、そして大きな利益になる可能性があるチャートパターンが存在することだ。

チャーチストのジャック・ドレフュス

ジャック・ドレフュスはチャートとティッカーの専門家だった。彼は市場の動きに基づいてすべての株を選び、株価が適切なパターンからブレイクして新高値を付けたときにだけ買っていた。そして彼は、マーケットが見せるサインや動き（需要と供給）を無視してファンダメンタル分析や個人的見解にばかり頼っていた競争相手に、大きく水をあけたのである。

そのような素晴らしい業績を残し始めていたころ、彼の会社の研究部門では、たった三人の若いトルコ人が大きなチャートに何百という上場株のその日の株価と出来高の動きを書き込んでいた。私はニューヨークにあるドレフュスの本社を訪れたときに、このチャートを目にする機会に恵まれた。

その後まもなく、ボストンのフィディリティが運用する二本の小規模ファンドが同じような分析を始め、やはり優れた結果を出したのだ。そのうちの一つはネッド・ジョンソン・ジュニア、もう一つはジェリー・ツァイが管理していた。ドレフュスとフィディリティのファンドが買った銘柄の四半期収益は、そのほとんどすべてが大きな上昇を見せていた。

そこで一九六〇年に、私は次のような最初の買いのルールを作った。

一．二〇ドル以上で、少なくとも機関投資家にある程度買われている銘柄のみに集中すること

二．その企業のＥＰＳ（一株当たり収益）が過去五年間連続で上昇しており、当期四半期ＥＰＳは最低でも二〇％上昇していること
三．十分な調整と揉み合い期間のあとに新高値を付けた銘柄、あるいは新高値を付けそうな銘柄、またブレイクアウト時の出来高は一日の平均出来高よりも最低でも五〇％増加していること

この新しい一連の買いのルールに基づいて、一九六〇年二月に初めて私が買った銘柄は、ユニバーサル・マッチだった。この銘柄は一六週間で二倍になったが、資金不足だった私はさほどの大金を稼ぐことはできなかった。駆け出しブローカーだった私には、まだあまり顧客がついていなかったのだ。しかも、不安感にさいなまれて早く売ってしまった。その年の後半、明確に定義をした自分の戦略に基づいて、私はプロクター・アンド・ギャンブル、レイノルズ・タバコ、ＭＧＭを買った。そのどれもが素晴らしい上昇を見せたが、このときも私は資金不足が原因でそれほど稼ぐことはできなかった。

ちょうどこのころ、私はハーバード・ビジネススクールの経営開発プログラムの一期生として入学を許可された。ハーバードで過ごすほんのわずかな空き時間を利用して、私は大学の図書館にあったビジネスや投資に関する書籍を読みあさった。特に気に入ったのがジェシー・リバモアの**『孤高の相場師リバモア流投機術』**（パンローリング）だった。本書から、マーケッ

トに参加する目的は、正しいことをするのではなく、正しいことをして大きく儲けることなのだということを学んだ。

ジェシー・リバモアのピラミッディング

リバモアの本を読み終えた私は、リバモアのピラミッディングを自分の買い銘柄にも採用した。ピラミッディングとは、最初に株を買った時点から株価が上昇したら、さらに株を買い足す（増し玉）手法で、保有株の平均の買値が少しずつ上昇する。一般に、株を買うべきタイミングのピボットポイントでまずは買い、その後株価が二〜三％上昇したときにピラミッディングをする。順調に上昇している銘柄に少しずつ量を減らしながら増し玉をするのが基本で、こうすることで正しい銘柄選択ができたと思われるときにだけ増し玉をしていける。銘柄選択が誤っていて、最初の買値よりも一定額を下回ったら、その銘柄にかかわるポジションはすべて損切った。

これは、普通の投資法とはかなり異なるものだろう。たいていの投資家は、株価が下がったら買値を引き下げるためにナンピン買いをしている。だが、苦労して稼いだ資金をなぜ不調な銘柄につぎ込むのか、私には理解できない。

失敗から学ぶ

一九六一年前半は、私のルールと計画はうまく機能した。その年に買った上位銘柄はグレート・ウエスタン・フィナンシャル、ブランズウィック、カーマギー、クラウン・コルク・アンド・シール、AMF、サーテン・ティードなどだった。だが同年後半の夏が来ると、状況は一転した。

私は正しい判断基準で選んだ銘柄を正しいタイミングで買い、さらにピラミッディングを何度かしたので、良好なポジションを保有し、含み益は相当大きくなっていた。ところが株価がついに天井を打っても、私は売ることができず、これまでの利益が泡となって消えていくのをただ傍観してしまったのだ。多少なりとも経験のある投資家ならば、それがどういうことなのか自分のことのように分かってもらえるだろう。本当に良い結果を残したいのならば、このような問題に立ち向かって解決しなければならない。気を抜くと、せっかくの利益も台無しである。この結果を受け入れるのは、私にとってはつらいものだった。一年以上も銘柄選択では百発百中の正確さだったのに、それが損益ゼロというありさまで終わってしまったのだから。

それがあまりに悔しかったので、私は一九六一年の後半六カ月を、前年に行った取引を一つ一つ注意深く分析して過ごした。医者が人体解剖をしたり、民間航空委員会が飛行機墜落の原因究明調査をするように、私は赤ペンを片手に、買いと売りの判断をした価格をチャートに細かく記していったのだ。そしてそれに、市場の平均株価を重ね合わせてみた。

すると私の問題点がはっきりと見えてきた。一流銘柄の選択方法はどうやら正しいようだが、それを正しいタイミングで売って利益を確定するための計画がまったくなかったのだ。自分のあまりの愚かさにあきれてしまった。いつ株を売って利食いすべきかということを考えたことすらなかったのだ。私の株はまるでヨーヨーのように上下をして、含み益はきれいさっぱりなくなってしまった。

例えば、建材を扱う骨格家屋の建設業者だったサーテン・ティード株の取引などは、特に目も当てられないものだった。株価が二〇ドル台前半だったときにこの銘柄を買ったのだが、市場が弱含みすると私は不安になり、わずか二～三ポイント上昇したところで売ってしまった。だがこの銘柄はその後三倍になった。買ったタイミングは正しかったのに、その銘柄の価値に気がつくことができずに、利益を得る最高の機会を逃してしまったのだ。

サーテン・ティードに始まり、ほかのそのような失敗例を分析していくと、どこを間違っていて、今後成功するにはどこを正さなければならないのか、ということが明らかになってきた。あなたは、失敗した取引をすべて分析して、そこから学ぼうとしたことがあるだろうか？　おそらくほとんどの人は経験がないだろう。しかし、自分の行動を反省して株式市場に対する間違った判断について深く考えないのは大きな過ちである。何を間違ったのかを学んで初めて、投資家として成長することができるのだ。

マーケットでも人生でも、このような反省をするかどうかが勝者と敗者の分かれ目になるのである。二〇〇〇年や二〇〇八年の弱気相場で痛い目に遭ったのならば、ここで弱気になってあきらめないでほしい。チャートに自分の過ちを書き込んで、それを研究してみよう。そしてその過ちをもう犯さないように、そして時間や資金の無駄になるような行動はやめられるように、それらを防ぐための新しいルールを作るのだ。努力をした分だけ、次の強気相場で最大限の利益を得るチャンスに近づける。アメリカには今後も多くの強気相場が訪れるだろう。途中で放り投げてあきらめてしまったり、多くの政治家のように他人を責めたりせずに、努力を積み重ねていけばけっして敗者になることはない。本書に書いているとおりに行動できれば、あなたの人生は一転するかもしれない。

「成功に秘訣などない」、とコリン・パウエル元国務長官は言い残している。「成功とは準備、努力、そして失敗から学んだ成果なのである」

新しい損益計画

市場分析の結果、大化けする銘柄は適切なベースをブレイクアウトしたあと、二〇〜二五％上昇する傾向にあることが分かった。その後、たいていの銘柄は下落して、新たなベースを作り、その一部が再び上昇を始める。この新たに得た知識を基に、私はルールを付け加えた。それは、ピボットポイントちょうどで買い、そこから五％上昇したらそれ以上はポジションの増し玉をしない、というものだ。

ところが、サーテン・ティードの場合、株価はわずか二週間で二〇％も上昇してしまった。このような株は私が望んでいる大化け銘柄だった。そこで私は、「二〇％上昇したら売る」というルールに極めて重要な例外を作った。それは、一～三週間という短期間で二〇％も躍進するほど強い銘柄の場合は、最低八週間は持ち続ける、というものだった。その後、その銘柄を再び分析して、六カ月のキャピタルゲイン益を狙うべきかを決めるのだ（当時は六カ月がキャピタルゲイン益の最低期間だった）。もちろん、買値から八％下がったら、損切りをする。

つまり、これが私の新しい損益計画である――利益が二〇％になったら確定し（最高の上昇を見せる銘柄は例外）、損失は買値から八％下がったら損切りをする。

この新しい損益計画には、大きな利点がいくつかあった。三回のトレードのうち二回間違っても、資金がなくなるという問題は起こらない。さらに銘柄選択が正しかったのでさらに数ポイント高い価格で株数を減らして買い増す場合に、低迷している銘柄や成績の振るわない銘柄を売るという決断を迫られる可能性が高まる。つまり、成績の悪い銘柄に費やしていた資金を、継続的に良い成績を出している銘柄に強制的に供給できるのだ。

しばらくの間、私は最初の買値から株価が二～二・五％上昇したら自動的に最初の増し玉を行っていた。こうすることで、躊躇して出遅れたがために株価が五～一〇％も上昇したところで仕方なく増し玉をするということが減った。

自分の選択銘柄が正しかったようだと分かったら、常に増し玉をするべきだ。リング上のボクサーならば、相手の一瞬のスキを見つけて強力なパンチを決めたあと、必ず追い打ちのパンチを加えて有利な立場に立とうとするだろう。勝ちたいのならば、それが必須である。

低迷株を売ることで得た資金を勝ち銘柄につぎ込んでいけば、資金をはるかに効果的に利用できるようになる。良い年なら、二〇％の利益を出す株が一年のうちに二～三銘柄は出てくるだろう。しかも、株価が新しいベースを作っている間の利益の出ない数ある長期の調整時期で、ただ何もせず待っている必要もなくなる。

三～六カ月で二〇％の利益を出す銘柄のほうが、一二カ月かかってやっと二〇％の利益を達成する銘柄よりもずっと効率が良い。二〇％の利益が二つ合わさって複利の力が働けば、一年で四四％の年間利益率になる。もっと経験を積めば、信用取引を最大限に利用して、複利収益を一〇〇％に増やすことも可能なのだ。

私がマーケット全体の構造を見抜いた方法

自分の無知が原因で損失に終わった取引を一つ一つ分析していると、もう一つ大きな利益につながる発見をした。それは、私の保有していたマーケットの主導銘柄のほとんどが、マーケット全体が一〇％以上下落したことが引き金となって天井を打ったということだった。この発見が、最終的にはマーケット全体の平均株価と出来高のチャートを毎日研究するという考え方とその方法を生み出すことにつながった。そしてマーケットの真のトレンドや方向性の大きな変化を明確に見極める術を与えてくれたのだ。

その発見の三カ月後の一九六二年四月一日までに、私は自分の売りのルールに従って銘柄をすべて売ってしまっていた。資金は一〇〇％現金化していたが、マーケットがその春に暴落するとは予想だにしていなかった。売りのルールに従って強制的に手仕舞いをしていっても、どれだけマーケットが悪化するかは分からない。分かっているのは、マーケットは下降に向かっていて、自分はそこから手を引いたという事実であり、それがいずれは大きな価値を持つということだった。二〇〇八年も同じだった。ルールに従って強制的に手仕舞ったわれわれは、大暴落が起こることなど夢にも思わなかった。大半の機関投資家はこの破綻に巻き込まれてしまった。常に全資金（九五～一〇〇％）投資が彼らの投資方針だからである。

一九六二年初めは、私がエドウィン・ルフェーブルの『欲望と幻想の市場――伝説の投機王リバモア』（東洋経済新報社）をちょうど読み終えたころだった。ルフェーブルが詳細に記した一九〇七年の恐慌と、当時の一九六二年四月に見られ始めていた兆候が非常に似ていることに強い感銘を受けた。私はすでに資金を一〇〇％現金化していたし、毎日ダウを分析することでその時点で市場が弱くなっていると分かっていたので、サーテン・ティードとアルサイドを空売りし始めた（アルサイドはサーテン・ティードに共振する動きをしていた）。私はこの取引でウォール街のヘイデン・ストーンの本社とやっかいなことになった。ヘイデン・ストーンはサーテン・ティードを買いの推薦銘柄にしたばかりだったのに、ブローカーである私のほうは顧客に空売りすべきだと吹聴していたからだ。その年の後半、私はコルベットを四〇ドル強で空売りした。この二銘柄で得た利益は、なかなかのものだった。

キューバ危機の起きていた一九六二年一〇月にも、私は再び資産を現金化していた。ケネディ大統領の海上封鎖作戦で、ソビエト連邦が撤退した一～二日後、ダウ平均が上方向へと抜けた。私の新しい投資理論に基づけば、これは上方転換のサインだった。そこで私は、その新しい強気相場における最初の銘柄、クライスラーを五八・六三ドルで買った。この銘柄は、典型的な取っ手付きカップ型のベースを形成していた。

一九六三年の間中、私はただ自分の作ったルールに忠実に従っていた。それがあまりにもうまくいったので、私が管理していた口座のなかで「最低」の成績のものでも、一一五％の増加を記録した（それは現金口座だった）。信用取引を利用していたほかの口座は、数百％も増えていた。損失を出した個別株の数は多かったが、どれもほぼ小さな損失で、平均すると五～六％だった。逆に、利益のほうは素晴らしかった。正しい判断をした銘柄を、注意深くルールに従いながら増し玉し、大きなポジションを作っていたからだ。

給料をためて集めた四〇〇〇～五〇〇〇ドルと借りた資金と信用取引を最大限に利用して始めた私は、三回連続で大化け株に投資した。それらは、一九六二年後半に空売りしたコルベットと、買いではクライスラー、そしてそのクライスラーから得た利益で一九六三年六月に一〇〇ドルで買ったシンテックスだった。八週間後、そのシンテックスが四〇％上昇したところで、この株を六カ月間保有することに決めた。一九六三年秋にはその利益は二〇万ドルになり、私はＮＹＳＥの会員権を買うことにした。だから、そんな夢のような話はありえないなどと言う人を信じてはならない！　自分の過ちをすべて研究し、そこから学び、同じ間違いを繰り返さないように新たなルールを作っていく意志さえあれば、賢い投資ができるのである。覚悟を決め、簡単にあきらめず、努力をして準備を怠らなければ、投資は人生で最高のチャンスを与えてくれる。これはだれにでも実現できるアメリカンドリームなのである。

私の場合は、毎晩遅くまで勉強したことが、きちんと機能する明確なルールや規律や計画を生み出すことにつながった。運はまったく関係ない。すべて根気と努力のたまものである。毎晩テレビを見たり、ビールを飲んだり、友人とパーティーしている人が、株式市場やアメリカ経済のような複雑な存在を理解することなど、できるわけがない。

アメリカという国では努力さえすればだれでも夢をかなえられる。それをやめさせる者はいない。すべてはあなたが望む気持ちと、それに取り組む態度によって決まるのだ。出身地や外見や学歴などはまったく関係ない。あなた自身の手で、自分の人生や未来を切り開き、そしてアメリカンドリームを手に入れることができるのだ。たとえ大金を持っていなくても。

時には落ち込むことだってあるかもしれないが、絶対にあきらめてはならない。再び立ち上がって少しずつ努力を重ねるのだ。週末や就寝前にどれだけ研究したり勉強したかが、あなたが最終的には勝者になって夢をつかむか、それとも人生を変えるはずだった最高の機会を逃すかの差として現れるのである。

売りを減らす二つのカギ

重要な売りのルールを細かく検証する前に、まずは二つの注意点を知っておこう。

まず、ピボットポイントで正しく買えれば、売りにまつわるほとんどの問題は解決される。日足や週足チャートを見て、適切なベースから抜けたときに正しいタイミングで買うことだ。株価が高くなってから買ったり、ピボットポイントから五％以上値を上げてから増し玉をする、というようなことを避ければ、通常の調整ならポジションを売る必要はなくなるだろう。大化け銘柄がピボットポイントから八％も下落することはほとんどないからだ。それどころか、そのような銘柄はピボットポイントの下で引けることも少ない。逆に言えばピボットポイントにできるだけ近い価格で買うことが絶対に不可欠であり、それさえできれば数は少ないが損失に至る銘柄があったとしても八％も下げる前に損切りができるようになる。価格が四～五％下落すれば、その銘柄に問題があることが分かるようになるのだ。

次に、強気相場で株を買った直後に、ティッカーやパソコンで大量の売りが示されることがある。しかし、この売りは知識ではなく感情まかせの一時的な売りで、一見大量に見えても過去の出来高と比べてみると実はそれほどの量ではないだろう。大化け銘柄には、数日から一週間ほどの間に大量の売りが出ることがある。そんなときには週足チャートを参考にして、大きな視点でマーケットを見るようにすれば、通常の押し目に不安を感じたり振るい落とされるのを防ぐことができる。実際に大化け銘柄の四〇～六〇％がピボットポイントちょうどか、あるいはその少し下まで下落して買い手を振るい落とそうとする。だが、出足が遅れて高値で買ったのではないかぎり、八％まで下落することはないはずだ。間違った銘柄選択ばかりでどれも損切りになってしまうような場合には、ピボットポイントよりも一〇～二〇％上で買っていることが多くないかを確認することだ。遅れて買った銘柄がうまくいくことはほとんどない。上昇して興奮度が高まったときに買うのでは遅すぎるのだ。

売りのテクニカル指標

個々の大化け銘柄とマーケット全体がどのように天井を付けたかを調べることで、株価が天井を付けて下落を始めるときに示す兆候をいくつか発見した。ファンダメンタルの売り指標が少ないことに気がつくかもしれない。大物投資家の多くは、損失がかさむ前にその銘柄を手仕舞ってしまう。情報通の投資家が売っているのを見たら、あなたも売るべきだ。機関投資家が大量のポジションを現金化し始めたら、個人投資家のあなたにはそれに逆らうだけの力はない。買うときには企業の収益、売り上げ、利益率、ＲＯＥ（株主資本利益率）、新製品などのファンダメンタル指標に注目しながら銘柄を選ぶ。しかし、株価が天井を付けていても、収益はまだ一〇〇％上昇していたり、アナリストがこれからも成長を続けて株価も上昇すると予測しているものなので、ファンダメンタル指標は売るときにはあまり当てにならない。

一九九九年のある日、株価が上昇をしてイグゾースションギャップ（トレンドの最終局面で現れる窓）でクライマックストップを付けたチャールズ・シュワブ株を売った。同じ日にアメリカ最大の証券会社は、同銘柄があと五〇ポイント上昇するだろうと予測した。私は大化け株のほとんどすべてを上昇中手仕舞った。「一羽の手のなかにいる小鳥の価値は、茂みに隠れている二羽の鳥よりも価値がある」と言うように、手に入るかどうか分からない利益よりも、確実に手に入れた利益のほうが価値があるのである。だからこそ、ウォール街のだれかが言った個人的な見解ではなく、異常な市場の動向（株価と出来高の動き）に基づいて売る必要があるのだ。個人の意見などに耳を傾けてはならない。私は幸い、ウォール街で働いたことはなかったので、そのような外野に気を取られることはなかった。

天井を正しく見極めるには、いくつかの目安がある。クライマックストップ前後の動き、出来高の減少、そのほか弱さを示す動きなどである。このような情報を研究し続けて、日々の判断材料として使い続けていれば、その多くがよりはっきりと見えるようになるだろう。このようなルールや原則があったおかげで、私は市場で良い判断を下してこられたのだが、最初は少し複雑に思えるかもしれない。まずは第2章のチャートの読み方を再度復習してから、本章の売りのルールを読むことをお勧めする。

実際、われわれの何百というセミナーに参加してくれた『インベスターズ・ビジネス・デイリー』紙の購読者のうち、投資で成功した人のほとんどが本書を二度、三度、なかにはもっと繰り返し読んだと言っていた。すべてを一回読んだだけで理解するのは難しいかもしれない。外野の声がどうしても耳に入ってきてしまうという人は、そういった声に惑わされないように定期的に本書を読んでいるようだ。

クライマックストップ

多くの主導株は、爆発的な上昇を伴って天井を打つ。何カ月も上昇したあとに、天井へと疾走するかのようにそれまでよりも速度を速めて一～二週間急上昇を見せるのだ。さらに、上に窓を空けて寄り付くイグゾーションギャップで上昇を終えることもある。これらを含め、強気相場の天井を示すいろいろなサインを、一つ一つ解説していこう。

一．一日の上昇幅が最大　適切なベースからブレイクアウトしたピボットポイントから、株価が何カ月もかけて大きく上昇したあとに、上昇を始めた日から最大の上昇をして引けたら、注意が必要だ！　これが起こるのは、だいたいが天井近くである。

二．**一日の出来高が最大**　株価が上昇を始めた日から出来高が最大になる日が天井となることがある。

三．**イグゾースションギャップ**　急速に株価を上昇させながら何カ月も前の最初のベースから大きく離れ（通常は最初のベースと二番目のベースを抜けて最低一八週間以上、三番目以降のベースだと一二週間以上）、さらに上に窓を空けて寄り付いたら、天井が近い。例えば、長い上昇のあとに五〇ドルの高値で引けた銘柄が翌朝五二ドルで寄り付き、その日は五二ドル以上のままだったら、二ポイントのギャップを空けたことになる。これをイグゾースションギャップと呼んでいる。

四．**クライマックストップの動向**　株価の上昇が急になり、週足チャートで急速な株価の上昇が二～三週間見られたり、あるいは日足チャートで七～八日連続か一〇日中八日で急速な株価の上昇が見られるようなら、売りのサインである。これはクライマックストップと言われるものである。その週の値幅は、何カ月も前に買った時点から最大となることがほとんどだ。まれにクライマックストップ近くで株価が前週の安値から高値へと大きな値幅を繰り返すようにたどって、多い出来高はそのままに、ほんの少しだけ上昇して引けることがある。私はこれを「レールロードトラック」と呼んでいる。週足チャートで見ると、二本の線が平行して縦に走っているように見えるからだ。これは、大商いにもかかわらず上昇が見られず、売り抜けがあったことを示している。

五．**売り抜けの兆候**　長期の上昇のあと、大商いなのに株価が上昇しない場合は、売り抜けを示している。何も知らない買い手がこれに気がついて驚く前に、早めに売ってしまおう。さらに、鋭敏な投資家が長期キャピタルゲインの期限を迎える時期を知っているとよい。

六．**株式分割**　株式分割のあと、株価が一～二週間で二五～五〇％上昇したら、売りのサインだ。一九九九年末のクアルコムのような極めてまれな例では、一〇〇％の上昇を見せることもある。過剰な株式分割の前後は、株価が天井を打つ傾向がある。株価がベースから抜けて上昇し、その後株式分割が公表されたら、多くの場合、売ったほうがよい。

七．**連続下落日の増加**　ほとんどの銘柄が天井を打って下落を始めると、株価が連続して下落する日のほうが連続して上昇する日よりも多くなってくる。以前は四日上昇したあとに二～三日下落していたのが、四～五日下がったあとに、二～三日上昇したりすると要注意だ。

八．**上方チャネルライン**　大きな上昇のあとに株価がその上方チャネルラインを抜けたら、売りのサイン（チャネルラインとは、過去四～五カ月の間に付けた三つの安値同士をつないだ線と高値同士をつないだ平行線のこと）。適切に描かれた上方チャネルラインを抜けて株価が上昇したら、売りのサインであることが研究結果から分かっている。

九．**二〇〇日移動平均線**　二〇〇日移動平均線から七〇～一〇〇％以上離れたところまで株価

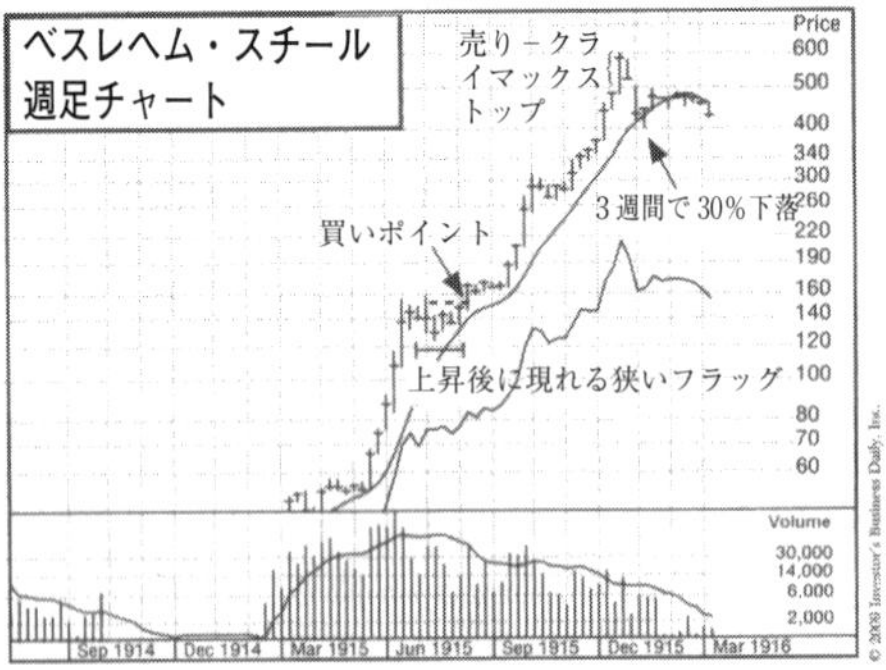

が上昇したら売りのサインとなることがあるが、私は実際にはあまり使ったことがない。

一〇．天井から下落　上昇中に早めに売れなかった場合、天井から下落を始めたらすぐに売ることだ。最初の下落のあとに、株価が一度戻ることがある。

出来高の減少や弱さを示す動き

一．少ない出来高で新高値　出来高が減ったり少ないのに新高値を付けることがある。株価が上がるのに出来高が減少するのは、大口投資家がその銘柄を欲しがらなくなったことを示している。

二．終値が一日の最安値かその付近　まるで矢印が下を指すような形で日足チャートに天井が描かれることがある。つまり、株価が一日の値動きの最安値かその付近で引け、その日の上昇分をすべて消してしまうということが数日続くような状況である。

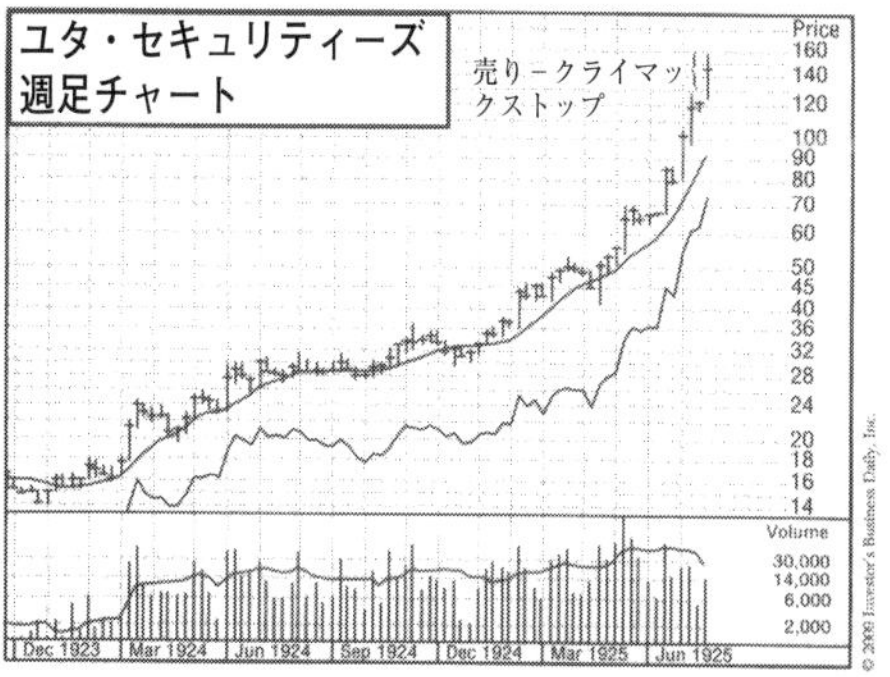
ユタ・セキュリティーズ
週足チャート
売り－クライマックストップ
Price
160
140
120
100
90
80
70
60
50
45
40
36
32
28
24
20
18
16
14
Volume
30,000
14,000
6,000
2,000
Dec 1923
Mar 1924
Jun 1924
Sep 1924
Dec 1924
Mar 1925
Jun 1925
© 2009 Investor's Business Daily, Inc.

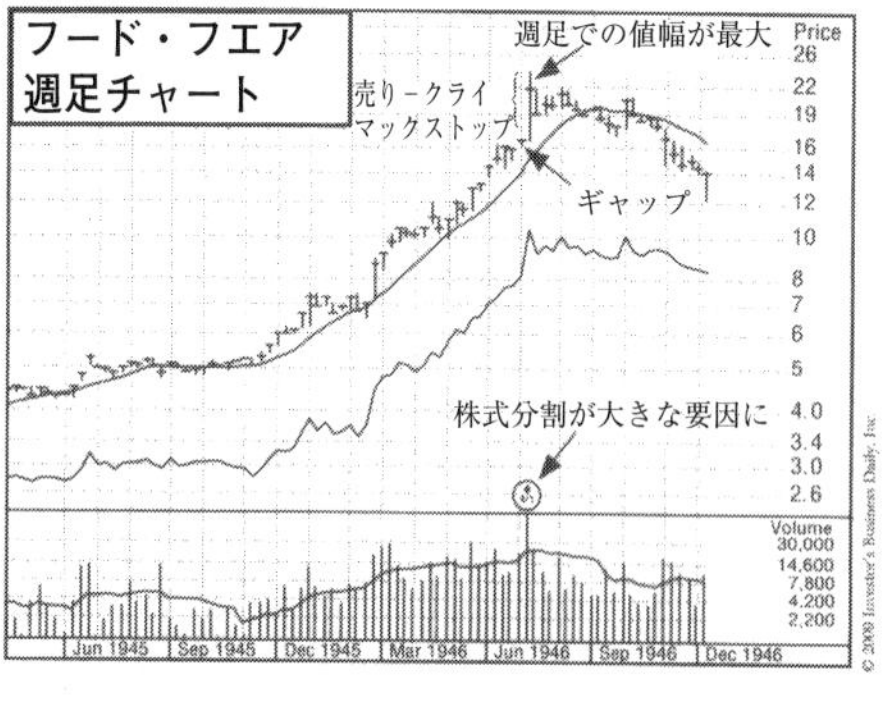
フード・フエア
週足チャート
週足での値幅が最大
売り－クライマックストップ
ギャップ
株式分割が大きな要因に
Price
26
22
19
16
14
12
10
8
7
6
5
4.0
3.4
3.0
2.6
Volume
30,000
14,600
7,800
4,200
2,200
Jun 1945
Sep 1945
Dec 1945
Mar 1946
Jun 1946
Sep 1946
Dec 1946
© 2009 Investor's Business Daily, Inc.

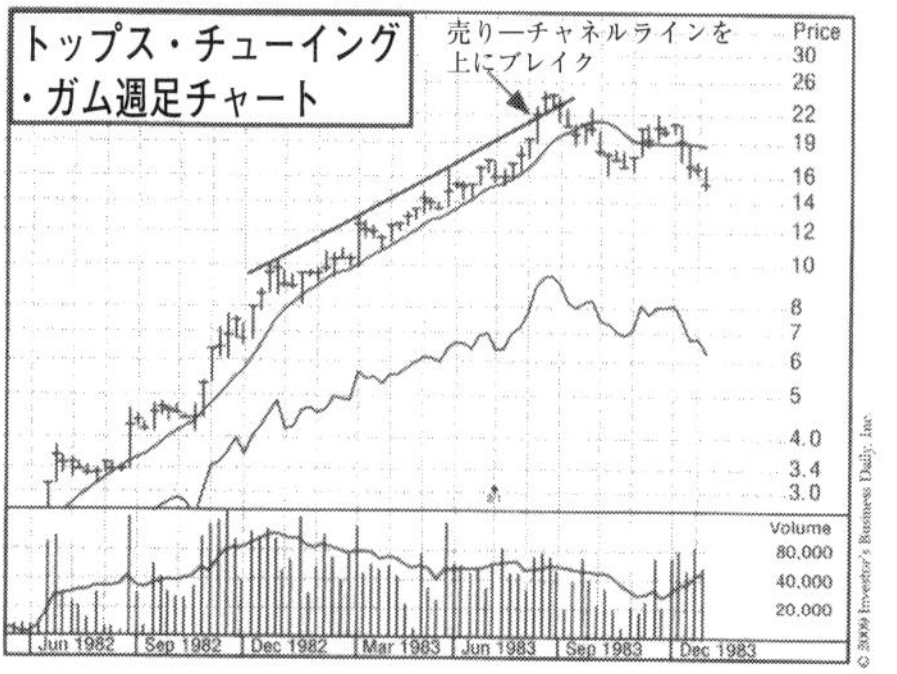
トップス・チューイング・ガム週足チャート
売り―チャネルラインを上にブレイク
Price
30
26
22
19
16
14
12
10
8
7
6
5
4.0
3.4
3.0
Volume
80,000
40,000
20,000
Jun 1982
Sep 1982
Dec 1982
Mar 1983
Jun 1983
Sep 1983
Dec 1983
© 2009 Investor's Business Daily, Inc.

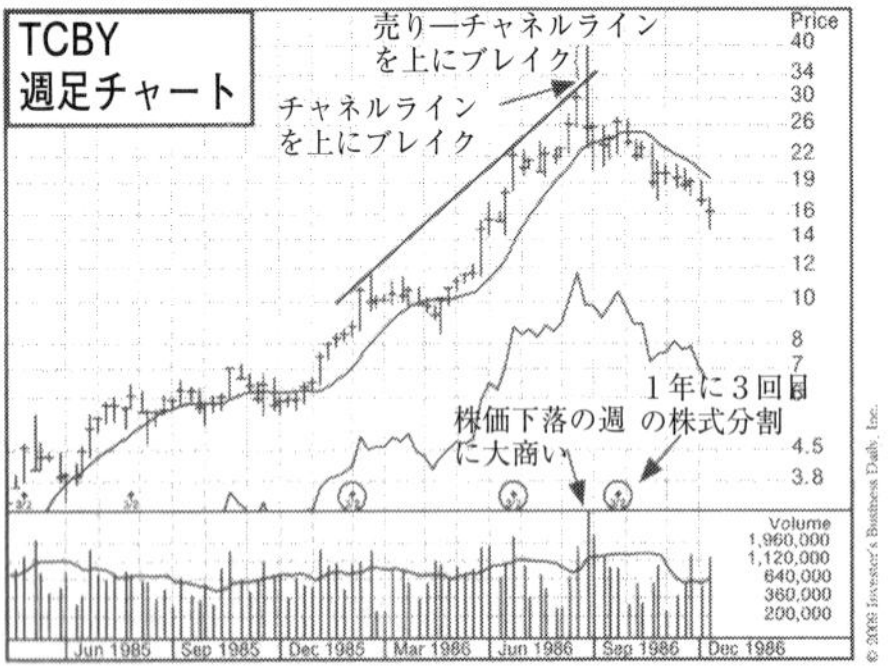
TCBY
週足チャート
売り―チャネルライン
を上にブレイク
チャネルライン
を上にブレイク
１年に３回目
の株式分割
株価下落の週
に大商い
Price
Volume
Jun 1985
Sep 1985
Dec 1985
Mar 1986
Jun 1986
Sep 1986
Dec 1986
© 2009 Investor's Business Daily, Inc.

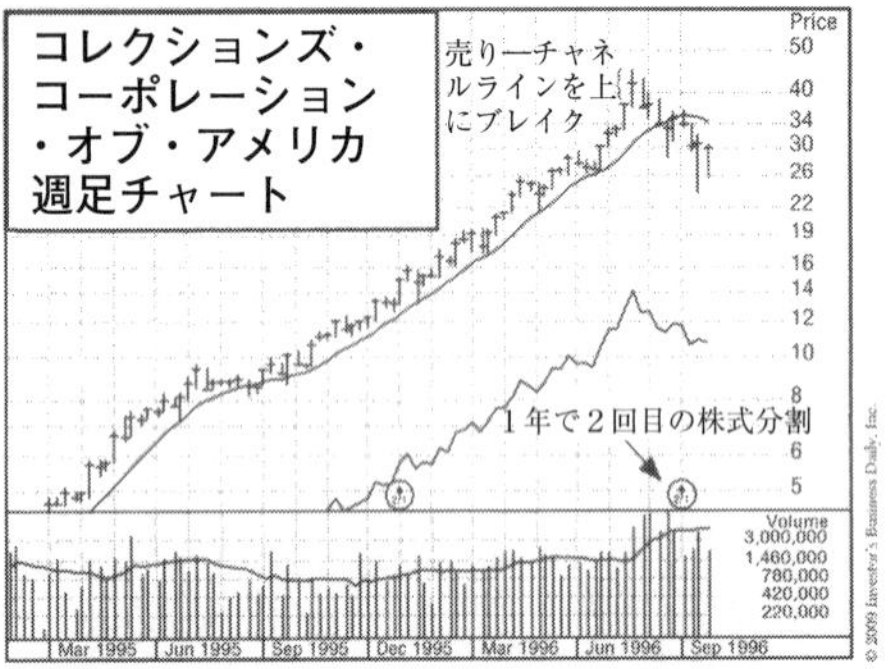
コレクションズ・
コーポレーション
・オブ・アメリカ
週足チャート
売り―チャネ
ルラインを上
にブレイク
１年で２回目の株式分割
Price
Volume
Mar 1995
Jun 1995
Sep 1995
Dec 1995
Mar 1996
Jun 1996
Sep 1996
© 2009 Investor's Business Daily, Inc.

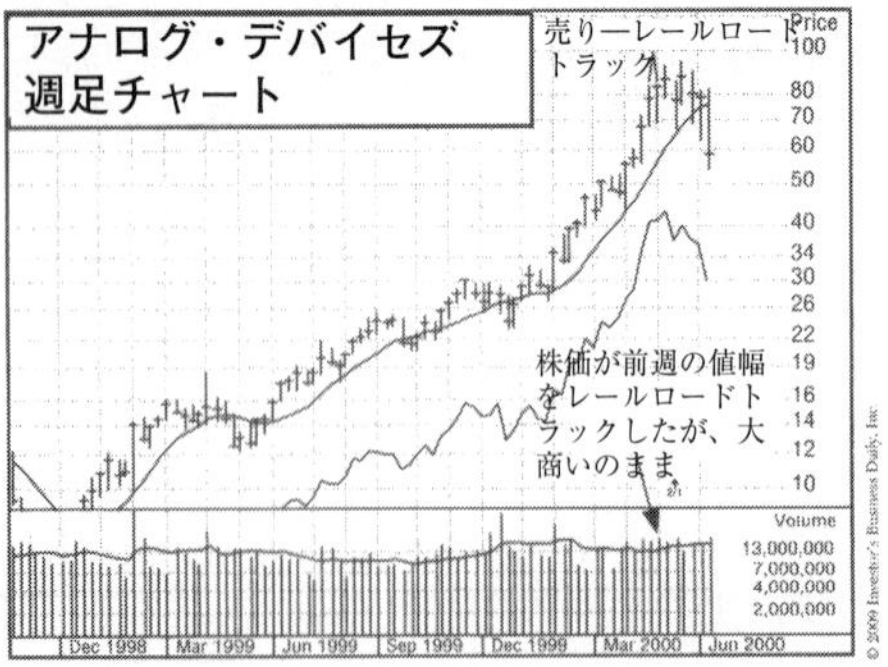
アナログ・デバイセズ
週足チャート
売り―レールロード
トラック
株価が前週の値幅
をレールロードト
ラックしたが、大
商いのまま
Price
Volume
Dec 1998
Mar 1999
Jun 1999
Sep 1999
Dec 1999
Mar 2000
Jun 2000
© 2009 Investor's Business Daily, Inc.

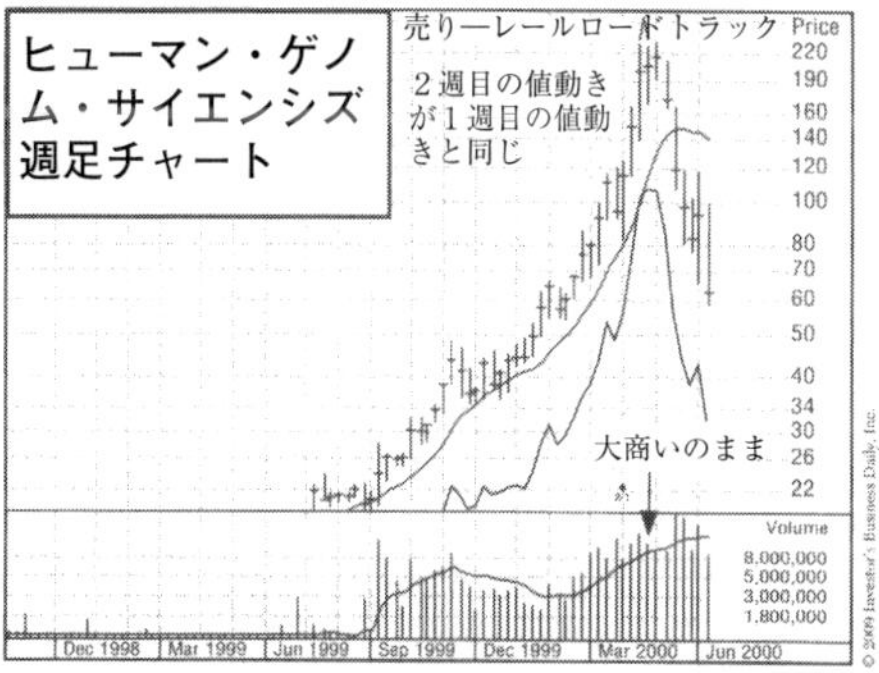
ヒューマン・ゲノム・サイエンシズ週足チャート
売り―レールロードトラック
２週目の値動きが１週目の値動きと同じ
大商いのまま
Price
Volume
Dec 1998
Mar 1999
Jun 1999
Sep 1999
Dec 1999
Mar 2000
Jun 2000
© 2009 Investor's Business Daily, Inc.

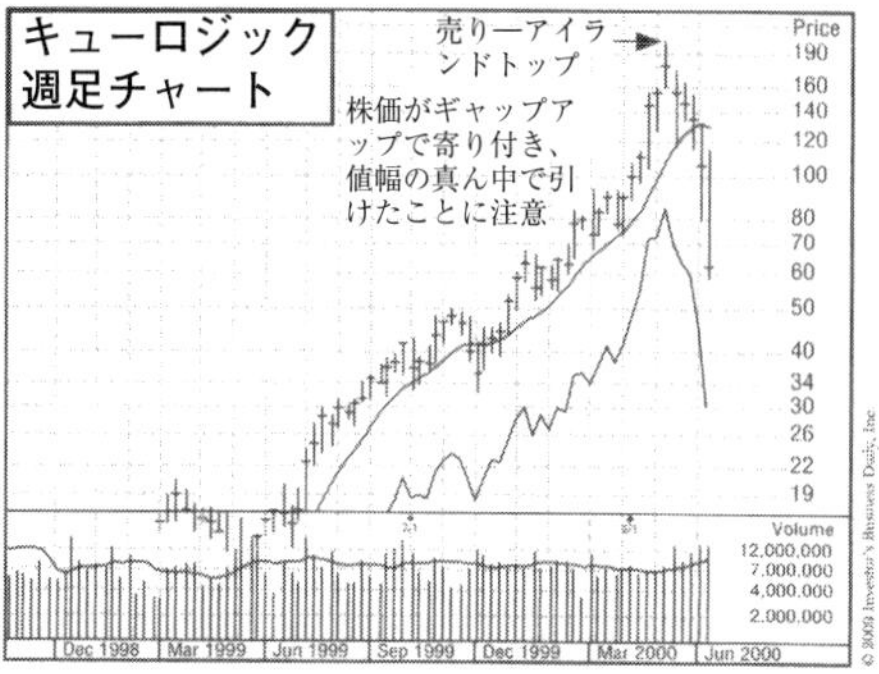
キューロジック週足チャート
売り―アイランドトップ
株価がギャップアップで寄り付き、値幅の真ん中で引けたことに注意
Price
Volume
Dec 1998
Mar 1999
Jun 1999
Sep 1999
Dec 1999
Mar 2000
Jun 2000
© 2009 Investor's Business Daily, Inc.

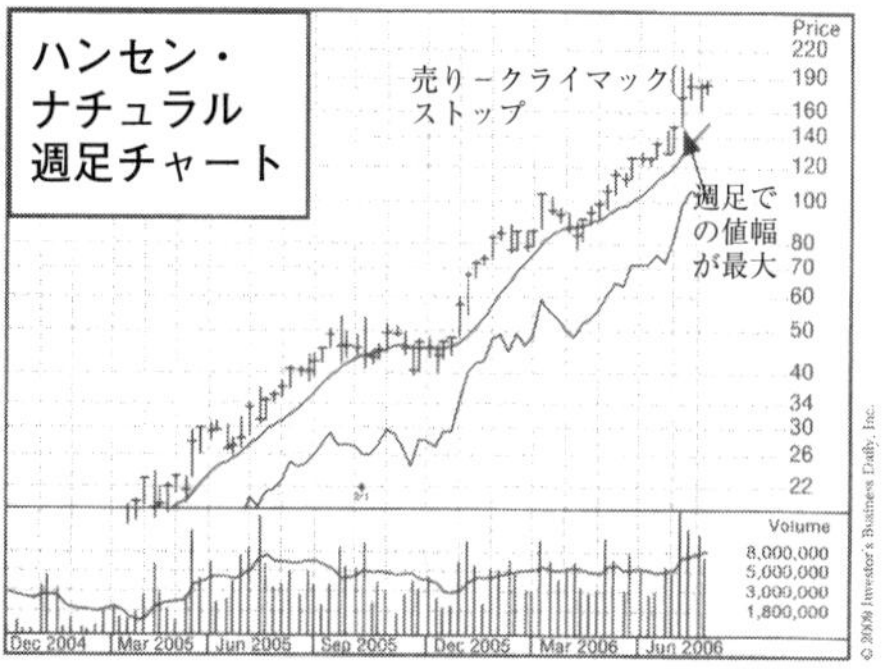
ハンセン・ナチュラル週足チャート
売り―クライマックストップ
週足での値幅が最大
Price
Volume
Dec 2004
Mar 2005
Jun 2005
Sep 2005
Dec 2005
Mar 2006
Jun 2006
© 2009 Investor's Business Daily, Inc.

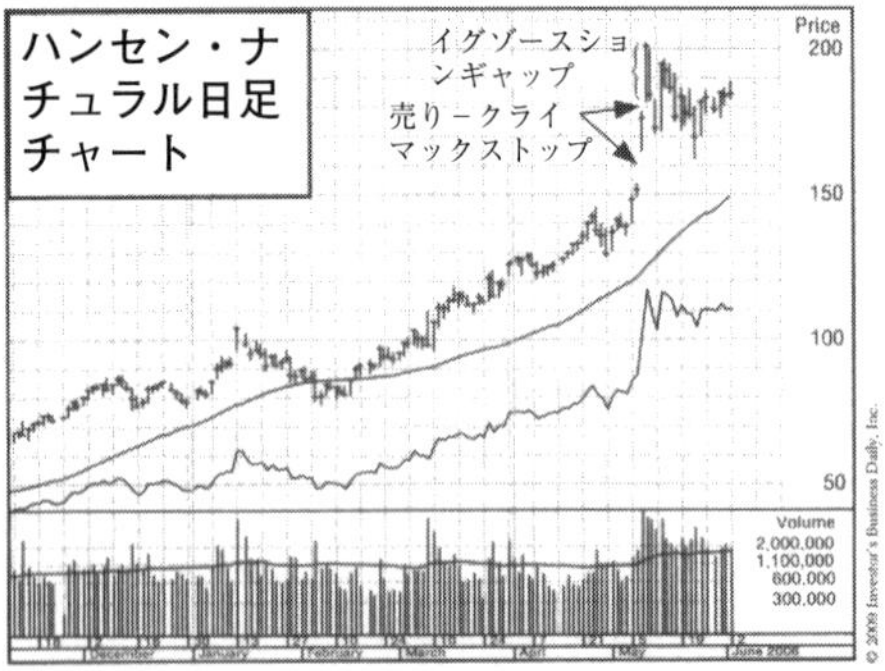

三．三回目や四回目のベース　株価が三回目や四回目のベースからブレイクして新高値を付けたら、売りのサインである。市場では三度目の正直はあまりない。そのころには、株価の上昇がだれの目にも明らかになっている。この後期に作られるパターンは不完全であることが多く、広くルーズになる傾向がある。四回目のベースは最大八割が失敗に終わるが、まずはそのようなベースを正しく認識できるようにならなければならない。

四．弱い上昇の兆候　天井近くで、最初の大きな売りが起こると、次の株価上昇では出来高が減少するか、上値が重いか、あるいは連続して上昇する日数が減少する。弱い上昇があったらその二～三日中に売ることだ。トレンドラインや支持線がブレイクされる前の、最後の売りのチャンスになるかもしれない。

五．最高値からの下落　最高値から八％ほど株価が下落した場合、それまでの上昇や天井、そして下落の動きを調べることで、上昇が終わってしまったのか、それとも通常の八～一五％の調整に入っているところなのかを判断しやすくなる。最高値からの下落が一二～一五％を超えるようなら、売りを検討したほうがよい。

六．レラティブストレングスの悪化　レラティブストレングスが悪化するのも、売りのサインとなり得る。『インベスターズ・ビジネス・デイリー』紙のレラティブストレングス指数が七〇以下に下がったら売りを検討しよう。

七．孤立した銘柄　同じ業界のなかで、その銘柄以外には重要な企業のいずれもが株価の強さを示していないような場合、売りを考える。

支持線のブレイク

支持線のブレイクとは、メジャーなトレンドラインを下に抜けてその週が終わったときのことを言う。

一．長期の上昇トレンドラインのブレイク　一週間の終わりに、重要な長期の上昇トレンドラインを株価が下に抜けて引けるか、大商いを伴って重要な支持線を株価が下にブレイクしたら売りのサインだ。上昇トレンドラインは、数カ月の期間で一日あるいは一週間の安値を最低三カ所選び、それを線でつなぐように描く。期間の短すぎるトレンドラインは有効ではない。

二．**一日の株価下落が最大**　株価が大きな上昇をしたあとに突然、上昇を初めて以来最大の株価下落を記録したら、ほかの指標でも下落のサインがあるかを確認し、あれば売りを考える。

三．**週間出来高が最多になって株価が下落**　この数年間で最多の週間出来高を伴って株価が下落したら、売りのサインである場合がある。

四．**二〇〇日移動平均線が下向き**　二〇〇日移動平均線が長期にわたって上向きだったのに、下向きに変わったら売りを考える。また、株が弱いベースを作り、そのベースの下半分で株価が推移してからベースを抜けて新高値を付けたり、あるいは二〇〇日移動平均線の下で新高値を付けたら、売る。

五．**一〇週移動平均線の下で停滞**　株価が長期にわたり上昇したあと、一〇週移動平均線の下で引けて、八～九週にわたってこの平均線の下にとどまって平均線の上へと値を上げて引けることができない場合、売りを検討する。

そのほかの重要な売りの指標

一．損切りを七～八％でするならば、利食いは二〇～三〇％上昇したところでする。このような利益を三回出せれば、全体で一〇〇％以上の利益も可能だ。ただし、二五％や三〇％では利益確定をしてはならない場合もある。それは、機関投資家が保有し、マーケットを牽引する主導銘柄が適切なベースを抜けたピボットポイントからわずか一～三週間で二〇％上昇した場合である。こういった銘柄は大化け銘柄となってさらに大きな利益をもたらす可能性があるので、保有し続ける。

二．弱気相場では信用取引から手を引いて現金を増やし、あまり多くの株式を買わないことだ。どうしても買うと言うのならば、利食いは一五％上昇したとき、損切りは三％下落したときに変更する。

三．大口投資家が株を売るには、大量の株式を吸収してくれるだけの買い手が必要になる。そこで、株価が上昇して、そのあとに良い報道や大きな宣伝（『ビジネスウィーク』誌のトップ記事など）が発表されたときに売りを考える。

四．ある銘柄に対する期待感が高まったり、その銘柄が継続してまだ上昇することが明らかに見えたら売る。そのころに買うのは遅すぎる。ジャック・ドレフュスの言葉を借りると、「ある銘柄が過剰なほど楽観視されるようになったら売れ。世間が楽観的な考えで浮かれていたり、他人にも買うようにいそいそと勧めているようなときには、その銘柄はすでに十分に買われている。その時点では、もうその銘柄について語ることしかできない。それ以上株価を押し上げることはできないのだ。株価の上昇には、購買力が必要だからである」。自分が死ぬほど怖いと感じて、他人も期待を寄せていないときに買うのだ。そして死ぬほどうれしくて大喜びしているときに売るのである。

五．四半期収益の増加率が2四半期連続で著しく鈍ったら（あるいは前回の増加率の三分の二に減ったら）、ほとんどの場合で売りのサインとなる。

六．悪い報道やうわさが流れたから売るのは注意が必要だ――一時的な影響しか株価に与えないこともある。株式市場では、力の弱い個人投資家に恐怖心を与えて持ち株を売却させようとして流されるうわさもある。

七．過去に犯した売りの過ちをすべて検証し、その失敗した経験から学ぶのだ。チャートに買ったポイントと売ったポイントを書き出して、分析を自分ですることである。自分の過ちを詳細に研究し、過剰な損失や大きな機会損失などを防ぐために、新たな追加ルールを書き出す。これが敏腕投資家への道である。

忍耐強く株を持ち続けるとき

いつ売るかという判断と密接に関係するのは、いつまで持ち続けるか、ということだ。その判断をするための助言をいくつかしよう。

今後一～二年の収益予想から、ベースをブレイクアウトしたあとに株価はどれだけ上昇しそうか、そしてＰＥＲ（株価収益率）はどれだけ上昇しそうか、という見通しが立てられるような成長株を買う。最高の収益増加を見せる大化け銘柄を、これという正しいタイミングで買い、そしてその判断が正しかったか間違っていたかが実証されるまで、忍耐強く持ち続けることが、あなたの仕事なのである。

まれな例だが、最初に買ってからあまり動きのなかった低迷株について、誤った銘柄選択をしたと結論づけるまでに、一三週間は待つ必要があることがある。これはもちろん、その銘柄が最終防衛ラインとして決めた損切り価格にまで下落してしまったら無効である。一九九九年のような動きの速い市場では、市場全体が上昇しているのに数週間たっても動きのなかったハイテク銘柄をもっと早く売り、その資金をファンダメンタルの条件が良く適切なベースからブレイクアウトした別の上位銘柄へと移動させることができた。

苦労して稼いだ資金なのだから、マーケット全体に注意を払い、市場の平均価格を分析する『インベスターズ・ビジネス・デイリー』紙の「ザ・ビッグ・ピクチャー」欄を確認することが何よりも重要になる。二〇〇〇年の天井と二〇〇七～二〇〇八年の天井の時期に、「ザ・ビッグ・ピクチャー」欄の助言とわれわれの売りのルールに従った読者は、市場から手を引いて壊滅的な下落から身を守ることができた。

市場の平均株価が機関投資家による大量売りを示しているときや、天井を打ったとき、あるいは反転を始めたときに新規に株を購入しても、それを持ち続けるのは難しい（そのような市場では大半のブレイクアウトは失敗に終わり、ほとんどの銘柄が下落するのだから、マーケット全体に同調して傍観しているほうがよい。下落相場とけんかをするのは賢明ではない）。

新規に株を買ったら、日足や週足チャートに損切りをする水準（買いポイントの八％下）を、防衛ラインとして赤ペンで書き込むのだ。新しい強気相場が始まって一～二年の間はそれだけの下落の余裕を与えて、株価が損切りラインを切るまで持ち続けてみよう。

損切りラインを引き上げて良い場合もあるが、それでも最初に買ったあとに調整した安値の下にとどめておくことだ。現在の株価にあまり近づきすぎることのないようにしたい。通常の調整で振るい落とされないようにするためである。

株価の上昇に合わせて逆指値注文の位置をどんどん上げていくのは、絶対に避けるべきである。なぜなら、必ず来る自然な調整の安値付近で手仕舞いを強いられることになるからである。株価が買値から一五％以上上がったら、上昇途中のどこで売るか、あるいはどのルールを使って売って利益を確定するかを考え始めてよい。

二〇％近く上昇したような株は、絶対に損失に転じるまで持ち続けてはならない。ある銘柄を五〇ドルで購入して、それが六〇ドル（二〇％増）以上に上昇したら、その間に利益を確定しなかったとしても、その株価が五〇ドルやそれ以下まで下落して損失になるのは賢いとは言えない。五〇ドルで買った銘柄が六〇ドルまで上昇するのを見ているのに、それを五〇ドルや五一ドルで売るのは悔しくてやりきれないだろう。だが、その時点ですでに、利益確定をし損ねたという過ちを犯しているのだ。それを損失まで生じさせるような二重の過ちを犯してはならない。すべての損失をできるだけ小さく抑えることが重要な目標の一つであるのを、忘れてはならない。

また、大化け銘柄が最終局面に入るまでには、それなりの時間がかかる。その銘柄に何か深刻な問題があったり、三～四回目のベースで株式分割を伴って二～三週間ほどクライマックストップになっているという状況でないかぎりは、上昇の最初の八週間は利益を確定してはならない。八週間以内に二〇％も上昇するような銘柄は、機関投資家による買いがないとか不況業種でないかぎり、八週間継続して保有し続けるべきである。わずか一～四週間で二〇％以上も劇的に上昇するような銘柄は、多くの場合、大化け銘柄で二倍、三倍、あるいはそれ以上に上昇する可能性を秘めている。このようなＣＡＮ－ＳＬＩＭの条件に当てはまる本物の主導株を持っているのなら、一〇週移動平均線まで、あるいはそれより少し下まで一～二回の押しが入っても保有し続けてみることだ。ある程度まとまった利益が出たら、一〇～二〇％の最初の短期の修正の間も保有し続けることを考えるべきだ。

株価が適切なベースからブレイクアウトして上昇をすると、その八割方は二～六週の間に押しが入る。もちろん、八週間保有し続けることで、この最初の売りの圧力を乗り越えて再び上昇の波に乗ることができる。そうなれば、利益の幅にも少し余裕ができる。

忘れないでほしい。投資の目的は正しい判断を下すことだけではなく、正しい判断を下して大きく儲けることである。「思考が大金を生むことはない。忍耐こそが大金を生むのだ」、とリバモアは言っている。正確な判断力と忍耐力を同時に持ち合わせている投資家は少ない。株が大きな利益を生むには、それなりの時間がかかるのだ。

新しい強気相場が始まって最初の二年間が、最も利益が大きく、リスクが少ない期間になるものだが、それには勇気、忍耐、そして利益を見つめる目が必要だ。企業やその製品について熟知し深い理解を持っていれば、何度かは必ずやってくる通常の調整をじっと待ってやり過ごすだけの強い勇気が持てるだろう。株で大きな利益を得るには、時間と忍耐強さ、そしてルールの順守が欠かせない。

本書のなかでも本章は特に貴重な章だった。何度か読み直して、しっかりとした損益計画を自らの投資に組み込めば、本書に費やした金額の何千倍もの利益をもたらしてくれることだろう。毎年一度、本章を読み返してみるのもいいかもしれない。

市場で勝者となるには、まず良い売り手と良い買い手になることから始まる。二〇〇〇年に本章で紹介した実証済みの売りのルールに従った読者は、一九九八年と一九九九年に出した大きな利益のほとんどを確定することができた。真剣に取り組んだ読者数人は、この動きの速い期間に五〇〇～一〇〇〇％、あるいはそれ以上を稼いでいる。そして再び二〇〇八年にも、全員ではないにせよ、さらに多くの『インベスターズ・ビジネス・デイリー』読者が多くの努力と研究の末、適切な売りのルールをうまく実行した。そして同年第3～4四半期に起きた劇的な下落に屈することなく、苦労して稼いだ資金を守ることに成功したのである。

第12章 資金管理――分散投資、長期投資、信用取引、空売り、オプション取引、新規株式公開、節税目的の投資、ナスダック銘柄、外国銘柄、債券、そのほかの資産について

株式市場に参入すると決めたら、どの銘柄を買うかということ以上に多くの決断を迫られることになる。ポートフォリオの扱い方、購入する株数、取るべき行動、手を出してはならない投資など、判断をしなければならないことがたくさんある。

本章と次章で、投資におけるさまざまな選択肢や魅力的な資金運用方法を紹介する。なかには調べてみる価値のあるものもあるが、リスクが高すぎたり、非常に複雑だったり、不必要なものだったり、利益を期待できないものも多くある。いずれにせよ、情報を仕入れて、投資の世界について学べることをすべて知っておくことはけっして損にはならない。単に避けるべき投資が何かを知っておくだけでも十分価値がある。複雑にしすぎずに簡潔を心がけること、それが私からの助言である。

保有銘柄数はどのくらいにすべきか？

「すべての卵を一つのカゴに入れるな」という教訓を聞いたことがあるだろうか。これは良い助言のように思えるが、私の経験では同時に複数のことをうまくこなすことができる人はそうはいない。一通り何でもできるがそのどれにも精通していない、そんな多芸に無芸の人というのは、投資を含めどんな分野でも大成功を収めることはほとんどない。世のなかには複雑な金融派生商品が数多く存在するが、これらがウォール街の専門家に与えた影響は果たして良いものだったか、それとも悪いものだったか？

ある歯医者が本業の合間にエンジニアリングや家具製造をして、さらに週末には作曲、自動車修理、配管工、会計業務などをしていたら、そんな歯医者の診察を受けに行くだろうか？

これは人だけでなく企業にも言えることだ。企業の分散化の例と言えばコングロマリット（複合企業）だろう。超巨大なコングロマリットの業績はけっして良いとは言えない。巨大化して非効率的になったり、さまざまな業種に手を出しすぎて、効果的な集中戦略を行ったり利益を出して成長することができないのだ。一九六〇年代のコングロマリットの最盛期のあと、ジミー・リングのリング・テムコ・ボートやガルフ・アンド・ウエスタン・インダストリーズなどの企業はどのような道をたどっただろうか？　巨大化したアメリカの企業や政府はどちらもその大きさゆえに非効率的になったり、過ちを多く犯したり、解決したい問題と同じ数ほどの新たな問題を生みだしている。

何年も前、モービル・オイルが事業の分社化をして小売りビジネスへ参入し、経営不振だった全国展開している百貨店チェーンのモンゴメリー・ウォードを買収したことを覚えているだろうか？　あれは完全なる失敗だった。シアーズも失敗に終わったし、ローバックがディーン・ウイッターとコールドウエル・バンカーを買収して金融業へと参入しようとした試みも失敗した。さらに、ゼネラル・モーターズによる巨大ITサービス企業エレクトロニック・データ・システムズの買収も、そしてそのほか何百という企業による分社化は、すべてことごとく失敗に終わっている。ニューヨーク拠点のシティグループは、二〇〇〇～二〇〇八年の間にいったいいくつの事業やローンにかかわっていただろうか？

分社化をすればするほど、一つの分野についての知識が減る。多くの投資家が過剰なほどの分散投資をしている。最高の結果とは、集中化を行ってよく熟知した少数のカゴに卵を入れて、それを注意深く見守ることで達成される。広く分散投資をしていた投資家は、二〇〇〇年や二〇〇八年の暴落時に資産を守ることができただろうか？　所有する銘柄が増えすぎると、深刻な弱気相場が始まったときに、保有している銘柄を売って資産を現金化するのが遅れることになる。分散投資をしているから自分の資金は安全だという錯覚に陥っているためである。大天井を付けたら、保有株を売り、信用取引の借りた資金で取引をしているのなら手仕舞い、そして少なくともある程度の現金を手元に置くというのは鉄則である。さもないと、せっかくの含み益をすべて市場に返すことになるだろう。

勝つ投資家の目標とは、小さな利益を出す株を十数銘柄保有することではなく、大きな利益を出す株を一～二銘柄保有することである。少額の損失を多くの銘柄で出して、多くの利益を少数の銘柄で出す、という投資法のほうが賢明だ。広い分散投資は、単なる無知を補うための行為であることは明らかである。一九九七～二〇〇七年に推進された政府支援や最優秀格付けというお墨付きの不動産ローンパッケージには、五〇〇〇種類に及ぶ広く分散された異なる不動産ローンが含まれていた。そのパッケージを買ったすべての銀行が、その投資分を果たして取り戻しただろうか？

二万ドル～二〇万ドルの資金で投資をするならば、厳選してよく熟知している四～五銘柄で十分である。それだけ所有したあとに、買いたいと思うような魅力的な銘柄に出合ったら、最も利益の期待できない銘柄を売るという規律を持つべきである。投資資金が五〇〇〇ドル～二万ドルの場合は、最大で三銘柄が妥当だろう。三〇〇〇ドルの口座なら二銘柄である。とにかく管理できる範囲に抑えることが重要である。保有する株が増えると、そのすべてを追うことが難しくなる。一〇〇万ドル以上のポートフォリオを持つ場合でも、吟味して六～七銘柄ほどで十分である。六～七銘柄だけでは少なすぎて心配だと言うのなら、一〇銘柄までは良しとしよう。だが三〇銘柄とか四〇銘柄という数を保有するのは問題だ。大きな利益は集中投資から生み出される。もちろん、信頼できる売買ルールと現実的なマーケット全体のルールとを合わせて投資を行うことが大前提だ。五〇銘柄に広く分散投資しているポートフォリオだから五〇％以上は下落しない、などという法則はどこにもない。

購入時期をずらす方法

株を長期にわたって少しずつずらしながら購入することは可能である。これはなかなか興味深い分散の形態と言えよう。一九九〇～一九九一年にアムジェンのポジションを増やしていったとき、私は数日間に分けて購入した。また増し玉をするときは、前回の買値から大きな上昇があったときだけ行った。その株の市場価格が私の平均コストより二〇ポイント上でも、適切なベースを抜けて新しい買いポイントが現れたときに増し玉をしていった。そのとき、株数を制限したり減らしていくことで、平均コストをなるべく引き上げないように注意した。

しかし、新米投資家がこのようなリスクの高い大規模な集中化の手法で投資をする場合には、十分な注意を払うべきである。正しい銘柄選択法を学び、期待どおりの値動きをしなければすぐに売ったり規模を縮小したりしなければならない。

強気相場ならば、ポートフォリオのポジションを集中させる一つの方法として、最初の買値から株価が二～三％上昇したらすぐに最初の買いよりも少ない枚数で増し玉を一～二回行う、ということである。だが、正しい買いポイントから上昇しすぎた株を遅れて買うようなことをしてはならない。上昇が芳しくない銘柄のほうが上昇が著しい銘柄よりも保有数が多いためにポートフォリオが伸び悩んでいるような場合には、この方法を使うとその不満が解消される。同時に、損失を出し始めた銘柄は損失が膨らむ前に損切りしていくべきだ。

この株価の上昇に従って買う方法ならば、結果として最も優れた数銘柄により多くの資金が流れ込むことになる。完璧な投資法などないが、やみくもに分散投資されたポートフォリオに比べれば、この方法のほうが現実的であるし、大きな利益を達成する可能性がある。分散投資は理にかなった投資法なのだが、やり過ぎにはくれぐれも気を付けよう。最大何株までという決まりを作り、常にそれに従うのである。投資をするときは、メモ帳などに一連のルールを書き出して常に持ち歩くとよい。これまで一度も買いのルールや売りのルールなんかを持たずに投資をしていた、という人もいるだろう。そのようなやり方で過去五～一〇年間にどのような結果を出してきたか、もう一度考えてみてほしい。

長期投資をするべきか？

投資を集中化させると決めた場合、長期投資をするべきだろうか、それとも短期投資をするべきだろうか？　その答えは、長期や短期という保有期間は問題にはならない――である。大事なのは、正しい銘柄、つまりこれ以上ないという最高の銘柄をそこしかないという正しいタイミングで買い、そして市場や一連の売りのルールが売り時だと教えてくれたときに売る、ということだ。買った日から売った日までの期間は短くなることもあれば長くなることもある。それを決めるのはあなたのルールであり、市場なのだ。それらに従っていれば、三カ月保有することで勝ち銘柄になるものもあれば、六カ月のものも出てくるし、なかには一年、二年、あるいは三年以上になるのもある。負け銘柄のほとんどは、それよりもずっと短い期間で終わり、数週間から三カ月ほどになる。良いポートフォリオには、どんなことがあってもけっして六カ月以上も含み損を抱えているような銘柄があってはならない。ポートフォリオにある不要な株は排除し、マーケットには逆らわない。腕の良い庭師は常に花壇の手入れをしながら雑草や弱い茎をつみ取っていくものである。

チャートを見ずに長期保有する投資家への教訓

一九九九年のワールドコム、二〇〇一年のエンロン、二〇〇七年のシティグループ、ＡＩＧ、ゼネラル・モーターズ――これらの企業の週足チャートにそれぞれ一〇～一五の数字で印を付けてみた。これらの銘柄を手放すべきだった明確な売り時を表している。

必ずチャートを使わなければならない理由――次に何が起こるかを見てほしい。

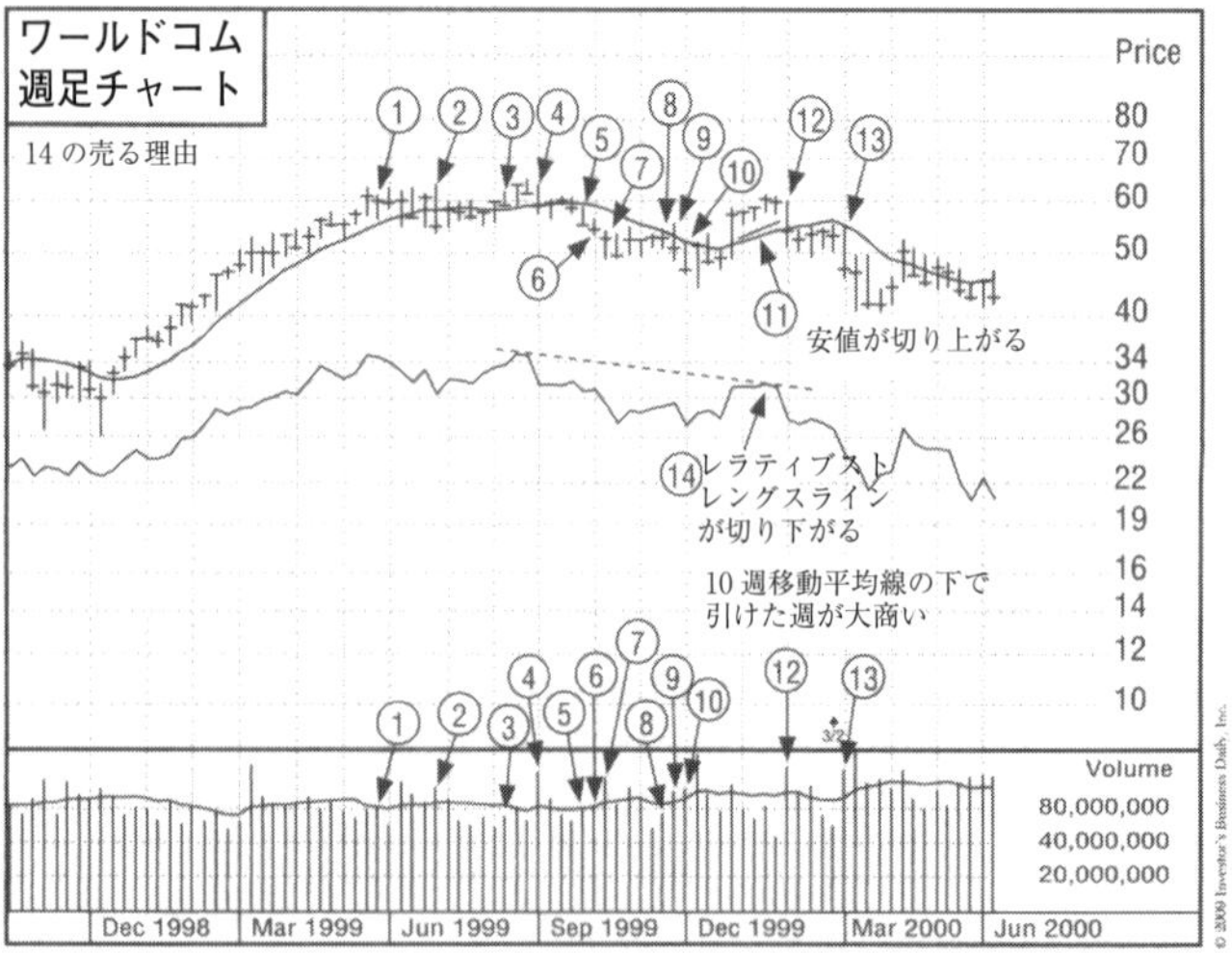

実際は、さらに長期のチャートを見ると、これ以上の多くの売り時を示す警告があった。例えば、シティグループはこのチャート以前の三年間の二〇〇四～二〇〇六年に、レラティブストレングスが弱まり、そのときの収益増加率は一九九〇年代全体の増加率と比べて落ち込んでいた。自分の保有銘柄の株価と出来高の動きをチャートで監視することは、必ず利益につながる。このような作業が損失を減らし、利益を増やすのである。

デイトレードをするべきか？

私がいつもやめなさいと忠告している投資はデイトレードである。これは、同じ日に何度も株を買ったり売ったりする取引のことである。デイトレードをするほとんどの投資家が資金を

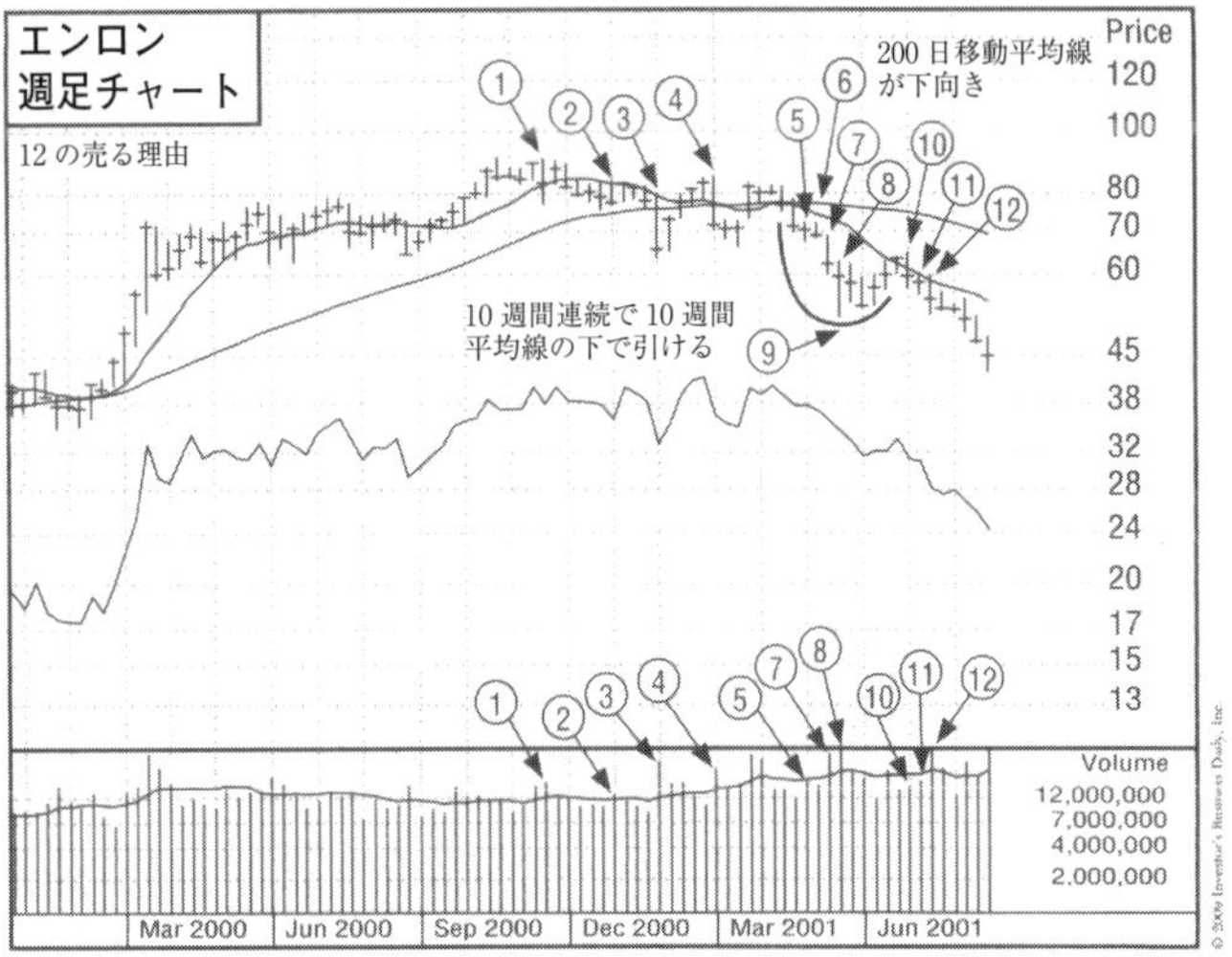
エンロン
週足チャート
12の売る理由
200日移動平均線
が下向き
10週間連続で10週間
平均線の下で引ける
Price
120
100
80
70
60
45
38
32
28
24
20
17
15
13
Volume
12,000,000
7,000,000
4,000,000
2,000,000
Mar 2000
Jun 2000
Sep 2000
Dec 2000
Mar 2001
Jun 2001
© 2009 Investor's Business Daily, Inc.

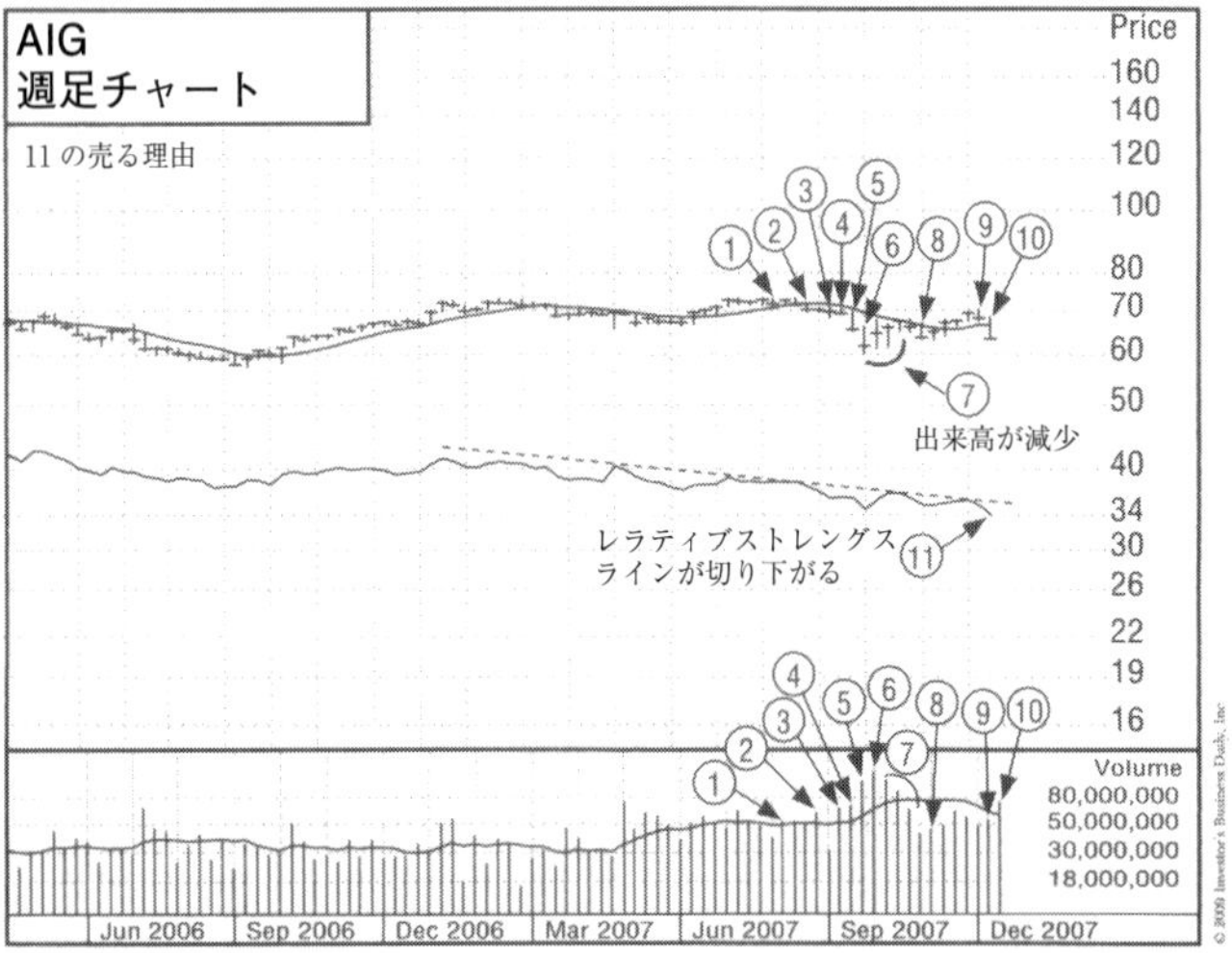
AIG
週足チャート
11の売る理由
出来高が減少
レラティブストレングス
ラインが切り下がる
Price
160
140
120
100
80
70
60
50
40
34
30
26
22
19
16
Volume
80,000,000
50,000,000
30,000,000
18,000,000
Jun 2006
Sep 2006
Dec 2006
Mar 2007
Jun 2007
Sep 2007
Dec 2007
© 2009 Investor's Business Daily, Inc.

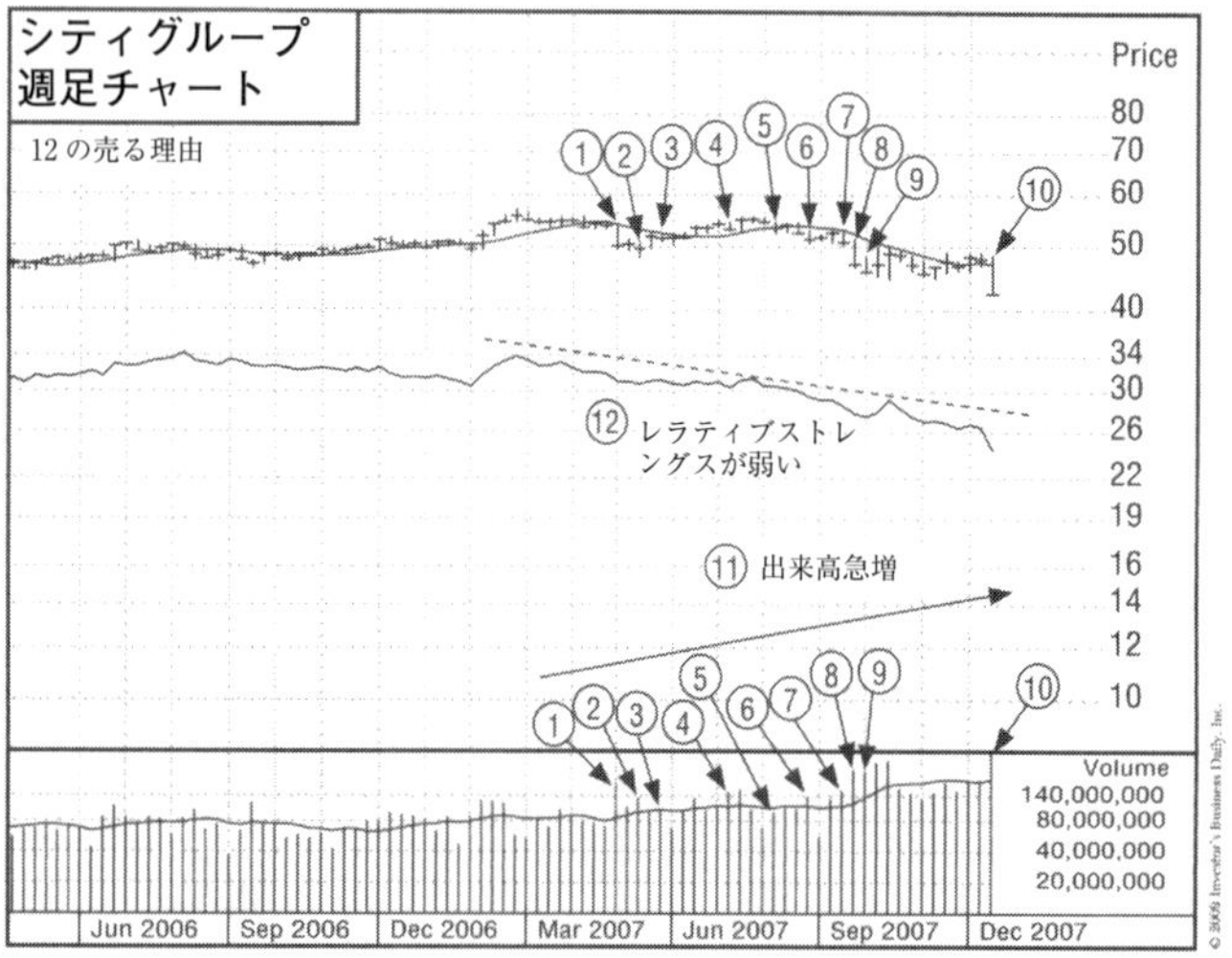
シティグループ
週足チャート
12の売る理由
⑫ レラティブストレングスが弱い
⑪ 出来高急増
Price
Volume
Jun 2006
Sep 2006
Dec 2006
Mar 2007
Jun 2007
Sep 2007
Dec 2007
© 2009 Investor's Business Daily, Inc.

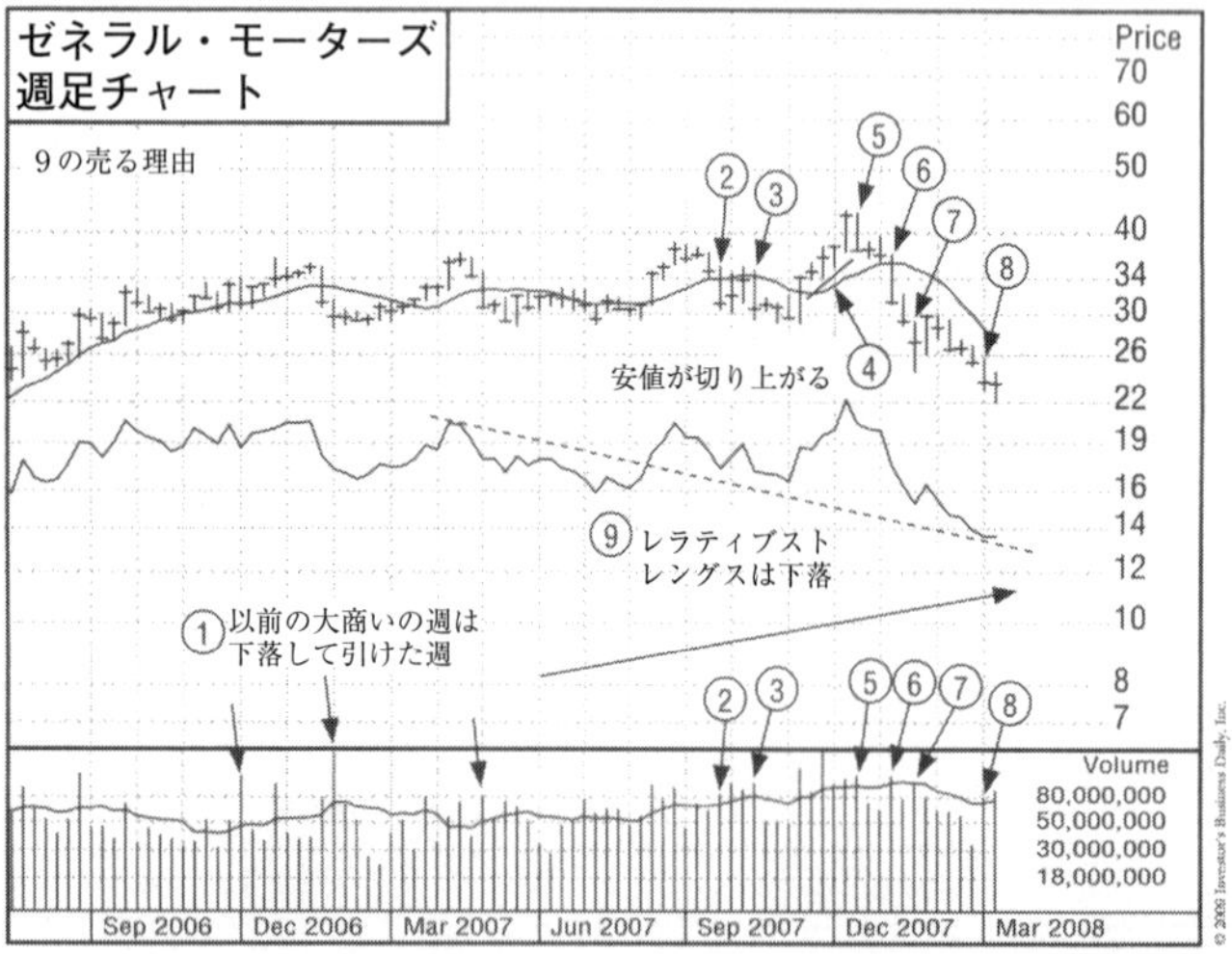
ゼネラル・モーターズ
週足チャート
9の売る理由
安値が切り上がる ④
⑨ レラティブストレングスは下落
① 以前の大商いの週は下落して引けた週
Price
Volume
Sep 2006
Dec 2006
Mar 2007
Jun 2007
Sep 2007
Dec 2007
Mar 2008
© 2009 Investor's Business Daily, Inc.

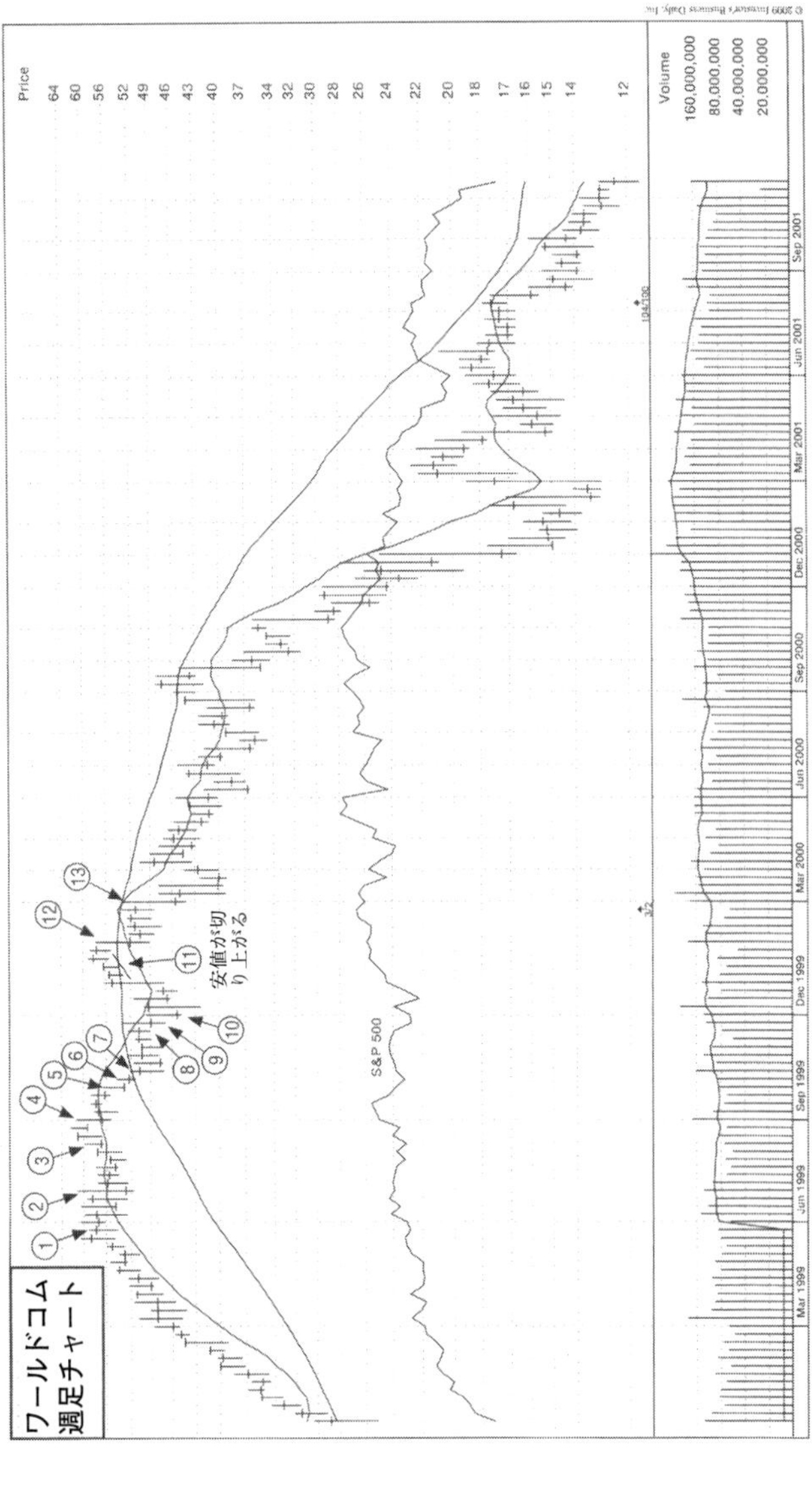
ワールドコム
週足チャート
安値が切り上がる
S&P 500
Price
Volume
Mar 1999
Jun 1999
Sep 1999
Dec 1999
Mar 2000
Jun 2000
Sep 2000
Dec 2000
Mar 2001
Jun 2001
Sep 2001
© 2009 Investor's Business Daily, Inc.

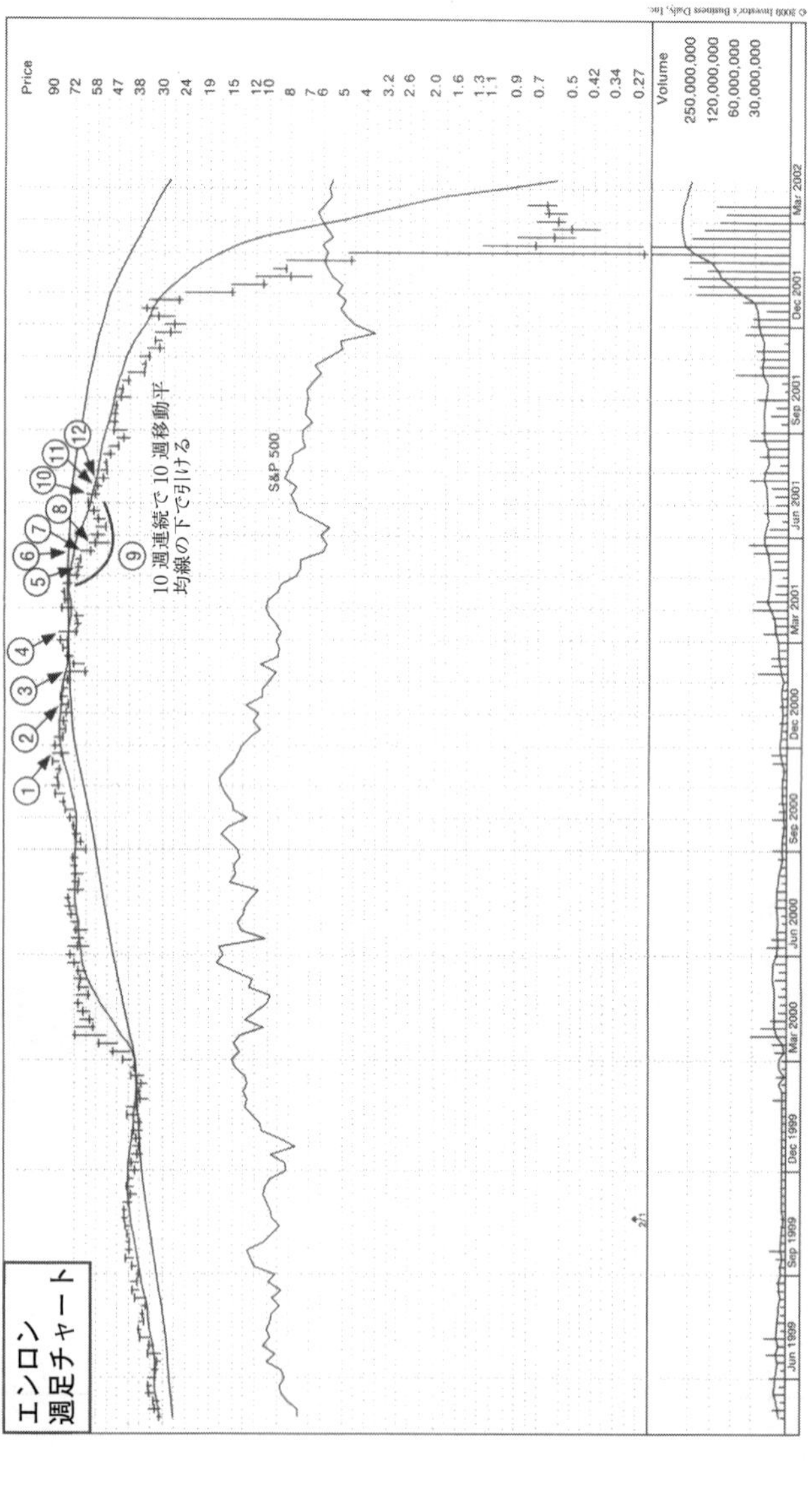
エンロン
週足チャート
10 週連続で 10 週移動平均線の下で引ける
S&P 500
Price
Volume
250,000,000
120,000,000
60,000,000
30,000,000
Jun 1999
Sep 1999
Dec 1999
Mar 2000
Jun 2000
Sep 2000
Dec 2000
Mar 2001
Jun 2001
Sep 2001
Dec 2001
Mar 2002
© 2008 Investor's Business Daily, Inc.

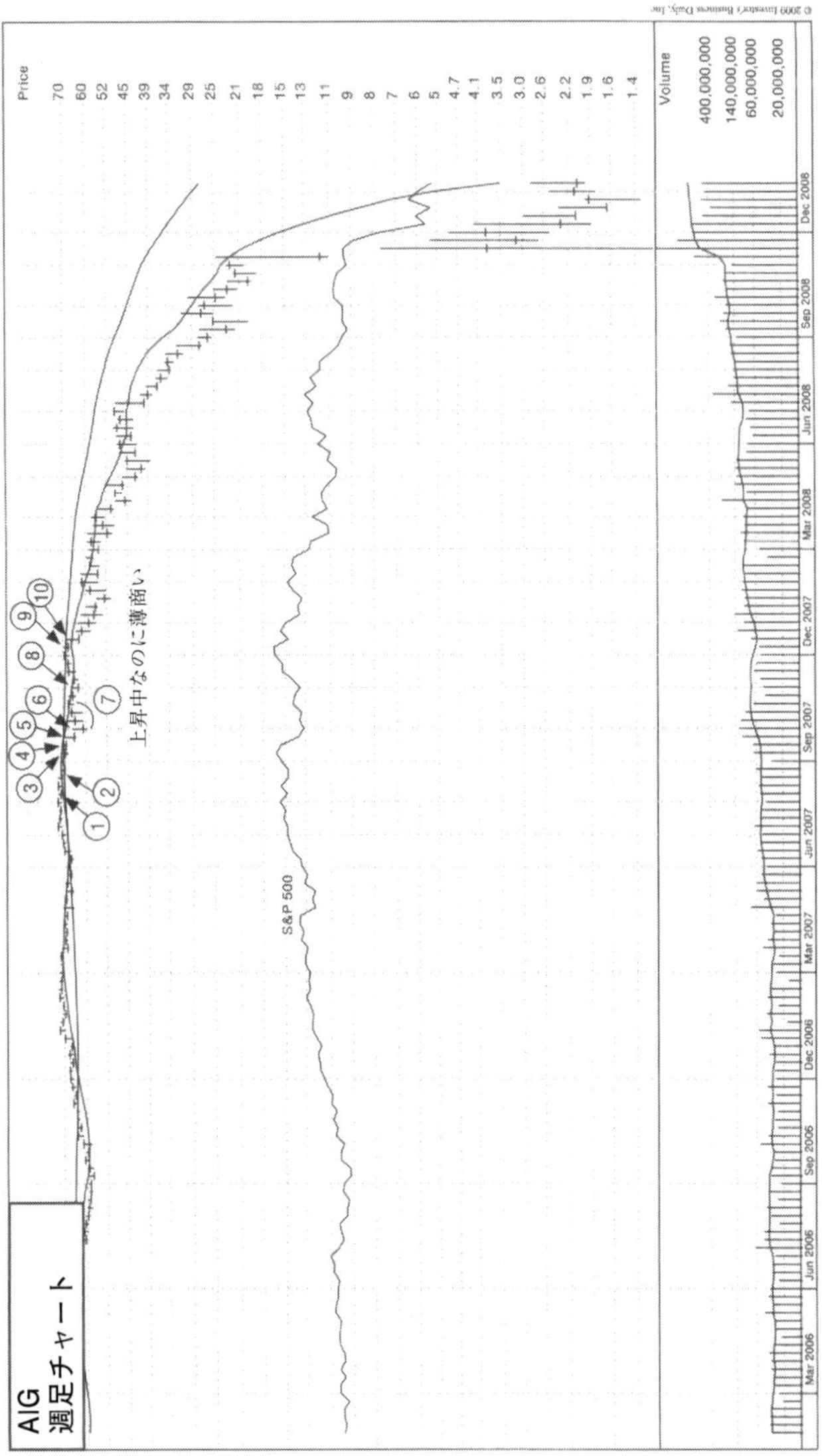
AIG
週足チャート
上昇中なのに薄商い
S&P 500
Price
70
60
52
45
39
34
29
25
21
18
15
13
11
9
8
7
6
5
4.7
4.1
3.5
3.0
2.6
2.2
1.9
1.6
1.4
Volume
400,000,000
140,000,000
60,000,000
20,000,000
Mar 2006
Jun 2006
Sep 2006
Dec 2006
Mar 2007
Jun 2007
Sep 2007
Dec 2007
Mar 2008
Jun 2008
Sep 2008
Dec 2008
© 2009 Investor's Business Daily, Inc

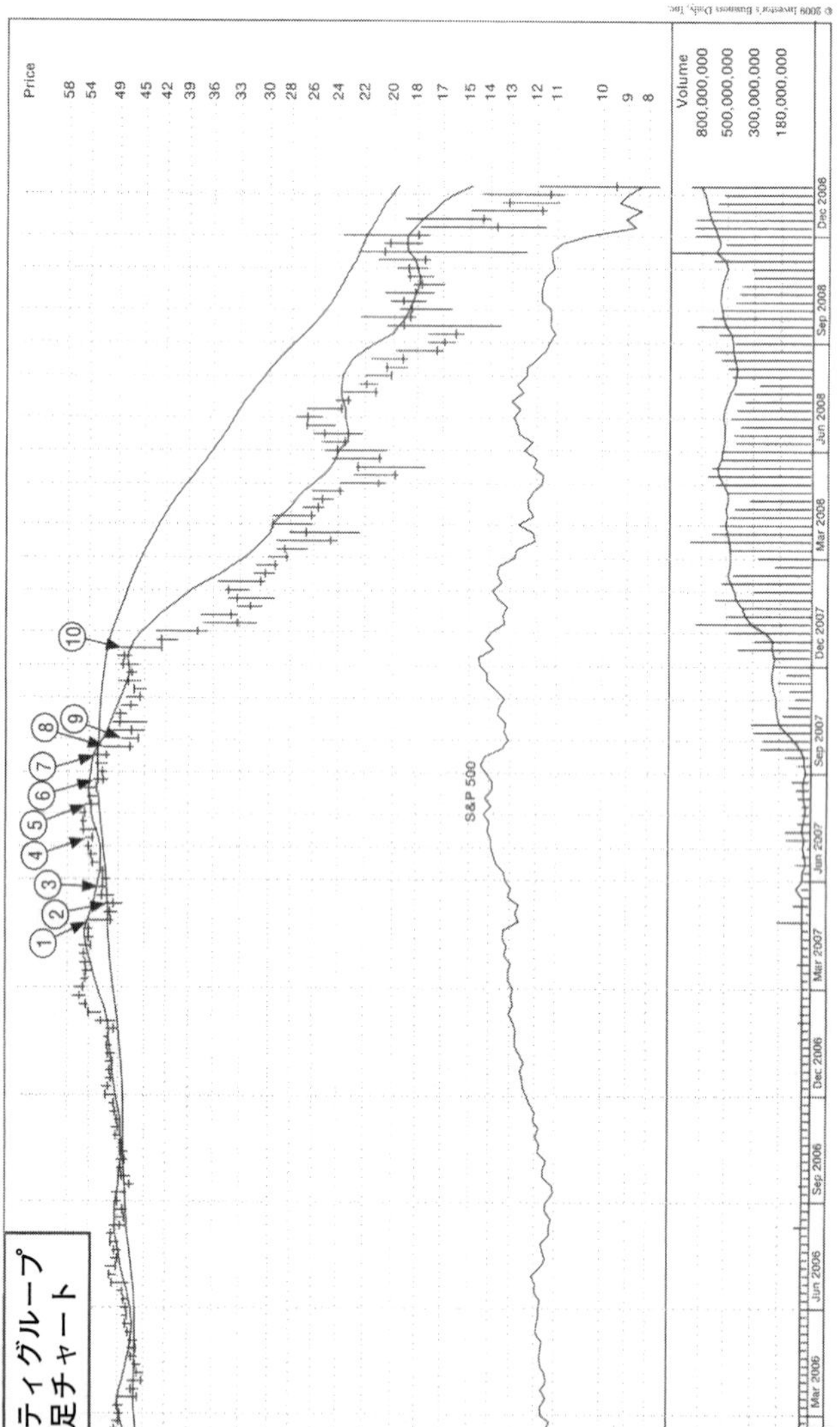
シティグループ
週足チャート
Price
58
54
49
45
42
39
36
33
30
28
26
24
22
20
18
17
15
14
13
12
11
10
9
8
S&P 500
Volume
800,000,000
500,000,000
300,000,000
180,000,000
Mar 2006
Jun 2006
Sep 2006
Dec 2006
Mar 2007
Jun 2007
Sep 2007
Dec 2007
Mar 2008
Jun 2008
Sep 2008
Dec 2008
© 2009 Investor's Business Daily, Inc.

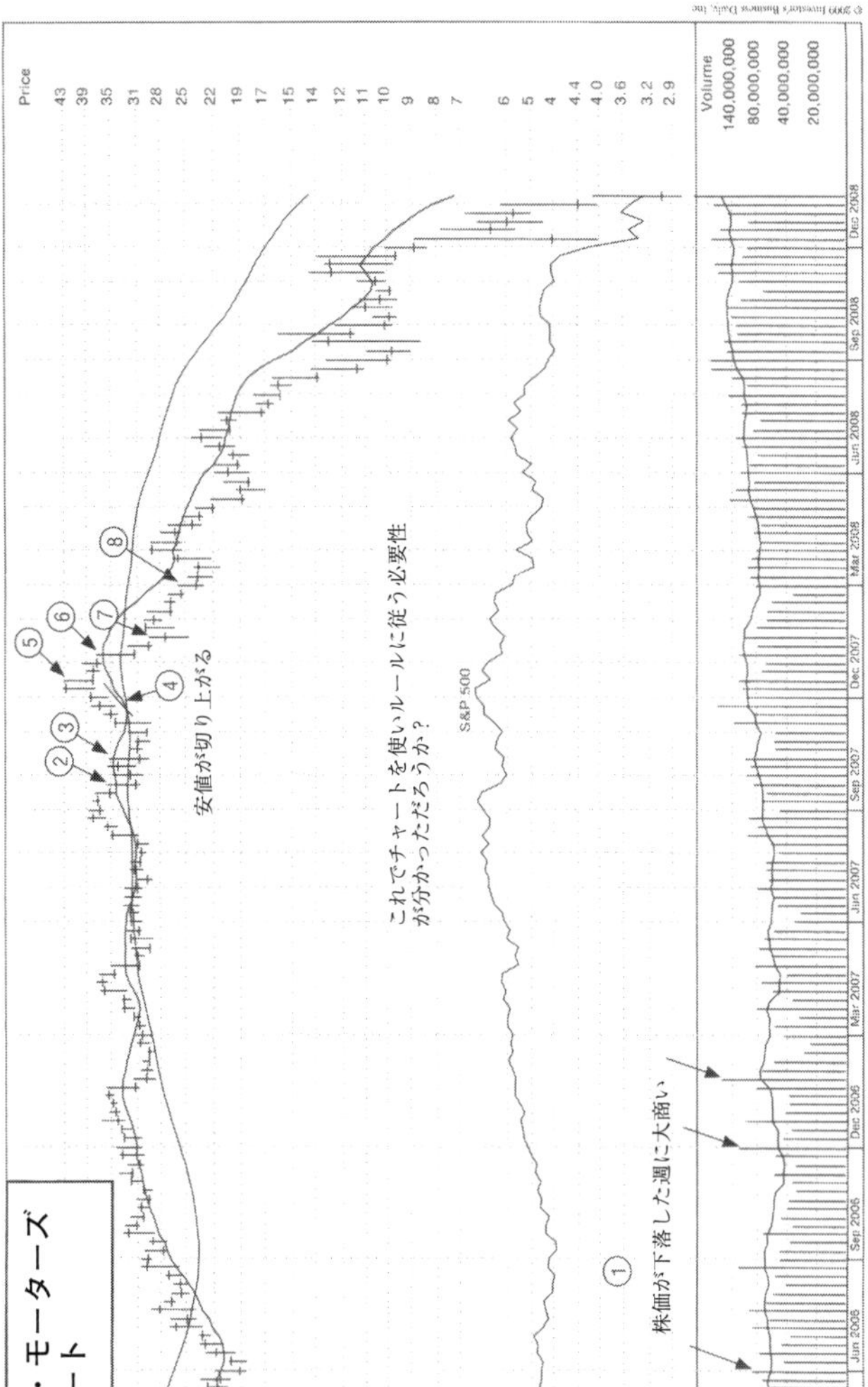
ゼネラル・モーターズ
週足チャート
安値が切り上がる
これでチャートを使いルールに従う必要性
が分かっただろうか？
S&P 500
株価が下落した週に大商い
Price
Volume
© 2009 Investor's Business Daily, Inc

減らしている。その理由は簡単だ。長期にわたるメジャーなトレンドに比べると、読みづらい日々の小さな変動を相手にしなければならないからだ。それに、取引にかかる手数料や避けられない損失に見合うだけの利益を出す可能性が一般的にデイトレードにはない。焦って利益を出そうとしてはならない。ローマは一日にしてならず、である。

新しい形態のデイトレードで、短期のスイングトレード（上昇時に買い、必然的に現れる下落の前に売る）に似た取引もある。チャートのピボットポイント（ベースや揉み合いから抜けたところ）で買い、そのブレイクアウトをした日から数えて五日目前後に売るというものだ。また、短期の五分足チャートで取っ手付きカップ（第2章参照）を形成して上にブレイクアウトするような銘柄もある。市場が強気で、確かな技術を持っている投資家が行えばうまくできるのかもしれないが、それにはかなりの時間と研究、そして経験が必要だろう。

信用取引を行うべきか？

投資を始めてまだ一～二年の初心者のうちは、現物取引をするほうがずっと安全だ。新米投資家は悪い投資判断をしたり、失敗を繰り返してしまったり、実証されていない投資法を試してみたり、というような市場の経験を最低二～三年かけて十分に積んで初めて、大きな利益を生み出してそれを守るということができるようになる。数年の経験を積んで、しっかりとした計画と買いと売りの厳しいルールに従えるようになったら、信用取引を考えてもよいだろう。一般に、信用取引による買いは現役世代の若い投資家がやることだろう。定年退職をするまでに時間の余裕があるので、多少はリスクが減る。

信用取引が最も効果を発揮するのは、だいたい新たな強気相場が始まって最初の二年間だ。新たに弱気相場に入ったと気がついたら、すぐさま信用取引を中止してなるべく多くの資金を現金化するのだ。マーケット全体が下落して保有株も値を下げ始めたときに信用枠いっぱいで信用取引をしていたら、現物取引の二倍の速さで資金を失うことになるということを理解しておくことだ。だからこそ、マーケット全体が大きく崩れ始めたら、無条件ですべての銘柄を損切りして信用取引をやめなければならないのだ。小型株やハイテク銘柄に限度枠いっぱいまで信用枠を使っていたら、五〇％下落すると全資金を失う。二〇〇〇年と二〇〇一年初期に、これを経験した新米投資家が大勢いる。

常に枠いっぱい使って信用取引をする必要はない。手元に十分な現金があって信用取引が必要ない場合や、現物取引をする場合もあるだろう。また資金の一部を信用取引にすることもあるだろう。あるいは、強気相場で株価が大きく上昇していたら、目いっぱい信用取引をしてもよいかもしれない。すべては現在の市場の状況や、あなたの経験によって決まるのだ。私はいつも信用取引を行ってきたが、経験のある投資家にとっては大きな優位性をもたらすものだと思う。ただし、質の高いマーケットを先導する株だけを買い、そして例外なく規律と常識を持って必ず損切りをできることが必須である。

信用取引にかかる金利は課税控除の対象になる場合がある。これに関する法律は常に変化しているので、注意が必要だ。だが金利があまりにも高くなってしまい大きな成功を収める可能性が限られてしまうこともある。そして信用取引をするには、証券会社と信用取引契約を交わす必要がある。

追証に応じてはならない

信用取引口座の資金が大幅に減ってしまい証券会社が追証か株の売却を求めてきても、追証には応じてはならない。株を売ることを考えるのだ。十中八九、そのほうが良い結果につながる。銘柄選択を間違えたこと、損失が出ていること、そして今のままではならないことを、マーケットがあなたに警告してくれているのだ。そんなときには株を売ってリスクを減らすことが先決だ。前にも言ったが、なぜ選択を間違った銘柄にもっと資金をつぎ込む必要があるのだろうか？　大事な資金をせっかく証拠金として預け入れても、株価が下がり続けて再び追証を請求されたらどうするつもりか。負け株を応援して無一文になるつもりだろうか？

空売りを行うべきか？

私は空売りに関する調査をいろいろと行って、一九七六年に空売りに関する小冊子をまとめた。現在は絶版になっているが、当時からあまり状況は変わっていない。二〇〇五年に、その小冊子を基にして、『**オニールの空売り練習帖**』（パンローリング）を執筆した。私の小冊子を書き直して加筆修正までしてくれたギル・モラレス氏との共著である。空売りを理解している投資家は数少ない。空売りをして成功する投資家はもっと少ない。だから、これがあなたに合った投資法かどうかは、よく検討する必要がある。積極的な投資方針を持つ熟練投資家は、限定的な空売りを考えてもよいかもしれない。私なら投資資金の一〇～一五％に抑えるだろう。多くの投資家にとってはそれは高すぎるかもしれない。また、空売りは単に株を買うよりもずっと複雑なので、資金を失う投資家が多い。

空売りとは何か？　通常の買いと売りを逆にして考えてみるとよい。空売りでは、株を買う代わりに売るのである。実際には所有していない株なので、証券会社からその株を借りて売ることになる。そしてあとは株価が上がるのではなく下がるのを願う。もし期待どおりに株価が下がれば、「空売りポジションを買い戻し」て、その差額を利益として手に入れる。要するに、マーケット全体や特定の銘柄が大きく下落すると思ったら、空売りをするのである。まずは株を売り、株価が下がったところで買い戻す投資法である。

簡単そうに聞こえるだろう。だが簡単ではないのだ。空売りがうまくいくことはほとんどない。たいていの場合、大きな下落を期待して空売りをした銘柄は、予測とは逆の動きをして、ジリジリと値を上げるのだ。株価が上がれば損失が出る。

効果的な空売りは、マーケット全体が新たに下落を始めたときに行うものだ。つまり、日々の市場平均株価の動きを基に空売りのタイミングを見極めることになる。これをするには、第9章で述べたダウやS&P五〇〇やナスダック指数などを読み解く力と、大きく上昇して数カ月前に確実に天井を打った銘柄を選び抜く力、この二つが必要になってくる。つまり、完璧なタイミングで行わないとならないのだ。銘柄選択が正しくても、タイミングを間違えれば損失を抱えたままの買い戻しを強要されるだけである。

空売りをする場合でも、損失は買いと同じ八%に制限してリスクを最小限に抑える必要がある。そうしないと、上昇には限界がないので、損失も天井知らずで膨らんでしまう。

私が決めた空売りの最初のルールは、強気相場で空売りをしてはならない、というものだ。大きな波に逆らう理由などない。だがあなたはおそらく本書の忠告など無視をして、遅かれ早かれ自分で試すに違いない。そして大勢の投資家と同じように失敗をして初めて気がつくことだろう。「ペンキ塗りたて」と書かれた張り紙を見つけたら、本当に塗りたてかどうか触って確かめてみたくなるのと同じである。一般的には、空売りは弱気相場まで待ってから行うべきである。そのほうが少しは勝率が上がる。

第二のルールは、発行済株式数が少ない銘柄を空売りしてはならない、というものだ。マーケットメーカーやプロ投資家が、あなたに不利になるように小型株の株価を上昇させることなどたやすいことだ。これを「踏み上げ（ショートスクイーズ）」（損失を出してしまい、高くなった株価で買い戻しを強いられること）と呼ぶのだが、この餌食になってしまうと非常に後味が悪い。一日の平均出来高が五〇〇万～一〇〇〇万株で取引されている銘柄を空売りするほうが、まだ安全である。

空売りをする場合の最高の株価パターンを二つほどチャートと合わせて紹介しよう。

一．「ヘッド・アンド・ショルダーズ・トップ」――このパターンの場合、右肩は必ず左肩よりも少し下がっていなければならない。空売りをする正しいタイミングは、右肩で三回目か四回目の戻りが終わりそうなときである（ルーセント・テクノロジーのヘッド・アンド・ショルダーズ・トップの右肩には、四回戻りがある）。この戻りのうちの一つが数週間前の高値の少し上まで上昇する。焦って空売りをした投資家は含み損を抱えることになる。大きく値を崩した主導銘柄の場合には、右肩で付けた安値から二〇～四〇％の戻りがいくつか入ることがある。そのような株価の最後の上昇が、一〇週移動平均線を上に抜けるようでなければならない。空売りをする正しいタイミングは、出来高が増加したのに株価は下落し、それが出来高を伴って一〇週移動平均線の下へとブレイクしながらも、まだ株価は新安値を付けていないようなときである。新安値付近にまで株価が下がってしまうと、だれの目にも下落が明らかになるので、空売りするタイミングとしてはもう遅すぎる。常にではないが場合によっては、四半期の収益増加率が減少したり、収益そのものが減少していることもある。また、株のレラティブストレングスラインが二〇～三四週間上昇したあと、明らかな下降トレンドになったのを確認するべきである。事実、五〇年以上にわたって模範的銘柄の研究から明らかになったことは、空売りで大化けしたパターンはほとんどすべて、以前急成長した主導株が明らかに天井を打ってから五～七カ月後に現れている、ということである。

カリフォルニア大学ロサンゼルス校（ＵＣＬＡ）の偉大なバスケットボールコーチであったジョン・ウッデンはかつて選手たちに、「大事なのは、すべてを知ったあとにさらに何を学べるかだ」と教えていた。ある知ったかぶりの投資家がある日、われわれに手紙をよこしてきた。そして、われわれの研究には根拠がなく、知識人ならば天井を打った七カ月後に空売りなど絶対にしない、と批判した。空売りを理解している人は少ない。ほとんどの空売り投資家が早すぎるタイミングや間違ったタイミング、あるいは遅すぎるタイミングで仕掛けたために損失を出しているのだ。ルーセント・テクノロジーは天井を打ってから八カ月目から株価は八九％下落した。ヤフーも明らかに天井を打ってから八カ月目が売りポイントで、その後八七％下落した。株式市場に対して大きなエゴを持つことは、非常に危険である。自分の行動に過剰なほどの自信を持ってしまうからだ。賢い人ほど、エゴによる損失が大きくなる。市場に対する謙虚さと尊敬の念を持つほうが、市場では価値がある。

二．三回目あるいは四回目の取っ手付きカップやほかのパターンが、ブレイクアウトに失敗したとき――出来高は増加し、株価は「取っ手」部分の下へとブレイクし始めているべきである（チャートの読み方とブレイクアウトの失敗例は第2章を参照）。

長年の間、空売りは直前の取引から「アップティック」になったときに執行されなければならなかった。アップティックとは、直前の取引から少なくとも株価が一セント上昇することである（昔は一二・五セントや二五セント、あるいはそれ以上の上昇が最低必要だった）。そのため、空売りの注文は通常成り行きで行うか、直前の価格から最大二五セントほど下に入れることになる。弱い銘柄だと、このアップティックにならずに一ポイント以上値を下げることがある。

詳細な研究を行った結果、アメリカのＳＥＣ（証券取引委員会）は近年このアップティックルールに変更を加えた。将来このルールが適用される日が再び来るだろうし、来るべきだと思うが、最低必要とされる上昇幅が一セントではなく一〇セントか二〇セントになるかもしれない。それだけの幅があれば、特に条件の悪いパニック市場のときに一部の銘柄が不安定に変動してしまうことを減らす効果が期待できる。アップティックルールが最初に施行されたのは、

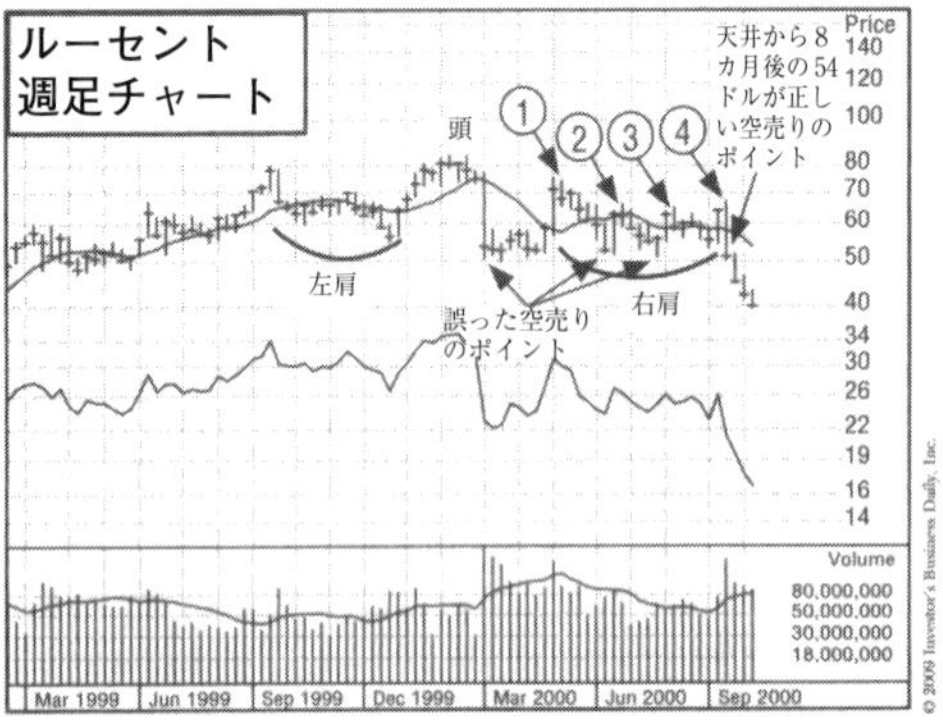

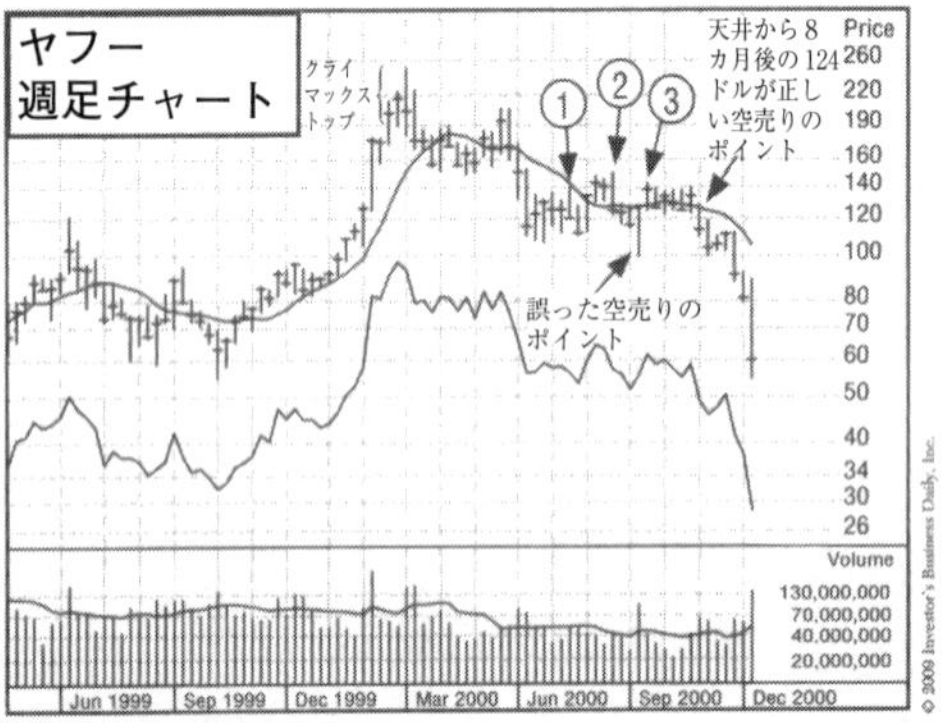

市場が深刻な急落を起こした翌年の一九三七年前半のことだった。一ポイントの八分の一か四分の一、つまり一二・五セントか二五セントのアップティックが必要で、厳しいマーケットの暴落時に芋づる式の下落が起こるのを遅らせるのが、その目的だった。

空売りの代わりになる手段に、プットオプションの買いがある。これは取引の実行にアップティックは必要ない。また、ＱＱＱ（ナスダック一〇〇指数に連動）、ＳＭＨ（半導体指数に連動)、ＢＨＨ(バイオ技術に連動)などの指標を空売りすることもできる。これらもアップティックを必要としない。

空売りは信用口座でなければできない。まずは空売りをしたいと思う銘柄が自分の証券会社から借りられるかどうかを確認する必要がある。また、空売りしている銘柄が配当金の支払いをしている場合には、その株を借りた元の持ち主に対してあなたが配当金を支払うことになる。したがって、配当金の高い銘柄は空売りをしないことだ。

空売りは、プロ投資家にとっても危険な投資法であるため、極めて優れた能力と強い意志を持つ投資家だけが行うべきである。最後の忠告になるが、株価やＰＥＲ(株価収益率)が高くなってきたという理由だけで、上昇中の銘柄を空売りしてはならない。全財産を失いかねないからである。

オプションとは何か、そしてオプション取引を行うべきか?

オプション取引とは、株や株価指数や商品を、満期日と呼ばれる未来の特定の日が来る前に、特定の価格で買う(コール)、あるいは売る(プット)権利を購入する投資手段である。オプション取引は投機性が高く、普通株に比べると著しく大きなリスクや価格の変動を伴う。したがって、大半の投資家はオプションの売買に手を出すべきではない。投資で勝ち組になるには、自分の投資リスクを増やすのではなく、最小限に減らすことをまずは考えるべきだ。普通株で利益を出すことができて、投資についての十分な知識と実践経験を積んで初めて、オプション取引を限定的に賢く利用することを検討してもよいだろう。

オプション取引は、「イチかバチか」の賭けをするようなものだ。マクドナルド株の三カ月物のコールオプションを買うと、その時点から三カ月間ならいつでもマクドナルド一〇〇株をある特定の株価で買う権利を得る。コールを買うということは株価の上昇を期待しているので、現在の取引価格が一二〇ドルだとしたら一二五ドルのコールを買い、三カ月後に株価が一五〇ドルに上昇したところで（もしコールオプションを売らずに持っていれば）、その権利を行使すれば、二五ドルからプレミアムを引いた額が手に入ることになる。反対に、三カ月後に株価が下落して予測とは逆の結果になれば、そのオプションを行使しないことになる。するとそのコールは満期日に無価値となり、支払ったプレミアムを失うことになる。プットオプションも同じ原理だが、株価の上昇ではなく下落に賭けているのである。

オプション取引のリスクを減らす

オプション取引を検討するならば、全資金の一部だけに制限して行うことを強くお勧めする。慎重にやるなら一〇～一五％以下にするのが望ましい。さらに、いつ損切りをして損失を限定させるかというルールも作るべきだろう。オプションは株よりも変動が激しいので、損切りは必然的に八％以上になる。もしオプションが現物の三倍の速さで変動するなら、二〇～二五％が上限だろう。利益について言えば、五〇～七〇％の利益が出た時点で大部分を確定するというルールがよいかもしれない。

オプションが難しいのにはいくつか理由がある。特定の銘柄のオプション市場が薄く流動的ではないので、需要と供給の変化が株価に大きく影響してしまう。そのようなオプションを買うのは問題である。また、現物やマーケット全体の株価変動が限定的だという理由だけで、人為的に異常な価格が付けられることが一時的にあるという事実も考えものである。

最高の銘柄だけを買う

私はオプション取引はほとんどしないが、実際にする場合には、収益率の見込みが最大で勢いのある優秀な銘柄を選ぶようにしている。このようなオプションのプレミアムは比較的高くなる。繰り返すが、一番安いオプションを買うのではなく、価格は高くても最高の銘柄のオプションを買うのだ。オプションで利益を出す秘訣は、オプションそのものとはあまり関係ない。現物の株の分析を行い、正しい銘柄と正しいタイミングを見極める必要がある。そのためには、ＣＡＮ－ＳＬＩＭ投資法を利用して、手に入れられる最高の銘柄を、最高のタイミングで選ぶのである。

これがうまくできれば、オプションは株価と共に上昇するのだが、レバレッジが効くので株よりもそのペースは速くなる。

最高の銘柄のオプションだけを買うということは、流動性のないために引き起こされるスリッページもある程度減らすことができる（スリッページとは、注文を入れた価格と実際に注文が執行された価格の差のことで、株の流動性が高いほどスリッページも少なくなる）。流動性のない小型株だと、スリッページが大きくなり、最終的にはそれが原因で損失を被ることもあり得る。価格が安く流動性のないオプションを購入するのは、カーニバルでミルク瓶にボールを投げて倒すゲームをするようなものだ。裏で不正に操作されているかもしれない、という点で共通している。そのような銘柄はオプションを売るのも難しい。

長引く弱気相場では、個別株かS＆Pなどの主要な株価指数のプットオプションを買うことを、普通株の空売りと合わせて検討するとよいかもしれない。証券会社から株を借りられない場合は、空売りのほうがプットを購入するよりも難しくなる。また一般的には、強気相場でプットを買うのは賢い行為ではない。好んで流れに逆らって泳ぐ魚になる理由などないだろう。

株価が上昇していて正しい買い時だと思う銘柄があれば、普通に買うか、長期オプションを成り行きで買う。売るときも成り行きで売る。通常、オプション市場は現物市場よりも薄く流動性に欠けるからである。

素人のオプション投資家の多くは、指値注文を常に入れているのが習慣になってしまうと、株価がその水準から遠ざかるごとに、いちいち注文価格を変更しなければならない。そのようなことに気を取られていては、しっかりとした判断力や視点を維持するのは難しい。最終的には、途方もない努力とイラ立ちを経験したあとに、注文の一部しか執行されなかった、という散々な結果が待っている。

例えば、年間で三倍になるような大化け銘柄を苦労して見つけても、実際の市場価格よりも〇・二五ポイント下で指値を入れていたがために注文が通らず大きなチャンスを逃すことになりかねない。一ポイントの八分の一とか四分の一という細かい数字にこだわっていては、株式市場で大金を稼ぐことはけっしてできない。

また、保有株が値下がりしたときに指値で売り注文を入れたがために、その注文が通らずに手仕舞えなかった、というようなことをしていると、全資金を失うことだってある。あなたの目的は大きな動きのときに正しい判断をすることで、小さな変動を細かく言い当てることではないのだ。

リスクが高い短期オプション

オプションを買うならば、満期日までが長い六カ月程度のオプションを購入するほうがよい。

株が十分に値を上げる前に時間切れになってしまうという可能性を最小限にできるからである。では、大半の投資家はどのようなオプションを買っているのだろうか？　当然、三〇～九〇日の短期オプションを買っている。なぜなら、このようなオプションは安く、そして素早く上下に値が動くからだ！

短期オプションの問題点は、銘柄選択は正しくできても、マーケット全体が中期的な調整に入れば、結果としてすべての銘柄が下がり、満期日までの短期間では利益を上げられないことが起こり得るという点にある。そうなると、マーケット全体の影響ですべてのオプションが損失を出すことになる。それを防ぐためにも、オプションの購入日と満期日は数カ月以上、間が開いていたほうがよいだろう。

オプション取引はシンプルに

投資は常にできるだけシンプルにすることを心がけたい。ストリップ、ストラドル、スプレッドといった複雑で投機的な取引を勧めるような誘惑に乗ってはならない。

「ストリップ」とは昔からあるオプション取引形態で、同一の満期日を持つ同一銘柄を、一つのコールと二つのプットで組み合わせて買うものだ。それぞれのオプションを個別に買うよりも、料金が安くなる。

「ストラドル」にはロング（買い）とショート（売り）がある。ロングストラドルとは、同一の権利行使価格で同一の満期日を持つ同一銘柄に対し、コールの買いとプットの買いを一つずつ組み合わせることである。ショートストラドルも同様に、コールの売りとプットの売りを組み合わせたものである。

「スプレッド」とは、同じ満期日のオプションを売買することである。上昇する銘柄やオプションを選ぶだけでも難しい。それをさらに複雑にしてヘッジ（売りと買いを同時にすること）まで始めたら、信じられないかもしれないが、売りでも買いでも損失を出す結果になりかねない。例えば、株価が上昇したので損失を最小限にするためにプットを売る。その後株価が下落に転じて、コールでも損失を出していることに気がつく。その逆だってある。危険な心理ゲームなので、近づかないことである。

オプションを売るべきか？

オプションを売る行為はオプションを買う行為とはまったく異なる意味を持つ。個人的には株のオプションを売るという戦略にはあまり感心できない。

コールオプションの売り手は、特定の期日までに特定の価格でその売り手から買う権利をだれか（買い手）に与える。そしてその見返りとしてプレミアムを受け取る。強気相場では、コールの売り手に回るくらいなら、コールの買い手に回るほうがよい。弱気相場なら、何もしないか、空売りをするほうがよい。

コールの売り手は少額のプレミアムを手にするが、満期日までは事実上束縛されることになる。コールを売った保有銘柄が、業績を悪化させて急落したらどうなるだろうか？　少額のプレミアムでは損失をまかなうことはできない。もちろん、プットを買ってヘッジをすることで損失を防ぐなどの戦略を講じることも可能だが、こうなると状況は複雑になりすぎて、売り手が二重の損をすることもある。

株価が二倍になったらどうだろう？　売り手はコールの権利行使をされて、安い手数料を得るためだけに大きな利益を得る可能性を失う。なぜ大きな利益を捨ててまでわずかな利益を求め、投資するというリスクを負うのだろうか？　そういうつもりではない、とほとんどの人は言うだろうが、前にも述べたように、大半の投資家の言い分や行動は間違っているものなので、本当の理由を知る価値すら実はないのである。

もっと愚かな行為と言えば、「ネイキッドコール」を売ることだろう。ネイキッドコールの売り手は、保有していない銘柄のコールを売ることでプレミアムを受け取る。そのため株価が予想とは逆の動きをするリスクに対して、まったくの無防備なのである。

ポートフォリオの成績を少しでも上げようと苦労している機関投資家たちが、過大評価されていると感じる保有銘柄の短期オプションを売って、多少なりとも付加価値を見つけるということは考えられる。だが、私自身はあまりにも簡単な新しい金儲けの方法には、つい懐疑心を持ってしまう。株と不動産の世界では、タダで手に入るものなどまずないのだから。

大きな可能性を秘めるナスダック銘柄

ナスダック銘柄は上場証券取引所ではなく、店頭取引専門業者を通じて取引されている。近年の店頭市場の拡大は目覚ましい。その背景には、インスティネットやセレクトネット、レディブック、アーキペラゴなどの買い手と売り手を引き寄せたり相互に注文を送受信して実行することのできる、電子証券取引ネットワークが広まったことがある。ナスダックは特殊な市場で、ここで取引される銘柄は新しく名の知れていない企業が多い。だが最近では、NYSE（ニューヨーク証券取引所）の上場企業がナスダック市場にも次々に参入を始めている。さらに、一九九〇年代の改革によって、ナスダックにつきまとっていた長年の悪評も消え去った。ナスダックでは興味をそそられる新しい成長銘柄が常に何百と取引されている。アメリカ最大級の企業も名を連ねている。機関投資家による大量の買いがあり、CAN－SLIMのルールに適合するようなナスダック上場の優良銘柄を見つけたら、購入の検討を強くお勧めする。

NYSEやナスダックなどの市場にかかわらず、投資の柔軟性と安全性を最大限にするにはすべての銘柄の市場性を確保することが必要不可欠となる。一日の平均出来高が多い機関投資家が注目するような普通株は、荒れ狂う市場では貴重な防衛策となるだろう。

新規株式公開株を買うべきか？

ＩＰＯ（新規株式公開）とは、企業が初めて株を一般に公開することである。通常は、投資家が新規公開株を買うことは勧められない。それにはいくつか理由がある。

毎年新規に公開される多くの株式のなかで、優れている銘柄はほんの一握りしかない。しかし優れた銘柄は先行して買うことのできる機関投資家の大きな需要があるので、個人投資家が買おうとしても割り当てがわずかになる。論理的に考えれば、あなたのような個人投資家が欲しい株数だけ手に入れることができるような銘柄は、保有する価値のないものだということになる。

インターネットブローカーやディスカウントブローカーの台頭で個人投資家も新規公開株を購入しやすくなったのは確かだが、ブローカーによっては公開直後に株を売ってはならないという規制を設ける会社がある。そうなると手仕舞いたいときに手仕舞えなくなる可能性があるため、リスクも高くなる。一九九九～二〇〇〇年初めに株の新規公開が一時ブームになったときは、取引を開始して初日か二日目に株価が急騰し、その後すぐに下落して二度と回復しなかった新銘柄がいくつかあった。

新規公開株の多くは株価が安めに設定されているため、公開初日に価格が急上昇しやすくなっているが、その後価格が高くなりすぎて下落に転じるものも少なくない。新規公開銘柄にはそれまでの取引履歴というものがないため、その価格が高すぎるのかそうでないのかという確信が持てない。このような投機的な分野への投資は、必須である詳細な調査情報を持ち、そして多くの証券に分散投資をして新株のリスクを軽減させることのできる経験豊かな機関投資家たちに任せておくのが賢明だろう。

これは、公開後の初期段階で上昇した新規株を買ってはならない、という意味ではない。グーグルの正しい買い時は、二〇〇四年九月半ばに一一四ドルの新高値を付けたときで、これは新規公開をしてから五週間目のことだった。新規公開株を買う最も安全な時期は、最初の調整とベースからブレイクアウトしたときである。新規公開株が市場で取引されてから一～三カ月以上たてば、株価と出来高に関する貴重な情報が手に入るので、状況をより正確に判断することができる。

過去三カ月～三年間に新規に公開された多くの銘柄のなかに、優れた新製品を持ち、当期および最近の四半期収益と売り上げが突出した企業が必ずある。こういった企業に注目するべきである（『インベスターズ・ビジネス・デイリー』紙の「ザ・ニュー・アメリカ」面でそのような企業が検証されているので、目当ての企業に関する過去の記事があるかもしれない）。C・B・リチャード・エリスは、二〇〇四年夏に新規株式公開をしたあと、完璧な平底型のパターンを形成し、その後五〇〇％上昇した。

正しい銘柄選択とタイミングの手法を理解している経験豊かな投資家であれば、収益の増加や並外れた売り上げを示しながら適切なベースを形成したような新規銘柄を見つけたら、その銘柄の購入を検討するべきである。このような基準で選んだ銘柄は、素晴らしい大化け銘柄になるかもしれない。近年の大化け銘柄は、過去一～一〇年の間に新規公開をしている。しかし、新規公開株は不安定なので、難しい弱気相場においては大きな調整に苦しむこともある。これは新規公開銘柄すべてが「注目すべき熱い銘柄」に思える過熱状態のあとに起こりやすい。例えば、一九六〇年代前半、一九八三年初頭、そして一九九九年後半と二〇〇〇年前半に広まった新規公開株の流行は、すべてその後、弱気相場に見舞われている。

議会はキャピタルゲイン税を引き下げて、何千という新起業家たちが革新的な新企業を作るのを後押しするべきだ、と私は考えている（二〇〇九年初めの本書執筆時現在）。一九八〇年代～一九九〇年代に大きく株価を上げて新規雇用を作り出した銘柄の八割が、先ほど述べたようにその八～一〇年前に株式公開をしていることがわれわれの研究で分かっている。今のアメリカに本当に必要なのは、新発明や新産業を生み出してくれる新しい企業の流れである。それが企業が強い経済や何百万人という新規雇用と納税者の創出につながるのだ。過去に行ったキャピタルゲイン税の引き下げは、結果的に政府に利益をもたらした。サブプライム住宅ローンと金融恐慌が招いた二〇〇八年の経済崩壊後である現在、ＩＰＯ市場とアメリカ経済を立て直すには、そのような一連の流れが必要なのだ。過去の経験から言えることは、税率を引き上げると、多くの投資家が税金を払いたくないために保有株を売るのをやめてしまい、再投資で市場に流れ込む資金が大幅に減ってしまうということだ。政府はこんな簡単な事実を理解することができないようである。株を売る投資家が少なくなれば、政府の税収も減るのである。多くの退職世代の投資家が、税金を支払わなくてすむように死ぬまで株を持ち続けるつもりだと話すのを、私は何度も聞いたことがある。

転換社債とは何か、そして投資するべきか？

転換社債とは別の投資対象に転換することができる社債のことで、通常はあらかじめ決められた価格で普通株に交換（転換）できるもののことをいう。転換社債を持っていると、普通株よりもやや高い収益を得ることができるうえに、もっと利益になる可能性もある。

転換社債は株価の上昇時には普通株とほぼ同じ速さで上昇するが、下落時には下がる速度が遅くなる、というのがその理論だ。だが実際はよくある机上の空論になってしまうこともある。さらに、厳しい下落相場では商いが薄くなってしまう場合があるので、流動性の問題も考える必要がある。

この投資手段が好まれる理由は、大量に資金を借りてレバレッジをかけることができるからである。だがこれは、リスクを高めることにほかならない。過剰なレバレッジが危険であることは、二〇〇八年にウォール街や政府が学んだとおりだ。

以上のような理由から、大半の投資家には転換社債の購入は勧められない。私は社債を買ったこともない。社債はインフレのヘッジとしては期待できないし、さらに皮肉なことに、債券市場でも高利回りを得ようと無理をすると最終的には高リスクになってしまい、大金を失うこともあるのだ。

非課税銘柄や税制優遇銘柄に投資するべきか？

一般的な投資家は非課税銘柄や税制優遇銘柄には投資しないほうがよい（個人退職金口座、四〇一k、自営業者年金制度は除く）。この手の投資手段の代表格は地方債である。税金対策について考えすぎると混乱してしまい、通常はしっかりとした判断力が鈍ってしまう。また、常識的に考えれば、税制優遇銘柄に投資をすると、あなたの納税申告書が国税庁による監査の対象になる可能性も高まるだろう。

現実を甘く見てはならない。買うタイミングを間違えることもあるし、地方自治体や州政府が間違った経営判断をして深刻な財政難に陥ることもある。そうなれば地方債でも損失を被ることになる。実際に過去にそのような事例が何度かあった。

税制上の優遇措置や税金逃れの手段ばかりを探している人は、問題を抱えていたりリスクの高い事業に投資をしてしまう傾向にある。まずは正しい投資判断をすることを心がけ、そのずっとあとに税金のことを考えるべきなのだ。

アメリカという国は、努力さえすれば成功して貯蓄や投資ができる国である。利益を生み出す方法を学び、そしてそれが達成できたら素直に喜べばよい。利益を出したおかげで税金を支払うことになるのを不満に思うのはやめよう。税金を支払わなくてもよいのなら、損失を出していたほうがよいのだろうか？　時に「サムおじさん」と擬人化されるアメリカの連邦政府は常にあなたの共同経営者なのだから、あなたが受け取る賃金や投資利益から分け前を受け取るのは当然のことである。その事実を最初から理解しておくことだ。

私は非課税の証券や税制優遇銘柄には一度も投資をしたことがない。おかげで最大限の利益を生み出す銘柄を自由に探すことだけ考えられた。その投資がうまくいけば、私だって人と同じように税金を払う。忘れてはならないのは、自由とチャンスを与えてくれるアメリカの自由主義体制は世界で最高のものだということである。これを利用して、守って、そして感謝できるようになりたいものだ。

資産株に投資するべきか？

資産株とは、高利回りや通常利回りの配当のある銘柄で、株主に課税所得を提供するものである。このような銘柄は、一般的には保守的と言われる公益事業や銀行株に多い。配当金や所得を狙って普通株を買うのはお勧めしないが、実に多くの投資家がこのような資産株を買っている。

多くの投資家は、資産株は配当金もあるのだから長期で保有し続ければ安全だと思っている。一九八四年にコンチネンタル・イリノイ銀行の株価が二五ドルから二ドルに下落したときや、二〇〇九年初めにバンク・オブ・アメリカが五五ドルから五ドルに下落したとき、あるいは電力会社が原子力発電所との競争にさらされたときなどに大きな損失を出した投資家に聞いてみるとよい（皮肉なことに、主要国だけでも一七カ国が現在あるいは過去にアメリカよりも多く原子力発電所から電力をまかなっていて、特にフランスは全電力の七八％を原子力に頼っている）。

また、電力会社の株価が一九九四年に急落をしたときも投資家は損をしたし、二〇〇一年にカリフォルニアで公益事業である電力企業が倒産したときにも同じことが起こった。たしかに理論上では資産株のほうが安全なはずなのだが、資産株だから急激な下落はないとやみくもに信じるのは危険である。一九九九～二〇〇〇年に、六〇ドルを超えていたＡＴ＆Ｔの株価は、一時二〇ドル以下にまで下落した。

さらに先ほども出てきたが、大勢の機関投資家が所有していたニューヨークの銀行、シティグループはどうだろう？　シティグループの株を五〇ドルで買い、政府の救済が入るまで破産に向かっていたそのときに、株価が二ドルにまで急落するのを見届けていた投資家は、巨額の損失を被ったことだろう。そのような損失を被っては配当金がいくらあっても無意味だろう。ちなみに、資産株に投資をする場合でもチャートは使うべきだ。二〇〇七年一〇月、シティグループの株価は過去最大の月間出来高を伴いながら急落している。つまり、素人でもチャート分析さえしていれば、この事実に気がついて四〇ドル台で損切りし、大きな損失を避けることが容易にできたのだ。

資産株を買うのなら、入手可能な最高の配当利回りの銘柄を買おうと無理をしてはならない。高リスクで低品質の銘柄をつかまされる可能性が高いからだ。通常よりも二～三％高い利回りを得ようと躍起になっていると、それ以上にリスクに資産をさらす結果になる。不動産バブルのときに多くのウォール街の企業がそのような投資をしていたが、それがどのような結果に終わったかを考えてみてほしい。ＥＰＳ（一株当たり利益）では投資家への支払いを十分まかなえない場合には、企業が配当を削減することもある。そうなれば、受け取れると思っていた収入すらなくなるのだ。これも実際に前例がある。

投資からの収入が必要なら、こうしなさい――最高品質の銘柄に絞って投資をし、生活費として投資資産の六％を毎年引き出すのだ。または株の一部を売却して、四半期ごとに資産の一・五％を引き出してもよい。それ以上の引き出しは賢いとは言えない。時間の経過とともに元本が減ってしまう可能性があるからである。

ワラントとは何か、そして安全な投資対象なのか？

ワラントとは、ある一定量の株をあらかじめ決めた価格で買い付ける権利のことである。期間に制限があるものもあるが、制限がないもののほうが多い。価格が安いものが多いのでとても魅力的な投資対象に思える。

しかし、一般的には低価格のワラントには手を出さないほうがよいだろう。ワラントもまた、複雑で専門的な分野であり、理論的にはうまい話のように聞こえてもその仕組みを本当に理解している投資家はほとんどいない。ワラントの投資判断は結局のところ、当該銘柄の普通株が正しい買い銘柄かどうかにかかっているのだ。ほとんどの投資家はワラントの存在を忘れたほうが賢明である。

合併候補企業に投資をするべきか？

合併候補に挙がっている企業は不安定な動きをすることが多いので、そのような銘柄に投資をすることはお勧めできない。買収のうわさが流れると株価を一気に上昇させる企業もなかにはあるが、合併が不成立に終わったり、そのほかの予測していなかった事態が起こると、急激に株価を下げる。つまり、これはリスクの高い不安定な投資であるため、この分野に詳しい経験豊かな専門家に任せておけばよい。通常は、基本のＣＡＮ－ＳＬＩＭの評価方法を基にして、しっかりとした基盤を持つ企業を買うほうが、企業の買収や合併を予測するよりも確実である。

外国株を買うべきか？

正しいタイミングと価格で購入すれば素晴らしい可能性を秘めている外国株だが、多額の資金を投入するほどの必要性は感じない。外国株は優れた米国株よりもはるかに大きな利益をもたらすことがあるが、付随するリスクもそれだけ増えることを忘れてはならない。例えば、外国株に投資するのであれば、まずその国のマーケット全体を理解し、そして注意深く観察する必要がある。その国の金利や通貨、あるいは政府政策などのいずれかに予想していなかった動きがあると、その銘柄の魅力が突如として半減する。

一万という数の銘柄が選択肢として国内市場にあるというのに、わざわざ外国株から投資対象を探し出す必要はない。素晴らしい海外銘柄の多くはアメリカでも取引されており、過去に素晴らしい成功を残している。その一例に、リサーチ・イン・モーション、チャイナ・モバイル、アメリカ・モービルなどがある。私は最近の強気相場で、そのうち二銘柄を所有していた。世界規模のワイヤレス端末人気でこれらすべての銘柄が大きな利益を生み出したが、その後訪れた弱気相場で六〇％以上も下落している。外国株に特化した投資信託もいくつかある。

国内の株式市場が非常に弱かった二〇〇八年だが、海外市場ではそれを上回る下落ぶりだった。バイドゥは中国株の代表格だが、四二九ドルから一〇〇ドルに下落した。さらにロシア市場も、プーチンによるグルジア侵攻によって、一万六二九一ポイントから三二三七ポイントへと急落した。

ペニー株や低位株は買わない

カナダ市場とデンバー市場には、わずか数セントで購入できる銘柄が数多く上場されている。そのような安い商品に賭けるようなことは絶対に避けることだ。なぜなら、すべてはその価値に見合った価格で売られているからだ。安かろう悪かろう、なのである。

この一見安い証券は投機的側面が強すぎるし極めて質も低い。これらの銘柄にまつわるリスクは、高品質で高価格の銘柄よりもはるかに高いのだ。疑問を抱かせるような悪徳商法もこれらペニー株に多い。私は一五ドル以下で売られている普通株は買わないようにしている。あなたもそうするべきだ。アメリカで大成功を収めた銘柄について一二五年前までさかのぼって詳しく調べると、そのほとんどが三〇ドル～五〇ドルの間でベースを上にブレイクしている。

先物とは何か、そして投資をするべきか？

先物取引には商品先物、金融先物、株価指数先物などが存在し、一定量の商品を将来の特定の価格と日付で売買する契約のことである。一般的に、穀物、貴金属、工業用金属、食品、畜産、石油、木材、繊維などの商品先物か、あるいは金融先物か株価指数先物のどれかに分類される。金融先物には政府発行の短期国債や債券、そして外国為替などがある。株価指数先物はS&P一〇〇（シンボルはOEX）などが活発に取引されている。

チョコレートで有名なハーシーのような大規模な営利会社はリスク回避のヘッジをする目的で第一次産品市場を利用している。例えば、現物市場で取引を行うかたわらで、先物市場で一二月に受け渡し予定のココア豆を五月に買い付けることで、現在の価格を固定するのである。

個人投資家は先物市場には参入しないほうが身のためだろう。商品先物は変動が激しく、一般的な普通株よりもかなり投機的だ。危険な賭けをして資金を素早く減らしたいのなら話は別だが、経験不足の投資家や資金の少ない個人投資家がのぼる土俵ではない。

ただし、四～五年ほど経験を積んで普通株で利益を上げられる実力を証明した投資家ならば、度胸のある人にかぎり、投入資金に制限を設けて先物に投資することを考えてみてもよいかもしれない。

先物取引では、チャートを読み解く力がさらに重要になる。商品価格のチャートは個別銘柄によく似ている。先物チャートに注目する株式投資家は、国の基本的な経済状況の変化を評価することもできるようになる。

個人投資家が実際に取引できる先物の数は意外と少ない。鋭い洞察力を持つ投資家ならば、分析対象を絞ることができる。先物取引のルールや用語は株式取引とは異なり、リスクも大幅に増加するので、先物取引に充てる投資資金は必ず少なめに設定するべきである。先物取引には「値幅制限」という気がかりな問題もある。値幅制限の「ストップ安」になれば、トレーダーが商品を売って損切りすることができなくなる。先物取引ほどリスク管理（ポジションサイズを制限したり損切りを素早く行うこと）が重要な投資はない。資金の五％以上を先物のポジションに充てるようなリスクはとってはならない。ストップ高やストップ安が多く発生するポジションで身動きがとれなくなってしまうという可能性もわずかにだがある。先物は非常に危険で壊滅的な損失を生み出しかねない。すべてを失うことも、大いにあり得るのだ。

私は今まで一度も商品先物を売買したことはない。投資家はよろず屋にはなれないというのが私の信条だ。一つの分野をできるだけ完璧に学ぶほうが賢明である。選択可能な銘柄は何千とあるのだから。

金、銀、ダイヤモンドへの投資はするべきか？

もうお分かりかもしれないが、私は通常は貴金属や宝石に投資をすることも勧めていない。これらの投資の多くは、過去に不安定な値動きをしているからだ。一昔前までは、かなり積極的に販売されていて、資金の少ない投資家を保護する措置はほとんどなかった。これらの投資に対する仲介業者の手数料が度を超して高い気もする。さらに、これらの投資からは利息や配当金すら支払われない。

海外で起こる問題が原因となり、不安やパニック状態に陥って金関連株に一時的急騰をもたらすということは将来的にも避けられないだろう。一九八〇～一九九〇年代のバリック・ゴールドのように、金関連会社のなかには独自の周期で株価が変化する企業もある。このような商品に関連した売買は感情的で不安定な取引になりがちなので、注意と用心を怠らないようにしてほしい。金関連株のような証券に小口で投資するのであれば、タイミングによっては時宜にかなった妥当な投資になることがある。

不動産投資はするべきか？

不動産は正しい時期と場所を選んで投資するならよいだろう。貯蓄をしながら普通株やグロース型投資信託などに投資をして資産を増やし、最終的にはマイホームを所有するために努力をするのはよいことだと個人的には考えている。たいていのアメリカ国民にとって、家を所有することは人生の大きな目標だろう。長期の借入資金を、少額（あるいは妥当な額）の頭金だけで利用できる制度があるおかげで、ほとんどのアメリカ人がいつかは不動産投資をできるだけの資金力を持つようになった。

不動産は比較的簡単に理解できるうえに場所によっては大きな利益が得られるため、投資対象としては人気が高い。アメリカ国民のおよそ三分の二の世帯が現在住宅を所有している。不動産投資にかけた時間と資金は大概報われる。だが、必ずしもそうなるという保証はない。現実に、不動産で資金を減らしてしまう不利な状況には以下のようなものがある。

一．緩やかに荒廃が進んでいる、あるいは成長が止まった地域に住宅を買ってしまった、といった地理的選択のミスを最初に犯してしまったとき。または、長年所有していた不動産が老化を始めたとき。

二．住宅ブームが何年か続いて価格が高騰しているときに買ったが、その後すぐに国全体や不動産を所有している地域に不況の波が訪れたとき。これは主要産業で大量の一時解雇があったり、航空、自動車、製鉄所など地元の住民の重要な柱となる産業が閉鎖した場合などに起こる。

三．個人の返済能力を超える債務を負ってしまったとき。不動産やそれ以外の負債への返済額がその人の収入を超えていたり、魅力的だがリスクの高い変動金利ローンに手を出してあとで返済が厳しくなったり、住宅を担保に入れて得た資金で生活し、時間が経過しても住宅ローンを返済するどころか借入額が増え続けているとき。

四．職を失った、あるいは賃貸収入を得ていた不動産に空きが増えたことで収入が減った。

五．火災、水害、竜巻、地震などの自然災害に見舞われた。

また、善意で始まった政府の政策や社会制度でも、十分議論をされないままに実施、奨励、管理運営などされたことが原因で国民が損失を被ることもある。一九九五～二〇〇八年に政府が演じたサブプライムローン問題の大失態も、もとを正せば善かれと思って作られた優遇政策だった。ところがそれが発達するとともに制御不能となり、まったく予期していなかった大惨事を引き起こした。その結果、まさに政府が助けようとしていたその国民の大勢が家を失うことになった。また、事業の縮小で多くの雇用が失われた。ロサンゼルス広域圏だけでも、サンバーナディーノ、リバーサイド、サンタアナに住む多くのマイノリティーが住宅の差し押さえに合って財政的にも精神的にも大きな打撃を受けた。

基本的には、最低でも五～二〇％の頭金を独自に用意することができて、そのうえ比較的安定した仕事についているのでなければ、住宅は買うものではない。家を買うという目標を持ったら、それに向けて収入を確保して貯金を蓄える必要がある。そして、変動金利ローンには手を出さず、購入をせかすような口のうまい販売員を避けることだ。住宅担保ローンの融資を受けることも、リスクをさらに高めることになるのでやってはならない。それから、クレジットカードを使いすぎて負債を膨らませてしまうというような習慣も捨てることだ。長年あなたを苦しめることになる悪い習慣だからである。

株以外の無数にある高リスクの投資方法にいろいろと時間を費やすのではなく、素晴らしい成長株の正しい売買方法を集中して学ぶことが、資金を増やし投資手腕を磨くことにつながる。どんな投資家にも言えることだが、投資判断をする前に必要な調査をすることだ。リスクのない投資などあり得ないということを忘れてはならない。甘い話に耳を傾けてはならない。うますぎる話には気をつけるのだ！

本章のまとめ――**分散投資は良いがやりすぎてはならない。投資対象を厳選された少数の銘柄に絞り、マーケットの動きに合わせて各銘柄の保有期間を決めるのだ。経験を積めば信用取引も悪くはないが、まつわるリスクは大幅に増える。空売りは十分理解したうえでなければやってはならない。正しい銘柄とタイミングを選択するためにはチャートの見方を必ず覚えてほ**

しい。ナスダックは若い新興企業にあふれる良い市場だが、オプションと先物取引はリスクが極めて大きいので経験豊富な投資家しか行ってはならない。もし投資をするならば、全体の投資額に対する割合を少なくとどめておくべきだ。また、税制優遇株や外国株式に投資するときも注意が必要だ。

複雑なものは投資対象から避けて、企業基盤の質が高く成長の見込まれる株や投資信託、あるいは不動産に絞るのが最善策である。だがそのどれもが特殊な知識を必要とするので、助言や良い投資先などについて他人の意見だけに頼らなくてもすむように、自分自身で勉強しなければならない。

第13章　投資家に共通する二一の誤り

ノートルダム大学のアメリカンフットボールチームを優勝に導いた有名なコーチであるヌート・ロックニーは、かつてこう言った――「弱点を鍛えて強みに変えよう」。株式市場で損失を出したり二流の結果しか達成できないのは、失敗する回数が多すぎるからである。それはあなたの事業にしても、私生活にしても、仕事にしても同じことが言える。何かを達成するのに時間がかかったり失敗を重ねるのは、あなたの長所のせいではなくて、あなたが過ちや弱点について無頓着のまま何の対策措置も講じていないからである。人はそれを他人のせいにする傾向がある。言い訳や責任逃れの策を考えてしまったほうが、現実を見つめて自らの行動について検証するよりもずっと簡単なのだ。

本書を書き始めたころ、私は、「短所は気にせず長所を伸ばせ」という助言をしている人に多く出会った。それは状況によっては論理的であり妥当にも思える。アメリカでは相場サイクルごとに新しく革新的な新興企業が国に活力を与えてくれる。しかし、そんなアメリカの素晴らしい株式市場で五〇年間毎日経験を積んできた私が言えることは、その助言とは反対のことなのだ。

投資家の九八％が犯す圧倒的に多い過ちは、株の売買をどこで間違えたか、そして大きな成功を収めるためにしてはならないことや、逆にこれから始めなければならないことは何か、ということを学ぶ時間を十分持っていないことである。それはつまり、自分の誤った認識を正してもう二度と同じ間違いを起こさないために、今後従うべき改善点や方法を学ぶことなのである。

どんな分野でも成功する人としない人がいるが、成功する人は努力をしてほかの人がやりたくないと思うことをやっている。それが両者の差となって現れるのだ。私は一九六〇年代の初めから、経験の浅い素人から賢いプロの投資家まで、リスクを恐れない人たちをいろいろと見てきた。そこで分かったのは、始めたばかりだろうと、何十年という長い投資経験があろうと、その人の成功の度合いには関係ないということだった。いくら経験があっても、自分の弱点を助長してしまうような経験は害になるだけだ。一般投資家やプロの投資家を問わず、投資家が犯す典型的な過ちを避けることがマーケットでの成功につながる。

近年さまざまな事件を振り返って考えてみれば、自分が率先して、四〇一ｋ、投資信託、株式ポートフォリオなどについてその扱い方や責任ある行動を学ぶ時期が来ていることは明らかである。バーナード・マドフは、預かった資金の投資先をだれにもけっして教えずに、透明性に欠けた秘密の運用をし続けて、いわゆる知識人と呼ばれる人々から何十億ドルも盗み取るという詐欺事件を起こした。二〇〇〇年と二〇〇八年には株式市場が天井を付けて下落し、国民が大きな損失を被るという惨事があった。そして自分たちの資金運用すらままならなかった分別も知恵もないウォール街の企業が、過剰なレバレッジのために破産や望まない合併・吸収に追い込まれた騒動も記憶に新しい。

あなたなら自らの過ちを正すことができるようになるはずだ。堅実なルールと原理によって財産を守り確保することを、多くの投資家が学び始めている。真剣に投資成績を向上させるつもりならば、ここに記すような大きな過ちを避ける必要がある。

一．今なら少額の損失ですむところなのに、かたくなに含み損を持ち続けてしまう

ほとんどの投資家は、今手仕舞えば少ない損失ですませることができるのに、人間の弱点である感情に支配されてしまう。損失を確定したくないので、時が解決してくれるのを願って待ち続け、しまいには損失がどうしようもないほど大きくなりすぎて打撃を受ける。これは投資家ならだれもが犯す最大の過ちだろう。どんな銘柄にも投機的で大きなリスクが潜んでいることを理解していないのだ。損失は常に少額に抑えるべきで、これに例外などあってはならない。四五年間、われわれは全国でセミナーを開きながら、買値から七～八％下落したら例外なく即座に損切りをする、というルールを教えてきた。このルールに従うこと

で、また明日も投資を続けて、今後訪れる多くの素晴らしい機会から利益を得ることができるのだ。

二．株価が下がっているときに買い、自ら悲惨な結果を招いてしまう　下落している銘柄は、数カ月前と比べると安いのでお買い得に思えるかもしれない。一九九九年後半、私の知り合いのある若い女性が、ゼロックスが突如急落して最安値の三四ドルを付けたので、非常に安そうだという理由からこの銘柄を購入した。一年後、株価は六ドルになっていた。このような行為は、猛スピードで落下するナイフを素手でつかもうとするのと同じくらい無謀である。二〇〇〇年にも同じように、シスコ・システムズが八二ドルから五〇ドルに下落すると実に多くの投資家がこれを買っている。そして二〇〇三～二〇〇七年の強気相場に入っても、この株価が再び五〇ドルに上昇することはなかった。二〇〇九年一月現在の株価は一六ドルだ。

三．平均価格が上がる増し玉をするのではなく平均価格が下がるナンピン買いをしてしまう　四〇ドルで買った株を三〇ドルでナンピンをして平均価格を三五ドルに下げるのは、盗っ人に追い銭をするのと同じ負け株を追いかける行為である。この素人的な手法が深刻な損失を生み出す。たとえその株数が少なくても、あまりの損失の大きさにポートフォリオ全体が悪化してしまう。

四．チャートの見方を学ばずに、正しいベースからブレイクして新高値に向かった銘柄を買

うことを恐れてしまう　新高値を付けた銘柄は高すぎるというのが大衆の意見のようだが、個人的な感覚や意見などはマーケットの動向に比べるとはるかに感情的で正確性に欠ける。たとえ強気相場でも、株を買う最高のタイミングは揉み合いか、あるいは最低七〜八週間続いた「ベース」から初めて株価が上にブレイクしたときである。下落している銘柄を安く買いたいという考えは捨てるのだ。

五．**銘柄選択の基準が洗練されておらず、成功する企業の見極め方がよく分かっていないために、買う時点ですでに失敗している**　重要なファンダメンタルとそうでないものを理解するのは必須である！　あまりに多くの投資家が三流以下の話にもならないような銘柄を買う。特に優れた動向も示していなければ収益にも問題があり、売り上げも成長していないし、ＲＯＥ（株主資本利益率）も低い、というマーケットリーダーではない銘柄を買ってしまうのだ。また、投機性が高かったり、低品質でリスクの高いハイテク銘柄に偏りすぎる投資家もいる。

六．**マーケット全体に関する細かい法則を知らないために、調整に入っているとか、下落が最終局面に入ったとか、新たな上昇トレンドが確認できた、という判断ができない**　含み益を大幅に減らしたり、大きな損失から口座を守りたいと思うなら、マーケットがいつ天井を付けたか、あるいはいつ転換期を迎えて底から抜け出たのかを認識できることが重要だ。同様に、嵐が去ったので再び株を買って投資をしてよい、というマーケットの声を聞けるようになることだ。自分の意見や感覚で判断してはならない。きちんとしたルールを学び、それにきちんと従うのだ。

七．自分が決めた売買ルールに従わないせいで失敗が増えてしまう　歴史によって実証されたどんなに信頼できるルールを作っても、それに従う決断力と自らの戦略を実行する規律を持たなければ何の意味もない。

八．どの銘柄を買うかだけを重点的に学んでいて、ひとたび買った銘柄をいつどのような状況で売るべきかを理解していない　ほとんどの投資家は株を売るためのルールや計画を持っていない。つまり、成功するために必要な勉強の半分をおろそかにしているのだ。

九．質の高い企業で優秀な機関投資家が大量購入していることの重要性を理解していないだけでなく、銘柄選択と売買タイミングを大幅に改善させるにはチャートの見方を学ぶことが重要であることを理解していない

一〇．株価の高い銘柄を少数買うのではなく安い銘柄を多く買ってしまう　多くの人が安い株を一〇〇株や一〇〇〇株という単位で買うほうが賢いと思っている。同じ資金でもより多くを手に入れた気分になれるからだ。だが実際には株価は高くても質の良い優秀な業績の企業を三〇株や五〇株ほど買うほうが、良い結果になる。投資をするときは、買える株式数ではなく投資額で考えることだ。最も安い商品ではなく買える最高の商品を買うのである。二ドル、五ドル、一〇ドルという低位株を買いたがる投資家が多いが、一〇ドル以下で売られている銘柄にはそれなりの理由がある。良い株としての要素が過去に何か欠けていたか、あるいは現在欠けているのだ。株だってほかの商品と同じである。最高品質のものがほかよりも安く取引されることはめったにない。それだけではない。安い銘柄は手数料などが高くなることがある。また価格が高い銘柄よりも早く一五〜二〇％以上下落することがあるので、リスクは高くなる。プロ投資家や機関投資家が五ドルとか一〇ドルの銘柄に投資することはほとんどない。つまり、安い銘柄には一流投資家による保有がないということだ。ペニー株（一ドル以下の株）はもっといけない。先に述べたように、機関投資家による保有は上昇時の必須材料の一つなのである。また安い株価の場合、買い気配と売り気配のスプレッドが割合として大きくなる。ある五ドルの銘柄が買い気配五ドル、売り気配五・二五ドルで取引されるのと、五〇ドルの銘柄が買い気配五〇ドル、売り気配五〇・二五ドルで取引されるのを比べてみるとよい。五ドルの銘柄の場合、〇・二五ドルという価格差は五ドルの五％に相当する。同じ〇・二五ドルの差でも、五〇ドルの銘柄の場合では、わずか〇・五％である。その差は一〇分の一である。つまり、安い株がスプレッドを埋めて損益ゼロになるには、最初の購入価格からより多く上昇する必要がある。

一一．耳寄り情報、うわさ、株式分割の発表、そのほかの報道、人に聞いた話、助言サービスの推奨、またはテレビで見るいわゆる市場の専門家と呼ばれる人たちの意見に基づいて

買ってしまう　時間を掛けて勉強し、学び、確信を持って投資をせずに、だれかが言ったことを基に苦労して稼いだ資金をリスクにさらそうとする人が多い。その結果、多くの資金を失うリスクを抱えるのだ。耳にするうわさや耳寄り情報は、とにかく真実でないことがほとんどなのだ。たとえ真実だったとしても、多くの場合で当該銘柄は期待どおりに上昇するどころか皮肉にも下落してしまうのだ。

二二．**配当金や低いPER（株価収益率）を基準に二流銘柄を選択してしまう**　EPS（一株当たり利益）の増加率に比べると、配当やPERの重要性はずっと低い。配当が高い企業のほうが脆弱な基盤を持っている傾向がある。また、高い利回りの配当を株主に支払わなければならないかもしれない。好業績の企業は配当を払わないほうが普通だ。その代わりに、資金を研究開発や企業改善策などに再投資するのである。株価が一〜二日大きく変動すれば、一回の配当などすぐに飛んでなくなることもある。PERについて言えば、PERが低いのは、おそらくその企業の業績が不振だった時期があるからだろう。株というものは、常にその真の価値に見合う価格で売買されている。

二三．**手っ取り早く簡単に稼ぎたいと思っている**　必要な準備をせず、信頼できる手法も学ばず、重要な投資技術や規律を習得しないまま大金を手っ取り早く手に入れようと考えるのは、破滅への道を突き進むことである。そういう投資家は焦って株に飛びついて、判断が間違っていたと気がつくころには損切りする正しいタイミングを逃していた、ということになる可能性が高い。

一四．名の通った歴史ある企業の株を買ってしまう　ゼネラル・モータ一ズの社員だったからといって、それが良い買い銘柄だとは限らない。最高の投資銘柄の多くは、聞いたこともない新しい企業である。少し調べれば、有名になる前のそのような企業を発見してそこから利益を得ることができる。

一五．良い情報や助言を見極める（そしてそれに従う）ことができない　友人、親戚、ブローカー、助言サービスなどは、すべて悪い助言の源になり得る。あなたの尊敬を得るほど自分自身も十分に成功している助言者は、実は数が限られている。極めて優れたブローカーや助言サービスというのは、極めて優れた医者や弁護士や野球選手と同じくらい限られている。プロ契約を結んでもメジャーリーグでプレーできる選手は、九人中わずか一人なのだ。大学を出たばかりの野球選手は、どうしてもプロとしては未熟なのだ。多くの証券会社が、自分たちの資金を賢く運用できなかったがために倒産している。二〇〇〇年前後に信じられないようなレバレッジで取引していたからだ。借りた資金を過剰に投資するのは、けっして良いことではない。

一六．損失を出している銘柄はいつまでも保有し続けるのに、利益になると少なくてもすぐに利食いしてしまう　つまり、損失を最小限に抑え利益は時間を掛けて伸ばすという本来の姿とはまったく逆のことをしている。

一七．**税金や手数料を過剰に気にしてしまう**　投資という勝負は、まずは利益を上げるところから始まる。税金を心配しすぎると、税制優遇を得ようとあやふやな投資判断をしてしまう。また、キャピタルゲインを狙って長期保有したがために、せっかくの含み益を失うこともある。税金を払いたくないから売らないと、かたくなになる投資家がいるが、それは慢心によって判断力が曇っている証拠だ。特にオンラインブローカーなどに支払う株の売買手数料は、正しい判断や行動を基に買った株が生み出す利益に比べれば微々たるものである。比較的安い手数料ですむこと、そして早めの手仕舞いができるという点では、株式のほうが不動産よりもかなり分があるだろう。背伸びをして不動産に手を出すと財産を失うことになりかねない。即時性と流動性は株の特徴だが、これがあるからこそ少ない費用で資産を素早く守れるし、上昇トレンドが現れたときには大きな利益を生むことができるのだ。

一八．**素早く金儲けする方法を求めて、オプションや先物に投資しすぎている**　投資家のなかには、変動リスクが大きく価格の安い短期オプションを中心に投資を考える人がいる。短期オプションは満期日という期限があるため所有者に不利に働く。ネイキッドオプション の売り（所有していない株のオプションを売ること）を好む投資家もいるが、小さな利益のために大きなリスクを取っているだけである。

一九．**成り行き注文ではなく指値注文で売買している**　指値注文をしていると、八分の一ポイント（〇・一二五セント）とか四分の一ポイント（〇・二五セント）という細かい数字に気を取られて、より重要な大きな動きに集中することを忘れてしまう。指値注文を使うということは、上昇するはずだった相場を完璧に捕らえ逃したり、大きな損失を避けるために売りたかったのに売れなかった、というリスクを背負うのだ。

二〇．優柔不断になってしまい決断ができない

多くの投資家は、買うべきか売るべきか、そのまま保有するべきかを迷っている。そのような不確かさは判断の指針となる基準を持っていないことを裏付けるものである。たいていの投資家は、正しい道へと導いてくれるような実証された計画や厳しい方針、そして売買のルールなどに従っていない。

二一．客観的な目で株式を選んでいない

多くの投資家がお気に入りの銘柄を選んで、あとは神頼みをする。成功する投資家になるには、希望的観測をしたり自分の感覚に頼るのではなく、マーケットに注意を払う必要がある。マーケットは常に正しいからである。

あなた自身の過去の投資に対する考え方や投資方法に当てはまるものがあっただろうか？根拠のない方針やルールは悪い結果をもたらす。根拠のある方針やルールは良い結果をもたらすのだ。

注意点がこんなにあるのかと気落ちしないでほしい。「弱点を鍛えて強みに変えよう」と言ったロックニーの言葉を思い出すのだ。正しい投資法を習得するには時間と多少の努力は欠か

せないが、結果的にはあなたの費やした一分一秒が価値あるものになる。アメリカという国では、常に新しい優良企業が次から次へと生まれている。自己資金を守るための知識を得て、自信を持とう。そして大化け銘柄を見つけて正しく投資する方法を学ぶのだ。あなたにならきっとできる。

第3部

投資のプロになる

第14章　素晴らしい大化け銘柄の事例

本書の随所で過去の大化け銘柄を数多く紹介し解説してきた。CAN－SLIM投資法の理解を深めていただいたところで、今度はこれらの銘柄をわれわれが実際に投資サービス会社として顧客に提案したり、われわれ自身が買ったりした結果を見ていただきたい。

今自分が人生のどの段階にいようとも、あるいはどのような財政状態にあろうとも、CAN－SLIM投資法を使えば夢をかなえることができるのは明らかだろう。本書や『インベスターズ・ビジネス・デイリー』紙のおかげで何千という数の読者の人生が変わった、という話を見聞きした人もいるかもしれない。それは事実であり強い決断力と夢をかなえる強い意志を持っていればあなたにも起こりうる話なのだ。口座の規模の大小は関係ない。成し遂げると心に決めて、それをかなえるために努力を重ねて、けっしてあきらめないことがカギである。

本章では、CAN－SLIM投資法を使った初期の成功例を紹介する。これ以外にも成功例は多くある。一九五二年以降の素晴らしい大化け銘柄も加えて紹介する。本章をよく研究すれば、ここにあるパターンが時を超えて何度も何度も繰り返し現れることに気がつくだろう。これらのパターンを早く見つけることができるようになれば、多少時間はかかったとしても、将来大きな利益を得ることができるかもしれない。

小口投資ファンドの成長をたどる

一九六一年、私はハーバード・プログラム・フォー・マネジメント・ディベロップメント（PMD）の級友たちとそれぞれ一〇ドルを出し合い、総額八五〇ドルを元手に最初のPMDファンドを始めた。主に娯楽目的だった。まずは各人がファンドの一〇ドルの株を一株ずつ所有することから始めた。当時ナショナル・ニューアーク・アンド・エッセックス銀行に勤務し、後にミッドアトランティック・ナショナル銀行の執行副社長になったマーシャル・ウォルフは、「財務長官」という大変な役を引き受けて、取引記録を残したり級友に情報を提供するだけでなく毎年納税申告をして納税処理まで行っていた。私の仕事は気楽な資金運用だった。

この口座からは実にいろいろなことが学べた。というのも、これほどの少額資金で始めても、信頼できる手法を使い十分な時間をかければ資金を大きく増やせるということを証明しているからだ。一九八六年九月一六日、ファンドを始めて実に二五年後、税金をすべて支払い、ウォルフが一部現金を払い出したあとの口座残高は、五万一六五三ドル三四セントだった。つまり、五万ドル以上の利益を出し、株価を五一八ドルにまで上昇させたのだ。一〇〇〇ドル以下で始めたファンドが税引き後の利益で五〇倍近くに成長した計算だ。

ここに示す売買譜には、これまでに本書で説明してきた基本の投資手法が実際に実行された様子が細かく記されている。

一九六四年までの成功取引は二〇件で、失敗に終わった取引も二〇件と同数だったことに注目してほしい。それでも、平均利益は約二〇％、平均損失は約七％だった。スタンダード・コルズマンやブランズウィックやそのほか数銘柄を損切っていなかったら、その後の大きな下落で損失は膨らんでいたことだろう。この小口現金口座での取引は一度に一～二銘柄までとしていた。増し玉は、基本的に株価が上がったときにだけ行った。

一九六二年は市場の地合いが悪く口座の資金を増やすことができなかった。しかし初めてシンテックスを買った一九六三年六月六日までには、すでに一三九％の利益を記録していた。一九六三年末には、当初の八五〇ドルの投資額から四七四％増まで利益が膨らんだ。

一九六四年はやや精彩を欠いた。一九六五年、一九六六年、一九六七年にはなかなかの利益を出したが、飛躍的な成長を見せた一九六三年には遠く及ばなかった。二〇ページにもなる取引一覧をすべて見せるような退屈なことはするつもりはないので簡単にまとめると、一九六九年と一九七四年が損失で終わっているにもかかわらず、その後一〇年間で資金はさらに増えていった。

PMD ファンドの記録（1961 ～ 1964 年）

株数	銘柄	購入日	購入価格	売却日	売却価格	損益
5	ブリストル・マイヤーズ	1/1/61	64.88	2/21/61	78.75	
7	ブリストル・マイヤーズ	1/4/61	67.25	2/21/61	78.75	149.87
18	ブランズウィック	2/21/61	53.75	3/10/61	68.00	223.35
29	サーテン・ティード	3/10/61	42.13	4/13/61	39.75	(104.30)
24	スタンダード・コルズマン	4/13/61	45.75	6/27/61	45.00	
	スタンダード・コルズマン		45.75	6/27/61	43.38	(82.66)
25	エンデブコ・コープ	4/26/61	13.00	5/25/61	17.50	102.96
10	ロッキード	6/13/61	44.88			
10	ロッキード	6/27/61	46.38			
5	ロッキード	7/25/61	48.50	8/29/61	48.25	7.55
6	クラウン・コルク	9/1/61	108.50			
5	クラウン・コルク	9/1/61	110.00	10/2/61	103.25	(100.52)
20	ブランズウィック	10/11/61	64.25	10/24/61	58.13	
	ブランズウィック			11/1/61	54.00	223.49
3	ポラロイド	10/31/61	206.75			
3	ポラロイド	11/1/61	209.00	2/21/61	180.00	(191.68)
30	コルベット	2/28/62	41.00	3/30/62	47.88	
30	コルベット	4/5/62	52.25	4/13/62	54.25	183.96
10	クラウン・コルク	5/28/62	99.25	5/22/62	97.25	(50.48)
30	ロッキード	6/15/62	41.25	6/2/62	39.75	(81.02)
5	ゼロックス	6/20/62	104.75			
5	ゼロックス	6/25/62	105.25	7/12/62	127.13	190.30
10	ホームステーク・マイニング	7/16/62	59.50	7/24/62	54.25	
10	ホームステーク・マイニング	7/16/62	58.75	7/24/62	54.25	(87.66)
10	ポラロイド	7/31/62	105.00	7/19/62	97.88	(101.86)
30	コルベット（空売り）	10/24/62	21.88	9/28/62	35.13	385.94
10	クライスラー	10/30/62	59.00			
15	クライスラー	11/1/62	60.34	1/15/63	83.63	545.40
15	RCA	1/16/63	62.50			
15	RCA	1/18/63	65.25	2/28/63	62.00	(111.02)
25	コースタル・ステーツ	2/28/63	31.38	3/14/63	32.13	(8.46)
14	クライスラー	2/27/63	92.50			
8	クライスラー	3/14/63	93.00	4/16/63	109.13	300.03
25	コントロール・データ	4/23/63	44.13	5/13/63	49.63	102.55
25	インターナショナル・ミネラルズ	5/6/63	52.88	5/15/63	54.88	11.47
22	クライスラー	5/13/63	54.38	6/10/63	61.75	
25	クライスラー	5/17/63	55.63	6/10/63	61.75	211.30
15	シンテックス	6/11/63	89.25	9/23/63	146.13	
10	シンテックス	8/7/63	114.50	9/23/63	146.13	
15	シンテックス	10/9/63	149.13	10/22/63	225.00	2,975.71
15	コントロール・データ	7/9/63	69.13	7/17/63	67.25	(59.62)
15	RCA	1/8/64	102.02	2/11/64	105.68	53.98
15	RCA	1/9/64	106.19	2/11/64	105.68	(8.49)
15	RCA	1/10/64	107.33	2/11/64	105.68	(25.54)
50	パン・アメリカン	2/17/64	65.53	3/9/64	68.00	123.29
25	マクドネル・エア	3/11/64	62.17	5/11/64	60.00	(54.26)
25	クライスラー	3/12/64	47.88	4/7/64	43.87	(100.35)
25	クライスラー	3/13/64	49.27	4/7/64	43.87	(135.06)
30	クライスラー	3/17/64	50.21	4/30/64	46.08	(123.83)
30	コンソリデーテッド・シガー	3/19/64	49.35	4/20/64	47.25	(62.87)
25	グレーハウンド	4/7/64	55.47	5/1/64	57.63	53.88
20	グレーハウンド	4/8/64	58.55	5/1/64	57.63	(18.52)
15	ゼロックス	4/21/64	95.23	5/1/64	93.00	(33.41)
15	ゼロックス	4/29/64	98.53	5/5/64	95.00	(52.95)
30	クライスラー	5/13/64	52.14	7/8/64	48.75	(101.69)
50	クライスラー	5/13/64	52.32	6/11/64	46.50	(290.79)
50	クライスラー	5/13/64	52.34	6/30/64	49.00	(166.82)
50	セロ・コープ	7/2/64	49.00	9/16/64	56.00	349.51
20	セロ・コープ	7/6/64	50.68	9/16/64	56.00	106.50
50	NY セントラル RR	7/8/64	41.65	11/16/64	49.05	369.89

株数	銘柄	購入日	購入価格	売却日	売却価格	損益
100	ドーム・ペトロリアム	12/28/78	77.00			
20	ドーム・ペトロリアム			2/26/79	97.88	14,226.72
320	1979/6/6に4対1の株式分割			10/17/80	63.00	(3,165.82)
300	フルーア	10/17/80	56.50	2/9/81	48.25	
50	フルーア	10/17/80	56.88			
100	ピック・N・セーブ	6/4/81	55.00			
300	1981/6/29に3対1の株式分割			7/6/82	15.00	(1,094.00)
100	エスペイ・マニュファクチュアリング	11/19/81	46.75	6/8/82	38.00	
50	エスペイ・マニュファクチュアリング	11/19/81	47.00	4/23/82	46.00	(1,313.16)
100	MCIコミュニケーションズ	4/23/82	37.00	8/20/82	36.38	(123.50)
96	MCIコミュニケーションズ	7/6/82	45.50			
	1982/9/20に2対1の株式分割			1/3/83	38.25	2,881.92
200	ピック・N・セーブ	8/20/82	18.50	7/16/84	19.25	3,892.00
45	ヒューレット・パッカード	9/10/82	53.00	8/11/83	82.88	1,307.35
100	ピック・N・セーブ	8/27/82	19.50			
185	ピック・N・セーブ	1/3/83	38.13			
	1983/12/1に2対1の株式分割			2/1/85	23.25	4,115.02
200	プライス・カンパニー	7/6/84	39.25			
326	プライス・カンパニー	2/1/85	53.75			
8	プライス・カンパニー			3/25/85	57.00	
	1986/2/11に2対1の株式分割			6/17/86	49.88	26,489.87
15	プライス・カンパニー			3/20/86	43.25	

相当の利益が出始めたのは一九七八年で、ドーム・ペトロリアムを購入したときだった。この銘柄以降の取引については上の表に掲載されている。

このドーム株以降の取引を見ることで、なぜほとんどの銘柄はいつかは売らなければならないか、という貴重な教訓を学ぶことができる。われわれが七七ドルで買い九八ドル近くで売ったドーム株は、最終的には二ドル以下にまで転落したのだ！

二〇〇〇年と二〇〇一年に歴史は再び繰り返し、CMGIなどのかつて大成功を収めたハイテク銘柄の多くが一六五ドルから一ドルへと下落するようなありさまだった。一九八二年七月六日にピック・N・セーブが一五ドルまで下落して損失を出してしまったが、同銘柄を株価が上昇した一八ドルと一九ドルであらためて買い直したことで大きな収益を得ることができたことにも注目してほしい。あなたもいつかはこのような判断を下す必要に迫られるだろう。売りの判断が間違っていたら、多くの場合、同じ株を株価が上がったところで再び買う必要がある。

アメリカ投資チャンピオンシップ大会

ＣＡＮ－ＳＬＩＭ投資法がいかに効果的かを証明した面白い例がある。われわれの仲間のひとりであるリー・フリーストーンが一九九一年、まだ若い二四歳だったときにアメリカ投資チャンピオンシップ大会に参加したときの話だ。彼はＣＡＮ－ＳＬＩＭを使って二七九％増という結果を出して年間成績二位になった。一九九二年には一二〇％の収益を得て再び二位を獲得した。当時のもうひとりの仲間であるデビッド・ライアンも以前この大会に参加して優勝していたので、フリーストーンは彼のあとを追って同じ投資法を使ったのだ。アメリカ投資チャンピオンシップ大会はつもり売買の競技などではない。本物の資金を使ってマーケットで実際に取引をするのだ。フリーストーンはその後も順調に投資を続け、一九九〇年代の後半にはさらに大きな利益を得た。

この例からも、規律を持ってそれに従っていれば、一九六一～二〇〇九年にわたる市場のあらゆる局面でもＣＡＮ－ＳＬＩＭ投資法が有効だったことが分かったのである。

指針となる、さらなる大化け銘柄

ここからは、大化け銘柄のチャートを厳選して紹介する。これらの銘柄は、一九五二～二〇〇九年にアメリカで最も成功した銘柄の模範例である。これらを注意深く研究し、何度も参照してほしい。今後、このような形の銘柄を探すことを心がけるのだ。株価の下に波打つように推移している細い黒線は、レラティブストレングスラインだ。この線が上昇すると、この銘柄が市場よりも良い成績を出していることを意味する。ここで紹介しているのは買いポイント直前のチャートである。

普通のチャートがたくさん並べられているだけだと侮ってはならない。ここにあるのは、大化け銘柄が大きな上昇を始める直前の、上昇を積み上げていく様子を示したチャートなのだ。チャートはそれぞれ、取っ手付きカップ、取っ手なしカップ、ダブルボトム、平底型、ベースの上のベースの五つのパターンごとに並べられている。

取っ手付きカップ

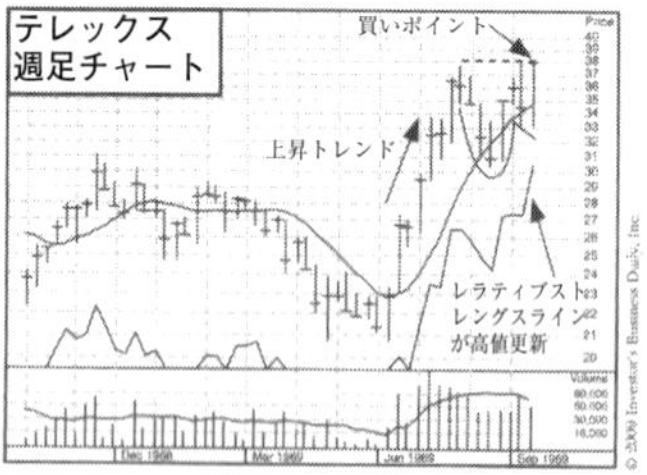

27 週間で 283%上昇

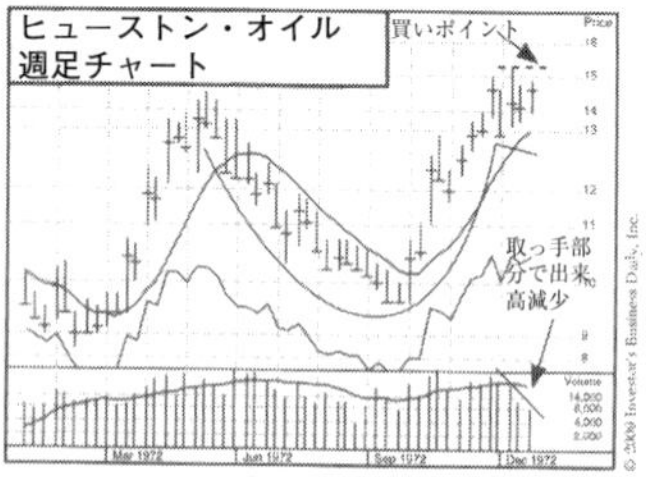

54 週間で 1004%上昇

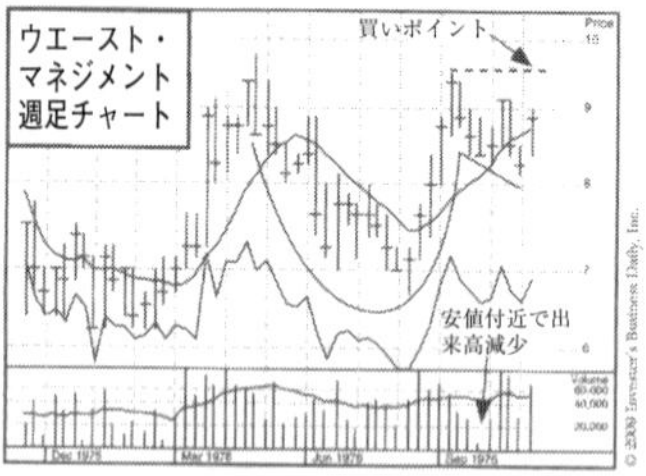

242 週間で 1180%上昇

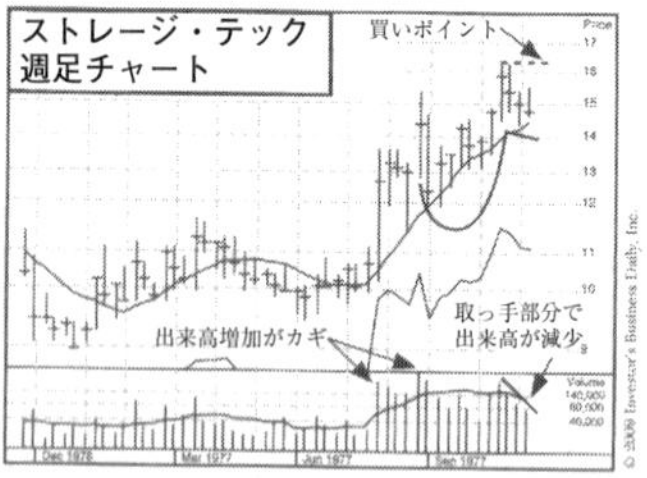

52 週間で 371%上昇

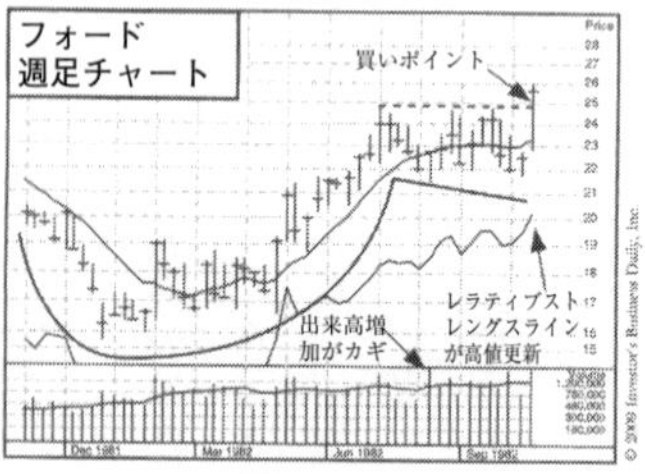

262 週間で 889%上昇

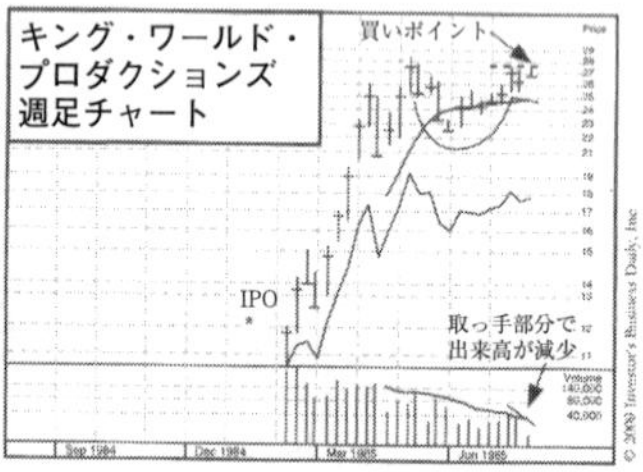

116 週間で 588%上昇

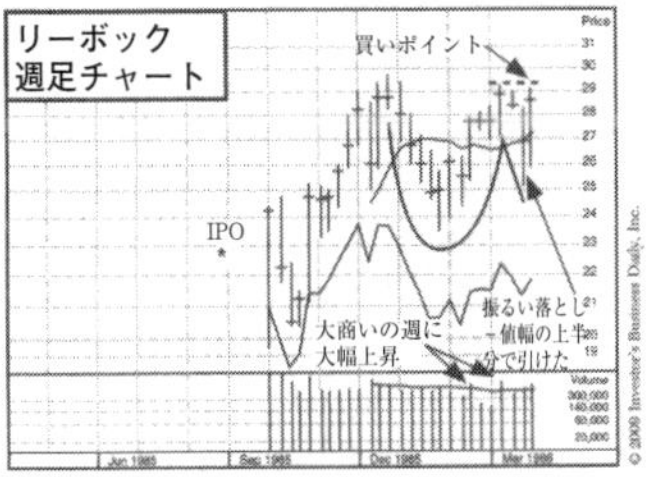

18週間で246%上昇

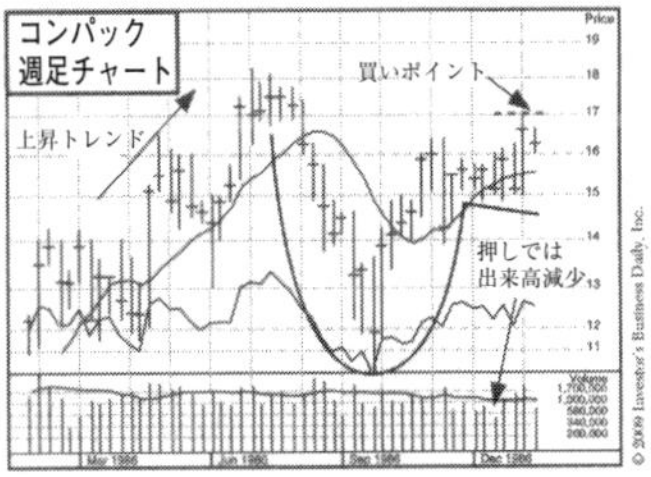

46週間で352%上昇

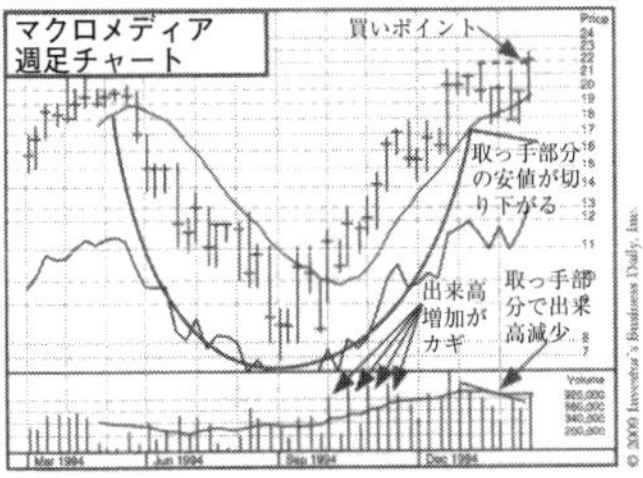

49週間で486%上昇

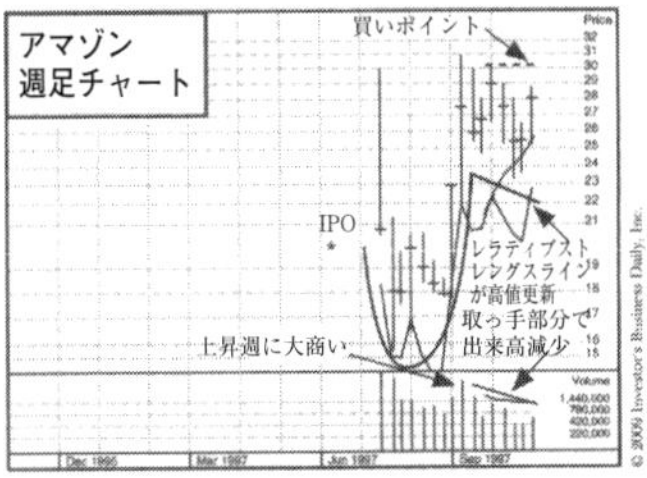

70週間で3805%上昇

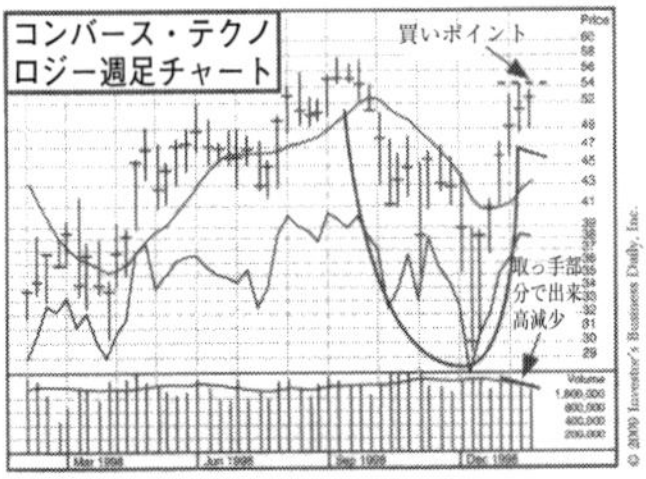

67週間で564%上昇

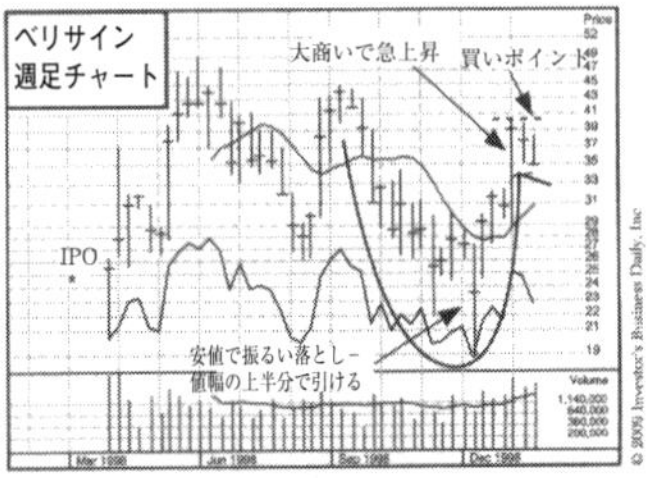

66週間で2250%上昇

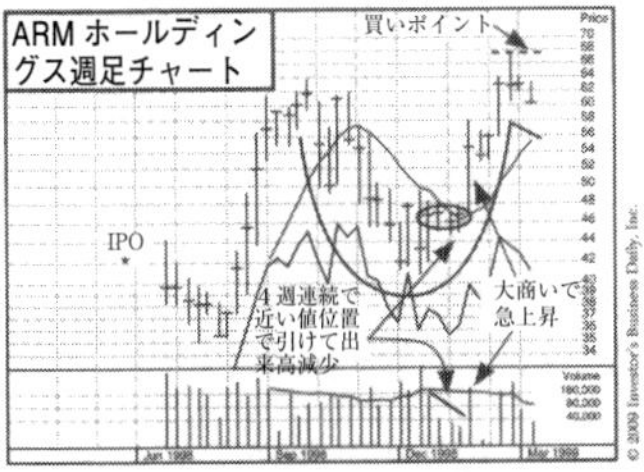

57週間で1385%上昇

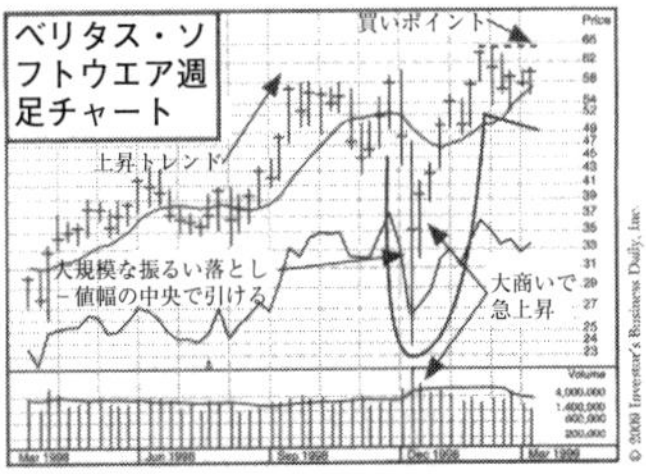

62週間で1097%上昇

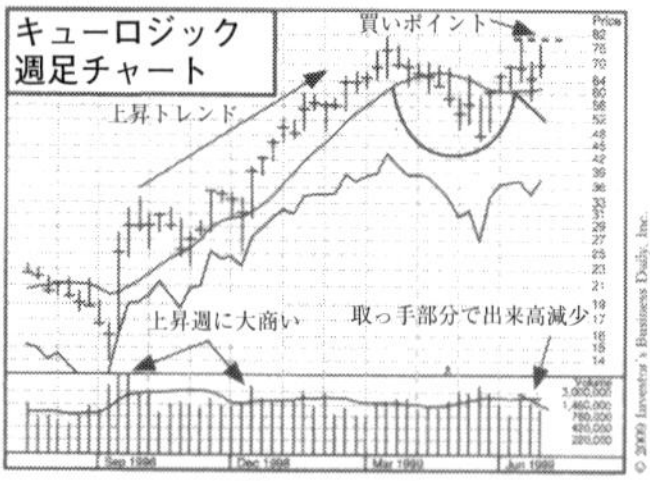

44 週間で 803%上昇

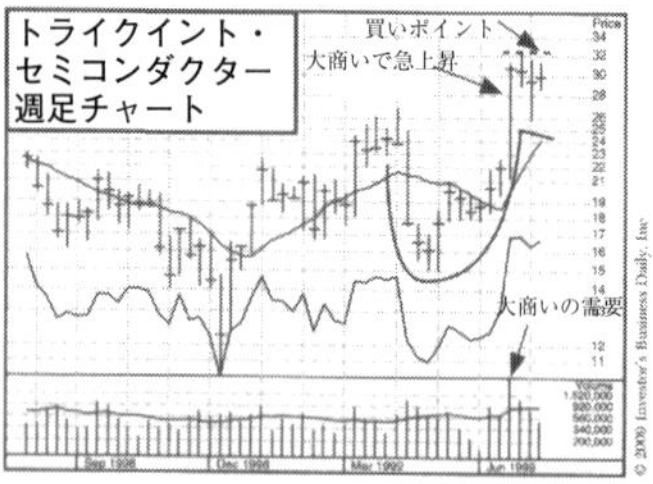

41 週間で 1078%上昇

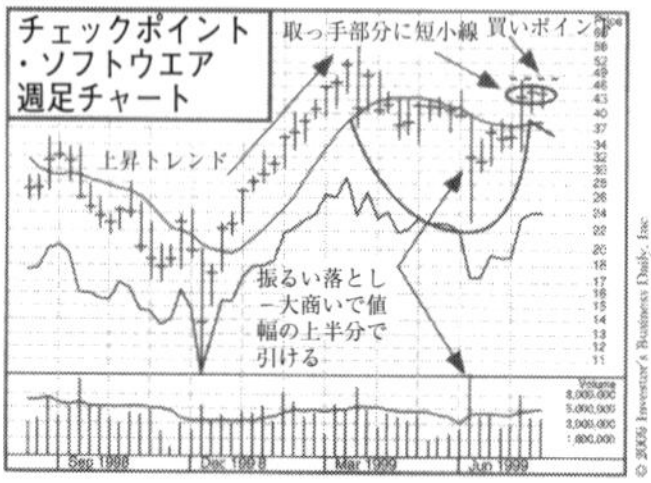

40 週間で 1104%上昇

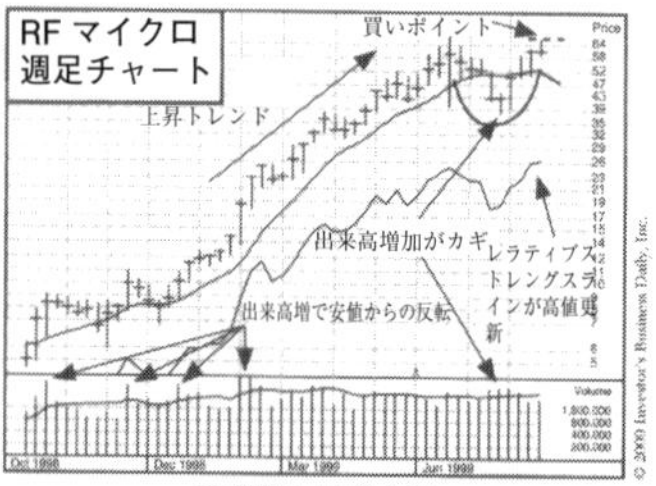

36 週間で 444%上昇

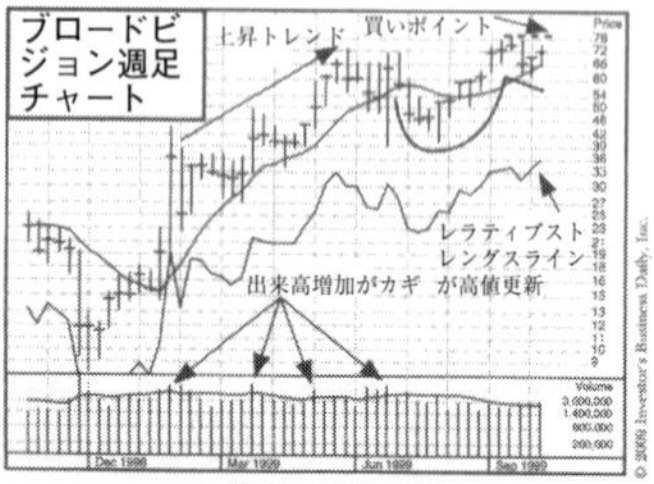

30 週間で 823%上昇

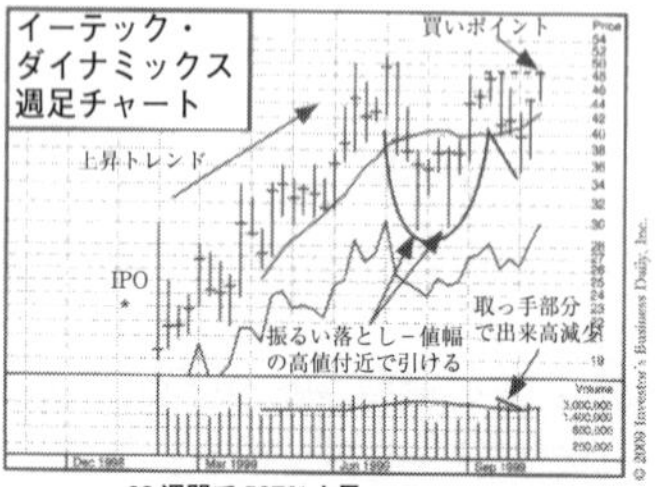

28 週間で 507%上昇

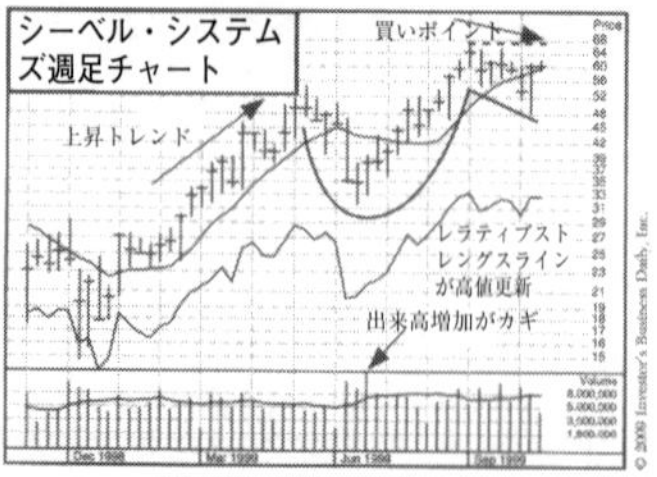

28 週間で 466%上昇

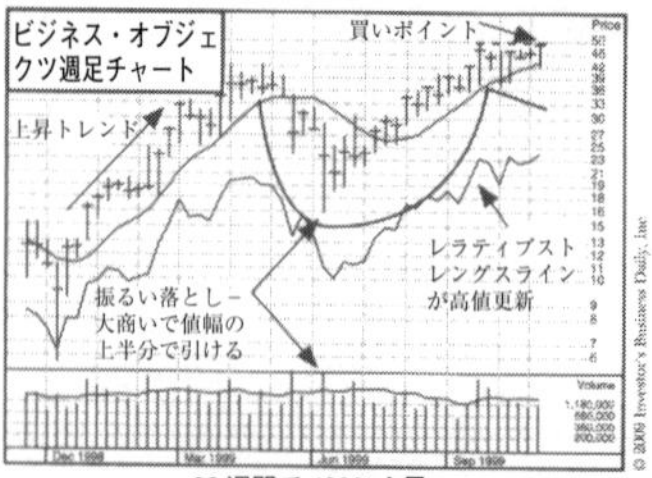

26 週間で 480%上昇

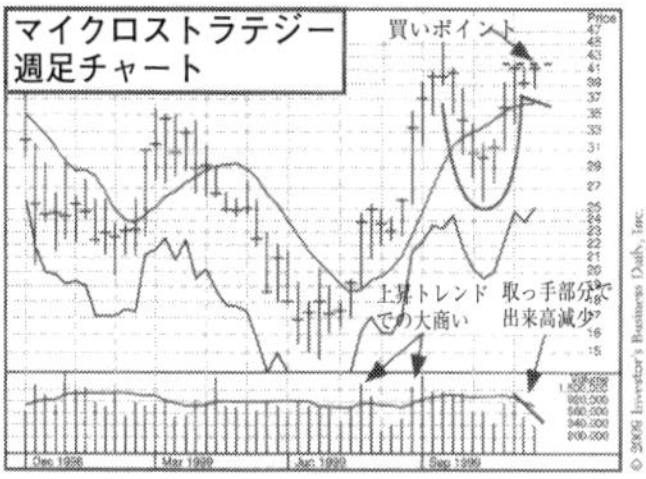

24週間で1414%上昇

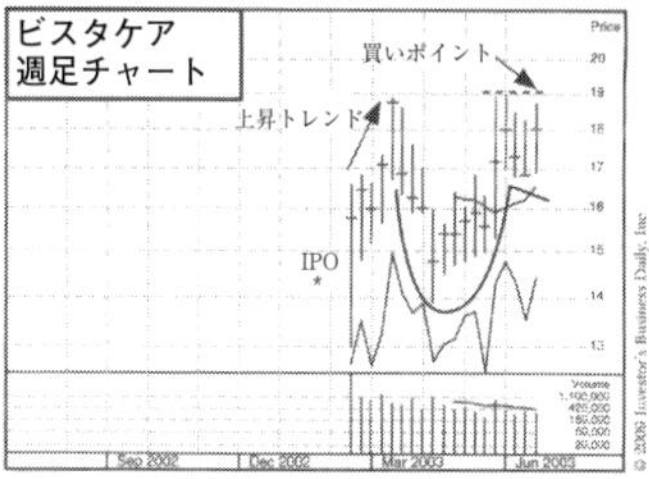

31週間で115%上昇

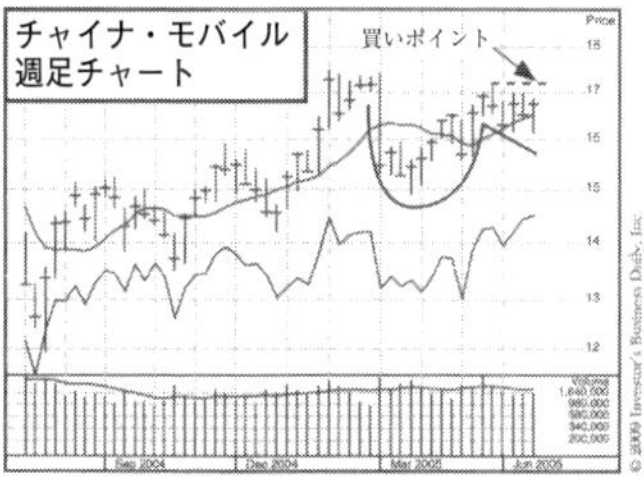

131週間で484%上昇

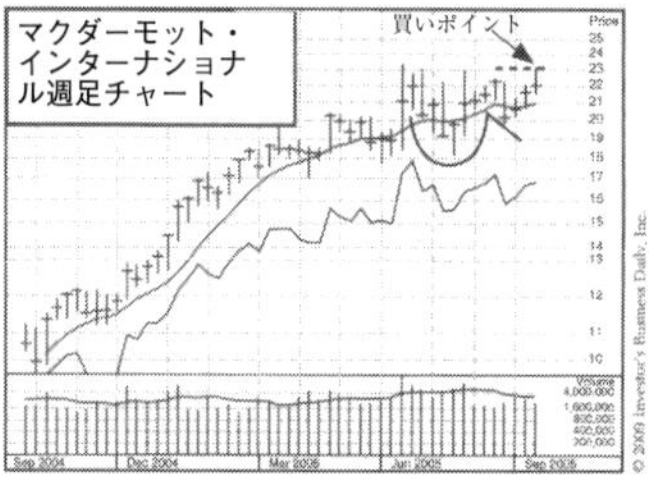

128週間で703%上昇

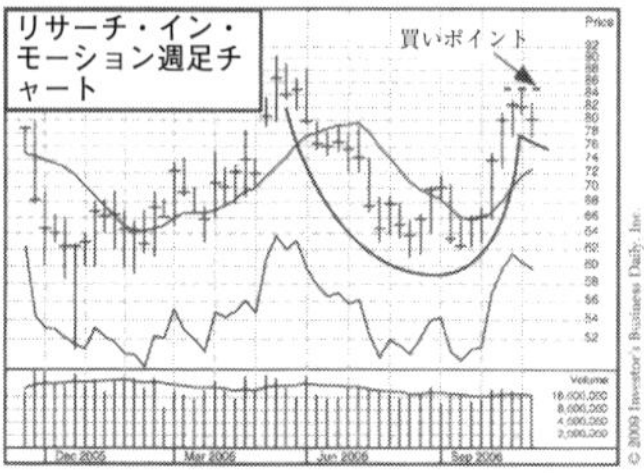

60週間で382%上昇

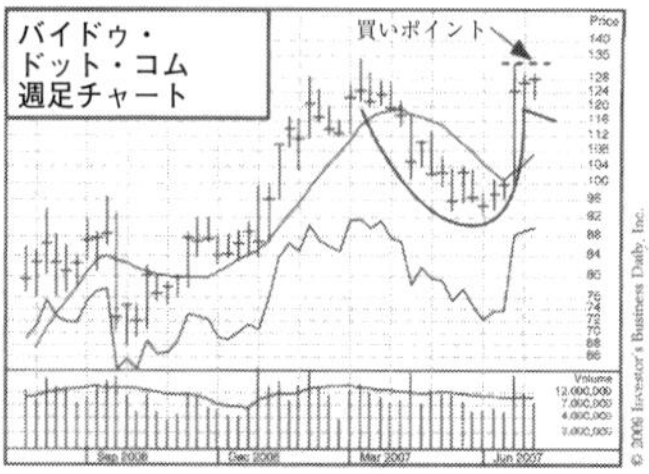

25週間で225%上昇

取っ手なしカップ

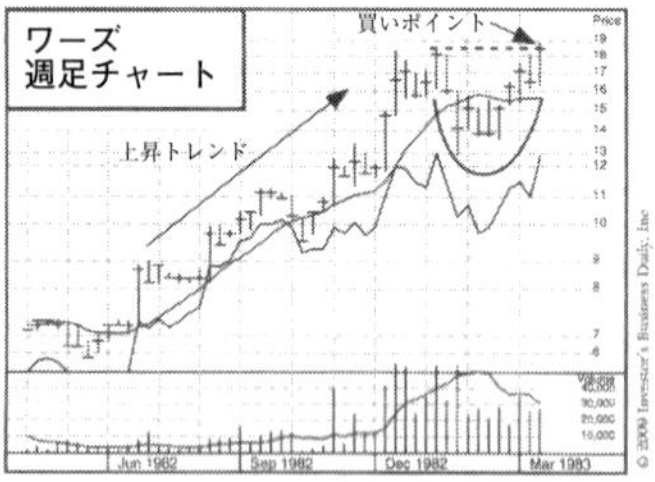

38 週間で 267%上昇

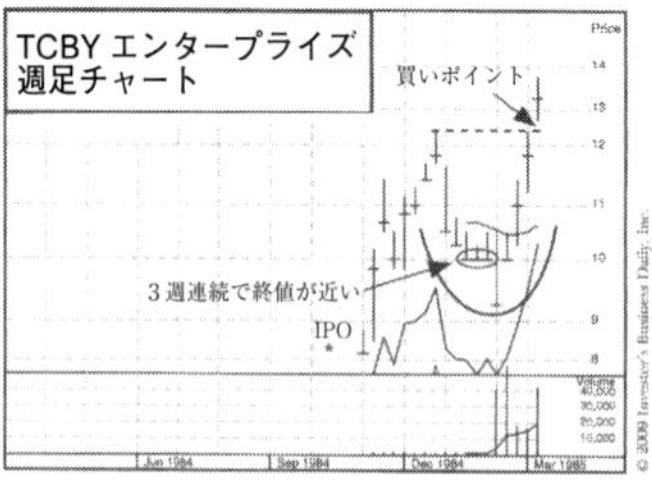

77 週間で 2189%上昇

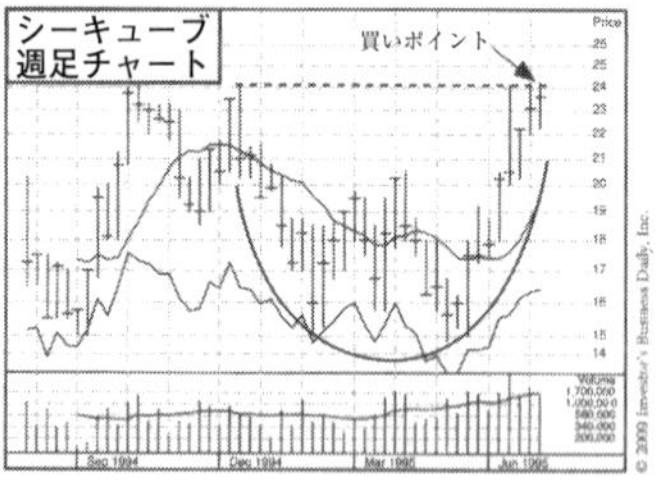

41 週間で 509%上昇

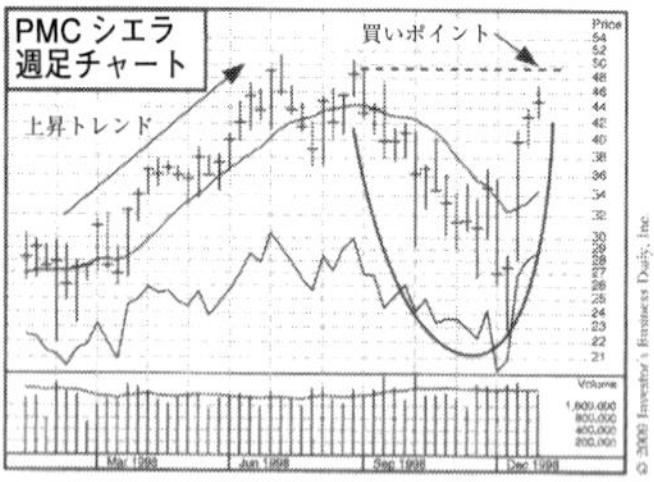

70 週間で 1949%上昇

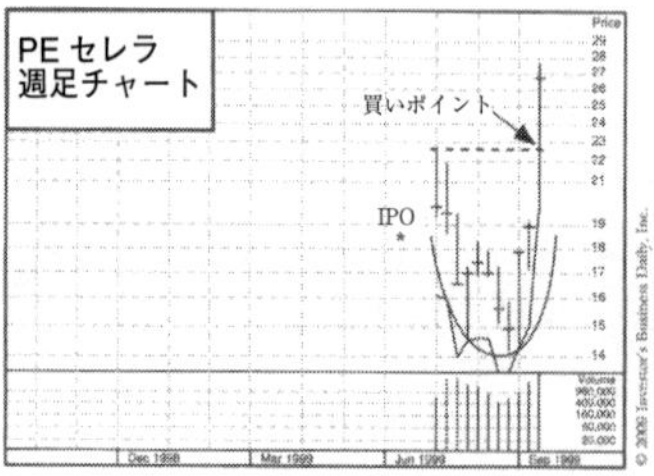

32 週間で 2281%上昇

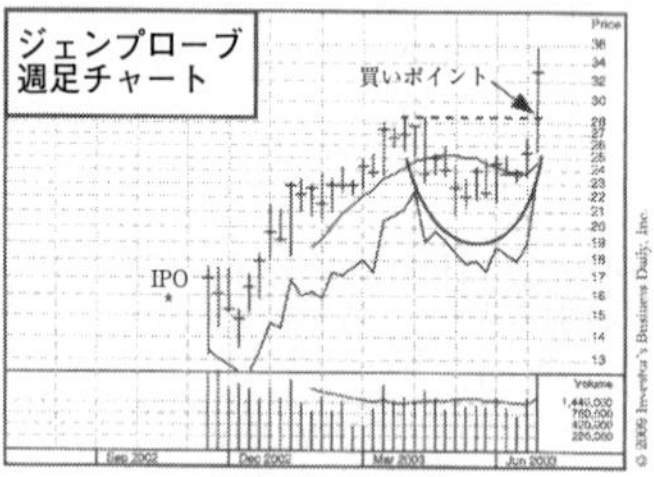

20 週間で 122%上昇

ダブルボトム

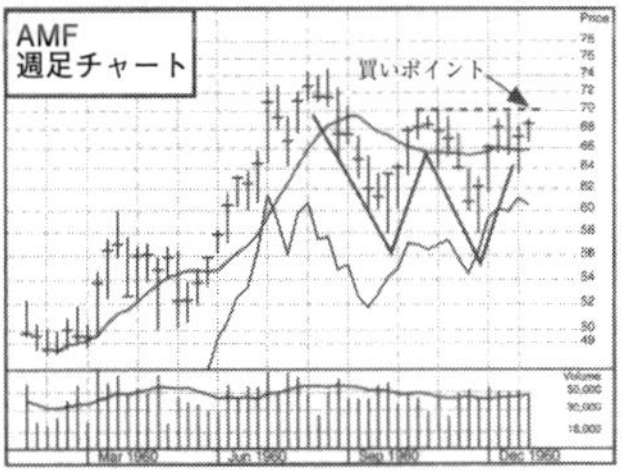

23週間で82%上昇

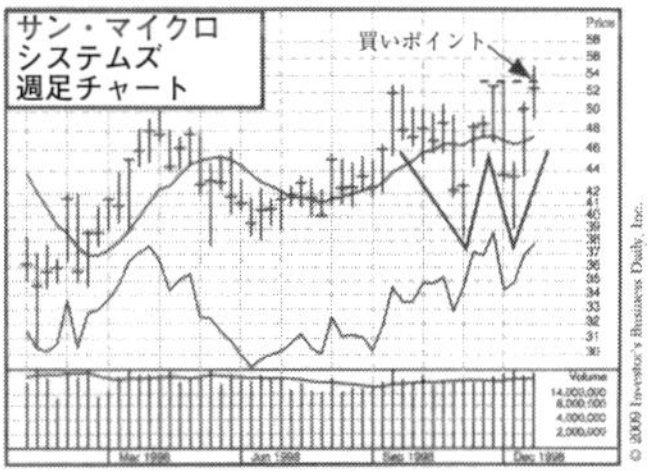

74週間で701%上昇

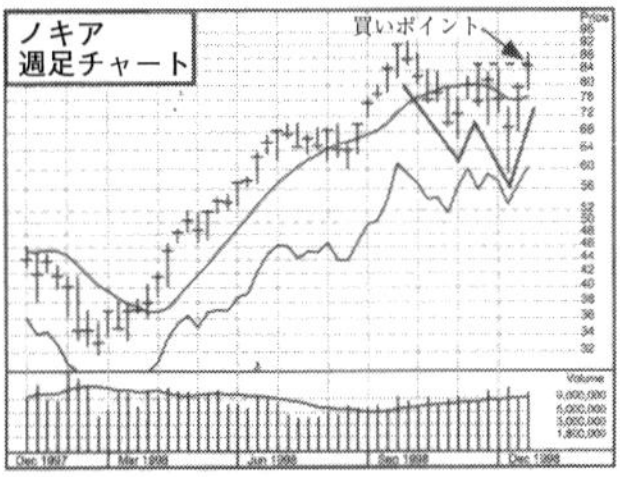

87週間で486%上昇

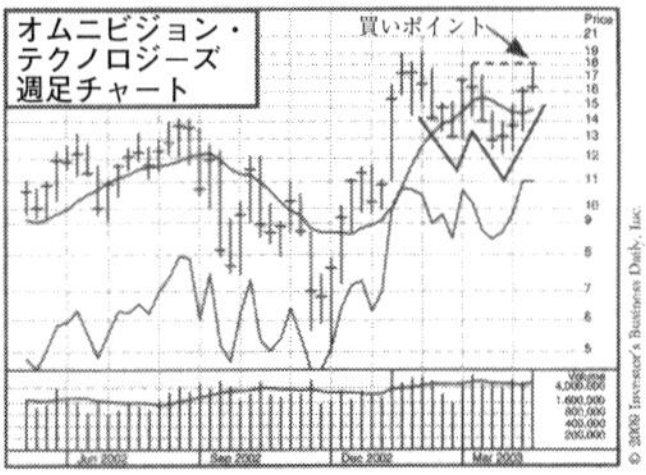

39週間で256%上昇

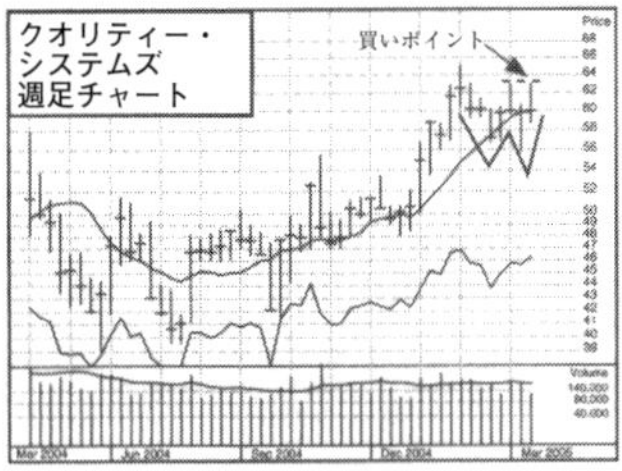

44週間で177%上昇

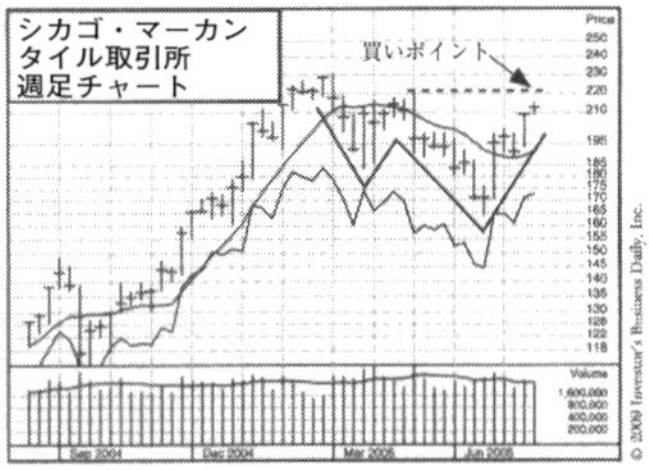

132週間で208%上昇

平底型

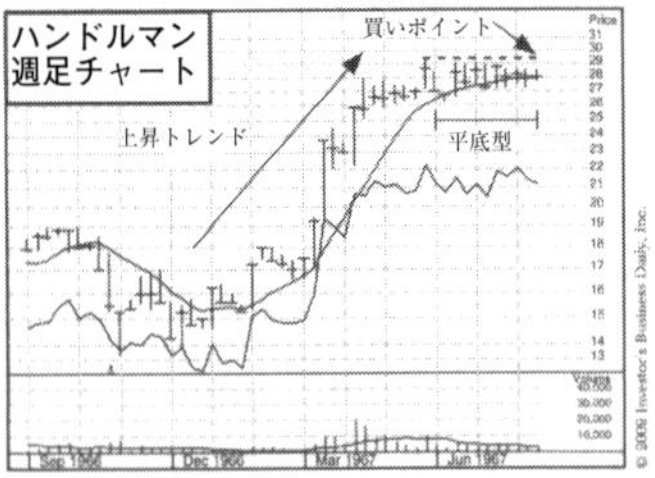

139 週間で 328%上昇

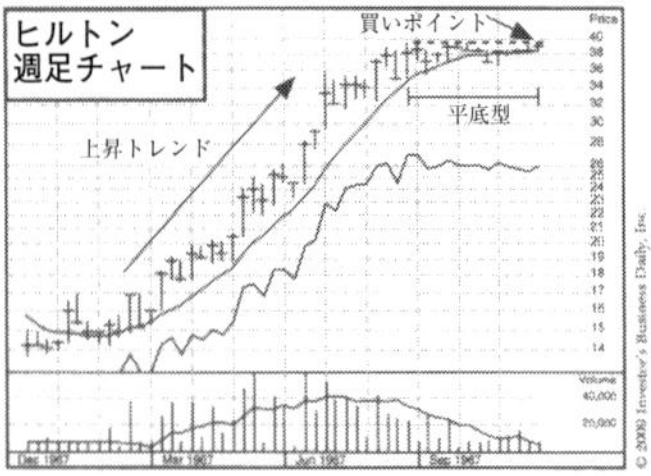

60 週間で 232%上昇

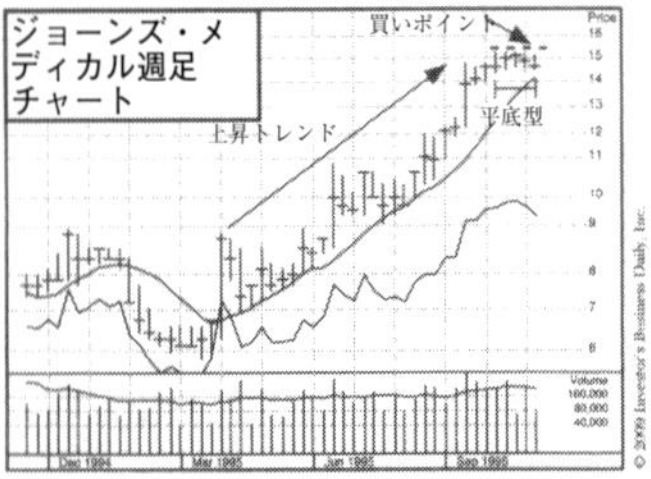

36 週間で 447%上昇

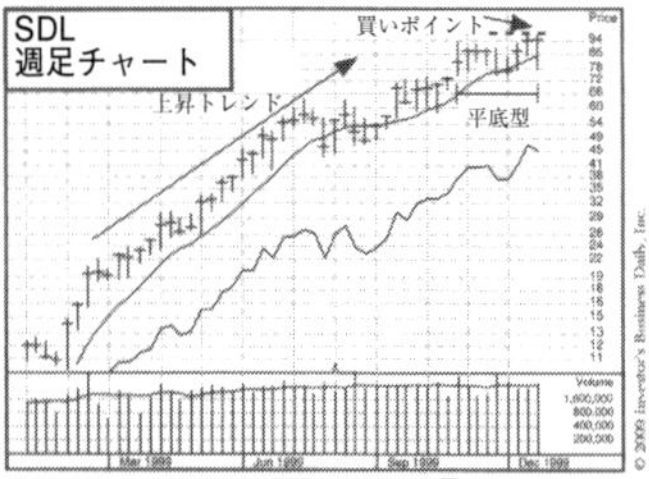

39 週間で 814%上昇

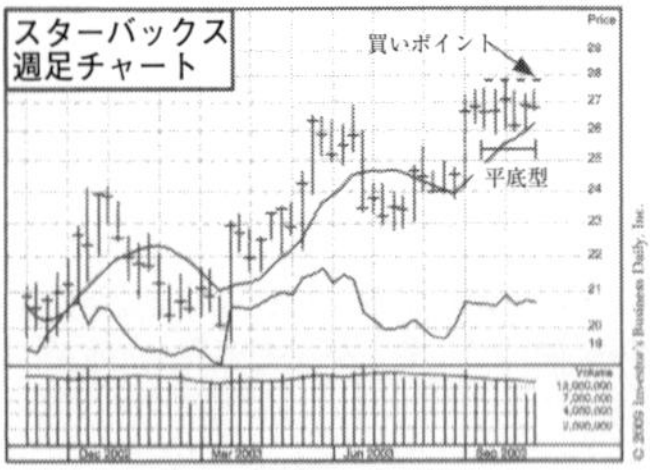

70 週間で 126%上昇

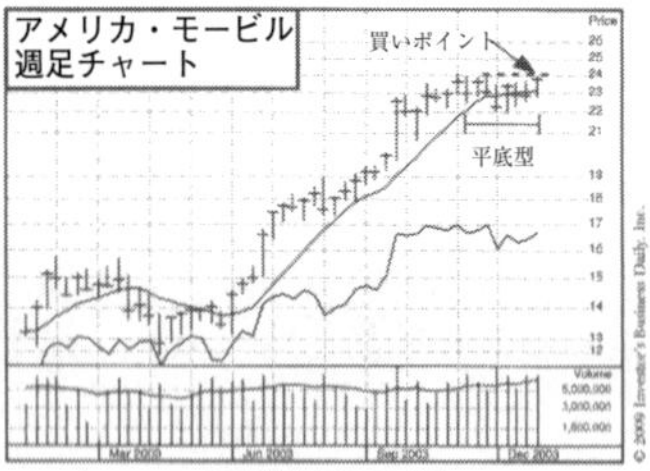

205 週間で 730%上昇

ベースの上のベース

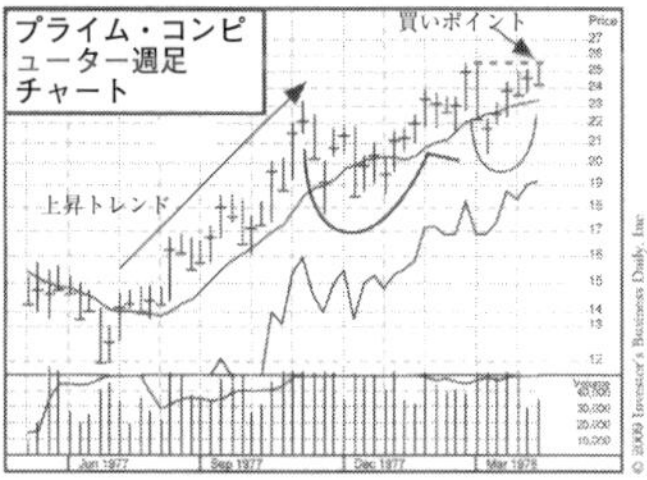

169 週間で 1564%上昇

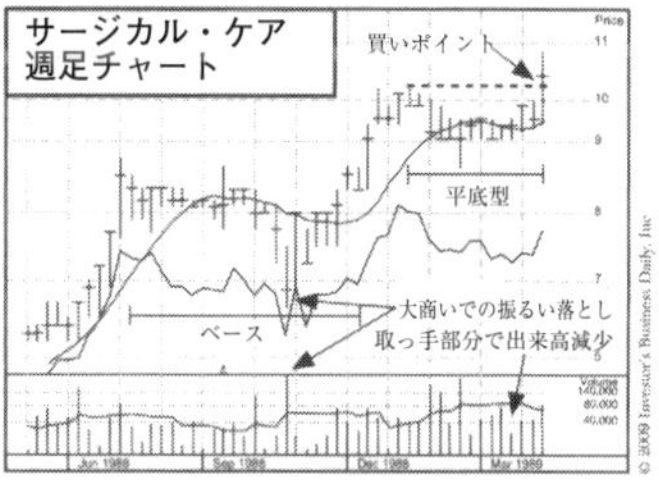

150 週間で 1632%上昇

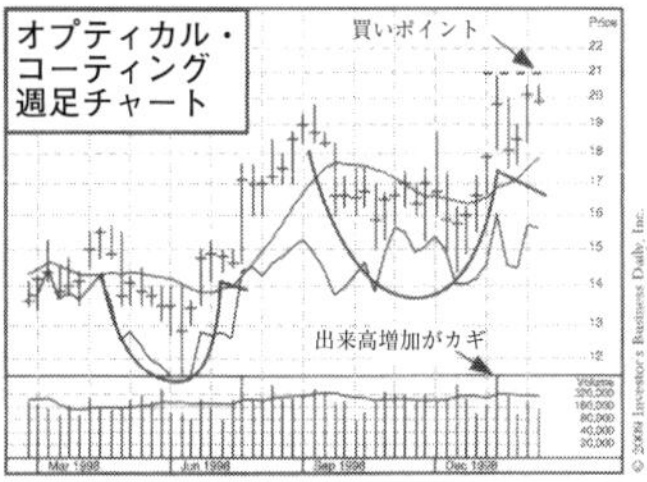

58 週間で 1957%上昇

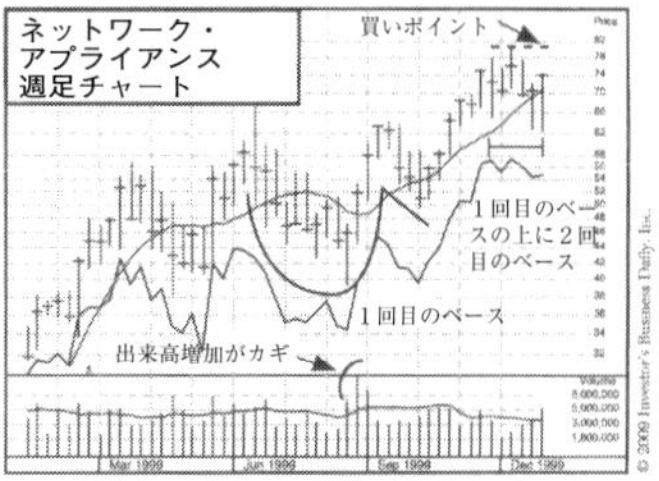

18 週間で 517%上昇

第15章　最高の業界、業種、川下業種を選ぶ

マーケットを牽引する主導銘柄の大部分は、同じくマーケット全体を牽引する業種に所属している。株価の動向の三七％が、その銘柄が所属する業種の調子に直接関連していることが調査で分かっている。また株価の動向の一二％は、その銘柄が属する業界全体の強さに関連している。つまり、株価の動きの半分がその二つの要素の強さによって決まるということだ。相場サイクルごとに主導権を握る業種が変化することからも、株を買う前にその銘柄の業種について調べてみることがいかに大切かが分かるだろう。

本題に入る前に、本章で使う「業界」「業種」「川下業種」という三つの用語について説明する。「業界」とはセクターとも呼ばれ、企業やその業種の総称である。例えば、基幹産業（または市況産業）、消費者製品、消費者サービス、運輸、金融、ハイテクなどがこれにあたる。「業種」とは、業界よりも細かく分類された特定の企業が集まった産業グループで、一つの業界には通常複数の業種が存在する。「川下業種」はサブグループとも呼ばれ、業種をさらに特定した分

野に細分化したものだ。

バイアコムを例にとると次のようになる――業界は余暇と娯楽、業種はマスコミ、川下業種はラジオとテレビといった具合だ。明確性と利便性を高めるために、一般的に業種と川下業種は一組にして表示し、それをまとめて「業種グループ」と呼ぶことにする。例えば、バイアコムの業種グループは「マスコミ――ラジオとテレビ」となる。

一九七の業種グループを追跡する理由

スタンダード＆プアーズなどが定める業種グループの数は比較的少ないが、『インベスターズ・ビジネス・デイリー』紙では一九七の業種グループに銘柄が分類されている。それは一体なぜだろうか？　答えは非常に簡単だ。ある業界に所属するすべての銘柄が同じ速さで業績を上げるわけではないからだ。仮にほかの業界を上回る成績を上げている業界だとしても、そのなかには突出した成績を出している業種もあればマーケットの足を引っ張っている業種もある。その業界のなかでどの業種グループが最高の成績を上げているのかを見分けることはとても重要である。この知識があるかないかが、優れた結果を出せるか、それともそこそこの結果に終わるのかの分かれ道になるかもしれないからだ。

以前われわれはマーケットの研究をしているときに、当時提供されていた投資サービスの多くがマーケットを十分に細かい業種グループに分類していないことに気がついた。そのため、真の主導企業がグループのどの部分に属しているのかを判断するのが難しかったのだ。そこで、われわれは独自の業種グループを考え出し、マーケットを一九七の異なる業種グループに分類した。そして投資家に、より正確で詳細な業種の構成情報を提供したのである。例えば、医療業界は病院経営、後発医薬品、歯科、在宅看護、遺伝学、バイオ技術、保険維持機構、さらに近代特有の分野などに分けられる。

マーケットを先導する業種グループを見極める方法

われわれが業種を分析していると、規模があまりにも小さくてそのグループの強さがあまりマーケットに影響を及ぼさないことがあることに気がついた。一つの川下業種に出来高の少ない零細企業が二社しかなかったら、それをグループとして考えるには十分ではない。一方で、化学産業や貯蓄貸付産業などのように、一つの業種に多すぎるほどの企業が存在する場合もある。このような過剰な供給は、極めてまれな産業条件の変化が何かしら起こらないかぎり、その産業の魅力を増す要因にはならない。

先ほど触れた一九七の業種グループは『インベスターズ・ビジネス・デイリー』紙の平日版に掲載されている。それぞれの川下業種を六カ月間の株価動向によって格付けし、どの川下業種がマーケットを牽引しているのかを簡単に判別できるようになっている。過小評価された「バリュー株」を探し求める投資家は、最低評価の集団から銘柄を選択したがる。だが、われわれの分析結果が示すところでは、平均すると上位五〇や上位一〇〇の業種グループに所属する銘柄のほうが、下位一〇〇グループの銘柄よりも良い成績を出している。銘柄選択を上位二〇グループに絞り、下位二〇グループを避けるようにすれば、最高の業界に所属する最高の銘柄を見つけだす確率が上がるはずである。

『インベスターズ・ビジネス・デイリー』紙とデイリー・グラフ・オンラインのチャートサービスは、どちらも付加価値のある独自情報を提供しており、購入を考えている銘柄が上位業種グループに所属しているかどうかを判断する材料を提供している。調査対象である公開企業のそれぞれに最高値のAプラスからEまでの各評価を与えるのが「業種グループ別レラティブストレングス指数」（Industry Group Relative Strength Rating）である。Aプラス、A、Aマイナスなどの A評価は、その企業が所属する業種グループが、株価の動きという観点から見てすべての業種グループの上位二四％に入っていることを意味する。

毎日、私は『インベスターズ・ビジネス・デイリー』紙の「高値更新銘柄」（New Price High）一覧表をざっと確認する。これは本紙独自の編成で、前日に新高値を付けた銘柄数の最も多かった業界順に並べられている。この一覧表はほかのビジネス紙にはない。強気相場では特に、上位六～七に入る業界を覚えておくだけで十分だ。ここに真の主導銘柄のほとんどが入ってくるからだ。

どの業種グループが支持されているか、あるいは支持されていないかを見極めるもう一つの方法は、投資信託の業界別の成績を分析することだ。アメリカで最も成功している投資信託運用会社の一つであるフィディリティ・インベストメンツは、三五種類以上の業種別投資信託を運用している。その成績を見れば、どの業界がより優れているかが分かる。フィディリティの業種別ファンドのうち年初来高値を更新しているファンドを二～三覚えておくと有益である。この情報も『インベスターズ・ビジネス・デイリー』紙の平日版に小さく一覧表示されている。

ウィリアム・オニール・アンド・カンパニーは機関投資家の顧客向けに、「データグラフ」というサービスを毎週提供している。これは一九七の業種グループを過去六カ月間の業種別レラティブストレングスの高い順に並べたものだ。上位に分類される銘柄は「オニール・データベース」という冊子の第一巻に、そして下位集団は第二巻に収録される。

『ウォール・ストリート・ジャーナル』紙をはじめ、事実上すべての日刊紙が平日版の主要な株価一覧表に掲載する企業数を大幅に減らしたり、各銘柄に関する重要かつ役立つ情報を大幅に減らしている。しかし『インベスターズ・ビジネス・デイリー』紙だけはその流れの逆を行く。

本紙の株価一覧表には、三三種類の主要業界が最も強いものから最も弱いものへと業績順に並べられている。その業界には、医療、小売り、コンピューターソフトウエア、消費者関連、電気通信、建設、エネルギー、インターネット、銀行などが含まれている。各業界ともNYSE（ニューヨーク証券取引所）とナスダックの銘柄を統合し、数ある重要な情報が数値として合わせて掲載されている。読者はそれを基に、各業界で購入可能なすべての銘柄を比較して、どれが最高の業種に所属する最高の銘柄なのかを見極めることができる。

さらに本紙には、株価一覧表に掲載された二五〇〇の主導銘柄に関して、二一種類の実証済みの重要情報が毎日提供されている。これはアメリカに存在する日刊紙のなかでも随一である。その二一種類の情報とは、以下のようなものである。

一．一～九九の数値で示された全体の総合評価（九九が最高値）

二．直近2四半期と過去三年間の成長を残りの全銘柄と比較したEPS（一株当たり収益）の増加率――例えば、九〇とあったら当該企業が全銘柄の九〇％よりも良い業績だったことを意味する

三．過去一二カ月の株価の変化を残りの全銘柄の株価と比較したレラティブストレングス指数――EPSとレラティブストレングス指数の両方が八〇以上ならば優秀な企業と考えられる

四．売り上げ増加率、利益率、およびROE（株主資本利益率）を残りの全銘柄と比較した評価

五．過去一三週間の機関投資家による買い集めや売り抜けの程度を株価と出来高の公式を使って計る非常に正確な本紙独自の買い集め・売り抜け指数――Aは大量買い、Eは大量売りを示している

六と七．出来高が過去五〇日間の一日の平均出来高と比べてどの程度の割合で増減したかを示す出来高割合の変化と当日の出来高

八と九．各銘柄の業界全体の現在および最近の相対的な業績

一〇～一二．過去五二週間の高値、終値、および前日との価格差

一三～二一．ＰＥＲ（株価収益率）、配当利回り、前年にその企業が自社株買いをしたか、オプション取引ができるか、四週間以内に企業の収益率が発表されるか、株価が一ポイント以上上昇したり高値を更新したか、株価が一ポイント以上下落したり安値を更新したか、過去八年間にＩＰＯ（新規株式公開）をしたか、ＥＰＳ増加率とレラティブストレングス指数が八〇以上か、その企業に関する記事がInvestors.com に掲載されているか

『インベスターズ・ビジネス・デイリー』紙は他紙よりも多くの銘柄を追って重要な情報を提供するだけではなく、表がとても大きく読みやすい構成になっている。

二〇〇九年二月現在は医療業界が一位を付けている。これらの評価は、何週間、何カ月と時

の経過とともに、マーケットを取り巻く環境や報道、そして情報などの変化に合わせて修正されていく。新米熟練問わず、真剣に取り組む投資家にとってこれは重要で関連性の高い情報であり、競合紙を何光年ものはるか先まで突き放す優れたものだと、私は確信している。

二〇〇八年にウォール街や大都市の銀行業界から端を発したリーマンショックのときも、本書のような書籍および通信講座や全国各地で開催した一〇〇〇回以上のセミナーや研修会、さらに『インベスターズ・ビジネス・デイリー』紙などを通じて、われわれはアメリカ国民に最新の信頼できる教育と支援、そして指針を提供してきたと自負している。投資の世界はとても複雑で、このような情報なしに生き抜くのは難しい。残念ながら政府や投資関係者の大半がこの重要な分野の扱いに失敗したようだ。

業種のトレンドに従う重要性

もし一九七〇年の時点で住宅業界の改善期と建築業界の大きな方向転換が将来訪れると知っていたら、あなたは建築業界のどの銘柄を選んだろうか？　その建築業界の銘柄一覧表を入手していたとしたら、当時そこには何百という企業が名を連ねていたことが分かる。では、そのなかからどうやって最高業績の銘柄を選べばよいのだろうか？　その答えは、業種グループおよび川下業種ごとに見ていくことにある。

一九七一年の強気相場のとき、建築業界には一〇種類の業種グループが投資家の検討対象として存在していた。それは、建築ブームから利益を得る投資戦略が一〇通り考えられたことを意味している。当時の多くの機関投資家が、製材業者のジョージア・パシフィックや壁板業の第一人者U・S・ジプサムから建材大手のアームストロング・コーポレーションまで、ありとあらゆる銘柄を購入した。それ以外にも配管業のマスコや、住宅メーカーのカウフマン・アンド・ブロード、スタンダード・ブランズ・ペイントやスコッティーズ・ホーム・ビルダーズなどの建材の小売業者や卸売業者、抵当保険を扱うMGICなどもあった。さらに移動住宅や低価格住宅のメーカー、空調装置の供給業者、家具やカーペットのメーカーや販売業者なども購入していた。

一九七一年に典型的な建築関連の銘柄がどのような価格で取引されていたかを知っているだろうか？　これらの銘柄はその年、全業種グループの下位半分に停滞していた。しかし、同じ時期に新しく生まれた建築関連の川下業種は株価を三倍に上昇させたのだ！

移動住宅が業種グループの上位一〇〇に食い込んできたのは、一九七〇年八月一四日で、一九七一年二月一二日に下位の仲間入りをするまでそこにとどまっていた。その後一九七一年五月一四日にこのグループは上位一〇〇に舞い戻り、翌年の一九七二年七月二八日に再び下位に転落した。その前の相場サイクルのときも、移動住宅は一九六七年一二月に上位一〇〇に入り、次の弱気相場の間だけ下位グループへと転落していた。

この好調期の移動住宅銘柄の株価上昇は、非常に魅力的だった。レッドマン・インダストリーズは株式分割調整後、六ドルから五六ドルへと急騰し、スカイラインは二四ドルから株式分割前の価格で三七八ドル相当へと上昇した。このような銘柄は、チャートの読解術を学び独自に勉強を重ねていけば見つけることができるようになる。

一九七八～一九八一年の間はコンピューターが業界を先導する業種として仲間入りした。だが、当時多くのマネーマネジャーたちが、この業種はＩＢＭ、バロース、スペリー・ランド、コントロール・データのような企業のみで構成されていると考えていた。だがこれらの企業はすべて巨大なメーンフレームコンピューターの製造業者ばかりで、このときの相場サイクルでは業績を伸ばすことはできなかった。その理由は何だろう？　コンピューター業界は確かに好調だったが、そこに所属するメーンフレームコンピューターのような古い業種グループは不調だったからだ。

同じ時期に、コンピューター業界に新しく生まれた川下業種は、信じられないほどの好業績を残した。この時期、ミニコンピューター（プライム・コンピューターなど）、マイクロコンピューター（コモドール・インターナショナルなど）、グラフィック（コンピュータービジョンなど）、文書処理（ワング・ラボラトリーズなど）、周辺機器（バーベイタムなど）、ソフトウエア（カリナン・データベースなど）、時間共有（エレクトロニック・データ・システムズなど）らの業種グループから、この業種でも新しくてあまり知られていない銘柄を選ぶことができた。これらの新しい成長企業の株価は五～一〇倍も上昇した（これがCAN－SLIMの「新しい」押さえどころだ）。政権が企業や国民を本気で抑制しようとしないかぎり、アメリカの投資家や革新家たちが息絶えることはないだろう。

一九九八～一九九九年の間にはハイテク業界が再び先導し、コンピューター関連の五〇～七五銘柄が一年以上の間ほぼ毎日『インベスターズ・ビジネス・デイリー』紙の高値更新銘柄一覧でトップの座を譲らなかった。あなたが注意深く観察していて、探すべきポイントを押さえていたならば、このような銘柄を見つけていたに違いない。企業向けソフトウエアの業種ではシーベル・システムズ、オラクル、ベリタスらが、そしてローカルネットワーク関連ではブロケードやエミュレックスが新たな先導銘柄となった。コンピューターのインターネット関連グループでは、シスコ、ジュニパー、B・E・A・システムズが人気を得て、メモリー関連ではEMC、ネットワーク・アプライアンスが著しい上昇を見せた。その間の一九九九年、これまで先導していたパソコン業種グループは出足が遅れていた。これらの主導銘柄は著しい上昇を演じたあと、そのほとんどが二〇〇〇年に天井を付け、マーケット全体もそれに続くかのように天井を付けた。

それ以降も多くの新しい川下業種が生まれた。そしてこれからも新たなテクノロジーが発明、応用されていくなかで、より多くの川下業種が生まれることだろう。われわれはコンピューター、世界規模の通信、そして宇宙探査の時代に生きている。新たな発明や技術が幾千もの新しい、そして優れた製品やサービスを生み出すだろう。最初のメーンフレーム業種から進化した独創的な派生物が作り出す終わりなき成長の流れにわれわれは乗り、そこから利益を得ているのだ。一時は新たな業種があまりにも早く派生するものだから、データベースの業種分類をかなり頻繁に更新しなければ間に合わないほどだった。

アメリカの自由起業体制に「不可能」という言葉はない。初めてコンピューターが発明されたとき、コンピューターの銘柄は二つしかなく、しかもそのうちの一つは政府が買うことになるだろうと、専門家は考えていたのだ。そしてデジタル・イクイップメントの社長も、コンピューターを人が自宅で使いたがる理由など考えられない、と発言している。アレクサンダー・グラハム・ベルが電話を発明したとき、彼は生活が苦しかったのでウエスタン・ユニオンの社長に電話の所有権を半分譲ると申し出たのに、「そんなオモチャでいったい何ができるんだ」と取り合ってもらえなかったという。ウォルト・ディズニーは、会社の取締役会の役員であった兄と妻に、ディズニーランド建設を猛反対されていた。

二〇〇三～二〇〇七年の強気相場では、アメリカ・オンラインとヤフーという一九九八～一九九九年の最上位の二銘柄がその地位を追われ、代わりにグーグルやプライスライン・ドット・コムなどの新しい革新的な企業が同業種を牽引し始めた。新しい相場サイクルになると必ず生まれる新しい主導銘柄を常に把握しなければならない。これは歴史が裏付ける事実である――強気相場を主導する八銘柄中一銘柄のみが次の強気相場まで生き残り、再び主導銘柄になれる。

マーケットは少しずつ新リーダーを変えながら進化し、それによってアメリカは成長を続ける。そしてそのような新たな企業があなたがた投資家に新たなチャンスを与えてくれるのだ。

過去の業種と未来の業種

ある時代ではコンピューターや電子銘柄がほかをしのぎ、またある時代には小売りやディフェンシブ銘柄が目立った成績を残す。ある強気相場で先導した産業は、だいたい次の強気相場では消えているのが普通だが、これには例外もある。強気相場の後半に台頭した業種グループは、業種自体の成長段階が早熟なため、弱気相場を乗り切って新たな強気相場が始まったときに先頭を切って上昇を再開することがある。

以下に示すのは、一九五三～二〇〇七年の各強気相場を牽引した業種グループである。

一九五三～一九五四年　航空宇宙、アルミニウム、建築、製紙、鋼鉄
一九五八年　ボーリング、電子、出版
一九五九年　自動販売機
一九六〇年　食品、貯蓄貸付、タバコ
一九六三年　航空

一九六五年　航空宇宙、カラーテレビ、半導体
一九六七年　コンピューター、複合企業（コングロマリット）、ホテル
一九六八年　移動住宅
一九七〇年　建築、石炭、石油サービス、外食、小売り
一九七一年　移動住宅
一九七三年　金、銀
一九七四年　石炭
一九七五年　カタログショールーム、石油
一九七六年　病院、公害、養護施設、石油
一九七八年　電子、石油、小型コンピューター
一九七九年　石油、石油サービス、小型コンピューター
一九八〇年　小型コンピューター
一九八二年　アパレル、自動車、建設、安売りスーパー、軍用電子機器、移動住宅、アパレル小売り、玩具
一九八四〜一九八七年　後発医薬品、食品、製菓、パン、スーパー、ケーブルテレビ、コンピューターソフトウエア
一九八八〜一九九〇年　靴、砂糖、ケーブルテレビ、コンピューターソフトウエア、宝石店、通信、

一九九〇～一九九四年　外来医療ケア

一九九五～一九九八年　衣料製品、バイオ技術、保険維持機構、コンピューター周辺機器およびローカルエリアネットワーク、外食、ゲーム、銀行、石油、石油およびガス探査、半導体、通信、後発医薬品、ケーブルテレビ

一九九九～二〇〇〇年　コンピューター周辺機器およびローカルエリアネットワーク、コンピューターソフトウエア、インターネット、銀行および金融、コンピューター――パソコンとワークステーション、石油およびガス掘削、小売り――安売りおよび雑貨

二〇〇三～二〇〇七年　インターネット、医療――生物医学および遺伝学、コンピューター――記憶装置、通信機器、半導体製造、コンピューター――ネットワーク、光ファイバー関連部品、コンピューターソフトウエア――企業用

肥料、石油とガス、アパレル、鋼鉄、医療、太陽光、インターネット、住宅建築

想像がついたかもしれないが、未来の業種はわれわれに大きなチャンスを与えてくれる。逆に、過去の産業はときに人気が出ることもあるがそれほど輝かしい可能性を提示してはくれな

い。

　多くの主要な産業や主に市況産業が、二〇〇〇年の時点ですでに最盛期を過ぎていた。だがその多くが、弱い過去を乗り越えて二〇〇三～二〇〇七年の強まる中国需要を受けて返り咲いた。中国は、新たな業種を生み出しながら成長をして世界的リーダーとなった一九〇〇年代初期のアメリカの歴史を再現するかのような成長を見せている。

　ロシアに接する長い国境を持つ中国は、七〇年間続いたソビエト連邦の共産主義が内部崩壊して歴史という名の灰燼に帰すのを直接目の当たりにした。そして中国の人々は、アメリカで作られた素晴らしい成長や高水準の暮らしを見てアメリカの制度のほうが国民と国自体に大きな可能性をもたらすことを知った。ほとんどの中国人家庭では、一人っ子の子どもに大学教育を受けさせて、英会話を身につけさせようと躍起になっている。インドの家庭も同じような願望を持っているのだ。

　次は、昔ながらの業種を一覧にしてみよう。

一．鉄鋼
二．銅
三．アルミニウム
四．金

五．銀
六．建築材料
七．自動車
八．石油
九．繊維
一〇．容器
一一．化学
一二．電化製品
一三．製紙
一四．鉄道および鉄道用機器
一五．公益事業
一六．タバコ
一七．航空
一八．伝統的な百貨店

現代および未来の業種予測

一．電子医療ソフトウエア
二．インターネット、電子商取引
三．レーザー技術
四．防衛電子機器
五．通信
六．新たな小売りの概念
七．医療、薬、生物医学、遺伝学
八．特別サービス
九．教育

ほかにも、無線通信、ストレージ・エリア・ネットワーク、個人対個人のネットワーク、ネットワークセキュリティ、手のひらサイズのコンピューター、身につけられるコンピューター、プロテオミクス、ナノテクノロジー、ＤＮＡを基にしたマイクロチップなどの業種が将来台頭すると考えられる。

ナスダックとNYSEを同時に追う重要性

新しい強気相場でマーケットを牽引することになる業種を見つけだすには、通常よりも強い値動きのナスダック銘柄を一～二種選んで観察し、それと同じ業種グループの似たようなNYSE上場銘柄に関連づけるという方法がある。

NYSEの上場銘柄一つが初期の強さを示しただけでは、業種全体の注目を集めるには足りないだろう。しかし同類のナスダックの一～二銘柄でも同じ強さが確認できれば、業種全体の回復の可能性が急速に高まる。ここに掲載したのは、住宅建築業者センテックス（店頭銘柄）の一九七〇年三～八月までのチャート、および同時期の住宅建築業者カウフマン・アンド・ブロード（NYSE上場）の一九七〇年四～八月までのチャートである。これを見れば、両銘柄の共通性が見えるだろう。

一．センテックスの前年のレラティブストレングスは強く、株価が最高値を付ける三カ月前にすでに最高値を付けていた
二．一九七〇年第２四半期に収益率が急上昇した（五〇％）
三．弱気相場の底が史上最高値水準で取引されていた
四．センテックスの強力なベースがカウフマン・アンド・ブロードのベースと一致している

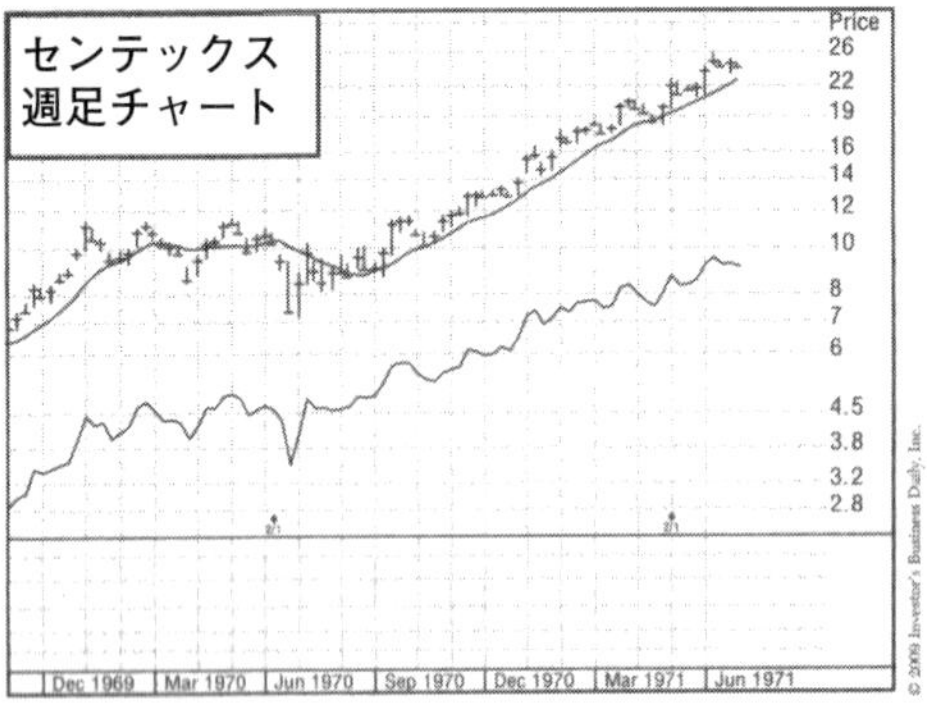

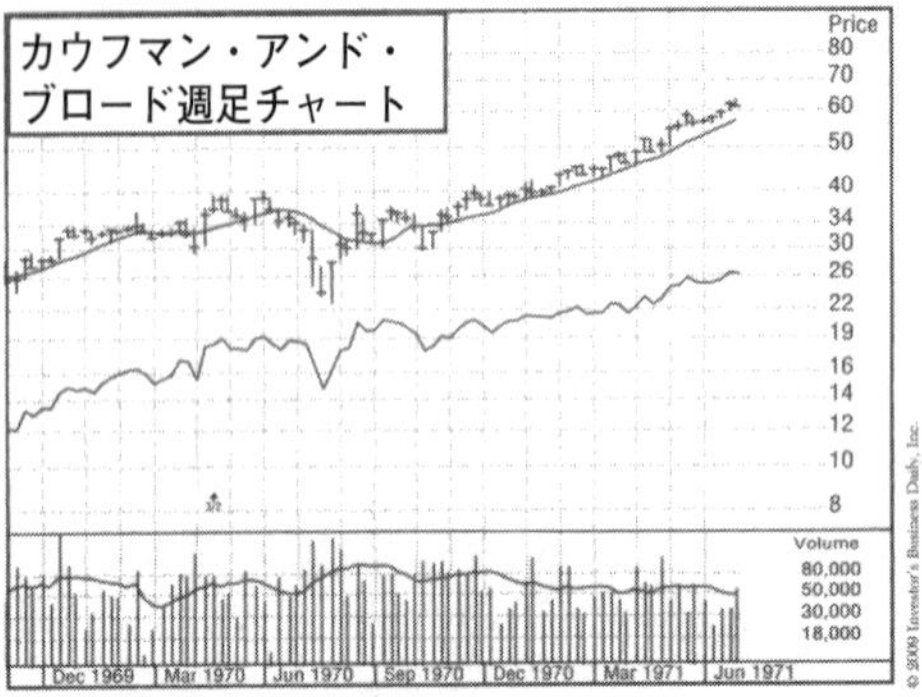

二〇〇三年の強気相場では、NYSE上場銘柄であるコーチ（シンボルはCOH）が二月二八日にベースからブレイクアウトして週に一度そのチャートを確認していたわれわれの目にとまった。さらに四月二五日には一〇週移動平均線から上昇し、二度目の買いポイントとなった。そのころ、市場平均がベースを大きくブレイクアウトして新しい強気相場の本格的な幕開けを告げていた。そして四月二五日には小売衣類業種の

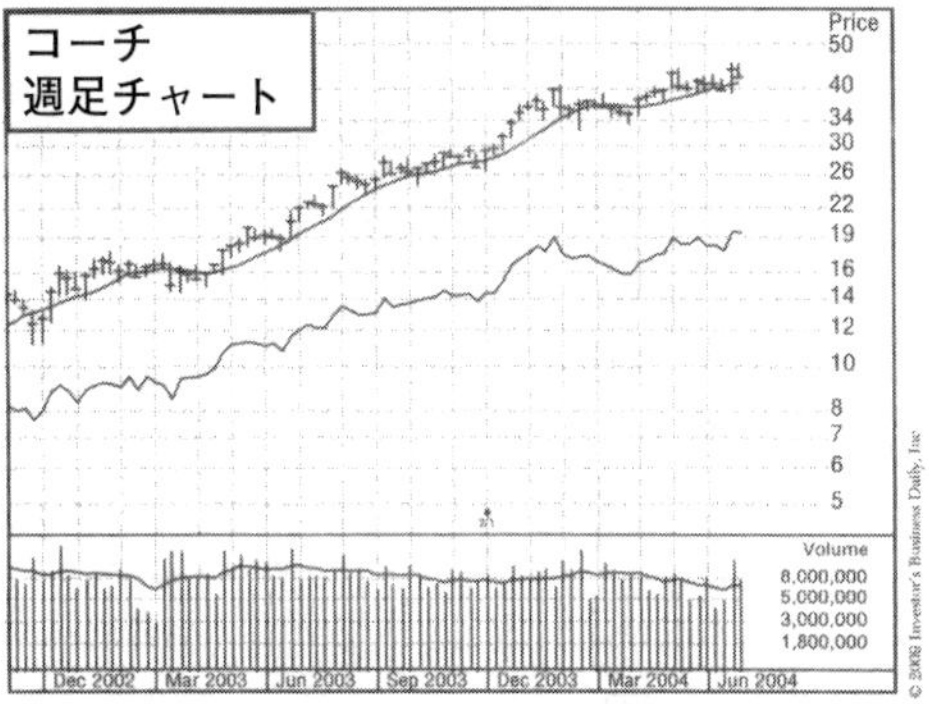
コーチ
週足チャート
Price
50
40
34
30
26
22
19
16
14
12
10
8
7
6
5
Volume
8,000,000
5,000,000
3,000,000
1,800,000
Dec 2002
Mar 2003
Jun 2003
Sep 2003
Dec 2003
Mar 2004
Jun 2004

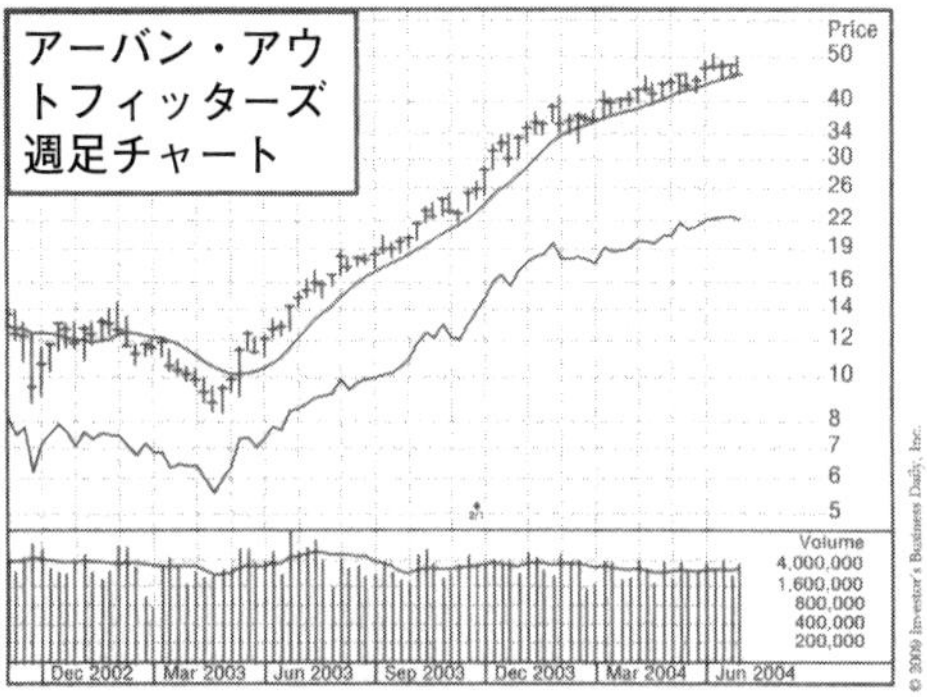
アーバン・アウトフィッターズ
週足チャート
Price
50
40
34
30
26
22
19
16
14
12
10
8
7
6
5
Volume
4,000,000
1,600,000
800,000
400,000
200,000
Dec 2002
Mar 2003
Jun 2003
Sep 2003
Dec 2003
Mar 2004
Jun 2004

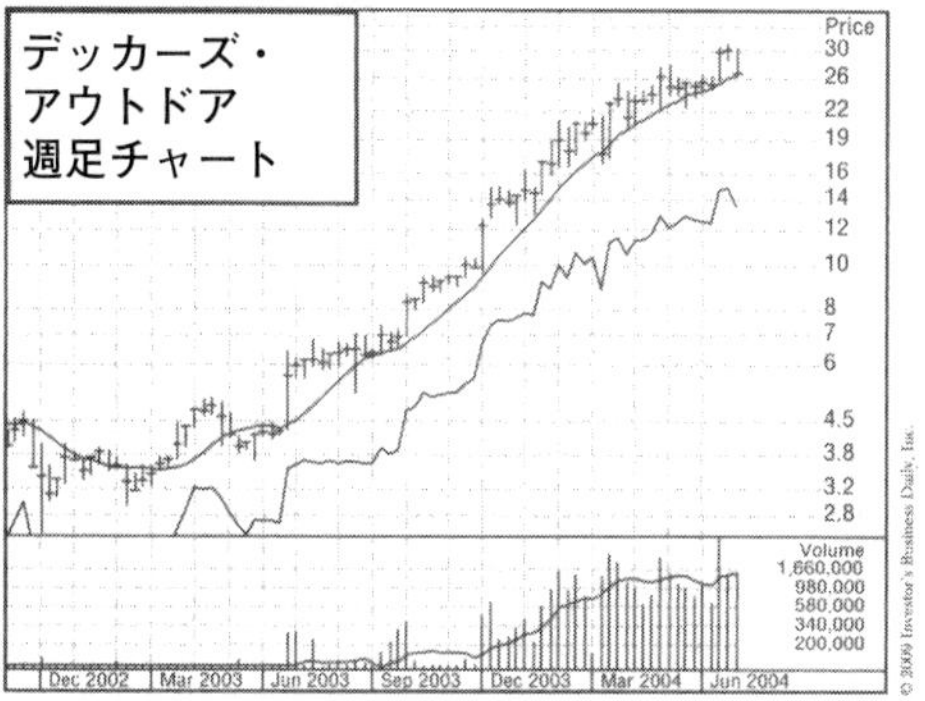
デッカーズ・アウトドア
週足チャート
Price
30
26
22
19
16
14
12
10
8
7
6
4.5
3.8
3.2
2.8
Volume
1,660,000
980,000
580,000
340,000
200,000
Dec 2002
Mar 2003
Jun 2003
Sep 2003
Dec 2003
Mar 2004
Jun 2004

別の先導銘柄であるアーバン・アウトフィッターズ（URBN）とデッカーズ・アウトドア（DECK）が、コーチの動きと連動するようにベースからブレイクアウトした。同じ業種グループに所属する銘柄がNYSEで一銘柄、ナスダックで二銘柄がブレイクアウトしたということは、始まったばかりの新しい強気相場で新たな強い業種グループが活気づいたことを十分証明していた。『インベスターズ・ビジネス・デイリー』紙でNYSEとナスダックの株価一覧表が統合されて、各銘柄が業界・業種ごとに表示されているのは、このような理由もある。取引所の枠を取り払ってグループごとにまとめたほうが、先導銘柄をより簡単に見つけることができるのである。

主要な銘柄の弱さが業界に波及する

グループごとに銘柄を分類して観察していると、悪化しつつある投資から素早く手仕舞うことができる場合がある。特定の業種の重要な一〜二銘柄が十分値を上げたあとに下落すると、その影響が同じ分野のほかの銘柄にまで波及してしまうことがある。例えば一九七三年二月、建築関連の主要銘柄が下落したことが、それまでの弱含み局面でもよく持ちこたえていたカウフマン・アンド・ブロードやMGICのような強い銘柄へ及ぶことを暗示した。当時、ファンダメンタルの調査会社はMGICについて一致した見解を持っていた。ファンダメンタルのアナリストらは、抵当保険会社のＭＧＩＣがその後二年間は確実に収益を五〇％伸ばして建築業界の相場サイクルの影響を受けずに、そのまま好調を維持していくだろうと確信していたのだ。だが彼らは間違っていた。ＭＧＩＣはその後、悪化する業種グループ全体に引きずられるように暴落してしまった。

同年同月、ＩＴＴは五〇～六〇ドルで取引されていたが、ほかのコングロマリットはすべて長期の下落局面に入っていた。一九七三年にリサーチ会社四社がＩＴＴを買いの推薦銘柄にしたが、彼らは業種全体が非常に弱かったこと、そしてＩＴＴの株価に変化は見られないのにレラティブストレングスが下向きになっていたこと、という大事な二点を見落としていた。

一九八〇～一九八一年に天井を打った石油と石油サービス銘柄

これと同じようなグループ内の「波及効果」は一九八〇～一九八一年にも見られた。石油と石油サービス関連銘柄は長期にわたって上昇をしていたが、機関投資家向けサービス提供会社としてわれわれは早期に危険銘柄を察知する独自の警告基準に従い、スタンダード・オイル・オブ・インディアナ、シュルンベルジェ、ガルフ・オイル、モービルなどの銘柄を売り推奨に指定し、売るか回避すべき銘柄にした。

その数カ月後、石油業界は全体的にネガティブであるという見解に達した。それは、石油サービス会社全体のなかでも特に飛び抜けて好業績だったシュルンベルジェが天井を打ったことがわれわれのデータによって示されたからだ。歴史的なデータを総合的にそして客観的に判断すると、この銘柄の弱さがやがては石油サービス業種全体へと波及するだろうと結論づけるほかなかった。そしてヒューズ・ツール、ウエスタン・カンパニー・オブ・ノース・アメリカ、ローワン・カンパニーズ、バルコ・インターナショナル、N・L・インダストリーズなどの株価は新高値を更新し続けており、なかには四半期収益が一〇〇％以上も上昇している銘柄を売るか回避銘柄に加えたのだ。

この動きはウォール街や機関投資家など多くの経験豊かなプロ投資家を驚かせた。しかしわれわれは、業種グループが過去にどのように天井を打ったかを、歴史をさかのぼって研究して調べていた。われわれの決断は、歴史が示す事実と何十年という時間が実証した信頼できる原則に基づいたものであり、アナリストの個人的見解や会社役員らの偏った意見などに基づくものとは違うのだ。

われわれの提供するサービスはウォール街の調査会社とはまったく違う。なぜならわれわれはアナリストを雇ったり、売りや買いの銘柄を人に勧めたり、あるいは特定の銘柄に関する調査報告書を書いたりはしないからだ。われわれの判断はすべて、一八八〇年代から二〇〇八年までの全普通株と業種を扱った需要と供給のチャートと事実と歴史的な前例を基にしているのだ。

一九八〇年一一月～一九八一年六月にわたり、石油および石油サービス関連の銘柄を避けるか売ったほうがよいと顧客に提案したことは、われわれが機関として下した最も価値ある判断であった。一九八〇年一〇月にヒューストンで開催したセミナーの参加者全員の前で、われわれは石油セクター全体が天井を打ったと話をした。参加者の実に七五％が石油関連銘柄を保有していた。きっと参加者は私の言葉などまったく信じなかっただろう。その当時、そしてその後数カ月間も同様に、われわれが知るかぎりではＮＹＳＥの会員も、エネルギーやそれに関連する掘削事業およびサービス業界全体に対して、われわれのような否定的な見解を持っていなかった。ところが実際にはわれわれの言ったとおりのことが起こったのだ。このような判断が評価され、ウィリアム・オニール・アンド・カンパニーはその歴史的模範例の知識を国内有数の機関投資家に提供する一流の会社として知られることになったのである。

最初に一つの銘柄に弱さが見えてから数カ月もたたない間に、われわれが売り推奨を出したすべての銘柄が大きく下落を始めた。プロのマネーマネジャーらはこうなってようやく、石油の価格が天井を打って主要な石油関連銘柄が売られてしまったら、掘削事業が縮小されるのは時間の問題であることに気がついたのだ。

『インスティテューショナル・インベスター』誌の一九八二年六月号で、国内最大で評判も良い証券会社八社に所属する一〇人のエネルギー関連アナリストがそれぞれの考えについて述べた。彼らは、株価が最高値から最初の調整に入っていた安い株を買い銘柄として勧めた。株式市場で利益を上げてその利益を維持するという能力に関しては、たとえどれほど優れた調査機関であろうと、そして難関のアイビーリーグで経営学修士号（ＭＢＡ）を修得した優秀な若者であろうと、個人的な意見というのは間違っていることが多い。この例がその事実をよく示している。

二〇〇八年も再び同じような状況になった。われわれは七月三日に株価が一〇〇ドルだったシュルンベルジェを初めて売り推奨した。石油業界のなかでも一流企業で知られていたシュルンベルジェだが、ほかの石油関連銘柄に同調するかのようにゆっくりと、しかし着実に天井を打つような段階に入り始めた。そして株価は一〇週移動平均線の下で毎週引けるようになっていった。アナリストの買い推奨を受けて、多くの機関投資家が下落して相当割安に思えたので早くも買ったのだ。しかし、原油の価格は一バレル当たり一四七ドルから三五～五〇ドルへと下落している最中だったのだ。

二〇〇〇年八月に行われた統計によると、多くのアナリストがハイテク銘柄を買い銘柄として強く勧めていた。六カ月後に長期的な目で見ても市場の地合いが過去最悪になっても、ほぼ同数のアナリストがいまだにハイテク銘柄を強く買い推奨をしていた。彼らの予測は完全に間違っていたのだ。アナリストのなかでハイテク銘柄を売り推奨したのは全体のわずか一％だけだった。たとえ専門家でも、人の意見というものは間違いだらけである。しかしマーケットが間違うことはない。だからマーケットが言わんとしていることを読み取る力を身につけ、慢心や個人的な意見に耳を貸すのはやめるのだ。これを理解できないアナリストは、顧客に大きな損失を必ずもたらす。われわれ投資家は歴史的な市場の事実を知りたいのであって、個人の意見が正しいかどうかなんて、どうでもよいのだ。

われわれは企業を訪問して話を聞いたり、アナリストに調査報告を書かせたり、耳寄り情報をもらって信じたりということはしない。それに、株価だけで判断する定量分析の会社でもない。われわれは、ファンダメンタルのアナリストチームを抱える機関投資家にこう教えている。社内アナリストたちに情報源と当該企業に関する情報を確認させて、われわれの少々奇抜な過去の前例に基づく考えのうちどれがファンダメンタル面から考えても妥当であると思えるか、またどうしてそう思えないかを判断するように話している。機関投資家というものは常に、どの銘柄に投資するかを賢く選択するという個人としての責任がある。株式市場に確実性というものはけっして存在しないので、われわれだって間違った判断をすることはある。だが間違った判断をそのままにしておくのではなく修正していくのが、われわれのやり方なのだ。

一九六一年に天井を付けたボーリングブーム

一九五八年～一九六一年まで、ブランズウィックの株価は継続的に大きく上昇していた。ボーリング場の自動ピン配置器を作っていたＡＭＦの株価は、ブランズウィックとほぼ同じように動いていた。一九六一年三月にブランズウィックが天井を付けて下落したあと、五〇ドルになった株価は六〇ドルへと再び上昇したが、ＡＭＦは初めて同じように動かなかった。これが、グループ全体が長期の天井を打ってブランズウィックの戻りも長くは続かないだろうことを告げるサインとなった。そしてこれまで素晴らしかったとしても、この銘柄は売られるべきであることをわれわれに示していた。

実用的かつ常識的な業種ルールとして、ある銘柄を購入する前に、同じような強さと魅力が同じグループの別の主要銘柄にも見られないかぎりは、その銘柄を買うことは避けるべきだ、ということが言える。その企業がほかにはない独自性のある素晴らしい何かを持っているような場合にはそのような確認がなくてもうまくいくことがあるが、このような銘柄は数としてはとても少ない。一九八〇年代後半～一九九〇年後半までのウォルト・ディズニーがこの例外的銘柄である――不安定で予測不可能な映画産業のよくある映画制作会社ではなく、独自で最高品質の娯楽を提供する素晴らしい企業だったからである。

株式市場の歴史に基づく模範例を集めていると、ほかにも二つの価値のある概念を発見した。われわれはそれを「波及効果」と「いとこ株理論」と名付けた。

波及効果

ある業種で大きな発展があると、関連する業種までもがそれに続くように利益を享受し始めるという現象がときどき起こる。例えば一九六〇年後半、ジェット機の発明によって航空産業に復興の兆しが見え始め、それが航空関連銘柄を急騰させる結果となった。その数年後、飛行機による旅行者の急増が宿泊客を喜んで受け入れていたホテル産業も活気づけた。一九六七年からホテル関連の銘柄は著しく上昇し始めた。なかでもロウズ株やヒルトン株は特に大きな成功を収めた。これは空の旅の増加がホテル客の増加を招いた、という波及効果の例である。

一九七〇年代後半に石油の価格が上昇したとき、突如高価になったこの商品の供給を間に合わせるために石油会社は躍起になって掘削を始めた。石油の価格上昇は結果として一九七九年の石油関連株急騰の火付け役となっただけではなく、石油産業に探査装置やサービスを提供していた石油サービス会社の株価も高騰させた。

一九七八～一九八一年の強気相場における中小規模のパソコンメーカーの大きな成功は、波及効果として一九八二年後半の市場復活時にパソコンサービス、ソフトウエア、および周辺機器製品の需要を生み出した。一九九〇年代半ばにインターネットが普及すると、人々はより速いアクセスや容量の多い回線の帯域幅をどん欲に求めるようになった。すぐに、ネットワーク関連株が高騰し、光ファイバーを得意とする企業は株価の大きな上昇という恩恵を受けた。

「いとこ株」理論

　あるグループが並外れて好調な場合、それにつられて利益を得ている会社のことを、われわれは「いとこ株」と呼んでいる。航空会社への需要が高まった一九六〇年代半ば、ボーイングは新しいジェット機を多く販売していた。新しいボーイングのジェット機にはすべて、モノグラム・インダストリーズという会社が作った化学処理のできるケミカルトイレが装備されていた。二〇〇％の収益の増加を記録したモノグラムは、株価も一〇〇〇％上昇した。

　一九八三年にはフリートウッド・エンタープライズというレクリエーション車両の一流メーカーが株式市場で大成功を収めた。そのいとこ株にあたるのがテクストーンで、ビニール被覆パネルや中心が空洞の戸棚扉をレクリエーション車両や移動住宅会社に提供していた。

　突出して好調な企業を見つけたら、その企業について徹底的に調査をすることだ。すると投資に値するような優秀な関連供給会社を発見できるかもしれない。

業種内の基本条件の変化

　業種グループの値動きは、そのほとんどが産業条件の大きな変化が原因で起こる。

　一九五三年、戦後の住宅需要が積もり積もった結果、アルミニウムと建築関連銘柄が強い上昇相場に入った。壁材が深刻な供給不足に陥ると、トラック一台分の石膏ボードを売ってくれた販売員に新車のキャデラックを買い与える建築業者まで現れた。

一九六五年、二〇〇億ドルかそれ以上の費用がかかるだろうと言われたベトナム戦争が本格化すると、軍事用や防衛用の電子機器への一定の需要が生まれた。フェアチャイルド・カメラのような企業の株価は二〇〇％以上も上昇した。

一九九〇年代、投資がだんだんと一般にも普及すると、ディスカウントブローカーはフルサービス型の証券会社から市場を奪い続けて拡大していった。当時の状況を確認してみると、最も成功していたディスカウントブローカーの代表格チャールズ・シュワブは市場を先導していたマイクロソフトと同じくらいの好業績をその数年前から上げていた。当時この貴重な事実を知っていた人はほとんどいなかった。

新たなトレンドの発達に注目

われわれはデータベース分析をするときに企業の本社がどこにあるかにも注目する。一九七一年までさかのぼるわれわれの企業評価では、テキサス州ダラス、そしてカリフォルニア州シリコンバレーのような大きく成長していたハイテク街に本社を置く企業に付加得点を与えていた。しかし最近は、カリフォルニアの事業関連費用や税率の高さから、多くの企業がユタ州やアリゾナ州や南西部の州へと立ち退いてしまっている。

洞察力のある投資家ならば、人口動向のトレンドにも注目するだろう。各年齢層の人口からある業種の持つ潜在的な成長性を予測することが可能なのだ。女性の職場進出やベビーブーム世代の出現によって、ザ・リミテッドやドレス・バーンなどの女性アパレル小売業が一九八二～一九八六年の間に急上昇した理由になっている。

さらに、主要業種の基本的な性質を理解しておくことが有効だ。例えば、ハイテク銘柄は消費者関連銘柄に比べると二・五倍も動きが激しいので、正しいタイミングで買わなければより大きな損失を被ることになりかねない。あるいはポートフォリオの大部分をハイテク銘柄に絞ってしまうと、すべての銘柄が同じ時期に下落してしまうかもしれない。不安定なハイテク業界などのリスクが高い分野に過度に集中投資する場合には、どれほどのリスクが高まるのかを常に知っておくことだ。

マーケット全体のカギを握るディフェンシブ銘柄

どの業種グループが本質的に「ディフェンシブ」なのかを知ることも、投資家にとっては重要である。強気相場が二年ほど続いたあとに、金、銀、タバコ、食品、食料雑貨、そして電気や電話などの公益事業のような業種グループで上昇が見られたら、マーケット全体に天井が近づいている可能性がある。公益事業銘柄の平均株価が長期間低迷すると、金利上昇や弱気相場が近い将来訪れることを暗示している場合もある。

金が全一九七業種の上位半分へと浮上したのは、一九七三年二月二二日のことだった。当時このような情報を探していた投資家全員が、マーケットが一九二九年以来最悪の暴落に襲われるかもしれないという、最初の明確な警告を受け取ったのだ。

大化け銘柄の六割以上が業界に同調して生まれる

一九五三～一九九三年の大化け銘柄のうち、約三分の二の銘柄がその業界グループに同調して上昇している。このことからも、常に調査を怠らずに新たな業種グループの動きに注目し続けることが、どれほど重要かが分かるだろう。

第16章　マーケットを観察してニュースに素早く反応する

感情的になりがちなテープリーディング

ティッカーテープ（相場速報）を眺めていたりパソコンにへばりついていたり、テレビ番組で一日中相場を見ていると、危険なほど感情的になってしまうことがある。株価が上昇し続けるのを見ると、あなたも含めだれもが「青天井だ」と確信してしまうこともある。だが実際には株価がまさに天井を打っている最中かもしれない。そのようなときこそ規律が最も要求されるのだ。ある銘柄の活躍ぶりがあまりにも明らかでだれの目にも素晴らしく映るときというのは、その銘柄を買える人はもうすでに買っていると確信していいだろう。忘れてはならない。株式市場においては、多数の意見が正しいことはほとんどないのだ。

株式市場で勝つには、全体を見渡す力と規律、そして何よりも自らを制する心構えが必要である。多くの株価が絶えず変化し続ける様子をティッカーテープの前にじっと座りこんで凝視していたり、パソコン画面をにらみ続けて監視するような投資家は、感情的な判断を下す可能性が高い。

株価はベースを形成しているのか、それともすでにベースをブレイクしてしまったのか？

それでもどうしてもティッカーテープやパソコンを見ていたいのなら、冷静さを保つための簡単な方法がある。

気になる動きを見つけたら、必ず週足チャートを参照して、株価がベースを形成しているのか、それとも買いポイント（ピボットポイント）から離れすぎていないかを確認する。すでに株価が上昇しすぎているのなら、もはや買うのは手遅れなのでおとなしくしていることだ。上がりすぎた株を追うことは犯罪者を追うのと同じで危険な行為である。

株価がベースを形成しているのなら、ＣＡＮ－ＳＬＩＭ投資法に当てはめてみる。現在の収益が意味のある増加を見せているか？　過去三年間の収益状況は良好か？　ほかのＣＡＮ－ＳＬＩＭの基準はすべて満たしているか？

ティッカーテープで魅力的に思えた銘柄の半分以上がＣＡＮ－ＳＬＩＭを当てはめてみると、落第点を付けられて欠陥だらけの二流銘柄であることが分かる。しかしマーケットはいずれ何かしらの強いサインを示すので、それを見つけていけば大化けする力を持ったCAN－SLIMの基準をすべて満たす最高の銘柄を見つけることができるだろう。

チャート集を毎週見て買いポイントを書き出す

ティッカーテープやマーケットの動きを上手に利用するもう一つの方法は、チャート集を毎週見て、テクニカルおよびファンダメンタルの両面で選択基準を満たす銘柄を書き出し、買値を書き留めておく。また、そうして出来上がった有望な銘柄の一覧表に、一日の平均出来高を書き、出来高が一気に上昇したらすぐに確認できるように準備しておく。

この買い物リストとも言うべきメモを相場を見る二週間ほど毎日持ち歩くのだ。やがて、その一覧のうち一～二銘柄が書き出しておいた買値に近づき始める。そうなったらいよいよ買いの準備だ。その銘柄が買値まで上昇したら、その日の出来高が平均よりも最低五〇％増で、さらにマーケット全体も上昇していることを確認する。買値ではその銘柄に対する需要が多ければ多いほど良い。

ティッカーテープとマーケットの様子をよく見ている者にとって、ニューヨークの昼時（東部標準時間の正午から午後一時ごろ）は値動きが静かになる時間帯だ。またマーケットというのは、上昇して高く引けた日でも、上昇後勢いを失って安く引けた日でも、とにかくその日の最後の一時間に本来の力を現すことが多いことも知っておくとよいだろう。

耳寄り情報やうわさに頼らない

私は、人の助言やうわさや耳寄り情報などを基に株を買うことはけっしてない。どう考えても確実な方法ではないからだ。ところがほとんどの投資家はそのような確実ではない方法を求めている。しかし何度も言うようだが、マーケットにおいては多くの人の信条や行動が間違っていることがほとんどだ。この典型的なマーケットのワナに落ちないように気を付けよう。

投資助言サービスやビジネス紙の記事のなかには、街で流れる根も葉もないうわさ、助言、また個人的見解や耳寄り情報などの影響を受けているものがある。私に言わせればそのような情報を提供するのは職業倫理に反する未熟な行為である。もっと確実で安全な情報の集め方があるはずだ。

バーナード・バルークは、状況を語る事実が助言を基にしているものなのか、それとも耳寄り情報や希望的観測を反映したものなのかを明確にすることの重要性を強調していた。理髪師、美容師、接客係、そのほかうわさをばらまくような人には気をつけろ、というのが彼の信条であった。

年末年始のゆがみに注意

オプション取引が可能な銘柄の場合、オプションの満期日前後にある一定のゆがみが起こることがある。また、年末の一二月から一月、二月初めくらいまで株価に大きなゆがみが起こることがある。年末には多くの取引が税金対策を視野に行われているため、株を買うのが難しくなる時期なのだ。ボロ株が突然強い値動きを見せたり、主導株が頭打ちして調整に入ったりする。時間がたてば、このような誤解を与える動きはやがて消え、真のリーダーが再び現れる。

新年が明けると同時にマーケット全体で売りが進むことがあると、この状況がさらに複雑になってくる。一日大きく上がったかと思うと、次の日に大きく下がり、それがさらに再び大きく上昇する、というようなちゃぶついた動きが起こることがあるのだ。いっそのこと一月は休暇を取ったほうがましだと思うことすらあるくらいだ。このようにして小型株や中型株が一月に急上昇する「一月効果」は、投資家に誤解を与えたりダマシになりかねない。どんなに頑張っても、一月効果の「効き目」はすぐに終わってしまうのだ。

自分の投資ルールを守り、あちこちに転がっている疑わしい信頼に欠ける指標にだまされないことが重要だ。

重要なニュースを理解して行動を起こす

国内外問わず重大ニュースが起きると、腕の良い投資家たちはその報道の内容よりも、その報道が市場に与える影響をまるで探偵のように分析し始める。例えば、悪いニュースなのにマーケットが否定的に反応しなければ、実はそれほど悪くないニュースだと前向きに受け取ってよいと解釈する。多くの人が思っている以上にマーケットの基盤は強いということがティッカーテープから分かるのだ。その逆に、非常に良いニュースが流れたのに株価はわずかしか動かなければ、マーケットの基盤がこれまで思っていたよりも弱いとテープアナリストは結論づけるだろう。

ニュースの内容に対してマーケットが過剰なほど反応したり、時には逆の反応を示すこともある。一九八三年一一月九日水曜日、急激なインフレと一九二九年のような大恐慌が起こると予測したある全面広告が『ウォール・ストリート・ジャーナル』紙に掲載された。それはマーケットが中期的な調整に入っている最中のことだったが、その警告があまりにも大げさだったのでマーケットはすぐさま反発し、その後数日間は株価上昇が止まらなかった。

内容は悪いけれどもニュースが出てマーケットが下落する場合と、ニュースなどまったくないのに激しく下落するマーケットとでは、大きな違いがある。

長年マーケットと顔をつきあわせてきた投資家は、その歴史が記憶として頭の中に刻まれているものだ。過去の大きなニュースと、それに対するマーケットの反応を記録しているのだ。アイゼンハワー大統領が心臓発作を起こしたというニュース、キューバ危機、ケネディ大統領暗殺、戦争勃発、アラブの石油禁輸措置、賃金統制や物価統制などの政府措置への期待、アメリカ同時多発テロ事件、中東紛争、そして最近では二〇〇八年九月のサブプライム問題の悪化がリベラル派の大統領選出につながった、などのいろいろな報道があった。

古いニュースと新しいニュース

良いニュースも悪いニュースも、何度か繰り返されるうちに最後には古いニュースになる。ニュースが古くなると、第一報のときとは株式市場が逆に反応することが多くなる。

もちろん、独裁者が支配する全体主義体制の国家では、宣伝活動や情報自体がウソであることが多いので、報道に対する国民の反応が民主主義国家とは逆になる。そういった国々では、ウソやねじ曲げられた情報が大衆に繰り返し流されていくうちに、それが真実として受け入れられていく。だがわが国では、報道が広く知れ渡ったりあらかじめ予測された場合には、マーケットでの経験豊かな国民によって報道内容が軽視されるようになり、その報道を発表することの効果が半減する。もちろん、報道が予測よりも悪化し続けるような場合はまた別の話である。

新米投資家にとって、報道とは矛盾だらけで紛らわしいものなのである。例えば、企業が発表した四半期決算が思わしくない結果でも、発表時には株価が上昇することがある。報道内容が予定より早いうちに知れ渡ったり、すでにある程度予測されていると、悪いニュースが発表されたときを狙って買おう、あるいは空売りしていた株を買い戻そう、と考えるプロ投資家が多くなるのがその理由である。「悪いニュースで買え」という指針を持っているような狡猾な機関すらあるくらいだ。また、そのような困難な局面ならば介入してすでに持っている大きなポジションを支えよう、と考える投資家もいる。

国内の報道機関を分析する

国内のニュースがどのように編集されて流されるか、あるいは抑制されるかが、経済や国民の信頼度を大きく左右する。それだけでなく、政府や選挙や大統領、あるいは株式市場に対する国民の意見にまで影響を与える。

国内報道の分析を題材にした素晴らしい書籍がいくつかある。一九三一年の傑作、『テープ・リーディング・アンド・マーケット・タクティックス（Tape Reading and Market Tactics）』の著書ハンフリー・ニールは、別の著書『ジ・アート・オブ・コントラリー・オピニオン（The Art of Contrary Opinion）』のなかで、まったく同じ情報源なのに各新聞によってまったく異なる見出しで報道されると、それが一般の投資家にどれほどの誤解を招くものなのか、ということについて詳細に検証している。そして、全国のメディアが「社会通念」や「大衆の意見」と呼んだものが、いかに調査不足だったり完全なる間違いだったりすることが多いかという考えを軸に、いくつかの逆張り理論を展開した。

一九七六年に、マスコミ専門家のブルース・ハーチェンソンは、著書の『ザ・ゴッズ・オブ・アンテナ（The Gods of Antenna）』のなかで、テレビ局がいかに情報を操作して大衆の意見に影響を与えているかについて語っている。ウィリアム・ラッシャーによる一九八八年の著書『ザ・カミング・バトル・フォー・ザ・メディア（The Coming Battle for the Media）』も、同じ題材を取り上げている。

この題材で最も際立った研究をしたのが、一九八六年に発表されたスタンレー・ロスマンとロバート・リクターによる『ザ・メディア・エリート（The Media Elite）』である。ロスマンとリクターは、二四〇人の記者ならびに主要三紙（『ニューヨーク・タイムズ』『ウォール・ストリート・ジャーナル』『ワシントン・ポスト』）の役員、報道雑誌三誌（『タイム』『ニューズウィーク』『USニューズ&ワールド・リポート』）、そして四つのテレビ局（ABC、CBS、NBC、PBS）の報道部門に対して、聞き取り取材を行った。平均すると、これらの一流国内報道記者の八五％がリベラル派で、一九六四年、一九六八年、一九七二年、そして一九七六年の国政選挙で民主党候補に投票していたことが分かった。また、共和党に投票した国内の報道記者は六％しかいなかったとする別の調査結果もある。

フリーダム・フォーラム（報道や言論の自由を掲げる無党派団体）が行った世論調査では、ワシントンDCに住むマスコミ関係者のうち八九％、つまり一〇人中九人が一九九二年選挙でビル・クリントンに投票し、ジョージ・H・W・ブッシュに投票したのは七％だったという結果が出て、『ザ・メディア・エリート』の主張を後押しする形となった。

もっと最近では、カリフォルニア大学ロサンゼルス校（UCLA）およびスタンフォード大学のティム・グロスクロスと、シカゴ大学のジェフ・マイリオが、『ア・メジャー・オブ・メディア・バイアス（A Measure of Media Bias）』を発表した。そのなかで彼らは、報道機関がある特定のシンクタンクの言葉を引用した数と、議員が連邦議会で同じシンクタンクの言葉を引用した数とを比較した。

そしてこの引用パターンを比較することで、「ADA評価」（民主的行動のためのアメリカ人）を各報道機関ごとに与えたのだ。彼らの調査対象のなかでは、『フォックス・ニュース・スペシャル・リポート』だけが保守的な報道機関であることが分かった。最もリベラルだったのは『CBSイブニング・ニュース』で、『ニューヨーク・タイムズ』『ロサンゼルス・タイムズ』『USAトゥデイ』『NBCナイトリー・ニュース』、そしてABCの『ワールド・ニュース・トゥナイト』などがそのあとに続いた。

驚きだったのは、一般有権者に比べてこれらの調査対象となった主要報道機関のほうがずっとリベラル寄りだったことである。

一九八四年のモンデール対レーガンの大統領選挙のときには、ABC、CBS、NBCのゴールデンタイムの報道番組を、勤労感謝の日（九月三日）から選挙日（一一月六日）まで録画して、それをモーラ・クランシーとマイケル・ロビンソンが分析した。各候補者に対する支持や不支持が明確な報道のみを対象にした調査を行ったのだ。『パブリック・オピニオン』誌の調査では、レーガンについて批判的な報道は七三二〇秒、肯定的な報道はわずか七三〇秒であったことが明らかにされた。それに対して、モンデールについて肯定的な報道は一三三〇秒、否定的な報道は一〇五〇秒だったことが分かった。

レーガン大統領の再出馬まで、インスティテュート・オブ・アプライド・エコノミクスは、一九八三年後半の強い経済回復期にテレビ局が経済ニュースをどのように報道したかについて調べた。すると、発表された統計のほぼ九五％が前向きであったのに、テレビ局による報道の八六％は否定的であったことが明らかになった。

エミー賞受賞者であるバーナード・ゴールドバーグは、三〇年近くCBSニュースを担当した。氏は著書『バイアス（Bias）』のなかで、ネットワークのテレビ局がどれほど公正に欠く偏った報道をしているかについて詳細に述べた。すべての若いアメリカ人に読んでほしい一冊だ。

ゴールドバーグは、報道記者がどのように扱いたい記事を選び自らの意見を入れる判断を下してしているかを暴露している。もっと悪質なのは、どの報道を最小限に抑えるか、あるいは報道しないか、というのも彼らが決めているという。彼らはどちらか一方の肩を持ち、人々に勝手にレッテルを貼っているのだ。

MSNBCのクリス・マシューズというメディアを代表する人物はジミー・カーターのスピーチライターであると同時に下院議長ティップ・オニールの補佐役も務めた。NBCの故ティム・ラサートはニューヨーク州の元知事マリオ・クオモの政務官を務めていた。ABCのジェフ・グリーンフィールドはロバート・ケネディのスピーチライターだったし、PBSのビル・モイヤーズはリンドン・ジョンソンの報道官、そしてABCのニュースキャスターのジョージ・ステファノプロスはビル・クリントンの広報責任者だった。

個人投資家および国家が成功するには、報道機関の関係者が持つ個人の政治的見解や隠された意図などの偏見から、事実を切り離すことを学ばなければならない。これは現在のわが国の最大の問題点かもしれない。

国内報道機関による偏見に加え、国家とその国民を弱体化させる目的でねつ造された情報が浸透したり広められたりすると、自由を脅かす危険さえ招くかもしれない。これには、国の問題を混乱させる意図があったり、特定の集団同士を争わせたり、階級に対する羨望や恐れや嫌悪感をかき立てたり、あるいは特定の重要人物や権威ある機関を誹謗中傷する目的が見え隠れしている。

偏った意見を持つメディアの慣習で私が最も危ないと思っているのは、彼らが情報や事実を選別して報道している点である。さらに深刻な問題なのは、情報や事実が自分たちの意図や視点とは異なるときは、最新の重要な情報を報道しないことがあることだ。

二〇〇八年後半、当時進行中だった景気後退が一九二九年の世界大恐慌や一九三〇年代のように発展するのではないかと国民が懸念していた。しかし、ほとんどのアメリカ国民は、その時代には生まれていなかったので、当時の状況はほとんど何も知らないという状態だった。そこで、すべてのアメリカ国民が読むべきだと私が考える一九三〇年代～一九四〇年代初期に関する素晴らしい書籍を紹介しよう。

フレデリック・ルイス・アレンによる『シンス・イエスタデイ――一九三〇年代・アメリカ』（ちくま文庫）は、当時の状況について詳しく語っている。ロバート・ゴールドストンによる『ザ・ライフ・アンド・デス・オブ・ナチ・ジャーマニー（The Life & Death of Nazi Germany）』はヒトラーとナチ台頭を題材に、一九二〇年代から一九四五年の第二次世界大戦終了までを網羅している。ＦＢＩ（連邦捜査局）元長官のＪ・エドガー・フーバーによる『マスターズ・オブ・デシート（Masters of Deceit）』は、共産主義体制がどのように機能し運営されているかについて言及している。十分な情報を持つ国家は、その自由を守り保護することができるのである。

一九二九年ではなく一九三八年

「何でもありの一九九〇年代」から二〇〇九年三月までのナスダック総合指数と、繁栄と狂乱の一九二〇年から恐慌時代の一九三〇年代のダウ・ジョーンズ工業株を、両方のチャートを重ねて比べてみた。すると、ほとんど同じ形をしていることが分かる。ナスダックを選んだのは、現在はＮＹＳＥ（ニューヨーク証券取引所）よりも出来高が多く、近年のマーケットを突き動かしてきたアメリカの新興企業をよく象徴しているからである。一九九八年九月から二〇〇〇年三月まで荒々しく大天井へと向かうナスダックのチャートは、ダウが一九二八～一九二九年に大天井へと急上昇したときよりも二・五倍の勢いを見せている。ナスダックのＩＴバブルは、まるで一六三六年にオランダで起きたチューリップバブルのようである。バブル後のナスダックは七八％の下落率だったのに対し、一九二九年のダウは八九％の大暴落だった。

歴史がこのように繰り返されるのは、マーケットが常にほぼ百パーセント感情に頼って動く何百万人という人間によって作られているから、というのがその理由だろう。これは群集心理学である――人間の希望、欲望、恐れ、慢心、自尊心というものが数多くの意思決定の裏にある。人間の本質は今も一九二九年の昔もほとんど変わらない。大恐慌は人の一生分の七〇年ほど昔の出来事なので、現代人のほとんどが当時の状況を知らない。しかし実態は今と同じで、銀行が過剰なローンを提供し、それが農家に貸し出され、そして株は信用取引で買われていた。大恐慌の底にあたる一九三二年の失業率は二五％で頂点を付けたが、第二次世界大戦の開戦直前の一九三九年でもまだ二〇％と高い数字だった。

一九三二年にダウが安値を付けてから一九三六～一九三七年に高値を付けるまでの期間と、ナスダックが二〇〇二年の安値から二〇〇七年まで上昇した期間は、だいたい同じくらいの年月である。そしてどちらもその後、約五〇％下落した。

歴史は現在も繰り返しているが、現在の二〇〇九年は恐慌が始まった一九二九年を繰り返しているのではなく、むしろ一九三八年を繰り返しているのである。

では、一九三八年には何が起こっていたのだろうか？

一九三〇年に、ナチスがドイツ議会で一〇七議席を勝ち取った。一九三三年一月に、ヒトラーが首相に就任した。ヒトラーはすでに突撃隊員、ヒトラー青年隊、およびナチ組織を手中にしていた。ほんの数カ月後、国会はヒトラーに憲法上の権力をすべて引き渡し、そして七月には、ナチ党以外のすべての政党が法的に禁止された。その間ヒトラーは平和にしか興味はないと主張し続けた。

一九三八年になるころには、イギリスとフランスがヒトラーと交渉をして、彼らが譲歩することでヒトラーの勢いを和らげようとした。イギリスはヒトラーと和平同意を交わしたと信じこみ、「恒久の平和」を宣言した。群衆は喜びに包まれた。国会でチャーチルが、「われわれは敗北した」と語ると、だれも信じるどころか彼に非難を浴びせた。一九三九年に第二次世界大

1992/2～2009/3のナスダックと1921/11～1942/12のダウとの比較

戦が始まると、わずか二週間でドイツ軍はフランスへ進撃を開始した。

現代は、テロリストの支援者のイランが核兵器を近々保有して、それを撃ち込むミサイルまで手に入れることになる。一九三〇年代の歴史から、われわれは何も学んでいないのだろうか？　われわれはイギリスのネビル・チェンバレンのように、たった一枚の紙切れの合意を信じるという過ちを再び繰り返すのだろうか？

ここに、『インベスターズ・ビジネス・デイリー』紙のトーマス・ソーウェル論説委員による社説を二本紹介しよう。彼の記事からは、いつも思いがけない事実や英知を発見することができる。

アメリカ合衆国よりも長い歴史を持つローマ帝国でさえ衰退した

二〇〇八年一二月九日
トーマス・ソーウェル

先日、イスラム教徒のテロリストがムンバイで恐ろしいテロ事件を起こした。政府による国際電話の傍受やグアンタナモでのテロリスト収容などの現行のアメリカの安全保障制度を緩和すべきだと主張する人々は、この事件を受けて考えを改め直すだろうか？

可能性はある。しかし、ワシントンやマスコミの「ブッシュ政権がやったことなら間違っているに違いない」といった偏見を、そう簡単に翻すことは難しいかもしれない。

政府の理想的な姿についてはいろいろな意見もあるだろうが、実際の優先事項はまず国民を守ることにある。同時多発テロが起きた九月一一日を目の当たりにした国民全員がこの国であのような事件はもう二度と起こるはずはないと、あれから七年間ずっと信じてきたに違いない。

あの事件の直後、ワールドシリーズ、クリスマス、新年、スーパーボールなどの国民的イベントがあるたびに、またしてもテロリストに攻撃をされるのではないかとわれわれが恐怖の陰に脅かされていたことを、どうやら多くの国民が忘れてしまったようだ。

確かにテロリストはあれ以降アメリカを攻撃していない。しかし、スペイン、インドネシア、イギリス、インドなどを始めとする他国が攻撃を受けている。その理由が、テロリストがもう二度とアメリカを攻撃しないと思っているからだとは、だれが考えるだろうか？

国際電話の傍受や捕虜となったテロリストから力尽くで情報を聞き出すというやり方について、リベラル派は激しく不満を漏らしているが、そのような警備体制こそがアメリカを守ってきた理由だとは考えられないだろうか？

利益を享受するにはコストが伴うということを認めようとしない人が世の中には多すぎる。国際電話の傍受にしても、コンピューターハッカーであふれる現代社会でメールを送るときの秘密性と大差ない。伴うコストはその程度である。それなのに、何も犠牲にしたくない、とそういったことを拒否する人々がいるのだ。たとえそれが自らの命を救う目的に使われるとしても。

西洋社会の崩壊を鋭い視線で観察してきたイギリス人作家セオドア・ダルリンプルはこう言った。「この精神的なたるみが退廃そのものであり、われわれを破壊できるものなど存在しないと決めつける高慢な思い込みの現れなのだ」。

実際はわが国を破壊できる存在は増え続けている。ローマ帝国はアメリカ合衆国よりもずっと長い歴史を持っていたが、それでも最後には崩壊している。

崩壊後は何世紀もの間、何百万という人の命が無残に絶たれていった。ローマを崩壊に追い込んだ蛮族は、ローマに匹敵するような国家を作り上げることなどできなかったからだ。それは、アメリカ合衆国を脅かすテロリストたちも同じだ。

アメリカ合衆国を破滅に導くのに、全国の都市や地方をすべて壊滅させるだけの核爆弾など必要ない。実際に日本は核攻撃を二都市に受けたあとすぐに降伏している。しかも日本人は、現代アメリカ人よりも、戦って死んでもいいという強い覚悟を持っていた。

テロリストの不条理な要求をのむくらいなら、ニューヨーク、シカゴ、ロサンゼルスが核爆弾のキノコ雲で覆われて消えてしまうほうがまだましだと思うアメリカ国民は、一体何人いるだろうか？

バラク・オバマも彼を取り巻く新政権も、何かしらの行動を起こしてイランの核兵器保持を阻止し、そのような恐ろしい行為を未然に防ごうと真剣に考えている様子はない。

自暴自棄な狂信者たちにひとたび核爆弾を持たせてしまったら取り返しのつかないことになる。われわれの世代も、子どもの世代も、そして孫世代までもが、残酷で無慈悲なテロリストのなすがままに生きていかなければいけなくなる。

憎しみに満ちたテロリストを買収できるような譲歩など存在しない。あらゆる面で西洋に明らかに数世紀も後れを取ったという辱めに苦しめられる世界に生きる彼らが望むもの、つまり彼らが自尊心を満たすために必要としているもの――それはアメリカ国民が恥と屈辱感のなかで破滅するのを見届けることなのである。

彼らにとって殺しだけでは物足りないのだ。ユダヤ人を殺すだけでは飽きたらず、まずは身も凍るような屈辱を味わわせ、その後死の収容所で人間性まで抹殺し、ナチスと同じことをするのである。

この種の憎悪をアメリカ国民のほとんどが知らないのかもしれないが、九月一一日に起こったあの事件はある種の喚起と、そして警告をわれわれに与えてくれているのではないか。ワールド・トレード・センターに飛行機を突っ込ませたあのテロリストたちは、譲歩などでは買収できなかったに違いない。政府が現在企業救済措置に費やしている数千億ドルという金額を提示してもだ。

彼らが欲しいのは、われわれの魂だ。さらに彼らは死ぬ覚悟ができているのに、われわれにその覚悟がなければ、最後に勝つのは彼らのほうではないだろうか。

ありもしない問題に対する解決策が現実の問題を生み出した

二〇〇九年三月一七日
トーマス・ソーウェル

旧世代のリベラル派を象徴するヒューバート・ハンフリーは問題の数以上の解決策を持っていた、とある人物が言っていた。

それはハンフリー上院議員だけではなかった。事実、現在の経済危機は、政治家たちがありもしなかった問題に対する解決策を作り出そうとして生まれたものだ。そしてその結果生み出されたのは問題のほうで、この問題はありもしないどころか大いなる苦痛をもたらす現実のものとなってしまった。

ではありもしなかった問題とは何だろうか。それは、全国の住宅価格の高騰という国民的大問題である。求めやすい価格で住宅を提供しようという政治改革案が一九九〇年代に高まり、住宅ローンの貸付業務にあらゆる変化をもたらした。それが今度は住宅ブームを引き起こして、最後には今われわれが抜け出そうと必死になっている住宅市場崩壊という混乱を招いたのだ。

通常、住宅を購入できるかどうかの審査は、アパートの家賃や住宅ローンの月々の支払いが収入に占める割合から判断される。

だが地域によっては、住宅価格の高騰から世帯収入の半分を月々の支払いに回さなければ支払いができないという光景が見られるようになっていた。多くがカリフォルニアの沿岸地域だったが、それ以外にも東海岸や全国さまざまな地域でこのような問題が起きていた。

ところが東海岸と西海岸の大都市の中間に広がる、いわば「田舎」での住宅価格は、住宅を買いやすくしようという政府改革が始まる一〇年前と比べても、平均的なアメリカ人の収入以上ではなかった。

ではどうしてワシントンの政治家たちは、局地的な問題に対して全国的な改革を実施したのだろうか？「当時はそれが良い考えのように思えた」という程度の答えしか返ってこないだろう。せっかく選ばれた議員たちなのだから、国民の抱える問題を解決してもらわなければ、彼らの情熱や重要性など忘れられてしまうだろう？

この問題が実在した場所では、上昇し続ける住宅価格の問題は痛いほど深刻だった。住宅ローンに収入の半分を持って行かれるため、残りの半分の収入で生活しなければならないのは、実に困った話だ。

このような深刻な局地的な問題には、だいたい必ずと言っていいほど局地的な理由というものが存在する。住宅建設に関するその地方独特の厳しい規制などである。このような規制は「緑地法」「市街化調整政策」「環境保護」「農地保全」など、いかにも好感度の高い名前で呼ばれているのだ。

聞こえの良い政治スローガンと同じで、これらの非常に高い目標は、「費用」という観点からは議論されなかった。そのような下品な言葉は、お上品な政治社会では使わないものなのだ。

例えば、緑地法によって平均的な住宅のコストに何十万ドルという金額が加算されることになる事実など、だれも問題に挙げなかった。だが研究によると、土地の使用規制は、国の十数地域で平均的な住宅価格を少なくとも十万ドル引き上げたことが実証されている。

つまり、カリフォルニアの沿岸地域のような場所では、このような規制によって平均的な住宅の価格に数十万ドルもの価格が上乗せされたのだ。

この問題が現実として存在していた地域では、その地方の政治家が問題の原因を作り出していたということだ。それなのに、国会の議員がそれを国全体の問題として取り上げて、彼らが解決するべき問題として仕立て上げたのだ。

では彼らの解決策とは何だったのか。銀行などの金融業者に対して住宅ローンの融資条件を緩めろと圧力をかけることで、もっと多くの国民が住宅を買えるようにしたのだ。住宅都市開発省は、政府支援のファニーメイに対して、低所得世帯や中間所得世帯向けの住宅ローンを割り当てて一定数を購入させた。

政治的「解決策」ではよくあることだが、ありもしない住宅「問題」の解決策が引き起こす影響がどれほど大きいものかなど、ほとんど、いや、まったくと言っていいほど考慮されなかった。

多くの経済学者や専門家らが融資基準を引き下げると、リスクの高い住宅ローンを生み出すことになると何度も警告していた。銀行やウォール街の大企業などの金融機関らが複雑に関係し合っていることを考えると、金融市場が連鎖反応を起こして崩壊を始める可能性があったことは予測できたはずだ。

しかしこのような警告は無視された。政治家は、ありもしなかった国家問題を解決するのに躍起になっていたのだ。その過程で、彼らは本当に現実の問題を生み出してしまった。今、政治家たちが考え出している解決策も、きっとさらに大きな問題を生み出すことになるのだろう。

第17章　投資信託で百万長者になる方法

投資信託とは何か？

投資信託とは、プロの投資会社が少ない手数料で運用してくれる多様な銘柄を集めたポートフォリオである。投資家はファンドそのものを購入し、そのファンドが持つ各銘柄の損益を基に、利益を手にしたり損失を出したりする。

投資信託を購入するということは、株式市場であなたの代わりに投資判断をしてくれるプロの投資家の長期管理サービスを買うことなのだ。投資信託は個別株とは異なる投資法だと考えたほうがいいだろう。

個別株は一度下落するともう二度と価格が元に戻らないこともある。だから必ず損切りのルールを持たなければならない。反対に、世間が認める管理組織が運用するような、分散された国内の成長株を上手に選択して集められたファンドというのは、弱気相場で必然的に発生する大きな下落局面に見舞われても時間と共に必ず回復する。その理由は、投資対象が広く分散されているためにアメリカ経済の各相場サイクルを乗り越えることができるからである。

簡単に億万長者になる方法

投資信託は、その利用法さえ正しく学べば素晴らしい投資手段になり得る。しかし、多くの投資家はこれを有効に管理する方法を理解していない。

最初に理解するべきなのは、投資信託の利益は数回の相場サイクル（マーケットの上昇や下落）を通して増えていくということだ。これは、一〇年、一五年、二〇年、二五年、あるいはそれ以上の年月を意味する。それだけ長期間じっと待っているのは、相当の忍耐力と自信が必要だ。そういう意味では不動産に似ている。家を買って、その後不安になったからとわずか三～四年後に売ろうとしても、何の利益も得られないかもしれない。不動産はその価値が上がるのに時間がかかるからだ。

賢いファンド投資家になりたいのなら、これから私が教える方法で投資計画を立ててみるべきだ。まず、過去三～五年間の全投資信託のなかで、上位の成績の分散型国内成長株ファンドを一つ選ぶ。おそらく年間平均利回りは一五％や二〇％のものになるだろう。さらに、そのファンドが直近一二カ月で残りの国内成長株ファンドの多くをしのぐ成績を残していることが条件である。これを調べるには信頼できる情報源を探さなければならない。多くの投資系雑誌が四半期ごとにファンドの業績を調査している。あなたの証券会社や大きな図書館にもファンドの業績を評価する独自サービスがあるかもしれない。そういったものを利用すれば、購入を検討しているファンドに対する先入観のない目が養われる。

『インベスターズ・ビジネス・デイリー』紙では、過去三六カ月間のパフォーマンス記録を基準に投資信託を評価している（Aプラス〜E）。また異なる期間のパフォーマンス評価も提供している。それがAプラス、A、Aマイナスのいずれかの評価を受けた投資信託に選択肢を絞るとよいだろう。弱気相場の間は、成長株ファンド（グロースファンド）の評価は幾分下がる。たとえ毎年の成績が上位三位〜四位に入っていないファンドを選んでも、一〇〜一五年間の時間をかければ素晴らしい利益を出すことが可能だ。

また、配当金や収益分配金（株式や債券を売って得た投資信託の売却益）を再投資していくと、長期にわたって複利の効果があるので利益が膨らむ。

複利の魔法

投資信託で富を築く極意は、複利である。手にした利益（差分利益に配当金や再投資用の資金を足したもの）そのものがさらなる利益を生み出すと、複利という作用が働き、運用できる資金がどんどん増え続けていくのである。長い時間が経過すればするほど、複利の力は増していく。

複利から最大限の利益を得るには、成長株ファンドを厳選することと、さらにそのファンドを長期間保有し続けることが必須である。例えば、年間一五％の平均利益を生む分散型の国内成長株ファンドを一万ドル買って、それを三五年間保有し続けたとしよう。複利の魔法がかかるとどのような結果になるか、大まかにまとめてみた。

最初の五年間　一万ドルが二万ドルに
次の五年間　二万ドルが四万ドルに
次の五年間　四万ドルが八万ドルに
次の五年間　八万ドルが一六万ドルに
次の五年間　一六万ドルが三二万ドルに
次の五年間　三二万ドルが六四万ドルに
次の五年間　六四万ドルが一二八万ドルに！

さらに毎年二〇〇〇ドルを追加投入して、それも複利の魔法にかけてみるとどうなるか。その場合の総資産は三〇〇万ドル以上になるのだ！

では、六～一二カ月間続く弱気相場でファンドが一時的に最高値から三〇％以上下落しているときに少し買い足したら、さらにいくら増えるだろうか？

この世界では確実なことなど何もない。税金からも逃れることはできない。だが、優秀な成長株ファンドが過去五〇年間でどのような成績を出してきたか、そして計画性を持って投資信託に正しく投資をすればどんな利益がもたらされるかについては、この例がその可能性を象徴していると言える。時代を問わず、二〇～二五年間保有された成長株ファンドは同じ期間保有された貯蓄口座に比べて平均二～三倍の利益を生み出す。これは本当に可能な話なのだ。

ファンドを買う絶好の時期

投資信託は常に絶好の買い時である。完璧なタイミングを探す必要はない。むしろ、待つことは損につながる。まずは取りあえず始めること、そして長年にわたり複利をもたらす資金を、定期的に増やし続けていくことが重要である。

いくつのファンドを所有するべきか？

時と共に長期投資の計画をしたいと考えるようになる投資家は多いだろう。思い立ったら吉日、ぜひ行動を起こしてみよう。一〇～一五年間ほどすれば二～三種類のファンドに相当の資金が貯まっていることだろう。しかし、やりすぎは禁物である。投資信託で分散する必要はない。数百万ドルのポートフォリオを抱える個人投資家なら、もう少しだけ手を広げてより多様なファンドに資金を分散してもよい。これを正しく行うには、異なる運用スタイルを持つファンドを探す努力が欠かせない。例えば、バリュー型成長株ファンドや、積極型成長株ファンド、中型や大型成長株ファンド、小型株ファンドなどである。フィディリティ、フランクリン・テンプルトン、アメリカン・センチュリーら各社が、さまざまな目的を立ててファンド群を提供している。ほとんどの場合、わずかな手数料のみで同じ群の別のファンドに乗り換えることもできる。何年後かに良識ある変更ができるというのは、これらの製品群に柔軟性という付加価値を与えている。

毎月一定額を投資するべきか？

給料から自動的に天引きされた資金を厳選した分散型の国内成長株ファンドにつぎ込むのは上手なやり方だろう。できれば最初にある程度大きな資金を投入しておいたほうが、それだけ複利の効果が早く現れる。

下落市場でも途中でやめない

弱気相場は六カ月からまれに二～三年間続くことがある。投資信託の長期投資で成功するためには、何度も訪れては投資家の自信を奪っていく弱気相場を、勇気と広い視野を持って生き残る必要がある。まずは先見の明を持って輝かしい長期成長計画を作り、そしてその計画に何が何でも従うのだ。経済の低迷が続いたり、新聞やテレビが経済状態の悪さを報道しているならば、ファンドが最高値から三〇％以上下落したところで追加で資金投入することを検討するべきだ。弱気相場がすでに終わったと感じるならば、少し資金を借りてでも購入量を増やしていいかもしれない。忍耐強く待つことができれば、価格は二～三年で順調に上昇していくはずだ。

価格の変動が激しい銘柄に投資する積極型成長株ファンドは、強気相場ではマーケット全体よりも上昇するが、弱気相場ではマーケットよりも大きく下落する。しかし下手に警戒しなくても大丈夫だ。何年後かに得る利益のことを考えるようにすることだ。夜のあとには必ず朝日が昇るのである。

大恐慌時代のような地合いの悪い時期に投資信託を買うのは、採算がとれるまでに三〇年かかるために良い投資ではないと思うだろう。しかし、インフレを考慮に入れて計算してみると、仮に投資家が一九二九年の最高値で買っていたならば、S&P五〇〇とダウ工業株三〇種平均の成績から考えるとわずか一四年でトントンまで回復していることになる。一九七三年の天井で買っていたならば、わずか一一年でトントンになる。さらに、もしこの最悪の時期にドルコスト平均法を使って買っていたら（つまり下落中に定期的に増し玉をしていくことで買値が下がる）、さらにその半分の期間で資金が回復していた。

一九七三年にナスダックが一三七ポイントの天井から急落したがその後三年半で回復し、二〇〇九年二月時点には一三〇〇ポイントになるまで上昇した。過去最悪の市場を二度経験する間も、成長株ファンドは意外に早く回復しているのである。言い換えれば、二〇世紀の最悪の時期である世界大恐慌の時代に市場の天井で買い始めて、そしてドルコスト平均法で平均の買値を下げていったら、トントンにたどりつくまでにかかる時間は最高でも七年だ。そしてその後二一年間におよそ八倍に成長することになる。これは、ドルコスト平均法を投資信託に利用した長期保有計画が賢い投資になり得るということを証明する、有力な証拠である。

株式投資では、絶対にドルコスト平均法のようなナンピン買いをしてはならないと説明したので、困惑してしまう人もいるかもしれない。しかし株は価値がゼロになることがあるのに対し、プロが管理する国内の株に広く分散化された投資信託は、市場がいずれ回復すれば元の値段まで回復し、S&P五〇〇やダウ工業株三〇種平均のようなベンチマークと同じような成績を出すことすら珍しくない、という明確な違いがあるのだ。

投資信託の大きな利益は長期投資による複利から得られるものだ。したがって、あなたが生きているかぎり、ファンドへの投資も続けるべきなのである。

「ダイヤモンドは永遠」とよく言うが、投資信託もまたしかりである。だから正しく買って腰を据えることだ。

オープンエンド型か、クローズドエンド型か？

オープンエンド型ファンドは、買い手が欲しがればいつでも売ってくれる最も一般的な投資信託である。証券は、現在の所有者が売りたいと思えばいつでも現在価値で換金できるのが普通である。

クローズドエンド型ファンドは、発行証券数があらかじめ決まっている。一般的に、これらの証券は所有者の意志で自由に売れない。換金は二次的な市場取引を通して行われる。クローズドエンド型ファンドのほとんどが証券取引所に上場されている。

長期投資としては、オープンエンド型ファンドのほうが優れた機会に恵まれる。クローズドエンド型ファンドは気まぐれに価格が付けられたり、競売のマーケットの簿価よりも安い価格で取引されることがある。

ロードかノーロードか？

投資信託には、ロードファンドと呼ばれる販売手数料がかかるものと、手数料がかからないノーロードファンドがある。多くの人はノーロードファンドを好む。販売手数料がかかるファンドを買う場合には、投資額に応じた割引が適用されることがある。ファンドによってはバックエンドロード（解約率を下げる目的で設定された解約時に支払う後払い販売手数料）があるため、こういったこともファンド選びの検討材料になる。いずれにせよ、ファンドにかかる手数料は、保険や新車やスーツ、あるいは食料雑貨などに支払う手数料に比べるとずっと安い。また、ファンドを一定量買うという同意書に署名をすることで、その後一三カ月間は販売手数料が割引されることもある。

移動平均線やファンド移行サービスなどを使いながら、タイミングを計ってノーロード型成長株ファンドを積極的に取引をして成功した人はあまりいない。一般的な投資家は、ノーロードファンドを頻繁に取引することはやめたほうがよい。どうしても買いポイントや売りポイントのタイミングを間違えやすくなるからだ。繰り返しになるが、投資信託なら長期保有するのが最善策だ。

インカムファンドを買うべきか？

投資による収入が必要な場合でも、高い配当や利息を得ることを目的とするインカムファンドは買わないほうが有利である。インカムファンドのかわりに、入手可能な一流ファンドを選び、四半期ごとに資金の一・五％、あるいは一年に一度六％を換金するとよい。その内訳は、一部が受け取った配当金、そして残りは資本金となる。ファンドを正しく選べば、長期的には全資金額から年六％を現金化してもそれを補うだけの利益を得ることができるはずだ。

業種別ファンドやインデックスファンドは買うべきか？

一つの業種や分野だけに特化した業種別ファンドは避けるべきだ。業種は常に人気が上下している。そのため、その業種の人気が落ちたり弱気相場になったときに、深刻な損失を被ることがある。業種別ファンドを買う場合にはある程度の利益が出ているうちにファンドを売って確定しておかなければならない。ほとんどの投資家は売ることができずに資金を減らすことになるので、私は業種別ファンドの購入は控えるように提言している。投資信託で百万長者になるためには、そのファンドの投資対象は長期投資に備えて分散化するべきである。業種別ファンドは一般的には長期投資には向いていない。

保守的な投資家ならば、S&P五〇〇のような特定の指数を追うポートフォリオで構成されたインデックスファンドを選ぶのが一つの策かもしれない。長い目で見ると、インデックスファンドのほうが多くのアクティブ運用型ファンドよりも成績で上回っている。私自身は成長株ファンドが一番良いと思っている。

債券ファンドかバランス型ファンドか？

債券ファンドやバランス型ファンドにも一般投資家は手を出さないほうがよいと私は思っている。一般的に、株式ファンドは債券ファンドよりも業績で上回る。だがその両方に投資してしまうと、せっかく株式ファンドで得た利益を債券ファンドで市場に戻すことになる。例外として、定年退職を迎えた投資家で、投資対象に安定性を求めている場合にはバランス型ファンドを検討してもよいかもしれない。

グローバルファンドやインターナショナルファンドはどうか？

これらのファンドは多様性を提供してくれるかもしれないが、リスクの高い分野になるので投資金額は投資信託に充てる資金の一〇％以下に抑えておくのが賢明だろう。インターナショナルファンドは、好業績だったかと思うと何年も振るわない時期があったりと不安定なうえに、外国政府への投資は副次的なリスクも考慮しなければならない。ヨーロッパと日本市場の過去の業績はアメリカ市場には及んでいない。

大規模ファンドが抱える規模の問題

多くのファンドが抱える問題はその資産規模である。何十億ドルもの資産を持つファンドだと、ファンドマネジャーは大きなポジションの株式を売ったり買ったりするのに苦労する。そのため、そのマーケットから撤退したり、小型の優秀な銘柄を大量に保有したり、といったような柔軟な動きができないのだ。このような理由から、私だったら最大級の投資信託はほとんどを避けるだろう。もしすでに大規模ファンドを保有している場合には、それが大きく成長したわりには長い間良い成績を保っているようならば、おそらくじっと腰を据えてそのまま保有するべきかもしれない。大きな利益は長い年月によって生み出されるということを忘れてはならない。ウィル・ダノフが運用するフィディリティのコントラファンドは、長期間最もうまく運用されている大規模ファンドだ。

管理手数料と回転率

ファンドの管理手数料やポートフォリオの回転率の評価に時間をかける投資家がいるが、普通はそのようなつまらないあら探しは必要ではない。

私の経験から言えることは、最も優秀なグロースファンドは回転率も高くなるということだ（ポートフォリオの回転率とは、一年間の売買金額の合計をファンドの純資産額と比較した割合である）。フィディリティ・マゼラン・ファンドが最大のパフォーマンスを収めた三年間、その平均回転率は三五〇％を上回った。ケン・ヒーブナーが管理するＣＧＭキャピタル・ディベロップメント・ファンドは一九八九～一九九四年の最優秀ファンドだったが、そのうちの二年間の一九九〇年の回転率が二七二％、一九九一年の回転率が二二六％を記録している。ヒーブナーはその後、ＣＧＭフォーカス・ファンドでさらに優れた成績を達成したが、そのファンドでも株式を二〇銘柄に限定して積極的に売買を繰り返しながら運用されていた。

トレードなしにマーケットで成功して利益を得ることはできない。株が過大評価されていると感じたり、マーケット全体や特定のグループについて不安材料があったり、別のもっと魅力的な買い銘柄があれば、手持ちの株を売っていくのが良いファンドマネジャーである。そういう判断を下してもらいたいから、わざわざプロを雇うのではないか。また、ファンドが機関投資家として支払う手数料は極めて低く、売買された一株当たりわずか数セントである。だから回転率を過剰に心配する必要はない。そのファンドが数年間を通してどのような成績だったのかが重要なのだ。

投資家が犯しやすい五つの過ち

一．最低でも一〇～一五年間、保有し続けることができない
二．ファンドの管理費、回転率、配当金などを気にしすぎる
三．長期で投資をするべきなのに報道に影響されて売買してしまう
四．マーケットの地合いが悪くなるとすべて売ってしまう
五．忍耐力に欠けすぐに自信を失ってしまう

まだある犯しやすい過ち

典型的な投資信託の投資家は、優秀なファンドが最高の成績を残した直後にそのファンドを買う傾向がある。ところが、その一～二年後になるとファンドの結果があまり振るわなくなる。それは歴史が実際に示していることなのだが、残念ながら彼らはそれに気がついていない。不況に入れば成績はさらに悪化するかもしれない。そのような状況下では、信念を持たずに楽を

して金持ちになりたいと考えている投資家はマーケットから追い出されてしまう。

より安全だから、とか最近の成績が「すごかった」から、とだれかに説得されて、別のファンドへと（だいたい間違ったタイミングで）乗り換える投資家がいる。本当に成績の悪いファンドを持っていたり、適した種類のファンドではないならば、乗り換えても良い場合があるが、あまりにも短期間で乗り換えばかりしていると、複利で利益を得るのが目的の長期投資が台無しになってしまう。

遠い未来のアメリカで成功する方法は、昔から賢明な投資と決まっている。アメリカの株式市場は一七九〇年以来成長を続けており、たとえ戦争や、恐慌、深刻な不況が訪れようとも、この国の成長は今後も止まらないだろう。投資信託に正しく投資をするのは、アメリカの成長から恩恵を受け、二〇年以上先の家計の安定を自分や家族のために確保するための、一つの方法なのである。

『インベスターズ・ビジネス・デイリー』紙を利用してETFを購入する方法

正直なところ、私はＥＴＦ（株価指数連動型上場投資信託）はあまり好きではない。なぜなら、マーケットの主導銘柄に投資対象を絞ったほうが、より利益を上げられると思うからだ。

しかし、個人投資家だけではなくアセットマネジャーなどの間でもＥＴＦの人気が高まったので、二〇〇六年二月からはＥＴＦに関する情報も提供し始めた。

ＥＴＦは、基本的には株のように取引される投資信託なのだが、透明性と税効率、低い手数料などの点で優れている。

投資信託は、その価格やＮＡＶ（純資産価値）を一日一回だけ設定するが、ＥＴＦの価格は株価のように一日中変動している。株でできることはＥＴＦでも可能で、空売りやオプション取引などもある。

その構造から、ＥＴＦは投資信託よりも税制面で優遇されている。マーケットメーカーが証券を作ったり引き替えたいときは、現物の株式を寄せ集め、それを証券の発行者と取引して新しいＥＴＦ証券を手にする。ＥＴＦ証券を現物と引き替えたいときにはその逆のことをする。証券は現物取引なので現金の行き来はない。

投資信託とは違い、ＥＴＦは保有者への償還に影響されることはない。大勢の投資家が投資信託から資金を引き出してしまうと、ファンドマネジャーは株を売って現金を増やさざるを得なくなる可能性があり、その結果、課税の対象になってしまう。ＥＴＦは最低限の取引をするので、課税対象となる利益はあまり発生しない。

ＥＴＦの管理手数料は〇・一〇〜〇・九五％である。これは、平均一・〇二％の手数料を取る投資信託に比べると、格安である（出典――インベストメント・カンパニー・インステイチュート発行『インベストメント・カンパニー・ファクト・ブック（Investment Company Fact Book）』二〇〇八年版より）。

とは言え、優秀な投資信託を買うことは、あなたの代わりに投資判断をしてくれる一流マネジャーを獲得することだ。ETFは、あなた自身が売買の判断をする必要がある。

ETFの多様性が何らかの形であなたを保護してくれるだろうと、甘く考えてはならない。スパイダー・ファイナンシャル・セクター（XLF）を例に挙げてみよう。二〇〇八年の金融崩壊の間に、このETFは五七％も暴落した。

S&P五〇〇を追跡するスパイダー・トラスト・シリーズ一（SPY）は、アメリカで最初に上場されたETFで、一九九三年にアメリカ株式取引所で取引が始まった。ナスダック一〇〇銘柄をベンチマークにするパワーシェアーズQQQトラストシリーズ一（QQQ）や、ダウ・ジョーンズ工業株三〇種平均をベンチマークにするダイアモンド・トラスト・シリーズ一（DIA）は、どちらも一九九〇年後半に発行されている。

今日では株価指数だけではなく、債券、商品、FX、金融派生商品、炭素クレジット、そしてPER（株価収益率）の低い株を集めた投資戦略などをベンチマークにするETFも存在している。二〇〇七年と二〇〇八年のETF上場数は、ネットバブル時代のIPO（新規株式公開）を彷彿とさせるものだった。ウォルマートの仕入れ先や、企業分割によって新設された子会社、あるいは特許を持つ企業やスーダンと取引のない企業、はたまたギャンブルやアルコール飲料やタバコなどの「罪深い」活動にかかわっている企業など、あらゆる角度から業種を分類した難解な指数を追うＥＴＦが次々と発行されていった。

ＥＴＦは必ずしも良い結果ばかりではないが、それでも多くの投資家のトレード手段に変化をもたらした。平均的な個人投資家が、外国人投資家を制限するインドなどの海外市場にアクセスできるようになった。また、先物やＦＸ用の取引口座を別に開かなくても、商品やＦＸ取引が株式口座からできるようになった。また、対象となる指数と逆に連動するインバースＥＴＦの登場で、空売りのできない口座でも、インバースＥＴＦを買うことで売りと同じポジションを建てることができるようになった。

二〇〇四年二月以降、ＮＹＳＥアーカ取引所の一カ月の出来高の二五％から最大四四％がＥＴＦによって占められている。

主導銘柄の選び方

『インベスターズ・ビジネス・デイリー』紙には五〇日間の平均出来高が最も高い三五〇のＥＴＦが掲載される。それらは米国株価指数、業界と業種、海外もの、債券や確定利付債、商品、ＦＸなどに分類されている。そしてその分類ごとに、レラティブストレングス指数が高い順に並べられているのだ。ＥＴＦをレラティブストレングス指数の強い順に並べることで、各分類で主導しているＥＴＦが浮き彫りにされるため、それらを簡単に比較することができるという仕組みだ。それ以外にもＥＴＦ一覧表には、年初からのリターン、買い集め・売り抜け指数、配当利回り、前年の終値、価格変化、一日の平均出来高に対する出来高の変化、などが合わせて掲載されている。

ＥＴＦ情報欄を読む以外にも、ＥＴＦ面の「ウィナーズ＆ルーザーズ（Winners & Losers――勝者と敗者）」の表を観察するとよいだろう。毎日、ある特定の期間で主導しているＥＴＦと低迷しているＥＴＦを掲載している。その期間は毎日持ち回りで変化している。

月曜日――一週間の変化の割合
火曜日――一カ月の変化の割合
水曜日――三カ月の変化の割合
木曜日――六カ月の変化の割合
金曜日――一二カ月の変化の割合

第18章　年金と機関投資家のポートフォリオ管理を改善する

個人口座、年金基金、投資信託を管理してきた経験と、一流のポートフォリオマネジャーと仕事をしてきた経験から、私はプロによる資金管理については一家言を持っている。

個人投資家は、機関投資家についてできるかぎり学ぶ必要がある。結局のところ、このマネジャーたちが、ＣＡＮ－ＳＬＩＭの「Ｉ」（Institutional Sponsorship＝機関投資家による保有）の部分であり、重要な値動きの主要な部分を占めているのだ。また、彼らは、スペシャリスト、マーケットメーカー、デイトレーダー、助言サービスよりもずっと大きな影響を株価に与える。私だって過去に何度も間違いを犯して、そこから学んできた。だれもがそのようにして学び、投資についてより賢くなっていくのだろう。いくつもの経済サイクルを生き抜いて、マーケットのあらゆる側面を直接この目で見てきた私の洞察力が少しでも役に立つかもしれない。私はウォール街で働いたことは一度もない。それはおそらく大きな利点であろう。

機関投資家について

あなたが保有する投資信託や加入している年金基金は、機関投資家がその運用の指揮を執っている。これらのマネジャーが生み出す結果にも強く興味を引かれるだろうが、彼らがどのように仕事をしているのかを理解することもまた価値があることだ。

現代の市場はそのようなプロによって占められており、ほとんどの機関投資家による買いが信用取引ではなく一〇〇％現金で行われている。その結果、投機的な信用取引口座がわれわれの株式市場を制圧するよりは幾分信頼性のある土台があると言えるかもしれない。例えば、一九二九年は一般大衆が深くマーケットに参入して現金一〇％、信用取引九〇％という投機的な投資をしていた。市場が崩壊したときに、あれほど多くの人々が損失を被ったのは、これが一つの原因だ。彼らは大きすぎる負債を抱えていたのだ。

ところが、ＮＹＳＥ（ニューヨーク証券取引所）銘柄の時価総額のうち、信用取引に占める割合が二〇〇〇年三月末に再び極端に高い水準にまで達した。

一九二九年当時の銀行は、過剰な額の住宅ローン負債残高を抱えていた。二〇〇〇年の場合は、銀行が質の低い住宅ローン負債を抱えていた。しかもこの質の低い負債は政府が強く推し進めたものだったのだ。にもかかわらず政治家たちは、サブプライムローンによる金融危機を招いた責任を潔く取るのではなく、調査を行っては自分以外のだれかに責任をなすりつけようとするばかりで、この事実を一切認めていない。

プロの投資家は景気の低迷が長期化しても一般大衆ほど簡単にはうろたえない。むしろ、機関投資家による買いは、株価が下がったときに入ることが多い。

一九六九～一九七五年に株式市場を襲った深刻な不景気は、機関投資家や一般投資家のせいではなかった。むしろ経済失策とワシントンDCの政治家によるまずい政治判断の結果、引き起こされたものだ。株式市場は、基本条件や政策運営（あるいはその失策）、そして国全体の心理状態を映し出す巨大な鏡なのである。

現代の最も優秀な機関投資家たちが四〇～五〇年前の機関投資家たちよりも少しは腕を上げたのは、マネーマネジャー間の激しい競争や投資成績の厳重な監視などが背景にあるのだろう。

データグラフから生まれたWONDA

機関投資家のために開発した最初の製品のなかに、『オニール・データベース・データグラフ』という冊子があった。そこには何千という公開企業の極めて詳細なチャートが収録されていた。このようなものはかつて存在しておらず、機関投資家の世界に革新をもたらした。

われわれは、毎週金曜日に市場が引けると同時に情報を更新して、新鮮な情報をこの冊子にまとめた。そしてその情報満載の本は、月曜日の寄り付きに間に合うように週末のうちに機関投資家のもとへと届けられた。これほど（当時にしては）素早く作業が行えたのは、毎日欠かさず証券データベースを更新していたからだけではなく、マイクロフィルムを使った描画装置によるところが大きい。一九六四年にこの高価なコンピューター装置を使い始めたときには、あまりにも最先端技術すぎて、どうやってグラフを描画するのかだれも知らなかったくらいである。その問題が解決されてようやく、自動化された過程のなかで複雑かつ最新のグラフを毎秒一表という速さで描くことができるようになった。

現代は技術がさらに発達したので、どんなに複雑な株価のチャートでも、何のためらいもなく作り出すことができる。こうして当時の『オニール・データベース』は、世界中の多くの一流投資信託機関が頼りにする存在となったのだ。当初は各データグラフに株価と出来高の情報が表示され、それと共にテクニカルとファンダメンタルの情報もいくつか掲載されていた程度である。現在では各データグラフにはファンダメンタル指標が九六種類、テクニカル指標が二六種類表示されていて、それがＩＢＤの一九七業種グループに所属する八〇〇〇銘柄について入手可能となった。これを使えば、アナリストやポートフォリオマネジャーらは、同じ業種内やデータベース内にある企業同士を素早く比較することができるのである。

われわれは今でも、機関投資家向け事業の一環として、六〇〇ページのデータグラフを含む『オニール・データベース』を機関投資家の顧客に提供している。しかしインターネットと超高機能のコンピューター技術の到来によって、このような古い技術である紙の冊子は、最新の革新的な主要サービス「ＷＯＮＤＡ（ワンダ）」によって取って代わられつつある。ＷＯＮＤＡは、ウィリアム・オニール・ダイレクト・アクセス（William O'Niel Direct Access）の略で、すべての機関投資家の顧客にオニール・データベースへと直接アクセスできるインターフェースを提供している。オニール・データベースには現在、八〇〇〇種類以上の米国銘柄について三〇〇〇種類のテクニカルおよびファンダメンタル指標を提供しており、ＷＯＮＤＡを使うことで、ユーザーはこれらの情報を好きなように組み合わせてデータベースを表示したり監視することができる。

もともと、ＷＯＮＤＡはわれわれが自分たちの資金を管理する目的で社内用に開発された。その後実際に利用しながら改良や性能向上を重ねて、一九九〇年代、ウィリアム・オニール・アンド・カンパニーのプロ投資家や機関投資家向け最新サービスとして公開された。

ＷＯＮＤＡは社内のポートフォリオマネジャーやコンピューター・プログラマーらによって作成されているため、真剣な機関投資家を顧客に想定して設計された。機関投資家というのは、取引日には大変な状況のなかで素早い決断を求められることが多いのだが、ＷＯＮＤＡを使えば、マーケットが動いているその最中にも重要な銘柄データや関連情報へと即時にアクセスできる機能を幅広く備え付けている。

ＷＯＮＤＡは「まるで紙幣製造器だ」と語っている機関投資家すらいるくらいだ。顧客は保守的なバリュー型投資を行うマネジャーから、ヘッジファンドマネジャーまでと幅広い。もちろん、紙幣を印刷できるコンピューター装置など存在しないが、一流の機関投資家から寄せられたそのようなコメントから、WONDAの機能性と効率性は十分証明される。

ドーム・ペトロリアムのデータグラフ

成功する個人投資家としてけっして忘れてはならないことは、銘柄の将来性が他人にも明らかになる前にその銘柄を買う、ということである。その銘柄についていくつもの研究報告書が発表されるころにはすでに売りを検討する時期だと考えられる。銘柄の価値がだれの目にも明白なら、買うにはもう遅すぎるだろう。

ここに注釈入りのドーム・ペトロリアムのデータグラフを掲載した。そしてファンダメンタルとテクニカルの情報の意味と利用する方法をいくつか紹介している。この銘柄が四八ドルだった一九七七年一一月に、われわれは機関投資家に買い銘柄として勧めた。ファンドマネジャーにはこの提案を気に入ってもらえなかったので、われわれは自分たちが買うことにした。そして最終的にこの銘柄は、当時最大級の大化け銘柄に成長した。ドーム・ペトロリアムとこれから紹介する事例は、実際に行われた取引の記録である。

30 Positive Factors on Dome Petroleum in November 1977

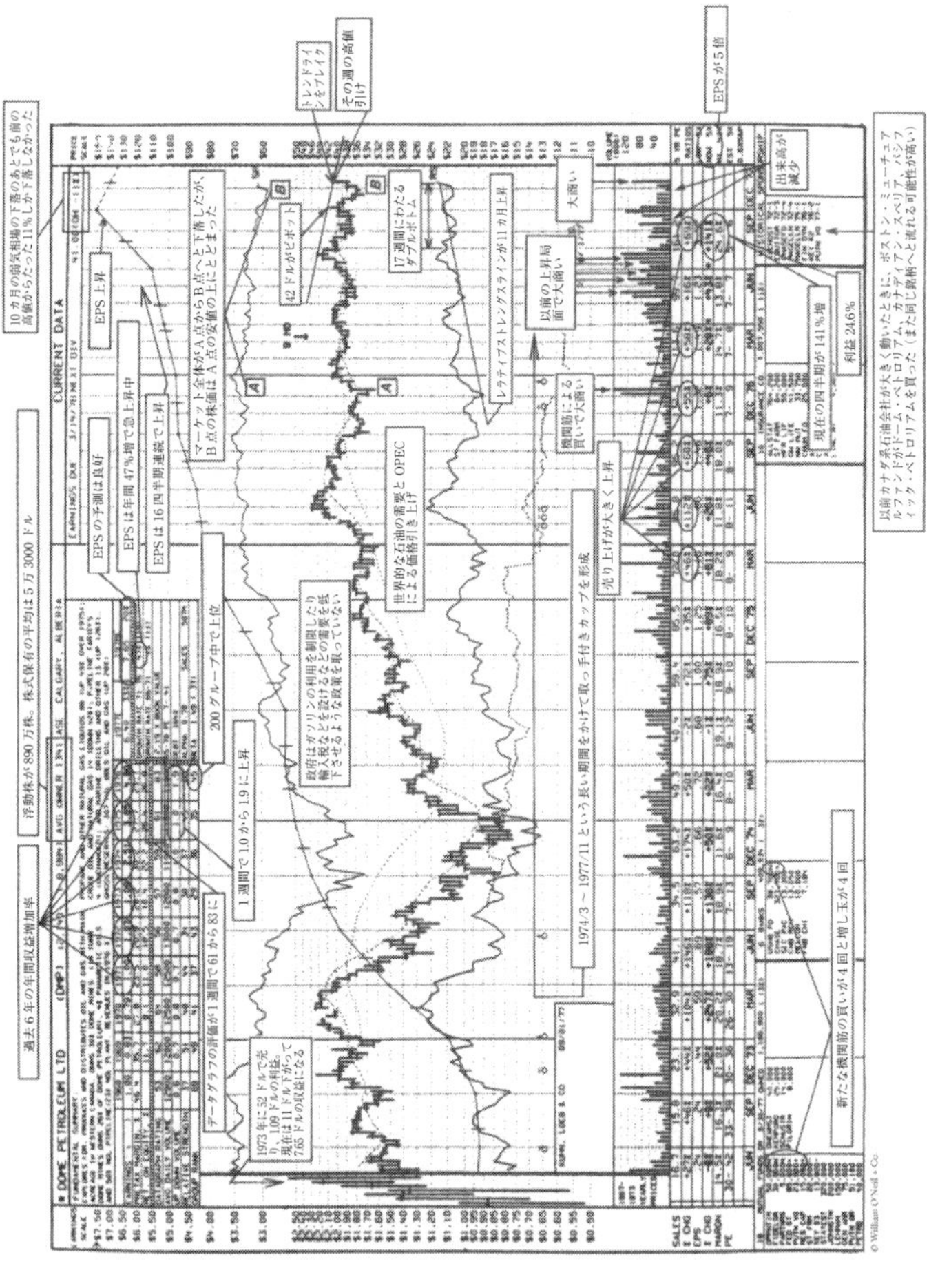

1977年11月にドーム・ペトロリアムに見られた30の好材料

ピック・N・セーブの例

一九七七年七月に、われわれはどの機関投資家も手を出したがらなかったピック・N・セーブという銘柄を買い推奨した。ほとんどの機関投資家は、一日に五〇〇株しか取引されていないこの会社を規模が小さすぎると完全に除外していた。そこで数カ月後、われわれは自らこの銘柄を買うことにしたのだ。われわれは、一日わずか一〇〇〇株しか取引されていなかった一九六二年のKマートや、一日の出来高が五〇〇株だった一九六七年四月のジャック・エッカード・ドラッグなど、歴史的に成功している企業をコンピューターで模範例として研究していた。だからピック・N・セーブの素晴らしいファンダメンタルや歴史的前例を考えると、この銘柄は大きな成功銘柄になる可能性があることを知っていたのだ。

そして歴史はわれわれの味方をした。Kマートもエッカードも、発見されたあとまもなく急成長を遂げ、その結果、一日の平均出来高も増加した。ピック・N・セーブも同じだった。カリフォルニア州カーソンに本社を構えるこの無名な小規模企業は、七～八年間安定して素晴らしい業績を達成した。事実、ピック・N・セーブの税引き前利益、ROE（株主資本利益率）、年間収益増加率、債務自己資本比率は当時、われわれがほかに推奨していた機関投資家の好む有名な成長銘柄に比べても、劣るものではなかった。

私は常に、素晴らしい銘柄を見つけて、それが上昇するときの買いポイントで毎回買っていくことが最善策だと信じてきた。ピック・N・セーブもそのようにして買っていった。数年かかった上昇トレンドのほとんどすべての買いポイントでわれわれは買いを入れた。私がこの企業を気に入った理由は、裕福ではない家庭のために、ほとんどの生活必需品を驚くほどの低価格で提供していたからである。最終的に、われわれはピック・N・セーブを二八五の異なる日に買い、それを七年半持ち続けた。この銘柄がまだ上昇中に最終的に売ったときも、その売りが市場に影響することはなかった。先手必勝で買ったこの銘柄は、株価一〇倍という利益をもたらしたのだ。

ラジオ・シャックのチャールズ・タンディー

われわれが最初にタンディー・コーポレーションを発見したのは一九六七年のことだったが、この銘柄を買うように説得できた機関投資家はわずか二社だった。買わない理由のなかには、配当金がなかったこと、そしてチャールズ・タンディーが単なるプロモーターであるということなどがあった（クアルコムも、一九九六～一九九八年の間、プロモーターの側面が強いと考えられていたが、われわれが週足チャートでこの銘柄を発見した一九九八年末に買うと、この銘柄は二〇倍の上昇を見せて一九九九年最大の先導銘柄になった）。

テキサス州フォートワースの中心街にあるタンディーのオフィスで彼と会ったとき、私はとても良い印象を受けた。彼は財務に優れており、それと同時に素晴らしい売り手でもあった。革新的な奨励金、部門別の財務報告書、そして商品の種類、価格、部類によって分けられた全店舗全商品の売り上げに関するコンピューターで作成された詳細な報告書などが彼の武器だった。

この銘柄の株価が三倍になったあと、ウォール街のアナリストたちがようやくその存在を認め始めた。タンディー・コーポレーションが過小評価されているとした調査結果すらいくつか出てきた。世間の目に安いと映り始める前に、すでにどれだけ株価が上がっていることがあるかを考えると、奇妙だと思わないだろうか。

ポートフォリオの規模の問題

多くの機関投資家は、その規模の大きさを問題視している。彼らは何十億ドルという資産を管理しているので、簡単に売買できるような大型株が十分に存在しないからだ。

現実的に考えてみると、規模の大きさは間違いなく障害である。一億ドルを管理するよりも一〇〇〇万ドルを管理するほうが簡単だ。一〇億ドルを管理するよりも一億ドルを管理するほうが簡単だ。そして、一〇〇億ドル、二〇〇億ドル、三〇〇億ドルを運用することに比べれば、一〇億ドルなんておやすいご用だ。このような規模の大きさは、中小型株を大量に売買することが難しいという問題に直結している。

それでも、機関投資家が大型株だけに投資を制限するのは間違いだと私は思う。投資できる株式が常に十分にあるということは絶対にあり得ない。単にたくさん手に入るからというだけの理由で、どうして成績の悪い銘柄を買うのだろうか。収益率が年間一〇～一二％しか伸びていないような大型株を買う理由がどこにあるのだろうか。機関投資家が大型株にしか投資しないと自らに制限を設ければ、株式市場に存在する本当に強力な成長を見逃すことになりかねない。

一九八一～一九八七年のレーガン政権時代に、活力に満ちあふれた将来有望な企業が三〇〇〇社以上も法人化、あるいは新規株式公開を行った。この歴史的にも例のない状況は、主に一九八〇年代初期のキャピタルゲイン税の引き下げ政策などが功を奏したものだった。これらの起業家精神にあふれた中小企業はその後非常に大きなマーケットリーダーとなり、一九八〇～一九九〇年代の類を見ないハイテクの急成長や大量の新規雇用を生み出す原動力となった。これらの企業のほとんどが当時は小さく無名だったが、今その名前を聞けば最大級の企業でその時期に最も成功した企業として認識されていることに気がつくだろう。ここに、二〇〇〇年三月に市場が天井を打つまでアメリカの成長を支えてきた、何千という独創性にあふれた革新的企業の一部を紹介しよう。

アドビ・システムズ、アルテラ、アメリカ・オンライン、アメリカン・パワー・コンバージヨン、アムジェン、チャールズ・シュワブ、シスコ・システムズ、クリア・チャンネル・コミュニケーションズ、コンパック・コンピューター、コンバース・テクノロジー、コストコ、デル、デジタル・スイッチ、EMC、エミュレックス、フランクリン・リソーシズ、ホーム・デポ、インターナショナル・ゲーム・テクノロジー、リニア・テクノロジー、マキシム・インテグレーテッド・プロダクツ、マイクロン・テクノロジー、マイクロソフト、ノベル、ノベラス・システムズ、オラクル、ピープルソフト、P・M・C・シエラ、クアルコム、サン・マイクロシステムズ、ユナイテッドヘルス・グループ、U・S・ヘルスケア、ベリタス・コンピューター、ビテッセ・セミコンダクター、ザイリンクス。

すでに述べたが、アメリカ政府は再びキャピタルゲイン税を六カ月に期間短縮するなどの減税を真剣に考えて、起業家精神にあふれる新興企業の立ち上げを再び後押しするべきなのだ。

現代の市場は、過去の市場に比べてより流動的になっており、多くの中型株が一日平均五〇万〜五〇〇万株ほど取引されている。さらに、機関投資家同士が大量に相互取引をしていることも、流動性を高める結果となっている。何十億ドルもの資金を扱う機関投資家は、その投資先を四〇〇〇以上の革新的な企業にまで広げるほうが賢明である。巨大で著名な企業、あるいは法定銘柄など数百社だけに制限して投資するよりもましである。国内最大級のある銀行の調査部など、六〇〇企業しか追っていなかった時期があった。

かなり大きな機関だと、大きく十分成長を遂げた動きの鈍い企業一〇〇社を保有するよりも、さまざまな規模の企業を五〇〇社所有しているほうが良いだろう。成績の良い小型株に集中している投資信託は、もっと慎重になる必要があるが、数百万ドル程度の運用資金ならば、そのような戦略でも相当の利益をもたらすかもしれない。

しかし、これらのファンドがそれぞれに成功を収めて数十億ドルという規模に成長した場合には、動きの速いより投機的で小さな規模の企業だけに絞り続けることはできなくなる。その理由は、このような銘柄はある段階では非常に良い成績を出すがその後天井を打つからである。ジャヌスやパトナムが運営するファンドは、一九九〇年後半から二〇〇〇年前半にかけて、このような問題に直面した。成功は自信過剰を生むことがある。

年金基金ならば、資金を異なる投資手法を持つマネジャー数人に拡散することでこのような規模の問題に取り組むことができる。

最大の問題は規模ではない

そうは言ったものの、機関投資家にとって最大の問題は規模ではない。彼らの投資哲学や投資手法こそが、マーケットから最大限の利益を得る機会を減らしている原因になっている場合があるのだ。

多くの機関投資家が、企業の価値について彼らのアナリストに意見を聞いて株を買っている。

主にうわさや耳寄り情報を基にして買う投資家もいる。経済学者によるトップダウン式（広い角度から個別の銘柄に絞り込む考え方）の業種予測のとおりに買う投資家もいる。われわれは、ボトムアップ（成長銘柄になる特徴を持つ個別の銘柄を見つけることに集中する考え方）のほうが、より良い結果をもたらすと考えている。

過去に、標準的な企業を同じものばかり何年も選び、買いの承認銘柄一覧をほとんど変えないという機関がいくつかあった。一〇〇社の有名企業の一覧表だったとしたらおそらく年に四〜五社ほど追加されていた程度だろう。さまざまな判断事項が投資委員会によって承認されなければならないからである。しかし委員会による市場判断は、だいたい当てにならないものだ。委員会のなかに経験が乏しいマネーマネジャーが参加している場合などは、さらに問題は深刻だ。私はこのような投資方針の立て方を疑問に思う。

今も時代遅れの規則のために機関投資家による投資の柔軟性が失われていることがある。例えば、保守的な機関では配当金を支払わない銘柄は買えない。まるで暗黒時代さながらの規則ではないか。多くの素晴らしい成長銘柄は故意に配当金を支払っていない。配当金を渡す代わりに、得た利益を企業に再投資して、平均以上の成長をしている企業に資金提供を続けるのがその狙いだ。ほかにも、ポートフォリオの半分以上を債券に投資することを義務づけるような制限が設けられている場合がある。しかしほとんどの債券ポートフォリオは長期的には弱い結果に終わるのだ。また過去には、現在の市場価格でポートフォリオの価値を計らずに誤解を招くような計算方法を使用していた債券ポートフォリオもあった。

このような状況では、ポートフォリオの結果が正確に報告されずに本当の成績を知ることができない。利回りばかりを重視して、ポートフォリオの市場価値の上昇や下落には十分な注意が向けられていないのだ。

最大の問題は、機関投資家の間で受け入れられているこのような時代遅れの投資判断法はそのほとんどが法律に深く基づいているという点である。彼らは、一言で言えば「制度化」されてしまっているのだ。多くの機関が投資判断をするときに「適正評価」や「受託者責任」のような法的概念に縛り付けられている。下手な投資判断や無責任な判断を下すと信託部門が責任を問われることになるのだが、それを決める標準が投資成績そのものとはまったく関係ないのだ！

もしある機関が投資すると決めた銘柄選択が昔ながらの「善管注意義務」（善良な仕事人として行動する機関は、その資金を扱うときに注意義務を負うとするもの）にのっとり、あらかじめ決まっているファンダメンタル条件を基にその企業を評価したり、適正評価によって導き出された全体的な「資産配分」モデルやそれに準ずる根拠を基に選ばれた物であると証明できれば、機関投資家は受託者責任を適切に果たしたため法的責任はない、という考えなのだ。

昔は機関が選べるファンドマネジャーの数が比較的少なかったのだが、今ではさまざまなシステムを利用している素晴らしいプロの資金管理集団が数多く存在する。しかしマネジャーたちは、その機関のアナリストが作る輝かしい銘柄推奨報告書なしには承認銘柄一覧に掲載されていない株式を買うことができない。機関はすでに大量の企業を保有しているためアナリストはそれらの株を追って最新情報を入手し続けなければならない。興味深い新しい企業を承認済みの一覧表に載せてその企業に関する報告書を作成するのは、アナリストにとって大きな時間の負担となるのだ。

人を上回る業績は新鮮なアイデアから生まれるものだ。何度も使い古された陳腐な企業や、前の相場サイクルの人気銘柄から生まれるものではない。例えば、一九九八〜一九九九年に素晴らしい成績を出したハイテク主導銘柄も、二一世紀には新たな消費者関連やディフェンシブ銘柄の主導銘柄に取って代わられることだろう。

底値買いの至福

価格が下落している株を買う機関投資家は多いが、最高の業績を達成するためには必ずしも底値買いが最善策とは言えない。業績が緩やかに悪化していたり、成長率が失速しているような銘柄を買ってしまう可能性があるからだ。

資金運用会社のなかには、ＰＥＲが過去最低水準の銘柄に投資対象を絞る評価モデルを使っているところもある。これは才能に恵まれた保守的なプロの投資家ならうまくできるかもしれないが、長期で見れば目の覚めるような結果を生み出すことはほとんどない。この手法を使っている中西部にあるいくつかの主要銀行は常に業績で後れをとっている。

ＰＥＲの問題を抱えているアナリストがあまりにも多くて驚いてしまう。ＰＥＲが高くなっている銘柄を売りたがり、ＰＥＲが低くなると買いたがる。最も成功を収めた銘柄の模範例を過去五〇年間分見ていくと、低いＰＥＲや「適度に低くなった」ＰＥＲが株価上昇の大きな要因ではないことは分かっている。低いＰＥＲに固執している投資家は、おそらく過去半世紀のほとんどすべての主要な勝ち銘柄を見逃してきたことだろう。

過小評価された銘柄を選択する理論にこだわっている投資家のほとんどが、現代の優秀なマネジャーと比べると悪いパフォーマンスに陥っているだろう。時にはそのような過小評価と言われている銘柄がさらに過小評価されて下落したり長期にわたりマーケットの足を引っ張ることがある。二〇〇八年後半と二〇〇九年初期に起きた市場の急落時には、バリューファンド数種が成長株ファンドと同じくらい下落しているという異常な状況さえあった。

成長銘柄とバリュー銘柄の結果を見比べる

過去一二回の相場サイクルから私が学んだことは、一流のマネーマネジャーなら一回の相場サイクルの間に二五％からまれに三〇％ほどの年間複利総利回りを生み出しているということである。それができるのは成長銘柄を扱う少数派のマネジャーで、成長株ファンドを扱っていたか、成長銘柄への投資が大きな利益を生んだことがそのような結果を生み出している。さらに市場が何度か大きく好転したことも手伝っている。

同じ時期に過小評価されている株を買う手法を使うマネジャーの場合、最高の成績を上げたマネジャーたちの平均でも一五〜二〇％にとどまった。二〇％以上の利益を出したマネジャーも数人はいたが、少数派だった。大半の個人投資家は準備不十分が原因で投資手法を問わず年間二五％以上の利益を上げることはできなかった。

バリューファンドは下落市場や低迷市場ではそれなりの結果を出す。そのような銘柄は、その前の強気相場で大きく上昇をしていないことが多いので調整も少なくなりがちだ。バリュー株の良さを証明しようとしている人々はこれを利用して、市場の天井をわざわざ選んでその後一〇年以上の期間にどれだけバリュー株が上昇したかを成長銘柄と比べようとする。これでは公平な比較方法とは言えない。バリュー株への投資が、成長株投資よりも成功すると「証明」しているつもりなのである。公平な方法で真実を探れば、ほとんどの期間において成長株への投資のほうがバリュー投資よりも良い成績になることが多いのだ。

バリューラインがバリュー株の推奨をやめたとき

一九三〇年代から一九六〇年代初期まで、投資調査会社のバリューラインは、調査対象の銘柄が過小評価されているか過大評価されているかという観点から株を評価していた。その評価に基づく投資結果は冴えないものだったが、一九六〇年代にこの方法を捨てて収益率増加と相対的な市場の動向を基に銘柄を評価し始めると、途端に業績は向上した。

S&P銘柄の特定業種に投資する比重

多くの機関は主にS&P五〇〇の銘柄に投資をするのだが、そのときに特定の業種を過剰に保有していたり減らしたりすることがある。この方法ではS&Pを大きく上回る結果も大きく下回る結果も出ない。しかし中小型株の成長株を扱う優秀なマネジャーなら、数年間でS&P五〇〇よりも平均一・二五～一・五倍の利益を出せるのだ。S&P五〇〇自体が運用をされている指数であり、新しくて優秀な企業が常に仲間入りをし、低迷株は除外されていく。そのため、投資信託がS&Pを大幅に上回るのは難しいことなのだ。S&Pを上回る成績を出すもう一つの方法は、新しい成長銘柄やS&Pに入っていない優れた銘柄を買うことである。

業種別分析法の弱点

広く使われているがそれほどの効果を上げていないもう一つの手法は、大勢のアナリストを雇って業種ごとに分担を決めて調査をさせるというものだ。なかには顧客と強い関係を築いてそれを維持するために投資銀行側がアナリストを雇うこともある。したがって、アナリストたちの忠誠心がまとまっていないという問題が過去にあった。

一般の証券研究部門には、自動車アナリスト、電子機器アナリスト、石油アナリスト、小売りアナリスト、医薬品アナリストなどがそれぞれいる。だがこれは効率的な環境ではなく結果に結びつかないことが多い。人気のない業種を任されたアナリストはどうすればよいのだろうか？　その業種のすべての銘柄が低迷しているというのに、そこから最も低迷していない銘柄を選べばよいのだろうか？

一方で、その年に最高の業績を上げた業種を担当するアナリストは、各業種からわずか二〜三銘柄しか選べないため、価値ある残りの銘柄を数多く取り逃がすことになる。一九七九〜一九八〇年に石油関連株の人気が出たとき、この業種の全銘柄が二〜三倍値を上げた。最大で五倍以上の値を上げたものもあるのだ。

このような調査を分担する理論は、担当者がある特定の分野について専門的な知識を得ることができるという考えから来ている。事実、ウォール街では、なんと化学薬品会社から化学者を引き抜いて化学産業アナリストとして雇ったり、デトロイトに住む自動車の専門家に自動車産業アナリストになってもらうということまでしている。このような専門家たちはたしかに専門の産業を根本的な部分まで理解しているのだろうが、たいていはマーケットの全体像や主導銘柄の価格が上下する理由についてはまったくと言っていいほど理解していない。二〇〇〇年九月が過ぎてもCNBCに登場したアナリストが口をそろえて八〇～九〇％も下落しているハイテク銘柄を買い推奨し続けたのも、これで納得がいく。テレビが配信しているこのような無料アドバイスに従っていたら、大金を失っていたところである。同じようなことが二〇〇八年にもあった。ファンダメンタルのアナリストたちが下落している石油や銀行銘柄を、割安だという理由で推奨した。その後、これらの銘柄はさらに値を下げた。

企業というものは、アナリストの数が多いとか、最大級の調査部門があるとか、「国を代表する」一流アナリストがいるなどと宣伝したがるものだ。私なら、専門性を限定された五〇、六〇、七〇人のアナリストよりも、どの方面にも精通した五人ほどの優れたアナリストのほうが欲しい。五〇人以上のアナリスト全員がマーケットで利益を出すほどの手腕や銘柄選択技術を持っているという可能性が一体どれくらいあるだろうか？

機関投資家や個人投資家にとって、ウォール街のアナリストたちの欠点が二〇〇〇年の弱気相場のときほどはっきりと分かったことはないだろう。マーケットは急落を続けてナスダック指数の下落率は一九二九年以来最悪を記録した。そしてそれまで高値で取引されていたハイテク銘柄やインターネット関連銘柄の多くが大打撃を受けていた。そんなときでもウォール街のアナリストたちは、そのような銘柄を「買い」や「強い買い」として推奨し続けたのだ。

二〇〇〇年一〇月に、ウォール街のある主要な企業が新聞に全面広告を出し、当時のマーケットの状況を「歴史上一〇本の指に入る最高の買い時」とうたっていた。今振り返ってみると、そのときの市場は二〇〇一～二〇〇二年まで下落を続けて史上最悪の買い時になってしまったではないか！　高値だったハイテク銘柄やインターネット銘柄の多くが最高値から九〇％以上下落して初めて、これらのアナリストは考えを改めたのだが、それはかなりあとのことで、すでに大きな損失を被っていたころだった！

二〇〇〇年一二月三一日に『ニューヨーク・タイムズ』誌に掲載された記事で、あるアナリストがザックス・インベストメント・リサーチをこのような理由で推薦していた――「S＆P五〇〇種指数の企業を網羅した八〇〇〇の売買推奨のうち、売り推奨は二九しかない」。同じ記事のなかで、ＳＥＣ（証券取引委員会）の委員長を務めたアーサー・レビットは、「投資銀行の業務競争はあまりにも激しいので、アナリストが銀行投資家に売り銘柄を推奨することはほとんどない」と語っている。『ニューヨーク・タイムズ』紙に引用されたある投資信託マネジャーの言葉を借りると、「ウォール街で調査と呼ばれているものは、私には衝撃的な内容である。投資家が崖っぷちへ突き進むのを防止するための分析を提供するのではなく、現実的な根拠や優れた実践の基準など何もない銘柄評価基準を新たに生み出して、投資家を崖へと突き落としているのだ」。『バニティフェア』誌も二〇〇一年八月にアナリスト業界に関する興味深い記事を掲載した。どの時代と比べてみても、「買い物の責任は買い手にある」という警告が、これほど機関投資家や個人投資家にとって身にしみた時代はなかっただろう。

二〇〇〇年にSECが導入した公平開示規則は、機関投資家と個人投資家に実態ある企業情報を公平に開示させるための法律で、主要証券会社の調査アナリストがウォール街の全企業に公表される前にインサイダー情報を受け取ることを制限している。これによって、ウォール街アナリストの意見を聞く優位性はさらに減ったことになる。意見や憶測による価値評価などよりも、事実と歴史的な模範例のみを情報源にしたほうが良い、というのがわれわれの信条である。二〇〇〇～二〇〇一年の調査アナリストの多くが、その仕事に就いて一〇年足らずで、一九八七年、一九七四～一九七五年、一九六二年のような極端な弱気相場を経験していなかったのだ。

話は少し変わるが、巨大な資金運用団体はおそらく扱う調査機関の数が多すぎるのだろう。ひとつに優れた調査会社の数が限られていることが理由にある。二〇～三〇の企業を扱うと少数派の良い提供源の価値や影響力が弱められる結果となる。重要な岐路に立っているときに相いれない助言があると、困惑、疑い、恐れなどを生み出して、それが高い代償を伴うことがある。アナリストのいったい何人が自らの投資で大きな成功を収めているのかを知りたいものだ。それは究極の評価法と言えよう。

『ファイナンシャル・ワールド』誌が行った一流アナリストに関する驚きの調査

一九八〇年一一月一日号の『ファイナンシャル・ワールド』誌はその記事のなかで、『インスティテューショナル・インベスター』誌が選んだウォール街最高のアナリストたちは過大評価されていて、賃金も高すぎるうえにS&P平均を大幅に下回るパフォーマンスしか残せていない、とする見解を発表した。「超大物」とされたアナリストたちが選んだ銘柄は、三銘柄中二銘柄がマーケット全体とは異なる動きをしたり、その業種平均を下回ったりしていた。また、彼らが売り銘柄を勧めることはほとんどなく、助言のほとんどが買いか保有継続だったという。これは一九七〇年代初頭にわれわれが行った研究を裏付ける結果だった。われわれの調査では、ウォール街による推奨銘柄が本当に成功したのはわずかであること、そして売り推奨が多くなるべき時期でも彼らは一〇回中一回しか売りを提案していなかったと結論づけていた。

ウォール街の調査の多くが誤った企業に対して行われるというのが、一つの問題点としてあげられる。どの産業アナリストも一定量の調査を行うことを要求されているが、典型的な相場サイクルを主導する業種というのは数が限られている。調査対象にするべき優れた企業を見極めるための、初期段階の振るい落としや厳選作業が十分に行われていないのだ。

データベースの優れた力と効率性

機関投資家のマネーマネジャーは毎日三〇センチほどの分厚い調査報告を受け取る。良い銘柄を探しながらそのような報告書をしげしげとめくっていくのは時間のムダであることが多い。運が良ければ二〇銘柄のうち一銘柄くらいは買い時の株を見つけることができるかもしれないが、良くてもその程度である。

一方で、ＷＯＮＤＡ（ウィリアム・オニール・ダイレクト・アクセス）にアクセスできる投資家は、われわれのデータベースに存在する全企業について素早く調べることができる。防衛関連が主導していると分かれば、その分野を主な事業とする八四社を一気に画面に呼び出せる。典型的な機関投資家なら、ボーイング、レイセオン、ユナイテッド・テクノロジーズ、そしてほかにも二～三の有名な大企業を調査するところだろう。しかしＷＯＮＤＡなら、八四社それぞれに関する三〇〇〇以上のテクニカルおよびファンダメンタル指標が過去何年にもさかのぼって入手できるうえに、その数値を素早くグラフ化して表示できる。つまり機関投資家のマネーマネジャーたちは、素晴らしい特徴を持ち詳細調査をするに値する業種全体から、五～一〇社を選び出すことがものの二〇分で可能なのだ。ＷＯＮＤＡは、アメリカの超一流のマネーマネジャーにとって不可欠な時間節約手段なのである。

つまり、機関筋のアナリストには時間をより生産的に利用する手段が提供されているという

オニールのニュー・リーダーズ・アンド・ラガーズ・レビュー（長期記録）

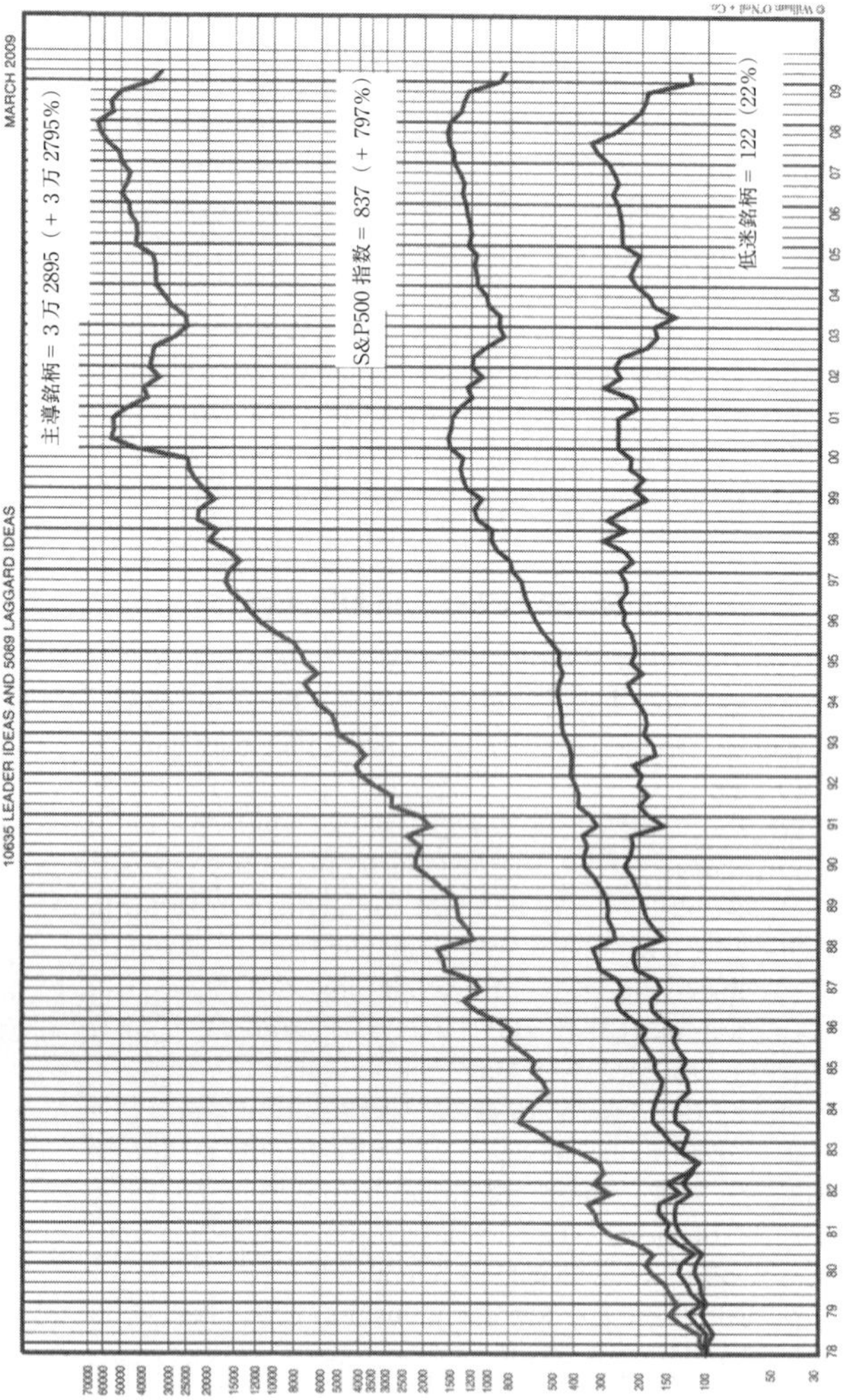

ことだ。しかしそのような高度で規律ある手段を利用するように組織された調査部はまだ少ない。

この方法はどれほどうまくいっているのだろうか？　一九七七年に、われわれは、「ニュー・ストック・マーケット・アイデアズ・アンド・パスト・リーダーズ・トゥ・アボイド（新たな主導銘柄と避けるべき過去の主導銘柄）」というサービスを発表した。今では「ニュー・リーダーズ・アンド・ラガーズ・レビュー（主導銘柄と低迷銘柄）」に名称を変更したこのサービスは、われわれの三〇年という長期の業績記録をグラフ化して毎週発行するものだ。ここに掲載されるわれわれの業務利益は、国内一流の独立会計事務所によって監査されてその正確さを保っている。

過去三〇年間を振り返ると、「買うべき銘柄」が出した利益のほうが「避けるべき銘柄」の利益を三〇七倍上回り、さらにはS&P五〇〇銘柄の利益と比べても四一倍上回った。複利の効果が三〇年以上積み重なったおかげでこのような優れた長期記録が可能になったのだ。二〇〇八年までの三〇年の間に避けるべき銘柄として掲載した株は、三〇年間でわずか一九％の利益しか出していない。機関投資家は、われわれの避けるべき銘柄の一覧に掲載されている銘柄をすべて避けているだけで、その業績を大きく向上させることができたはずだ。われわれは機関投資家向けに、「ニュー・ストック・マーケット・アイデアズ」でわれわれが提案したすべての「買い」や「回避」銘柄の成績を、コンピューター化された四半期ごとの業績報告にまとめて提供している。長期にわたり自分たちの推奨銘柄が実際にどれだけの成績を残したかを割合で示すような競合会社がほかにあるだろうか。

各企業に関する事実を集めた大量のデータ、そして一〇〇年以上にわたる歴史的前例を基にした模範となるチャートを持っていることで、向上し始めている銘柄や問題を抱え始めている銘柄を、その企業を直接訪れたり企業から話を聞くことなく素早く発見できるのだ。企業が正直に問題があると教えてくれると思ったら、それは大間違いだ。この独自の事実を集めたデータと歴史の研究を利用すれば、耳寄り情報やうわさ、そしてアナリストの個人的な意見などに頼ろうとは思わなくなる。単に必要性がなくなるのだ。われわれは投資銀行の顧客はいないし、マーケットメーキングもしていない。他人の資金を管理したり、アナリストを雇って調査報告書を書かせたりもする必要がない。だから偏見が入ったり、業績の足を引っ張る可能性があるものはわれわれの調査には存在しないのだ。

一九八二年と一九七八年の強気相場をうたった全面広告

基本的にわれわれは短期や中期の株価の調整を言い当てようとはしない。機関投資家にとって、そんなことをするのはあまり意味がないし短絡的だと言える。われわれの大きな目標は、新たな強気相場や弱気相場をそれぞれ初期の段階で見極めてそれに対する行動を起こすことに

1982年2月の強気相場をうたった広告

「悲観的な空気に惑わされるな――インフレを支えていた土台が崩れた今こそ、今後の回復に備えて投資をするときなのだ」

Now's the time for both corporations and individuals to grab on to President Reagan's powerful incentive programs and invest.
William O'Neil & Co. believes the stock market averages may be near their lows now. We also think the *best* individual stocks have seen their lows and will one by one find their way back to new high ground over the next 6 months.

It is very normal to have gloom, doubt and pessimism during the low point of a recession and the bottom of a bear market. However, we do not agree with Henry Kaufman's recent negative conclusion that inflation will move back toward old record levels when the economy recovers. We believe the backbone of excessive inflation has definitely been broken and will wind down more in the year ahead. There are a number of reasons for our optimistic outlook on inflation.

Long Term Trend Of Oil, Real Estate And Commodity Prices Has Broken
To begin with, oil prices, as well as oil company stocks, topped a year ago. OPEC should consider lowering prices; otherwise they may have to continue reducing production and income. The large oil price jumps of recent years caused widespread changes to other fuels, increased energy efficiency, lower overall demand and a loss of world oil markets. High prices also stimulated exploration and new production. The old law of supply and demand still works.

Gold, silver, diamonds and other inflation-hedge commodity prices have made major long term tops and are down substantially from their highs. And we do not agree with a well-known economist nor a prominent member of the House of Representatives who advocate the U.S. must return to the gold standard. This out-moded concept did not prevent government's financial mismanagement since 1965, and it can not now substitute for competence.

Real estate prices, after tremendous increases, have been coming down. In Southern California where building trends frequently lead other areas of the country, condominiums and homes became so overpriced that both prices and interest rates need to decline further before sales can pick up. The reason is simple. People can not make or qualify for monthly payments of $2,000 or more

The auto giants' bad management decisions and high interest rates have caused them to permanently lose share of market. Their best hope is for both big labor and big management to reduce all costs and auto prices with no strings attached and try to regain part of their lost market. If they do not act together, the auto industry will likely be a declining U.S. industry in the future.

Airline fares have been too high and are being lowered to attract more customers.

The Consumer and Producer Price Indexes have fallen and the trend of money supply has been down for almost a year and a half. This should lead to lower inflation ahead.

Reasons Why Interest Rates Should Be Lowered
The Federal Reserve Board discount rate is now substantially higher than the inflation rate, and so are long term Bond yields.

A few years ago the discount rate was raised several times by abnormal amounts to protect the American dollar from attack. This problem no longer exists. Confidence in the U.S., its leadership and the dollar have materially improved.

Interest rates at the low point in each past recession have progressively been at higher levels. If this trend continues, we could have higher low points and higher high points for interest rates in each new business cycle. The Federal Reserve Board should consider lowering the rate over the next 6 months to a point slightly below the 10% low of the previous cycle, thus breaking the escalating trend.

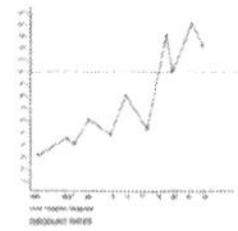

The Federal Reserve Board should probably not try to fight inflation all by itself. Tight money did not solve the inflationary problem in the recession in 1974, nor in 1977-78. While money supply is the primary determinant of the rate of inflation, it is not the sole cause as some people believe. Last year's decline in inflation was caused primarily by a leveling in oil prices and farm prices. Money supply policy, in no way, created good weather, good crops and an over-supply of oil.

Our government may also want to consider having money supply figures available monthly, rather than weekly since weekly guessing, over-reaction and public over-emphasis make sound interpretation of the major trend unlikely. The Fed may want to consider the possibility of better control of new sources of money supply.

For example, Money Market funds have no reserve requirements. What might occur if a run were to happen on Money Market funds? The high rates Money Market funds offer drain funds from other more productive areas and forces other agencies to raise their rates in order to try and compete.

Congress also has an important responsibility to cut spending and government inefficiency. Congress can also deregulate natural gas and include a windfall tax to help lessen the 100 billion dollar deficit.

Because of new tax incentives for saving there should be an increased pool of savings available as business begins to borrow in the recovering economy.

The auto industry and its supplier industries will not recover until interest rates decline further. Ten percent unemployment economically should be unacceptable and could be dangerous to the country as well as politically damaging.

High interest rates are hurting the world economy.

Why You Should Buy Common Stocks Now
Stocks are the only remaining area in the economy that appears greatly undervalued. Gold, real estate, diamonds, commodities have all had excessive increases and as a result seem over-priced with less potential for profit. The number of shareholders in America, after declining for many years, should increase significantly. The cause of this increase will be the substantially lower capital gains tax (20% vs. nearly 50% in recent years) and the new investor's retirement accounts with their flexibility and tax saving features.

Stocks on average are currently selling at 6 and 7 times annual earnings. Such low price earnings ratios have not occurred since the 6 P E at the bottom of the Dow Jones in 1974, the 7 P E in 1949 and the 5 P E in 1932. And as you know prices and P E's improved materially from these historical lows. We believe the decline in price earnings ratios that began in 1962 has ended and the future will show progressive upward reevaluation for stocks.

If channel lines are drawn along the tops and bottoms of the Dow Jones Industrial average since the early 1980's the Dow is once again sitting on its major long term bottom trendline.

The lower tax for all consumers, combined with lower inflation, will ease the pressure on consumer's discretionary income for the first time in many years. This should result in a resurgence in the better consumer growth stocks.

The William O'Neil & Co. Senior Growth Stock Index is performing stronger than general market indexes; and the Dow Jones Industrials failed to confirm the recent new lows in the transportation index.

Not only have we seen several brokerage house economists being very bearish, but a preponderance of public advisory services have been preaching total gloom and doom. This usually happens around market bottoms.

Odd lot short selling accelerated in January—another psychological sign of bottom market action. Those who expect a climax bottom with heavy selling will likely be disappointed since this phenomenon occurred mainly in past years when markets had greater public involvement. Institutions, which dominate our markets today, do not panic as readily along bear market lows. They tend to pull back from selling or actually buy on the way down.

What Areas Of The Market Seem Favorable Now?
We are in the midst of a revolutionary computer and communication age. The better, innovative leaders in this area should continue to do well.

As mentioned earlier, we believe there will be a resurgence in selected consumer growth stocks. As time passes, various defense electronic stocks should benefit from our planned defense build-up. Companies producing automated teller equipment should benefit from increased branch banking and automation. Selected drug and medical companies that show superior earnings per share increases should be favored. Speciality retailers plus entertainment companies with new products in areas such as video games seem to be succeeding. As the economy slowly recovers, other areas will emerge with improved and accelerating earnings.

Why Corporate America Should Be Investing Now
Big corporate America, in the past, has invested somewhat backwards and been slow to take innovative new risks. Traditionally, big business only expands at the end of a business cycle. It seems to us that the top of a cycle is the poorest time to invest in new plant capacity and automation, because interest rates and competition are at a peak. The shrewdest and cheapest time to invest is at the low point in a business cycle where prices will be the best and your bargaining power the greatest. Andrew Carnegie, an earlier industrial leader, used to say, "the first man gets the oyster, the second the shell."

The American people and in particular American businessmen and women, in our opinion, may have one of the best Presidents since Abraham Lincoln. They should get off the dime and take advantage of the tremendous tax incentives now available. President Reagan's incentive programs are broad and very workable. The sole cause of the current recession has been the Federal Reserve's tight money policy. The press, the country and many politicians may be making the mistake of continually underestimating Ronald Reagan's ability and leadership.

Big companies need to change in order to survive. All growth is built on change. They need new products and some of them need new management. Giants like Mobil, U.S. Steel and DuPont, trying to acquire other large companies for the most part is counterproductive only making a giant larger, less creative and less efficient. Few conglomerates know how to run more than one or two businesses correctly and the high prices paid for such acquisitions are questionable to say nothing of the poor utilization of billions of dollars of this nation's badly needed capital.

The Administration's recently announced council to study productivity is primarily staffed with big business representatives. The makeup of this group should be amended to include several leaders of small to medium-sized, innovative growth companies. These are the companies that have shown the greatest productivity in our country. Big business has been the least productive, least creative and least imaginative. Having a council loaded with big business leaders is a little like a council of losing football coaches meeting to tell everyone how to be No. 1.

How Many Truly Successful Pessimists Do You Know?
In summary, we see a psychological comparison to 1947-49. This was the time our troops returned home after World War II. The common thinking then was that bad times were ahead because there wouldn't be enough jobs to absorb those returning from war. The common fears turned out to be wrong as pent-up demand launched a new economic surge. Likewise, today we believe the common fears may turn out to be wrong. The economy will be stimulated with the strongest incentives in decades and the needs of mankind. We are also reminded of old Sewell Avery forever hoarding his money and completely missing his market. Springtime is only around the corner and it makes us think. How many truly successful pessimists do you know? So, don't let the gloom bugs fool you.

If you are an institutional or a corporate investor you may be interested to know that our latest January issue of *New Stock Market Ideas & Past Leaders To Avoid* lists 170 stocks as buy recommendations and only 38 stocks that should be avoided. Our advice to all institutional consulting clients throughout the month of January was to buy specific growth stocks into the correction.

If you are an individual investor you may wish to examine our latest new service titled, *Long Term Values*. We introduced this investment service, which covers 4,000 securities, at the bottom of the market in October. This, along with our Daily Graphs Services have over 22,000 annual subscribers, and can be seen in full page ads in *Barron's* every week.

William O'Neil + Co.
INCORPORATED

Member NYSE, ASE and other major regional exchanges
11915 LaGrange Avenue, Los Angeles, California 90025
(213)820-7011

Reprint from The Wall Street Journal February 5 and 8, 1982

February 1982 bull market ad

ある。これには売買するべき業界や業種を探すことも含まれる。

一九八二年初め、われわれは『ウォール・ストリート・ジャーナル』紙に全面広告を掲載し、「インフレを支えていた土台は崩れ、重要な銘柄はすでに安値を付けた」とうたった。その年の五月、われわれは機関投資家の顧客に壁用チャートを二種類ずつ送付した。一つは防衛関連の電子機器関連の銘柄で、もう一つはこれから訪れる強気相場に魅力的だとわれわれが感じた消費関連の成長株二〇銘柄だった。さらに、ニューヨークとシカゴに赴いて複数の大きな投資機関を訪ねた。その会合のなかで、われわれは強気の姿勢を表明し、適正評価を行ったあとに彼らも買うべきだと思った企業名の一覧を提供した。

われわれの姿勢は、当時のほとんどの機関調査会社とは正反対で、毎日全国のマスコミが流す否定的な報道とも相反する内容だった。ほとんどの投資会社は、ただ弱気だった。一段と大きく市場が崩れることを懸念していたのだ。また、民間事業をマーケットから追いやるような政府による大量の借り入れの結果、金利やインフレも今後うなぎ登りして新たな高値を付けるだろうと予測していたのだ。

このような見当外れの予測に機関投資家たちは恐れをなし混乱していたので、彼らはわれわれの助言を聞いても躊躇して受け入れることはなかった。その結果、これから訪れる強気相場で先導する業種をわれわれが二つすでに見つけたと言っても、彼らはその情報を十分に生かすことができなかったのだ。プロのマネジャーたちは悲観的な情報をウォール街の「専門家」たちにたたき込まれてしまい、好材料を信じられなくなってしまったのだろう。その間のわれわれはというと、一九八二年の夏に信用取引で枠いっぱい投資をして、当時としては過去最高の利益を上げて喜んでいた。一九七八～一九九一年までに、われわれの口座は二〇倍にも膨らんだ。一九九八年の初めから二〇〇〇年まで、別の持ち株会社で運用していたその口座は一五〇〇％増になっていたのだ。うわさが横行し感情に渦巻くウォール街に本社を置かないことは、われわれが持つ優位性の一つかもしれないことをこの結果が教えてくれた。私は投資業界に入ってから一日たりともウォール街で働いたことはない。

機転の利く個人投資家にとって、五〇種類もの偏った人の意見に耳を傾ける必要がないのは大きな強みである。この例からも、大多数の意見がマーケットで正しいことはほとんどなく、「心配の壁」と呼ばれる疑念や不信感があるときにこそ株価は大きな進化を遂げるのだということが分かるだろう。

われわれは一九七八年三月、『ウォール・ストリート・ジャーナル』紙に初の全面広告を掲載した。そのなかで、中小型株の成長株に新たな強気相場が訪れることを予測した。この広告は何週間も前にあらかじめ書いておいたもので、今だというタイミングがやってくるまで掲載するのを待っていた。市場が新たな安値を付けたときに絶好のタイミングで掲載したところ、それを見た投資家たちは大きな衝撃を受けた。この広告を掲載した唯一の目的は、そのような転換期の局面でわれわれの立場をはっきりと印刷して記録に残しておくことで、あとから機関投資家がわれわれの能力を疑うことのないようにするためだった。

われわれのような機関投資家向け助言会社が最もその価値を示すのが、このような極めて難しいマーケットの転換期なのだ。このような時期は多くの人が恐怖で身を縮め、過剰なファンダメンタル情報に自信を失っている。

われわれは歴史的前例を研究する企業として、アメリカ国内および海外の合わせて五〇〇社以上もの機関投資家と取引している。二〇〇〇年三月、四月、九月に、取引先にハイテク銘柄を避けるか売って現金化するように助言した企業はほかにはほとんどいなかった。

機関投資家だって人間なのだ

不況が長引いてもプロの投資家なら恐怖心や感情に惑わされることはないと思っているなら、考えを改めるべきだろう。私は一九七四年にマーケットが底を付けたときに、ある主要銀行のマネーマネジャー三～四人と会ったことがある。彼らも、一般投資家と同じように衝撃を受けて士気を失い、そして困惑していた（当時の普通銘柄が七五％も下落していたことを考えると無理もない）。同じころ、私は別の一流マネジャーも訪ねた。彼もまたかなり疲労困憊していて、その顔色の悪さからマーケットの病に苦しめられていることが見て取れた。ボストンの一流ファンドマネジャーも、まるで電車にひかれたような顔をしていた（もちろん、どの例も一九二九年に比べればまだましだ。あのときは、壊滅的な市場崩壊に衝撃を受けて会社のビルから飛び降りる人がいたのだから）。

また、一九八三年にサンフランシスコで開催したハイテク業界に関する研修会についても忘れてはいない。二〇〇〇人ほどの高学歴のアナリストやポートフォリオマネジャーが集まっていたが、そのころはハイテク銘柄が最高潮を迎えていたときだったので、だれもが活気と自信に満ちていた。

また、ある大都市の銀行で行ったプレゼンテーションについても覚えている。そこに勤務しているアナリスト全員が集まって役員室の豪華な机の周りに座ったのだが、アナリストもポートフォリオマネジャーもだれひとりとしてプレゼンテーションの最中やあとに質問をしてこなかった。あれほど奇妙な状況はない。言うまでもなく、この機関は鋭敏で大胆な競合他社に比べて常に業績で劣っていた。自分の思いを伝え合って、新たな考えを受け入れることが重要なのだ。

何年も前の話だが、顧問先の中規模銀行が、彼らの少ない承認銘柄一覧から推奨銘柄を選んでほしいと言ってきた。その銀行のマネジャーと三カ月間かけて話し合いをしたが、彼らの承認銘柄のなかにはわれわれの条件を満たす株はないと伝えるしかなかった。そして結局、お互いの合意のもと袂を分かつことになったのだ。その数カ月後、その信託部門の中心的役員が業績の低迷が原因で解任されたことを知った。

中西部にある別の機関にもサービスを提供したことがあるが、それがどれほどの価値を発揮したかは疑わしいものだった。なぜなら、その機関はどんな銘柄でも彼らの過小評価基準を満たさなければ買わないという凝り固まった信条を持っていたからだ。最高の投資対象が過小評価基準に当てはまることはほとんどない。この機関はその基準を捨てないかぎり一流の結果を出すことはけっしてないだろう。これは大きな組織には難しいことだ。宗教の宗派を変えろというのと同じくらい大変なことなのだ。

平均的な記録しか出せない巨大な資金運用会社などは、投資部門の責任者を解雇したかと思うとほとんど同じ手法を使う投資家を後任者に選んだりする。当然、これでは欠陥のある投資法や投資哲学を根本的に解決することはできない。ロサンゼルスにあるセキュリティ・パシフィック・バンクは唯一の例外だ。一九八一年七月、この銀行は投資管理責任者を変更した。全く異なる手法と優れた投資哲学、そして素晴らしい業績記録を持つ後任者を雇ったのだ。その結果は目覚ましく、たった一夜で見違えるほどだった。一九八二年にこのセキュリティ・パシフィックのファンドGは国内一位の成績に輝いた。

安物買いの銭失い

特に大きなファンドを管理する企業では、マネジャーに支払う管理手数料をいかに節約するかを重視しすぎていることがある。大概はアクチュアリー（保険数理士）が、手数料を八分の一％減らせればあといくら節約できるというような助言を年金基金などにしているのである。

何十億ドルもの資金を管理する企業ならば、手数料や奨励金を引き上げてでもその分野の最高のマネーマネジャーを雇ったほうが賢いやり方だ。優秀なマネジャーは何度も継続して〇・二五％や〇・五〇％増しの利益を稼いでくれるだろう。株式市場においては安く手に入る助言だけは避けたいものだ。あなたが心臓切開手術を受けることになったら、料金が最も安い医師を探したりするだろうか？

マネーマネジャーの選び方

自分たちのファンド運営を複数のマネーマネジャーに外注したいと考えている企業や組織に助言をしたい。

一般的には、ポートフォリオマネジャーの業績を見てマネジャーを変更するかどうかを決める前に、相場サイクル丸一期分くらいの時間は与えるべきである。一回の強気相場の天井から次の強気相場の天井まで、または現在の相場サイクルの底値から、次のサイクルの底値までの時間を与えるのだ。するとだいたい三～四年という期間になるので、すべてのマネジャーが上昇市場と下落市場の両方を経験する機会を得る。この期間が終わったときに全体のパフォーマンスが下位二〇％のマネジャーを入れ替えるのだ。その後は、一～二年に一度の頻度で、過去三～四年の成績が下位五～一〇％のマネジャーを切っていく。これならば、数四半期とか一年という短期間の少ないパフォーマンス結果だけを基に性急な判断をすることはなくなる。この過程を続けていけば、時間と共に実績を持つ素晴らしいマネーマネジャーだけが残ることになる。これは成績の悪いマネジャーが自然淘汰されていく確実な方法なので、時間はかかるがなるべく長期間続けるべきだろう。そうすれば人事異動の専門家を何人も雇う必要もなくなる。

マネジャーを選ぶときは、彼らの三～五年の長期的なパフォーマンスと、最近のパフォーマンスの両方を考慮しなければならない。そしてマネジャーの専門、手法、および場所にも多様性を持たせるべきだ。新しいマネジャーは広い範囲で探して、一人の人事専門家の狭い世界観に捕らわれたり、その人物の知っている限られたマネジャーから選ぶ必要はない。

資金規模の大きい企業や年金基金の顧客側も、例えばポートフォリオの大半を株式にするか債券にするか、あるいは過小評価されている株を優先するか、など資金管理のプロが重要な決断に直面しているときには干渉しないように心がけるべきだろう。

投資資金を持つ地方自治体も、投資の分野に精通した担当者がほとんどいないので注意が必要だ。このような経験の浅い担当者は、あとから大きな損失を生み出す可能性があることを知らずに、安全だとうたわれている債券にすぐに投資してしまう。実際に二〇〇八年に不動産住宅ローン商品で最高格付けをされていたサブプライムローンでこのような問題が起こっている。

また、顧客が奨励金をだれに支払うかを指示してきたり、最も安価で取引してくれた人に支払うべきだと主張してくるなどの場合もある。安価で取引をというのは資金を節約しようという悪意のない提案ではあるが、運営に失敗したり価値のない調査情報を提供するような質の低いマネーマネジャーを選ぶことになるのがオチである。そのような経験の浅い投資家に取引手数料として〇・五ポイント以上も払うことになるのだから、ポートフォリオの資金は減っていくばかりである。

インデックスファンドはどうか？

最後に、インデックスファンドを集めた証券ポートフォリオについて言及しよう。よく、年金基金の目標を株価指数の成績に合わせることを前提とする考え方がある。しかしこれは、理論的にはリスクを伴う考えである。

一九二九年のような大暴落が再び訪れるとしたら、そして株価指数が九〇％下落するとしたらどうだろう。自分のファンドの価値を九〇％失うことが目標だとする人はいないだろう。ファンドが株価指数の悲惨な値動きと同じ水準を達成したからといって、喜ぶことはできないはずだ。

そこまで極端ではないが、私は一九七四年にこのような例を実際に見たことがある。資産をちょうど五〇％減らしてしまったファンドを評価するために呼ばれたときのことだ。そのファンドはインデックスファンドに特化した機関によって管理されていた。スタッフはかなり動揺していたが、あまりにも恥ずかしすぎて自分たちの結論を公表することができないでいた。

音楽家、野球選手、医師、教師、芸術家、大工などの職業と同じで、マネーマネジャーの大半が優れていると期待する根拠がどこにあるのだろうか？　どの分野でも典型的な仕事人はだいたい平均よりもわずかに下の水準に位置するだろう。資金管理もほかの職業と同じである。平均以上の結果を得るには、株価指数よりも良い成績を継続的に出せる少数派のマネジャーを努力して見つける必要があるのだ。

そんなことは不可能だと言う人もいるだろうが、それは違う。必要な情報はすべて公表されているのだから平均株価を超える成績を出す銘柄は選べない、と言うのは単なる言い分にすぎない。

一九六五年以降のバリューラインの評価システムは、市場を大幅に上回る成績を出す銘柄選択が可能であることを十分に証明している。われわれのデータグラフで上位の評価を受けた銘柄も市場を大きく上回る成績を出している。

アイオワ大学の教授でのちに南メソディスト大学の教授も務めたマーク・ラインガナム教授が、シカゴ大学で特別研究をしていたとき、『セレクティング・スペリア・セキュリティーズ（Selecting Superior Securities）』と題された優秀な証券を選ぶ研究を独自で行った。そのなかで、本書で紹介したものと同じような評価法を九種類使い、一九八四～一九八五年にS&P五〇〇よりも三六・七%上回る利益を達成した。彼だけではない。われわれの手元には、株価指数を大幅に上回る成績を出した投資家から感謝の手紙が一〇〇〇通以上届いている。

株式市場に一貫性はないと言う人たちは、悲しいことに誤解している。株価指数を上回ることのできる、そして実際に上回っている投資法やサービスは数多く存在する。残念なことに、何の根拠もない意見や、誤った解釈、そして害となる感情が影響しすぎているのだ。単に悪い投資判断をしていたり、情報不足の場合もある。指標を複雑に組み合わせすぎていることもある。マーケットが早く動きすぎて追いつけなかったり、下落中の二流銘柄を勧めるファンダメンタルやテクニカルの調査報告が多すぎるということもある。だから売り推奨は数が少なく、弱気相場が始まってもお出されるのが遅すぎたりするのだ。

将来、政府が投資判断に介入しないという規制さえ作ることができれば、いずれは社会保障制度の一部をインデックスファンドに投資することが可能になるかもしれない。結局のところ、社会保障の現在の投資成績では二〇年後のインフレーションにすら追いつかない状況なのだ。

たとえプロでも自分の投資を見直して失敗続きの古い手法があればそれを変えていく必要がある。われわれはだれでも間違いを犯すが、その過ちを見つめ直すことで正しい答えを学ぶことができるのだ。歴史を研究すれば、投資指針となり得る素晴らしい前例を見つけることができる。そして社会通念をうのみにするのではなく、詳細な研究と調査を重ねることで、これらの貴重な発見が可能になる。あなたはそれを利用して利益を得るようにしなければならない。あなたにならできる。第2章のチャート一〇〇例を注意深く研究すれば、今後どんなサインを探せばよいかが分かるだろう。

第19章　覚えるべきルールと指針

一．安い株を買うな。一五～三〇〇ドルで取引されているナスダック銘柄や二〇～三〇〇ドルで取引されているNYSE（ニューヨーク証券取引所）銘柄を中心に買うことだ。大化け銘柄のほとんどが三〇ドル以上のベースから現れる。一〇ドル以下のがらくたの山は避けること。

二．過去三年間、年間のEPS（一株当たり収益）が毎年最低二五％上昇していて、翌年のEPSの見通しが二五％以上増加しているような成長銘柄を買うこと。また、成長銘柄の多くは二〇％以上かEPSの伸び率以上の年間キャッシュフローがある。

三．直近2～3四半期のEPSが大幅に上昇していることを確認する。最低でも二五～三〇％の上昇が必要である。強気相場では四〇～五〇〇％上昇しているものを探すこと（高いほど良い）。

四．直近3四半期の売上増加率が毎期上昇しているか、直近の売り上げが最低二五％上昇していることを確認する。

五．ＲＯＥ（株主資本利益率）が一七％以上の銘柄を買うこと。一流銘柄のＲＯＥは二五～五〇％のはずである。

六．最近の四半期の税引き後利益が上向きで、その銘柄が記録した最高水準に近いこと。

七．検討しているほとんどの銘柄が『インベスターズ・ビジネス・デイリー』紙（ＩＢＤ）で毎日更新されている「ニュー・プライス・ハイ（高値更新銘柄）」の業界区分で上位六位前後に入っているか、「ＩＢＤ一九七インダストリー・サブグループ・ランキング（川下業種一九七種ランキング）」の上位一〇％に入っているべきである。

八．配当金やＰＥＲ（株価収益率）を基準に株を買ってはならない。ＥＰＳや売上増加率、ＲＯＥ、利益、製品の優位性といった観点から、その分野で一位の企業だから買うようにする。

九．「ＩＢＤスマートセレクト評価」の欄で、株価のレラティブストレングス指数が八五以上の銘柄を買う。

一〇．株式の規模は問わないが、一日の平均出来高が数十万株以上あるものを中心に選ぶことが望ましい。

一一．チャートを読み適切なベースと正確な買いポイントを見極められるようになること。日足と週足のチャートを使って、銘柄選択とタイミングを改善させること。長期の月足チャートも参考になる。通常の出来高よりも五〇％以上出来高が増えた日に、適切なベースから初めてブレイクアウトしたところを買う。

一二．上昇したら注意深く増し玉をし、ナンピンをしてはならない。そして買値から七～八％下がったら必ず損切りをする。例外は絶対にあってはならない。

一三．売りのルールを書き出して、いつ売って利益を確定するかを決める。

一四．直近四半期に優秀な成績を出している投資信託一～二種が購入した銘柄を条件とする。さらに、過去数四半期の間に機関投資家による保有が増えていることが望ましい。

一五．素晴らしく優れた新製品やサービスを持っていて、その売り上げが好調な企業を選ぶこと。また、その製品に大きなマーケットがあり、繰り返し販売が可能であること。

一六．マーケット全体が上昇トレンドで小型株か大型株が好調な時期であること（株価指数の解釈方法が分からない人はＩＢＤの「ザ・ビッグ・ピクチャー（マーケットの全体像）」欄を毎日読むこと）。

一七．オプション、外国株、債券、優先株、商品先物には手を出さない。投資の「よろず屋」になろうとしたり、多様化しすぎたり、資産分配をしすぎることは利益にならない。オプションは完全に避けるか、ポートフォリオの五～一〇％以内に制限すること。

一八．企業の経営陣によって保有されている銘柄であること。

一九．低迷しがちな「古いアメリカ」を象徴する企業ばかりではなく、起業家精神にあふれた「新しいアメリカ」を象徴する（新規株式公開から八～一〇年以内の）企業を中心に銘柄選択をすること。

二〇．慢心や自尊心は捨てること――市場はあなたの考えや希望など気にしてくれない。たとえどんなに自分が賢いと思っていても、マーケットのほうが常にあなたよりも賢いのだ。IQが高かろうと修士号を持っていようと、マーケットで成功するという保証はまったくない。慢心は大損失を招きかねない。マーケットとケンカをしてはならない。あなたが正しくてマーケットが間違っていることを証明しようとなどとけっして考えてはならない。

二一．IBDの「インベスターズ・コーナー（投資家広場）」と「ザ・ビッグ・ピクチャー（マーケットの全体像）」の欄を毎日読むこと。そしてマーケット全体の天井と底を見極める術を身につけよう。現在保有している銘柄や、購入を検討している企業に関する記事を読み、その企業の背景を学ぶのだ。

二二．五～一〇％以上自社株買いをしたと最近発表した企業に注目すること。その企業に新しい幹部が就任したかどうか、そして彼らの経歴などを調べる。

二三．株価の底や下落中に買ってはならない。ナンピン買いもしてはならない（つまり四〇ドルで買った銘柄が三五ドルや三〇ドルになったときに増し玉をしてはならない）。

大化け銘柄を買い逃す主な理由

一．疑念、恐れ、知識の欠如。ほとんどの大化け銘柄は、比較的新しい企業である（八～一〇年前に株式公開をしたばかりの企業が多い）。シアーズやゼネラル・モーターズはだれでも知っているが、毎年市場に参入している何百という新しい企業の名前をよく知っている人はほとんどいない。新しいアメリカ企業がアメリカの成長の原動力であり、革新的な製品やサービスや新しい技術の大部分を生み出している（チャートサービスを利用すれば、これらの魅力的な若い企業の基本的な株価、出来高、売り上げ、そして収益率のトレンドなどをすべて簡単に調べることができる）。

二．ＰＥＲにとらわれすぎている。社会的通念とは裏腹に、最高の銘柄が低いＰＥＲで売られることはほとんどない。最高の野球選手が最高の報酬を得るのと同じで、優秀な企業はより優秀な（つまり高い）ＰＥＲで取引される。低いＰＥＲを選択基準にすると最高の銘柄のほとんどを買い逃すことになる。

三．真のリーダーは、新高値かその近くから大きな動きを開始するもので、安値や高値からかなり下がったところからではない、ということを理解していない。数カ月前よりも安くなっているからという理由で、割安に思える銘柄を買うことを好む投資家は、株価が下落しているところで買ってしまう。掘り出し物を手に入れたつもりなのだ。しかし本当は、適切なベースや揉み合いからブレイクアウトして新高値を付けているような上昇中の銘柄を買うべきなのだ。

四．ちょっとした調整で振るい落とされたり、利食いを急ぎすぎたり、必要があれば株価が上がった銘柄を再び買うことが精神的にできない。また、売るのが遅すぎる。損切りを徹底的に八％で実行しないせいで、小さな損ですんでいたものを破壊的な損失にまで膨らませてしまう。

最後に

一度貯蓄と投資をする方法をきちんと学んでしまえば、あなたも財政的な自立を果たすことが必ずできる。これは私からの最後の助言である――勇気と前向きな気持ちを持ち、けっしてあきらめてはならない。アメリカでは素晴らしいチャンスが毎年生まれている。準備を整え、勉強をして、学び、そしてそのチャンスをつかむのだ。小さなドングリが大きなカシの木に成長するのと同じように、努力と忍耐さえあれば何でも可能である。あなたならできる。成功するという決意こそが、最も重要な力なのだ。

自由の国において成功するのは簡単だ。仕事と勉学に励み、そして賢い貯蓄と投資法を学ぶ

のだ。だれにでもできる。あなたにも、きっとできる。

謝辞

本書最新版の制作に貢献してくれた関係者各位に感謝の意を表す。『インベスターズ・ビジネス・デイリー』紙の編集委員で独自の洞察力と編集技術を提供してくれたウェス・マン、グラフとチャートに尽力を注いでくれたジャスティン・ニールセン、原稿の変更を手伝ってくれた助手のディアドラ・アボット・ケーシー――本当にありがとう。

また、ほかにもさまざまな方面で本書の制作に尽力してくれた方々がいる。アンディ・アンスリアン、アテス・アークン、マット・ガルガーニ、クリス・ゲッセル、デイナ・グルント、ジョナサン・ハーン、チャン・ホー、ブライアン・ロウラー、サラ・ローレンス、スーザン・マクナイト、エイドリエン・メリック＝タゴール、アン・モレイン、ザーザンド・パピキヤン、サラ・シュナイダー、キャシー・シャーマン、ティーナ・シンプキンズ、ケイト・ストークター、クン・バン、ダイアナ・ワダ、マイク・ウエブスター、クリスティーナ・ワイズ――ら各位にも心から感謝している。

そして、メリー・グレン、ルース・マニーノおよび、マグローヒルの素晴らしいスタッフ一同にもお礼を述べる。

■著者紹介

ウィリアム・J・オニール（William J. O'Neil）

ウォール街で最も成功した投資家のひとり。株式市場で得た利益で30歳でニューヨーク証券取引所の会員権を取得し、機関投資家向けの調査会社ウィリアム・オニール・アンド・カンパニーをロサンゼルスに設立。世界中の一流投資機関600社を顧客に抱える。『インベスターズ・ビジネス・デイリー』紙と関連サイトInvestors.com の創設者。

■監修者紹介

長尾慎太郎（ながお・しんたろう）

東京大学工学部原子力工学科卒。日米の銀行、投資顧問会社、ヘッジファンドなどを経て、現在は大手運用会社勤務。訳書に『魔術師リンダ・ラリーの短期売買入門』『タートルズの秘密』『新マーケットの魔術師』『マーケットの魔術師【株式編】』（いずれもパンローリング、共訳)、監修に『ゲイリー・スミスの短期売買入門』『バーンスタインのデイトレード入門』『究極のトレーディングガイド』『マーケットのテクニカル秘録』『高勝率トレード学のススメ』『フルタイムトレーダー完全マニュアル』『新版　魔術師たちの心理学』『トレーディングエッジ入門』『スイングトレードの法則』『エリオット波動入門』『EVトレーダー』『ロジカルトレーダー』『ターブ博士のトレード学校　ポジションサイジング入門』『フィボナッチトレーディング』『フィボナッチブレイクアウト売買法』『アルゴリズムトレーディング入門』『クオンツトレーディング入門』『イベントトレーディング入門』『スイングトレード大学』（いずれもパンローリング）など、多数。

■訳者紹介

スペンサー倫亜（すぺんさー・ともえ）

高校時代に交換留学でアメリカ生活を体験したのち、独協大学外国語学部で英語を専攻。その後、再渡米し、社内翻訳者としてエンターテインメント系の雑誌翻訳に従事。仕事のかたわらヒューストンにあるIT専門学校に通い、ウエブデザイン学科を卒業。帰国後はフリーランス翻訳者としてビジネス分野の翻訳を幅広く手掛けながら、現在に至る。訳書に『FXトレーダーの大冒険』『コナーズの短期売買入門』（パンローリング）などがある。

本書の感想をお寄せください。

お読みになった感想を下記サイトまでお送りください。
書評として採用させていただいた方には、
弊社通販サイトで使えるポイントを進呈いたします。

https://www.tradersshop.com/bin/apply?pr=3179

2011年5月3日	初版第1刷発行	2020年7月4日	第8刷発行
2015年1月1日	第2刷発行	2020年12月4日	第9刷発行
2015年8月2日	第3刷発行	2021年7月5日	第10刷発行
2016年9月3日	第4刷発行	2022年6月5日	第11刷発行
2018年2月2日	第5刷発行	2024年6月3日	第12刷発行
2018年9月3日	第6刷発行	2025年8月3日	第13刷発行
2020年1月3日	第7刷発行		

ウィザードブックシリーズ ⑰⑨

オニールの成長株発掘法【第4版】
——良い時も悪い時も儲かる銘柄選択をするために

著　者　ウィリアム・J・オニール
監修者　長尾慎太郎
訳　者　スペンサー倫亜
発行者　後藤康徳
発行所　パンローリング株式会社
〒160-0023　東京都新宿区西新宿7-9-18 6階
TEL 03-5386-7391　FAX 03-5386-7393
http://www.panrolling.com/
E-mail　info@panrolling.com
編　集　エフ・ジー・アイ（Factory of Gnomic Three Monkeys Investment）合資会社
装　丁　パンローリング装丁室
組　版　パンローリング制作室
印刷・製本　株式会社シナノ

ISBN978-4-7759-7146-8

フィリップ・A・フィッシャー

1928年から証券分析の仕事を始め、1931年にコンサルティングを主としたフィッシャー・アンド・カンパニーを創業。現代投資理論を確立した1人として知られている。本書を執筆後、大学などでも教鞭を執った。著書に『株式投資で普通でない利益を得る』、『投資哲学を作り上げる／保守的な投資家ほどよく眠る』（いずれもパンローリング）などがある。なお、息子であるケネス・L・フィッシャーは、運用総資産300億ドル以上の独立系資産運用会社フィッシャー・インベストメンツ社の創業者・会長兼CEO、フォーブス誌の名物コラム「ポートフォリオ・ストラテジー」執筆者、ベストセラー『ケン・フィッシャーのPSR株分析』『チャートで見る株式市場200年の歴史』『投資家が大切にしたいたった3つの疑問』（いずれもパンローリング）などの著者である。

ウィザードブックシリーズ 238

株式投資で普通でない利益を得る

定価 本体2,000円+税　ISBN:9784775972076

成長株投資の父が教える バフェットを覚醒させた20世紀最高の書

バフェットが莫大な資産を築くのに大きな影響を与えたのが、成長株投資の祖を築いたフィリップ・フィッシャーの投資哲学だ。10倍にも値上がりする株の発掘法、成長企業でみるべき15のポイントなど、1958年初版から半世紀を経ても、現代に受け継がれる英知がつまった投資バイブル。

本書の内容

- 会社訪問をしたときにする質問（「まだ同業他社がしていないことで、御社がしていることは何ですか」）
- 周辺情報利用法
- 株を買うときに調べるべき15のポイント
- 投資界の常識に挑戦（「安いときに買って、高いときに売れ」には同意できない）
- 成功の核
- 株の売り時（正しい魅力的な株を買っておけば、そんなときは来ないかもしれない）
- 投資家が避けるべき5つのポイント
- 大切なのは未来を見ること（最も重視すべきは、これからの数年間に起こることは何かということ）

ウィザードブックシリーズ 235

株式投資が富への道を導く

定価 本体2,000円+税　ISBN:9784775972045

バフェットの投資観を変えた本！

本書はフィリップ・フィッシャーが1958年に書いた『株式投資で普通でない利益を得る』（パンローリング）の続編である。上の最初の高名な著書は、スタンフォード大学経営大学院で基本書として使われ、ウォーレン・バフェットをはじめ多くの読者の投資観を一変させた。まさしく、バフェットがベンジャミン・グレアムの手法と決別するきっかけとなった本である。

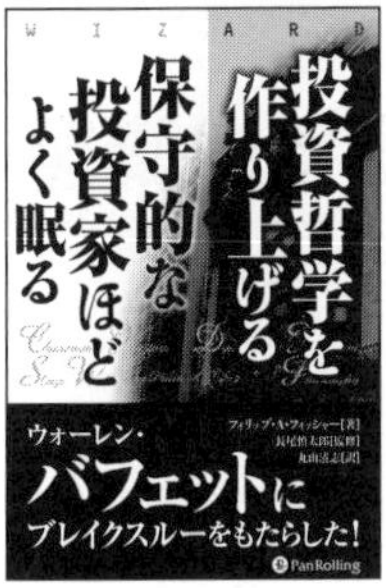

ウィザードブックシリーズ 236

投資哲学を作り上げる／保守的な投資家ほどよく眠る

定価 本体1,800円+税　ISBN:9784775972052

ウォーレン・バフェットにブレイクスルーをもたらした大事な教えが詰まっている！

フィッシャーは全部で4冊の本を執筆したが、本書はそのうち3冊目と4冊目を収録している。1冊目の『株式投資で普通でない利益を得る』（パンローリング）は20世紀に発売された投資本のなかでベスト3に入る名著であり、フィッシャーの最高傑作であることに間違いはない。

ケン・フィッシャー

フィッシャー・インベストメンツ社の創業者兼CEO。同社は1979年設立の独立系資金運用会社として、世界中の年金、基金、大学基金、保険会社、政府、個人富裕層などを顧客に持ち、運用総資産額は400億ドル（約４兆円）を超える。株価売上倍率（PSR）による株式分析、また小型株運用の先駆者として知られる。

ウィザードブックシリーズ 182

投資家が大切にしたいたった3つの疑問
行動ファイナンスで市場と心理を科学する方法

定価 本体3,800円+税　ISBN:9784775971499

投資の"神話"に挑戦し、それを逆手にとって自らの優位性にする考え方を徹底解説！

深い洞察力、アドバイス、投資秘話が満載で、あなたの心をひきつけて話さないだろう。

ウィリアム・J・オニール

証券投資で得た利益によって30歳でニューヨーク証券取引所の会員権を取得し、投資調査会社ウィリアム・オニール・アンド・カンパニーを設立。顧客には世界の大手機関投資家で資金運用を担当する600人が名を連ねる。保有資産が2億ドルを超えるニューUSAミューチュアルファンドを創設したほか、『インベスターズ・ビジネス・デイリー』の創立者でもある。

ウィザードブックシリーズ71

オニールの相場師養成講座

定価 本体2,800円+税　ISBN:9784775970577

キャンスリム（CAN-SLIM）は一番優れた運用法だ

何を買えばいいか、いつ売ればいいか、ウォール街ではどうすれば勝てるかを知っているオニールが自立した投資家たちがどうすれば市場に逆らわず、市場に沿って行動し、感情・恐怖・強欲心に従うのではなく、地に足の着いた経験に裏付けられたルールに従って利益を増やすことができるかを説明。

利益を増やすことができるルール

- 最高の銘柄だけを最適なタイミングでだけ購入する
- 上下への大きな値動きを示唆するチャートパターンを見きわめる
- 売り時を心得る
- リターンを最大化するようにポートフォリオを管理する

相場が明日どう動くか見通しているわけではない――などと認めるのはオニールぐらいだろう。だがオニールは、相場が上げたらどうやって儲けるか、相場が下げたらその儲けをどうやって守るかを知っている。オニールは本書で、半世紀近くにわたって市場から学んできたノウハウを明らかにし、株式投資の厳しさにうろたえ、当惑している投資家たちを守るために編み出された、理性的で安定性のある投資法について説明している。

ウィザードブックシリーズ 93

オニールの空売り練習帖

定価 本体2,800円+税　ISBN:9784775970577

売る方法を知らずして、買うべからず
「マーケットの魔術師」オニールが
空売りの奥義を明かした！

正しい側にいなければ、儲けることはできない。空売りのポジションをとるには本当の知識、市場でのノウハウ、そして大きな勇気が必要である。空売りの仕組みは比較的簡単なものだが、多くのプロも含めほとんどだれも空売りの正しい方法を知らない。オニールは本書で、効果的な空売り戦略を採用するために必要な情報を提供し、詳細な注釈付きのチャートで、最終的に正しい方向に向かうトレード方法を示している。

ウィザードブックシリーズ 198

株式売買スクール

著者　ギル・モラレス、クリス・キャッチャー

定価 本体3,800円+税　ISBN:9784775971659

伝説の魔術師をもっともよく知る２人による
成長株投資の極意！

株式市場の参加者の90%は事前の準備を怠っている。オニールのシステムをより完璧に近づけるために、大化け株の特徴の有効性を確認。

ギル・モラレス

ウィリアム・オニール・アンド・カンパニーの元社内ポートフォリオマネジャー兼主任マーケットストラテジスト。現在はモカ・インベスターズの常務取締役を務めている。オニールの手法をもとに、１万 1000%を超える利益を上げた。また、オニールと共著で『オニールの空売り練習帖』（パンローリング）も出版している。スタンフォード大学で経済学の学士号を修得。

クリス・キャッチャー

ウィリアム・オニール・アンド・カンパニーの元社内ポートフォリオマネジャー兼リサーチアナリスト。現在はモカ・インベスターズの常務取締役を務めている。オニール手法をもとに、７年間で１万 8000%のリターンを達成した。カリフォルニア大学バークリー校で化学学士号と原子物理学の博士号を修得。

ジャック・D・シュワッガー

FundSeeder.comの共同設立者兼最高リサーチ責任者。著書にベストセラーとなった『マーケットの魔術師』シリーズや『シュワッガーのマーケット教室』(いずれもパンローリング)など多数。ヘッジファンドへのアドバイザー、先物取引のディレクターやリサーチャー、CTAの共同経営者として30年以上の経験がある。また、セミナーでの講演も精力的にこなしている。

ウィザードブックシリーズ 19

マーケットの魔術師
米トップトレーダーが語る成功の秘訣

定価 本体2,800円+税　ISBN:9784939103407

トレード界の「ドリームチーム」が勢ぞろい

世界中から絶賛されたあの名著が新装版で復刻!

投資を極めたウィザードたちの珠玉のインタビュー集!

今や伝説となった、リチャード・デニス、トム・ボールドウィン、マイケル・マーカス、ブルース・コフナー、ウィリアム・オニール、ポール・チューダー・ジョーンズ、エド・スィコータ、ジム・ロジャーズ、マーティン・シュワルツなど。

ウィザードブックシリーズ 201

続マーケットの魔術師
トップヘッジファンドマネジャーが明かす成功の極意

定価 本体2,800円+税　ISBN:9784775971680

『マーケットの魔術師』シリーズ 10年ぶりの第4弾!

先端トレーディング技術と箴言が満載。「驚異の一貫性を誇る」これから伝説になる人、伝説になっている人のインタビュー集。マーケットの先達から学ぶべき重要な教訓を40にまとめ上げた。

ウィザードブックシリーズ 13

新マーケットの魔術師

定価 本体2,800円+税　ISBN:9784939103346

知られざる“ソロス級トレーダー”たちが、率直に公開する成功へのノウハウとその秘訣

投資で成功するにはどうすればいいのかを中心に構成されている世界のトップ・トレーダーたちのインタビュー集。17人のスーパー・トレーダーたちが洞察に富んだ示唆で、あなたの投資の手助けをしてくれることであろう。

ウィザードブックシリーズ 14

マーケットの魔術師 株式編 増補版

定価 本体2,800円+税　ISBN：9784775970232

投資家待望のシリーズ第三弾、フォローアップインタビューを加えて新登場!!

1990年代の未曾有の上げ相場で、信じられないようなリターンをたたき出した新世代の株式ウィザードたちは、2000年春からの下げ相場にどう対応したのか？だれもが知りたかった「その後のウィザードたちのホントはどうなの？」に、すべて答えた増補版！

ウィザードブックシリーズ 66

シュワッガーのテクニカル分析 初心者にも分かる実践チャート入門

定価 本体2,900円+税　ISBN:9784775970270

シュワッガーが、これから投資を始める人や投資手法を立て直したい人のために書き下ろした実践チャート入門。

チャート・パターンの見方、テクニカル指数の計算法から読み方、自分だけのトレーデング・システムの構築方法、ソフトウェアの購入基準、さらに投資家の心理まで、投資に必要なすべてを網羅した1冊。

ウィザードブックシリーズ 147

千年投資の公理

パット・ドーシー【著】

定価 本体2,000円+税　ISBN:9784775971147

1000年たっても有効な永遠不滅のバフェット流投資術！ 未曽有の金融危機に最適の投資法！

浮かれすぎたバブル期とは反対に、恐慌期や経済危機の時期には人心が冷え切っているために優れた企業も売られ過ぎになり、あとから見たときに絶好の買い場になっている場合が多い。バフェット流の経済的な「堀」のある企業の見つけ方を初心者にも分かるように、平易なやり方で紹介する。バフェットが提唱した「堀」はけっして新しい概念ではないけれども、本書を読めば、今日の投資家でもこの素晴らしい投資法を自信を持って実践することができるようになる。堀こそが投資分析ツールの欠かせない重要な要素であることが理解できれば、この手法を使って、高いリターンを上げる銘柄だけであなたのポートフォリオを埋め尽くすことができるだろう！

ウィザードブックシリーズ 152

黒の株券

デビッド・アインホーン / ジョエル・グリーンブラット【著】

定価 本体2,300円+税　ISBN:9784775971192

バフェットとの昼食権を25万ドルで取得した、バリュー系ヘッジファンドの創始者の壮絶な戦い！

本書は、読者の心をわしづかみにするような現在進行形の武勇伝を時系列でまとめたもので、60億ドルを運用するヘッジファンドのグリーンライト・キャピタルがどのように投資リサーチを行っているのか、また悪徳企業の策略とはどんなものなのかを詳述している。読み進めていくうちに、規制当局の無能な役人、妥協する政治家、ウォール街の上得意先が違法行為にさらされないようにと資本市場が築いたバリケードを目の当たりにするだろう。

マーク・ダグラス

シカゴのトレーダー育成機関であるトレーディング・ビヘイビアー・ダイナミクス社の社長を務めた。商品取引のブローカーでもあったダグラスは、自らの苦いトレード経験と多数のトレーダーの間接的な経験を踏まえて、トレードで成功できない原因とその克服策を提示している。生前は大手商品取引会社やブローカー向けに、本書で分析されたテーマやトレード手法に関するセミナーや勉強会を数多く主催していた。

ウィザードブックシリーズ366

【新装版】規律とトレーダー
相場心理分析入門

MP3 音声データCD オーディオブックあり

定価 本体2,800円+税　ISBN:9784775973356

トレーディングは心の問題であると悟った
投資家・トレーダーたち、必携の書籍！

相場の世界での一般常識は百害あって一利なし！
常識を捨てろ！手法や戦略よりも規律と心を磨け！
本書を読めば、マーケットのあらゆる局面と利益機会に対応できる正しい心構えを学ぶことができる。

目次

マーク・ダグラスのセミナーDVDが登場!!

DVD「ゾーン」 プロトレーダー思考養成講座

定価 本体38,000円+税　ISBN:9784775964163

トレードの成功は手法や戦略よりも、
心のあり方によって決まる――

ベストセラー『ゾーン』を書いたマーク・ダグラスによる6時間弱の授業を受けたあとは安定的に利益をあげるプロの思考と習慣を学ぶことができるだろう。

DVD収録内容

1. 姿勢に関する質問
2. トレードスキル
3. 価格を動かす原動力
4. テクニカル分析の特徴
5. 数学と値動きの関係
6. 自信と恐れの力学
7. プロの考え方が
   できるようになる

こんな人にお薦め

- ◆ 安定的な利益をあげるプロトレーダーに共通する思考に興味がある
- ◆ 1回の勝ちトレードに気をとられて、大きく負けたことがある
- ◆ トレードに感情が伴い、一喜一憂したり恐怖心や自己嫌悪がつきまとう
- ◆ そこそこ利益を出していて、さらに向上するために
  ご自身のトレードと向き合いたい
- ◆ マーク・ダグラス氏の本を読み、トレード心理学に興味がある

購入者特典 1

書き込んで実践できる
あなただけのトレード日誌
付属資料

※画像はイメージです

約180ページ

購入者特典 2

マーク・ダグラス著『ゾーン』
『規律とトレーダー』
オーディオブック試聴版

※特典ダウンロード

MP3
音声データ

◀ サンプル映像をご覧いただけます

http://www.tradersshop.com/bin/showprod?c=9784775964163